Ludger Eversmann

Wirtschaftsinformatik der „langen Frist"

WIRTSCHAFTSINFORMATIK

Ludger Eversmann

Wirtschaftsinformatik der „langen Frist"

Perspektiven für Menschen,
Automaten und Arbeit in einer
lebensdienlichen Ökonomie

Mit einem Geleitwort von Prof. Dr. Arno Rolf

Deutscher Universitäts-Verlag

Bibliografische Information Der Deutschen Bibliothek
Die Deutsche Bibliothek verzeichnet diese Publikation in der Deutschen Nationalbibliografie;
detaillierte bibliografische Daten sind im Internet über <http://dnb.ddb.de> abrufbar.

Dissertation Universität Hamburg, 2002

1. Auflage Januar 2003

Alle Rechte vorbehalten
© Deutscher Universitäts-Verlag GmbH, Wiesbaden, 2003

Lektorat: Ute Wrasmann / Britta Göhrisch-Radmacher

Der Deutsche Universitäts-Verlag ist ein Unternehmen der
Fachverlagsgruppe BertelsmannSpringer.
www.duv.de

Das Werk einschließlich aller seiner Teile ist urheberrechtlich geschützt.
Jede Verwertung außerhalb der engen Grenzen des Urheberrechtsgesetzes
ist ohne Zustimmung des Verlags unzulässig und strafbar. Das gilt insbesondere für Vervielfältigungen, Übersetzungen, Mikroverfilmungen und die
Einspeicherung und Verarbeitung in elektronischen Systemen.

Die Wiedergabe von Gebrauchsnamen, Handelsnamen, Warenbezeichnungen usw. in diesem
Werk berechtigt auch ohne besondere Kennzeichnung nicht zu der Annahme, dass solche
Namen im Sinne der Warenzeichen- und Markenschutz-Gesetzgebung als frei zu betrachten
wären und daher von jedermann benutzt werden dürften.

Umschlaggestaltung: Regine Zimmer, Dipl.-Designerin, Frankfurt/Main

Gedruckt auf säurefreiem und chlorfrei gebleichtem Papier

ISBN-13:978-3-8244-2165-7   e-ISBN-13:978-3-322-81224-7
DOI: 10.1007/978-3-322-81224-7

Geleitwort

Was sind die wissenschaftlichen Herausforderungen für die Wirtschaftsinformatik? Im abgelaufenen Jahrzehnt hat sie vor allem versucht, Metaphern wie „Informationsgesellschaft", „Datenhighway" oder „New Economy" zu operationalisieren, d.h. Konzepte, Methoden und Produkte zur Umsetzung in Unternehmen zu entwickeln. Die Herausforderungen für die Wirtschaftsinformatik, wie ich sie sehe und 1998 in meinem Buch „Grundlagen der Organisations- und Wirtschaftsinformatik" in konstruktiver Absicht formuliert habe, bestehen immer noch. Es ist die Frage nach dem Gegenstandsbereich der Wirtschaftsinformatik, in den auch relevante gesamtwirtschaftliche Tatbestände einbezogen werden sollten. Es geht nach meiner Auffassung aber auch darum, eine zu enge Anbindung an aktuelle Trends zu vermeiden und Moden und Mythen frühzeitig zu identifizieren, um so Zeit und Kraft nicht zu verschwenden. Letztendlich ist die Wirtschaftsinformatik aufgerufen, neben der Bereitstellung von Verfügungswissen auch tragfähiges Orientierungswissen zu erarbeiten und die eigenen handlungsleitenden Motive und Leitbilder explizit zu machen.

Ludger Eversmann hat mit seiner hier vorliegenden Arbeit ebenfalls den Versuch unternommen, sich einigen dieser Herausforderungen zu stellen. Ausgangspunkt seiner Argumentation ist die Infragestellung eines Selbstverständnisses der deutschsprachigen Wirtschaftsinformatik, deren Erkenntnisinteresse als das mit sich im Konsens lebende, private Großunternehmen beschrieben werden kann. Dabei geht es der Wirtschaftsinformatik primär um die Suche nach Rationalisierungs- und Produktivitätspotenzialen. Peter Mertens hat entsprechend das Wissenschaftsziel der Wirtschaftsinformatik mit der Metapher der „sinnhaften Vollautomatisierung" beschrieben. Ein Leitbild, das mehr oder minder unhinterfragt eingebettet ist in die marktharmonische, neoklassische Sicht vom stetigem Gleichgewichtswachstum. Es lässt sich so interpretieren, dass die durch die Wirtschaftsinformatik gestalteten Unternehmen ständig Produktivität generieren, die auf dauerhaft aufnahmefähige, weil nie gesättigte Märkte trifft. Etwaige Probleme des Arbeitsmarktes werden immer wieder durch neues Wachstum ausgeglichen.

Geht man jedoch von der Option aus, dass es (1) Grenzen volkswirtschaftlichen Wachstums gibt, und dass (2) die IuK-Technologien einen Produktivitätsüberschuss generieren, der das erreichbare Wachstum einer Volkswirtschaft dauerhaft übersteigt, dann sind, so die Argumentation von Ludger Eversmann, die aktuell geltenden Wissenschaftsziele der Wirtschaftsinformatik zu reflektieren. Es sind umfassende wissenschaftstheoretische Begründungen, also ein nachhaltigeres Bemühen um die Erarbeitung von Orientierungswissen, erforderlich.

Eine erste Reaktion auf den Vorschlag von Peter Mertens war 1995 ein Leserbrief von D. Hoch in der „Wirtschaftsinformatik". In diesem Leserbrief war u.a. die Rede von einer Implikation des Zielvorschlages von Prof. Mertens: „die sinnhafte Vollautomatisierung des Unternehmens wird auch weiterhin mindestens physische Arbeitskraft und –zeit freisetzen." Und weiter: „Vielleicht ist das ja auch ein für den Menschen in seiner Weiterentwicklung vorgezeichneter Weg..(...) ..die Entwicklung weg von der physischen Arbeit hin zur stärkeren Befriedigung geistiger und sozialer Bedürfnisse....". Ludger Eversmann hat diese hier angesprochenen und mit dem Wirken der Wirtschaftsinformatik ja in Zusammenhang stehenden Fragen nach der „Weiterentwicklung des Menschen" als vertiefte philosophische und gesellschaftliche Werte-Diskussion aufgefasst und die vorliegende Arbeit in diesen Kontext gestellt.

Der Wirtschaftswissenschaftler Amartya Sen vertritt ein methodologisches Prinzip, nach welchem es besser ist, eine vage Vorstellung vom Richtigen zu entwickeln, als eine präzise Vorstellung vom Falschen. Die von Ludger Eversmann vorgetragenen Gedanken sind in diesem Sinne keine präzise und fertig ausgearbeitete Lösung. Es bleibt aber dennoch zu hoffen, dass sie eine noch immer notwendige Debatte um die „Zukunft der Arbeit" und die langfristigen Gestaltungsziele der Wirtschaftsinformatik ein wenig befördern können und somit einen Beitrag leisten, um schließlich auch eine präzisere Vorstellung vom Richtigen zu gewinnen.

Arno Rolf

Vorwort

Die vorliegende Arbeit ist das Resultat eines sich über viele – genau genommen rund 25 – Jahre hinziehenden, zeitweilig unstet und fast immer ganz privat verfolgten Erkenntnisinteresses, in dessen Mittelpunkt immer die Frage nach prinzipiellen Möglichkeiten kultureller Evolution stand, sowie die Frage nach deren Beschaffenheit. Während diesbezügliche Hoffnungen und fachbezogene Interessen sich zunächst – wie seit Ende der 1960er Jahre dem Trend entsprechend – auf humanwissenschaftliche Disziplinen und deren Erkenntnisse richteten, begann die Informatik und deren Erkenntnisgegenstand ab Mitte der 1980er Jahre eine zunächst kaum erklärliche Faszination auszuüben. Schließlich konzentrierten sich die Fragestellungen auf die anzunehmenden bzw. zu beobachtenden Wechselwirkungen zwischen Informations- und Automationstechniken und deren Wirkungsentfaltung im Rahmen der globalen Wirtschaftsentwicklung. Schlaglichtartig beleuchtet waren diese Zusammenhänge sowie der in diesem Fragekontext neu entstehende Reflexionsbedarf mit Vorstellung des vieldiskutierten Vorschlages einer langfristigen Zielorientierung der Wissenschaft Wirtschaftsinformatik durch Peter Mertens im Jahre 1995.

Der Titel der Arbeit ist stark angelehnt an eine volkswirtschaftstheoretische Betrachtung ökonomischer Langfristtheorien von N. Reuter: die „Ökonomik der ‚langen Frist'". Eine „Wirtschaftsinformatik der ‚langen Frist'" soll einer Gestaltungswissenschaft Wirtschaftsinformatik normative Grundlagen einer langfristigen Programmatik zuliefern. Um diese zu gewinnen, ist der Orientierungshorizont einer „Ökonomik der langen Frist" ebenso unverzichtbar wie das Aufspannen eines Wertehorizonts mit Hilfe der Erkenntnismittel der modernen Vernunftphilosophie.

Zu ganz besonderem Dank bin ich dem wissenschaftlichen Betreuer dieser Arbeit, Prof. Peter Schefe, verpflichtet, der trotz einiger bestehender Unwägbarkeiten einer externen Promotion die Betreuung übernommen hat, mir immer wieder Hilfestellung bei der Überwindung auf dem Realisierungsfortschritt auftauchender Hürden leistete und alles in allem dafür Sorge getragen hat, dass ein universitätsextern durchgeführtes Projekt auf den Pfaden der Wissenschaftlichkeit seinen Fortschritt nehmen konnte. Prof. Arno Rolf danke ich für wertvolle Anregungen und auch für die Eröffnung einer Debatte im Feld der Wirtschaftsinformatik, an die die vorliegende Arbeit nun Anschluss suchen bzw. herstellen kann. Ganz aufrichtigen Dank sage ich auch dem Vorsitzenden des Promotionsausschusses des Fachbereichs Informatik der Universität Hamburg, Prof. Christopher Habel, dessen wohlwollender Behandlung meines Anliegens ich den bisher erreichten Stand des Projekts verdanke.

Ich danke auch lieben Menschen meines privaten Umfeldes für z. T. außerordentlich wichtige Hinweise und Anregungen, und für große und unendliche Geduld und Gesprächsbereitschaft, auch wenn die bevorzugten Themen und Fragestellungen zeitweilig keine sehr große Variationsbreite erkennen ließen.

Die Arbeit widme ich meinen Kindern Niko und Heidi, deren Zukunft in einer hoffentlich zunehmend menschenwürdigen und auch farbenfrohen Welt mir besonders am Herzen liegt.

Ludger Eversmann

Inhaltsverzeichnis

Geleitwort	V
Vorwort	VII
Inhaltsverzeichnis	IX
Abbildungsverzeichnis	XIII
Einleitung	1

1 Wirtschaftsinformatik und Wissenschaftstheorie 15

1.1 Wissenschaftlichkeit: Ziele, Methoden und Wissensbegriff *21*
    1.1.1 Inhaltliche Schwerpunkte der Wissenschaftstheorie 21
    1.1.2 Klassische Wissenschaftstheorien 22
        1.1.2.1 Die aristotelische Wissenschaftstheorie 22
        1.1.2.2 Die Wissenschaftstheorie Francis Bacons 24
    1.1.3 Zwischenbetrachtung: Reines Wissen, Lebenserleichterung und Automation 25
    1.1.4 Wirtschaftsinformatik zwischen Pragmatismus, Positivismus und Konstruktivismus 34
    1.1.5 „Regionale Ontologie" der Wirtschaftsinformatik, Logik der Wirtschaftsinformatikforschung oder Rekonstruktion als Konstitution? . 50

1.2 Der Orientierungsbedarf der Wissenschaften *63*

1.3 Die ‚Konstruktivität' der Wirtschaftsinformatik *65*

1.4 Vernunft und Rationalität, konstruktive Wissenschaftstheorie und Radikaler Konstruktivismus *71*
    Die Kerninhalte des Methodischen Konstruktivismus 82
    Die Kerninhalte des Radikalen Konstruktivismus 84

1.5 Methodische Kritik der These zur ‚sinnhaften Vollautomation' *97*

2 Menschenwürde, Vernunft und Autonomie **107**

2.1 Menschenwürde, Freiheit und Notwendigkeit *113*

2.2 Entwicklungslinien der Vernunftethik.. 120
   Die Goldene Regel oder das Christliche Gebot der Nächstenliebe........ 123
   Der unparteiische Zuschauer nach Adam Smith 124
   Der Kategorische Imperativ Kants 125
   Das regelutilitaristische Verallgemeinerungskriterium 129
   Die Diskursethik 132

2.3 Verantwortung, Intention und Funktion... 141

2.4 Faktizität und Geltung, Macht und die Ohnmacht des Sollens........... 151

2.5 Die Idealisierung des Realen und die Realisierung des Idealen......... 156

2.6 Vernunft, Handlung, Arbeit und Ökonomie.. 168

3 Berechenbare Automaten.. 185

3.1 Grundbegriffe der theoretischen Informatik..................................... 188

3.2 Grammatiken und formale Sprachen.. 192

3.3 Turing-Maschinen.. 194

3.4 Berechenbarkeit... 198

3.5 Komplexität.. 201

3.6 Geist im Computer? Anmerkungen zur „Teleologie" des Automaten.. 207

3.7 Automat, Berechnung und Leistung... 219

4 Menschen, Automaten und Arbeit.. 223

4.1 Zur Entwicklungslogik wirtschaftlicher „Ordnungen" oder „Systeme"....
   229
   4.1.1 Wirtschaftssysteme als Gegenstand der Erkenntnis..................... 230
   4.1.2 Vergleich der Wirtschaftssysteme... 231
   4.1.3 Theorie der Wirtschaftssysteme.. 231
   4.1.4 Evolution von Wirtschaftssystemen.. 233
      4.1.4.1 Lange-Wellen-Theorien.. 237
      4.1.4.2 Die Deutsche Historische Schule 239
      4.1.4.3 Die marxistische Interpretation gesellschaftlicher Evolution.... 239
      4.1.4.4 Die Stadientheorie J. M. Keynes'.. 246
      4.1.4.5 Die Pluralitätstheorie Waldemar Mitscherlichs...................... 249
   4.1.5 Wertideen wirtschaftlicher und gesellschaftlicher Evolution........... 252

4.2   Wirtschaftsentwicklung im Reifestadium 256
4.2.1   Zur stagnationstheoretischen Wachstumsskepsis 259
4.2.2   Die Tertiarisierungstheorie Jean Fourastiés 262
4.2.3   Zur wohlstandstheoretischen Wachstumsskepsis 265
4.2.4   Zur ökologischen Wachstumskritik 266
4.3   Perspektiven des „sekundären Sektors" 268
4.3.1   Neue IuK-Technologie und Entstehung der ....
         „Informationsgesellschaft" 272
   4.3.1.1   IuK-Technologie als Entwicklungstreiber 272
      4.3.1.1.1   Entwicklungstrends 273
      4.3.1.1.2   Prognose der Entwicklungen 275
      4.3.1.1.3   Diffusion der IuK-Technik 277
   4.3.1.2   „Informationsgesellschaft" und „Informationsrevolution" 279
4.3.2   Wirkungen der IuKT im wirtschaftlichen Wettbewerb 281
   4.3.2.1   Nachfrageseitige Wirkungen 283
   4.3.2.2   Angebotsseitige Wirkungen 283
   4.3.2.3   Wirkungen auf die betriebliche Organisation 284
   4.3.2.4   Produktivitätswirkungen der IuKT 286
   4.3.2.5   IuKT als Wettbewerbsfaktor 287
4.3.3   Die neue Rolle des „sekundären Sektors" 289
4.3.4   Kundenspezifische Produktion 292
   4.3.4.1   Variantenfertigung 295
   4.3.4.2   Einzelfertigung 296
4.3.5   Kundenindividuelle Massenproduktion (Mass Customization) 297
   4.3.5.1   Maßnahmen des Komplexitätsmanagements 299
   4.3.5.2   Kostensenkungspotentiale der Mass Customization 299
   4.3.5.3   Konzeptionen der Mass Customization 301
4.3.6   Umsetzung der kundenindividuellen Massenproduktion 301
4.3.7   Produktion 304
   4.3.7.1   Fertigungstechnologien der Werkstückbearbeitung 304
   4.3.7.2   Organisationsprinzipien der Produktion 306
   4.3.7.3   Das Modell einer Produktionsplanung- und Steuerung (PPS) für
            kundenindividuelle Massenproduktion 308
4.3.8   Resümee: Escaping from old Ideas 310
4.4   Perspektiven des „tertiären Sektors" 313

5 Ziele der Wirtschaftsinformatik in der „langen Frist".................319

   5.1 Zur Abgrenzung kurz-, mittel- und langfristiger Zielsetzungen............ 320

   5.2 Zur Abgrenzung von Ziel- und Gegenstandsbestimmungen................ 322

   5.3 „Langfristziele" der Wirtschaftsinformatik................................ 325

Literaturverzeichnis   335

Sach- und Personenregister   347

Abbildungsverzeichnis

Abb. 1: Aristotelische Wissenschaftskonzeption 23

Abb. 2: aristotelische und neuzeitliche Wissenschaftskonzeption 25

Abb. 3: „Zusammenfassende Übersicht der beiden Organisationsidentitäten" 41

Abb. 4: „Beispiele für ineffiziente Entwicklungspfade im CIM-Bereich" 101

Abb. 5: Entwicklungsstufen der Moral nach Kohlberg 121

Abb. 6: Grundtypen rationalen Handelns nach Habermas 136

Abb. 7: „Maschine" 188

Abb. 8: „Gerät" 189

Abb. 9: "Wirtschaftssystemkonzepte der Stufentheorien" 231

Abb. 10: individualistische und universalistische Fortschrittsziele 253

Abb. 11: „Arten der Modularisierung der Prozesskette in der Fertigung" 307

Abb. 12: Integrierte Informationssysteme; Wertschöpfung/Auftragsdurchlauf 323

Abb. 13: Wettbewerbsstrategische Bestimmungsfaktoren 324

Abb. 14: erweiterter Wirkungskreis und erweiterter Informationskreis der WI 326

Abb. 15: modifizierte Kennzeichen der „Dritten Welle" nach A. Toffler 328

Einleitung

"Wenn jedes Werkzeug seine eigene Funktion selbst erfüllen könnte, wenn zum Beispiel das Weberschiffchen allein wirken könnte, dann würde der Werkmeister keine Gehilfen brauchen, und der Herr keine Sklaven."
Aristoteles

"Bedenken wir, dass der Automat, was immer wir davon halten, ob er Gefühle hat oder nicht, das präzise ökonomische Äquivalent der Sklavenarbeit ist."
Norbert Wiener

Was ist Gegenstand der Wirtschaftsinformatik? Ist es das, den Traum des Aristoteles zu verwirklichen, dass jedes Werkzeug seine Funktion selbst erfüllen kann, bis schließlich hin zur völligen Ersetzung des „Sklaven", oder auch – geschichtlich später – des werktätigen Menschen durch sein technisches ökonomisches Äquivalent, den Automaten? Eine naheliegende Verwendung eines vorgestellten, universal verwendbaren „intelligenten" Automaten scheint es zu sein, ihn jeweils da, wo Menschen ihre Arbeit tun, einzusetzen, und zwar so, dass er idealerweise die jeweilige menschliche Arbeitsleistung vollständig substituiert. So war offensichtlich die Vorstellung des Aristoteles. Wenn nun als eigentliches Ziel der Wirtschaftsinformatik die „sinnhafte Vollautomation"[1] vorgeschlagen wird, so scheint hier eine ähnlich angelegte Vorstellung mitgedacht zu sein: die Wirtschaftsinformatik hat schon immer im Rahmen ihrer jeweiligen Möglichkeiten sich der Verwendung von Automaten in wirtschaftlichen Kontexten gewidmet, indem sie einerseits bestehende Arbeitsvorgänge unterstützte, andererseits dann, wenn sie dazu in der Lage war, auch bestehende Arbeitsgänge oder „Stellen" in einem Organisationsgefüge vollständig ersetzte. Im Sinne der betrieblichen Rechnungslegung, die Preisinformationen der umgebenden Marktwirtschaft zur Steuerung der betrieblichen Operationen auswertet, ist es naheliegend, es für das Fern- oder „Superziel" der Wirtschaftsinformatik zu halten, irgendwann einmal alle menschliche Arbeitstätigkeit in Betrieben oder Unternehmen durch Automaten zu substituieren, sofern man davon ausgehen kann, dass der Automateneinsatz lang-, mittel- oder kurzfristig *billiger* ist, als der Einsatz menschlicher Arbeitskräfte; vorausgesetzt natürlich darüber hinaus vollständige Leistungsgleichheit.[2] Die betriebliche Rechnungslegung kann im wesentlichen nur Preisinformationen ‚lesen'; gewöhnlich sind am Markt operierende Unternehmen bemüht um Rentabilitätsmaximierung, und es ist ein bedeutendes Teil-

---

[1] Mertens (1995), s. 48

[2] „Ein langfristiges Ziel, das man für die WI abstecken kann, liegt darin, überall dort im Betrieb zu automatisieren, wo das maschinelle System eine Aufgabe mindestens so gut wie ein Mensch, d h. bezüglich Qualität, Kosten usw., zu erledigen vermag." Mertens/Bodendorf/König/Picot/Schumann (1998), S. 1

gebiet der Wirtschaftsinformatik, diese Rechnungslegung und –führung, die Gewinnung, die entscheidungsunterstützende Aussagekraft und Qualität dieser Preisinformationen auswertenden Unternehmensrechnungen zu unterstützen. Im Sinne dieser Rechnungslegung bzw. des Zieles der Rentabilitätsmaximierung des Unternehmens ist es naheliegend, erforderlich, geboten, möglicherweise auch ethisch geboten[3], immer dann, wenn technisch und ökonomisch die Möglichkeit sich schließlich darbietet, sie zu ergreifen und Automaten einzusetzen, auf den Einsatz menschlicher Arbeit aus Kostengründen und, wie dann meist argumentiert wird, zum Erhalt der Wettbewerbsfähigkeit und der verbleibenden Arbeitsplätze, zu verzichten. Am Ende einer so vorgestellten Entwicklung steht dann ein vollständig automatisiertes Unternehmen, das sich endlich seines meist bedeutendsten Kostenfaktors, nämlich der Lohnkosten, entledigt hat. Aus Sicht des Unternehmens wäre das die Realisierung seines übergeordneten Erkenntnisinteresses; versteht sich die Wirtschaftsinformatik diesem Erkenntnisinteresse verpflichtet, so ist ihr „Superziel" schon dadurch vollständig legitimiert, dass sie im Sinne der Rentabilitätsmaximierung der Unternehmen agiert, und der Hinweis auf die natürliche Bequemlichkeit des Menschen, der die Vollautomation ja schließlich auch entgegenkomme[4], ist von seiner offensichtlich weit zu schweren Bürde, diesen Vorschlag darüber hinaus zu legitimieren, entlastet. Lässt man einmal die Frage nach der tatsächlichen Legitimationsbedürftigkeit einer solchen Zielkonzeption einer Wissenschaft offen, so wäre aber – unter der ja mit zu treffenden Voraussetzung der Möglichkeit und auch Wahrscheinlichkeit langfristigen Überschreitens von Produktivitätswachstum über Produktwachstum – folgender Einwand aus volkswirtschaftlicher Perspektive, und damit schließlich wiederum auch aus der Unternehmensperspektive, zu bedenken: „(...) es sei daran erinnert, dass eine quasi arbeitslose, nur noch mit Robotern betriebene Industrie unter den bestehenden Eigentumsverhältnissen zu völlig absurden, untolerierbaren sozialökonomischen Ergebnissen führen würde: Wer kauft denn eigentlich die Produkte? Der Warenaustausch fände nur noch zwischen den Eigentümern der Roboter, also den Kapitaleignern statt. Die Masse der anderen Menschen wäre von einer solchen Wirtschaft ausgeschlossen und würde verelenden."[5] Um das bekannte Wort von Henry Ford abzuwandeln: auch Roboter kaufen keine Autos, ja strikt gesprochen aller Voraussicht nach überhaupt nichts[6]; der private Endkonsum, die Nachfrage nach Konsumgütern käme, will man nicht aufwendige Zusatzannahmen treffen wie etwa eine massive Einkommens-

---

[3] Mertens leitet das in seiner Sicht auch die Wirtschaftsinformatik verpflichtende Gebot der Rentabilitätsmaximierung ab aus dem normativen Gehalt des Begriffs Ökonomie, bestmöglich Ressourcen auszunutzen. Mertens (1999) S. 364

[4] Mertens (1995), S. 48

[5] Zinn (1998), S. 66/67

[6] Hier stellt sich die volkswirtschaftstheoretische Frage, was einen „Nachfrager", als welcher prima facie ja auch ein maschinelles System auftreten kann, zu einem Konsumenten, also einem Endverbraucher macht. Es scheint so zu sein, dass dazu personelle Subjekt-Rechte gehören, die nur einem Menschen zukommen können. Die Frage wird später wieder aufgegriffen.

umverteilung über Steuern oder voll lohnausgeglichene Arbeitszeitverkürzungen[7], zum erliegen. Folgt man diesem Einwand, so scheint es also so zu sein, dass ein so vorgestelltes mikroökonomisches Gestaltungsideal der Wirtschaftsinformatik, das vollautomatisierte Unternehmen, im makroökonomischen Kontext zu keineswegs wünschenswerten Ergebnissen, möglicherweise gar zum nachhaltigen Stabilitätsverlust des volkswirtschaftlichen Güteraustausches führen würde; dass also die maximale oder vollständige Automation als aus Sicht der betrieblichen Rechnungslegung innerhalb der „kapitalistischen" Marktwirtschaft ideale, weil kostenminimale Unternehmensgestaltung die Steuerungskapazitäten der umgebenden preisgesteuerten Marktwirtschaft systematisch überfordern und möglicherweise zu deren Kollaps führen würde.

Soviel sollte bisher verdeutlicht worden sein: es ist offenbar nicht hinreichend, ein Projekt „Vollautomation" ebenso unreflektiert und marktharmoniegläubig zu proklamieren und zu verfolgen wie etwa ein beliebiges anderes der im Verlaufe der jungen Geschichte der WI diskutierten Projekte, etwa Betriebsdatenerfassung, Btx oder Computer Integrated Manufacturing. Die von der Marktwirtschaft und der betrieblichen Rechnungslegung zur Verfügung gestellten Parameter reichen offensichtlich nicht hin, über Vernunft, Legitimation oder auch organisatorischen Rahmen des Einsatzes von automatischen Maschinen zu entscheiden, deren Leistungsfähigkeit man sich so hoch denkt, dass beliebige menschliche Arbeitsleistungen leistungsgleich, sicher und effizient substituiert werden können. Entschließt man sich in der Annahme der Gegebenheit der bloßen technischen Voraussetzungen mit Mertens konform zu gehen und „Vollautomation" als Substitution menschlicher Arbeitsleistung überhaupt technisch, als in einer Applikation realisierbare Rechner- oder Softwareleistung für möglich zu halten, so sollte deutlich werden, dass man sich dies nicht einfach als sukzessiven Prozess der zunehmenden Ersetzung von Arbeiten, Arbeitskräften oder Arbeitsstellen in bestehenden organisatorischen Gefügen bzw. Unternehmen in ganzen Volkswirtschaften denken kann. Aber offenbar ebenso vordringlich wie die Frage nach möglichen prinzipiellen technischen Leistungsgrenzen realisierbarer Automaten ist die Frage nach der Vernunft und Legitimation einer solchen Zielprojektion zu beantworten: in wessen berechtigtem Interesse läge denn „Vollautomation", aus welchem begründeten Erkenntnisinteresse[8] würde denn die Wissenschaft Wirtschaftsinformatik ihre Forschungsaktivitäten diesem Erkenntnis- bzw. Gestaltungsziel unterordnen? Offensichtlich ist ja hier, wie schon bemerkt, die Orientierung an der Wert- und Zielsystematik, die die Volkswirtschaftslehre mit der freien Marktpreisbildung und der unterstellten Gemeinwohlorientierung der Marktwirtschaft bzw. die Betriebswirtschaftslehre mit der Zielgröße „Rentabilitätsmaximierung" zu Verfügung stellen, nicht hinreichend, und zwar schon *argumentationstechnisch* nicht hinreichend, wenn zu unterstellen ist, dass eine

---
[7] wie ab Ende der 70er Jahre verschiedentlich vorgeschlagen, z.B. Hanke (1982)

[8] Büttemeyer diskutiert Habermas' Konzept der Erkenntnisinteressen, um das Erkenntnisinteresse der Informatik vor diesem Hintergrund zu qualifizieren. Büttemeyer (1995), S. 58 ff.

aus einem übergeordneten Sinn- und Ordnungszusammenhang her begründete Handlungssystematik geeignet ist, eben diesen Sinn- und Ordnungszusammenhang in seiner Gültigkeit und auch seiner existentiellen Substantialität zu erschüttern.

In der Wissenschaftstheorie geht es um „Fragen der Zielsetzung, Begriffsbestimmung, Hypothesenprüfung, Theorienbildung und Argumentationsweise"[9]. *P. Mertens* hat in wissenschaftstheoretischer Absicht und unter dem Anspruch der Anwendung wissenschaftstheoretisch informierter Methodik für die junge Wissenschaft Wirtschaftsinformatik eine Zielsetzung ausgearbeitet und vorgeschlagen, nämlich das Langfristziel „sinnhafte Vollautomation". Mertens hat darüber hinaus bzw. damit implizit eine „Empfehlung für die Form der weiteren wissenschaftlichen Arbeit"[10] ausgesprochen; ein „solches Vorgehen heißt normativ."[11] Ziel der vorliegenden Arbeit ist es ebenfalls, beizutragen zur normativen Grundlegung des Vorgehens und der Setzung der Wissenschaftsziele der Wirtschaftsinformatik. Ein beschreitbarer Weg wäre eine Kritik der Mertens-These. Damit ist aber die hier verfolgte Absicht nicht erschöpft. Ziel der Arbeit ist es, Gegenstand und Ziel der Wirtschaftsinformatik normativ zu beschreiben, unter Einbezug dieses in der Mertens-These benannten gestalterischen Potenzials der Wirtschaftsinformatik in den wissenschaftstheoretischen Reflexionshorizont, das, so die Anfangsintuition der Arbeit, in Informatik und Wirtschaftsinformatik so hinreichend beobachtbar[12] und virulent ist, dass sich die Aufnahme in diesen Reflexionsbereich gebietet. Unter dieser Voraussetzung müssen viele der gängigen Lehrbuchbeschreibungen von Ziel und Gegenstand der Wirtschaftsinformatik[13] als unterspezifiziert gelten; sie ermöglichen dadurch eben die

---

[9] Büttemeyer (1995), S. 14

[10] Büttemeyer (1995), S. 16; Mertens empfiehlt die Bearbeitung folgender „Aufgabenfelder im Trend": das Zusammenwachsen von betriebswirtschaftlicher und technischer IV - dem CIM-Konzept entsprechend – zu betreiben sowie - „weitgehende Automation als Ziel gesteckt" - Optimierungsalgorithmen erhöhtes Augenmerk zu widmen, und schließlich als „nachgerade gesellschaftspolitische Aufgabe" die „noch stärkere Durchdringung der öffentlichen Verwaltung durch Wirtschaftsinformatik mit dem Ziel der Automation." Mertens (1995) S. 52/57

[11] Büttemeyer (1995), S. 16

[12] Die Association for Computing Maschinery Task Force suchte nach einer inhaltlichen Bestimmung des Faches „Computing sciences" und kam zu dem 1989 vorgelegten Ergebnis: „Die grundlegende Fragestellung der Informatik ist ' Was kann effizient automatisiert werden?'". Denning et al (1989), aus Coy (1992), S. 3

[13] „Die von der Wirtschaftsinformatik betrachteten Erkenntnisgegenstände sind reale Systeme und können sowohl Techniksysteme zur Information und Kommunikation als auch Wirtschaftssysteme sein." Schütte (1999), S. 214; „Wirtschaftsinformatik beschäftigt sich mit IV-Systemen"; „Gegenstand der Wirtschaftsinformatik ist aber auch die Informationsinfrastruktur.."; „...ist auch Information Gegenstand der Wirtschaftsinformatik, und zwar – als Produktionsfaktor, und als wirtschaftliches Gut"; Ziele der WI: „optimale Gestaltung von IV-Systemen"; J. Schwarze (2000), S. 16 ff; Mertens als Co-Autor beschreibt wie folgt den Gegenstand der WI: „Die WI befaßt sich mit der Konzeption, Entwicklung, Einführung, Wartung und Nutzung von Systemen der computergestützten Informationsverarbeitung im Betrieb." Aber eben auch wie oben zitiert, und weiter : „Wo die Automation nicht erreichbar ist, soll das IV-System die Fach- und Führungskräfte möglichst wirksam unterstützen." Mertens/Bodendorf/König/Picot/Schumann (1998), S. 1. Es wird also hier in einem einführenden Lehrbuch explizit maximale Automation vertreten, und, so die zu entfaltende Kritik dieser Arbeit, ohne ausreichende Begründung und ohne Einbezug des angesprochenen Problembereiches.

Ausklammerung dieses umrissenen Problembereiches, nämlich die wissenschaftstheoretische Zurkenntnisnahme dieser „langfristigen Probleme der Zukunft der Arbeit", die, so die Einschätzung eines Kern-Informatikers, „von der Wissenschaft der Informatik (..) nur verschämt zur Kenntnis genommen worden" sind, und für die „theoretische wie praktische Klärungen und Lösungsvorschläge notwendig" seien.[14] Bei *A. Rolf*[15] wird neuerdings dieses Problemfeld, wohl erstmalig in einem Lehrbuch der Wirtschaftsinformatik, als solches angesprochen und als besondere Herausforderung begriffen.

Der angedeutete Problemhorizont spannt sich auf unter Annahme der folgenden beiden Praesuppositionen:

1. Annahme einer Grenze volkswirtschaftlichen Wachstums.
2. Annahme einer – nicht nur, aber auch – produktivitätssteigernd wirkenden Informations- und Kommunikationstechnologie, und zwar in einem Maße produktivitätssteigernd, dass die in einer betrachteten Volkswirtschaft pro Periode erreichbaren Produktivitätssteigerungen das erreichbare volkswirtschaftliche Wachstum dauerhaft und regelmäßig übersteigen.

Die Annahme sättigungs- und ersparnisbedingter Nachfrageabschwächung, also nachfrageseitiger Wachstumsgrenzen bei anhaltender technologisch induzierter Produktivitätssteigerung und in deren Folge das Auftreten technologischer Arbeitslosigkeit, sind die Kern-Annahmen der wichtigsten wachstumspessimistischen ökonomischen Theorien, etwa des sogenannten Stagnationstheorems, das durch *J. M. Keynes* und dessen Langfristprognose von 1943[16] theoretisch fundiert wurde, oder der Tertiarisierungstheorie *Fourastiés*[17], die allerdings nur bezogen auf die Beschäftigungserwartungen im sekundären industriellen Sektor pessimistisch war und einen Übergang von der Industrie- zur Dienstleistungsökonomie erwartete, die Fourastié für nicht rationalisierbar hielt. Die gegenwärtige Situation des Arbeitsmarktes in den westlichen Industriegesellschaften wird z. B. von *Zinn*[18] als „ökonomisches Grundproblem reifer Volkswirtschaften" gedeutet, also als Problem an innere, sättigungsbedingte Wachstumsgrenzen stoßender Volkswirtschaften, die technologisch gleichzeitig eine strukturelle Revolution der Produktionstechniken durchlaufen, in deren Folge in zunehmendem Maße menschliche Beschäftigung durch Maschinen bzw. IuK-technisch ermöglichte Reorganisationen abgebaut wird. Diese wachstumspessimistischen Theorien stehen im Widerspruch zu – von jenen – so genannten wachstumsaffirmati-

---

[14] Coy (1992) S. 25
[15] Rolf (1998) S. 10
[16] Keynes (1943), S. 320 - 325
[17] Fourastié (1954)
[18] Zinn (1994), Zinn (1997)

ven volkswirtschaftlichen Theorien der Neo-Klassik, die von einer prinzipiell unendlichen, durch neues Güterangebot („Produktinnovationen") immer wieder neu angeregten Nachfrage ausgehen, deren Wachstums- und Beschäftigungsimpulse erreichte Prozessinnovationen bzw. Produktivitätssteigerungen immer wieder im Sinne von Vollbeschäftigung saldieren. Aus der Perspektive dieser Deutungen resultiert bestehende Arbeitslosigkeit dann immer aus „unzureichendem Wachstum": „Empirischen Untersuchungen zufolge resultiert die bestehende Arbeitslosigkeit nicht aus technischem Fortschritt, sondern aus unzureichendem Wirtschaftswachstum."[19]

Die vorliegende Arbeit beabsichtigt nicht, zu möglichen volkswirtschaftstheoretischen Deutungen der Gegenwart in der Anlage einer originären Argumentation eine Position zu beziehen, sondern bemüht sich um Klärung einiger Fragen, die sich der Wirtschaftsinformatik als wissenschaftstheoretische Fragen stellen unter Annahme eben dieser Praesuppositionen, also unter Einnahme einer wachstumspessimistischen und sozusagen Informatik-optimistischen[20] Position. Die erklärte Position der Arbeit ist allerdings, diesen wachstumskritischen Annahmen Plausibilität zuzusprechen. Es ist ferner die erklärte bzw. noch zu erklärende Position dieser Arbeit, dass schlüssig ein ethischer Anspruch konstruiert werden kann, Wirtschaftshandeln Vernunftansprüchen zu unterstellen, und dass dieser Anspruch eine Vernunftargumenten zugängliche Begrenzbarkeit wirtschaftlichen Produktwachstums beinhaltet.

Die Voraussetzung, die hier getroffen wird ist also die, dass als nicht-intendierte – oder möglicherweise doch intendierte?[21] – Fernwirkung von Anwendungen der Wirtschaftsinformatik in zunehmendem Maße mit schwindenden Beschäftigungsmöglichkeiten gerechnet werden muss, oder, genauer, dass explizit in die Reflexion der Wissenschaftsziele der Wirtschaftsinformatik einbezogen wird die Möglichkeit, dass im Sinne von Automation und Substitution menschlicher Arbeitsleistung wirkende Gestaltungspotenziale der Wirtschaftsinformatik *nicht* immer wieder durch mit Blick auf Beschäftigungswirkungen „zureichendes" Wachstum neutralisiert werden[22]. Mit anderen Worten: was ist Ziel der Wirt-

---

[19] Potthoff (1998), S. 303. Bemerkenswerterweise stammt dieser in dem Heft 4/1998 der Wirtschaftsinformatik abgedruckte Beitrag aus dem Betriebswirtschaftlichen Institut der Universität Erlangen-Nürnberg, das von Peter Mertens geleitet wird. Bemerkenswert ist nach Ansicht des Verfassers, dass Mertens einerseits das „Superziel" „Sinnhafte Vollautomation" vorschlägt, andererseits in dem von ihm geleiteten Institut eine Untersuchung über Wachstums- und Beschäftigungswirkungen der IuKT erarbeitet wird, die Beschäftigungsprobleme mit unzureichendem Wachstum erklärt. „Sinnhafte Vollautomation" als Beschreibung eines volkswirtschaftlichen Soll-Zustands steht aber doch offenbar in diametralem Widerspruch zu „Vollbeschäftigung durch zureichendes Wachstum" als Beschreibung eines volkswirtschaftlichen Soll-Zustands.

[20] ..wenn man zunächst einmal nur auf das technische Potenzial des Machbaren abhebt, ohne Reflexion der Bedingungen der gesellschaftlichen Anwendungskontexte

[21] ..eine Frage, die sich an Mertens richtet.

[22] Rolf dazu: „Das ökonomische Ideal einer Volkswirtschaft ist, ein Gleichgewicht zu erreichen: In dem Umfang, wie Arbeit durch Technik rationalisiert werden kann, sollte neue Nachfrage nach Produkten und Dienstleistungen entstehen, die wiederum neue Arbeitsplätze schafft. So bleiben die eigentlich Überflüssigen in „Lohn und Brot". Rolf (1998), S. 243

schaftsinformatik unter der Voraussetzung, dass sie über Gestaltungspotenziale verfügt, mit deren Hilfe menschliche Arbeit so produktiv und effizient gemacht werden kann, dass die am Markt aktualisierte Nachfrage nach Gütern und Dienstleistungen durch immer weniger vollbeschäftigte Menschen bedient werden kann, oder durch weniger Menschen, als es Menschen gibt, die ihre Arbeitskraft am Arbeitsmarkt anbieten? Die Wirtschaftsinformatik hat ihr Selbstverständnis und die Selbstbeschreibung ihrer Kompetenzen und Ziele bisher im wesentlichen aus einer aus der Perspektive des Selbstbehauptungsinteresses des privatwirtschaftlich geführten Unternehmens in einer umgebenden Marktwirtschaft stammenden Weltsicht bezogen und abgeleitet: „Die Wirtschaftsinformatik vermittelt zwischen den betriebswirtschaftlichen Anwendungen und der Informationstechnik. Dabei bestehen zweiseitige Beziehungen. Einmal muss die Informationstechnik dahingehend analysiert werden, inwieweit neue technische Verfahren neue Anwendungskonzepte ermöglichen." Auf der anderen Seite sei, so Scheer, erkennbar, „dass Forderungen von EDV-orientierten Anwendungskonzepten an die Informationstechnik zu ihrer wirksameren Unterstützung gestellt werden."[23] Im Zentrum des Erkenntnisinteresses der Wirtschaftsinformatik „in Forschung und Lehre" steht jedenfalls „ganz überwiegend das mit sich in Konsens lebende, private Großunternehmen", und hier „war und ist die Wirtschaftsinformatik primär auf der Suche nach Rationalisierungs- und Produktivitätspotenzialen".[24] Bereitstellung von Orientierungswissen und der Blick auf „relevante gesamtwirtschaftliche Tatbestände", wie von *Rolf* gefordert, scheinen solange verzichtbar, wie das marktharmonische Vertrauen auf die Stabilität und Selbststeuerungsfähigkeit des Marktes ebenso unbezweifelt wie unausgesprochen im Zentrum der makroökonomischen „Weltanschauung" der Wirtschaftsinformatik verbleiben. Lässt man jedoch diese Möglichkeit zu, dass durch Wirtschaftsinformatik gestaltete Unternehmen in zunehmendem Umfang sozusagen einen Produktivitätsüberschuss generieren können, der auf dauerhaft aufnahmeunfähige, weil gesättigte Märkte trifft, und nimmt zusätzlich noch eine geforderte Wachstumsbegrenzung nach Maßgabe ökologischer Gesichtspunkte hinzu, eröffnet sich ein weitgehend oder gar gänzlich unerforschter Raum von Gestaltungsoptionen, mit einem erheblichen, die eigenen Kernkompetenzen der Wirtschaftsinformatik weit überschreitenden Bedarf an Orientierungswissen. Operiert man hier einmal versuchsweise mit dem hier noch nicht eingeführten, in der Volkswirtschaftslehre gebräuchlichen Begriff „notwendiges Produkt", so entstünde eben die Situation eines – bezogen auf das zur Bereitstellung des notwendigen Produkts erforderliche, durch maschinelle Unterstützung angereicherte Arbeitsvolumen – Über-Angebots an Arbeit eines bestimmten Produktivitätsniveaus, ein „Arbeits-Frei-Raum", über welchen zu verfügen ist. Eine Option über diesen Spielraum zu verfügen wäre – aus dieser Sichtweise –, zu fragen,

---

[23] Scheer (1994), aus dem Vorwort zur 3. Auflage 1990, S. VII

[24] Rolf (1998), S. 5 u. S. 11

ob Wirtschaftsinformatik oder auch Informatik denn nicht auf die Ausgestaltung und Anwendung dieses Rationalisierungs- und Automatisierungspotenzials verzichten können oder sollen, indem sie z. B., wie vorgeschlagen wird, eine „ablauforientierte", rationalisierende, durch eine „unterstützende Sichtweise" ersetzen;[25] eine Frage, die offensichtlich dann nicht mehr nach Maßgabe betrieblich zur Verfügung gestellter Orientierungsgrößen wie etwa Kapitalrentabilität[26] beantwortet werden kann, sondern nach anderen, sprachlich vermittelten Orientierungsinhalten. Von Autoren wachstumskritischer Theorien wie schon *J. S. Mill* oder, wie bereits erwähnt, *J. M. Keynes*[27] wurde für eine zunehmende und, im Falle Keynes – schon 1930 – für eine am Ende drastische Verkürzung der durchschnittlichen Arbeitszeit plädiert; Keynes sah „die ökonomischen Möglichkeiten unserer Kinder" grundsätzlich optimistisch, so wie viele andere Autoren auch[28], die im Gegensatz zur neoklassischen Allgemeinen Gleichgewichtstheorie von inneren, also sättigungs- oder reifebedingten Grenzen volkswirtschaftlichen Wachstums ausgingen.

Was aber wären diese bindenden Orientierungsinhalte? Was spräche für eine auf Rationalisierung und Produktivitätssteigerungen verzichtende Gestaltung von Arbeitsabläufen und Organisationen, was spräche für einen „Verbrauch" gewonnener Produktivitätsspielräume in Gestalt frei disponibler „Frei-Zeit" als Korrelat von Verkürzungen der regulären Arbeitszeit, und was spricht eigentlich für oder gegen die Idee der mertensschen Vollautomation, vorausgesetzt einmal, der schon vorgebrachte Einwand aus volkswirtschaftlichen Erwägungen ließe sich auf eine noch zu eruierende Art und Weise entkräften? In der Vorstellungs- und Lebenswelt der Griechen zur Zeit des Aristoteles war die notwendige Arbeit den Sklaven übertragen, wodurch den freien Bürgern ihrer für würdig erachtete freie Tätigkeit in Muße möglich war; es gab durchaus die Einsicht in die Härte des Schicksals der Sklaven und auch – siehe oben – den ohnmächtigen Wunsch, dass die Gestaltung der häuslichen Oikonomia doch anders möglich sein solle, eben etwa mit Hilfe von ‚auto-matischen' Weberschiffchen, die den Herren in die Lage versetzen würden, seine Sklaven zu entlassen. Offenbar sah schon Aristoteles die Automaten, wenn man dieses kurze Zitat denn so deuten will, als ökonomisches Äquivalent der Sklavenarbeit, und wünschte sie sich herbei, im Mitgefühl für die unmenschlichen Lebensbedingungen der Sklaven. Nun stehen diese von Menschen aus eigenem ingeniösem Vermögen hervorgebrachten

---

[25] Dieser Ansatz sowie eine innerhalb dieses Ansatzes entwickelte Abgrenzung des menschliches Arbeitshandeln ersetzenden Automatenbegriffs gegen einen menschliche Arbeit unterstützenden Werkzeugbegriff wird von G. Gryczan vorgestellt. Gryczan (1996)

[26] eine Größe, deren Maximierung nach Auffassung von P. Mertens für die Wirtschaftsinformatik eine Verpflichtung darstellt, wie oben bereits erwähnt. Mertens (1998), S. 384

[27] Keynes (1930)

[28] im Zuge der seit etwa Ende der 70er Jahre aufkommenden, u.a. von Ralf Dahrendorf oder Hannah Arendt geführten Debatte um das „Ende der Arbeitsgesellschaft", weiter bspw. Benseler/Heinze/Klönne (Hrsg.) (1982), oder Hanke (1982)

Sklaven gewissermaßen vor der Tür, und es scheint keineswegs eindeutig, mit welchen Gefühlen sie nun hier begrüßt werden.

Durch die Mertens-These darf man sich vielleicht angeregt oder gar aufgefordert sehen, die Frage nach möglichen durch maschinellen Produktivitätszuwachs entstehenden Spielräumen und Gestaltungsoptionen sehr radikal zu stellen, oder, genauer, zu versuchen, diejenigen Fragen zu isolieren und wenn möglich zu beantworten, die sich stellen unter der gedachten Voraussetzung, dass Automation – nach einer zu formulierenden Definition – maximal realisiert ist. Diese, sozusagen makroökonomische Definition für maximale oder Voll-Automation könnte beispielsweise lauten: Alle in einer betrachteten Volkswirtschaft zu einem Zeitpunkt t_0 erbrachten, in die volkswirtschaftliche Leistungsrechnung eingehenden Leistungen, die nicht Kapitalerträge oder Unternehmerlohn sind, werden leistungs- und qualitätsgleich von Maschinen erbracht. Es sei schon an dieser Stelle bemerkt, dass nach Auffassung des Verfassers damit nicht ein für erreichbar gehaltenes Ziel einer denkbaren volkswirtschaftlichen Entwicklung beschrieben sein kann. Aber einige wesentliche Fragen über Sinn, Anwendungsbedingungen, Legitimation und auch Grenzen von Automation stellen sich dann in der notwendigen Schärfe, um sie in der geforderten Allgemeinheit zu beantworten. Zu diesen Fragen gehören solche nach den im Modell des universalen Automaten liegenden Grenzen seines Einsatzbereichs, deren Bearbeitung im Grenz- oder Überschneidungsbereich der Kompetenzen von Informatik und Philosophie"[29] zu geschehen hätte, solche nach den normativen Implikationen des Begriffs der Menschenwürde, u. a. auch in Bezug auf den legitimen Einsatz von Automaten, also eine genuin philosophische Fragestellung[30], und schließlich auch solche nach den Prinzipien der Lösung der „drei Grundfragen des Wirtschaftens"[31], des Allokationsproblems, des Effizienzproblems und des Verteilungsproblems, unter eben der Voraussetzung, dass zur Lösung des Effizienzproblems universale Automaten von einer denkbaren maximalen Leistungsfähigkeit und in einem denkbaren maximalen Umfang zur Verfügung stehen. Diese Frage ist offenbar von der Volkswirtschaftslehre zu beantworten[32].
In diesem Zusammenhang ist es durchaus erforderlich, die Gemeinwohlorientierung des Wirtschaftens zu hinterfragen, also wirtschaftsethische Fragestellungen – unternehmensethische als auch institutionenethische – aufzunehmen, und den verwendeten Begriff der Gemeinwohlorientierung nicht lediglich an funktionale

---

[29] so der Titel einer dankenswerten Sammlung von Beiträgen zum Thema, auf die im weiteren Verlauf dieser Arbeit häufiger zugegriffen werden wird; Schefe et al. (Hrsg.) (1993)

[30] ...deren systematische Beantwortung die Beurteilung der Frage sollte ermöglichen können, ob Automation die „reichlich kindische" Vorstellung „eines umfassenden vollautomatischen Schlaraffenlandes, das die Menschen nur noch als Schmarotzer erträgt", unterliegt, wie Coy in Coy (1992), S. 31 formuliert

[31] nach M. Neumann; Neumann (1988), S. 2

[32] Was in diesem Zusammenhang von der Volkswirtschaftswissenschaft zu leisten wäre, ist nach Auffassung von K. G. Zinn eine Theorie der Stagnationsstabilität. „Doch eine Theorie der ökonomischen Stagnationsstabilität steht noch aus." Zinn (1994), S. 39

Gesichtspunkte wie Gleichgewicht, Stabilität und optimale Güterversorgung zu binden, sondern, wie etwa in dem wirtschaftsethischen Ansatz der „Lebensdienlichkeit" von *Ulrich*[33], Orientierungsinhalte wie Nachhaltigkeit und Emanzipation aus naturgegebener Abhängigkeit und Unterwerfung unter Sachzwänge in die leitenden regulativen Ideen zu integrieren.

Der Soziologe *U. Beck* bearbeitet – einleitend in eine Sammlung von Aufsätzen zum Thema „Zukunft von Arbeit und Demokratie"[34] – die Frage: „Wohin führt der Weg, der mit dem Ende der Vollbeschäftigungsgesellschaft beginnt?"[35]. Eine sich langfristig orientierende Wirtschaftsinformatik wird sich der Einsicht nicht verschließen können, dass dies eine Fragestellung ist, die auch sie angeht, und zwar in einem doppeltem Sinne: a) wird sie gesehen werden müssen als einer der ‚Verursacher' oder der verursachenden Faktoren dieses Phänomens, und b) ist sie aufgerufen, ihren ganz spezifischen Beitrag zur Entwicklung einer langfristigen Lösungsperspektive zu leisten; dies in Wahrung ihrer Verantwortung als Wissenschaft, die einem universalen und zeitübergreifenden Erkenntnisinteresse verpflichtet ist, und nicht lediglich dem Interesse von Unternehmen an der Erlangung von Wettbewerbsvorteilen: das Unternehmen ist keine zeitlos invariante Instanz mit einer letzten, unbedingten Zielsetzungsautorität, es ist ein Zweckgebilde, dessen Existenz- und Unterstützungsberechtigung an Bedingungen geknüpft ist und nicht unbedingt gilt wie die des Menschen, der – mit *Kant* – Selbstzweck ist und ein autonomes Lebens- und Existenzrecht besitzt. Insbesondere bringt gerade die ‚Vision' des „vollautomatisierten Unternehmens" ein ‚Unternehmen' bzw. einen ‚Unternehmer' zur Vorstellung, dar ja vollständig all jener Eigenschaften verlustig und ledig ist, die – beispielsweise in den markanten Formulierungen *Joseph A. Schumpeters* („Industriekapitän", „Führer" und „Durchsetzer" neuer Kombinationen auf dem Markt) – einen Unternehmer ausmachen, seine Tätigkeit rechtfertigen und ihr ökonomischen und allgemeingesellschaftlichen Wert verleihen: ein vollautomatisiertes Unternehmen wäre schließlich nichts anderes als ein Automat, der seinem Besitzer einen vollkommen leistungsfreien Kapitalrentenertrag als „Unternehmerlohn" einbringt; wie sich zeigen wird, würde eine solche Annahme auch volkswirtschaftlichen Grundeinsichten widersprechen, die den Unternehmerlohn als „Überschreitung des marktüblichen Einkommens" verstehen, der unter der Voraussetzung, dass das „vollautomatisierte Unternehmen" zum Standard geworden ist, nicht mehr zu realisieren wäre.

Es wäre aber nach der hier vorzustellenden Auffassung nun verfehlt hieraus etwa zu folgern, dass die Betrachtung und Berücksichtung von in der Gegenwart am Markt operierenden Unternehmen und deren Bedarf an IuK-Unterstützung

---

[33] Ulrich (1997)

[34] Beck (Hrsg.) (2000)

[35] Beck (2000), S. 7 - 66

im Zielspektrum der Wirtschaftsinformatik an sich schon in die Irre führt: im Gegenteil ist hier die Annahme die, dass es gerade diese von Unternehmensinteressen getriebenen Entwicklungen sind, die am Ende einen Baustein, eine Komponente darstellen können in der Komposition dieses Bündels von vielleicht auch politischen und gesellschaftlich-organisatorischen Maßnahmen[36], die zu einem Entwurf eines wünschenswerten Zustandes der Arbeitswirklichkeit oder der Lebenswelt führen, der am Ende dieses Weges vielleicht zu finden ist, der mit dem „Ende der Vollbeschäftigungsgesellschaft" beginnt.

Die Arbeit gliedert sich im wesentlichen in die Bearbeitung folgender Fragenkomplexe:

1. *wissenschaftstheoretisch:* Welche Anforderungen stellen sich wissenschaftstheoretisch an die Bestimmung des Wissenschaftszieles einer Wissenschaft, und welche stellen sich im besonderen an die Bestimmung des Wissenschaftszieles der Wirtschaftsinformatik? Welche wissenschaftstheoretischen Ansätze sind genügend bestimmungs- und bindungsfähig, um das Wissenschaftsziel der Wirtschaftsinformatik zu begründen?

2. *philosophisch-ethisch:* Welche Wesensmerkmale des Menschen sind konstitutiv für ein normatives Menschenbild, das in der Relation des Menschen zu einem universalen Automaten dessen legitime, vernünftige Verwendung begründet?

3. *volkswirtschaftlich:* Welche Plausibilitäten lassen sich gewinnen für die Annahme, dass langfristig das Produktivitätswachstum das Produktwachstum übersteigen wird? Wenn diese Annahme Plausibilität gewinnt: was könnten sein die Prinzipien der Lösung der „drei Grundfragen des Wirtschaftens", des Allokationsproblems, des Effizienzproblems und des Verteilungsproblems, unter der Voraussetzung, dass zur Lösung des Effizienzproblems universale Automaten von einer denkbaren maximalen Leistungsfähigkeit und in einem denkbaren maximalen Umfang zur Verfügung stehen?

4. *wirtschaftsinformatisch:* Was sind die Konstituentien eines vernünftigen wirtschaftlichen Einsatzes von Automaten? Was ist eine vernünftige normative Beschreibung bzw. Bestimmung des universalen Automaten in wirtschaftlichen Nutzungskontexten, unter Voraussetzung aller denkbaren Niveaus von Leistungsfähigkeit? Was sind die Prinzipien vernünftigen Wirtschaftens unter Voraussetzung beliebiger Automationsniveaus? Was sind die Konstruktionsprinzipien bzw. –restriktionen für ein möglicherweise zu forderndes neues Gestaltungsobjekt der Wirtschaftsinformatik als Typ von Organisation, der in der Lage wäre, den oben umrissenen Ansprüchen zu genügen?

---

[36] „von denen eine Anzahl hier vorgestellt werden: Beck (Hrsg.) 2000

Die Ergebnisse zu diesen Fragekomplexen, die in der vorliegenden Arbeit entwickelt werden, sind wie folgt zusammenzufassen:

Zu 1): Die Arbeit bezieht einen kulturwissenschaftlich-konstruktivistischen Standpunkt. Wissenschaft in diesem Verständnis „verknüpft das Wahrheitsproblem mit dem Rechtfertigungsproblem", es gibt hier also eine überpositive Wertorientierung; die einen normativ gehaltvollen Begriff von wissenschaftlich-technischer Rationalität und Rationalisierung zur Hand gibt. Die Unterstellung bzw. ins Auge gefasste Möglichkeit dauerhaft über dem Produktwachstum liegenden Produktivitätswachstums macht eine fundamentale Neuorientierung der zentralen Hintergrundannahmen sowie der verwendeten Begrifflichkeit erforderlich; die Begriffe ‚Gemeinwohl' oder ‚Wohlstand', Effizienz, Rationalität bzw. Rationalisierung, Unternehmen, Technik, um nur wenige zu nennen, können nicht mehr in einem unreflektierten common-sense-Verständnis verwendet werden. Dies macht der Vorschlag „sinnhafte Vollautomation" als Wissenschaftsziel der Wirtschaftsinformatik von *P. Mertens*, der ja der Vorstellungskraft ein grundlegend anderes, neues ökonomisches Universum − nämlich offenbar ohne Beschäftigung für den Produktionsfaktor Arbeit − zumutet, ja deutlich: eine Bewertung eines solchen Zielvorschlages kann nicht mehr innerhalb des klassischen oder neoklassischen ökonomischen Paradigmas erfolgen, das ‚Gute' oder ‚Schlechte' von Maßnahmen zur Effizienz- und Produktivitätssteigerung kann nicht mehr lediglich ökonomisch oder gar nach Maßgabe innerbetrieblicher Steuerungsparameter benannt oder bemessen werden. Eine kulturalistische Wissenschaftsauffassung mit ihrer sprachpragmatisch oder diskursethisch informierten Wertbindung, jenseits des lediglich positivistischen und keinesfalls genügend bindungsfähigen „Nutzens für die Praxis", sowie ihrem Wahrheitskriterium der „technischen Reproduzierbarkeit" von wissenschaftlichen Aussagen und Erklärungen wird hier als genügend tragfähiger wissenschaftstheoretischer Orientierungsrahmen gesehen, innerhalb dessen eine produktive Beantwortung der Frage nach den Wissenschaftszielen der Wirtschaftsinformatik entwickelt werden kann.

Zu 2): Unter Rückgriff auf das sinnstiftende Kulturgut der zweiten Aufklärung, insbesondere der Philosophie I. Kants, sowie die aus der sprachpragmatischen Wende ausgehende Diskursethik wird die Menschenwürde als „Autonomie des Willens gegen die Naturnotwendigkeit der wirkenden Ursachen" als überpositive, orientierungsleitfähige Wertidee ausgezeichnet, sowie das diskursethisch begründete, prozedural verfahrensrationale Ideal der herrschaftsfrei sich konstituierenden idealen Kommunikationsgemeinschaft als Meta-Institution zur legitimen Normenbegründung. Hieraus ergibt sich ein Verhältnis zwischen Mensch und Automat als „Zielsetzungsautorität" zu „berechenbar-deterministisch operierendem, ausführendem Organ" oder „komplexem Werkzeug". „Automatisierung", aufgefasst als kulturgeschichtlicher Verlauf der „Objektivierung" von „Leistungsbereichen", ließe sich so mit Kant auch verstehen als sukzessive Erhebung der „Autonomie des Willens gegen die Naturnotwendigkeit der wirkenden Ursachen".

Zu 3): Es werden in der vorliegenden Arbeit eine Fülle von Hinweisen (aus vorgestellten elaborierten volkswirtschaftlichen Theorien) dargelegt, die die Annahme eines endlichen Verlaufs des wirtschaftlichen Produktwachstums stützen und dagegen die Annahme eines infiniten weiteren, exponentiellen Wirtschaftswachstums bezweifeln. Ebenso kann die Annahme weiteren technologisch induzierten Produktivitätswachstums unterstützt werden.
Die empirische Beobachtung, dass die marktinduzierte Evolution von Produktionsprozessen diese gleichermaßen zur Steigerung der *Produktivität* als auch der *Flexibilität* führt, legt die Annahme nahe, dass als generalisiertes Fortschrittskriterium der Evolution von Fertigungsprozessen (vornehmlich zur Produktion wiederkehrender Bedarfe) Zuwächse an Produktivität und Flexibilität betrachtet werden können. Ebenfalls führt die idealisierende Betrachtung der evolutionären Potenziale der Universalen Automaten zu dieser Erwartung. Dem entspricht die Erwartung des Erreichens eines Reifegrades der Technologie, das den (annähernd) *voll*-automatischen Betrieb von Fertigungssystemen zur Produktion wiederkehrender Bedarfe erlaubt, die von *Konsumenten*, also an der *Konsumation* interessierten „Anwendern" zur Fertigung eines ihrer individuellen Nutzenerwartung entsprechenden Gutes genutzt werden können. Die benötigten Produktionskapazitäten können auf einen *entwickelten, rationalen Bedarf* und eine dementsprechend zu erwartende Spitzenbelastung abgestimmt werden; es werden dann Fertigungskapazitäten „verteilt" nach dem Muster der Verteilung von Rechenkapazitäten in Großrechnersystemen auf die „virtuellen Terminals". Optimal ist innerhalb dieser Fertigungssysteme die Verteilung dann, wenn die subjektive Nutzenstiftung optimal erreicht wird, bei minimalen Gesamtkosten und optimaler Abstimmung und Verteilung des Systemressourcen auf die Anwender. Diese Fertigungssysteme und übrige Güter, für welche Bedarfe bestehen, werden über den Markt allokiert. Volkswirtschaftliche Entwicklungsperspektive ist die Erreichung eines möglichst hohen Grades an Autarkie auf Basis der Fertigung eines *rationalen notwendigen Produkts* unter Bedingungen hochentwickelter Fertigungstechnologie, also *größtmöglicher frei disponibler Lebenszeit* (etwa zur Verwendung in tertiären Beschäftigungen, oder zur wirtschaftlichen Deckung zusätzlicher Bedarfe).

Zu 4): Diese Frage ist damit im wesentlichen bereits beantwortet. Mit zunehmender Reife der Fertigungstechnologie kann diese nicht zur Produktion infinit wachsender Gütermengen eingesetzt werden, sondern zur Herstellung eines *entwickelten*, hinsichtlich der Nutzenpräferenzen individualisierbaren Produkts.

Damit ist auch ein Prinzip vernünftigen Wirtschaftens unter Voraussetzung denkbar hoher Produktivitäts- und Flexibilitätsniveaus benannt. Als Typ von Organisation kann nur allgemein angegeben werden, dass die Konstitution eines kollektiven, etwa privat-korporativen, halböffentlichen Subjekts zu fordern wäre, das in der Lage wäre, einen sich aus den skizzierten Produktionsverhältnissen ergebenden Bedarf an Verantwortungsübernahme zu erfüllen.

1 Wirtschaftsinformatik und Wissenschaftstheorie

Zusammenfassung:
Der Anspruch dieses Kapitels muss über die in vergleichbaren Arbeiten übliche Vorstellung der eigenen wissenschaftstheoretischen Orientierung und/oder der programmatischen Leitideen hinausgehen. Die mehrschichtigen Dimensionen der zu bearbeitenden Fragestellung treten schemenhaft zu Tage vielleicht in einem Satz von *A. Gehlen*, den *Jürgen Habermas* in „Technik und Wissenschaft als Ideologie"[37] zitiert: „Dieses Gesetz [eines Verlaufs der technischen Entwicklung, L. E.] sagt ein innertechnisches Geschehen aus, einen Verlauf, der vom Menschen als Ganzes nicht gewollt worden ist, sondern dieses Gesetz greift sozusagen vom Rücken her oder instinktiv durch die gesamte menschliche Kulturgeschichte hindurch. Ferner kann es im Sinne dieses Gesetzes keine Entwicklung der Technik über die Stufe der möglichst vollständigen Automatisierung hinaus geben, denn es sind keine weiteren Leistungsbereiche angebbar, die man objektivieren könnte." Stellt man diesem Satz den folgenden von P. Mertens zur Frage nach den „Langfristzielen" der Wirtschaftsinformatik an die Seite: „Ich möchte hierzu die These anbieten, dass unser Langfristziel die sinnhafte Vollautomation sein sollte!"[38], so wird die menschheits- oder kulturgeschichtliche Dimension dieser Programmatik unübersehbar sowie das geradezu dramatische Unterschreiten des notwendigen Problembewusstseins mit der Einnahme eines lediglich betrieblichen oder betriebswirtschaftswissenschaftlichen Orientierungshorizonts.
Vor dem Hintergrund dieses Problembewusstseins zielt dieses Kapitel ab einerseits auf das Herausschälen der im einzelnen zu bearbeitenden wissenschaftstheoretischen Fragestellungen, sowie andererseits darauf, jenen wissenschaftstheoretischen Orientierungsrahmen zu benennen, der zur Bearbeitung der umrissenen Fragestellungen geeignet und genügend leitfähig erscheint.

Kap. 1): In einem kurzen Überblick über bisher vorgestellte Arbeiten zum Thema „Wissenschaftstheorie und Wirtschaftsinformatik" wird zunächst deren deutlicher Focus auf Unterstützung betrieblicher Interessen im Umfeld der „Neuen Marktdynamik" durch Mittel der Informations- und Kommunikationstechnik festgestellt sowie das Ungenügen dieser Orientierung im angenommenen makroökonomischen Kontext.

Kap. 1.1 bemüht sich um ein – möglichst voraussetzungsloses - Einkreisen der Fragestellungen: „Wie findet eine Wissenschaft ihr Ziel, welche Antworten kann Wissenschaftstheorie grundsätzlich geben, welche Kriterien liefert die Wissenschaftstheorie für wissenschaftliches Vorgehen?"; dazu gehört u. a. die Frage, ob wissenschaftliche Entwicklung sich mehr als endogener „potential-push" von innen verstehen lässt oder als „solution-demand" von außen, durch äußere Anforderungen, so wie für die Wirtschaftsinformatik z. B. von einem „technology-push" und einem „business-demand" oder der Rolle der IuKT als „enabler" oder als „driver" des Wandels des Unternehmensalltags die Rede ist.

In *1.1.1* und *1.1.2* werden zunächst basale wissenschaftstheoretische Orientierungen vorgestellt, und zwar, mit Bezug auf *Büttemeyer*[39], die klassische aristotelische und die erste neuzeitliche baconische als weit auseinanderliegende Pole eines Spektrums wissenschaftstheoretischer Ziel- und Methoden-Orientierungen; in *1.1.3* wird versucht durch eine gewissermaßen

---

[37] in Habermas (1968a), S. 56

[38] Mertens (1995), S. 48

[39] Büttemeyer (1995)

,sokratische' Vorgehensweise des Fragens die Breite und innere Verwobenheit der zu bearbeitenden Fragestellungen zu illustrieren. *1.1.4* nimmt detaillierter einige wissenschaftstheoretische konzeptionelle Vorschläge in Augenschein; es geht u. a. um das Aufzeigen der Schwäche einer lediglich positivistischen Orientierung oder gar einer Orientierung innerhalb eines „Wettbewerbsmodells" der Wissenschaftsdisziplinen um Anerkennung und Fördermittel. Die Vorstellung einer Arbeit zur Wissenschaftlichkeit in Medizin und Informatik soll u. a. die hier geteilte Einschätzung der Wichtigkeit der Einordnung wissenschaftlicher Tätigkeit in einen „Gesamtzusammenhang" verdeutlichen.

1.1.5 nimmt die Frage nach einer möglichen ‚endogenen' Entwicklungslogik auf oder nach ‚apriorischen' Grundbestimmungen einer Wissenschaft; der Universale Automat scheint in diesem Sinne die Wirkung eines endogen ‚drivers' oder ‚pushers' zu entfalten, deren weder Informatik noch Wirtschaftsinformatik sich ‚einfach' entziehen könnten, ohne ihrer Identität verlustig zu gehen; die – von Allan Turing z. B. schon früh beschriebenen und reflektierten – Spezifika dieser Universalmaschine müssen in eine Selbstverständnis- und Zielreflexion gebührend mit einbezogen werden.

Kap. 1.2 hat das Ziel, mit der ‚Konstruktivität' von Informatik und Wirtschaftsinformatik deren spezifischen Bedarf an Orientierung zu verdeutlichen; wenn z. B. verfahrensmäßige Entscheidungen einer Wissenschaft normgesteuert sein sollen, muss Klarheit bestehen über die Beschaffenheit und Begründetheit dieser Normen.

Kap. 1.3: In diesem Sinne wird die Klärungsbedürftigkeit von Grundbegriffen der Wirtschaftsinformatik wie Effizienz, Produktivität, Rationalität und Rationalisierung deutlich; was heißt ‚automatisieren', was soll/kann/darf automatisiert werden und was soll/kann/darf nicht automatisiert werden, und ist diese Frage eine Kernfrage der Wirtschaftsinformatik? Was ist „Rationalitätserhöhung" von Wissenschaft, von Betrieben, von Gesellschaft?

Kap. 1.4 nimmt diese Fragen auf und zielt ab auf Verdeutlichung der inneren Zusammenhänge von Vernunft und Rationalität, von instrumenteller und materialer bzw. Wertrationalität; Wertrationalität soll expliziert werden als eine auf eine bestimmte Qualität von übergeordnetem ‚Gesamtzusammenhang', von Lebenswelt abzielende Werthaltung, von Kultur. Hier wird der Bezug zur kulturalistischen Wissenschaftsauffassung hergestellt. In einem Exkurs werden die Kerninhalte des methodischen und des sog. ‚radikalen' oder naturwissenschaftlichen Konstruktivismus detailliert einander gegenübergestellt, um eine anschließende Kritik des ‚radikalen' Konstruktivismus und des ‚Selbstorganisationsparadigmas' vorzubereiten.

In Kap. 1.5 wird schließlich detailliert auf den von P. Mertens vorgestellten Vorschlag eines ‚Langfristzieles' für die Wirtschaftsinformatik eingegangen, um differenziert angeben zu können, inwieweit, in welchen Teilen und mit welcher Begründung diese Zielkonzeption etwa zustimmungsfähig oder zu kritisieren ist.

Unter dem Titel „Wirtschaftsinformatik und Wissenschaftstheorie" erschien 1999 eine Sammlung von Beiträgen zum Thema[40], gewissermaßen als Frucht einer spätestens seit Mitte der 90iger Jahre immer wieder eingeforderten Behebung eines ebenso oft beklagten Defizits an Meta-Theorie in der Wirtschaftsinformatik oder auch wissenschaftstheoretischer Grundlegung, wobei in Abhän-

---

[40] Becker et al. (1999)

gigkeit von der jeweiligen wissenschaftsphilosophischen Provenienz oder möglicherweise auch vorwissenschaftlichen Intuition der Autoren unterschiedliche Schwerpunkte gesetzt werden, etwa die Frage nach der Bedeutung der Theoriebildung in der Wirtschaftsinformatik[41] oder der von Methoden der Modellkonstruktion[42]; vorgestellt werden generelle Überlegungen zur Verwendung formaler Sprachen[43] oder zur Fruchtbarkeit von Wissenschaftsprogrammen oder –konzeptionen wie etwa den beiden Spielarten des Konstruktivismus[44]. Ohne unzulässige Generalisierung wird man sagen dürfen, dass die bisher vorliegenden Ansätze oder Stücke von Meta-Theorie mehr oder weniger stillschweigend als Erkenntnis-Objekt auf der einen, als Gestaltungsobjekt auf der anderen Seite den „Betrieb" sehen, mit Focus des Erkenntnis- und Gestaltungsinteresses auf dessen informationstechnisch zu unterstützendem „Funktionieren", das, da der Betrieb sich im vorherrschenden oder wohl meist anerkannten und üblichen Theorieverständnis als komplexes Organ oder als Organisation präsentiert, häufig sich in Anlehnung an die Organisationstheorie zu artikulieren und zu orientieren sucht, oder auch an eine andere betriebswirtschaftliche Theorie wie die Entscheidungstheorie.[45] Es geht darum, die Handlungs- und Entscheidungsfähigkeit einer komplexen Organisation im Interesse der Erhaltung und auch Erweiterung ihrer Handlungs- und Existenzfähigkeit als solcher durch die Mittel der Informatik, also in erster Linie durch Vorhaltung und Aufbereitung von Informationen, durch Ermöglichung und Unterstützung, also Erleichterung von Kommunikation, sowie durch Einsatz weiterer arbeitsunterstützender Ressourcen der Informatik wie ja auch Robotik und weiterer Anwendungen der Künstlichen Intelligenz, zu unterstützen. Als unbezweifeltes Faktum gilt, dass der „Betrieb" in der Regel – öffentlich-rechtliche, nicht-gewinnwirtschaftlich operierende Organisationen oder solche in öffentlicher Trägerschaft wie etwa Krankenhäuser, kommunale Behörden oder Vereine sind natürlich nicht explizit vom Interesse der Wirtschaftsinformatik ausgenommen, aber eher die Ausnahme als die Regel – sich in privatem Besitz befindet und zur Erhaltung seiner Existenzfähigkeit unter den Überlebensbedingungen der Marktwirtschaft durch betriebliche Rechnungslegung ermittelte Überschüsse erwirtschaften muss. Dazu muss das Unternehmen in der Lage sein, im Sinne der Anforderungen der „neuen Marktdynamik"[46] schnell und flexibel auf Kundenanforderungen zu reagieren, also Kundenanforderungen durch Erstellung der gewünschten Leistung zu erfüllen, und zwar zu durch den erzielbaren Marktpreis abdeckbaren Kosten, inklusi-

---

[41] Lehner (1999), S. 5

[42] Messer (1999), S. 95

[43] Frank (1999), S. 127

[44] Schütte schlägt eine von ihm so genannte „gemäßigt-konstruktivistische" Basis-Position für die WI vor. Schütte (1999). S. 213 ff.

[45] Lehner (1999), S. 10

[46] von Eiff (1992), S. 82/83

ve einer kostenrechnerisch kalkulierten Gewinnmarge. Im Sinne von sogenannten Kostenzielen[47], also dem Bemühen um Kostenminimierung, liegt in der Regel auch das Bemühen um Produktivitätssteigerung, also das Bemühen um Steigerung der Ausbringung der Produktion pro Arbeitseinheit oder pro Faktoreinheit. Das sog. Produktivitätsparadoxon[48], als welches das empirische Phänomen einer negativen Korrelation von IT-Investitionen und Unternehmensproduktivität bezeichnet wurde[49] und das verschiedentlich als Begründung herangezogen wurde oder wird, die Existenz der hier beschriebenen Problematik zu bestreiten, wird inzwischen „deutlich nüchterner betrachtet. Auch wenn viele Studien keine oder nur eine sehr schwache positive Beziehung zwischen IuK-Technik und der Produktivität ermitteln konnten, so fanden sie auch keinen Beweis für ihre Unproduktivität. In der Folge sehen viele Autoren vor allem in *methodischen Fehlern bei der Erfassung des In- und Outputs des IuK-Technikeinsatzes* eine wesentliche Erklärung des Produktivitätsparadoxons."[50] *Piller* weist im Zuge der Betrachtung der möglichen Produktivitätswirkungen des IuK-Einsatzes in verschieden Unternehmensbereichen darauf hin, dass erst die Verbindung von IuK-Technik mit angemessenen organisatorischen Maßnahmen oder auch deren Annahme und durchgängig effiziente Anwendung durch die Mitarbeiter messbare Produktivitätsfortschritte gewährleisten.[51] Erhebungen zur Produktivitätsentwicklung in den USA scheinen nun neuerdings auch den Schluss nahe zu legen, dass das Produktivitätsparadoxon jedenfalls für die Computerproduktion als gelöst zu betrachten ist.[52]

Der im obigen Sinne umrissene Problemhorizont bleibt also in bislang vorliegenden Arbeiten zur Wissenschaftstheorie der Wirtschaftsinformatik als Reflexionsbereich ausgeklammert. Sieht man sich aber nun zu einer – vielleicht auch nur relativen – Wachstumsskepsis[53] genötigt oder hält zumindest gegenteilige Annahmen nicht für deutlich besser belegt und überzeugender erwiesen, und zieht infolgedessen langfristig und anhaltend wachstumsüberschreitende Produktivitätssteigerungen zumindest als nicht auszuschließende Möglichkeit in

---

[47] „im Gegensatz zu anderen Betriebs- oder Reorganisationszielen wie etwa Qualität oder Termintreue (im Falle eines Produktionsbetriebes)

[48] Zelewski stellt in Zelewski (1999) eine strukturalistische Rekonstruktion des Produktivitätsparadoxons vor. S. 27 ff.

[49] In Fournier (1994) wird das Produktivitätsparadoxon erklärt durch eine mangelhafte Anpassung der wirtschaftlichen und gesellschaftlichen Struktur an die Bedingungen des neuen techno-ökonomischen Paradigmas, verbunden mit der Erwartung, dass durch IT induzierter Wohlstand Zeit benötigen wird und erst nach einer strukturellen Anpassungskrise zum Tragen kommt. S. 218

[50] Piller (2000), S. 106

[51] Piller (2000), S. 107 - 110

[52] Gräf (2001), S. 363 - 368

[53] *N. Reuter* kommt in einer umfangreichen Untersuchung zum Ergebnis der Annahme linearen Wachstums mit nahezu konstanten Beträgen als globalem und langfristigem Trend, also zur Annahme stetig abnehmender Wachstumsraten. Reuter (2000).

Betracht, dann wird diese unausgesprochene Grundannahme der Wirtschaftsinformatik, ihr Interesse habe dem privatwirtschaftlich organisierten Betrieb oder Unternehmen und seinem Selbstbehauptungsinteresse an einer relativen Verbesserung seiner Wettbewerbsposition unter Bedingungen der kapitalistischen Marktwirtschaft zu dienen, problematisch: denn es muss schließlich das marktharmonische Vertrauen darauf, dass der Markt – sei es der „neue dynamische" oder noch der als die „invisible hand" des *Adam Smith* wirkende – im gesamtwirtschaftlichen Kontext lediglich die Anforderungen stellt, auf die die Unternehmen, die Betriebswirtschaft und die Wirtschaftsinformatik zu reagieren haben, aufgegeben werden; es kann nicht mehr *unbesehen* vorausgesetzt werden, dass ein aus der Sicht des einzelnen Betriebes auf die Marktanforderungen angemessenes Verhalten auch auf gesamtwirtschaftlicher Ebene zu zweifelsfrei wünschenswerten Ergebnissen führt, als welche die simultan zu optimierenden Zielgrößen Wachstum, Vollbeschäftigung und Stabilität (‚magisches Dreieck') ja gesehen wurden. Ein von diesem volkswirtschaftlichen Ideal weit entferntes, mögliches und nicht für unwahrscheinlich gehaltenes „Resultat einer Ideologie der Automatisierung", wie *W. Coy* 1992 formulierte[54], befürchtete *Norbert Wiener* schon in den ‚boomenden' 1950er Jahren[55]:

> „Bedenken wir, dass der Automat, was immer wir davon halten, ob er Gefühle hat oder nicht, das präzise ökonomische Äquivalent der Sklavenarbeit ist. Jede Arbeit, die mit Sklavenarbeit konkurriert, muß die wirtschaftlichen Bedingungen der Sklavenarbeit akzeptieren. Es ist völlig klar, dass dies eine Arbeitslosigkeit produzieren wird, mit der verglichen die derzeitige Rezession und die dreißiger Jahre als harmloser Scherz erscheinen. Diese Depression wird viele Industriezweige ruinieren – vielleicht sogar die Industrien, die von den neuen Möglichkeiten profitiert haben. Es gibt in der industriellen Tradition freilich nichts, was es einem Industriellen verböte, einen schnellen und sicheren Gewinn einzustreichen und damit zu verschwinden, bevor ihn selber der Konkurs ereilt."[56]

Wenn es also im weitesten Sinne zutrifft, dass im Kompetenzbereich von Informatik und Wirtschaftsinformatik entwickelte universale Automaten, statt lediglich wohlstandsmehrend zu wirken, in ihrer Eigenschaft, Arbeit leisten zu können, in Konkurrenz zu Arbeitsmöglichkeiten suchenden Menschen treten, und es sättigungsbedingt nicht mehr genügend Beschäftigungsmöglichkeiten gibt, um beide, Mensch und Automat, voll zu beschäftigen, dann wird die Wirtschaftsinformatik sich zunehmend auch in gesamtgesellschaftlicher Verantwortung definieren müssen, und wird zunehmend gesamtgesellschaftliche Perspektiven in ihre Zielsystematik aufnehmen müssen, statt sich weiter auf die Perspektive be-

---

[54] Coy (1993), S. 43

[55] Der erste Satz dieses Wiener-Zitats von Coy ist in der Einleitung dem Aristoteles-Zitat gegenübergestellt worden, um die Bandbreite möglicher gesellschaftlicher Automationswirkungen plakativ zur Vorstellung zu bringen: von Sklavenbefreiung bis zur aufgezwungenen Annahme der wirtschaftlichen Bedingungen von Sklavenarbeit

[56] N. Wiener (1954), aus Coy (1993), S. 43

trieblicher Überlebensinteressen zu beschränken. Es sind also vor diesem Hintergrund Entscheidungen auf der Metaebene der Wissenschaftstheorie zu treffen und vorzubereiten, denn diesen „sind nachgelagert die Festlegungen auf der Objektebene"[57], und, wie man im Wissenschaftsverständnis des sogenannten Erlanger oder methodischen Konstruktivismus sagen würde, die Entscheidungen auf der Objektebene der Wissenschaft sind aus den Festlegungen der Metaebene zu begründen[58].

Man wird also mit *Steinmüller* auch für die Wirtschaftsinformatik feststellen dürfen (auch wenn die gegenwärtigen Daten des Arbeitsmarktes die Befürchtungen Norbert Wieners bislang so nicht bestätigen[59]): „Die Anwendung der Angewandten Informatik beeinflusst unsere Gesellschaft in außerordentlich hohem Maß. Das verlangt von ihr ein entsprechendes Maß an Selbstreflexion über die Legitimität ihres Tuns."[60] „Die dafür einschlägigen Überlegungen", so Steinmüller weiter, „steuert ‚die' Wissenschaftstheorie bei. Nur welche? Es gibt deren viele."[61] Aus diesem Grunde sollen hier in den folgenden Abschnitten die inhaltlichen Schwerpunkte einiger aktueller wissenschaftstheoretischer Ansätze sowie zwei klassische Wissenschaftstheorien vorgestellt werden, mit dem Ziel, die Auswahl des für das weitere Vorgehen dieser Arbeit bindenden Ansatzes zu begründen.

Die Gliederung dieses Kapitels ist der Einsicht folgend gestaltet, dass einerseits von der Wissenschaftstheorie normierende Ansprüche an eine Wissenschaft, und zwar i. a. an die Weise der Theoriebildung, die wissenschaftliche Methode und die Weise der Begriffsbildung[62], ausgehen, und andererseits von einer Wissenschaft Ansprüche an die Wissenschaftstheorie, nämlich eben die, einen bestimmten, von einer entstehenden neuen oder auch etablierten Einzelwissenschaft in bestimmten Entwicklungsabschnitten oder –Phasen formulierten Bedarf an Handlungsorientierung zu befriedigen.

---

[57] Schütte (1999) S. 215

[58] Die methodischen Festlegungen leiten sich hier ab aus dem Vollzug der „sprachkritischen Wende der Wissenschaftstheorie", und die inhaltlichen aus der „praktizistischen Wende der Wissenschaftstheorie", wie sich vielleicht in aller Kürze zusammenfassen lässt; siehe Lorenzen (1991), S. 41/42

[59] Rolf zitiert z. B. die skeptische Studie „Arbeit ohne Zukunft" von Thome (1997) sowie die „interpretationsfähige" Studie des ifo-Instituts von Hofmann/Saul 1996, die zu „widersprüchlichen" Ergebnissen komme. Rolf (1998), S. 243 ff. Allerdings kommt U. Beck zu dem Schluss: „...die Produktivität frisst ihre Erzeuger", denn, so Beck: die Produktivität der deutschen Wirtschaft wuchs nach einer Berechnung des Instituts der deutschen Wirtschaft zwischen 1980 und 1994 um 38 Prozent; (Beck (2000), S. 21); (das reale BIP wuchs in den 80er und 90er Jahren im 10-Jahres-Durchschnitt um knapp über 2 bzw. etwa 1,5 % pro Jahr (Quelle: Sachverständigenrat zur Begutachtung der gesamtwirtschaftlichen Entwicklung: Vor weitreichenden Entscheidungen. Jahresgutachten 1998/1999, Stuttgart 1998, S. 312 f., aus: Reuter (2000), S. 24)). In diesem Zeitraum „nahm die Beschäftigung in Deutschland um 2 Prozent ab. Dies zeigt: Das Wachstum der deutschen Wirtschaft reicht noch nicht einmal aus, um den Produktivitätsfortschritt beschäftigungsneutral umzusetzen – ganz zu schweigen, um die Zahl der Arbeitsplätze zu steigern." Beck (2000), S. 21

[60] Steinmüller (1993), S. 47

[61] Steinmüller (1993), S. 47

[62] so die in der Enzyklopädie Philosophie und Wissenschaftstheorie genannten Schwerpunkte der Wissenschaftstheorie. Mittelstraß (1996), Bd. 4, S. 738

1.1 Wissenschaftlichkeit: Ziele, Methoden und Wissensbegriff

1.1.1 Inhaltliche Schwerpunkte der Wissenschaftstheorie

Wissenschaftstheorie wird in der „Enzyklopädie Philosophie und Wissenschaftstheorie" vorgestellt als modernes Teilgebiet der theoretischen Philosophie, welches Untersuchungen umfasst „zur Begriffsbildung, zu den Theoriestrukturen, zur Methode, zu den geschichtlichen Entwicklungsmustern und zu den philosophischen Konsequenzen insbes. der empirischen Wissenschaften insgesamt bzw. einzelner Disziplinen oder Theorien. Ziel ist dabei in der Regel die Klärung oder systematische Rekonstruktion wissenschaftlicher Theoriebildungen unter den genannten Aspekten."[63] Inhaltlich konzentriere sich die Wissenschaftstheorie auf drei Bereiche: (1) die Struktur wissenschaftlicher Theorien, die Frage einschließend, ob Theorien als mengentheoretische Modelle oder als deduktiv geordnete Aussagensysteme aufzufassen sind, im zweiten Fall auch die Anschlussfrage nach dem Status der Axiome; (2) das Problem der wissenschaftlichen Methode, das sich stellt in der Klärung von Verfahren der empirischen Prüfung und Bestätigung von Wissensansprüchen, sowie der Untersuchung der Wirksamkeit nichtempirischer Faktoren wie etwa die methodologischen Kriterien Einfachheit und innerer Zusammenhang von Theorien; und (3) die Klärung der begrifflichen Struktur und der weiteren philosophischen Konsequenzen wissenschaftlicher Theorien.

Eine grundlegende, plausible Einführung in die Art der wissenschaftstheoretischen Anforderungen an wissenschaftliche Texte und Ausführungen gibt *Büttemeyer*[64] durch die Analyse eines Textbeispiels, die einige methodische Verstöße eines Autors gegen die Forderung der Konsistenz, der Vollständigkeit und Widerspruchsfreiheit einer Argumentation offen legt und auf diese Weise, am Beispiel exemplifiziert, die Begründetheit folgender wissenschaftstheoretischer Anforderungen aufzeigt: „Problemstellungen müssen klar sein; Grundbegriffe sollen hinreichend bestimmt werden; Begriffe dürfen nicht zweideutig verwendet werden; die betrachteten Sachverhalte sollen in ihrer ganzen Komplexität erfasst werden (..); Aussagen sollen die bekannten Tatsachen berücksichtigen; die Argumentation darf keine Widersprüche enthalten."[65]

Ein wichtiger Gegenstand wissenschaftstheoretischer Reflexion ist, vor allem auch im Zusammenhang der gegebenen Fragestellung, die Frage nach der Zielsetzung einer Wissenschaft. Die Fragestellung kann einerseits den Versuch beinhalten, apriorische Grundbestimmungen des Gegenstandsbereiches einer

---

[63] Mittelstraß (1996), S. 738

[64] in Büttemeyer (1995), S. 9 ff.

[65] Büttemeyer (1995), S. 13

Wissenschaft im Sinne der Ausbildung einer „Wesenslehre" oder „regionalen Ontologie" (*Edmund Husserl*) auszumachen und daher die für wesensmäßig gehaltenen Zielsetzungen abzuleiten, oder induktiv über die Beobachtung typischer, als zielgerichtet verstehbarer Handlungsweisen von Wissenschaftlern auf das generalisierte Ziel der Wissenschaft zu schließen, der sie zugehörigen, oder, um ein drittes zu nennen, den Versuch der Beschreibung „erkennbarer, erkannter und anerkennenswerter, d. d. legitimierbarer Zwecke[66]" des wissenschaftsbezogenen Handelns von Angehörigen einer Wissenschaftsdisziplin, wie *P. Janich* aus dem Verständnis des methodischen Konstruktivismus die Frage nach der Zielsetzung einer Wissenschaft umschreibt.

1.1.2 Klassische Wissenschaftstheorien

Büttemeyer wählt in seinem in die Wissenschaftstheorie für Informatiker einführenden Buch aus didaktischen Gründen einen historischen Zugang, indem er relativ ausführlich die aristotelische sowie die frühneuzeitliche Wissenschaftstheorie *Francis Bacons* vorstellt. Um einerseits den historischen Ursprung einiger methodischer Probleme der Wissenschaftstheorie, andererseits die Verwobenheit wissenschaftstheoretischer Auffassungen und Schwerpunktsetzungen mit zeitgenössischen Rechts- und Kulturbegriffen sowie gesellschaftlichen und materiellen Lebensbedingungen, und auch die sich wandelnden Ziel- und Inhaltsideen von Wissenschaft in der Wissenschaftstheorie vorzustellen, scheint es lohnend, Büttemeyers Darstellung dieser Wissenschaftstheorien hier in den wesentlichen Zügen zu referieren. Die vorliegende Arbeit fragt nach den Zielen der Wirtschaftsinformatik und nach gültigen Wegen zu einer validen Zielbestimmung, nach dem von einer möglichen Zielbestimmung abhängigen Wissenschaftskonzept, der abhängigen Forschungspragmatik und der Methodik; Büttemeyer stellt diese Fragen nun für die Informatik und will sie durch den Vergleich der historischen Beispiele einer Klärung zuführen. Die Besinnung auf Wissenschaftsziele und deren Verhältnis zu Wissenschaftskonzepten ist im vorgestellten Zusammenhang auch das Anliegen der Wirtschaftsinformatik, weshalb es also lohnend erscheint, der Vorgehensweise Büttemeyers zu folgen.

1.1.2.1 Die aristotelische Wissenschaftstheorie

Aristoteles unterscheidet drei Wissenschaftsarten: die theoretische Wissenschaft, die praktische Wissenschaft und die produzierende Wissenschaft. Zur theoretischen Wissenschaft zählt Aristoteles die Philosophie, die Naturwissenschaften und die Mathematik mit den Teilgebieten Arithmetik und Geometrie und den Anwendungen Astronomie, Optik u. ä. Ihr Ziel sei das Erkennen und Betrachten der Dinge, kurz die Wahrheit. Ziel der praktischen Wissenschaften (wie Ethik

---

[66] Janich (1993), S. 68

und Politik) ist die Bewirkung, also das gute Handeln im Lebensvollzug, und das der produzierenden Wissenschaften wie Bau- und Heilkunst ist das fertige Werk durch Umsetzung der Erkenntnis, wie etwas entsteht.[67] In der Auffassung des Aristoteles werden die theoretischen Wissenschaften um ihrer selbst, um des Wissens ohne Absicht auf einen praktischen Nutzen willen betrieben und erhalten daher in einer nach Aristoteles bestehenden Rangordnung der Wissenschaften den höchsten Rang. Die theoretischen gelten also als Wissenschaften höherer Art, während die produzierenden ihnen untergeordnet sind. Daraus leitet Aristoteles dann auch eine soziale Hierarchie ab in dem Sinne, dass der weise Angehörige einer theoretischen Wissenschaftsdisziplin dem (Angehörigen der produzierenden Wissenschaft) zu gebieten hat, der weniger weise ist. Büttemeyer bemerkt, dass dieses Konzept der theoretischen Wissenschaften eine solche hierarchische Gesellschaftsstruktur schon als gegeben voraussetzt; „erst nachdem nämlich die Kenntnisse erworben worden waren, die den Lebensnotwendigkeiten und dem Lebensgenuss dienen, wurden nach Aristoteles' Meinung diejenigen Wissenschaften gefunden, bei denen es nicht um Lebensnotwendigkeiten und nicht um Lebensgenuss geht, also die theoretischen Wissenschaften, und zwar zuerst an den Orten, an denen man Muße hatte. (...) Nachdem Aristoteles die Sklaverei in seiner Politik als naturgegeben gerechtfertigt hat, weist er darauf hin, dass diejenigen Herren, die es nicht nötig haben, sich selbst um die Anleitung der Sklaven bei deren Dienstleistungen zu kümmern, und dies ihren Verwaltern überlassen, sich statt dessen mit Politik oder Philosophie befassen können."[68]

Die für die theoretischen und die praktischen Wissenschaften einheitliche Methodik besteht in begrifflicher Klassifikation, Wesenserfassung und schlüssigem Beweisen. Es ergibt sich folgende Zuordnung von Gegenstand, Ziel und Methodik für die drei aristotelischen Wissenschaftsarten:

Wissenschaft	theoretische	praktische	produzierende
Gegenstand	Allgemeines und Notwendiges	Veränderliches	Veränderliches
Ziel	Wahrheit	gutes Handeln	Werk
Methode	Klassifikation, exakter Beweis	idealtypische Argumentation	Klassifikation, Beweis

Abb. 1: Aristotelische Wissenschaftskonzeption

Büttemeyer stellt weiter die Beweistheorie des Aristoteles vor, verbunden mit dem Hinweis auf den offensichtlich normativen Charakter der methodischen Teile der aristotelischen Wissenschaftstheorie. Nach dieser Beweistheorie besteht ein wissenschaftlicher Beweis aus einer Kette von Schlüssen, von denen jeder die Form eines Syllogismus hat (Schluss mit zwei Prämissen und einer

---
[67] Büttemeyer (1995), S. 26 ff
[68] Büttemeyer (1995), S. 28

Konklusion). Der wissenschaftliche Beweis ist dadurch gekennzeichnet, dass er von „wahren und notwendigen Prämissen ausgeht und deshalb zu wahren Konklusionen führt." Büttemeyer hebt hervor, dass Aristoteles sich der Problematik des sog. „Münchhausen-Trilemmas" (unendlicher Regress, Zirkelschluss oder dogmatische Setzung), aus dem sich die Notwendigkeit des Findens von „ersten Beweisen" ergibt, bewusst war und eben diesen Lösungsversuch entwickelte, also den Rückgriff auf unbewiesene oder auch unbeweisbare Prämissen (Prinzipien). Aristoteles teilt diese Prinzipien in die drei Arten Axiome, Hypothesen und Definitionen ein. Axiome werden eingeführt als Aussagen, die unmittelbar als wahr einleuchten und allgemeingültig sein sollen. Hypothesen sind bei A. in einzelnen Wissenschaften gültige, ohne Beweis einleuchtende Aussagen. Definitionen teilt A. wiederum ein in Realdefinitionen (durch Angabe der nächsthöheren Gattung eines Definiendum und dessen spezifisches artbildendes Merkmal), genetische Definitionen (durch Angabe des Ursprungs oder Kausalgrundes einer Sache) und Nominaldefinitionen (durch Angabe der Wortbedeutung des verwendeten Namens; eine von A. verworfene Definitionsart).
Die wichtigste Leistung der Wissenschaft i. S. der aristotelischen Wissenschaftstheorie sieht Büttemeyer dann darin, Gegenstände und Sachverhalte zu klassifizieren, qualitative Begriffe hierarchisch zu ordnen (im Sinne einer Hierarchie von Stufen oder Graden von Allgemeinheit), „durch logische Ableitungen weitere Eigenschaftszuordnungen vorzunehmen, die Sätze jeder einzelnen Wissenschaft syllogistisch zu beweisen und sie dadurch aus wenigen Prinzipien herzuleiten."[69] Büttemeyer nennt Wissenschaften des so charakterisierten aristotelischen Typs nomologisch-deduktiv strukturiert.
In Bezug auf die gegebene Fragestellung, nämlich die Frage nach der Zielsetzung einer Wissenschaft, die in der aristotelischen Systematik wohl den produzierenden Wissenschaften zuzuordnen wäre, ist hier offenbar zunächst wenig gewonnen.

1.1.2.2 Die Wissenschaftstheorie *Francis Bacons*

Nach Bacons Auffassung, der sich in seinem 1620 erschienen Werk „Novum Organum" explizit auf die aristotelischen Schriften zur Logik und Methodenlehre bezieht, ist das Wissenschaftsziel nun keinesfalls mehr die reine Erkenntnis um ihrer selbst willen, wie bei Aristoteles jedenfalls für die theoretischen Wissenschaften der Fall, sondern Ziel des Wissens sei es, „dem Menschen zu großen Teilen die Hoheit und Macht (...) zurückzugeben und wiederzuverleihen, die er im Urzustand der Schöpfung innehatte", und „zur besseren Ausstattung des menschlichen Lebens und zur Lebenshilfe" beizutragen, „mit anderen Worten: Naturbeherrschung und Erleichterung des menschlichen Lebens."[70] Die Grenze

---
[69] Büttemeyer (1995), S. 34

[70] Bacon (1990), S. 222 u. S. 233, in Büttemeyer (1995), S. 36.

der Wissenschaft sieht Bacon in dem ausschließlich durch Glauben und Religion zugänglichen Wissen um „Gut und Böse". Es sei aber der „von Gott vorgesehene Gebrauch" des Wissens, dass es abziele auf „das Wohlergehen und die Erleichterung des Zustandes und der Gemeinschaft der Menschen".[71] Eine Konsequenz dieser neuen, vielleicht lebenspraktisch zu nennenden Wissenschaftsauffassung sieht Büttemeyer in von Bacon entworfenen neuen Methoden des Wissenserwerbs. Bacon teilt die Untersuchung der vier verschiedenen (aristotelischen) Ursachen auf auf zwei Wissenschaftsdisziplinen; das Fachgebiet Metaphysik soll die Suche nach Formal- und Finalgründen der Dinge und Erscheinungen betreiben, und die Naturwissenschaft die nach den Material- und Kausalgründen. Die wesentliche Neuerung betrifft nun vor allem die naturwissenschaftliche Vorgehensweise, die durch Einbezug zeitgenössisch neuartiger Instrumente wie Fernglas und Mikroskop durch eine Verfeinerung und experimentelle Absicherung der Beobachtung bei der Gewinnung von Sätzen höchster Allgemeinheit durch Induktion zu kennzeichnen ist; Büttemeyer erwähnt weiter die zunehmende Verwendung quantitativer statt überwiegend qualitativer Begriffe durch die Anwendung mathematischer Verfahren bei Bacon und seinen Zeitgenossen. Es sei hier noch Büttemeyers bilanzierender Vergleich der wissenschaftstheoretischen Konzeptionen Bacons bzw. der frühen Neuzeit und Aristoteles' „theoretischer Wissenschaft" wiedergegeben. (a.a.O. S. 48)

Wissenschaft	Aristoteles	frühe Neuzeit
Ausgangspunkt	Beobachtung, Induktion	Erfahrung
Methode	Deduktion	Instrumentelle Beobachtung, Experiment, Induktion und Deduktion
Begriffe	Qualitative Begriffe	Übergang zu quantitativen Begriffen
Gesetze	Aussagen über allgemeines und Notwendiges	Aussagen über Regelmäßiges
Gründe	Vorrang des Formal- und Finalgrundes	Vorrang des Kausalgrundes
Struktur	Nomologisch-deduktiv	Empirisch-induktiv
Leistung	Klassifikation, Axiomensysteme	Zusätzliche Kausalanalyse, Erfindungen
Ziel	Reines Wissen vom Wesen der Dinge	Naturbeherrschung, Lebenserleichterung

Abb. 2: aristotelische und neuzeitliche Wissenschaftskonzeption

1.1.3 Zwischenbetrachtung: Reines Wissen, Lebenserleichterung und Automation

Die Systematik des Aristoteles ordnet Wissenschaften also nach ihrem Typus jeweils Ziel, Gegenstand und Methode zu; einer den produzierenden Wissen-

---

[71] Bacon (1990), S. 222, in Büttemeyer (1995), S. 38

schaften zuzurechnenden Wirtschaftsinformatik würde sie das Ziel der Schaffung von ‚Werken' zuordnen, wie der Architektur bspw. die Ziele-Klasse „Entwurf und Konstruktion von Bau-Werken". Die in der Wirtschaftsinformatik gepflegte Kunst des Entwurfs und der Konstruktion von IuK-Systemen und deren Architektur mag eine entsprechende Einordnung in diese Systematik bestätigen. Es sind mit diesem ‚Instrumentarium' aber kaum qualifizierende Aussagen über ein angenommenes materielles Gestaltungsziel „sinnhafte Vollautomation" einer produzierenden Wissenschaft Wirtschaftsinformatik möglich. Ebenso wenig würde die frühneuzeitliche Wissenschaftstheorie Bacons hinreichend begründet eine solche Qualifizierung erlauben, etwa unter Hinweis auf durch „sinnhafte Vollautomation" erreichbare größere Lebenserleichterung („Bequemlichkeit") und Naturbeherrschung; es kann diese Zielsetzung an dieser Stelle lediglich einmal in diesem Zusammenhang von Wissenschaftskonzeptionen, systematisch zugeordneten Zielsetzungen und zeitgeschichtlichem Hintergrund betrachtet werden.

Eine bedenkenswerte Frage, die Büttemeyer stellt im Anschluss an eine vergleichende Gegenüberstellung dieser beiden Auffassungen, ist die nach den Ursachen oder Gründen für ihre Verschiedenheit, die existiert, obwohl sie sich auf den gleichen Gegenstand beziehen, nämlich Wissenschaft oder Wissenschaftlichkeit. Diese Gründe seien nach den „am häufigsten vorgebrachten" Antworten entweder in der Wissenschaft externen (ökonomischen, technischen, gesellschaftlichen) Einflüssen zu finden, oder in internen „Entwicklungstendenzen interner Strukturen, die sich rein rational aus innerwissenschaftlichen Diskussionen über Begriffe, Methoden, Theorien oder ganze Forschungsprogramme ergeben."[72] Der in der vorliegenden Arbeit sich immer wieder einstellende Eindruck hierzu ist nun der, dass zu einer befriedigenden, treffenden und gerechtfertigten Bestimmung der charakteristischen Zielsetzung einer Wissenschaft beides, sowohl interne, endogene, sich von innen entwickelnde ‚kognitive Strukturen' und Gestaltungspotenziale, als auch externe, etwa ökonomische oder gesellschaftliche Einflussgrößen, Anforderungen und Bestimmungsgründe oder –faktoren zu berücksichtigen, anzunehmen und zu betrachten sind; so wäre es bei der Bewertung des betrachteten Zielvorschlages für die Wirtschaftsinformatik nach dieser Auffassung nicht angemessen, mit Blick auf die genannten zu erwartenden gesellschaftlich-ökonomischen Komplikationen eine ‚innere' Zielstruktur oder General-Intention „Automatisieren" – entsprechend dem Ergebnis der *ACM-Task-Force* von 1989 – zu bestreiten; ebenso wenig wäre es hinreichend, *nur* dieses endogene ‚Vermögen' zu betrachten, ohne Rücksicht auf die sich im Anwendungskontext ergebenden direkten und indirekten ‚externen' Konsequenzen.

Die aristotelische Systematik, auch Aristoteles' vergleichende Wertung oder Rang-Ordnung der Wissenschaften – dies vor dem Hintergrund der antiken grie-

---
[72] Büttemeyer (1995), S. 49

chischen Verfassung des Gemeinwesens – darf man vielleicht zum Anlass nehmen, einige Betrachtungen über die Bedeutung der theoretischen Wissenschaften, des „reinen Wissens vom Wesen der Dinge" und eine mögliche Stellung von Informatik und Wirtschaftsinformatik in dieser Systematik anzustellen. In welchem Verhältnis steht ‚interesseloses' theoretisches Anschauen und Betrachten zu möglichen, realen oder denkbaren lebenspraktischen Interessen?[73] Die aristotelische Wissenschafts- und Lebensauffassung verachtete geradezu das lebenspraktische Interesse, ‚Wirken' und ‚Werken', sie sah darauf herab. Das Ideal von Geisteshaltung war eben das interesselose Anschauen in Muße; die Bewältigung praktischer Notwendigkeiten war Sklaven und Handwerkern vorbehalten. Insofern wird man anerkennen müssen, dass die frühneuzeitliche ‚Entdeckung' der Naturbeherrschung und/oder der Lebenserleichterung als Wissenschaftsziel insofern einen großen menschheitsgeschichtlichen Fortschritt darstellte, als nunmehr diese radikale Trennung und Unterscheidung von Theorie und Praxis, von ‚bios theoretikos' in freier Muße – für freie Bürger – und Unterwerfung unter lebenspraktische Zwänge, für Sklaven und Handwerker, allmählich aufgehoben wurde: mit der allgemeinen Arbeitspflicht und der sich ebenso durchsetzenden Haltung des Respekts und der Hochschätzung der Arbeit und des Arbeitenden kam so eben auch als ‚langfristige' historische Möglichkeit eine Überwindung des Mangels und der rohen Naturnotwendigkeiten in den Blick, aber nun prinzipiell für alle Menschen, nicht nur für „von Natur aus" freie Menschen, sondern auch für die, die nach aristotelischer Auffassung „von Natur aus" Sklaven waren, was nach dieser Auffassung die Sklaverei rechtfertigte[74]. In der frühen Neuzeit, jedenfalls in der „alten Welt" des europäischen Raumes, war nun Sklaverei im durch christlich-religiöse Moralauffassungen geprägten Rechtsempfinden keinesfalls noch zu rechtfertigen, und es entwickelte sich im Zuge von Entdeckungen und Erfindungen, eines durch Ausdehnung der Schifffahrt belebten Handels und Wirtschaftslebens, der Einführung der Manufakturproduktion und des auch politischen Erstarkens des Handwerks und Bürgertums allmählich das bis in die Gegenwart reichende Arbeits-Ethos, das, wie bei *Max Weber* ausführlich beschrieben[75], durch die religiös-protestantisch-calvinistisch

---

[73] Wie ist die Suche nach dem „n-Biber", jener n-Zustände-TM, die die meisten Zeichen auf das leere Band schreibt, motiviert oder begründet, die ja die theoretische Informatik zeitweilig umgetrieben hat, oder die Suche nach der kleinsten Universalen Turing-Maschine? Ein lebenspraxisbezogenes Erkenntnisinteresse wird sich unmittelbar schwerlich finden lassen; dennoch ist die Verfolgung solcher Fragestellungen, hier beispielsweise im Interesse einer Konsolidierung der Automatenthorie, offensichtlich keine müßige Spielerei. Eine Anmerkung des Verfassers des Inhalts, dass man gegenwärtig häufig geforderten „Nutzen für die Praxis" nicht zu unmittelbar erwarten kann.

[74] „Es fragt sich nun, ob es Menschen gibt, die von Natur Sklaven sind, (...) oder ob jede Art von Sklaverei widernatürlich ist. (...) Manch lebende Wesen weisen gleich bei ihrer Entstehung so große Unterschiede auf, dass die einen zum Dienen, die anderen zum Herrschen bestimmt erscheinen. (...) Denn Sklave von Natur ist, wer Eigentum eines anderen sein kann und es deshalb auch ist, und wer an der Vernunft nur soweit teilhat, dass er zwar (in anderen) ihre Stimme vernimmt, sie aber nicht selbst besitzt. (...) Auch die Art ihrer Verwendung ist nur wenig verschieden: beide, die Sklaven und die Haustiere, verhelfen uns zur Befriedigung der notwendigen körperlichen Bedürfnisse." Aristoteles (1977), S. 290 / 291

[75] „Die protestantische Ethik und der Geist des Kapitalismus"; Weber (1991)

geforderten Haltungen einer innerweltlichen, auf Alltagsbewährung gerichteten rational-aktiven Askese die Entstehung und Entwicklung des Kapitalismus vorantrieb und die auf Berufswahl und Leistungsentfaltung gerichteten Lebensentwürfe der jungen Generationen bis in die Gegenwart geprägt hat. Vor dem Hintergrund dieser Werthaltungen kann nun Automation sehr widersprüchlich bewertet werden: einerseits als etwas, von dem es zu viel geben kann, weil es das Leben am Ende *zu* leicht machen würde, das dem Menschen die Gelegenheit zur Selbstfindung, Selbstwerdung und Bewährung nimmt, was eben nur in der verzichtsvollen Erfahrung des Arbeitslebens möglich sein soll,[76] andererseits aber eben auch als Ergebnis eines mühevollen generationenübergreifenden Arbeitsprozesses mit dem innerweltlichen Ziel der Kapitalbildung und – kumulation, oder auch als Erfüllung eines – hin und wieder prometheisch genannten – Ingenieur-Traumes; der erreichte Stand der Informations-, Automations- und Kommunikationstechnik ist jedenfalls nicht anders zu denken als auch als ein Ergebnis einer enormen kollektiven Anstrengung, einerseits getragen von einer in den naturwissenschaftlichen Disziplinen geübten formalen Strenge des Denkens[77], und andererseits getragen auch von einer bewährungs- und bewältigungsrationalen Strenge der Lebensführung, die, wie von Weber dargelegt, zur Bildung von Kapital und zur Entwicklung der kapitalistischen Wirtschaft anfänglich von großer Bedeutung war und die sicherlich auch notwendigen wirtschaftlichen Entstehungs- und Entwicklungsbedingungen für die IuK-Technik bereit stellte.

Der Automat, als das von der Theoretischen Informatik betrachtete Berechnungsmodell, ist kaum eindeutig einer eher oder ausschließlich theoretischen oder aber lebenspraktisch interessierten Wissenschaftsauffassung zuzuordnen. Die Anfänge dieses Automaten, insbesondere der Universalen Turing-Maschine, die „das Prinzip darstellt, nach dem Computer heute noch immer funktionieren"[78], stammen aus mathematischem Erkenntnisinteresse; die Turing-Maschine war im Sinne ihres Erfinders ein Modell für Berechnung bzw. effektive Berechenbarkeit[79]. Turing selber sah weit über das Rechnen im engeren vorwissenschaftlichen Sinne hinausgehende Anwendungs- und Entwicklungsmöglichkeiten für seine universale Maschine – nämlich die, Intelligenz und „Menschen-

---

[76] „eine Haltung, die bekanntlich Hans Jonas, mit viel Beifall bedacht, als von einer Ethik für die technische Zivilisation geforderte entwickelte. „Nur die gründlichste Verkennung des Wesens der Freiheit kann so denken [dass, mit Marx, das „Reich der Freiheit ... da (beginnt), wo das Arbeiten, das durch Not und äußere Zweckmäßigkeit bestimmt ist, aufhört"; L.E.]. Sie besteht und lebt, ganz im Gegenteil, im Sichmessen mit der Notwendigkeit – und gewiß auch in dem, was sie ihr zugutterletzt abgewonnen hat (..), aber mehr noch und *zuerst* im Abgewinnen selber mit all seiner Mühe und immer nur halbem Erfolg." Jonas (1979), S. 364. Das sich andeutende Prinzip wäre also Arbeitsmühe als Selbstzweck, die eine Erfolgshöchstgrenze zu beachten hat.

[77] „die aus einer anderen Perspektive auf den Automaten auch als „Mechanisierung" oder „Reduzierung" des Denkens in der Tradition des formalistischen Forschungsprogramms verstanden werden kann; vgl. Coy (1993), S. 31 ff.

[78] Wiener/Bonik/Hödicke (1998), S. 133

[79] Turing (1987), S. 19

haftigkeit" im umfassendsten Sinne zu erwerben und schließlich sogar „die Macht" zu übernehmen[80]; er beschäftigte sich dagegen offenbar wenig mit der Möglichkeit, die Maschine im Sinne der praktischen Lebenserleichterung für Menschen einzusetzen. Man kann hier nun die oben eröffnete Fragestellung einbringen, ob die Bestimmung dessen, was sinnvoller Weise mit einem Artefakt zu tun ist, an dessen innere Eigenschaften zu knüpfen ist oder an die Frage, ob sich von ‚außen' möglicherweise Verwendungsmöglichkeiten, Wünsche, Forderungen oder Einschränkungen ergeben. Eine spezifische Eigenschaft, z. B. lebenserleichternd wirken zu sollen, ist etwa einer 2-Zeichen-TM, die beispielsweise in der Lage ist, fünf senkrechte Strichzeichen ‚I' auf ein Magnetband zu schreiben, nicht unmittelbar anzusehen; nicht einmal die Eigenschaft, rechnen zu können, geschweige denn intrinsischer Weise zu sollen ist ihr anzusehen, denn eine 2-Zeichen-TM, die beispielsweise die Zeichenfolge „I I I I I I I I I I" auf ein leeres Band schreibt, wird nur dann zum automatischen Ausführer einer Berechnung, wenn es einen Beobachter gibt, dem auffällt, dass die Zeichenfolge aus 10 Zeichen ‚I' besteht, dass die Maschine vorher bspw. eine Inschrift „I I – I I I I I –" „gelesen" hat, und dass es ihm nun freisteht, die nach Halt der Maschine auf dem Band zu lesende Inschrift als Ergebnis einer Multiplikation 2 * 5 zu interpretieren.[81]

Die *Church-Turing-These* besagt, dass alles, was streng algorithmisch, also als endliche Abfolge diskreter Schritte beschreibbar ist, prinzipiell von einem Computer simuliert werden kann. Unterstellt man, dass von allen sicher beherrschten, erfolgreich und wiederholt durchführbaren Handlungen einer eingeübten menschlichen Praxis angenommen werden darf bzw. muss, dass sie algorithmisch beschreibbar sind, folgt daraus, dass der Automat prinzipiell alle Handlungsfolgen durchführen kann, die auch ein Mensch beherrscht, sofern sie berechenbar, also effektiv algorithmisch beschreibbar sind[82]. Unter dieser Voraussetzung hat der Automat offensichtlich durchaus das Potenzial, die von Norbert Wiener befürchtete Wirkung im ökonomischen Sektor zu entfalten, aber auch das, sehr umfassend im Sinne der Lebenserleichterung der Menschen zu wirken. Die Entscheidung über eine begründete Verwendung kann offenbar nur unter Berücksichtigung und Bewertung externer Kriterien und Einschätzungen relevanter Sachlagen getroffen werden: der Automat kann nicht sozusagen ein Recht entfalten und vorbringen, nur auf diese und keine andere Weise verwendet werden zu ‚wollen', etwa zu einem menschenähnlichen Wesen mit eigenem Macht-Willen „erzogen" zu werden – wie Allan Turing damit im Sinn hatte[83] – , oder

---

[80] Turing (1987), S. 15

[81] Diesen Gedanken hat *J. R. Searle* zu dem Argument ausgebaut, dass weder das Gehirn noch irgendetwas anderes intrinsischer Weise ein Computer, ein Rechner, ist, sondern dass „Rechner" dies immer nur sind relativ zu Beobachtern, die die von Rechnern durchgeführten Symbolmanipulationen als Berechnung interpretieren. Searle (1993) S. 231

[82] „Die Praxis zeigt, dass LCMs [Logical Computing Machines] alles können, was als ‚Faustregel' oder als ‚rein mechanisch' beschreibbar ist." Turing (1987), S. 88

[83] Turing (1987), in verschieden Aufsätzen in diesem Buch, z. B. S. 12 ff.

ob er vernünftigerweise als ein vielseitiges Werkzeug verwendet werden sollte, das dem Menschen in der Arbeitswelt und im Alltag dient[84], oder ob man mit seiner Hilfe die universale Voll-Automation anstreben soll, wie von P. Mertens vorgeschlagen.

In welchem Erkenntnisinteresse liegt oder erfolgt die Erforschung des Universalen Automaten und seiner praktischen Anwendungsweisen und –möglichkeiten? Im Schema der Erkenntnisinteressen nach *Habermas* fehlt die Mathematik; er hat sie später „autochthone" Formalwissenschaft genannt. Folgen nun die in der Mathematik wurzelnde Informatik und die in ökonomischen Feldern angewandte Wirtschaftsinformatik einem technischen, praktischen oder emanzipatorischen Erkenntnisinteresse? Das technische, auch das anwendungsorientierte, lebenspraktische Erkenntnisinteresse ist evident; wieweit die Informatik oder insbesondere die Wirtschaftsinformatik in der Tat auch einem emanzipatorischen Erkenntnisinteresse als dem Interesse an Mündigkeit und Überwindung und Transzendierung naturwüchsig gegebener Beschränkungen zugänglich ist, ist eine im Rahmen dieser Arbeit zu behandelnde Frage.

In Frage stehen hier formal oder inhaltlich normierende Ansprüchen der Wissenschaftstheorie an eine Wissenschaft, also die Frage, ob Wissenschaftstheorie auch normative Hinweise für inhaltliche Bestimmungen von Wissenschaftspraxis und ihrem Erkenntnisinteresse geben kann. In diesem Zusammenhang ist zu fragen, wie solche Ansprüche sozusagen entstehen, oder anders gewendet – wann, in welchem Stadium ihrer Genese ist eine Wissenschaft erst in der Lage, sich ‚richtige' oder ‚falsche', begründete oder unbegründete Ziele zu setzen? Insofern, als eine Wissenschaft in aller Regel aus bestimmten naturwüchsig gegebenen inhaltlichen Bestimmungen und Kontexten durch Abstraktion, Systematisierung und Formalisierung, durch sogenanntes „Hoch-Stilisieren"[85] von Alltagswissen entsteht, entstehen auf der einen Seite, durch im engen Sinne wissenschaftstheoretische Re-Flexion, zunächst formal normierende Ansprüche an eine Wissenschaft. Wenn, wie im Falle der Mathematik, eigentlich keine fachspezifischen Anwendungsbezüge bestehen bzw. bestehen bleiben, sich das Erkenntnisinteresse also ausschließlich auf die Analyse formaler und abstrakter Zusammenhänge richtet, ist das Erkenntnisinteresse recht unbestrittener Weise auch ein ausschließlich formales. Für die Mathematik ist unerheblich, auf welche Quantitäten oder Entitäten mathematische Gesetze angewandt werden, und es ist auch unerheblich, mit welcher spezifischen Zielsetzung in einem konkreten Anwendungsfall gerechnet oder mit mathematischem Wissen operiert wird, die Korrektheit der Anwendung des Wissens über formale mathematische Gesetzmä-

---

[84] so der programmatische Gehalt der „Werkzeug-Metapher" des Automaten, als konzeptioneller Gegenentwurf des „Automatenleitbildes"; vgl. Coy (1993), Züllighoven (1992), Gryczan (1996)

[85] So die auf Hugo Dingler zurückgehende Auffassung des ‚Erlanger' Konstruktivismus zur Entstehung von Wissenschaften

ßigkeiten ist davon völlig unberührt und für die Mathematik selbst ohne jede Relevanz. Gleiches wird man für die Informatik generell nicht feststellen können, insofern als zum einen schon in einem frühen Entwicklungsstadium ganz neue, fachsspezifische Gestaltungspotenziale des von der entstehenden Informatik erforschten und hervorgebrachten abstrakten, dann auch physisch realisierten technischen Artefakts „Universal-Rechner" zu verwalten und zu verantworten waren, und zum anderen bestimmte Anwendungsinteressen auf die Ausgestaltung mancher Informatik-Hervorbringungen, z. B. Programmiersprachen, prägenden Einfluss nahmen, wie etwa die von der Informatik wissenschaftlich kaum zur Kenntnis genommene, vornehmlich für kaufmännische Anwendungen entwickelte Programmiersprache COBOL, oder die für naturwissenschaftliche Zwecke vorgesehene Sprache FORTRAN. Erst dann, wenn also ein Verhältnis wechselseitiger Einflussnahme einer Wissenschaft mit Anwendungsfeldern für diese Wissenschaft wahrzunehmen ist, hat es auch Sinn, inhaltlich normierende Ansprüche an diese Wissenschaft zu stellen, genaugenommen zusätzlich zu den bestehen bleibenden formal normierenden, sodass zusätzlich zu der formalen Korrektheit auch die inhaltliche Angemessenheit wissenschaftstheoretisch normierender Reflexion zugänglich ist. Dann erst gilt es also über bestimmte Anwendungsbereiche zu sagen, in welchem Erkenntnisinteresse sie zur Erforschung ausgewählt oder welche Aspekte und Fragestellungen zu behandeln sind, und in welchem Gestaltungsinteresse Schwerpunkte und Zielsetzungen für die Gestaltung fachspezifischer Artefakte ausgewählt werden, oder besser: erst dann macht diese Fragestellung überhaupt Sinn.[86]

Die Wirtschaftsinformatik ist nun eine sich einem begrenzten Anwendungsfeld zuordnende Spezialisierung der Wissenschaft Informatik. Die Entstehungssituation der Wirtschaftsinformatik aus urwüchsig und unsystematisch auftretenden konkreten Anforderungen aus einem bestimmten, im diesem Falle also betrieblichen Anwendungsumfeld, liegt geschichtlich nicht sehr weit, etwa 40 Jahre, zurück. Es ging um das praktische, betrieblich-ökonomisch hergeleitete Interesse, die in Betrieben etwa zur Rechnungslegung, zur Gewinnermittlung oder zur Steuerung der Produktion anfallenden Rechenbedarfe mit Hilfe von automatischen Rechenanlagen schneller und leichter zu bewältigen. Noch *Stahlknecht* beschreibt in seiner Einführung in die Wirtschaftsinformatik[87] zur Illustration des Fachgegenstandes die Situation einer Kraftfahrzeug-Reparaturwerkstatt, die ihr Unternehmen „voll auf EDV umstellen" will und sich nun vor Fragen gestellt sieht, zu deren Beantwortung ein Wirtschaftsinformatiker befähigt sein soll; ähnlich angelegte, problem-, technik- oder praxisorientierte Einführungen in den

---

[86] Wenn die Verbindung von Wissenschaft und Anwendungsfeld also enger ist als etwa die der „Lehre der Mechanik mit (dem) (..) Eisenbahnnetz"; J.E.Cairnes beschrieb so, wie nach seiner Ansicht die Verbindung zwischen einer Ökonomie als reiner Theorie und einem gegenwärtigen industriellen System beschaffen sein sollte. Aus: Blaug (1988), S. 122

[87] Stahlknecht, P.: Einführung in die Wirtschaftsinformatik, Berlin 1983, S. 1 ff.

Gegenstandsbereich der Wirtschaftsinformatik finden sich vielfach.[88] Hervorgegangen ist das Fach also aus einer iterativen oder rekursiven Bearbeitung evolvierender betriebswirtschaftlicher Problemstellungen mittels informatischer Lösungsangebote; auch *A. W. Scheer*[89] sieht die – inzwischen etablierte – Wirtschaftsinformatik noch, wie oben schon zitiert, in einer vermittelnden Position zwischen betriebswirtschaftlichen Anwendungen und der Informationstechnik, in welcher sie nach der einen Seite die Informationstechnik nach der Möglichkeit neuer betriebswirtschaftlicher Anwendungskonzepte zu befragen hat und nach der anderen Seite „Forderungen von EDV-orientierten Anwendungskonzepten an die Weiterentwicklung der Informationstechnik zu ihrer wirksameren Unterstützung" zu stellen hat. In den Anfängen der Wirtschaftsinformatik existiert also schon der wissenschaftliche Anspruch zunächst einmal gar nicht, der sozusagen aus Prinzip – weil es wissenschaftlicher, theoriegeleiteter Vorgehensweise eigen ist, reflektierte Ziele zu verfolgen –, diese Zielreflexion hätte einfordern können, und die beschriebene, sehr anwendungsnahe Situation der Wirtschaftsinformatik forderte ebenfalls nicht zu einer weitausholenden, grundlegenden Zielreflexion auf; im Gegenteil sah man sich ja, seit etwa den 60iger Jahren, einem intensiven Drängen der Wirtschaft nach Bereitstellung von Verfügungswissen gegenüber; man erwartete also ‚einfach' die systematisierte Bereitstellung all des Wissens, das benötigt wird, um eine elektronische Datenverarbeitungsanlage im Sinne betrieblicher Nutzungsinteressen erfolgreich betreiben zu können. Die „Einführung in die betriebliche Datenverarbeitung" von *Hansen*[90] etwa informierte über „Komponenten von Informationssystemen", nämlich – als solche genannt – Daten, Datenträger und externe Speicher, Baueinheiten von EDV-Anlagen, Software und Menschen; das Kapitel ‚Menschen' informierte über Berufsbilder und Ausbildung von „Datenverarbeitungsfachkräften" oder über die „Rolle der Endbenutzer bei der Entwicklung großer betrieblicher Informationssysteme", und das Kapitel ‚Software' zählt einige Programmiersprachen, Betriebssysteme und Benutzeroberflächen auf; es gibt also nicht den Versuch eines tieferen Verständnisses der von der Informatik behandelten Wissensgebiete, also etwa aus dem Bereich der Theoretischen Informatik und Automatentheorie, oder der Praktischen Informatik, z.B. die Kenntnis grundlegender Programmierparadigmen; im Gegenteil werden sogar zur Entstehungszeit des Buches gerade gängige Textverarbeitungs- und Textkommunikationssysteme wie Teletex, Telefax und Bildschirmdienst vorgestellt.

---

[88] so etwa bei: Mertens, P., Bodendorf, F., König, W., Picot, A., Schumann, A.: Grundzüge der Wirtschaftsinformatik, Berlin Heidelberg 1995, Ferstl, O. K., Sinz, E. J.: Grundlagen der Wirtschaftsinformatik, München 1994; Hansen, H. R.: Wirtschaftsinformatik I, Stuttgart Jena 1997 sowie Schwarze, J.: Einführung in die Wirtschaftsinformatik, Herne Berlin 1994

[89] Scheer (1998), S. VII

[90] Hansen (1986)

Führt man hier einmal die auf *J. Neville Keynes*[91] zurückgehende Unterscheidung zwischen einer positiven Wissenschaft, einer normativen oder regulativen Wissenschaft und einer Kunstlehre, verstanden als System von Regeln zur Erreichung vorgegebener Ziele, ein, so ist die Wirtschaftsinformatik in ihren Anfängen wohl am ehesten als eine solche Kunstlehre zu verstehen, die sich um die Sammlung und Systematisierung der erforderlichen Kenntnisse zum erfolgreichen Betrieb von elektronischen Datenverarbeitungsanlagen bemüht. Insofern als das spätere Auftreten der Wirtschaftsinformatik als Wissenschaft zu einem nicht unbedeutenden Teil mit der Gestaltung von Software-Architekturen im Zusammenhang mit betrieblicher Standardsoftware verbunden war, lässt sich sagen, dass in die Wirtschaftsinformatik Elemente einer normativen oder regulativen Wissenschaft eingeflossen sind[92]; die normierend-gestaltende Einwirkung richtete sich z. B. Mitte der 90iger Jahre über die Übernahme eines betrieblichorganisatorischen Gestaltungsideals, der Prozess-Orientierung, in die Gestaltung von Standard-Software auch auf den ‚Betrieb' selber, der bis dahin ausschließlich als Auftraggeber und Abnehmer von Leistungen der ‚Betriebs-Informatik' gesehen wurde, die diesem ‚überstülpt' wurden - man sprach später dann auch von einer ursprünglichen „Elektrifizierung" der unveränderten organisatorischen Arbeitsabläufe -, bis man – mit Beginn der sogenannten *Reengineering-Phase* – das Potenzial der IuK-Technik erkannte, Betriebe mit dem Effekt teilweise dramatischer Produktivitätssteigerungen zu reorganisieren[93]. Der Gedanke der Standardisierung von Software enthält ja als solcher schon die Vorstellung der Identifikation idealtypischer Abläufe, Vorgänge, Objekttypen und Datenstrukturen in Unternehmen, deren invariante Strukturen mit den zugehörigen Variablen und den möglichen Wertebereichen zu isolieren sind, um eine innerhalb bekannter Bandbreiten individualisierbare, also kundenindividuell adaptierbare Standardsoftware zu erstellen. Die diesem Ideal übergeordneten Werte entstammen der Betriebswirtschaftslehre, die, sofern sie sich zu Fragen der Legitimation äußert, auf die „ökonomischen Sachzwänge"[94] verweist und das erwerbswirtschaftliche Prinzip[95] als das gewöhnliche Spitzenziel betrieblicher Aktivitäten nennt, also Maximierung des Gewinns oder der Rentabilität des eingesetzten Kapitals.

---

[91] J. N. Keynes (1890, 1986)

[92] Schütte hält „die in der Betriebswirtschaftslehre übliche Einschätzung der Disziplin als praktisch-normativer Wissenschaft (...) auch für die Wirtschaftsinformatik [für] gültig". Schütte (1999), S. 214

[93] Die meistgehörten Äußerungen dieser Zeit stammen vermutlich von M. Hammer, z.B. Hammer (1994, 1995, 1997), jedenfalls aber Berichte über durchgeführte Reorganisations-Projekte mit dem Erfolg von Produktivitätssteigerungen „um Größenordnungen". Weiter dazu auch Davenport (1993).

[94] Von Schmalen wird auf diese Sachzwänge verwiesen zur Rechtfertigung dafür, dass „Ziele wie Sicherheit von Arbeitsplatz und Einkommen, Humanisierung der Arbeit usw. (...) sich deshalb nicht zu alles überragenden Hauptzielen betrieblicher Betätigung erheben (lassen): Dem stehen ökonomische Sachzwänge entgegen, die zwar immer wieder Aversionen hervorrufen, gleichwohl aber unumgänglich sind." Schmalen (1987), S. 22.

[95] So bei Schmalen (1987), Wittgen (1979) und Gutenberg (1976)

Es war nun einleitend argumentiert worden, dass die Vorstellung einer im Sinne dieses Spitzenzieles betriebene und maximale Nutzung von informations- und stoffverarbeitenden automatischen Maschinen, unter den Prämissen relativer oder absoluter Begrenztheit des Produktwachstums und einem Ausbleiben einer Kaufkraftzuteilung auf politischem Wege, über die Ersetzung von endkonsumfähigen Menschen in bezahlten Arbeitsverhältnissen durch maschinelle Aufgabenträger zur Vorstellung einer „Roboterwirtschaft" führt, über die im gegebenen Zusammenhang in einer kreislauftheoretischen Betrachtung als wesentliche Feststellung die zu treffen ist, dass eine solche Volkswirtschaft mangels kaufkräftiger Nachfrage zum Erliegen kommen müsste: es ist also – an dieser Stelle der fortschreitenden Entwicklung dieser Wissenschaft – eine Neu-Orientierung, eine Orientierung in umfassenderen, größeren Zusammenhängen erforderlich. Die Argumentation wäre an dieser Stelle also zurückgekehrt zu der Einsicht, dass eine Wirtschaftsinformatik, die sich von einer Kunstlehre zu einer praktischen Wissenschaft mit normativ-regulierenden Anteilen entwickelt hat, sich nun in ihrem Selbstverständnis und ihrer ihr Erkenntnisinteresse legitimierenden Selbstdefinition tiefer auf ihre Potenziale und Ziele sowie auf die mehrdimensionalen Fernwirkungen ihrer Aktivitäten besinnen muss, und dass die Unterordnung unter erwerbswirtschaftliche Betriebsinteressen ihre Aktivitäten offenbar nur bedingt, hypothetisch, legitimieren kann.

Ein „theorielose(s) Sammeln und Jagen"[96] vergänglichen Verfügungswissens aus einem ebenfalls vergänglichen, auch partikularen und wissenschaftlich legitimierungsbedürftigen Erkenntnisinteresse sucht die Wirtschaftsinformatik, auch dem Bekenntnis einiger ihrer Vertreter zufolge, nun zu überwinden. Welche Art von Wissen mit einer größeren „Halbwertszeit", einer tieferen Gültigkeit über die Zeit, könnte oder sollte die Wirtschaftsinformatik aber nun bereitstellen?

1.1.4 Wirtschaftsinformatik zwischen Pragmatismus, Positivismus und Konstruktivismus

F. Lehner unternimmt als einer der ersten Vertreter des Faches den Versuch des Entwurfes einer Wissenschaftskonzeption und einer Bestimmung der paradigmatischen Ausrichtung für die Wirtschaftsinformatik: „In der Wissenschaftstheorie unterscheidet man zwischen einem theoretischen und einem pragmatischen Wissenschaftsziel. Das theoretische Wissenschaftsziel entspricht dem positivistischen Wissenschaftsideal der Naturwissenschaften; es besteht in der Erklärung und Prognose des Verhaltens der Forschungsobjekte. Auf das Forschungsobjekt der Wirtschaftsinformatik übertragen könnte dieses Ziel im Aufbau einer Theorie mit folgenden Ansprüchen bestehen:

---

[96] H. Krcmar, „Einige Überlegungen zu Methoden der empirischen Forschung in der Wirtschaftsinformatik"; Vortrag anlässlich o. g. Tagung, S. 1

- Beschreibung des Aufbaus und des Verhaltens von Informations- und Kommunikationssystemen bzw. der einzelnen Komponenten solcher Systeme (z.B. Mensch, Aufgabe, Technik) in betriebswirtschaftlichen Anwendungen,
- Erklärung ihrer Wirkungen mittels gesetzesähnlicher Aussagen,
- Aufstellung von Verhaltensprognosen aufgrund erkannter Zusammenhänge.

Das pragmatische Wissenschaftsziel besteht hingegen weniger in der Wirklichkeitserkenntnis als vielmehr in der Nutzbarmachung von Erkenntnissen für die Wirklichkeitsgestaltung."[97] Die Forschungsmethodik der Wirtschaftsinformatik kann nach Lehners Einschätzung „als anwendungsorientierte Forschung charakterisiert werden".[98] Als Regulativ der angewandten Forschung sieht Lehner – mit Bezug auf *Ulrich*[99] – den „Nutzen für die Praxis. Aus diesem Grund ist auch das Postulat der Wertfreiheit für die angewandte Wissenschaft nicht haltbar."

Als „Leitvorstellung für die Forschung" stellt Lehner einen Vorschlag von *Grochla*[100] vor, der eine Unterscheidung zwischen einem Konzeptionsrahmen und einem Entscheidungsrahmen vorsieht. In diesem Konzeptionsrahmen können folgende Elemente gegeben sein:

- „Eine Forschungsfragestellung, (...)
- Indikatoren, d. h. detaillierte, konkrete Merkmale, die für eine Erfassung der konzeptionellen Größen an den möglichen Untersuchungseinheiten verwendet werden können, und
- Annahmen über die Beziehungen zwischen den konzeptionellen Größen."
(S. 75)

Der Entscheidungsrahmen soll dagegen beinhalten:
- „Bestimmte (verallgemeinerte) praktische Problemstellungen,
- Zielgrößen (als mittelbar disponibel betrachtete Größen),
- Aktionsparameter (als unmittelbar disponibel angesehene Größen),
- Bedingungen (Restriktionen),
- Wirkungen (als Ergebnisse des Einsatzes bestimmter Aktionsparameter unter bestimmten Bedingungen) und
- Behauptungen über aktionsrelevante Zusammenhänge zwischen den enthaltenen Zielgrößen)." (ebenda S. 75/76)

---

[97] Lehner (1996), S. 73 ff.
[98] Lehner (1996), S. 75
[99] Ulrich (1985), S. 3 - 32
[100] Grochla (1978)

S. J. Schmidt stellt aus radikal-konstruktivistischer Perspektive eine Aufzählung von Bedingungen für den Erwerb empirischen Wissens nach *Rusch*[101] vor:

- „die Ziele des Wissenserwerbs müssen explizit sein, ihre Verfolgung sollte als sinnvoll oder nützlich plausibel gemacht werden können;
- es müssen explizite Bedingungen dafür angegeben werden, wann ein Ziel als erreicht gilt;
- die zielorientierten Strategien, Verfahren usw. müssen (sprachlich) explizierbar und in geeigneter Form dokumentiert sowie intersubjektiv lehr- und lernbar sein;
- die entwickelten Strategien und Verfahren müssen daraufhin geprüft werden, ob die intendierten Ziele durch ihre Anwendung in entsprechenden Handlungszusammenhängen intersubjektiv erreicht werden können;
- diese Prüfverfahren müssen intersubjektiv ausführbar, lehr- und lernbar sowie intersubjektiv zugänglich dokumentiert werden."

Zwischen der oben wiedergegebenen „Leitvorstellung für die Forschung" und den so skizzierten „Bedingungen für den Erwerb empirischen Wissens" scheinen keine gravierenden Differenzen zu bestehen; auch nicht zu Positionen beispielsweise des kritischen Rationalismus, der nach Lehners Einschätzung als „heute am weitesten verbreitete wissenschaftstheoretisch-methodische Richtung" geeignet ist, „als methodologische Grundlage für die Forschungsaktivitäten der Wirtschaftsinformatik (zu) dienen."[102]
F. Piller[103] findet „wissenschaftstheoretische Orientierung" in den Grundsätzen des wissenschaftlichen Realismus, „der abweichend vom Kritischen Rationalismus nach *Popper* (1989) einen Erkenntnisfortschritt nicht allein durch Falsifikation zulässt, sondern eine Verifikation von Hypothesen durch übereinstimmende Beobachtungen vorsieht. Zwar kann so die Gültigkeit einer Aussage nicht mit absoluter Sicherheit überprüft werden, jedoch folgt eine Art kumulative Annäherung an die Wahrheit, die ihre Falsifizierung jedoch nicht ausschließt."[104] Seine Orientierung sei somit positivistisch. Piller bekennt sich ebenso zur Verfolgung eines pragmatischen Wissenschaftszieles, expliziert als Formulierung von „Gestaltungsmöglichkeiten und ihre[r] Begründung"; ebenso nennt er als „Regulativ" der angewandten Forschung den „Nutzen für die Praxis", weshalb eine ange-

---

[101] Rusch, G. (1985), S. 285, in Schmidt, S. J. (1987), S. 37

[102] Lehner (1996), S. 77

[103] Es ist hier der Umstand zu kommentieren, dass Piller seine Arbeit nicht dem Fach Wirtschaftsinformatik, sondern der betriebswirtschaftlichen, insbesondere der produktionswissenschaftlichen Forschung zuordnet. Er beschreibt als Ziel seiner Arbeit: „Sie will ein durchgängiges und umfassendes Bild der (materiellen) Produktion in der Informationsgesellschaft zeichnen." Eine solche Gegenstandsbeschreibung ist aber mit dem Verständnis der Wirtschaftsinformatik etwa bei A. W. Scheer („Informationssysteme im Industriebetrieb") sehr weit gehend deckungsgleich.

[104] Piller (2000), S. 10

wandte Forschung zu normativen Aussagen komme. Forschungsziel der angewandten Forschung sei: „Entwurf einer neuen Wirklichkeit (Wie-Fragen)".[105]

Eine Orientierung bezüglich der Beschaffenheit einer realisierungswürdigen „neuen" Wirklichkeit scheint nun in diesem Verständnis offenbar erläßlich – es werden nur die Wie-Fragen (zur Herstellung dieser neuen Wirklichkeit) bearbeitet, nicht aber die Warum-Fragen als *Sinn-Fragen*. Die Begriffe „Nutzen" und „Nützlichkeit" haben dagegen z. B. im Kontext des *Radikalen Konstruktivismus* einen expliziten bzw. explizierbaren, überindividuell gültigen Sinn: „Vielmehr muss sich jede Forschungstätigkeit in jedem Falle hinsichtlich ihres Nutzens für menschliches Leben ausweisen. In diesem Sinne vertritt der Radikale Konstruktivismus ein pragmatisches Wissenschaftskonzept: Wissenschaft dient der Sicherung des Autopoiese, der Optimierung unserer Lebensbedingungen und der langfristigen Sicherung des Überlebens der Art: Dies sind ‚realistische' Ziele wissenschaftlicher Tätigkeit." [106] Und zwar geht es nicht nur darum „zu überleben, sondern das Leben angenehmer, interessanter, lebenswerter zu machen..."[107] – wie man diese Passage bei *Schmidt* ohne Fehlinterpretation der Intentionen des Radikalen Konstruktivismus wird lesen dürfen.

Der *Konstruktivismus Erlanger Prägung* besitzt ebenso eine überpositive, „kulturalistische", ethisch rückgebundene Wertorientierung, wie an dieser Stelle nur kurz angemerkt sein soll.

Wie später noch ausführlicher zu begründen sein wird, wird hier eine gravierende Schwäche einer lediglich positivistischen, am – aus Sicht von Unternehmensinteressen bestehenden – Praxis-Nutzen orientierten Wissenschaftsauffassung zu sehen sein. „Nutzen" und „Nützlichkeit" haben vor dem Hintergrund einer volkswirtschaftlichen Nutzentheorie und in Verbindung mit der Einnahme einer privatwirtschaftlich-betrieblichen Interessenperspektive die Bedeutung einer subjektiv-beliebigen, nicht weiter begründungsbedürftigen Nutzen*präferenz* und können somit nicht die Autorität besitzen, die Forschungspraxis bei Entwurf und Gestaltung einer „neuen Wirklichkeit" anzuleiten. Universale Wertorientierungen (oder ‚öffentliche Güter') wie etwa Rechtssicherheit, existentielle Sicherheit oder Lebensqualität sind mit dem utilitaristischen Begriff „Nutzen" keinesfalls einzuholen und mit deren Legitimationskraft zur Deckung zu bringen. Es stellt sich dann mit Blick auf den Zielvorschlag P. Mertens' in diesem Zusammenhang auch die Frage, ob denn etwa ein Wissenschaftsziel „sinnhafte Vollautomation" in der Dimension „Nutzen für die Praxis" zu bemessen wäre: ein dermaßen umfassend projektierter Eingriff in die „Gestaltung der Wirklichkeit" führt ein solchermaßen unterspezifiziertes Forschungsregulativ offensicht-

---
[105] Piller (2000), S. 11, in einer auf Ulrich (1988), S. 177 zurückgehenden Systematisierung der Unterschiede zwischen theoretischer und angewandter Forschung

[106] Rusch, G. (1985), S. 249, in Schmidt, S. J. (1987), S. 38

[107] Schmidt, S. J. (1987), S. 36

lich ad absurdum. Kritisch anzumerken ist, dass der Zielvorschlag „sinnhafte Vollautomation" in einer gewissen zeitlichen und ‚räumlichen' Nähe zu F. Lehners Entwurf einer solchen nutzenorientierten Wissenschaftskonzeption als „beispielhafter Beitrag" zur Formulierung langfristig stabiler Entwicklungslinien verstanden wurde, verbunden mit dem Rat an die Forschergemeinschaft der Wirtschaftsinformatik, solche Entwicklungslinien breit zu kommunizieren und zu verfolgen.[108]

Lehner formuliert an anderer Stelle „Anforderungen an eine Theorie der Wirtschaftsinformatik", die über die wissenschaftstheoretisch-methodologischen Forderungen des kritischen Rationalismus hinausgehen und für die Wirtschaftsinformatik in einer bestimmten Entwicklungsphase spezifische Defizite feststellen.[109] Diese Anforderungen an die Wirtschaftsinformatik „beruhen auf einem Artikel von Coy", der unter dem Titel „Brauchen wir eine Theorie der Informatik?" 1989 in der Zeitschrift *„Informatik-Spektrum"* erschienen ist[110] und eben einen solchen Anforderungskatalog enthält. Es lässt sich hier durch einen Vergleich dieser beiden Anforderungskataloge aufzuzeigen, in welcher Weise die ‚pragmatische' Wissenschaftsauffassung Lehners dessen Anforderungen an eine Theorie der Wirtschaftsinformatik bestimmt und wie sie sich von der überpositiv-humanwissenschaftlich geprägten Intention Coys unterscheidet.

Die Anforderungen werden in einem Katalog von Punkten formuliert.

Punkt 1): Beide formulieren die Forderung nach Benennung und Präzisierung der wesentlichen Grundbegriffe, es besteht also Übereinstimmung.

Punkt 2): Coy fordert eine „wissenschaftliche Öffnung zu humanwissenschaftlichen Fragestellungen und Methoden". Diese Forderung findet sich nicht bei Lehner.

Punkt 3): Für eine „ausreichende Theorie der Informatik" fordert Coy u. a.: „..dass eine umfassende theoretische Begründung der Informatik von der Theoretischen Informatik nicht geleistet wird. Dies kann letztlich von der mathematisch-theoretischen Beschreibung wegen ihres ausgesprochen formalen Charakters nicht geleistet werden, da viele grundlegende Fragen der Informatik keine formalen Fragen sind, sondern den realen menschlichen Arbeitsprozess betreffen. Da sozial bedingte und im sozialen Diskurs aufgeworfene Probleme be-

---

[108] König et al. (1996), S. 61

[109] Diese werden zuerst in Lehner/Hildebrand/Meier (1995), S. 69 ff, und in überarbeiteter Form in Lehner (1999), S. 19 ff. vorgestellt.

[110] Coy (1992); zuerst erschienen in Coy (1989)

schrieben werden müssen, sind entsprechende sozial- und geisteswissenschaftliche Grundlagen zu entwickeln."[111]
Demgegenüber fordert Lehner für die Wirtschaftsinformatik: „Aktive Auseinandersetzung mit dem Theorieverständnis und den Theorien der praktischen und der angewandten Informatik, die zwar keinen Ersatz und keine hinreichende Basis für eine Theorie der Wirtschaftsinformatik bieten dürften, die aber eine ausdifferenzierte und problemadäquate Sicht ermöglichen."[112] Der Hinweis auf „sozial bedingte und im sozialen Diskurs aufgeworfene Probleme" fehlt völlig, obwohl dies für die gewöhnlich in Betrieben, also dem gewöhnlichen Schauplatz des Arbeitsalltages, zur Anwendung kommende Wirtschaftsinformatik doch mindestens im gleichen Umfang, wenn nicht noch ausschließlicher als im Falle der Informatik, zutrifft.

Punkt 5): Coy fordert: „Die Informatik ist aus wissenschaftlichen und gesellschaftlichen Gründen verpflichtet, sich sozialwissenschaftlichen Fragen zu öffnen, da sie in wachsendem Maße unmittelbar sozial wirksam wird. Informatik modelliert soziale und technische Prozesse mit den formalen Mitteln der Software und Hardware; Ergebnisse dieser Modellierung sind neue Arbeitsorganisationen und –verfahren." (ebenda, S. 23) Diese Forderung findet ebenfalls keine Entsprechung.

Punkt 7): Coy stellt fest: „Die Informatik greift in die historisch entwickelte Arbeitskultur ein, ohne diesen Eingriff hinreichend zu reflektieren." Er sieht „schwerwiegende ungelöste Probleme durch den Einsatz der Informatik entstehen" und stellt weiter fest: „Diese sozial brennenden Fragen, die vor allem anderen von den Effekten der seit über fünfzehn Jahren steigenden Arbeitslosigkeit geprägt sind, aber ebenso andere langfristige Probleme der ‚Zukunft der Arbeit' betreffen, sind von der Wissenschaft der Informatik bisher nur verschämt zur Kenntnis genommen worden. Es sind theoretische wie praktische Klärungen und Lösungsvorschläge notwendig." (ebenda, S. 25)
Bei Lehner wird dagegen gefordert: „Abschätzung möglicher Konsequenzen der Modellierung von betrieblichen und sozialen Prozessen unter Einsatz von Hardware und Software und Auseinandersetzung mit formalen Ansätzen zur Darstellung und Modellierung, die oft von der Mathematik, Informatik u.a. zur Verfügung gestellt werden. Die Notwendigkeit leitet sich aus der Tatsache ab, dass mit dem Ergebnis der Modellierung häufig neue Arbeitsabläufe und neue Formen der Arbeitsorganisation verbunden sind." (ebenda, S. 19)
Die bei Coy zum Ausdruck kommende Intention der Wahrnehmung einer umfassenden sozialen Verantwortung im Zusammenhang mit den Nah- und Fernwirkungen des eigenen Tuns ist bei Lehner vollständig ausgeblendet.

---
[111] Coy (1992), S. 22
[112] Lehner (1999), S. 19

Punkt 8): Coy fordert: „Bei der Modellierung von Arbeitsprozessen werden sozial ausgehandelter Konsens wie offener und verborgener Konflikt abgebildet. (...) Informatikerinnen und Informatiker müssen sich dieser Situation bewusst werden und ihre Interpretationen offen legen und für alle Beteiligten diskutabel und änderbar gestalten." Dazu bei Lehner: „Ein wichtiger Aspekt ist weiters der bewusste Umgang mit der Tatsache, dass in den Modellen von Arbeitsprozessen auch sozial ausgehandelter Konsens sowie offene und verborgene Konflikte abgebildet werden, welche durch die modellmäßige Abbildung und Interpretation zu unbeabsichtigten Konsequenzen führen können." (S. 19) Die Intention Coys scheint einigermaßen offensichtlich die zu sein zu fordern, etwa vorhandene Konflikte zwischen Konfliktparteien eines Auftraggebers offen zu legen und diskutabel und änderbar zu gestalten, also sich für die Informatik-Praxis die Option offen zu halten, beispielsweise in Betrieben offenbar werdende Verstöße gegen soziales Recht zur Sprache zu bringen und im Sinne einer Herstellung von Rechtsfrieden und Konsens wirken zu können. Lehners Äußerung wirkt dagegen geradezu kryptisch: wieso ist der „bewusste Umgang mit der Tatsache (...) offene(r) und verborgene(r) Konflikte" sei „ein wichtiger Aspekt"? Welche Konsequenzen sind in diesem Zusammenhang beabsichtigt und welche unbeabsichtigt?

Schließlich fordert auch Lehner „die Abschätzung der mittel- und langfristigen Folgen des Einsatzes der Informations- und Kommunikationstechnik auf betriebliche, zwischenbetriebliche und überbetriebliche Organisationsabläufe und Organisationsformen" sowie deren Beschreibung und Prognose, wie auch Coy unter Punkt 12) seines Katalogs. Aber er gibt keinen Hinweis auf die Herkunft bzw. Begründetheit dieser Notwendigkeit, weder durch Benennung seiner Einschätzung nach möglicher wünschbarer oder nicht wünschbarer mittel- oder langfristiger Folgen, noch durch die Angabe, in welcher Art von Interesse bzw. in wessen Interesse diese Technikfolgenabschätzung durchzuführen wäre. Als „schwierige Begriffe", die zu formalisieren seien, zählt Lehner auf: „Aufgabenangemessenheit, Informationsbedarf, Qualität, Akzeptanz, strategische Schlagkraft". Dieser letztgenannte ‚schwierige Begriff' der Wirtschaftsinformatik markiert vielleicht den prägenden Unterschied im Selbstverständnis einer sich einem universalen Menscheninteresse verpflichtet fühlenden Informatik (jedenfalls in der Sicht W. Coy's), und einer den notwendig partikularen Selbstbehauptungsinteressen von Unternehmen verpflichteten Wirtschaftsinformatik.

Der Vorschlag, dass eine handlungswissenschaftlich geprägte Wirtschaftsinformatik „Anleihen am methodischen Konstruktivismus und methodischen Kulturalismus nehmen kann, um ausgehend von Problemen zu einem sukzessiven Aufbau von Theorien zu gelangen", ist von *Schütte* unterbreitet worden[113].

---

[113] Schütte (1999), S. 234

Schütte nennt als Begründung für die seiner Ansicht nach unverzichtbare Explikation der in wissenschaftlichen Arbeiten vertretenen Grundpositionen: „Es sind die wesentlichen Positionen offen zu legen, damit nicht wie in fast allen ‚einzelwissenschaftlichen Problemlösungen metaphysische Annahmen [enthalten sind, R.S.], die durch sorgfältige Interpretation zu Tage gefördert werden [müssen. R.S.]."[114] Eine weitere Ausarbeitung einer Forschungspragmatik für die Wirtschaftsinformatik in diesem Sinne leistet Schütte aber nicht.

B. *Petkoff* setzt mit seinem Vorschlag für eine methodologische Basis der Wirtschaftsinformatik auf der Grundlage der Kybernetik II. Ordnung[115] an bei einer kritischen Bestandsaufnahme der „heute führenden Konzepte in der Wirtschaftsinformatik", als welche er die auf der „EDV-orientierten Betriebswirtschaftslehre" A.-W. Scheers aufbauenden und von der SAP-AG seit Mitte der 70er Jahre als Quasi-Standard implementierten Konzepte integrierter betrieblicher Informationssysteme ansieht. Diese so angelegte, Architekturen integrierter Informationssysteme wie etwa die ARIS-Architektur Scheers ins Zentrum ihrer Forschungstätigkeit nehmende Wirtschaftsinformatik sieht Petkoff durch sich wandelnde thematische Schwerpunkte in der jüngsten Gegenwart zunehmend überfordert (Petkoff nennt u. a.: „Prozessorientierung in allen Unternehmensbereichen; Vernetzung und Standardisierung der Datenübertragung, z. B. Internet; Kundenorientierung, z. B. ISO 9000 ff.; Vorgehens- und Referenzmodelle, z. B. V-Modell."[116]). Er entwickelt einen auf einem Konzept von „Wissensmanagement als Kybernetik II. Ordnung" basierenden, für Organisationen identitätsstiftenden Management-Begriff, der sich durch folgende Charakteristika von einer „mechanistischen" „first-order-cybernetics"-Organisation unterscheidet:

Management..(„first order cybernetics")	Management..(„second order cybernetics")
1.... ist Menschenführung	1.... ist Gestaltung und Lenkung ganzer Institutionen
2.... ist Führung weniger	2.... ist Führung vieler
3.... ist Aufgabe weniger	3.... ist Aufgabe vieler
4.... ist direktes Einwirken	4.... ist indirektes Einwirken
5.... ist auf Optimierung ausgerichtet	5.... ist auf Steuerbarkeit ausgerichtet
6.... hat im Prinzip ausreichende Information	6.... hat nie ausreichende Information
7.... hat das Ziel der Gewinnmaximierung	7.... hat das Ziel der Maximierung der Lebensfähigkeit

Abb. 3: „Zusammenfassende Übersicht der beiden Organisationsidentitäten"[117]

---

[114] Schütte (1999), S. 216. Schütte zitiert hier Rescher (1997), S. 32

[115] B. Petkoff (1999)

[116] B. Petkoff (1999), S. 246

[117] B. Petkoff (1999), S. 254. Petkoff stützt sich auf Malik (1992), S. 49, und Wagner, Köck (1996), S. 154

Eine so angelegte „konstruktivistische Forschung", die Petkoff im Theorierahmen eines „paradigmatischen Konstrukturalismus" ansiedeln möchte, „der das Gemeinsame der Paradigmen des handlungstheoretischen und Informationsverarbeitungsansatzes modelliert und elaboriert" (ebenda, S. 258), würde als Forschungsziel also die informationstechnische Unterstützung, Bildung und Steuerung von Organisationen des so umrissenen Typs verfolgen.

Es ist an dieser Stelle nicht beabsichtigt, zu dem vorgestellten Ansatz eingehender Stellung zu nehmen; es soll lediglich in starker Straffung ein weiteres Konzept wissenschaftstheoretisch oder wissenschaftsphilosophisch regulierter oder inspirierter Forschungspragmatik für die Wirtschaftsinformatik vorgestellt werden. Festzuhalten ist jedoch, dass es sich hier offenbar um eine Zielsetzung handelt, die sich herleitet von der Ideal-Setzung eines bestimmten Typus von Organisation als Gestaltungsideal oder –ziel der Wirtschaftsinformatik innerhalb einer übergeordneten Wissenschaftsauffassung.

Eine ganz andere Vorgehensweise kennzeichnet dagegen eine Untersuchung zur Fragestellung „Erkenntnisziele der Wirtschaftsinformatik in den nächsten drei und zehn Jahren"[118], die per Delphi-Studie – also durch eine Befragung von Experten – Erkenntnisse darüber zu gewinnen sucht, „welchen Forschungsgegenständen sich die Wirtschaftsinformatik als eigenständige Disziplin widmen soll, um im Wettbewerb gegenüber Betriebswirtschaftslehre und Informatik bestehen zu können." (ebenda, S. 223) Die gleiche Untersuchung, also mit gleicher Methodik und Fragestellung, wurde von z. T. den gleichen Autoren schon in 1995 und 1996 durchgeführt.[119] Ausgangspunkt und „Grund genug" für die Autoren zu diese neuerlichen Untersuchung ist die Vermutung, „dass die Wettbewerbsintensität im Kontext knapper werdender öffentlicher Mittel weiter zugenommen hat:

o Die Errichtung neuer Studiengänge und Lehrstühle in der Wirtschaftsinformatik stagnierte in den fünf Jahren vor dem Einsetzen der Diskussionen um die „Green Card".
o Die Debatte um den Mangel an IT-Spezialisten findet in der Öffentlichkeit weitgehend ohne Berücksichtigung der Disziplin Wirtschaftsinformatik statt.
o Drei bei der DFG beantragte Schwerpunktprogramme kamen nicht zur Förderung.
o Im Bereich des Electronic Commerce werden Lehrstühle an Wissenschaftler mit ausschließlich betriebswirtschaftlichem Hintergrund vergeben." (ebenda, S. 223)

---

[118] Heinzl et al. (2001)

[119] König et al. (1995) und König et al. (1996)

Die Frage nach den zu bearbeitenden Forschungsgegenständen wird hier also gestellt unter – wie es zunächst den Anschein hat - vollständigem Verzicht auf „Theoriegeleitetheit" bei der Setzung mittel- und längerfristiger Forschungsziele, zugunsten der Frage nach der Zweckmäßigkeit möglicher Forschungsgegenstände mit Blick auf dieses genannte Ziel der Stärkung der „Wettbewerbsposition dieser Disziplin gegenüber ihren Nachbarn" (ebenda, S. 223). Eine gewisse Wertgeleitetheit, die allerdings ihrerseits ohne Begründung eingeführt wird, wird bei der Festsetzung der Erkenntnisziele wirksam durch die Verwendung sogenannter Konstituenten, nämlich:

o „das Ausmaß der einem Erkenntnisziel zuzuordnenden grundlegenden Bedeutung für die Gesellschaft (...),
o die Anwendbarkeit der für ein Erkenntnisziel erwarteten Ergebnisse in der Praxis (es sollen solche Aufgabenstellungen, die auf in der Praxis kaum auftretenden Voraussetzungen beruhen oder im Vergleich sehr enge Fragestellungen aufweisen und daher weniger breit zur Anwendung kommen können, erkannt werden),
o das Ausmaß der einem Erkenntnisziel innewohnenden Interdisziplinarität, d. h. die Anzahl der zur Erreichung des Erkenntniszieles einzubeziehenden Disziplinen und deren Unterschiedlichkeit,
o die beim Einsatz der notwendigen Methoden zur Erarbeitung der Ergebnisse zu erwartende Allgemeingültigkeit der Aussagen sowie
o die erwartete Reproduzierbarkeit von Ergebnissen."[120]

Diese Konstituenten waren in der durchgeführten Befragung durch die befragten Experten zu gewichten, mit dem Ergebnis, dass der Konstituente „Anwendbarkeit in der Praxis" mit 30% die höchste relative Bedeutung zugemessen wurde, gefolgt von dem „Ausmaß einer grundlegenden Bedeutung von Erkenntniszielen für die Gesellschaft" (26%), der „Allgemeingültigkeit der Aussagen" (22%) sowie der „Reproduzierbarkeit der Ergebnisse" (21%). Auf der Basis dieser Konstituentengewichte sind „Nutzwerte" tabellarisch aufgeführter Erkenntnisziele der nächsten drei und zehn Jahre berechnet worden, die wiederum zur Bildung einer Rangordnung unter diesen herangezogen wurden. Der Vollständigkeit der hier vorgestellten Skizze dieser Untersuchung halber seien die so gewichteten und in dieser Untersuchung vorgeschlagenen Erkenntnisziele der Wirtschaftsinformatik hier vorgestellt:

---

[120] Heinzl et al. (2001), S. 224

Tabelle 1 Erkenntnisziele der Wirtschaftsinformatik in den nächsten drei Jahren[121]

Kurztitel des Clusters	Mittelwert	Standard-Abweichung	Rang
Netzmärkte und E-Commerce	3,74	,60	1
Architektur von Informations- und Kommunikations-Systemen	3,56	,55	2
Zusammenhang zwischen Informationstechnologie und Organisation	3,52	,66	3
Information als Produkt	3,49	,67	4
Neue Techniken der Wirtschaftsinformatik	3,46	,57	5
Wirtschaftlichkeit und Produktivität	3,41	,63	6
Strategische Wirkungen von Informationssystemen	3,39	,54	7
Wissensmanagement	3,39	,82	8
Beherrschbarkeit von Komplexität in Informations- und Kommunikationssystemen	3,32	,79	9
---Neuartige Anwendungssysteme	3,29	,60	10
Management des Wandels von Informationssystemen	3,07	,85	11
Folgenabschätzung neuer Technologien	2,95	,61	12
Schnittstellen der Wirtschaftsinformatik zu anderen Wissenschaften	2,74	,81	13
Grundlagen der Wirtschaftsinformatik	2,71	,73	14

Eine weitergehende Auseinandersetzung mit dieser Studie ist an dieser Stelle ebenfalls nicht beabsichtigt.[122] Vergleicht man aber die hier praktizierte Vorgehensweise mit anderen, sich um eine begründete Herleitung von Wissenschaftszielen innerhalb eines als geeignet angenommenen übergeordneten Theorie- oder Legitimationszusammenhangs bemühenden Argumentationen, so ist hier doch kritisch zu bemerken, dass als allen im Ergebnis dieser Untersuchung genannten Erkenntniszielsetzungen übergeordnete und diese begründende Zielsetzung hier – so unbezweifelt wie ihrerseits unbegründet – die Ziele „Verbesserung der Wettbewerbsposition" der Wirtschaftsinformatik gegenüber den „Nachbardisziplinen" Informatik und Betriebswirtschaftslehre in der Konkurrenz um „knapper werdende öffentliche Mittel", Beachtung in der Öffentlichkeit und die Errichtung neuer Studiengänge und Lehrstühle zu gelten scheinen, d. h. es sollen offenbar solche Zielsetzungen als begründet gelten, die die Wahrscheinlichkeit der Zuteilung öffentlicher Mittel und der Beachtung in der Öffentlichkeit etc. erhöhen. Eine solche Auffassung verzichtet offenbar auf den An-

---

[121] Heinzl et al. (2001), S. 226

[122] Eine umfassendere Stellungnahme dazu findet sich in Eversmann (2002)

spruch einer modernen, aufgeklärten und autonomen Wissenschaft, sich selbst, in Ausübung ihrer Selbstdefinitionshoheit und auf der Grundlage ihrer Sachkompetenz, begründet und verantwortlich Ziele zu setzen.
Eine differenzierte Kritik des angewandten Delphi-Verfahrens ist von *Heinrich*[123] vorgetragen worden, mit Focus auf folgenden Kritik-Punkten:

o „Individuelle Einschätzungen und Meinungen werden als Daten verwendet.
o Bewusstseinstrukturen einer Gruppe von Befragten werden mit der Wirklichkeit gleichgesetzt.
o Der Hintergrund, vor dem die Befragten ihre Meinung aufbauen bzw. von dem sie diese ableiten, wird nicht offengelegt.
o Die Quellen, die in den Meinungsbildungsprozess einfließen, werden nicht ausgewiesen."

Bezüglich der Untersuchungsergebnisse drängt sich u. a. die Frage auf, aufgrund welcher Überlegungen der Konstituente „Anwendbarkeit in der Praxis" die höchste und der Konstituente „Ausmaß einer grundlegenden Bedeutung von Erkenntniszielen für die Gesellschaft" die zweithöchste Bedeutung zugemessen wurde – „Anwendbarkeit von Erkenntnissen in der Praxis" ist, nach der hier zu entwickelnden Auffassung, eben nicht ein – keiner weiteren Begründung bedürftiger – Wert an sich.
Die kritische Auseinandersetzung mit diesem Beitrag soll an dieser Stelle aber nicht ausgeführt werden; es ging lediglich darum ein weiteres Beispiel für die Bearbeitung der Frage nach den Zielsetzungen der Wirtschaftsinformatik vorzustellen, wobei in diesem Fall vor allem das Fehlen des Regulativs „Wissenschaftstheorie" zu bemerken ist, welches offenbar nicht gültig durch dem originären Erkenntnisinteresse einer Wissenschaft externe, strategische Selbstbehauptungsinteressen wie die hier mit „Verbesserung der Wettbewerbsfähigkeit" benannten ersetzt werden kann.
In der folgenden Tabelle sind die in dieser Untersuchung ermittelten Erkenntnisziele für die nächsten zehn Jahre vorgestellt.

---

[123] L. J. Heinrich (1996), S. 102

Tabelle 2 Erkenntnisziele der Wirtschaftsinformatik in den nächsten zehn Jahren[124]

Kurztitel der Clusters	Mittelwert	Standard-Abweichung	Rang
Beherrschung von Komplexität in Informations- und Kommunikationssystemen	3,70	,72	1
Netzmärkte und virtuelle Märkte	3,69	,58	2
Anwender-/Mensch-Maschine-Schnittstellen	3,55	,64	3
Informationsmanagement / Wissensmanagement	3,47	,78	4
Architektur von Informationssystemen	3,45	,63	5
Neue Arbeitsteilungen und Formen von Kollaborationen	3,44	,78	6
Neue Lehr- und Lernformen	3,33	,63	7
Künstliche Intelligenz-Systeme / menschenähnliche Systeme	3,11	,65	8
Gesellschaftliche Folgen des Einsatzes von Informationssystemen	2,97	,77	9
Wertorientierte Unternehmensführung und Beitrag der Informations- und Kommunikationssysteme	2,95	,79	10
Human Resource Management in der Informationstechnologie	2,89	,70	11
Management des Wandels von Informationssystemen sowie anderer Objekte	2,88	,79	12
Grundlagen der Wirtschaftsinformatik	2,85	,86	13
Neuartige Anwendungssysteme	2,85	,70	14
Schnittstellen der Wirtschaftsinformatik	2,82	,95	15

Eine inhaltliche Diskussion der hier vorgestellten Ziele soll weiter unten erfolgen.

In einem Beitrag von *Haux*[125] zur Wissenschaftlichkeit in Medizin und Informatik wird die wissenschaftstheoretische Fragestellung in folgende Fragestellungen aufgegliedert:

1. Was bedeutet Wissenschaftlichkeit?
2. Welches sind die Kriterien für Wissenschaftlichkeit?
3. Wie könnte eine Prüfliste für gutes wissenschaftliches Handeln aussehen?

---

[124] Heinzl et al. (2001), S. 230. Die hier wiedergegebenen Kurztitel dieser Erkenntnisziele sind jeweils wie „Verbessertes Wissen über <Kurztitel> schaffen" als Langtitel zu lesen.
[125] Haux (1999), S. 276 - 283

Darüber hinaus behandelt er in seinem Beitrag die Frage, ob ein Verhaltenskodex für gute wissenschaftliche Praxis sinnvoll ist. Haux erarbeitet folgende Antworten auf seine Fragen:

Zu 1): „Unter Wissenschaftlichkeit möchte ich, wie heute wohl üblich, einerseits den überlieferten inhaltlichen Bestand des Wissens, andererseits den methodischen Prozess systematisch betriebener, intersubjektiv nachvollziehbarer, zielgerichteter Forschung und Erkenntnisarbeit verstehen." (ebenda, S. 277) Weiter: „Wissenschaftlichkeit in der Medizin, oder wissenschaftliches Handeln in der Medizin, ist ausgerichtet auf das systematische, intersubjektiv nachvollziehbare, zielgerichtete Erforschen von den Ursachen, Erscheinungen und Auswirkungen der Krankheiten und ihrer Diagnose, Therapie, Prognose und Prophylaxe. (...) Wissenschaftlichkeit in der Informatik ist entsprechend ausgerichtet auf das systematische, intersubjektiv nachvollziehbare, zielgerichtete Erforschen einer systematischen Verarbeitung von Daten, Informationen und Wissen, unter Verwendung geeigneter Methoden und Werkzeuge hierfür." (ebenda, S. 278)

Zu 2): Haux nennt folgende Kriterien für Wissenschaftlichkeit:
Relevanz
Zielgerichtetheit, die sich wiederum anhand folgender Fragestellungen konkretisiert:
- o Welches sind die Probleme, die gelöst werden sollen?
- o Welche Ziele sollen erreicht werden?
- o Welche Fragen sollen beantwortet bzw. welche Aufgaben sollen gelöst werden?
- o Welche Arbeitsschritte resultieren daraus, anhand welcher Prüfsteine lassen sich die erzielten Zwischenergebnisse beurteilen?

Verhältnismäßigkeit (des betriebenen Aufwandes zur Bedeutung der dadurch lösbaren Probleme)
Terminologische Klarheit und Einfachheit
Verwendung adäquater Modelle
Reproduzierbarkeit
Bewertung des Nutzens von Ergebnissen

Zu 3): Haux schlägt dementsprechend folgende Fragen bzw. Kriterien für eine Prüfliste wissenschaftlichen Handelns vor:
- o „Ist das Forschungsvorhaben relevant?
- o Ist das Forschungsvorhaben zielgerichtet?
- o Stehen Aufwand und Nutzen in einem angemessenen Verhältnis zueinander?
- o Liegt eine klare, einfache Terminologie vor?
- o Wurden adäquate Modelle verwendet?

o Sind die Ergebnisse reproduzierbar?
o Wurde eine systematische Bewertung des Nutzens vorgenommen?" (ebenda, S. 281/282)

Im gegebenen Zusammenhang scheint es von Bedeutung, die Fragestellung nach der Zielsetzung einer Wissenschaft und des wissenschaftlichen Vorgehens vor dem Hintergrund der vorgestellten Auffassungen und Konzeptionen aufzunehmen. Die „Ausgerichtetheit" der Medizin, die Beschreibung ihrer Zielsetzung so wie hier vorgeschlagen scheint das gesamte Spektrum möglicher Fragestellungen, alle denkbaren Forschungsgegenstände zu umfassen und auch zweifelsfrei zu motivieren und zu legitimieren. Hierzu bemerkt Haux: „Und natürlich ist Wissenschaftlichkeit zwar wichtig, aber nicht alles. Wir müssen auch bei Wissenschaftlichkeit die Einordnung in einen Gesamtzusammenhang sehen, wie ihn etwa der Heidelberger Philosoph und Arzt *Karl Jaspers* trefflich in seinem Buch über die Idee der Universität aus dem Jahr 1946 für die Medizin beschrieben hat:

In der Medizin handelt es sich um die Gesundheit des Menschen, ihre Erhaltung, Förderung und Wiederherstellung aufgrund eines Wissens, das die Natur des Menschen begreift. (...) [Grundlage] ist für das gesamte Tun (...) ein nicht wissenschaftlicher Boden. (...) In der Medizin ist der Boden der Wille zur Förderung des Lebens und der Gesundheit jedes Menschen als Menschen in seiner Artung. Es gibt keine Einschränkung." (Auslassungen, Einsetzung und Kursivsetzung im Original, L. E.)[126]

Gibt es nun für die Beschreibung dieses „Willens" in der Medizin eine Entsprechung für die Informatik, bzw. die Wirtschaftsinformatik? Also eine Beschreibung, die ein für die Wirtschaftsinformatik auszumachendes, gültiges und sie leitendes und legitimierendes „Worum-Willen" ähnlich kraftvoll in Worte fassen würde? Welche Anforderungen stellen sich an die Herleitung einer solchen Beschreibung, und an ihre Qualität, ihren materialen Gehalt? Was wäre in dieser Hinsicht zu sagen zu der „These" von P. Mertens, dass „die sinnhafte Vollautomation" das langfristige Ziel der Wirtschaftsinformatik sein sollte? Ist diese Zielsetzung ähnlich umfassend, eindeutig, konstant und zweifelsfrei legitim wie diese Beschreibung des „Bodens" der Medizin durch Karl Jaspers? Oder ist es die oben von Haux vorgeschlagene Definition von Wissenschaftlichkeit für die Informatik?

Nach Jaspers' Auffassung ist die „Grundlage des gesamten Tuns" der Medizin, dieser Wille zur Förderung des Lebens und der Gesundheit, nichtwissenschaftlicher Natur; diese Auffassung ließe sich auf der Grundlage konstruktivistischer Überzeugungen bestreiten, nach welchen „Wissenschaft (..)

---

[126] Haux (1999), S. 282. Haux zitiert Jaspers (1946), aus einem Nachdruck aus dem Jahr 1980, ohne Seitenangabe

kein Selbstzweck [ist], sondern nur zweckmäßig relativ zur Verbesserung lebensweltlicher Fertigkeiten und Fähigkeiten."[127] Man kann in der Frage nach der Herkunft des legitimen Erkenntnis- oder Gestaltungsinteresses, ihres „Wollens", ihres Wissen- oder Bewirken-Wollens, an das man insofern, als es sich als legitim ausweisen können soll, auch den Anspruch stellen können muss, dass es gleichzeitig ein Sollen ist oder beinhaltet oder einem Sollen gerecht wird, eine strukturelle Ähnlichkeit sehen in der philosophischen Frage nach der Herkunft oder dem Ursprung des Sollens überhaupt, dem Ursprung einer allgemeinen, universal bindenden Obligation. Wenn ein solches Sollen auch von einer Wissenschaft, der philosophischen Ethik, beschrieben oder benannt wird oder werden kann, so lässt sich doch schwerlich behaupten, dass dieses Sollen oder sein Ursprung, seine Bindungskraft, philosophischer Natur ist; insofern mag es einleuchtend sein, einen spezifischen „Auftrag" einer Wissenschaft, dessen Beschreibung sich als zwar als Wissenschaftstheorie, unter Rückgriff aus wissenschaftstheoretische Denkweisen, Anschauungen und Lehren, vollzieht, dennoch in außerwissenschaftlichen Sinn- und Seinszusammenhängen begründet zu sehen.[128]

Fehling und *Jahnke*[129] heben hervor, dass es „weitgehend unbestrittener Konsens unter den Fachvertretern der Wirtschaftsinformatik [ist], dass ihre Disziplin als eigenständige Wissenschaft zu verstehen sei. (...) [Damit ist] weder formal, inhaltlich, noch methodisch eine wissenschaftstheoretische und –praktische Einigkeit verbunden." Es darf hier die Einschätzung angefügt werden, dass diese fehlende Einigkeit bezüglich des Selbstverständnisses, bezüglich des Verständnisses dessen, worin die Profession „ihren gleichsam obersten Zweck bzw. ihre letzte Rechtfertigung"[130] erblicken möchte und worin diese Rechtfertigung besteht, erheblich stärker zu beklagen ist als bezüglich einiger Fragen der wissenschaftlichen Methodik; darüber, dass z. B. diese Methodik rational im Sinne der auf *Descartes* zurückgehenden rationalen Methode angelegt sein sollte[131], be-

---

[127] Janich (1993), S. 58

[128] P. Schefe plädiert hierzu für folgende Auffassung: „Um über den sinnvollen Einsatz von Softwaretechnik befinden zu können, bedarf es mehr als eines von außen gesetzten Zwecks: eines Wertesystems, eines orientierenden Menschenbildes, einer Vorstellung über das ‚gute Leben'. Es mag für diese Ausweitung der Verantwortlichkeit gute Gründe geben, m.E. völlig verfehlt ist es jedoch, die Sinnfindung zum Gegenstand der ‚Wissenschaft' machen zu wollen." Schefe (2001), S. 155/156

[129] Fehling / Jahnke (1999), S. 197

[130] Schefe (2001), S. 155

[131] Valk schreibt zur rationalen Methode: „... ist in der Philosophie von René Descartes zentral verankert. Diese sollte bei jeglicher wissenschaftlicher Forschung Anwendung finden. Sie sieht vor,
   a) nur dasjenige als wahr anzunehmen, was der Vernunft so klar ist, dass jeglicher Zweifel ausgeschlossen bleibt,
   b) größere Probleme in kleinere aufzuspalten
   c) immer vom Einfachen zum Zusammengesetzten hin zu argumentieren und
   d) das Werk einer abschließenden Prüfung zu unterwerfen." Valk (1997), S. 98.

steht jedenfalls weniger Zweifel und/oder Uneinigkeit als bezüglich der Zielsetzungen, und dies vor allem in einer dem Mertens-Vorschlag entsprechenden Allgemeinheit und Reichweite. Dies wäre ein wesentliches Resümee dieses Abschnittes: einige „Leitvorstellungen für die Forschung" sind genannt und entwickelt, ebenso einige als gültig anzunehmende „Bedingungen für den Erwerb empirischen Wissens"; in diesem Sinne nutzbringend sind sicher auch die von Haux genannten ‚Kriterien für Wissenschaftlichkeit" oder seine „Prüfliste für gutes wissenschaftliches Handeln". Es fehlt jedoch eine befriedigende und begründete Beschreibung dieses „Worum-Willens", die Nennung eines Ziels, das in einen „Gesamtzusammenhang" einzuordnen ist, und geeignet, die gewünschte langfristige Orientierung und identitätsstiftende Einheit zu ermöglichen.

1.1.5 „Regionale Ontologie" der Wirtschaftsinformatik, Logik der Wirtschaftsinformatikforschung oder Rekonstruktion als Konstitution?

Die Problematik der Ziel- und Gegenstandsbestimmung einer Wissenschaft zwischen der – normativ zu verstehenden – Nennung eines „letzten Zieles" als ihr „erkennbarer und anerkennenswerter Zweck" einerseits, und der Bestimmung der „Wurzel, aus der alles wächst"[132], andererseits, also zwischen der Formulierung eines ethisch-informierten Sollens-Anspruches und dem ‚blinden' und welt-fernen, welt-unwissenden, ursprünglichen ‚Wachsen' der ‚Anlagen' einer Wissenschaft aus einer „Wurzel", wird in diesem Kapitel aufgenommen und vertieft. Folgende Argumentation soll hier zu Geltung gebracht bzw. vertieft und erweitert werden:

1. Die Frage der Legitimation, Begründung und Anerkennenswürdigkeit wissenschaftlichen Tuns stellt sich bzw. *ist* zu stellen, und sie bedarf einer Beurteilung von „außen", aus der Kenntnis und Beurteilung des weiteren Wirkungskontextes: „Dieser Bereich lässt sich nicht mehr durch einfache Fragestellungen charakterisieren, da er von anderen Interessen als denen der ‚reinen' Erkenntnis bestimmt wird. Die Frage ‚Was kann computerisiert werden?' evoziert immer die Frage ‚Was soll oder darf (nicht) computerisiert werden?' Für die Anwendungen der Informatik gibt es keine Theorie, bestenfalls Theorien zu den verschiedenen human- und sozialwissenschaftlichen Aspekten die Organisationstheorie, Arbeitspsychologie, Industriesoziologie, Ökonomie etc."[133]

2. Wissenschaften befinden sich in einem ständigen Entwicklungsprozess, und daher bedarf die Frage nach der Identität, der „fundamentalen Frage" einer Wissenschaft und nach ihrer Legitimation einer laufenden Überprüfung und Revision.

---

[132] Jungclaussen (2001), S. 25
[133] Schefe (1992), S. 329

3. Die Bestimmung eines Wissenschaftszieles, des Gegenstandsbereiches oder ihres Erkenntnisinteresses darf das *spezifische Vermögen* dieser Wissenschaft nicht verfehlen.

Auf *E. Husserl* geht die Anregung des Versuchs zurück, apriorische Grundbestimmungen des Gegenstandsbereiches einer Wissenschaft auszumachen: „Vollkommene Methode setzt die systematische Ausbildung der Ontologie, d.i. der Wesenslehre (...) voraus."[134] So wie der schon bei Aristoteles geprägte Begriff der Ontologie die Lehre von den allgemeinsten Aussagen über die Wirklichkeit, dem Sein und den ihm zukommenden Bestimmungen beinhaltet, soll die „regionale Ontologie" Husserls nun auf die allgemeinsten Bestimmungen besonderer Seinsbereiche, der „Regionen", abzielen und in diesem Sinne die Bestimmung der Gegenstandsbereiche der diesen Regionen entsprechenden Wissenschaften zum Inhalt haben.

Entsprechende für die Wirtschaftswissenschaften unternommene Versuche sind nun, z. B. von *W. Eucken*[135], kritisiert worden: „Die Wissenschaft ist gar nicht imstande, zu Anfang ihrer Arbeit wissenschaftliche Definitionen zu geben. Will man etwa vor Untersuchung der Tatsachen den Begriff der Wirtschaft bestimmen, so fehlt jedes Fundament." Ebenso ist für die Informatik festzustellen, dass man z. B. vor der Vorstellung von Allan Turings „Paper-Mashine" sicher nicht die Möglichkeit hatte, apriorische Grundbestimmungen des Gegenstandsbereiches der Informatik auszumachen. Insofern scheint der Versuch der Identifikation ‚apriorischer' Grundbestimmungen aussichtslos. Dennoch ist aber das Bemühen um Unterscheidung zufälliger, vorübergehender, „modischer", willkürlicher Gegenstände und Zielsetzungen in der Wirtschaftsinformatik, auch der Informatik, von solchen, die das eben nicht sind - die stabil sind, über-zufällig, notwendig, im „Trend", häufig auszumachen und fast allgegenwärtig. Der Schwerpunkt der Fragestellung kann hier – aus ganz heterogenen Erkenntnisinteressen her stammend – liegen

- im Interesse an einem möglichst geradlinigen Zusteuern auf dieses Ziel ohne Umschweife und Vergeudung von Zeit bzw. Ressourcen (so ja die Argumentation bei Mertens);
- im Interesse am Verständnis für die eigene Identität als Wissenschaftler bzw. als Anwender des von dieser Wissenschaftszunft gelehrten Wissens, also die Fragestellung behandelnd: was ist Informatik bzw. Wirtschaftsinformatik für eine Wissenschaft, und worin besteht das Berufshandeln von Informatikern bzw. Wirtschaftsinformatikern, wie z. B. bei *Schefe*[136] (für

---

[134] Husserl (1976), § 9

[135] Eucken (1950), S. 8

[136] Schefe (1993), S. 1 ff.

die Informatik) erörtert als Einführung in eine Reihe von Aufsätzen zum Thema „Wissenschaftstheorie und Geschichte der Informatik"; oder
- im Interesse am Verständnis beobachtbarer Handlungen von Angehörigen einer Wissenschaftszunft; ein Interesse mit einer „gewisse(n) Ähnlichkeit mit dem Bemühen eines Anthropologen, sich die Handlungen einer Gruppe von Menschen verständlich zu machen", wie *A. Hüttemann*[137] die Motivfigur der von ihm durchgeführten Untersuchungen zum Ziel der Physik umschrieben hat. Einer solchen Vorgehensweise liegt die Annahme zugrunde, dass es für eine Wissenschaft konstitutive Handlungsweisen zu beobachten gibt, die ihrerseits zweckmäßig, also zielgerichtet durchgeführt werden, ohne dass dieses Ziel aber den Ausführenden dieser Handlungen explizit bekannt sein muss.[138]

Eben dieser Annahme folgend, untersucht *P. Janich* mit dem Ziel der Beantwortung der Frage, was die Informatik als Wissenschaft konstituiert, „wer was zu welchem Zwecke tut – mit dem Zusatz, dass es nicht um Einzelhandlungen von herausragenden Individuen geht, sondern um etablierte Handlungsweisen, die von vielen Menschen übernommen sind."[139]
Ausgehend von der konstruktivistischen Grundüberzeugung, dass Wissenschaften immer einen „Sitz im Leben" haben und entstehen durch „Hochstilisierung" lebensweltlicher Praxen, sind für Janich im Falle der Informatik nun „drei Bereiche lebensweltlicher Praxis auszumachen, die – über einen noch zu besprechenden Zwischenschritt – in ihr verwissenschaftlicht worden sind: (1) Kommunizieren, (2) Führen und (3) Rechnen." Für diese drei Praxisbereiche behauptet Janich: „In ihnen hat sich eine Ingenieurskunst etabliert, bestimmte menschliche Handlungsfähigkeiten technisch zu substituieren." (a.a.O., S. 61) Der Informationsbegriff nun werde dann „einschlägig", „wo den zu Rechenzwecken vorhandenen Computern andere, dann gern ‚symbolisch' genannte Aufgaben zugewiesen werden." Über den Informationsbegriff, der beinhaltet, dass der Rechner auf eine Weise eingesetzt werden kann, die leistungsgleich ist mit dem Einsatz eines Menschen, der bestimmte kognitive Fähigkeiten nutzt (in den genannten Praxisbereichen), wird in Janichs Argumentation „für die drei genannten lebensweltlichen Praxen noch einmal eine methodische Ordnung gestiftet: Bestimmte Rechenleistungen und bestimmte Leistungen des Führens lassen sich nach Analogie von Kommunikationsleistungen beschreiben, die ihrerseits bereits technisch substituiert sind." (a.a.O., S. 65)

Janich kommt also zu dem Ergebnis: in den genannten drei Bereichen lebensweltlicher Praxis hat sich eine Ingenieurskunst etabliert, bestimmte menschliche

---

[137] Hüttemann (1997), S. 6

[138] Als solche Handlungsweisen nennt Hüttemann für die Physik die Praxis der Idealisierungen.

[139] Janich (1993), S. 55

Handlungsfähigkeiten technisch zu substituieren. Er äußert sich schließlich auch zur Frage nach dem "Gewinn" des Verständnisses einer Wissenschaft bzw. ob ein Wissenschaftler darauf angewiesen ist, seine Wissenschaft zu begreifen, und gibt die Antwort, „dass wissenschaftlicher Erfolg nicht davon abhängig ist, zu begreifen, was man tut, wenn man seine Wissenschaft betreibt – zumindest als Forscher und Anwender. (...) Ein Angebot kann deshalb der Versuch, die Konstitution der Informatik als Wissenschaft zu ermöglichen, nur für den sein, der das Handeln des Informatikers als Mittel für erkennbare, erkannte und anerkennenswerte, d.h. legitimierbare Zwecke begreifen möchte. Wer dagegen seine Verantwortung als Wissenschaftler, z.B. dogmatisch, zu einer nicht wissenschaftsfähigen Privatsache erklärt, kann auch ohne das Prädikat „wissenschaftlich" im Wissenschaftsbetrieb sein Auskommen finden." (a.a.O., S. 68)

Offen bleibt hier nun die Frage, *ob* es sich bei der identifizierten Substitution von Handlungsweisen um die Verfolgung anerkennenswerter, legitimierbarer Zwecke handelt. Janich stellt nur fest, dass sich diese „Ingenieurskunst" etabliert *hat*: ob bzw. unter welchen Bedingungen die Ingenieurskunst der Substitution von Handlungsweisen anerkennenswerte Zwecke verfolgt, kann auch demzufolge nur aus der übergreifenden Beurteilung möglicher Anwendungskontexte beurteilt werden.

„Begreifen was man tut" als Angehöriger einer Wissenschaftsdisziplin kann in dem hier zu Grunde gelegten Verständnis also auf der einen Seite die Bedeutung haben von „die Wurzel kennen, aus der alles wächst", oder „die lebensweltlichen Praxen kennen, aus denen eine Wissenschaftsdisziplin entstanden ist", und auf der anderen die von „das Handeln als Mittel für erkennbare, erkannte und anerkennenswerte, legitimierbare Zwecke begreifen"; also die Fragestellungen umfassend: was tut eine Wissenschaft bzw. ein Wissenschaftler *typischerweise*, aber auch: was könnte er tun, und auch: was *sollte* er tun.

Lässt man die spezifische Frage nach der Wissenschaftlichkeit einmal außer acht, also die Frage danach, was eine geübte Praxis zur Wissenschaft konstituiert, und die Frage nach dem „Verständnis dafür, was man tut" im Vordergrund, so lassen sich – möglicherweise mit heuristischem Ertrag – Parallelen ausmachen zur Frage nach den spezifischen Anlagen oder Talenten eines *Menschen* einerseits, und der ethischen Struktur des Gebotes der Talent*entfaltung*, also die Behandlung der – offensichtlich interdependenten – Fragen: was sind die eigentlichen, spezifischen Talente und Potenziale, und wie, mit welcher Motivstruktur und mit welcher Zielsetzung sind sie zur Entfaltung zu bringen? Die Rede von der „regionalen Ontologie", also der Versuch einer apriorischen Gegenstandsbestimmung einer Wissenschaft mag in diesem Sinne, also nicht als Versuch einer Gegenstandsbestimmung vor aller Erfahrung, aber als Versuch einer für (möglichst) alle denkbaren Erfahrungen gültigen, treffenden und notwendigen Gegenstandsbestimmung Plausibilität gewinnen; im Falle einer Gestaltungswissenschaft wie der Wirtschaftsinformatik und auch Informatik nicht nur die Bestimmung eines Wissensgebietes als Gegenstand betreffend, sondern eben auch spezifische Gestaltungspotenziale und -vermögen, auf der Grundlage dieses zu beschaffenden, zu beherrschenden und zu erweiternden Wissens.

W. Steinmüller beschreibt die Wirtschaftsinformatik als die „Wissenschaft von der maschinengestützten Rationalisierung"[140]. Damit soll offenbar gesagt werden, dass für die Wirtschaftsinformatik die *Intention* „Rationalisierung" typisch ist, also eine Beschreibung mit zumindest deskriptivem Gehalt derart, dass zu beobachten sei, dass die von der Wirtschaftsinformatik verfolgte General-Intention die Rationalisierung ist, aber wohl auch der normativen Konnotation, dass dies auch so sein solle, dass es sich um eine legitimierte Intention handelt, und dass damit ein legitimierbares, und auch spezifisches Ziel der Bestrebungen der Wirtschaftsinformatik als Wissenschaft benannt sei. Auch hier bleibt die Frage nach der Legitimation offen.

Das Untersuchungsergebnis der „*ACM Task Force*" zum Gegenstand der Informatik war: „Computing (als Symbiose von Computer Science und Computer Engineering) ist das systematische Studium von algorithmischen Prozessen, die Information beschreiben und transformieren: ihrer Theorie, Analyse, Effizienz, Implementation und Anwendung. Die fundamentale Frage, die hinter allem steht, ist: Was kann (effizient) automatisiert werden?"[141]. Ist dies nun eine – falsifizierbare – empirische Aussage, oder eine normative?
War sie von den Verfassern normativ gemeint – wenn ja, zu Recht?
Die hier vertretene Auffassung ist die, dass eine solches Untersuchungsergebnis – das besagt, es sei empirisch zu beobachten, dass das typischer Weise von Angehörigen der Disziplin verfolgte Ziel sei, effizient zu automatisieren – bis zu einem gewissen Grad als normative Aussage verstanden werden darf, mit der Begründung, dass den beobachteten Forschern eine Urteilskompetenz zugestanden wird, die diese zu dem Urteil geführt hat, die von ihnen verfolgte Intention sei auch zu Recht und legitimer Weise zu verfolgen.
Dennoch wird hier an der Aussage festgehalten, dass normative Beschreibungen von Zielsetzungen auch einer *expliziten* Begründung und Rechtfertigung bedürfen.

Hier ist nun wiederum zu berücksichtigen, dass die Beurteilungsgrundlage, also der Wissensbestand, die kalkulierbare Wirkungsreichweite einer Wissenschaft, ihrer Forschungen und Wirkungspotenziale sich fortlaufend ändern und nicht in allen Phasen ihres Werdens erkennbar sind; das hohe Tempo der Entwicklung ist ja gerade für Informatik und Wirtschaftsinformatik kennzeichnend. Bei *P. Schefe* findet sich folgender knappe Abriss der Entwicklung der Informatik seit

---

[140] Steinmüller (1993), S. 23

[141] Denning et al. 1989, aus Friedrich et al. (Hrsg.) (1995), S. 8, in einer Übersetzung von A. Rolf

ihren Anfängen: „Als historischer Ableger der mathematischen Logik beschäftigt sich die Informatik zunächst mit Fragen der Berechenbarkeit. Die Leitfrage ‚Was kann berechnet werden?' schließt historisch frühe Spezialisierungen ein wie ‚Welche geistigen Tätigkeiten des Menschen sind algorithmisch rekonstruierbar?' (etwa bei Turing) und umfasst auch den Versuch Chomskys, eine universale Grammatik natürlicher Sprachen mathematisch als Teil einer universellen kognitiven Psychologie zu rekonstruieren. Dies impliziert jedoch nicht den Standpunkt der ‚starken KI', die den Menschen grundsätzlich mit der Maschine gleichsetzt. Vielmehr konstituiert die Informatik als Wissenschaft vom Berechnen (‚science of computing') einen Bereich ‚reiner' Erkenntnis als universelle Strukturwissenschaft.

Eine zweite, technisch-ingenieurwissenschaftliche Fragestellung ist: ‚Wie können Rechensysteme realisiert werden?' Hier werden verschiedene Hilfsdisziplinen benötigt, heute vorwiegend die Physik, morgen vielleicht die Biologie. Die Fortschritte in diesem Bereich haben sich bis heute als relativ unabhängig von denen in anderen Bereichen erwiesen. (...)
Dem schließt sich das Softwareproblem an. Die Frage: Wie wird ein Rechensystem programmiert? ..."[142].

Es ließe sich hieraus vielleicht ableiten, dass das Spezifische und Unveränderbare der Informatik – die als solche ja noch nicht existierte – zunächst fast ausschließlich mit diesem ‚Bereich reiner Erkenntnis' identisch war, also den mit der „Entdeckung der Turing-Maschine"[143] in Zusammenhang stehenden Fragestellungen der Berechenbarkeit und Entscheidbarkeit, dann mit den Problemen der tatsächlichen Realisierung der Turing-Maschine, und dann schließlich, nachdem diese physische Realisierung gelungen war, mit den Problemen der Anwendung und des Einsatzes dieser Universalen Rechen-Automaten. Die Turing-Maschine verdankt ihre Entstehung in dieser Betrachtung also einem im Sinne der aristotelischen Wissenschaftstheorie ‚reinen', mathematisch-formalen, theoretischen Erkenntnisinteresse; aus diesem Ursprung wird man aber für eine Informatik, die sich im Laufe der Jahrzehnte immer neue Potenziale und Anwendungsfelder erschlossen hat[144], aber nicht folgern können, welchen Anwendungsfeldern sie sich mit welchen Intentionen zuzuwenden habe, um mit sich als Informatik identisch zu bleiben: das Wissen um das legitime „Wozu" der Informatik, auch der in Wirtschaft und Verwaltung angewandten Wirtschaftsinformatik, das Sinn- oder Orientierungswissen, muss also von außen her gewonnen werden.

---

[142] Schefe (1992), S. 328. Die Intention des Autors, die in den hier zitierten Sätzen nicht zum Ausdruck kommt, ist eine Kritik an einer Dominanz des technisch-ingenieurwissenschaftlichen Paradigmas auf dem Gebiet der Software-Erstellung, und der Vernachlässigung solcher – wichtigen - Randbedingungen wie Sicherheit, Benutzbarkeit, Verständlichkeit.

[143] Krämer (1993), S. 80 ff.

[144] vgl. die in Rolf (1995), S. 8, zusammengefassten Informatik-Definitionen aus den Jahren 1971, 1981, 1991

Allerdings wird man sagen können, dass unabhängig von den verschieden denkbaren Anwendungsfeldern und den ihnen zuzuordnenden Zielsetzungen, also den vielfältigen Antworten auf die Frage „Wozu?" sich im Zentrum des Angebots von Informatik und Wirtschaftsinformatik, also der Frage „Wie?", sich typischerweise immer der physisch realisierte oder realisierbare universale Automat befinden wird, dass also von allen denkbaren realisierungswürdigen Zielsetzungen sich nur solche an die Informatik richten, die mit diesem Angebot in einen sinnvollen und fruchtbaren Zusammenhang zu bringen sind; insofern bzw. in diesem Sinne dürfte das Untersuchungsergebnis des Denning-Reports über „die fundamentale Frage" der Computerwissenschaften nicht von der Hand zu weisen sein; kritikwürdig ist diese Aussage sicherlich dann, wenn man ein sozusagen blindes Interesse an der Automation, gewissermaßen als Selbstzweck, als ‚natürlichem' Anwendungsmodus eines universalen Automaten, unterstellt, also Automation und Substitution von Handlungen, Vorgängen und Abläufen, weil man es eben einfach kann, ohne Rücksicht auf denkbare direkte und indirekte Anwendungswirkungen und deren soziale „Kompatibilität"; wenn man also eine Motivlage unterstellt, die ja schon spätestens seit Weizenbaums Kritik der „Macht der Computer und der Ohnmacht der Vernunft"[145] in technik- und informatikphilosophischen Reflexionen eine Grundfigur der Kritik einer technik- oder maschinenorientierten, formalistischen Informatik darstellt[146].

H. Jungclaussen beschreibt den Inhalt des Versuchs einer Begriffsbestimmung für die Informatik wie folgt: „Gesucht sind nicht die Attribute und Erscheinungsformen der Informationsverarbeitung, sondern ihr wesentlicher Kern, die Wurzel, aus der alles wächst, sich alles ‚von selber' ergibt, auch der Informationsbegriff."[147] Er kommt auf der Basis einer von ihm vorgestellten Systematik von Modellklassen (unterscheidbar nach den Kriterien *sprachlich/nichtsprachlich, aktiv/passiv* und *exakt/nichtexakt*) zu dem Ergebnis: „Die Informatik ist die Lehre vom aktiven sprachlichen Modellieren, (...)." (a.a.O., S. 27) Er versucht im folgenden dann den Nachweis zu erbringen, dass sich aus der so gegebenen intensionalen Definition eine extensionale Definition ableiten lässt, „also eine Aufzählung der Teilbereiche der Informatik"; als solche zählt er auf: Gerätetechnik der Computer-IV, Hardware-Technologie, Wissenschaft von den Programmiersprachen, Programmiertechnik und Software-Technologie, und die Wissenschaft von der künstlichen Intelligenz. (a.a.O., S. 29)

---

[145] Weizenbaum (1977)

[146] vgl. etwa Y. Dittrich (1993), die die Informatik einer „objektiven" Vernunft i. S. Max Horkheimers überantworten möchte statt einer bloß instrumentellen Vernunft; ähnlich fürchtet S. Krämer durch den Einsatz des einen Algorithmus abarbeitenden Computers die allmähliche Entbindung von Handlungsvermögen und moralischer Kompetenz (Krämer 1993), oder die ‚Abtrennung des Verfahrenswissens von der Urteilskraft'. Krämer (1992)

[147] Jungclaussen (2001), S. 25

Eine Auffassung, dass „die Inhalte der Informatik (...) vorwiegend logischer Natur [sind] und maschinenunabhängig"[148], scheint in diesem Sinne und im Sinne der obigen Argumentation also unzutreffend; Büttemeyer wendet sich ebenfalls gegen diese Auffassungen, nach denen der die Grammatiken der Chomsky-Hierarchie bzw. die von diesen generierten Sprachen erkennende Automat *und seine physische Realisierung als technisches Artefakt nicht* spezifisches und konstitutives Element der Informatik seien[149]; gegen die Informatik in der Nähe von Geisteswissenschaften sehende Auffassungen – mit der Begründung, von der Informatik Geschaffenes sei immateriell – zitiert Büttemeyer zustimmend *M. Bunge*: „Wie jeder andere technologische Entwurf, ist ein Computerprogramm so weit von der Maschine ablösbar, dass beide getrennt hergestellt, verkauft und aufbewahrt werden können. Diese Ablösbarkeit hat zu dem Missverständnis geführt, dass ein Computerprogramm immateriell ist – der Geist, der die Maschine beseelt und sie wieder verlässt. Es ist wahr, dass ein Computerprogramm Ideen ‚verkörpert', aber es ist keine körperlose Idee; es ist vielmehr ein materielles Artefakt auf derselben ontologischen Grundlage wie eine Gebrauchsanweisung, eine Musikpartitur oder ein gelochter Papierstreifen für das elektrische Klavier."[150]

Es wäre nicht nur eine mangelhafte deskriptive Beschreibung dessen, was die Informatik ausmacht, wenn man den Bereich der Technischen Informatik, also Hardware-Technologie und Gerätetechnik etc. als unwesentlich ausklammern würde, sondern es wäre in zweifacher Hinsicht verantwortungslos: zum einen wegen einer sich hieraus ergebenden mangelnden Verantwortung für die beobachtbaren, faktischen Wirkungen des Einsatzes in Hardware implementierter Informatik-Hervorbringungen, und zum anderen wegen der mangelnden Verantwortung und Sorge um zukünftige, zu vermeidende, nicht-legitimierte Entwicklungen und um zukünftige zu schaffende, legitimierte, wünschbare, berechtigte Entwicklungen.

Der Entwicklungsverlauf einer Wissenschaft bedeutet für die involvierten Forscher wohl immer und unvermeidlicher Weise auch das Betreten von Neuland und zum Teil unüberschaubarem Terrain; denn es gilt in der Tat: „Wie sollen wir aber wissen, ob eine Weiterentwicklung Gewinn (im Sinne einer die Interessen aller berücksichtigenden Entwicklung) bringt, ohne diese voranzutreiben?"[151] Auch etwa aus einer Haltung der Sorge um ein befürchtetes Überwiegen kritisierbarer Entwicklungen, die in folgender Einschätzung ja auch hörbar

---

[148] Claus (1975), S. 11

[149] Büttemeyer weist hin auf die Ersetzung des Adjektivs ‚systematisch' durch „den treffenderen Ausdruck ‚maschinell'" in der Definition von Informatik in der 2. Auflage des Studien- und Forschungsführers Informatik, für den er wiederum die Adjektive „automatisch" oder „programmgesteuert" noch geeigneter halten würde. Büttemeyer (1995), S. 94

[150] Bunge (1985), S. 265, in Büttemeyer (1995), S. 96

[151] Schefe (1992), S. 332

wird: „Jeder, der auf Erkenntnis zur weiteren technischen Rekonstruierbarkeit menschlicher Fähigkeiten verzichtet, sieht sich nicht nur dem Totschlagsargument des technologischen Wettrüstens ausgesetzt, sondern muss sich einen Verzicht auf die Interessen aller vorwerfen lassen"[152], scheint es nicht hinreichend begründbar, sozusagen prophylaktisch und generalpräventiv auf Weiterentwicklungen auf der Domäne von Informatik und Wirtschaftsinformatik zu verzichten – aus eben dem Grund, dass dadurch möglicherweise eben auch berechtigte, legitime Interessen aller verletzt werden, was einem Handeln mit einem moralischen Defekt von der Art „unterlassene Hilfeleistung" gleichkäme. In das in der christlichen Sozialethik reflektierte Gebot der Talententfaltung ist dieses Motiv des Gebotes zur Fortentwicklung und Ausbildung gegebener Anlagen, Fähigkeiten und Potenziale, *auch* im Interesse einer Ausweitung des Angebots zur gegenseitigen Hilfeleistung, ja durchaus einzubinden; es geht allerdings hier nicht nur um die unterlassene Hilfeleistung im Falle akuter Bedrohung von Gesundheit und leiblicher Unversehrtheit, wie dieser Begriff im engeren iuristischen Sinne ja gewöhnlich verstanden wird, sondern um Hilfeleistung in einem umfassenderen Sinne, um gegenseitige Hilfeleistung bei der Wahrnehmung und Realisierung berechtigter, legitimer, ausgezeichneter universaler Menscheninteressen. Offensichtlich käme es jetzt darauf an, diese soweit zu benennen und zu spezifizieren, dass diese, als legitime, berechtigte, zustimmungsfähige und universale Interessen, handlungsleitend wirksam werden könnten. Dieser Versuch soll weiter unter auch unternommen werden. Zunächst, an dieser Stelle, ist resümierend festzuhalten, dass es auf der einen Seite in der wissenschaftstheoretischen Bestimmung einer Wissenschaft darum geht, das Spezifische, Unveränderbare und Unverwechselbare in den Anlagen, dem Vermögen, den „Talenten" einer Wissenschaft zu bestimmen, und auf der anderen Seite, wohl auch immer wieder neu, auf der Basis des neu erreichten Niveaus von Kenntnissen und Gestaltungspotenzialen, sich über Anwendungsmöglichkeiten und über Anwendungsrisiken zu orientieren, im Verständnis der Entwicklungsfähigkeit der Potenziale, über die man verfügt, aber auch auf der unverzichtbaren Grundlage eines Wertehorizonts, „eines orientierenden Menschenbildes", einer Idee als wie immer unerreichbares, aber dennoch bindendes „Herstellungsziel" oder „Konstruktionsziel" etwa im Sinne des methodisch-konstruktivistischen Republikanismus, geteilter und zustimmungsfähiger Grundüberzeugungen über ein zu erhaltendes oder erst herzustellendes ‚gutes Leben'; dazu ausführlicher weiter unten.

Aber nochmals zur Frage des ‚Spezifischen' in Informatik und Wirtschaftsinformatik: trifft man dieses Unveränderbare, die „Wurzel, aus der alles wächst", wirklich, wenn man in erster Linie die Information und deren maschinelle oder automatische Verarbeitung in den Vordergrund stellt? Die Mitglieder der Wissenschaftlichen Kommission Wirtschaftsinformatik im Verband der Hochschullehrer für Betriebswirtschaft e. V. beantworten die Frage „Was untersucht die

---
[152] Schefe (1992), S. 332

Wirtschaftsinformatik?" wie folgt: „Gegenstand der Wirtschaftsinformatik sind ‚Informations- und Kommunikationssysteme (IKS) in Wirtschaft und Verwaltung' (kurz: ‚Informationssysteme' (IS)). (...) Im Mittelpunkt steht die Erfüllung betrieblicher Aufgaben. (...) IKS sind offene Systeme. Ziel ihrer Konstruktion und Anwendung ist die optimale Bereitstellung von Information und Unterstützung von Kommunikation nach wirtschaftlichen Kriterien."[153] Ist dies eine intensionale Definition, aus der sich eine vollständige extensionale ableiten ließe? Und auch denkbare, und in der Informatik bzw. Wirtschaftsinformatik gewissermaßen schon in der Wurzel angelegte zukünftige Teilgebiete und Forschungsfelder? Für die Informatik ist in der Erstauflage des *Studien- und Forschungsführers Informatik* formuliert worden: „Informatik ist die Wissenschaft von der systematischen Verarbeitung von Informationen", wobei ‚systematisch' in der zweiten Auflage durch ‚maschinell' ersetzt wurde, worauf Büttemeyer hinweist[154] (wie bereits angesprochen). Aber ist etwa das Gebiet der Robotik und die damit verwandten Gebiete der Künstlichen Intelligenz treffend und kenntlich beschrieben als Teilgebiet der Wissenschaft von der maschinellen Verarbeitung von Informationen? Sind z. B. „Mannschaften" von autonomen mobilen Robotern, die miteinander eine Weltmeisterschaft im Roboterfußball austragen[155], treffend, kenntlich und hinreichend unterscheidbar beschrieben als informationsverarbeitende Systeme? Könnten denn dann nicht auch Tiere sämtlicher Evolutionsstufen, auch Menschen mit (fast) dem gleichen Recht als solche beschrieben werden? Oder warum nicht als nahrungsverarbeitende, oder energieverarbeitende Systeme?

Steinmüller unternimmt eine „quasi-historische" Betrachtung der Informatik mit der Absicht, daraus „strukturelle Schlüsse" zu ziehen: „Das Resultat der Genese-Betrachtung war: Das Informationssystem ist die ‚Maschine'. (...) ..der Computer. Ihn genauer im Hinblick auf seine systemische Bedeutung und seine sonstigen Besonderheiten zu betrachten ist schon deswegen nötig, weil er das ‚Hirn' eines jeden technikunterstützten Informationssystems ist und seine Fähigkeiten den anderen Geräten, damit dem Gesamtsystem, mitteilt. (...) Er ist, anthropologisch betrachtet, ein maschinelles Substitut für den zerlegenden Intellekt als Teilfunktion des menschlichen Verstandes, so wie die alte Kraftmaschine ein Substitut für die physischen (vor allem manuellen) Fertigkeiten des Menschen war und ist."[156] Weiter stellt Steinmüller fest: „Der Computer, und mit ihm das computerunterstützte Informationssystem, ist zum Unterschied von der traditionellen Maschine ‚Universalautomat'. Er und es sind deshalb nur in Ausnahmefällen als Werkzeug zu gebrauchen." (a.a.O., S. 331) In folgenden 'antitheti-

---

[153] In: Lehner et al. (1995), S. 5/6.

[154] Büttemeyer (1995), S. 93

[155] Natürlich nur so „autonom" wie ein Roboter eben autonom sein kann, dazu weiter unten. Ebenfalls waren die verantwortlichen Veranstalter dieser Weltmeisterschaft herkömmliche lebende informationsverarbeitende Menschen. Röfer, T., Pribbenow, S. (2001), S. 62/63

[156] Steinmüller (1993), S. 328

schen' Punkten sieht Steinmüller den Universalautomaten abgegrenzt von der ‚alten' Kraft- und Energietechnik:

- „Die alte' Maschine ist eine Maschine, der Computer ein Automat.
- Die ‚alte' Maschine ist ein Spezialgerät, der Computer ein Universalgerät. Hier Monotechnik, dort Universaltechnik: Pro ‚altes' Gerät eine Funktion – pro ‚neues' Gerät so viele, wie programmiert werden können.
- Die ‚alte' Maschine ist meist ein Einzelgerät, der Computer grundsätzlich eine Systemkomponente.
- Die ‚alte' Maschine ist ein Gerät für körperliche, der Computer ein Gerät zur Veränderung intellektueller, kommunikativer und sensorischer Modell-Funktionen."

Steinmüller resümiert: „Er ist ein systemischer Universalautomat für intellektuelle Fähigkeiten." (a.a.O., S. 332) Aber, wie die Robotik lehrt, wiederum auch nicht *nur* für ‚intellektuelle' Fähigkeiten, sondern auch als ‚Intellekt' der ‚alten' mechanischen Maschinen, als deren Steuereinheit, einsetzbar, wodurch sich eben die Perspektive eines nicht nur *informations-*, sondern *auch stoff*verarbeitenden oder stoff*bearbeitenden* Universalen Automaten ergibt[157], sowie weiter eines nicht nur Symbole als in zwischenmenschlicher Kommunikation als solche eingeführte verarbeitenden Automaten, sondern auch natürliche, gesprochene Sprache ‚erkennende' und ‚sprechende' sowie visuelle Signale im Sinne von Bilderkennung, etwa zur räumlichen Orientierung etc., verarbeitenden Automaten. Es geht darum, das Wirkungspotenzial für die menschliche Lebenswelt und die dem Gegenstand der Wissenschaft nächstliegenden, sozusagen naturgemäß naheliegenden oder zu unterstellenden Intentionen möglichst in der Definition des Faches nicht auszublenden oder vorzuenthalten[158], so wie z. B. die Rede von der ‚Informationsgesellschaft' oder ‚Wissensgesellschaft' nicht die Bedeutungsgehalte mit sich führt, die die für die Lebensgestaltung der Menschen wirklich relevanten, spürbaren Attribute dieser Gesellschafts- oder Kulturformationen benennen; das Faktum höherer Verfügbarkeit einer größeren Menge von Informationen bzw. möglicherweise größerer Wissensbestände und deren leichte Abrufbarkeit über die Kommunikationskanäle der ‚Neuen Medien' sagt nicht viel aus über zu erwartende Wirkungen dieser neuen Zeiterscheinungen auf Aspekte der Lebensumstände, die das Lebensgefühl nachhaltig beeinflussen[159], wie etwa

---

[157] Jungclaussen stellt ‚Architekturen kausaldiskreter Systeme' vor, die sich darstellen als Kompositionen von Operatorenhierarchien; diese können eben aus Informationen verarbeitenden Operatoren und aus Stoff verarbeitenden Operatoren (Fertigungsoperatoren) bestehen, die ihre Steuersignale und Operationsanweisungen von Operatoren aus der Hierarchie der Informationen verarbeitenden Operationen erhalten. Jungclaussen (2001), S. 453 ff.

[158] „Das Anliegen des Vorantreibens der Computerisierung ist das geheime Motiv der Informatik (...)." Steinmüller (1993), S. 37

[159] Jungclaussen nennt als Ziel bei der Bestimmung des Gegenstands der Informatik: „Wir werden uns nicht damit begnügen, eine Reihe von Teilgebieten auszuzählen, in deren Bezeichnung das Wort ‚Information' vor-

die Erwartung der generellen Chancen zur Wahrung einer anerkannten, menschenwürdigen Existenz, mit allen nach gegenwärtigem Urteil als dazugehörig empfundenen Chancen zur Entfaltung der Persönlichkeit, in Abwesenheit von gravierender materieller Unterversorgung und existentieller Not.
Es wird weiter unten darum gehen, relevante, auch – innerhalb einer hier ebenfalls noch explizit einzuführenden Wissenschaftsauffassung – wissenschaftstheoretisch relevante Kriterien für realisierungswürdige bzw. erhaltenswürdige Spezifica der *conditio humana*, der menschlichen Lebensumstände, zu benennen. An dieser Stelle soll nicht mehr gesagt werden als: es ist – mit Blick auf die spezifische Eigenschaft Universaler Logischer Automaten, Arbeit leisten zu können – unzutreffend, und mit Blick auf dadurch tangierte Interessen betroffener Menschen verharmlosend, von maschineller Informationsverarbeitung zu sprechen; A. Turing z. B. hat gewissermaßen von Anfang an auf diesen Aspekt hingewiesen und entwickelt z. B. in einem Vortrag vor der London Mathematical Society folgende Einschätzung: „Grob gesagt werden jene, die in Verbindung mit der ACE [Automatic Computing Engine] arbeiten, eingeteilt in ihre Herren und ihre Knechte. (...) Ihre Knechte werden sie mit Lochkarten füttern, wie sie danach verlangt. Sie werden alle Teile richten, die falsch laufen. (...) Tatsächlich werden die Knechte den Platz der Gliedmaßen einnehmen. Mit der Zeit wird der Rechner selbst die Funktionen sowohl der Herren als auch der Knechte übernehmen. Die Knechte werden ersetzt durch mechanische und elektrische Glieder und Sinnesorgane. (...) Für die Herren steht die Ersetzung an, weil man, sobald eine Technik stereotypisiert ist, ein System von Befehlslisten entwickeln kann, die den Elektronenrechner in die Lage versetzen, sie selbst auszuführen. Es mag jedoch geschehen, dass sich die Herren dem widersetzen werden. Sie mögen nicht willens sein, ihrer Jobs auf diese Weise durch sie beraubt zu werden. (...) Ich glaube, dass eine Reaktion dieser Art eine sehr reale Gefahr ist. Dieser Punkt führt natürlich auf die Frage, inwieweit es einer Maschine im Prinzip möglich ist, menschliche Tätigkeiten zu simulieren."[160]
Die Rede von der (angewandten) Informationsverarbeitung oder von Informationssystemen als Gegenstand von Informatik kann also möglicherweise verschleiern, dass der Universale Logische Automat, die Maschine, „die das Informationssystem ist", ihrer Anlage nach eine Maschine ist, die – innerhalb noch zu besprechender Grenzen – beliebige menschliche Tätigkeiten simulieren, ausführen, substituieren kann, und somit möglicherweise ihren (der Rede) Zweck verfehlen: „Wahrhaft objektiv ist, wer zusätzlich den Zweck seiner Rede angibt." (...) „Diese Zweckbestimmtheit gilt nicht nur für die Begriffs*bildung*. Sie trifft

---

kommt, sondern wir werden nach der Rolle suchen, die der zu bestimmende Gegenstand im menschlichen Leben spielt." Jungclaussen (2001), S. 24.

[160] Turing (1987), S. 204; das Zitat stammt aus der ‚Lecture to the London Mathematical Society', die am 20. Februar 1947 gehalten wurde. Etwa 30 Jahre später war rückblickend festzustellen: „Was sich heute als eine neue Erkenntnis, eine schöpferische Leistung darstellt, kann schon morgen eine formalisierte Operation sein, die nach der Beherrschung einer entsprechenden Technologie einer Maschine übertragen werden kann." Fuchs-Kittowski et al. (1976)

auch für die Begriffs*verwendung* zu: Der jeweilige wissenschaftliche Arbeitsprozess ist perspektivisch, d. h. ziel- und zweckorientiert (nämlich dazu bestimmt und ausgewählt, Probleme zu finden und zu lösen) – und damit letztlich die ganze Wissenschaft und ihre Anwendung samt Sprachen."[161]

Eine weitere wissenschaftstheoretische Bestimmung dieses Zweckes dieser Wissenschaft sollte also auf der Grundlage eines angemessenen Verständnisses dessen, was ein „Computer" ist, sich der Frage zuwenden, was zu welchem Zweck „computerisiert" werden kann, darf oder sollte, und was nicht.

---

[161] Steinmüller (1993), S. 98

1.2 Der Orientierungsbedarf der Wissenschaften

Hierzu liest man, wiederum bei Steinmüller: „Angewandte Informatik will seit je ‚soziale' oder ‚menschenfreundliche Systeme' erreichen, also konstruieren. Doch ‚Konstruieren' wird in der Angewandten Informatik *weiter gefasst*: nicht als bloßes Ausführen eines Auftrags. Es handelt sich um verantwortliches Mitgestalten, nach Art des Architekten. Diese ‚Konstruktivität' ist kaum je auf ihre wissenschaftstheoretischen Implikationen und Konsequenzen bedacht worden. Besagt sie doch, dass sie aus vielen denkbaren Möglichkeiten die zu konstruierende auswählen muss, freilich unter rational zu bewertenden *inhaltlichen* Kriterien. Im wesentlichen handelt es sich um die wissenschaftstheoretische Zulässigkeit der (sozialökologischen) Kriterien, (risikoanalytischen) Verfahren und der optimalen Bündelung der zugehörigen Maßnahmen – also um Fragen der inhaltlichen Bewertung und verfahrensmäßigen Entscheidung, die beide *normgesteuert* sein müssen."[162] (Kursivsetzung im Original, L.E.)
Mit rekapitulierendem Bezug auf das vorherige Kapitel ließe sich also formulieren, dass eine Wissenschaft sich sozusagen aus ihrer Lebensmitte mit der Fülle ihrer gewachsenen Schaffenskraft an die Wissenschaftstheorie wendet mit der Ansprache an deren Vermögen zur Bereitstellung orientierender inhaltlicher ‚Kriterien' als Grundlage normgesteuerter inhaltlicher Bewertungen und verfahrensmäßiger Entscheidungen. Hieraus geht in gewisser Weise auch wiederum hervor, dass der ‚Bedarf' an Wissenschaftstheorie für die einzelnen Wissenschaftsdisziplinen unterschiedlich sein kann, z. B. abhängig davon, ob sie eben mehr eine angewandte oder anwendungsnahe Wissenschaft ist oder eine Gestaltungswissenschaft, oder eine ‚rein' theoretische, oder, wie Steinmüller hervorhebt, ob sie „etabliert" ist und auf eine lange Tradition anerkannter Forschungspraxis zurückgreifen kann, oder, wie Informatik und Wirtschaftsinformatik, sowohl sehr junge, in der Entstehung begriffene Fächer, als auch eben solche mit einem sehr weit in den Kontext der Gestaltung der Lebenswelten hineinreichenden Wirkungspotenzial.
Als „Aufgabe der Wissenschaftstheorie" im allgemeinen – welche die Angewandte Informatik brauche – nennt Steinmüller (womit an dieser Stelle schon Gesagtes noch einmal zusammengefasst wird): „Wissenschaftstheorie antwortet auf Fragen Forschender, Lehrender wie Lernender: Wann gehe ich mit wissenschaftlich korrekter Methode vor? Wann ist mein Gegenstand wissenschaftlich?" (a.a.O., S. 48) Das Interesse wissenschaftstheoretischer Fragestellungen richtet sich, wie festzustellen ist, häufig auf Erkenntnisfragen, beispielsweise auf unter dem Titel „Theorien, Modelle, Tatsachen[163]" subsumierbare Fragestellun-

---

[162] Steinmüller (1993), S. 106

[163] So der Titel des 4. Bremer Wissenschaftsphilosophischen Symposiums im Oktober 1993, das sich mit wissenschaftsphilosophischen und methodologischen Problemen der Naturwissenschaften, vor allem der Physik, auseinander setzte. Sandkühler (Hrsg.) 1994

gen zum Verhältnis von Beobachtung, Empirie, Experiment, Modell und Theorie, und weniger auf die spezifischen Probleme von Gestaltungswissenschaften, weshalb hier leider nicht in gleichem Maße auf wissenschaftstheoretische Theoriestücke zurückgegriffen werden kann.

1.3 Die ‚Konstruktivität' der Wirtschaftsinformatik

Die „Konstruktivität", die Steinmüller für die Angewandte Informatik festgestellt hat und von der in diesem Sinne sicher auch für die Wirtschaftsinformatik die Rede sein darf, benennt deren spezifischen Bedarf an „Norm-Gesteuertheit" bei der Entscheidung von „Fragen der inhaltlichen Bewertung" von Konstruktions-Alternativen und bei „verfahrensmäßigen Entscheidungen".
So diskutiert z. B. *Rolf*[164] die wirtschaftsinformatik-spezifischen Gestaltungsalternativen „Standardsoftware SAP R/3" und die damit verbundenen Gestaltungsoptionen auf der betrieblich-organisatorischen Ebene sowie der Gestaltung des Implementationsprozesses selbst (das SAP-Vorgehensmodell) auf der einen Seite, und auf der anderen die objektorientierte Softwareentwicklungsmethode „WAM" (für ‚Werkzeug, Automat, Metapher'), die „seit Beginn der 90er Jahre vom Arbeitsbereich Softwaretechnik am Fachbereich Informatik der Universität Hamburg entwickelt"[165] wird; Rolf stellt diese beiden Gestaltungsalternativen vor als „Pole" eines gedachten Spektrums von Alternativen, mit den Merkmalen „Standardanwendungssoftware, Ablaufsteuerung und Top-down-geplantes, prozessorientiertes Unternehmensmodell' für SAP R/3 an dem einen, und „Individualsoftwareentwicklung, objektorientierte Modellierung und Unterstützung des Einzelarbeitsplatzes für qualifizierte und kooperative Tätigkeiten" für das WAM-Modell an dem anderen Pol.
Von den Autoren bzw. Vertretern des WAM-Modells wird, wie Rolf darstellt, folgende Kritik an der „Ablaufsteuerung" vorgebracht: „Die Autoren halten die ablaufsteuernde Modellierung, so wie sie R/3 vorschlägt, bezogen auf komplexe, qualifizierte Arbeitsplätze für unangemessen: Sie führe dazu, ‚dass nicht die Anwendungssysteme in die Arbeitsprozesse der Arbeitswelt eingebettet werden, sondern dass umgekehrt die Arbeitsprozesse sich der steuernden Ablaufstruktur der Anwendungssysteme unterordnen müssen' (*Gryczan* 1995, S. 10). Die Arbeitsprozesse seien so zwangsläufig auf die programmierten Abläufe auszurichten. Das Leitbild Ablaufsteuerung wird als die entscheidende falsche Weichenstellung kritisiert." (a. a. O., S. 126)
Rolf kommt zu der Bewertung: „R/3 blickt auf das gesamte Unternehmen und versucht, die Einbindung in nationale und internationale Märkte zu berücksichtigen. Das Individuum passt sich diesen Anforderungen an. (...) Anders WAM: Hier ist der Blick auf den qualifizierten Sachbearbeiter und seine Kooperationsbeziehungen gerichtet. Das Unternehmensmodell ist (..) lediglich als Vision eines fraktalen Unternehmens vorhanden: Man stellt sich Einheiten bzw. Gruppen vor, die betrieblich und zwischenbetrieblich kommunizieren und kooperieren: ‚Jede dieser Aktionseinheiten ist idealerweise wie ein Unternehmen im kleinen zu gestalten' (Kilbert u.a. 1994, S. 139). WAM steht in der Gefahr, Strukturen

---
[164] in Rolf (1998), z. B. S. 43 ff. oder 97 ff.
[165] Rolf (1998), S. 125; dazu verweist Rolf auf Kilberth u.a. (1994) sowie auf Gryczan u.a. (1996).

und Anforderungen globaler Organisationen zu unterschätzen, R/3 dagegen lässt Selbstorganisationsbedürfnisse und daraus resultierende Produktivitätspotenziale der Beschäftigten, insbesondere bei komplexen und turbulenten Märkten, außer acht." (a.a.O., S. 133)

Offensichtlich ist hier, bei der Kritik des WAM-Ansatzes an der ‚ablaufsteuernden Modellierung' durch die SAP-Standardsoftware wie auch bei Rolfs Bewertung von beiden Ansätzen, nach Maßgabe von Normen gewertet worden: an diese sind wissenschaftstheoretisch bestimmte Ansprüche zu stellen.
Um die Überprüfbarkeit dieser Ansprüche zu ermöglichen, ist es nach weitestgehend übereinstimmender Auffassung wissenschaftstheoretisch zunächst einmal gefordert, dass diese Normen explizit gemacht werden, dass man sie also nennt, und möglichst auch begründet. Sodann sollte die vorgetragene Argumentation mit Bezugnahme auf diese Normen konsistent sein.
Rolf kritisiert die SAP-Software z. B. mit Hinweis auf außer acht gelassene „Selbstorganisationsbedürfnisse" der Beschäftigten. Damit dieses Außerachtlassen kritikwürdig ist, muss man die Existenz berechtigter Selbstorganisationsbedürfnisse bei Mitarbeitern eines Unternehmens voraussetzen. Als entscheidendes Kriterium für die Gültigkeit eines solchen Argumentes müsste man annehmen können, dass ein so benanntes Faktum als anerkannter Wissensbestand existiert oder zumindest soweit in den allgemeinen Sprachgebrauch oder aber an anderer Stelle in den entwickelten Argumentationsgang eingeführt ist, dass es nicht seinerseits einer expliziten Einführung bedarf. Jedenfalls wird man sagen dürfen, dass diese angenommenen „Selbstorganisationsbedürfnisse" hier den Status eines solchen „sozialökologischen Kriteriums" einnehmen.

Eine andere Anmerkung: der WAM-Ansatz beruht offenbar auf einem betrieblich-organisatorischen Ideal, das zwei idealisierende Grundannahmen enthält. Die eine ist: die Mitarbeiter eines Betriebes „sind qualifiziert". Die andere ist: die Mitarbeiter bilden Aktionseinheiten, die sich idealerweise wie ein Unternehmen im kleinen darstellen.
Zur zweiten dieser Annahmen wäre zu fragen, wie sich diese Idealsetzung des Handlungssubjekts oder Subjekt-Typs ‚Unternehmung' begründet: denn mit ihm ist ja in recht gängiger umgangssprachlicher Redeweise (auch) der Bedeutungsgehalt konsequent eigennützigen, u. U. bis zur Rücksichtslosigkeit selbst(-erhaltungs)-interessierten Verhaltens verbunden. Dies ist jedenfalls die Modellannahme am Markt operierender Unternehmen in den gängigen oder prominentesten elaborierten volkswirtschaftlichen Theorien, also dass diese eigennützig, gewinn- und selbsterhaltungsorientiert, und nur sehr bedingt kooperativ sich verhalten. Kooperativität und Koordination werden aber andererseits auch als normative Größen in das WAM-Modell eingeführt: das erscheint widersprüchlich.

Zur ersten ‚Annahme': Von Qualifiziertheit – als Grad der mit Umfang, Qualität und Intensität einer beruflichen Ausbildung gewonnen Leistungsfähigkeit – von Mitarbeitern eines Betriebes kann sinnvoll eigentlich nur die Rede sein, wenn man diesen Begriff versteht als empirisch feststellbare, relative Größe, die sich ergibt aus dem Vergleich von beruflichen Ausbildungen von Mitarbeitern nach Umfang und Inhalt. Das Prädikat ‚Qualifiziert' hat dann die unterscheidungsermöglichende Bedeutung, *relativ* gut ausgebildete von *relativ* (in Relation zu diesen) schlecht*er* (intensional und extensional) ausgebildeten zu unterscheiden. Nimmt man aber die Qualifiziertheit als eine Eigenschaft *a priori*, etwas, wovon man als nicht zu verifizierende Überzeugung ausgehen *will*, verliert dieser Begriff sein Unterscheidungsvermögen und seinen Bedeutungsgehalt.

Rolf kritisiert weiter das Außer-Acht-Lassen aus den Selbstorganisationsbedürfnissen resultierender Produktivitätspotenziale. Wie verhalten sich aber die „sozialökologischen" Kriterien „Selbstorganisationsbedürfnis" und „Produktivitätssteigerung" zueinander? Ist die Steigerung von Produktivität, das Ausschöpfen von Potenzialen zur Produktivitätssteigerung im Kontext der gesamten vorgestellten Auffassung von Wirtschaftsinformatik ein eingeführter, begründeter Wert?[166] Und wie wäre Produktivitätssteigerung als übergeordnete handlungsleitende Zielgröße zu begründen? Ist „Selbstorganisationsbedürfnis" ein davon abhängiger Wert?

Soweit diese exemplarische Vorstellung einiger wissenschaftstheoretisch aufzunehmender Frage- und Problemstellungen. Gezeigt werden sollte: Die Wirtschaftsinformatik braucht Wissenschaftstheorie als Zugewinn von (aufgeklärter, rationaler) Norm-Gesteuertheit zur vernünftigen Steuerung der Anwendung ihrer Potenziale. In diesem Zusammenhang ist auch zu verstehen: sie braucht z. B. Orientierungswissen über die Begründetheit von Produktivitätssteigerung, weil sie die Produktivität steigern *kann* – diesen Sachverhalt sollte man sich klarmachen, um etwaige mangelnde *Begründetheit* von Konstruktionen von mangelndem *Vermögen* zu unterscheiden, und zu vermeiden, der Versuchung zu erliegen, unterstellte, aber nicht explizit gemachte mangelnde Begründetheit mit dem Versuch des Nachweises mangelnden Vermögens zu begründen.

Die hier als solche vorgestellten Pole von Gestaltungsoptionen für das gewöhnliche Gestaltungsobjekt der Wirtschaftsinformatik, nämlich betriebliche Informationssysteme, bezeichnen die konträren Positionen eines gewissermaßen „ideologischen" Konflikts zwischen Anhängern der ‚Zentralisierung' und der ‚Dezentralisierung' von betrieblicher Entscheidungskoordination; dieser Rede

---

[166] Es steht hier nicht die Absicht der Kritik im Vordergrund, sondern der Aufweis der ‚Konstruktivität' von Wirtschaftsinformatik auf der einen und der Begründungsbedürftigkeit der gewählten Gestaltungsoptionen auf der anderen Seite. Rolf hebt selbst an anderer Stelle die Notwendigkeit hervor, „die eigenen handlungsleitenden Motive und Leitbilder explizit zu machen." Rolf (1998), S. 10

unterliegt implizit wiederum ein Ideal als Gestaltungsnorm, dessen Begründungsbedürftigkeit hier nun nicht mehr weiter hervorgehoben werden muss; die vorliegende Arbeit wird sich im weiteren Fortgang darum bemühen. Rolf bemerkt nun hierzu: „Der Konflikt von Zentralisierung und Dezentralisierung wird überlagert durch die nie abschließend zu lösende Kernfrage der Wirtschaftsinformatik: Was sollte formalisiert und automatisiert werden und was nicht, weil es ökonomisch kontraproduktiv wäre? Es ist die ewige Suche nach der sinnvollen ‚Formalisierungslücke'." (a. a. O., S. 43)
Eine Feststellung, dass die Frage danach, was automatisiert werden sollte und was nicht, eine Kernfrage der Wirtschaftsinformatik sei, fügte sich zwanglos ein in den hier vorgestellten Gedankengang (falls diese Sätze so verstanden werden dürfen). Inwieweit diese Frage zu lösen ist, abschließend oder möglicherweise wenigstens (prinzipiell) vorläufig, wird ebenfalls noch Gegenstand der Erörterung dieser Arbeit sein. Aus wissenschaftstheoretischem Interesse wäre hier (kritisch) zu fragen, wieweit die Bedeutung von „ökonomisch kontraproduktiv" hier explizit gemacht worden ist und wieweit hier eine Begründung von Verzicht auf bzw. Unterlassung von Automation mit dem Argument der „ökonomischen Kontraproduktivität" hinreichend vorbereitet worden ist. Wäre dies denn eine zwingende Begründung für das Unterlassen von Automation? Eine notwendige, hinreichende, die einzige denkmögliche? Gäbe es übergeordnete, möglicherweise widersprechende Gesichtspunkte?

Diesen Fragen schließt sich nun diejenige an, nach welchen Normen die hier geforderte ‚steuernde' Normativität ihrerseits ‚gesteuert' ist. Es sei noch einmal Steinmüller zitiert: „Auch der ‚Angewandte' ist also in dem Sinne Ingenieur, als er nach bestimmten *Normen* (den spezifischen Methoden der Angewandten Informatik; den im- oder expliziten *ethical standards* der Informatikers; den Organisationsregeln des Betriebswissenschaftlers, den Rechtsnormen seiner Gesellschaft – z. B. Datenschutzrecht) rational seine Informationssysteme entwirft."[167] Ist das so zu verstehen, dass Norm-Geleitetheit von (Entwurfs-)Handlungen synonym wäre mit Rationalität dieser Handlungen? Dass Rationalität als Handlungsqualität gleichbedeutend wäre mit deren Normativität? Steinmüller hat die Wirtschaftsinformatik genannt „die Wissenschaft von der maschinengestützten Rationalisierung" (s.o.). Wie ist hier „Rationalisierung" zu verstehen? An anderer Stelle ist die Rede von „rationaler Wissenschaft": „Wissenschaft ist also der (stets vom Scheitern bedrohte) Versuch der Gesellschaft, durch Rationalitätserhöhung i.S. von Modell- und Theoriebildung zu einer Lösung ihrer Probleme beizutragen." (a.a.O., S. 54) Ist mit der Handlungsweise ‚Rationalisierung' die ‚Rationalitätserhöhung' einer Gesellschaft oder eines Betriebes intendiert?
Gibt es eine hinreichend in den wissenschaftlichen oder allgemeinen Sprachgebrauch eingeführte Bedeutung von ‚Rationalität', die es erlaubte, von der Rationalität eines Betriebes, der Rationalität einer Wissenschaft oder der Rationali-

---
[167] Steinmüller (1993), S. 109/110

tät einer Gesellschaft zu sprechen mit der berechtigten Annahme eines allgemein geteilten Begriffsverständnisses, auf das bei der Verwendung dieses Begriffes zugegriffen werden könnte?

Der Begriff der Rationalität ist also im vorliegenden Kontext ein zentraler Schlüsselbegriff; er steht im Zentrum der sich um die wissenschaftstheoretische Orientierungsbedürftigkeit der Wirtschaftsinformatik gruppierenden Fragen. In der Philosophie ist dieser Begriff, nicht erst seit Max Webers prominent gewordener Unterscheidung von Zweck- und Wert-Rationalität, von kardinaler Bedeutung; nichtsdestotrotz ungeklärt und umstritten; ebenso ist Vernunft „das philosophische Grundthema"[168]. Der seit Kants Vernunftkritiken in das übliche Begriffsverständnis eingewanderte Bedeutungsgehalt von Vernunft weist diese – unter anderem – aus als mentales Vermögen, verallgemeinerbaren Normen und überpersönlichen, universalisierbaren Gesichtspunkten entsprechend sich im Denken und im Handeln zu orientieren[169] und zu verfahren; im emphatischen Sinne der beginnenden Aufklärung war an *die* Menschen-Vernunft auch gebunden die Hoffnung auf „zwanglose Orientierung zum Besseren", auf Befreiung aus Unmündigkeit, und ihre Stimme war zu vernehmen als „beharrliches Anmahnen menschenwürdiger Verhältnisse"[170]. Die philosophische Rationalitätsdebatte, und auch die kontroversen inhaltlichen Positionen der diversen ‚vielen Rationalitäten' sind unauflöslich bezogen auf den alt-ehrwürdigen philosophischen Terminus Vernunft; sowohl die philosophischen Klärungsbemühungen des Rationalitätsbegriffs als auch ein in wissenschaftstheoretischer Absicht unternommener Versuch der Klärung des normativen Status von „Rationalität" oder „Rationalisierung" (als vermuteter Gegenstand der Wirtschaftsinformatik), also der Versuch einer Klärung der ‚Vernünftigkeit' von Rationalisierung i.d.S., muss an die in dem Jahrtausende alten philosophischen Diskurs um die Vernunft enthaltenen reflektorischen Wissensbestände anzuknüpfen suchen. Im folgenden Abschnitt ist die Absicht, aus der Explikation des in dieser Arbeit zugrunde gelegten Vernunft-Begriffes und der diesem entsprechenden Auffassung von Rati-

---

[168] „Die Rationalität von Meinungen und Handlungen ist ein Thema, das herkömmlicherweise in der Philosophie bearbeitet wird." Habermas (1981), S. 15. Vgl. bspw. Kettner (Hrsg.) (1996), sowie die im Anschluß an die Vorstellung der „Theorie des kommunikativen Handelns" von Habermas entstandene Kontroverse um ‚kommunikative' vs. ‚instrumentelle' Rationalität bzw. die von Habermas unterschiedenen Rationalitätstypen; vgl. auch etwa Demmerling et al. (Hrsg.) (1995); Habermas (1988), Habermas (1999), oder Apel (1988).

[169] „Was heißt: sich im Denken orientieren?"; in: Kant (1999), S. 45

[170] Kettner (Hrsg.) (1996), S. 7

onalität die Wahl der hier orientierungsleitenden Konzeption von Wissenschaftstheorie zu begründen sowie ferner, einige kritische Anmerkungen zu einer eine ausgearbeitete Wissenschaftstheorie umfassenden Denkschule anzubringen, die nach Auffassung einer Reihe von Autoren auch für die Wirtschaftsinformatik eine konzeptionelle Vorbildfunktion übernehmen könnte.

1.4 Vernunft und Rationalität, konstruktive Wissenschaftstheorie und Radikaler Konstruktivismus

Der Begriff „Rationalisierung" war im Kontext der Frage danach, was Wirtschaftsinformatiker gewöhnlich tun, über lange Zeit der Begriff der ersten Wahl; einen wesentlichen Aspekt dessen beruflichen Alltags, der umfassenden beruflichen Intention sah man in dem Bestreben, in Betrieben ‚Ratio-Potenziale' aufzuspüren und unter Einsatz automatisierter Informations- und Kommunikationssysteme auszuschöpfen und zu realisieren: „Die fortschreitende Automatisierung und Standardisierung betrieblicher Informationssysteme gewinnt seit den 60er Jahren in der Literatur wie auch in der Praxis zunehmende Bedeutung. Dies lässt sich nicht nur durch Studien belegen, die für Büroarbeitsplätze nachweisen, dass durch Automatisierung und Standardisierung Arbeitsplatzeinsparungen zwischen 11% und 19% erreicht werden können. Über diese Rationalisierungspotenziale hinaus können Wettbewerbsvorteile erzielt werden, die sich mit ausschließlich menschlichen Aufgabenträgern nicht erreichen lassen."[171]
Im Rahmen der CIM-„Philosophie", die in den Jahren 1989/1990 ihre höchste Attraktivität erreichte und sich rückblickend wegen hoher, enttäuschter Erwartungen als CIM-Euphorie entpuppte, ging es nicht nur um die „Rationalisierung" von Büroarbeiten, sondern von Tätigkeiten in allen Arbeitsbereichen eines Unternehmens, wie das bekannte Y-Modell von *A. Scheer*[172] verdeutlicht: „Die Erfahrungen zeigen (...), dass eine weitere Steigerung des Rationalisierungspotenzials nur durch eine Integration der einzelnen EDV-Komponenten in den unterschiedlichen Abteilungen zu einem integrierten Gesamtsystem im Rahmen eines CIM-Konzepts zu erreichen ist."[173] Als „Ziele bei der Realisierung von CIM" werden genannt: Durchlaufzeitverkürzung, Verbesserung von Qualität und Flexibilität, Senkung des Umlaufkapitals, Nutzung von Synergieeffekten und Erhöhung der Produktivität.[174]

Integrativer Bestandteil dieser Rationalisierungen und u. a. Voraussetzung dafür, dass Rationalisierung auch eben diesen Effekt haben konnte, Arbeitsplätze einzusparen oder „wegzurationalisieren", wie dieser Vorgang auch genannt wurde (vornehmlich auch von den Verlierern dieser Arbeitsplätze), war und ist: Automatisierung; in folgender Definition nach DIN 19233: „Automatisieren heißt, künstliche Mittel einsetzen, damit ein Vorgang selbständig abläuft." Bezogen auf den seit den 90er Jahren in der Wirtschaftsinformatik eingeführten Terminus „Geschäftsprozess" wird Automatisierung wie folgt definiert: „Automatisierung

---

[171] Buxmann, Leist (1995), S. 271

[172] eine frühe Veröffentlichung dessen in Scheer (1987), S. 65

[173] Cronjäger (Hrsg.) (1990), S. 49

[174] so z. B. in Warschat, Salzer (1991)

ist das Ergebnis des Automatisierens und bedeutet bezogen auf betriebliche Systeme, dass Geschäftsprozesse von maschinellen Aufgabenträgern ausgeführt, gesteuert und kontrolliert werden. (...) Ein menschliches Eingreifen ist folglich nur noch zum ‚Ein- oder Ausschalten' der maschinellen Aufgabenträger notwendig. (..) Im Vordergrund steht somit die selbständige Ausführung der Geschäftsprozesse durch Automaten bzw. maschinelle Aufgabenträger."[175] Es sei hier noch die Definition von Geschäftsprozess im Verständnis der hier zitierten Autoren angefügt: „Unter einem Geschäftsprozess wird eine Zusammenfassung von Aktivitäten und/oder Geschäftsprozessen verstanden, die in einem logischen Zusammenhang stehen und inhaltlich abgeschlossen sind, sodass sie von anderen Geschäftsprozessen unterscheidbar sind." (a.a.O., S. 272) Diese Definition unterscheidet sich durch ihre Rekursivität von anderen, worauf die Autoren hinweisen; auf der Grundlage dieser Definition können Objekt der Automatisierung also Prozesse beliebigen Komplexitätsniveaus sein und nicht etwa *ex definitionem* nur solche, die „als unterer Kontext" in komplexere Aktivitäten einzuordnen sind, wie dies unter Bezugnahme auf den Methodenrahmen ‚STEPS'[176] im Kontext einer „Unterstützende Sichtweise" genannten Software-Entwurfsphilosophie von *Gryczan* gefordert wird: „Die Übertragung des formalisierbaren Anteils menschlicher Handlungen in Form gesteuerter Abläufe an maschinelle Funktionsträger wie Automaten ist in der unterstützenden Sichtweise dann und nur dann angezeigt, wenn diese Automaten als unterer Kontext in das situierte Handeln eingebettet werden können."[177] Diese Anmerkung sei hier unter Vorgriff auf die noch folgende eingehende Betrachtung dieses Dreh- und Angelbegriffes der Wirtschaftsinformatik, jedenfalls aber der vorliegenden Erörterungen, eingeschoben.

Wie vernünftig, wie rational ist nun diese nach Maßgabe betrieblich-ökonomischer Zielgrößen intendierte „Rationalisierung" aus dem Blickwinkel der abstrakteren, umfassenderen philosophischen Betrachtungsperspektive?

J. Habermas bestimmt den Begriff Rationalität in seiner Theorie des kommunikativen Handelns „vorläufig" unter Rückgriff auf den für keiner weiteren Klärung bedürftig gehaltenen Erfahrungstatbestand, dass Rationalität damit zu tun hat, „wie sprach- und handlungsfähige Subjekte Wissen verwenden": „In sprachlichen Äußerungen wird Wissen explizit ausgedrückt, in zielgerichteten Handlungen drückt sich ein Können, ein implizites Wissen aus; auch dieses know-how kann grundsätzlich in die Form eines know-that überführt werden."[178]

---

[175] Warschat, Salzer (1991), S. 273, mit Verweis auf Gutenberg (1983), S. 103

[176] STEPS: Softwaretechnik für evolutionäre, partizipative Systementwicklung; als ‚Methodenrahmen' vorgestellt in Floyd et al. (1989)

[177] Gryczan (1995), S. 77

[178] Habermas (1981), S. 25, mit Bezug auf die von G. Ryle eingeführte Kategorisierung von Wissen als know-how, know-that und know-why

Der Prädikatsausdruck ‚rational' kann a) Personen, die über Wissen verfügen bzw. Wissen verwenden, und b) symbolischen Äußerungen, die Wissen verkörpern, zugeordnet werden. Es ergeben sich also zwei zu betrachtende paradigmatische Fälle: „eine Behauptung, mit der A in kommunikativer Absicht eine bestimmte Meinung äußert, und eine zielgerichtete Intervention in die Welt, mit der B eine bestimmten Zweck verfolgt. Beide verkörpern fehlbares Wissen; beides sind Versuche, die fehlschlagen können." (a.a.O., S. 25) „So gilt für Behauptungen und für zielgerichtete Handlungen, dass sie um so rationaler sind, je besser der mit ihnen verknüpfte Anspruch auf propositionale Wahrheit oder Effizienz begründet werden kann." (a.a.O., S. 27)

In „einer im engeren Sinne kognitiven Fassung des Rationalitätsbegriffs" entwickelt Habermas diesen in zwei verschieden Richtungen: „Wenn wir von der nicht-kommunikativen Verwendung propositionalen Wissens in zielgerichteten Handlungen ausgehen, treffen wir eine Vorentscheidung zugunsten jenes Begriffs kognitiv-instrumenteller Rationalität, der über den Empirismus das Selbstverständnis der Moderne stark geprägt hat. Es führt die Konnotation erfolgreicher Selbstbehauptung mit sich, welche durch informierte Verfügung über, und intelligente Anpassung an Bedingungen einer kontingenten Umwelt ermöglicht wird. Wenn wir hingegen von der kommunikativen Verwendung propositionalen Wissens in Sprechhandlungen ausgehen, treffen wir eine Vorentscheidung zugunsten eines weiteren Rationalitätsbegriffs, der an ältere Logosvorstellungen anknüpft. Dieser Begriff kommunikativer Rationalität führt Konnotationen mit sich, die letztlich zurückgehen auf die zentrale Erfahrung der zwanglos einigenden, konsensstiftenden Kraft argumentativer Rede, in der verschiedene Teilnehmer ihre zunächst nur subjektiven Auffassungen überwinden und sich dank der Gemeinsamkeit vernünftig motivierter Überzeugungen gleichzeitig der Einheit der objektiven Welt und der Intersubjektivität ihres Lebenszusammenhangs vergewissern." (a.a.O., S. 28)

„Unter dem einen Verwendungsaspekt scheint instrumentelle Verfügung, unter dem anderen kommunikative Verständigung als das der Rationalität innewohnende Telos."

In den hier wiedergegebenen Zitaten deutet sich schon an diese fundamentale Differenzierung des Rationalitätsbegriffs, die bei *Max Weber* auftritt als Differenz von Wert- und Zweckrationalität bzw. formaler und materialer Rationalität, die in der Kritischen Theorie *Horkheimers* und *Adornos* in die ausformulierte Kritik der instrumentellen Vernunft einmündet, die *Herbert Marcuses* Zivilisationskritik als Denkfigur zugrunde liegt und die auch in der Gegenwart vorgestellte technik-kritische Positionen in den wesentlichen Zügen inspiriert, wobei in diesen Differenzierungen häufig die Implikation mitgedacht zu werden scheint, als stünde die kommunikative zur instrumentellen Rationalität in einem Verhältnis von Unvereinbarkeit, Unversöhnlichkeit, Feindschaft oder Konkurrenz, in ‚unversöhnlichem Zwiespalt'.

Es ist für die hier gestellte Ausgangsfrage nach der Vernünftigkeit von Rationalisierung nun noch nicht viel gewonnen, außer dass bei der „Rationalisierung", von der im Kontext der Anwendungspraxis der Wirtschaftsinformatik die Rede ist, eindeutig der Verwendungsaspekt der instrumentellen Verfügung der dieser Rationalität innewohnende Telos zu sein scheint. Gibt es denn nun möglicherweise in Texten des „alten philosophischen Denkens" noch „ein gemeinsames Vorverständnis und Erfahrung des Vernünftigen"[179], an das hier in der Hoffnung auf Überwindung womöglich subjektiver Auffassungen des ‚wahren' Telos von Rationalität appelliert werden könnte?

Eine in der Vernunft-Philosophie der Gegenwart vielfach geäußerte Einschätzung hierzu ist die folgende: „Gemeinsames Vorbild und Bezugspunkt, bei aller divergenten Theorierichtung, ist Kant."[180] Es ergibt sich aber, dass Kants theoretisches Interesse – wenn eine solche Aussage bei allem Respekt vor dem Lebenswerk dieses noch immer richtungweisenden Philosophen denn gestattet ist – nicht vornehmlich einer Explikation etwaiger Typen von Rationalität galt, sondern vor allem dem Aufweis, wie die Vernunft die Autorität gewinnen kann, das Denken und Handeln zu leiten.

Es ist sicher ein zentrales Baustück im Aufbau der Argumentation Kants zu zeigen, dass auf der Basis von instrumenteller Vernunft und rationalen Prinzipien, die „die Willkür klug und verständig" machen, keine Verbindlichkeit entstehen kann, keine Pflicht, kein kategorisch imperativisches Sollen. „..rein formale Verfahren – er nennt sie ‚allgemeine Logik' – diskutiert Kant in seinen Überlegungen zur Autorität der Vernunft nicht. Er stellt klar, dass Vernunft weder mit der allgemeinen Logik, noch mit der mathematischen Methode identifiziert werden darf. Prinzipien, die es wert sind, als Vernunftprinzipien gedacht zu werden – falls es sie überhaupt gibt –, dürfen nicht einfach nur die Bildung und Handhabung von Formeln anleiten, sondern müssen unser Urteilen orientieren, und es kann ‚die allgemeine Logik der Urteilskraft keine Vorschriften geben'"[181]. Vielmehr ist Vernunft „einfach Autonomie im Denken und Handeln"[182], als Konsequenz folgender Einsichten: „Die Kommunikation und Interaktion einer Gemeinschaft können Prinzipien nur dann regeln, wenn alle Mitglieder sie teilen können; teilbar können sie aber nur dann sein (aber nicht notwendigerweise auch schon geteilt!), wenn sie gesetzmäßig sind. [Kant] schließt daraus, dass das Akzeptieren oder Praktizieren von ‚Gesetzlosigkeit' so unvernünftig ist wie die

---

[179] Adolphi (1996), S. 91
[180] Adolphi (1996), S. 92
[181] O'Neill (1996), S. 215
[182] O'Neill (1996), S. 215

Unterwerfung unter ‚fremde' Gesetze oder Prinzipien. Fundamentale Prinzipien, die Autorität im Denken und Handeln haben, können folglich weder heteronom noch gesetzlos sein. (...) Das oberste Prinzip sowohl praktischer wie theoretischer Gebrauchsweisen der Vernunft ist die Strategie, sich an Prinzipien zu halten, von denen wir prinzipiell wollen können, dass auch andere sich an sie halten."
Kant beschwört, in der Auffassung O'Neills, die Autonomie, „um zu erklären, weshalb wir Denken sollten, dass gewisse Standards im Denken und Handeln unbeschränkte Autorität verdienen, und dass wir berechtigt sind, sie Vernunftprinzipien zu nennen." (a.a.O., S. 216)

Folgt man nun dieser Auffassung bzw. der hier angedeuteten Vernunft-Fassung Kants, nach der sie Autonomie im Denken und Handeln bedeutet und die sich daraus ergebenden Normierungen, dann scheint damit über die „instrumentelle" Vernunft nur gesagt, dass sie nicht die Autorität besitzen kann, diese Handlungsorientierung zu leisten. Sind damit Restriktionen gegenüber instrumentellem Handeln an sich belegt? Betrachten wir noch einmal Max Webers Unterscheidung von Zweck- und Wertrationalität bzw. formaler und materialer Rationalität.
Handeln ist in M. Webers Bestimmung dadurch zweckrational, „dass bei ihm das Subjekt die Handlungselemente abwägt: indem es Zweck, Mittel und Nebenfolgen als ganze Handlungszüge im Blick hat (..) und ‚dabei sowohl die Mittel gegen die Zwecke, wie die Zwecke gegen die Nebenfolgen, wie endlich auch die verschiedenen möglichen Zwecke gegeneinander rational abwägt.'"[183]
Wertrational nennt Weber dagegen ein „Handeln nach ‚Geboten' oder gemäß ‚Forderungen', die der Handelnde an sich gestellt glaubt, (..)" (a.a.O., S. 100).[184]
Als wesentliches Moment der Bestimmung der materialen Rationalität, als der kontrastierenden Dimension des Begriffs der formalen Rationalität, arbeitet *Adolphi* heraus: „..es bedeutet die Allgemeinheit einer ‚äußeren' materialen Vergleichsoperation, inwieweit die verschiedenen zu entwerfenden situativen Möglichkeiten einer gesetzten normativen Ergebnisidee entsprechen resp. dazu beitragen. Und (...) dass materiale Rationalität – nicht zuletzt dadurch – ein gewisses Rückkopplungsverhältnis kennen kann, Gewinne und Verluste des Rationalitätseinsatzes als solchen, in allen Fällen aber des formalen zu erörtern. Beide Weisen der Rationalität haben denn auch unterschiedliche Rationalitätsideale, worauf Bemühungen, in Rationalisierungsschritten Rationalität zu verstetigen, abzielen. Das Ideal an Rationalität bei formaler Rationalität sind generalisierte Wenn-dann-Kalküle; oder, auf die Form der situativen Rationalitätsverwirklichung gesehen, die Generalisierung zu strikten Verfahren." (a. a. O., S. 107)

---

[183] Adolphi (1996), S. 100. Adolphi zitiert M. Weber aus: Wirtschaft und Gesellschaft, Tübingen 1980, S. 19ff.

[184] Dieses Zitat erforderte nach Ansicht des Verfassers ein ausführlicheres Eingehen auf Webers Fassung von Wert-Rationalität auch im Verhältnis zu seiner eigenen normativitätsskeptischen Position, das aber an dieser Stelle nicht geleistet werden kann.

Weiter: „Formale und materiale Rationalität sind bei Weber darum klar Beschreibungsbegriffe; was interessiert, ist der ‚Grad' des einen und der ‚Grad' des anderen, in dem die betreffenden Prozesse dadurch gekennzeichnet sind und wie beides sich gegenseitig bestimmt. Rationalitätsprozesse in der Weise materialer Rationalität sind dabei: wieweit ein Sachfeld oder ein gewisser Zusammenhang sozialer Beziehungen – etwa die Rechtssetzung und rechtliche Regelung des Sozialen – gemäß materialen Kriterien, worin sich Überzeugungen und Ideen, was das Richtige dafür oder zu Erstrebende sei, ausdrücken, durchdrungen wird; Rationalitätsprozesse in der Weise formaler Rationalität sind: wieweit dabei nach berechenbaren allgemeinen Regeln und mit kalkulierbar handhabbaren Instrumentarien vorgegangen wird, Einzelfälle nach entsprechenden herausgearbeiteten Gesetzmäßigkeiten behandelt, d. h. subsumiert und optimiert werden." (a. a. O., S. 110)

Materiale Rationalität würde mit Berufung auf Kant also bedeuten es als erstrebenswert anzusehen, die Möglichkeit der „Freiheit", der Autonomie als Abwesenheit von Heteronomie und Willkür, zu bewahren resp. erst herzustellen oder zu vervollkommnen. Ist diese Intention generell unvereinbar mit formal rationalen Handlungsweisen? Dazu Adolphi: „Keines von beiden wird dadurch jedoch zum Entweder-Oder einer jeweiligen Rationalitätsalternative, sondern die Opposition, in beidem, ist nur auf Theorieebene. (..) Konkret fungieren sie in Rationalitätsunterstellungen. (...) Zweckrationalität und Wertrationalität, formale Rationalität und materiale Rationalität sind (...) nicht eigentlich Typen ‚der' Rationalität, sondern Explikamente von Rationalem." (a. a. O., S. 112)

In dem Sinne äußert sich auch *K. G. Zinn*: „Im Hinblick auf die zwei qualitativ verschiedenen Vernunftfähigkeiten, einerseits zweckvolle Mittel für vorgegebene Ziele zu finden und planvoll zu nutzen und andererseits die Ziele selbst zu reflektieren, wertend zu beurteilen und auszuwählen, wird zwischen *instrumenteller* und *sittlicher* Vernunft unterschieden, was zumindest heuristisch gerechtfertigt ist. Dieser dualen Potenz der Vernunft entsprechen zwei Arten des vom Menschen erfahrbaren Fortschritts: Fortschritt der materiellen Lebensverhältnisse und moralischer Fortschritt als Verbesserung des sozialen Zusammenlebens."[185]

Für die Zuordnung des Prädikats „vernünftig" bzw. rational (i. S. materialer Rationalität bzw. als sittlich gerechtfertigt) in Bezug auf eine Handlung ist zuerst entscheidend deren zugrundeliegende Intention, die Qualität des durch sie aktualisierten Willens, also deren prinzipielle diskursive Begründbarkeit. Ist die Intention einer Handlung in diesem Sinne ‚gut' und diese also vernünftig und gerechtfertigt, kann das Faktum bzw. der Grad der formalen Rationalität der Mittelwahl zu ihrer Ausführung offensichtlich nicht *eo ipso* die Qualität dieser Intention konterkarieren. Die näherliegende Vermutung ist doch im Gegenteil die, dass im Falle einer gegebenen ‚guten' praktischen Begründung bzw. Veranlas-

---

[185] Zinn (1998), S. 124

sung für eine Aktualisierung des Willens, für ein Tätig-Werden, die Aufbietung instrumenteller Vernunft nach bestem Vermögen zur Optimierung der Realisierung dieser Intention als qualitative inhaltliche Optimierung oder Optimierung im Sinne einer ‚ökonomischen', aber zielführenden Nutzung notorisch knapper Mittel dazu, *geboten* scheint.

J. Habermas setzt sich schon in einem frühen Stadium seines Schaffes mit einer eine gegenteilige Auffassung vertretenden „radikalen" Vernunftkritik etwa i. S. H. Marcuses auseinander[186], die ihre Kritik schon an dem Faktum ansetzt, dass „zweckrationales Handeln (..) seiner Struktur nach die Ausübung von Kontrolle [ist]" (a. a. O., S. 49), also Rationalisierung als Erweiterung der Dimensionen technischer Verfügung als „Typ des Handelns, der Herrschaft, sei es über Natur oder Gesellschaft, impliziert." (a. a. O., S. 49) „Marcuses Kritik an Max Weber kommt zu dem Schluß: ‚Der Begriff der technischen Vernunft ist vielleicht selbst Ideologie. Nicht erst ihre Verwendung, sondern schon die Technik ist Herrschaft (über die Natur und über den Menschen), methodische, wissenschaftliche, berechnete und berechnende Herrschaft. Bestimmte Zwecke und Interessen der Herrschaft sind nicht erst ‚nachträglich' und von außen der Technik oktroyiert – sie gehen schon in die Konstruktion des technischen Apparats selbst; die Technik ist jeweils ein geschichtlich-gesellschaftliches Projekt; in ihr ist projektiert, was eine Gesellschaft und die sie beherrschenden Interessen mit den Menschen und den Dingen zu machen gedenken. Ein solcher Zweck der Herrschaft ist ‚material' und gehört insofern zur Form selbst der technischen Vernunft."[187]

Es ist sicher ein vernunft-kritisch zulässiger Gesichtspunkt nach Grenzen oder einschränkenden Bedingungen menschlicher Verfügung über ‚die Dinge' zu fragen, wie sie in der Natur oder kulturell überformt gegeben sind; ‚technische' Verfügung *über Menschen* widerspricht per se dem hier eingeführten kantischen Vernunftverständnis. Aber das pure Faktum der zweckrationalen Kalkuliertheit oder ‚Berechnetheit' des Einsatzes von Mitteln zu gegebenen, seien sie gerechtfertigte, Zwecken, über die dann in diesem Sinne verfügt wird, als konstituierend für ‚Herrschaft' zu nehmen und damit die Konnotation zweifelsfrei nichtlegitimer herrschender Verfügung von Menschen über Menschen als Sachen oder Mittel zu beschwören, ist verfehlt und irreführend.

Dass „bestimmte Zwecke und Interessen der Herrschaft (...) schon in die Konstruktion des technischen Apparats selbst" eingehen, ist insbesondere im Falle des universalen logischen programmierbaren Automaten als universales Exemplar eines technischen Apparats insofern aus dessen logischer Anlage als ‚universale' Maschine ausgeschlossen, als in ihm eben universale, beliebige, ja ‚alle' Zwecke implementiert werden können, also eben nicht schon etwaige durch das

---

[186] bspw. In Habermas (1968a), S. 48 ff.

[187] Habermas (1968a), S. 50. Habermas zitiert aus Marcuse (1965), ohne Seitenangabe

Modell des logischen Automaten selbst bestimmte, sofern sie nur durch als diskrete berechenbare Glieder einer Kette beschreibbare Operationen erreicht werden können. Mit Blick auf die Universalität der intendierbaren Zwecke ist der Universale Logische Automat ja geradezu prototypisch für ‚unschuldige', weil Intentionenneutrale[188] Technik, es sei denn man möchte schon in der bloßen Bestimmtheit der je berechneten Teilschritte einer ‚zweck-mäßigen' Operationsfolge illegitimerweise Herrschaft ausgeübt sehen; das hieße aber, der bloßen Ungeordnetheit von Dingen, der Kontingenz der Ereignisse als solcher, und damit der Überantwortung von Mensch, Tier und Sachen an ‚blinde' physikalische Gewalten der Natur, einen hohen oder ‚höchsten' Eigenwert zuzusprechen. Dem kann man vernünftigerweise aber nicht zustimmen, weil das in der Konsequenz menschliche Autonomie als Handeln in Freiheit und gemäß universalen, verallgemeinerbaren, geordneten Prinzipien unmöglich machen würde, ja sogar die Existenz schlechthin gefährdete.

Habermas arbeitet in Marcuses Technik-Kritik das Motiv einer nichtverfügenden, nicht-objektivierenden Einstellung zur Natur heraus, das Marcuse aus Habermas' Sicht führt in die Nähe einer „Versuchung, dieser Idee einer Neuen Wissenschaft im Zusammenhang mit der aus jüdischer und protestantischer Mystik vertrauten Verheißung einer ‚Resurrektion einer gefallenen Natur' zu folgen: ein Topos, der bekanntlich über den schwäbischen Pietismus in Schellings (und Baaders) Philosophie eingedrungen ist, bei Marx in den *Pariser Manuskripten* wiederkehrt, heute den Zentralgedanken der Blochschen Philosophie bestimmt und, in reflektierter Form, auch die geheimeren Hoffnungen Benjamins, Horkheimers und Adornos lenkt." (a. a. O., S. 54) „Marcuse fasst (..) nicht nur eine andere Theoriebildung, sondern eine prinzipiell verschiedene Methodologie der Wissenschaft ins Auge. Der transzendentale Rahmen, in dem Natur zum Objekt einer neuen Erfahrung gemacht würde, wäre dann nicht länger der Funktionskreis instrumentalen Handelns, sondern anstelle des Gesichtspunktes möglicher technischer Verfügung träte der einer, Potenziale der Natur freisetzenden, Hege und Pflege: (..)" (a. a. O., S. 55)
Eine hier sich andeutende *ästhetische* Erfahrungs- oder Annäherungsweise an die Natur wird weiter unten noch einmal Gegenstand der Erörterung sein.

Ein ‚alternativer' Entwurf von Wissenschaft und Technik aber im Zeichen dieses Topos, ein in aller Wissenschaft und Technik ausschließlich ästhetisierender Erkenntniszugang wird von Habermas unter Bezugnahme auf *A. Gehlen* kriti-

---

[188] Auch der „Berliner Schlüssel" ist nicht *verantwortlich* für die „soziale Ungleichheit" und ihre „Perpetuierung", die er durchaus zum Ausdruck bringen mag. Richtig ist, dass er ein Verhalten erzwingt: „Schließ immer die Türe hinter Dir zu!" Kritik kann sich hier richten gegen das Faktum des Zwanges, könnte sich dann aber auch richten gegen das Faktum des Zwanges, das Stahlschlösser und –türen und Gefängnisgitter repräsentieren. Rechtsstaatliche Verhältnisse vorausgesetzt, gibt es legitime Gründe für – letzte –Zwangsmaßnahmen. Vgl. Heintz (1995), S. 12 f.

siert: „Arnold Gehlen hat, wie mir scheint zwingend, darauf hingewiesen, dass zwischen der uns bekannten Technik und der Struktur zweckrationalen Handelns ein immanenter Zusammenhang besteht. Wenn wir den Funktionskreis erfolgskontrollierten Handelns als die Vereinigung von rationaler Entscheidung und instrumentalem Handeln verstehen, dann können wir die Geschichte der Technik unter dem Gesichtspunkt der schrittweisen Objektivation zweckrationalen Handelns rekonstruieren. Jedenfalls fügt sich die technische Entwicklung dem Interpretationsmuster, als hätte die Menschengattung die elementaren Bestandteile des Funktionskreises zweckrationalen Handelns, der zunächst am menschlichen Organismus festsitzt, einen nach dem anderen auf die Ebene technischer Mittel projiziert und sich selbst von den entsprechenden Funktionen entlastet. (..) Wenn man sich vergegenwärtigt, dass die technische Entwicklung einer Logik folgt, die der Struktur zweckrationalen Handelns, und das heißt doch: der Struktur der *Arbeit*, entspricht, dann ist nicht zu sehen, wie wir je, solange die Organisation der menschlichen Natur sich nicht ändert, solange wir mithin unser Leben durch gesellschaftliche Arbeit und mit Hilfe von Arbeit substituierenden Mitteln erhalten müssen, auf Technik, und zwar auf unsere Technik, zugunsten einer qualitativ anderen sollten verzichten können." (a. a. O., S. 56/57) Habermas zitiert in diesem Zusammenhang den folgenden Gedanken A. Gehlens: „Dieses Gesetz sagt ein innertechnisches Geschehen aus, einen Verlauf, der vom Menschen als Ganzes nicht gewollt worden ist, sondern dieses Gesetz greift sozusagen vom Rücken her oder instinktiv durch die gesamte menschliche Kulturgeschichte hindurch. Ferner kann es im Sinne dieses Gesetzes keine Entwicklung der Technik über die Stufe der möglichst vollständigen Automatisierung hinaus geben, denn es sind keine weiteren menschlichen Leistungsbereiche angebbar, die man objektivieren könnte."[189] Dieser – im gegeben Zusammenhang wegen seiner frappanten strukturellen Parallelität zu Mertens' ‚Vollautomation' bemerkenswerte – Gedanke eines „Entwicklungsgesetzes" mit einer so benannten höchsten Entwicklungsstufe sowie Habermas' Gleichsetzung der Struktur zweckrationalen Handelns mit der Struktur der Arbeit wird weiter unten noch wieder aufzunehmen sein.

Habermas entwickelt seine Position gegenüber Marcuses Technik-Kritik entlang der Erarbeitung eines Begriffes von gesellschaftlicher Rationalisierung, der „das, was Max Weber ‚Rationalisierung' genannt hat, neu zu formulieren [sucht]" und den Aporien der radikalen, ästhetisierenden Vernunftkritik, wie auch Marcuse sie vorträgt, ebenfalls ausweichen möchte. Dieser Begriff von gesellschaftlicher Rationalisierung ist sowohl deskriptiv, als Beschreibung eines soziologisch beobachtbaren Entwicklungsmusters von kulturell vorherrschenden Haltungen und Orientierungen, verwendbar, als auch normativ, zur Unterscheidung kritisierbarer gesellschaftlicher Entwicklungstendenzen oder soziologi-

---

[189] Gehlen (1965), zitiert in Habermas (1968a), ohne Seitenangabe

scher Tatbestände von ‚vernünftigen', gesollten, wünschbaren, realisierungswürdigen. Habermas gewinnt schließlich durch folgende Unterscheidung einen normativ gehaltvollen Begriff von Rationalität, der die kritische Analyse den Menschen entwürdigender, ‚verdinglichender', versachlichender und unterwerfender Manifestationen einer verselbständigten funktionalen Vernunft ebenso erlaubt wie die Vermeidung der nachgezeichneten radikalen aporetischen Vernunft-Kritik: „..deutlich, dass zwei Begriffe von Rationalität auseinandergehalten werden müssen. Auf der Ebene der Sub-Systeme zweckrationalen Handelns hat der wissenschaftlich-technische Fortschritt die Reorganisation gesellschaftlicher Institutionen und Teilbereiche schon erzwungen, und er macht sie in noch größerem Maße erforderlich. Aber dieser Prozeß der Entfaltung von Produktivkräften kann nur dann ein Potenzial der Befreiung sein, wenn er Rationalisierung auf einer anderen Ebene nicht ersetzt. Rationalisierung auf der Ebene des institutionellen Rahmens kann sich nur im Medium der sprachlich vermittelten Interaktion selber, nämlich durch eine Entschränkung der Kommunikation vollziehen. Die öffentliche, uneingeschränkte und herrschaftsfreie Diskussion über die Angemessenheit und Wünschbarkeit von handlungsorientierenden Grundsätzen und Normen im Lichte der soziokulturellen Rückwirkungen von fortschreitenden Sub-Systemen zweckrationalen Handelns – eine Kommunikation dieser Art auf allen Ebenen der politischen und der wieder politisch gemachten Willensbildungsprozesse ist das einzige Medium, in dem so etwas wie ‚Rationalisierung' möglich ist." (a. a. O., S. 98)

Ohne die Interpretation der Philosophie Habermas' dadurch allzu sehr einzuengen lässt sich vielleicht sagen, dass Habermas ein kulturalistisches Verständnis von Rationalität nahe legt: worum es geht, ist ein ‚gutes Leben' als kultiviertes Leben, als menschenwürdiges Leben in Wahrung aller Möglichkeiten zur Betätigung der Freiheit in Verantwortung, und in diesem Sinne auch ein kulturalistisches Verständnis von Wissenschaft und wissenschaftlich-technischer Rationalität. Mit etwa diesen Worten wäre nun das Verständnis von Rationalität benannt, dem die vorliegende Arbeit folgt, und in dem sie sich auch z. B. auf Habermas[190] stützen zu können beansprucht.
In diesem Bekenntnis wiederum findet sich Übereinstimmung mit der Erklärung des Selbstverständnisses von Wissenschaft, wie es *P. Janich* für die methodische Philosophie formuliert: „Das Grundanliegen der methodischen Philosophie ist ein kulturalistisches: Die historisch vorfindlichen Wissenschaften, unter ihnen vor allem die technisch erfolgreichen Naturwissenschaften, sollen als Kulturleistungen, d. h. als Handlungsprodukte unter sich wandelnden, historischen Bedingungen im Rahmen einer Zweck-Mittel-Rationalität begriffen werden, um sie in ethischer Perspektive einem Rechtfertigungsdiskurs überantworten zu können.

---

[190] Feinere Differenzierungen sind an dieser Stelle offenbar nicht notwendig. Es geht zunächst lediglich um eine Fassung von Rationalität in einer begrifflichen Schärfe, die die Einordnung von Automatisierung im praktischen und theoretischen Kontext betrieblicher Rationalisierung ermöglicht.

Der kulturalistische Ansatz ist also auf das Überschreiten der Grenzen einer bloß theoretischen Philosophie aus und versucht, mit den Mitteln der praktischen Philosophie das Wahrheitsproblem in den Wissenschaften mit dem Rechtfertigungsproblem von Handlungsfolgen zu verknüpfen. (...) Zugleich aber soll das historisch Gewachsene, Vorfindliche, vielfältigen Bewährungsproben erfolgreich Unterworfene in den bewahrenswerten Teilen bewahrt werden. Wissenschaftstheorie als Wissenschaftskritik, Philosophie als Vernunft- und Moralkritik soll dem Problem gerecht werden, am historisch Vorfindlichen das Wahre vom Falschen und das Ungerechte vom Gerechten zu unterscheiden." [191]
P. Lorenzen führt dazu aus: „Die kritische Philosophie definiert sich nicht als eigenes Fach, sie definiert sich als Prinzipienlehre von den Fachwissenschaften. Sie stellt sich die Aufgabe, auch die ersten Schritte und Zielsetzungen von Fachwissenschaften lehrbar zu machen. (..) Die Frage nach den Prinzipien wird in der Tat nachträglich gestellt. Sie wird deswegen *Reflexion* genannt: man beugt sich zurück. Für diese kritische Prinzipienlehre (die seit Platon und Aristoteles betrieben wird) sind seit Kant auch die – ungenaueren – Namen ‚Erkenntnistheorie' und ‚Wissenschaftstheorie' üblich. Auf diese Weise gehört Ethik als kritische Morallehre im gegenwärtigen Sprachgebrauch zur Wissenschaftstheorie."[192]

Damit sind wesentliche Konstituentien der Konstruktiven Wissenschaftstheorie und deren Verbindung zum hier entwickelten Argumentationsgang genannt. Die kulturalistische Wissenschaftsauffassung ist mit dem oben dargestellten, von J. Habermas entwickelten Verständnis von Rationalität in innerem Einklang; ebenso ist es Ziel und Motiv dieser Arbeit zu zeigen, dass eben „dieser Prozeß der Entfaltung von Produktivkräften (..) ein Potenzial der Befreiung sein" *kann*, sowie prinzipiell zu zeigen, unter welchen ökonomischen und auch technischen Bedingungen er dieses Potenzial entfalten kann; sowie andererseits eben auch, dass dieser Prozess der Produktivkraftentfaltung im Zeichen instrumenteller Rationalität nur dann materiale Rationalität entfalten, erweitern und erhöhen kann, „wenn er Rationalisierung auf einer anderen Ebene nicht ersetzt", also „die öffentliche, uneingeschränkte und herrschaftsfreie Diskussion über die Angemessenheit und Wünschbarkeit von handlungsorientierenden Grundsätzen und Normen" nicht behindert und im Gegenteil universale menschliche Freiheitsrechte zur Geltung und zur Entfaltung gebracht werden können.

Der Vollständigkeit halber, um weitere, auch im engeren Sinne methodologische Spezifika des Methodischen Konstruktivismus sowie des sog. Radikalen Konstruktivismus in den hier entwickelten Zusammenhang einzubringen sowie um eine anschließende Kritik des Radikalen Konstruktivismus als – vorgeschlagene

---

[191] Janich (1996), S. 65/66

[192] Lorenzen (1991), S. 40

– methodologische Basis der Wirtschaftsinformatik vorzubereiten, seien in einem hier anschließenden Exkurs die jeweiligen Kerninhalte beider Schulen kurz zusammengefasst vorgestellt.

Exkurs: Methodischer und Radikaler Konstruktivismus

Die Kerninhalte des Methodischen Konstruktivismus

Im Handlexikon Wissenschaftstheorie der Reihe dtv Wissenschaft findet sich folgende Definition des Konstruktivismus: „Der Konstruktivismus (konstruktiv[istisch]e Wissenschaftstheorie) ist ein Versuch, einen begründeten und zirkelfreien Aufbau der Wissenschaften, insbesondere der Naturwissenschaften und der Mathematik zu leisten. Dabei spielen 'Konstruktionsregeln' für die Erstellung von Messgeräten eine zentrale Rolle. Der Konstruktivismus versteht sich heute wesentlich als Gegenposition zum Kritischen Rationalismus."[193] Die geschichtliche Entwicklung des Konstruktivismus geht zurück auf die „konstruktive" Begründung der Mathematik durch *H. Dingler* (1881 - 1954) und die von ihm so genannte Protophysik. Das Verfahren der Protophysik, von allerersten, nur exemplarisch und mit Hilfe des vorwissenschaftlichen Alltagsvokabulars gebildeten Begriffen ausgehend schrittweise definierte Begriffe einzuführen und durch „Ideation" das eigentliche Vokabular zu gewinnen, sollte einen zirkelfreien Aufbau einer Wissenschaftssprache ermöglichen: „..jeder Schritt ist verständlich, ohne dass auf Begriffe zurückgegriffen wird, die bisher noch nicht eingeführt sind oder die mit Hilfe einer impliziten Definition eingeführt werden."[194] Um eine Begründung auch der allerersten Schritte, Unterscheidungen und Handlungsanweisungen zu gewinnen („Vollbegründung"),, sah Dingler nur die Möglichkeit eines dezisionistischen bzw. dogmatischen Abschlusses durch den Rekurs auf den eigenen, mit apriorischer Gewissheit gegebenen Willen. Die Erlanger Schule unter Lorenzen versuchte dagegen eine sprachanalytische Begründung durch die „Vorschule des vernünftigen Redens" (logische Propädeutik): „Zentrales Kernstück dieser Bemühungen und damit des gesamten heutigen Konstruktivismus ist eine neue, auf einem konsenstheoretischen Wahrheitsbegriff beruhende Theorie der Begründung."[195] Die moderne Wissenschaftstheorie ist nach Lorenzen geprägt durch die sprachkritische Wende („linguistic turn") sowie die praktizistische Wende. Während die sprachkritische Wende verlangt, „für die Fachwissenschaften interlingual verbindliche Sprachen (insbesondere syntaktische Kategorien und semantisch normierte Termini) konstruieren zu können,"[196] liefert die 'praktizistische Wende' die Antwort auf die Frage, *wozu* überhaupt Wissenschaften schrittweise begründet werden sollen: „Die Ziele von wissenschaftlichem Reden - vor aller Differenzierung in Fachwissenschaften - müssen aus der vorwissenschaftlichen Praxis des Menschen bestimmt werden. (...) Die These der konstruktiven Wissenschaftstheorie (im Unterschied zur analytischen Wissenschaftstheorie) ist die folgende: Die Forderung nach einer Begründung fachwissenschaftlicher Theorien als Stützen der - für das Leben, ja für das Überleben nötigen - vorwissenschaftlichen Praxis läßt sich erst erfüllen, wenn die sprachkritischen

---

[193] Kirchgässner (1994), S. 164

[194] Kirchgässner (1994), S. 164

[195] Kirchgässner (1994). S. 165

[196] Lorenzen (1991), S. 42

Mittel (die uns nach dem linguistic turn zur Verfügung stehen) dafür konsequent eingesetzt werden."[197]
Der konsenstheoretische Wahrheitsbegriff wird bei Kirchgässner folgendermaßen erläutert: „Ein Satz soll dann als 'begründet' (bzw. 'wahr') gelten, wenn ihm im unvoreingenommen Diskurs (in der idealen Sprechsituation) jeder Sachkundige und Gutwillige zustimmen kann. Ein solcher unvoreingenommener Diskurs ist u. a. dadurch gekennzeichnet, daß er von allen Teilnehmern undogmatisch, zwanglos und nicht persuasiv geführt wird: zwischen allen Teilnehmern soll absolute Symmetrie herrschen."[198] Offensichtlich ergeben sich aus diesem Begründungsansatz des Konstruktivismus und dessen Anforderungen an das Argumentieren weitgehende Überschneidungen mit der kommunikationstheoretisch begründeten Diskursethik der Frankfurter Schule, was von Lorenzen auch bestätigt wird: „Die politisch begründete Ethik führt in den Anwendungen (...) zu genau denselben Anforderungen an das Argumentieren, wie die 'Diskursethik' der Frankfurter Schule von Habermas und Apel. Die Unterschiede zur konstruktiven Wissenschaftstheorie der 'Erlanger Schule' liegen nur in den Fundierungsproblemen."[199]
Die Konsequenzen des konstruktivistischen Begründungsbegriffs werden bei Kirchgässner folgendermaßen zusammengefaßt:
1.) Ablehnung der Wertfreiheitsthese
2.) Ablehnung des Theorienpluralismus
3.) teilweise Ablehnung bisheriger wissenschaftlicher Theorien (wie etwa die Ablehnung der rein quantitativ-empirischen Ökonomie durch F. Kambartel[200])

Zusammenfassend ist festzustellen, dass die Bedeutung des konstruktivistischen Begründungsbegriffs hineinreicht in die Anforderungen an die Legitimation normativer wissenschaftskonzeptioneller Empfehlungen und Zielsetzungen sowie die Anforderungen an wissenschaftliche Begriffs- und Theorienbildung. In Anlehnung an Habermas' Konzept der Erkenntnisinteressen[201] darf man die Aussage treffen, dass die normativen Konsequenzen für Wissenschaftskonzeptionen aus der sprachkritischen sowie der praktizistischen Wende - aus dem Vollzug des modernen sprachrationalen und nachmetaphysischen[202] Denkens - liegen in der normativen Bindung von Wissenschaft an ein letztlich emanzipatorisches Erkenntnisinteresse, als Wertbindung an die regulative Idee der Erhaltung und Erweiterung fundamentaler Lebensinteressen und der Erhaltung, Schaffung oder Erweiterung von Frieden und Gerechtigkeit im Sinne sprachpragmatischer Ethik, also Rückbindung an die hypothetische Zustimmungsfähigkeit einer letztlich universal zu denkenden Kommunikationsgemeinschaft. Emanzipation in diesem umfassenden Sinne wäre allgemein die Ablösung als nicht zustimmungsfähig zu denkenden, bloß faktischen, naturgegebenen, nicht-kultivierten Lebensvollzügen. Zu diesem Wissen um legitimationsfähige Ziele äußert sich Lorenzen wie folgt: „Wenn wir nicht, wie gegenwärtig üblich, unser Menschenbild von Biologie und Frühgeschichte vorgeben lassen (zu dem als für den Menschen nötiges Wissen dann nur technisch-ökonomisches Wissen gehört), sondern wenn wir ernst nehmen, dass uns die Kulturgeschichte in die zweite Aufklärung geführt hat - unabhängig davon, ob uns das gefällt oder nicht - dann sehen wir, dass uns ein anderes Wissen noch viel nötiger ist als alles technische oder strategische Wissen.(...) Al-

---

[197] Lorenzen (1991), S. 42
[198] Kirchgässner (1994), S. 166
[199] Lorenzen (1991), S. 64
[200] vgl. Kambartel (1980)
[201] Habermas (1968b)
[202] Habermas (1988)

lein mit technisch-strategischem Wissen ausgerüstet, haben wir nur den Kampf der Lebensformen."[203]
Kirchgässer bemerkt kritisch zum konstruktivistischen Begründungsbegriff: „Ist bei empirisch gehaltvollen Theorien hier nicht die – wie auch immer im einzelnen konzipierte – Bewährung an der Wirklichkeit das einzige vernünftige Kriterium?"[204] Dazu ist festzustellen, dass P. Janich (als Vertreter des ‚methodischen' Konstruktivismus) das ja durchaus als „Bewährung an der Wirklichkeit" zu verstehende Wahrheitskriterium der technischen Reproduzierbarkeit vorschlägt: „Wir haben ein (künstliches, technisches) Phänomen dann erklärt, wenn wir explizite Handlungsbeschreibungen oder –vorschriften geben können, bestimmte Verhältnisse technisch zu reproduzieren. (...) Wo „Naturphänomene" aus dem Bereich des vorhandenen zu erklären sind, gilt die Simulation durch technisch verfügbares als Erklärung."[205]

Die Kerninhalte des Radikalen Konstruktivismus

Die entstehungsgeschichtlichen Wurzeln des sog. Radikalen Konstruktivismus werden i. a. mit der Kybernetik in Zusammenhang gebracht, insbesondere der Kybernetik zweiter Ordnung.[206] Auf Vertreter des theoretischen Flügels der Kybernetik und ihre Überlegungen zu einer Erkenntnistheorie im Rahmen des Modells selbstorganisierender Prozesse gehen die Entwicklung einer biologischen Kognitionstheorie (durch *Maturana* und *Varela*) sowie der Entwurf einer Theorie der Wissenskonstruktion (durch *H. v. Foerster, W. McCulloch* und *E. v. Glaserfeld*) zurück.[207] Neben der kybernetischen hat der Konstruktivismus sprach- und entwicklungs-psychologische, evolutionstheoretische und biologische Wurzeln. *Schmidt* sieht den Konstruktivismus fußend auf einer kognitionstheoretischen Grundlage, mit philosophischen (ethischen, kultur- und gesellschaftspolitischen, auch wissenschaftskonzeptionellen) Konsequenzen. Basis-Annahmen des Konstruktivismus sind Subjektdependenz und Konstruktivität allen Wissens; die dennoch bestehende Möglichkeit intersubjektiver Verständigung wird erklärt mit den Begriffen 'Intersubjektivität' und 'Empirie'. „...Empirizität [ist] im konstruktivistischen Rahmen an uns selbst und unsere kognitive Konstruktivität gebunden und nicht an die objektive Struktur 'der' Wirklichkeit. (...) Die Erfahrung, dass empirisches Wissen intersubjektivierbar ist, deutet nicht auf Kognitions-Unabhängigkeit hin, sondern auf den hohen Grad kognitiver Parallelität, der einerseits aus der Art des Erwerbs solchen Wissens herrührt, andererseits aus der Erfahrung, dass solches Wissen für entsprechend sozialisierte Personen überall und jederzeit demonstriert werden kann. Empirisches Wissen ist Wissen, das wir mit anderen teilen."[208] Eine wichtige Konsequenz dieser Empirie-Konzeption liegt in der radikal menschenbezogenen Konzeptualisierung von Wissenschaft: „...jede Forschungstätigkeit [muss sich] in jedem Falle hinsichtlich ihres Nutzens für menschliches Leben ausweisen."[209]
Auch der Radikale Konstruktivismus hat ethische sowie sozial- und gesellschaftspolitisch-konzeptionelle Konsequenzen, die sich - grosso modo - mit denen des methodischen Kontruktivismus (der Erlanger Schule) decken. Schmidt bringt die gesellschaftspolitische Zielsetzung

---

[203] Lorenzen (1992), S 53

[204] Kirchgässer (1994), S. 167

[205] Janich (1993), S. 35

[206] vgl. Baecker (1993), S. 17: „Wenn es in diesem Jahrhundert so etwas wie eine zentrale intellektuelle Faszination gibt, dann liegt sie wahrscheinlich in der Entdeckung des Beobachters."

[207] siehe Schmidt (1987), S. 12

[208] Schmidt (1987), S. 37

[209] Schmidt (1987), S. 37

Maturanas auf die Formel: „Gesellschaft ohne systematische Unterdrückung, die das Individuum nicht negiert. Dieses Ziel hält Maturana für erreichbar, wenn die Menschen sich darauf einigen, eine finite, nicht-hierarchische Gesellschaft auf der Basis einer finiten, ökologisch stabilen Welt zu erzeugen. Dazu ist es erforderlich, alle Institutionen aufzulösen, die den Menschen dem Menschen unterordnen; (...) sowie Einsicht in die Plastizität von Gesellschaften zu erhöhen, die als nicht-hierarchische Gesellschaften ein vom Menschen produziertes, hochartifizielles System darstellen."[210] H. v. Förster hat sich explizit zu Konsequenzen konstruktivistischen Denkens für den betriebswirtschaftlichen Bereich geäußert; ohne hier im einzelnen auf die von v. Förster häufig verwendeten Argumentationsfiguren (rekursive Funktionen, Eigenwerte, Autologie, triviale/nicht-triviale Maschine) einzugehen, plädiert v. Förster im Ergebnis für nicht-hierarchische, „post-tayloristische" Organisationsgestaltung.[211]
Die ‚Varianten' von Konstruktivismus entstammen offenbar gänzlich, ohne Überschneidung, verschiedenen wissenschafts-philosophischen Traditionen und Begründungszusammenhängen; dies belegt schon die gänzlich unterschiedliche Semantik des Begriffes „Konstruktion" in beiden Konzeptionen (im Erlanger bzw. Methodischen Konstruktivismus bezogen auf die der sprachlichen und der praktizistischen Wende folgenden Implikationen für die Konstruktion wissenschaftlicher Aussagesysteme, und im Radikalen Konstruktivismus bezogen auf die Subjektdependenz von Erkenntnis, die vom erkennenden Subjekt aus Sinneseindrücken zu konstruieren ist („Erfindung" der Wirklichkeit bzw. Erkenntnis). Der Erlanger bzw. Methodische Konstruktivismus ist dagegen eine genuin philosophische Denkschule, die sich in der (deutschen) Tradition der Philosophie nach Hegel und Kant in der Verpflichtung gegenüber den Herausforderungen des nachmetaphysischen Denkens sieht, Vernunft und Ethik, vernünftiges Handeln und Erkennen allein aus dem autonomen menschlichen Erkenntnisvermögen zu begründen. Demgegenüber sind die ethischen und philosophischen Implikationen des Radikalen Konstruktivismus eher ein Neben- oder auch Kuppelprodukt; Ethik ist im Radikalen Konstruktivismus „implizit" („Implizite Ethik" H. v. Foersters[212]). Festzuhalten ist, dass es in Bezug auf die Folgerungen beider Konzeptionen für den anwendungs- und forschungskonzeptionellen Begründungszusammenhang der Wirtschaftsinformatik (aber nicht nur da!) Überschneidungen gibt (nämlich bezogen auf die Ablehnung der Wertfreiheitsthese und die humane oder kulturschöpfende Wertbindung, bezogen auf den Aufbau einer zirkel- und widerspruchsfrei aufgebauten Orthosprache, und bezogen auf einige (Ideal-)Normen für referentielle Organisationen und deren Bedarf und Verwendungsweise von erkenntnis- und erklärungsstiftenden, entscheidungsunterstützenden, die Operationalität optimierenden Informationen.)[213]

Dieser Darstellung soll sich nun eine Kritik des Radikalen Konstruktivismus anschließen, aus der sich eine hinreichende Begründung dafür ergibt, dass dessen fundamentale bzw. die ihn begründenden Einsichten, und vor allem einige daraus abgeleitete Konsequenzen mit Bedeutung für die hier behandelte Fragestellung, als nicht zwingend oder als nicht überzeugend angesehen werden können.

---

[210] Schmidt (1987), S. 47

[211] v. Foerster (1993); S. 233 ff.

[212] v. Foerster (1993), S. 347 ff

[213] P. Janich zitiert folgende (zu dem Zeitpunkt noch unveröffentlichte) Einschätzung von Zitterbarth: „Es handelt sich um zwei kompatible wissenschaftsphilosophische Unternehmungen, die auf sehr verschiedenen Wegen zu recht ähnlichen Zielen gelangen." Janich (1996), S. 108

Es ergibt sich die Frage, ob diese Kritik nur an dem hier herzustellenden Zusammenhang mit Fragen nach dem Gegenstand der Wirtschaftsinformatik ansetzen soll (bzw. darf), oder ob sie die Tragfähigkeit und Überzeugungsfähigkeit des Radikalen Konstruktivismus als ganzes, als ganze wissenschaftsphilosophische Konzeption, ansprechen soll (bzw. muss), was dann natürlich zu einem umfangreichen und hier kaum zu leistenden Unterfangen werden müsste; von P. Janich ist jedoch eine hier für überzeugend und schlüssig gehaltene „methodisch konstruktive Kritik am Radikalen Konstruktivismus"[214] vorgelegt worden, so dass hier für diese Zwecke darauf zugegriffen werden kann.

Janich fasst die Essenz dessen, was nach seiner Überzeugung den Methodischen Konstruktivismus zur besseren Alternative gegenüber dem Radikalen Konstruktivismus macht, in folgendem Satz – zum Schluss methodisch weit nüchternerer Ausführungen – leicht ironisierend zusammen: „Damit mag die Alternative des Methodischen zum Radikalen Konstruktivismus in wissenschaftstheoretischer Hinsicht wenigstens angedeutet sein: statt mit den stillschweigenden Prämissen zu beginnen, wir wüssten doch aus Physik und Biologie, wie die Welt und die Organismen sind, und, die Naturwissenschaften hätten ohnehin recht, beginnt der methodische Konstruktivist bei einer wissenschaftstheoretischen Revision der naturwissenschaftlichen Mittel, die für eine dann radikal konstruktivistische Kognitionswissenschaft benötigt werden. (...) An die Stelle systemtheoretischer Beliebigkeit, ‚irgendwo' mit der Beschreibung des Organismus und seiner Leistungen zu beginnen, geht der Konstruktivismus einen methodischen Gang, beginnend mit dem unbestreitbaren Faktum, dass auch Konstruieren und Rekonstruieren Handlungen nach Zwecken sind." (a. a. O., S. 122)
Janichs Kritik beinhaltet im wesentlichen
a) den Vorwurf eines *normativen* Defizits, da im Radikalen Konstruktivismus kein Kriterium zu finden ist, „das bessere von schlechteren Naturwissenschaften unterscheiden könnte" (a. a. O., S. 116), der Radikale Konstruktivismus sich aber – uneingestanden reduktionistischer weise – auf naturwissenschaftliche Erkenntnisse stützt, sowie
b) den Vorwurf eines *pragmatischen* Defizits, weil dem Radikalen Konstruktivismus in seiner Fassung des ausschließlich beobachtenden, aber nicht zweckgerichtet handelnden ‚Beobachters' eben dies nicht ins Blickfeld gerät, dass auch ‚Physik und Biologie (...) nicht ohne zweckgerichtete menschliche Handlungen und darunter nicht ohne nichtsprachliche, poietische Handlungen auskommt". (a. a. O., S. 117)

Die kritische Feststellung eines normativen Defizits wäre schließlich auch das Resultat der folgenden (eigenen) Beobachtungen bzw. Argumentation:
Das Paradigma des Radikalen Konstruktivismus, das auch in Arbeiten zur Wissenschaftstheorie der Wirtschaftsinformatik, vor allem auch zur Organisations-

---
[214] in Janich (1996), S. 105 - 122

theorie, das zentrale gedankliche Motiv darstellt, ist das der Selbstorganisation, im begrifflich-theoretischen Kontext der Allgemeinen Systemtheorie.[215] Selbstorganisation ist nun ein vor dem Hintergrund systemtheoretischer Betrachtungsweise beobachtbares Phänomen auf den Beobachtungsebenen sowohl der Physik (z.B. beim Laser, in der Flüssigkeitsdynamik), der Chemie und Biochemie (stochastische Modelle für chemische Reaktionen mit oder ohne Diffusion, chemische Netzwerke), der Biologie sowie, wenn man dieser Interpretationsweise denn zugänglich ist, eben auch auf der Betrachtungsebene der Wirtschafts- und Sozialwissenschaften.

Das Muster der normativen Interpretation der als Selbstorganisation gedeuteten Phänomene im Beobachtungsbereich der Wirtschaft ist etwa folgendermaßen angelegt: es gibt (eben) Selbstorganisation, sie entsteht spontan, wiederholbar und nachweisbar, unter experimentellen wie nicht-experimentellen Bedingungen, und daher (auch) im ‚wirklichen' sozialen Leben der Menschen, im Wirtschafts-Leben, in Unternehmens-Organisationen. Systeme, die sich selbst organisieren, ‚wollen' und können damit etwas erreichen, nämlich Selbsterhaltung und Stabilität. Da das nichts anderes ist als das was auch Unternehmen wollen, ‚müssen' oder sollten die autopoietischen ‚Elemente' des autopoietischen Systems ‚Unternehmung', die Menschen, sich verhalten wie Elemente eines selbstorganisierenden Systems.

H. v. Förster führt[216] in das Konzept „Selbstorganisation im Bereich der Betriebs- und Menschenführung" ein auf dem Wege der Erörterung der Begriffe Autologie, triviale /nichttriviale Maschine mit endlich vielen Zuständen, und rekursive Rechenprozesse.

Er führt vor, dass es autologische Begriffe gibt („Was ist eine Frage?"), oder die Möglichkeit, dem Sehen eine autologische Natur zuzusprechen (da wir für den Fall des blinden Flecks auf der Netzhaut nicht sehen, dass wir nicht sehen).

Er erläutert, dass es triviale Maschinen gibt, die die Berechnung einer Funktion zwischen Input (x) und Output (y) darstellen (und die daher „gehorsam" seien), und dass es aber auch nicht-triviale Maschinen gibt, bei denen aus der Beobachtung von Inputsequenzen und denen folgenden Outputsequenzen wegen der „Zwischenschaltung" „innerer Zustände" nicht direkt auf die Regel geschlossen werden kann, nach der dieser erzeugt wird, sondern dazu eine Antriebs- *und* eine

---

[215] so etwa bei Krüger/Simon (1999): „In den bereits gemachten Ausführungen kommt die Ansicht der Verfasser zu Tragen, dass die Allgemeine Systemtheorie [es wird hier Bezug genommen auf Luhmann (1994), Rapoport (1988) u. a. L.E.] erfolgversprechende Ansätze liefert, um viele z. B. das Wesen der Information, der für das Unternehmen richtige Grad an Systemkomplexität, die Gestaltung der Verbindung von technischen und sozialen Systemen etc.) neu zu betrachten, die gerade auch die Wirtschaftsinformatik tangieren." (S. 369), sowie bei Fuchs-Kittowski/Heinrich/Rolf (1999): „Die Idee der ‚Fraktalen Fabrik', verbunden mit dem Konzept der Selbstorganisation, ist dagegen in der Tat ein neuer Ansatz" (S. 334), sowie auch bei schon vorgestellte Vorschlag von Petkoff (1999): „Um den Wandel zu managen, ist Innovation gefordert, kybernetisches Management, vernetztes Denken und Handeln im Umgang mit komplexen Systemen." (S. 250)

[216] in v. Förster (1993), S. 233 - 268

Zustandsfunktion identifiziert werden muss, und dass es etwa für eine Maschine mit vier Inputzuständen und einem zweiwertigen Output $6 * 10^{76}$ wirksame Zustandsfunktionen gibt, weshalb es praktisch unmöglich ist, diese Zustandsfunktion zu identifizieren; sowie schließlich, dass es rekursive Funktionen gibt, die zu so genannten Eigenwerten konvergieren.
Mit alledem versucht v. Förster folgende Schlüsse für das Management nahe legen:

- „In einem sich selbst organisierenden Managementsystem ist jeder Beteiligte auch ein Manager des Systems." (a. a. O., S. 243)
- „Wenn wir eine Maschine kaufen, dann wollen wir, dass sie genau so arbeitet, wie wir dies wünschen. (...) Wir wollen triviale Maschinen. (...) Nun ist das alles gut und schön. Wenn wir aber anfangen, einander zu trivialisieren, dann werden wir nicht nur alle bald blind sein, wir werden vielmehr blind gegenüber unserer Blindheit sein. Wechselseitige Trivialisierung reduziert die Anzahl der Lebensmöglichkeiten, ist also dem ethischen Imperativ [nämlich: ‚Handle stets so, dass die Anzahl der Wahlmöglichkeiten größer wird!', a. a. O., S. 234, L.E.] (..) direkt entgegengesetzt. Die uns gestellte Aufgabe ist vielmehr: Enttrivialisierung." (a. a. O., S. 252)
- „Es scheint, dass zirkuläre, rekursive Interaktionsmuster Störungen gegenüber hochstabil bleiben." (a. a. O., S. 265)

Wer nun – vielleicht auf der Grundlage vernunftkritischer Einsichten – diskursiv angelegte, „republikanische", demokratisch verfasste und nicht-hierarchische Organisationstypen für menschengemäßer oder menschengerechter hält und daher dazu neigen würde, diese anderen, hierarchisch strukturierten als Ideal-Typus vorzuziehen, dem sind solche Ausführungen zunächst und auf Anhieb sicher sympathisch.
Man kann aber nicht die Feststellung vermeiden, dass aus dem Faktum der Beobachtbarkeit des Phänomens „Selbstorganisation" in diversen wissenschaftlichen Beobachtungsarenen nicht auf eine *Obligation* geschlossen werden kann, der zufolge Menschen sich nach dem Muster von „Selbstorganisation" zu vergesellschaften haben: ein solcher Schluss wäre – das wäre der erste Ansatzpunkt für Kritik – der Prototyp von naturalistischem Fehlschluss, also ein Schluss derart, dass ein in der Natur beobachtbares ‚So-Sein', ‚So-Geordnet-Sein' oder ‚So-Bewegt-Sein' menschliches ‚So-Handeln-Sollen' begründen soll. Ein solcher Schluss ist nach *G. E. Moore* unzulässig mit der auf ihn zurückgehenden Begründung, dass Seins- und Sollensbegriffe unterschiedlichen, nicht aufeinander rückführbaren Begriffsklassen angehören[217]. Der naturalistische Fehlschluss markiert also dieses normative Defizit.

---

[217] G. E. Moore (1970), S. 41 - 52

Vor dem Hintergrund der Einsichten moderner, aufgeklärter Vernunft-Ethik sind Menschen sodann aufgerufen, nach angebbaren Gründen zu handeln, und ihr Handeln prinzipiell einem Rechtfertigungsdiskurs zu überstellen. Die Argumentation der „impliziten" Ethik des Radikalen Konstruktivismus versucht diesen Rechtfertigungsdiskurs zu umgehen durch bloßen Verweis auf naturwissenschaftliche Phänomene der Selbstorganisation. Käme aber ein Mensch, der dem Sollens-Anspruch dieser impliziten Ethik folgt – und z. B. ungehorsam ist – in die Lage sich rechtfertigen zu müssen, so würde er sich in der Begründung seines Handelns niemals gültig und mit Recht darauf berufen können, dass sein Handeln dem einer „ungehorsamen nicht-trivialen Maschine" entsprochen habe, oder etwa dem eines angeregten Atoms einer invertierten Population innerhalb des Lasers als eines Systems fern vom thermischen Gleichgewicht. Es besteht eben, wie sich hier zeigt, ein nicht-hintergehbarer Unterschied zwischen dem prinzipiell begründungspflichtigen, verantwortlichen Handeln autonomiefähiger und vernunftbegabter Menschen, und dem ‚Verhalten' der Elemente eines Systems.

Ein weiterer Einwand gegen die normativistische Lesart des Selbstorganisationsparadigmas ergibt sich nun – endlich und wohl kaum noch bestreitbarerweise – daraus, dass (einige) Selbstorganisationsprozesse offenbar auch gedeutet werden können als „Versklavung": „Langlebige Systeme versklaven kurzlebige Systeme"[218]. Wenn es solche und zutreffender Weise in diesem Sinne zu deutende Selbstorganisationsprozesse nun gibt, so muss man doch fragen: ist dies denn dann zu deuten etwa als böse Laune der Natur – vor der man besser die Augen verschließen soll, da es auch deren gute Launen gibt –, oder darf man daraus die Rechtfertigung der Versklavung von Menschen durch Menschen ableiten, oder ist *doch* zu bezweifeln dass es so etwas in der Natur gibt? Da es unbestreitbarer Weise Versklavung von Menschen durch Menschen gegeben hat – im Selbstorganisationsparadigma ja wohl als spontane Ordnungsbildung innerhalb eines Systems zu deuten –, sollte daraus zwingend zu folgern sein, dass das bloße Faktum, ob es als ‚Versklavung' deutbare Muster von Ordnungsbildung in der Natur gibt, gegeben hat oder nicht, oder andere Muster von Selbstorganisation, irrelevant sein muss für die Beantwortung der Frage, nach welchen Rechts- und Verhaltensnormen vernunftbegabte Menschen vernünftiger Weise miteinander umgehen *sollten*. Insofern kann man eben als Begründung dafür auch nicht die Existenz nicht-trivialer Maschinen oder sonstige Verhaltensmuster belebter oder unbelebter Materie heranziehen.

Über die fehlende Orientierungsautorität für menschliches Handeln hinaus kann auch gezeigt werden, dass das Selbstorganisationsparadigma auch nicht geeignet

---

[218] Haken (1990), S. 207

wäre, die oben bisher aufgeworfenen Fragen im Zusammenhang mit der materialen Bestimmung von Rationalität im Kontext eines auch ihre Operativität konsolidierenden Erkenntnisinteresses der Wirtschaftsinformatik schlüssig zu beantworten:

Die ‚Botschaft' dieses Paradigmas liegt im wesentlichen in der Empfehlung, Unternehmen als sich selbst organisierende Organisation zu betrachten, sie daher möglichst nicht-hierarchisch zu organisieren, und den Elementen dieses Systems per Informations- und Kommunikationssystem die Informationen zu liefern, die sie benötigen um sich zu ‚steuern'; diese Informationen sollten möglichst nicht-instruktiv sein, also selektiv.

Das Unternehmen als kybernetisches System hat nun kein anderes ‚bekanntes' oder ‚gewusstes' Ziel als die Erhaltung einer in sich geschlossen Einheit: „Nach dem bisherigen Erkenntnisstand (..) in den Sozialwissenschaften können Unternehmungen als autopoietische Systeme einer bestimmten emergenten bzw. höheren Ordnung aufgefasst werden. Sie rekrutieren sich u. a. aus autopoietischen Elementen (Menschen). Maturana folgend sind nicht die Ziele, der Zweck oder die Funktion der Unternehmung als konstitutive Systemeigenschaften zu betrachten, sondern die Relationen, die von den Bestandteilen hergestellt werden müssen, um eine in sich geschlossene Einheit zu erzeugen."[219]

Ein solches System kann beispielsweise nichts ‚wissen' darüber, ob es ein sinnvolles, in die Zeit passendes Produkt mit guter Absatzperspektive auf den Markt trägt. Es kann lediglich ‚feststellen', dass möglicherweise einige wertrealisierende Prozesse – nämlich Vertriebsprozesse – nicht an ihre vom System zur Selbst-Stabilisierung benötigten Prozess-Ziele, nämlich abgeschlossene Verkäufe, gelangen, und darüber sein Gleichgewicht verlieren. In Reaktion darauf verfällt es in – irgendwelche, mechanische – System-Aktivitäten, die lediglich nach dem Kriterium selektiert werden können, ob sie irgendwann wieder zur Stabilisierung des Systems führen. Es gibt aber keine ökonomischen Tatbestände wie Marktnachfrage oder Marktsättigung, erst recht gibt es keine ‚vernünftige' Marktnachfrage, die zu bedienen auch mehr oder weniger ‚Sinn' machen könnte. Es gibt eigentlich nichts, worüber die autopoietischen Systemelemente sich miteinander verständigen könnten, um sich Ziele zu setzen und ihre Arbeitshandlungen mit Blick auf diese Ziele zu koordinieren. Sie wissen eigentlich nichts, ebenso wenig wie rekursive Funktionen oder nicht-triviale Automaten von sich und ihren Absichten wissen können.[220]

Die oben eröffnete Frage nach der Rationalität muss nach der bisher entwickelten Auffassung im gegebenen Zusammenhang gestellt werden als Frage nach

---

[219] Krüger/Simon (1999), S. 371

[220] Habermas' Einwände gegen eine „Objektivierung des Rechts zu einem selbstgesteuerten System" verlaufen nach einem ähnlichen Muster: „Unter dieser Beschreibung wird die Kommunikation über Recht und Unrecht ihres sozialintegrativen Sinnes beraubt (...) ans Modell nichtintentionaler Vergesellschaftung assimiliert. Damit büßen auch die in juristischen Diskursen geäußerten Geltungsansprüche und Gründe ihren intrinsischen Wert ein." (1992), S. 70/71.

der Begrifflichkeit von Rationalität als operationaler Terminus der Wirtschaftsinformatik, und als Frage nach den Möglichkeiten der Einbringung dessen, womit Informatik und auch Wirtschaftsinformatik als Wissenschaft immerhin *geschichtlich* ihren Anfang genommen haben, nämlich der universal programmierbaren Rechenmaschine und den Programmen, die von ihr berechnet und zur Ausführung gebracht werden können, in einen normativen Gestaltungshorizont, also eine ‚Idee' davon, was man im gewöhnlichen Anwendungsbereich der Wirtschaftsinformatik denn sinnvoller Weise damit – mit Universalen Automaten – tun sollte.

Eine Stellungnahme vor dem Interpretationshintergrund des Selbstorganisationsparadigmas deutet sich dazu an in folgendem: „Für eine am Menschen und an der sozialen Organisation orientierte Gestaltung von Informationssystemen ist, in Einheit von Informationssystem-, Arbeits- und Organisationsgestaltung, eine umfassende Gestaltung der Mensch-Maschine-Schnittstelle und der Informationssystem-Organisationssystem-Schnittstelle vorzunehmen.

1. Die Konzeption der Voll- bzw. Superautomatisierung im Sinne der ständigen Verringerung (bzw. Ausschluss) der Mitarbeit der Menschen ist verfehlt.
2. Die Konzeption des Menschen als Störfaktor, als Mangelwesen, als das eigentlich unsichere und daher immer zu ersetzende Element, ist verfehlt.
3. Die Konzeption der effektiven und humanen Mensch-Computer-Kombination verlangt dagegen a) die zweckmäßige Einordnung der automatisierten Operationen in den komplexen menschlichen Arbeitsprozess – im Dialog, zur unmittelbaren Unterstützung und Erweiterung der menschlichen Fähigkeiten und schöpferischen Potenzen; b) die Schaffung von Bedingungen dafür, dass, wenn der Mensch aus dem unmittelbaren materiellen und geistigen Produktionsprozess heraustritt, er viel direkter und unmittelbarer in die Dynamik und Komplexität der sozialen Organisation, in die Dynamik und Komplexität des gesellschaftlichen Reproduktionsprozesses hineintritt."[221]

Ferner wird für den dezentralen Einsatz von IuK-Technologie plädiert, da dies „die Unterstützung individueller Tätigkeit" ermöglicht: „Die Entfaltung von Individualität im Sinne des Humanismus wird nicht nur wünschenswert, sondern auch als unmittelbarer ökonomischer Faktor innovativer Produktivitätsentwicklung notwendig." (a. a. O., S. 345) „Die lernende bzw. kreative Organisation verstärkt die kreativen Potenziale der Menschen. Dies ermöglicht eine höhere Anpassungsfähigkeit an den permanenten Wandel, wie er sich in der Substitution alter Technologien durch neue, beim Hervorbringen neuer Produkte usw. zeigt." (a. a. O., S. 345)

---
[221] Fuchs-Kittowski/Heinrich/Rolf (1999), S. 344; die Textformatierung wurde leicht abgeändert aus dem Quelltext übernommen.

Als Gestaltungsidee wird vorgestellt die „Kreative Unternehmensorganisation als Grundkonzept": „Die Kreativität des Menschen äußert sich, indem er echt Neues hervorbringt. Dieses Neue besteht vor allem darin, dass er Verbesserungen seiner Arbeitsprozesse vornimmt, d.h. eine lernende bzw. kreative Unternehmens-Organisation hervorbringt." Der Computer soll 1. „nur dort zum Einsatz komm(t)[en], wo mathematisch-logische Operationen und Manipulationen von Symbolen die angemessene Umgangsform mit der Realität sind und 2. (..) so eingesetzt (wird) [werden], dass außerhalb dieses Einsatzes genügend Freiraum bleibt, die anderen menschlichen Fähigkeiten und Erlebnisweisen zu entwickeln, die kreativen Potenzen des Menschen stimuliert werden". (a. a. O., S. 355)

Die Zitate sind hier – hoffentlich – nicht in etwa sinnentstellender Weise aus einem diese näher oder anders bestimmenden Zusammenhang gelöst worden; es sollte darum gehen, die auch aus der Sicht ihrer Vertreter wesentlichen gestalterischen Ideen, Werte und Impulse knapp und treffend anzugeben. Eine Kritik daran sollte nun zunächst versuchen Maßstäbe zu finden und anzulegen, von denen man annehmen darf oder muss dass sie auch von den Vertretern des Selbstorganisationsparadigmas als solche anerkannt werden. Da diese zitierten Sätze Texten entnommen sind, die sich ja kaum bestreitbarer Weise in der Absicht durch argumentative Redeweise zu überzeugen an den Leser wenden, muss man annehmen, dass die Autoren die Prinzipien argumentativer Redeweise, die intersubjektive Verständigung ermöglichen, kennen, anerkennen und korrekt und zweckmäßig, nämlich verständigungsorientiert, anwenden bzw. anwenden wollten; diese müssten also einen solchen Maßstab darstellen.

Es wird im zitierten Text gesagt, dass „über die wissenschaftstheoretischen und methodologischen Grundlagen der Wirtschaftsinformatik nachgedacht wird (..) um (..) neue Denkansätze für eine verantwortungsvolle Gestaltung von Informationssystemen in der betrieblichen Organisation, die wünschenswerten gesellschaftlichen Zielen und Wertvorstellungen entsprechen, zu gewinnen." (a. a. O., S. 353) Dem kann hier unbeschränkt zugestimmt werden. Welche Ziele und Wertvorstellungen sind das aber, und welche sind das genau(er), also auf einer unteren, konkreteren, operationsnahen Ebene?

Dass es mehr oder weniger generalisierte Werte gibt, dass beispielsweise die Idee ‚Frieden' ein Wertkonzept einer höheren Allgemeinheit darstellt als die Idee ‚Betriebsfrieden' oder ‚Nachbarschaftsfrieden' oder ‚Individualität', Werte also in eine transitive Ordnung verbracht werden können, und dass es auch unterschiedliche Grade von Wertbindung geben kann und höhere, allgemeinere Wertideen weniger allgemeine binden können, und so entstehende Wertkonzeptionen konsistent sein sollten, also nicht widersprüchliche Bestandteile enthalten dürfen, müssten allgemeinste Anerkennung finden.

Als „wünschenswert" wird hier nun genannt „die Entfaltung individueller Kreativität im Sinne des Humanismus"; diese ist aber nicht nur wünschenswert, sondern sie werde „als unmittelbarer ökonomischer Faktor innovativer Produktivitätsentwicklung notwendig".
Die erste Frage ist nun, wie individuelle Kreativität als Wertidee sich zu Produktivitätsentwicklung, die in der gängigen Betriebswirtschaftslehre eine klar definierte und klar messbare Zielgröße (also als Entwicklung zu steigendender P.) betrieblich-organisatorischer Bemühungen darstellt, verhält: wird – humanistisch bloß wünschenswerte – Entfaltung individueller Kreativität denn etwa erst mit dem Hinweis auf die Notwendigkeit von Produktivitätssteigerung verbindlich begründbar?

Eine ganz andere, aber sich doch unmittelbar anschließende Frage ist die, wie der Begriff „Produktivität" eigentlich in das terminologische Instrumentarium des Selbstorganisationsparadigmas gerät, geraten ist oder passt. Der Begriff hat seine klare Definition innerhalb des wissenschaftlichen Weltbildes der Volkswirtschaftslehre mit ihrer Preistheorie, also der Erklärung der Preisbildung und seiner Lenkungsfunktion innerhalb des Marktes; darin wiederum gibt es als konstitutive Begriffe beispielsweise die Knappheit von Ressourcen, Bedürfnisse, Nutzenstiftung, Nutzenmaximierung, Arbeit, Kapital, Arbeitskosten, Arbeitsproduktivität oder Faktorproduktivität. Die totale Faktorproduktivität bspw. wird gemessen als Verhältnis des totalen aggregierten Faktoreinsatzes (zu Marktpreisen) zum damit erzeugten Output (zu Marktpreisen)[222]. Diese Größe hat nun offenbar nur für den Sprecher Bedeutung, für den auch Preise Bedeutung haben. Auf der Ebene des einzelnen Betriebes kann man beispielsweise auch die Produktivität einzelner Prozesse messen: eine entsprechende Größe ist die Durchlaufzeit von Arbeitsobjekten durch einen Bearbeitungsprozess, und beide Größen kann man ineinander überführen. Die typische Intention aller betrieblichen „Rationalisierung" ist genau die, Durchlaufzeiten zu minimieren, also die Prozessproduktivität zu erhöhen. Prozess-Input sind eben die Input-Faktoren (Arbeit und/oder aktives Kapital, also Maschinen), und Output ist die Prozess-Leistung, bspw. in Einheiten der Prozessleistung. Eine Verbesserung der Relation Input zu Output lässt sich offensichtlich erreichen durch Steigerung des Output bei konstantem Input oder Verringerung des Input bei konstantem Output oder durch beides. Da diese Verhältnisse hier so klar liegen und durchschaubar sind, hat sich die Steigerung der Produktivität, auch gemessen bspw. als interner Zinsfuß oder als pro-Kopf-Umsatz, in der betriebswirtschaftlichen Literatur durchgesetzt als einer der „Kritischen Erfolgsfaktoren", definiert als „die Dinge, die ein Unternehmen richtig tun muss, um die strategischen Ziele zu erreichen"[223]. Wenn die maximale bzw. optimale Prozessleistung auch kostenopti-

---

[222] Bspw. Ritter-Thiele (1992), S. 58
[223] Martin (1988), in Mattheis (1993), S. 78;

mal durch Automation erreicht werden kann, spricht auf dieser Betrachtungsebene nichts dagegen, den Prozess zu automatisieren.[224]

Wie ist aber im Selbstorganisations-Paradigma die oben zitierte Aussage begründet, die „Konzeption der Voll- bzw. Superautomatisierung im Sinne der ständigen Verringerung (bzw. Ausschluss) der Mitarbeit der Menschen" sei verfehlt?

Zunächst stellt sich die methodische Frage, auf welche Konzeption der Vollautomatisierung hier Bezug genommen wird, ob auf die von Mertens als solche vorgestellte – dann hätte das hier explizit genannt werden müssen –, oder auf ein von den Autoren als solches hinter dem Wirken der Wirtschaftsinformatik ‚erkanntes' oder vermutetes Konzept; eine so weit reichende Aussage wäre ihrerseits doch auch weiter begründungspflichtig oder zu belegen. Aber unabhängig davon stellt sich hier die Frage, wie die Kritik an der „Konzeption der Vollautomatisierung" begründet wird. Diese Konzeption ist „verfehlt", wird erklärt. Wie ist das erkennbar? Was ist das relevante Kriterium? Doch Produktivität bzw. Effizienz? Es wird gesagt: „Die Konzeption der effektiven und humanen Mensch-Computer-Kombination verlangt die zweckmäßige Einordnung der automatisierten Operation in den komplexen (..) Arbeitsprozess." Was ist hier Kriterium für „zweckmäßig"?

Es ist die Rede von „einer automatisierten Operation". Man möchte den Autoren nahe legen sich zu fragen, aufgrund welcher Vorgänge, Kriterien, vom wem, denn diese Operation jeweils automatisiert worden ist. Automatisierung ist das Ergebnis eines Planungs- und Analysevorgangs, in dem darüber entschieden wird, ob eine Operation automatisiert werden kann und soll. Eine „Operation" kann Teil einer komplexeren Operation sein, oder in Teil-Operationen zerlegbar sein. Beispielsweise kann man den komplexen Arbeitsprozess „Steuerung einer Zahlung von U nach L" daraufhin analysieren, ob, wie, zu welchen Kosten und bis zu welchen Graden, in welchen seiner Teilaufgaben, er automatisiert werden kann.[225] Es kann sich dabei herausstellen, dass ein Prozess komplett, mit allen Teilaufgaben, automatisiert werden kann – er also voll-automatisierbar ist; wenn die Durchführungskosten dieses Prozesses dann dadurch auch gesenkt werden können, wird er nach gängigen Regeln der Betriebsführung auch automatisiert. Für einen Sachbearbeiter, der gewöhnlich mit der Aufgabe „Steuerung einer Zahlung von U nach L" beschäftigt war, würde das sinnvoller Weise bedeuten, dass er seine Kreativität anderen Aufgaben zuwendet, sofern sich für ihn in seinem Unternehmen welche finden lassen. Wenn aber nicht – sollte man diesen Umstand dann als ein prinzipielles verpflichtendes Argument für ein Unternehmen einführen, dann auf die Automation zu verzichten? Oder sogar nicht nur

---

[224] Vgl. Ferstl/Sinz (1993), wo ausführlich formale und sachliche Kriterien, Zielerreichungsgrade und Nutzeffekte von Automatisierung diskutiert werden. S. 178 - 194

[225] ..wie in Ferstl/Sinz (1993), S. 187 durchgeführt.

dann, sondern einfach deshalb, weil komplexe Arbeitsprozesse aus Humanitätsgründen eben nur teilautomatisiert werden dürfen? Im konkreten Fall würde das bedeuten, beispielsweise die Aufgaben „Erstellen der Rechnung" und „Buchen der Rechnung" als „zweckmäßig einzuordnende automatisierbare Operation" anzusehen, und der Rest der ganzen Aufgabe müsste dann der Kreativität des Sachbearbeiters erhalten bleiben. Wer hätte denn in einem Betrieb zu entscheiden, welche Teilaufgaben eines Prozesses automatisiert werden dürfen und welche nicht?

Die Argumentation scheint hier unrettbar in Ausweglosigkeit zu geraten. Es stellt sich darüber hinaus der Eindruck ein, dass sich auf dieser Grundlage – eines sich ethisch motiviert verstehenden Automations- oder Technik-Verzichts sowie der Beschwörung der zu entfesselnden menschlichen „Kreativität" – offenbar auch noch keine tragfähigen alternativen Perspektiven für eine postindustrielle Zivilisation ergeben. Die vernunftkritisch und diskurs-ethisch geteilte Zustimmung zu leitenden Werten wie Herrschaftsfreiheit, Mündigkeit und Selbstverantwortung, Freiheit, Freiheitserweiterung auch als Zuwachs individueller Wahlmöglichkeiten in der Ausgestaltung der individuellen Existenz, darf nicht den Blick dafür versperren, dass Freiheit nicht mit Beliebigkeit verwechselt werden darf, und dass die Erweiterung von Wahlmöglichkeiten im Handeln nicht dadurch zustande gebracht werden kann, dass man sich einfach gestattet, die Beliebigkeit einschränkende Vernunftregeln zu verletzen oder aufzuheben. Ebenso kann Kreativität nicht bedeuten, an eindeutigen Zielerreichungs- oder Erfolgskriterien gemessen erfolgreiche, gut bewährte und eingeübte Handlungspraxen nun ständig je von neuem erfinden zu wollen, lediglich weil man die Qualität einer schon gemachten ‚Erfindung' nicht anerkennen will. Das ‚Kreierte', Erfundene, Neu-Geschaffene hat nicht automatisch schon dadurch Sinn und Berechtigung, dass es dem Prozess der ‚Kreation' entstammt; ein zum zweiten mal erfundenes Rad ist eben nur ein weiteres Rad, und der wirkliche Erfinder des Rades kann nun andere darüber instruieren, wie Räder zweckmäßiger Weise zu verwenden sind. Um diese Zusammenhänge noch an einem letzten Beispiel zur Vorstellung zu bringen, sei die Situation in vielen Sportarten angesprochen: in vielen oder wohl den meisten Sportarten gibt es eine eindeutige, uniforme, uni-lineare Zielsetzung und entsprechend eindeutig dominante Kriterien für die Zielerreichung; z. B. in der Leichtathletik (Hoch-, Weitsprung, Läufe über die verschiedenen Distanzen, Schwimmen etc.), im Wintersport, oder im Motorsport, z. B. den Autorennen in der Formel 1. Wenn in einer Sportart als organisatorischem Gesamtkomplex auch nennenswerte wirtschaftliche, also finanzielle Mittel eine Rolle spielen, dann ist leicht festzustellen, dass von einem Sportler und seinem Team zuerst erfolgreich angewandte, nach langem „kreativem" Suchen und Probieren gefundene Methoden, Mittel oder Techniken sehr schnell von allen anderen Konkurrenten übernommen werden, mit dem Ergebnis, dass beispielsweise die Skispringer zumeist alle die gleiche, je aktuelle und am meisten erfolgversprechende Flughaltung einnehmen, und die Rennwagen der Formel-1 nun bis auf erst bei sehr genauem Hinsehen erkennbare Unterschiede im Detail sozusagen alle gleich aussehen. Man mag das als Verlust von Individualität und Vielfalt und als Uniformiertheit und als ‚langweilig' bedauern, doch man sollte sich Klarheit verschafft haben über die angewandten Kriterien: wenn man die ‚Buntheit' und ‚kreative' Vielfältigkeit der Erscheinungsformen an sich, aus dann mehr ästhetischen Empfindungen und Motiven, schätzt, erhalten und befördern möchte, dann sollte man aber auch nur so, mit Bezug auf das ästhetische Empfinden, argumentieren und nicht versuchen, einer lediglich und allenfalls ästhetisch wünschbaren Vielfältigkeit als Beliebigkeit, als lustig anzusehender ‚Buntheit' den Rang einer verpflichtenden Norm zuzusprechen; gleiches gilt für Spontaneität, sofern diese lediglich als generell zugestandene Disposition zu beliebigem, zweckungebunden, zweckfreiem oder auch zwecklosem Handeln verstanden wird[226]. Vernünftiges, autonomes Handeln in Freiheit und Verantwortlichkeit geht nicht auf in Spontaneität.

Die in dieser Arbeit verwendete, bindende Begrifflichkeit von Vernunft und Rationalität innerhalb einer kulturalistischen Wissenschaftsauffassung sei damit nun offen gelegt. Eine weitere Klärung in Richtung eines für die Wirtschaftsinformatik operationalisierbaren Begriffs von Rationalität muss nun die ethische Dimension der Begriffe von Vernunft und Rationalität auszuleuchten suchen. Zuvor soll vor dem Hintergrund der bisher entwickelten Auffassungen noch einmal die von P. Mertens vorgeschlagene Forschungsprogrammatik für die Wirtschaftsinformatik darauf hin untersucht werden, wieweit sie mit einem wie bisher umrissenen kulturwissenschaftlichen Methoden- und Sinnverständnis zu vereinbaren ist.

---

[226] Ohne an dieser Stelle in aller Breite auf ästhetische Denkweisen eingehen zu wollen, seien zur Andeutung des Stellenwertes eines ästhetischen Zugangs innerhalb von sinn- und motivbildenden Welt- und Daseinsinterpretationen folgende Gedanken F. v. Schillers zitiert: „Die Schönheit oder vielmehr der Geschmack betrachtet alle Dinge als *Selbstzwecke* und duldet schlechterdings nicht, dass eins dem andern als Mittel dient oder das Joch trägt. In der ästhetischen Welt ist jedes Naturwesen ein freier Bürger, der mit dem Edelsten gleiche Rechte hat, und nicht einmal um des Ganzen willen darf gezwungen werden, sondern zu allem schlechterdings konsentieren muß. (...) An jeder großen Komposition ist es nötig, dass sich das Einzelne einschränke, um das Ganze zum Effekt kommen zu lassen. Ist diese Einschränkung des Einzelnen zugleich eine Wirkung seiner Freiheit, d.i. setzt es sich diese Grenze selbst, so ist die Komposition schön. Schönheit ist durch sich selbst gebändigte Kraft; Beschränkung aus Kraft. (..) Daraus eben geht sie hervor, dass jedes aus innerer Freiheit sich gerade die Einschränkung vorschreibt, die, das andere braucht, um *seine* Freiheit zu äußern. (..) Darum ist das Reich des Geschmacks ein Reich der Freiheit – die schöne Sinnenwelt das glückliche Symbol, wie die moralische sein soll, und jedes schöne Naturwesen außer mir ist ein glücklicher Bürger, der mir zuruft: sei frei wie ich." Schiller (1966), S. 186 – 189. So kann auch ‚kreatives' oder ‚spontanes' Handeln insofern, als es einfach sich nicht einer äußeren Zweckbestimmung unterstellt, in Empfindung eines ästhetisch wahrnehmenden Betrachters diesem Reich der Freiheit zugehören und diese Empfindung hervorrufen, in Blochscher Diktion den ‚Vorschein der Utopie'. Vernünftiges Arbeitshandeln ist aber eben *auch äußeren* Zwecken unterworfen, solange denn diese äußere Notwendigkeit in dieser Welt eben (noch) besteht. Dazu ausführlicher weiter unten.

1.5 Methodische Kritik der These zur ‚sinnhaften Vollautomation'

Es seien noch einmal einige Kernaussagen des methodisch-kulturalistischen Ansatzes wiedergegeben: „Der kulturalistische Ansatz ist (also) auf das Überschreiten der Grenzen einer bloß theoretischen Philosophie aus und versucht, mit den Mitteln der praktischen Philosophie das Wahrheitsproblem in den Wissenschaften mit dem Rechtfertigungsproblem von Handlungsfolgen zu verknüpfen. (..) Zugleich aber soll das historisch Gewachsene, Vorfindliche in den bewahrenswerten Teilen bewahrt werden. (..) Wissenschaftstheorie als Wissenschaftskritik (..) soll dem Problem gerecht werden, am historisch Vorfindlichen das Wahre vom Falschen und das Ungerechte vom Gerechten zu unterscheiden."[227]

Das Gerechte ist also das Gerechtfertigte oder ‚Rechtfertigbare', Legitimierbare.

Die Anlage der Argumentation bei P. Mertens lässt sich deuten als bestehend aus

a) *der Bestandsaufnahme* des ‚historisch Gewachsenen' auf den Vorkommensfeldern der Wirtschaftsinformatik in der Wissenschaft sowohl wie der Praxis in Wirtschaft und Verwaltung, mit besonderem Augenmerk auf den sich wandelnden Interessenschwerpunkten der Fachvertreter im Spiegel der veröffentlichten Spezialisten-Meinungen[228],

b) einer gewissen *Strukturierung und Klassifizierung* der die Fachöffentlichkeit interessierenden Themen nach der Art ihres Auf- und Abtauchens im Meinungsspektrum (ob kontinuierlich vorhanden, in kurzen Rhythmen auf- und abtauchend, oder ob sie in langen „Aufmerksamkeitskurven" das Interesse dominieren und dann wieder in Vergessenheit geraten), und schließlich

c) einer Unterscheidung des Beobachtbaren, Vorfindlichen (als dominierende Meinungs-, Interessen-, Gestaltungsschwerpunkte) nach „ineffizienten" und schwankenden „Mode-Themen" auf der einen und „stabilen Trends, die echten Erkenntnisgewinn bedeuten"[229], auf der anderen Seite.

Mertens nimmt also eine Trennung des historisch Vorgefundenen vor. Als Kriterien hat Mertens hier offensichtlich nicht ‚Wahrheit' und ‚Falschheit' bzw. ‚Gerechtheit' und ‚Ungerechtheit', vor dem Hintergrund einer kulturwissenschaft-

---
[227] Janich (1996), S, 65/66
[228] Mertens hat bekanntlich die Häufigkeit der Nennung von prägnanten Begriffen (‚Schlagworte') in Artikeln einer nicht-wissenschaftlichen Fachzeitschrift zwischen 1974 und 1994 ermittelt. Mertens (1995), S. 27
[229] Mertens (1995), S. 46

lich-methodischen Einführung und Vorbereitung dieser Begrifflichkeit, verwendet (obwohl Mertens im Zusammenhang mit seinen „Bemerkungen zu einzelnen Moden" erklärt, dass es ihm darum gehe, „bei Sujets, die auf die Schattenseite geraten sind, zu fragen, ob das ‚Abseits' berechtigt ist"[230], er also nach der Berechtigtheit von „Sujets" fragt, im Interesse oder im Abseits zu stehen).
Würde aber die von Mertens getroffene Unterscheidung bzw. deren Resultat sich decken mit dem Resultat einer Klassifizierung nach „gerechtfertigt" und „nicht oder wenig gerechtfertig"' bzw. „Wahrheit" und „Falschheit"?

Die orientierungsleitenden Wertgrößen oder -ideen, die Mertens explizit nennt und auf die er sich beruft sind:

1) „Effizienz", allgemein im Sinne instrumenteller Rationalität;
2) „Fortschritt", als sozusagen lokal, nur in Bezug auf ein zu nennendes Wissenschaftsziel definierter, und
3) Effizienz im engeren betriebswirtschaftlich-ökonomischen Sinn.

Die Notwendigkeit eines bewussten oder gewussten Zieles für Forschung und Entwicklung der Wirtschaftsinformatik begründet Mertens wieder mit Effizienz: „Wenn wir unsere Forschung und Entwicklung effizienter gestalten wollen, müssen wir uns folglich über die Langfristziele klar werden." (a. a. O., S. 48) Als solches nennt Mertens eben die „sinnhafte Vollautomation"; „sinnhafte" wird von nicht-sinnhafter Automation offenbar unter anderem danach unterschieden, ob die Automation eines Vorgangs eindeutig, in der Gesamtbilanz vorteilhaft ist und keine ‚schädlichen' Nebeneffekte mit sich führt, wenn man das von Mertens vorgestellte Beispiel aus der Erfahrungswelt der Automobilisten (Start-Automatik vs. Hand-Kurbel als sinnhafte, und Getriebe-Automatik vs. Schalt-Getriebe als zweifelhaft sinnhafte, wegen des höheren Kraftstoffverbrauchs bei der Automatik) denn so deuten darf.

Die Wahl der „sinnhaften Vollautomation" als Langfristziel begründet Mertens mit vier Argumenten:

1. mit dem zu erwartenden Anhalten des informations- und kommunikationstechnischen Fortschritts, als Verbesserung des Preis-Leistungs-Verhältnisses für Rechner und Netze sowie einer zu erwartenden weiteren Steigerung der MIPS-Raten ohne erkennbare physikalische Grenzen;
2. mit der „bequemen" Natur des Menschen: „Der Ingenieur wird nicht den Taschenrechner gegen den Rechenschieber ‚rücktauschen'";
3. mit einer sich aus der Verschiebung der Alterspyramide (in Deutschland) ergebenden Notwendigkeit zu besonders produktiver Arbeit;

---
[230] Mertens (1995), S. 37

4. mit qualifikations- und kompetenzerweiternden Effekten der Automation in Arbeit und Privatleben. (a.a. O., S. 49)

Bevor man sich den die Begründung dieser Zielwahl betreffenden Fragen zuwenden kann, stellt sich die Frage, was hier mit „Vollautomation" gemeint sein mag; eine explizite, scharfe Definition inklusive auch nach einem positivistischen Wissenschaftsverständnis methodisch zu fordernder überprüfbarer Kriterien für den Zielerreichungsgrad dieses ‚Langfristzieles' liefert Mertens nicht. Das Ziel umfasst a) Produktivitätssteigerung der Arbeit, also eine ‚herkömmliche' Gegenstandsauffassung für die Wirtschaftsinformatik, aber auch b) eine im weitesten Sinne qualifikations-fördernde Wirkungsweise der Automationstechnik im Privatleben, und c) die Berücksichtigung einer natürlichen menschlichen Disposition zu „Bequemlichkeit", also einer menschlichen Verhaltenstendenz, eigene Arbeits-Belastung im weitesten und allgemeinsten Sinne zu meiden oder zu minimieren und nicht – ohne Not, also wenn eine Alternative, beispielsweise durch technische Unterstützung oder Substitution, vorhanden ist – diese *relativ* zu vergrößern.

Es geht also um Produktivitätssteigerung, die u. a. wegen der Verschiebung der Alterspyramide notwendig werde, und die durch die natürliche Bequemlichkeit des Menschen einerseits gewissermaßen befördert wird, aber auch durch sie begründet wird; dieses wird nach Mertens' Einschätzung durch etwaige innere technische Entwicklungsgrenzen oder eine Umkehrung der Entwicklungsrichtung der IuK-Technik nicht behindert.

Es stellt sich dann die Frage, was mit „Vollautomation" *prinzipiell* gemeint sein kann.

Ferstl/Sinz beschreiben „Automation" als Praxisfeld der Wirtschaftsinformatik, deren Zielsetzung, die Durchführungsbedingungen oder auch die quantifizierbaren Zielerreichungsgrade einer Automatisierung jeweils bezogen auf eine betriebliche „Aufgabe" oder einen „Vorgang": „Das Lösungsverfahren einer Aufgabe besteht in der Durchführung von Aktionen gemäß der Vorgabe durch die Aktionssteuerung. Die Durchführung des Lösungsverfahrens als Vorgang wird ausgelöst durch eine Nachricht an die Aktionssteuerung. Die Teilschritte der Vorgangs können also in drei Schrittarten klassifiziert werden, nämlich (1) die Aktionen, (2) die Aktionssteuerung und (3) die Vorgangsauslösung. Jede Schrittart kann maschinell (m) oder personell gestützt (p) ausgeführt werden. Bei Unterscheidung dieser drei Schrittarten sind 2^3 Zielerreichungsgrade der Automatisierung eines Vorgangs unterscheidbar, die mit (m,m,m) bis (p,p,p) benannt werden. Der Zielerreichungsgrad (m,m,m) bedeutet die Vollautomatisie-

rung, der Grad (p,p,p) die vollständig personelle Durchführung eines Vorgangs. Die übrigen Ausprägungen sind Teilautomatisierungen, (..)."[231]
Als formales Kriterium für die Automatisierbarkeit einer Aufgabe wird deren „funktionale Beschreibbarkeit" gesehen, also die Beschreibbarkeit des Lösungsverfahrens einer Aufgabe, das den „Vorzustand des Aufgabenobjekts" gemäß den Sach- und Formalzielen in einen Nachzustand überführt, als berechenbarer Algorithmus.

Vollautomation, bezogen auf einen Vorgang mit spezifizierten Unteraufgaben, heißt in dieser Definition also: maschinelle Vorgangsauslösung, maschinelle Vorgangsdurchführung und maschinelle Vorgangssteuerung. (a. a. O., S. 178)

Die Formulierung „sinnhafte Vollautomation" als Beschreibung einer Zielprojektion wäre dann offenbar zu verstehen als absolute Generalisierung *dieser* Intention „Vollautomation" (mit Bezug auf *begrenzte* konkrete Vorgänge) auf *alle* denkbaren Vorgänge, also alle Vorgänge, die sich als Berechnung beschreiben lassen, und zwar solche Vorgänge, die innerhalb des Aufgabenerfüllungs- und Zielespektrums von Betrieben oder Unternehmen anzutreffen sind, wie Mertens an anderer Stelle formuliert (wo vom „Langfristziel ‚Vollautomation des Betriebes'"[232] die Rede ist).

Als „Bestandsaufnahme des Historisch Gewachsenen" sowie darüber hinaus als Versuch der Identifikation von Entwicklungsmustern oder –pfaden in diesem Wachstumsprozess ist die folgende Argumentation offenbar zu verstehen: Mertens zeigt zwei „Beispiele für ineffiziente Entwicklungspfade im CIM-Bereich" (a. a. O., S. 53):

---

[231] Ferstl/Sinz (1993), S. 178
[232] Mertens (2001), S. 628

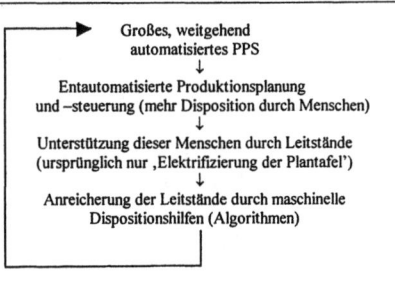

Abb. 4: „Beispiele für ineffiziente Entwicklungspfade im CIM-Bereich"

Mertens sieht in diesen Entwicklungspfaden Muster, nach denen trotz zeitweiliger Abweichungen vom Langfristziel Vollautomatisierung, im CIM-Bereich in Gestalt der Favorisierung „autonomer Gruppen", „dann auf einem längeren Weg – schließlich doch dieses Langfristziel erreicht wird." Die Ineffizienz dieses Entwicklungsmusters besteht in dieser Sicht in der damit verbundenen größeren Länge des (Um-)Wegs. Die Argumentation ist also die, dass 1. die Entwicklungsrichtung mit der Orientierung zu „Vollautomatisierung" empirisch zu erheben ist, und 2. die, dass bei bewusster Kenntnis und Verfolgung eines Ziels „Vollautomation" dieses dann auch auf geradem, effizientem und direktem Wege anvisiert werden kann.

Von Mertens vorgestellte Untersuchungen zum Effekt verschiedener Steuerungsverfahren in der Werkstattsteuerung bezüglich der Zielsetzungen „Minimale Verspätung", „Minimale Durchlaufzeit" und „Minimale Bestände" zeigen, dass die zentrale maschinelle, also automatisierte Werkstattsteuerung bezüglich der Zielsetzung „minimale Verspätung" nicht das *optimale* Ergebnis garantiert, sondern dass hier offenbar die dezentrale, aber maschinelle Steuerung überlegen ist. In jedem Fall wird aber die *personelle* Steuerung weit übertroffen[233]. Die Effizienz der Substitution „personeller", menschlicher, von Menschen durchgeführter Steuerung der Vorgänge in einer Werkstatt durch maschinelle Träger der Aufgabe „Werkstattsteuerung" scheint selbst also immerhin nicht zweifelhaft zu sein; in Bezug auf diese lokalen betrieblichen Ziele führt die Einsetzung maschineller Aufgabenträger zu „besseren" Ergebnissen, beispielsweise zu einer Senkung der Durchlaufzeit von 110 Stunden auf durchschnittlich 55 Stunden.

---

[233] Mertens (1995), S. 55; Mertens bezieht sich auf eine Untersuchung von Weigelt (1994), S. 112

Mertens zeigt hier also beispielhaft und konkret einige mögliche „Nutzeffekte" der Automatisierung auf[234].

Die hier wiedergegebenen Schlussfolgerungen, wonach im „Historisch vorfindlichen" der Wirtschaftsinformatik also ein Entwicklungsmuster mit der Ausrichtung auf „Automation" als zu maximierende Zielgröße auszumachen ist, wären einer empirischen Überprüfung zugänglich. Eine solche Aussage wäre i. w. auch deckungsgleich mit dem zitierten Untersuchungsergebnis der ACM-Task-Force zum Gegenstand der Informatik. Unterstellt man, dass Kenntnisse des Zieles einer Wissenschaft gewonnen werden können auf dem Wege der Beobachtung „typischer Handlungsweisen" der Forscher oder typischerweise verfolgten Zielsetzungen einzelner Forschungsfragestellungen oder –projekte, so kann eine Kritik an diesem Punkt der Argumentation Mertens' nicht ansetzen bzw. allenfalls in Frage stellen, ob Mertens diesen Beweis hier überzeugend führt.

Dass in der Tat eine solche „General-Intention" der Forschungsbemühungen – in jedem Fall aber neben anderen – auszumachen *ist*, soll hier jedenfalls nicht bestritten werden – eher Gegenteiliges. Mit einer solchen Beobachtung kann ein Wissenschaftsziel aber noch nicht *normativ* beschrieben sein, also als Ziel-Empfehlung oder gar als bindende Verpflichtung begründet werden. Mertens kommt hier aber eben nun zum Schluss einer explizit normativ formulierten Zielbeschreibung, als Empfehlung an die Forschergemeinschaft, dieses Ziel offensiv und auf direktem Weg zu verfolgen. Die oben wiedergegebenen Kerninhalte einer kulturalistischen Wissenschaftsauffassung verlangen nun zur gültigen Begründung einer wissenschaftlichen Zielprojektion, sich auch dem „Rechtfertigungsproblem" einer Wissenschaft zu stellen, was eine notwendig vorzunehmende Betrachtung möglicher Handlungsfolgen für den Fall einer Erreichung der umrissenen Zielprojektionen beinhaltet. Eine solche Betrachtung und Bewertung möglicher Handlungsfolgen bleibt bei Mertens aber völlig aus. Damit ist angesichts der – ja nur noch kultur- oder menschheitsgeschichtlich zu fassenden Dimensionen dieses Vorschlags, der seinerzeit auch einige Fassungslosigkeit[235] hervorgerufen hat – ein enormes wissenschaftstheoretisches Reflexionsdefizit markiert.

Mertens beruft sich a) auf lediglich mikro-ökonomisch, aus dem betriebswirtschaftlich hergeleiteten erwerbswirtschaftlichen Ziel der Gewinnmaximierung

---

[234] Als solche werden von *Ferstl/Sinz* allgemein angeführt: a) Reduzierung der Durchführungsdauer von Aufgaben, b) die durchschnittlich höhere Verfügbarkeit maschineller Aufgabenträger, c) deren hohe Zuverlässigkeit, und d) die durch die maschinenlesbare Form der Aufgabendefinition bedingte höhere Einheitlichkeit und Transparenz der Aufgabenbearbeitung. Ferstl/Sinz (1993), S. 188

[235] Ein – als Professor für Wirtschaftsinformatik dem Kreis der Angesprochenen zugehöriger – Hörer dieses von Mertens zum Abschluss der Tagung WI '95 gehaltenen Vortrages, in welchem er diesen Vorschlag vorstellte, hat seine Reaktion darauf öffentlich in die Worte gefasst, er habe geglaubt, nicht richtig zu hören; dies wiederum im Verlauf einer Tagung zum Thema Wirtschaftsinformatik und Wissenschaftstheorie in Essen 1998, an der der Verfasser teilgenommen hat.

begründete Zielgrößen wie Effizienz bzw. Kostenminimierung durch Durchlaufzeitverkürzung und Bestandsminimierung etc., b) auf eine (vulgär-)anthropologische Aussage wie die von der „Bequemlichkeit des Menschen von Natur aus", und c) auf eine volkswirtschaftliche Beobachtung, nach welcher es einen sich aus der Verschiebung der Alterspyramide herleitenden zunehmenden Bedarf an menschlicher Arbeit gebe, und einen daher abgeleiteten Bedarf an deren maschineller Unterstützung.

Zum letzten Punkt ist ja gerade die Beobachtung ins Feld zu führen, nach der es einen solchen Bedarf an menschlicher Arbeit und einen sich daraus ableitenden Bedarf zu deren Produktivitätssteigerung gerade *nicht* zu verzeichnen gibt, sondern im Gegenteil die hier schon vielfach erwähnte Tendenz eines je aktualisierbares oder realisierbares Produktwachstum überschreitenden Produktivitätswachstums, also eines resultierenden Überangebots an menschlicher Arbeit. Darüber hinaus beinhaltet ja aber eine Ziel-Projektion „Voll-Automation" eben die Vorstellung einer zu *komplettierenden*, jede vorstellbare Markt-Nachfrage nach Produktivitätssteigerung überschreitenden, am ‚Ziel' der *vollständigen ‚Maschinisierung' bzw. Kapitalisierung des Faktors Arbeit in Unternehmen* ausgerichteten Automation: eine solche Absolutsetzung kann nicht gerechtfertigt werden mit einem möglicherweise zeitlich oder regional begrenzt (neu oder zusätzlich) auftretenden Bedarf, die Produktivität menschlicher Arbeit technisch zu steigern.
Zur Einnahme einer lediglich betriebswirtschaftlichen Perspektive ist eben das schon vorgetragene Argument einzuwenden, nach dem eine betriebswirtschaftlich zwar wünschenswerte Kostenreduktion durch Einsparung des Faktors Arbeit in volkswirtschaftlicher Betrachtung im Extrem zum völligen Ausbleiben von kaufkräftiger Nachfrage führen muss, wodurch ein Absatz des – möglichst – vollautomatisiert hergestellten Produkts und damit die Möglichkeit der Realisierung eines Gewinns aussichtslos werden würde.

Im Ergebnis ist also festzustellen, dass Mertens auf dem Wege einer Bestandsaufnahme der historisch gewachsenen Projektierungen, Ziel- und Themenstellungen zu seiner Formulierung des langfristigen Trends „Vollautomation des Betriebes" kommt.

Mertens formuliert das von ihm vorgeschlagene Ziel also nun als anzuvisierende „*Voll*-Automation", also als Vervollständigung und Komplettierung durch IuK-Technik erreichbarer Substitutionen menschlicher Arbeit, wodurch er sich von ähnlichen Zielvorschlägen unterscheidet.

Wie könnte nun der kulturalistischen Wissenschaftsauffassung folgend „das Wahrheitsproblem mit dem Rechtfertigungsproblem der Handlungsfolgen" einer derart ‚starken' „Vision" verknüpft werden?

Unvermeidlicherweise ist dazu erforderlich, diese Handlungsfolgen zu evaluieren, einer beurteilenden Betrachtung zugänglich zu machen. Die vorliegende Arbeit hat als verfolgtes Ziel erklärt, einen solchen Versuch der Beurteilung zu unternehmen; dieser Versuch soll im folgenden nun unternommen werden.

Hierzu, um eine solch umfassende „Vision" beurteilen oder gar rechtfertigen zu können, ist ein weit über den betriebswirtschaftlich-ökonomischen Erfahrungsbereich hinaus weisender Raum sich eröffnender und zu beurteilender Zustände und Möglichkeiten zu durchschreiten. In Beschreitung dieses Weges ist die auf Kant zurückgehende Norm zu beachten, eine möglichst von allen Kontingenzen des vorfindlichen Faktischen freie Urteilsgrundlage zu finden, woraus folgt, dass in diesem Raum zunächst nicht Wirtschaftssubjekte, Organisationen, Unternehmen oder Unternehmenstypen etc. auf der einen, und Software-Systeme, Programmierparadigmen, Informations- und Kommunikationstechnologien auf der anderen Seite und deren wechselseitige Verflechtungen im Sinne von „pushes" und „requests" zu betrachten sind, sondern allein der *Mensch* – im Bemühen um ein grundlegendes Verständnis dessen, was ihn, was die unantastbare Würde des Menschen ausmacht und worin sich hierher ableitende, begründete, grundlegende „requests" an Technik bestehen können, einerseits, und der *Automat* – als basales Modell all der seit den Anfängen des „Computers" und seiner Potenziale als „Enabler" zur Verfügung stehenden Möglichkeiten der Gestaltung der menschlichen Lebenswelt, andererseits.

Die sich eröffnende Fragestellung ist gewissermaßen angelegt in der oben zitierten Einschätzung Jürgen Habermas' aus „Technik und Wissenschaft als ‚Ideologie'", wonach der Prozess der Entfaltung der Produktivkräfte ein Potenzial der Befreiung (nur) sein kann, „wenn er Rationalisierung auf einer anderen Ebene nicht ersetzt", nämlich auf der Ebene der uneingeschränkten, öffentlichen, diskursiven und rationalen Willensbildung.

Die sich *hier*, an dieser Stelle der Argumentation anschließende Frage ist: wovon ist (oder kann sein) mit „Befreiung" die Rede? Wie ist dieser Begriff hier orientierungsleitend zu bestimmen?

Dieses Bemühen um die Bestimmung eines Begriffes – mit einer langen Geschichte – führt nun zur Diskussion der menschlichen Autonomie, der Willensfreiheit, auch der ökonomisch verstandenen Freiheit, etwaiger ökonomischsystemischer Einschränkungen oder Beeinträchtigungen der Freiheit zur diskursiven Willensbildung, der Diskussion des Geistes als „Sitz" des menschlichen Willens, und auch des Leib-Seele-Problems; dies auch im Zusammenhang mit der Frage, ob etwa auch die Maschine Träger eines freien Willens sein kann, ob sie „Geist" beherbergen, inkorporieren, implementieren kann.

Das Freiheitsproblem ist beispielsweise auf folgender Ebene zu diskutieren: Die menschliche Autonomie als die große Leitidee der Aufklärung impliziert auf der einen Seite die Überwindung von Heteronomie als regulatives Prinzip. Sie beinhaltet aber ebenso sehr die freie Übernahme von Verantwortung als Anerkennung der zwischenmenschlichen wechselseitigen Verpflichtung zur diskursiven Handlungsbegründung, und das impliziert letztlich auch die prinzipielle Bereitschaft zur Übernahme von Verantwortung für das, was auch in einem größeren überpersönlichen, interkulturellen Erfahrungsbereich ‚der Fall ist', also nicht absolut nur für die je eigenen Handlungskonsequenzen. Autonomie bedeutet also aus Sicht des zur ‚Mündigkeit' aufgerufenen Menschen, nicht fremdbestimmt sein zu sollen, weder durch (unbegründete) Sachzwänge noch durch unbegründete Fremd-Herrschaftszwänge, aber auch, die prinzipielle Möglichkeit der Herrschaft der diskursiven Vernunft nicht aus der Hand geben zu sollen, weder an nicht verantwortungsbereite oder –willige oder –fähige Menschen, noch an Sachen. „Vollautomation" in diesem Sinne wäre vorstellbar als Idee eines Zustandes der Realisiertheit aller äußeren Zwecke, als ein *Absolutum* eines vorstellbaren Aus-der-Welt-Seins aller Heteronomie, sofern sie sich auf Sachzwänge bezieht. Aber wäre es nicht auch für den Menschen ein ohnmächtiges und daher nicht-verantwortliches, zwar nicht fremdbestimmtes, aber auch nicht bestimmungsmächtiges und daher würdeloses, interesseloses, verständnisloses Anschauen dessen, was ‚der Fall ist' und geschieht? Wo, wenn nicht beim Menschen, läge denn dann denknotwendiger Weise die Verantwortung für das, was der Fall ist, die Fähigkeit zur Rechenschaftslegung? Bei dem das, was der Fall ist, exekutierenden Automaten? Können denn Automaten verantwortet, vernünftig handeln?

Von der Beantwortung dieser Frage wäre in diesem Sinne also vieles für die Beantwortung der sich um diese Idee der Vollautomation gruppierenden Fragen abhängig zu machen.

Abschließend noch eine kurze würdigende Bemerkung zu diesem Beitrag zur Zielbestimmung der Wirtschaftsinformatik von Peter Mertens: In einer der wenigen veröffentlichten Stellungnahmen seit der Erstveröffentlichung 1995 wird anerkennend hervorgehoben, dass überhaupt einmal über ein Langfristziel der Wirtschaftsinformatik nachgedacht worden ist[236]. Dieser Einschätzung kann man durchaus, auch aus dem Abstand der inzwischen verstrichenen Zeitspanne, folgen. Es bleibt dennoch der Vorwurf dieses erheblichen Reflexionsdefizits.[237]

---

[236] in einem in Heft 37 (1995) 3 der Zeitschrift ‚Wirtschaftsinformatik', S. 328 abgedruckten Leserbrief

[237] Der Vorwurf wäre billigerweise gewissermaßen nach dem Umlageverfahren proportional zu richten an eine seither offenbar weitgehend reaktionslos verharrende Forschergemeinschaft.

2 Menschenwürde, Vernunft und Autonomie

Zusammenfassung:
Die folgenden Fragen – philosophische Kern-Fragen – sind bekannt als die sogenannten Kant-Fragen: „Was können wir wissen? Was dürfen wir hoffen? Was sollen wir tun?"
Der Inhalt des folgenden 2. Kapitels besteht i. w. in dem Versuch oder dem Bemühen, in einem kohärenten gedanklichen Bogen zu fassen: das im obigen Sinne Gewünschte oder Wünschbare, das Gesollte, wie dieses beides zueinander im Verhältnis steht, und welche Position hier der Universale Automat einnimmt, einnehmen kann bzw. einnehmen soll, wie er die ‚realen' Grundlagen des zu betrachtenden Wünschbaren und Gesollten verändern kann.

Kap. 2): Es wird einleitend zunächst weiter in die zu bearbeitende Problematik eingeführt sowie erwähnt, dass auch die traditionsreiche kontroverse Debatte zwischen ‚harter' und ‚weicher' KI hier aufgegriffen werden muss, wenngleich sich schon gewissermaßen vorderhand Argumente dafür einstellen, dass ein ‚letzter', innerhalb dieser Debatte ja auch noch immer nicht gefundener Beweis für oder gegen die Möglichkeit der „Emergenz" von Geist und Bewusstsein in der Maschine für einen erfolgreichen Abschluss der hier betrachteten Fragestellung nicht die entscheidende Bedingung ist.

Kap. 2.1): Der Abschnitt bemüht sich um Explikation der Begriffe „Mündigkeit" und „Autonomie" bei Kant. Kant setzt Autonomie des Willens gegen die Naturnotwendigkeit der wirkenden Ursachen als Heteronomie, gegen die Kausalität der vernunftlosen Wesen. Menschenwürde gründet sich nach Kant auf die Fähigkeit bzw. hat die Bedingung, „gesetzgebendes Glied im Reich der Zwecke zu sein".
Dieser Auffassung hat der Philosoph *H. Jonas* in einer prominent gewordenen, als „Ethik für die technologische Zivilisation" verstandenen Schrift indirekt widersprochen und hier – gegen das ‚utopische', technik-optimistische „Prinzip Hoffnung" *Ernst Blochs* – sein „Prinzip Verantwortung" mit der Auffassung einer „Würde der Notwendigkeit" formuliert, das hier deshalb auf seine Stichhaltigkeit befragt wird. Weiter wird zur Geltung gebracht, dass ein vorstellbares technologisches Überwinden des „Reiches der Notwendigkeit" nicht einmünden muss in die „kindische" Haltung eines passiven „Schmarotzens", sondern, verstanden als Ertrag einer epochalen Kulturleistung, in die Haltung eines verstehend-kontemplativen, verantwortungsbewussten „Geistes-Gegenwärtig-Seins".

Kap. 2.2): Ziel dieses Abschnitts ist das Aufzeigen eines Bedeutungswandels des Freiheitsbegriffs und der damit in Verbindung stehenden Auffassungen von Vernunft und Sittlichkeitsprinzipien sowie der ökonomie-institutionellen Implikationen dieser sich wandelnden Denkweisen. In diesem Wandel soll auch eine Gerichtetheit erkennbar werden, als Entwicklung von „Heteronomie", vom unwissenden, gleichsam biologisch-mechanischen Getriebensein, mit einer je partikular interessierten „Binnen-Moral", zum zunehmend autonomen, wissend, erkennend und „ver-antwortend", begründbar Zwecke setzenden Handeln, zu „Autonomie" als der sittlich-gesollten geistigen Disposition, im Geiste einer aktiven universalen Verantwortlichkeit. Die Verbindung zur in der Arbeit verfolgten Fragestellung ergibt sich dadurch, dass vor diesem Hintergrund zu betrachten ist, ob das Auftreten des Universalen Automaten an sich schon etwa für sittlich korrumpierend gehalten werden muss, ferner, wie ökonomische Denk- und Verhaltensweisen sich zu sittlich-gesollten verhalten, und wie ökonomisch motivierte Zugriffsweisen auf den Automaten vernunftethisch zu bewerten bzw. ggfls. zu korrigieren sind.

Kap. 2.3): Dieser Abschnitt stellt Fragen an die Philosophische Handlungstheorie. Der „schwierige Begriff" der Philosophischen Handlungstheorie ist die Intention, die Willenstätigkeit, die eine Handlung auslöst. Nach Kant liegt im freien Willen als der praktischen Form der spontanen Vernunft unser Vermögen begründet, „nach dem Begriff des Gesetzes zu handeln". Der spontane „gute Wille" zusammen mit dem Verstandesvermögen, dem Handeln intersubjektiv verstehbare und begründbare Gesetze zu geben, begründet die Autorität des Menschen, Zwecke zu setzen, Handlungen begründet zu veranlassen, „to let happen". Zur Beurteilung der sittlichen Qualität von Handlungen kommt es darauf an, ob sie mit gutem Grund veranlasst sind – nicht aber, ob die technisch-instrumentelle Ausführung sich etwa zweckmäßiger, technischer Hilfsmittel oder Unterstützung bedient.

Insofern, als das Ausführen von Handlungen im Anschluss an eine vollendete Willenstätigkeit als Kausal-Kette, als deterministisch beschreibbar verstanden werden kann, also prinzipiell auch als berechenbar, könnte man den agierenden Menschen selber als „Maschine" auffassen – bis eben auf die Geistestätigkeit mit ihrem Vermögen zur freien und sittlich-informierten Willenstätigkeit. Daher ließe sich argumentieren, dass – im extrem – verschiedene materielle Inkorporierungen des Geistes ohne sittlich-moralische Verluste, ohne Verluste an Menschenwürde denkbar wären – Bedingung ist das Vermögen der Willenstätigkeit, „gut" zu sein, also spontan und frei und zugleich nach Gesetzen Zwecke zu setzen. In diesem Sinne wäre jeder „Körper" bzw. seine Organe ein – automatisches – Instrumentarium. Insofern ist dann das technische „Substituieren" von instrumentellen Handlungen oder gar von Instrumenten an sich sittlich irrelevant und beliebig. Es ergibt sich ferner, dass der Vorgang der sittlich-praktischen Willensbildung selber nicht automatisiert, der Hoheit des menschlichen Urteilsvermögens entzogen werden kann.

Ein anderes Kriterium für Automatisierbarkeit, aber auch für Automatisierwürdigkeit ergibt sich aus der Systematik des aristotelischen Handlungsbegriffs: im aristotelischen Sinne praktische Handlungen, wie auch die dem ‚bios theoretikos' zugehörigen sind nicht automatisierbar – und auch in keiner Weise automatisierwürdig.

Kap. 2.4): In diesem Abschnitt wird die Frage aufgeworfen, ob sich vielleicht die – bei Habermas so genannten – systemischen Imperative der Ökonomie, des Wirtschaftssystems gleichsam „hinter dem Rücken" der Menschen der Automations-Technik bemächtigen und diese auf eine sittlich defizitäre Weise zur Anwendung bringen. Wo sind diese ‚Imperative' verkörpert? In dem – gezwungener Maßen – gewinnwirtschaftlich operierenden Unternehmen? Was wäre die Konsequenz? Gibt es Alternativen? Kann „die Ethik" hier etwas bewirken? Wie „mächtig" ist Ethik oder Wirtschaftsethik?

Kap. 2.5): Mertens' ‚Vision' des vollautomatisierten Betriebes oder Unternehmens, dessen Realisierung er der Wirtschaftsinformatik als langfristige Zielsetzung vorgeschlagen hat, ist ja auch zu verstehen als „Ideal-Setzung", als das Ergebnis eines idealisierenden Erkenntnisvorgangs der spekulativen Vernunft mit der Absicht, im empirisch Vorfindlichen ein realisierungswürdiges Ideal auszumachen und zu identifizieren. Dieser Abschnitt stellt die Frage, ob das vollautomatisierte Unternehmen in diesem Sinne als eine Idealsetzung des Wirtschafts-Subjekts „Unternehmen" gesehen werden kann, und versucht sich darüber hinaus auf eine ebenso ‚spekulative' Weise einer Beantwortung der Frage anzunähern, wie denn in der Tat ein voll- oder maximal automatisiertes Wirtschaftssubjekt aussehen könnte, von dem vorausgesetzt wird, dass es diese Eigenschaft einer denkbar vollständigen ‚Selbst-Operationalität', Automatisiertheit, besitzt, und andererseits gefordert wird, dass es auch als reproduzierbares bzw. reproduzierwürdiges Muster seiner selbst verstanden werden kann, das auch ethischen Ansprüchen wie z. B. dem der Nachhaltigkeit und ökologischen Angemessenheit gerecht wird.

Kap. 2.6): Dieser Abschnitt bemüht sich nun, zunächst eine möglichst voraussetzungslose Begrifflichkeit von ‚Arbeit' und ‚Ökonomie' zu entwickeln – also gewissermaßen zu isolieren, welches die notwendigen Bestimmungen von ‚Arbeit' und ‚Ökonomie' sind, die auch nicht anders gedacht werden können –, dann sich mit der Frage auseinander zu setzen, was hier – wirtschaftsethisch – als kritikwürdig betrachtet wird bzw. werden kann, und schließlich zu fragen, ob und inwiefern möglicherweise gerade der Universale Automat, die IuK-Technik, hier auf eine sehr wünschenswerte Weise zur Anwendung und Entfaltung gebracht werden kann.

Ein Schlüsselbegriff der zweiten Aufklärung ist neben der Vernunft sicher der der menschlichen Autonomie, als Bedingung sowohl wie Folge und Ausdruck des freien, guten, informierten, vernunftgeleiteten Willens: „Die Autonomie des Willens ist das alleinige Prinzip aller moralischen Gesetze und der ihnen gemäßen Pflichten: Alle Heteronomie der Willkür gründet dagegen nicht allein gar keine Verbindlichkeit, sondern ist vielmehr dem Prinzip derselben und der Sittlichkeit des Willens entgegen. In der Unabhängigkeit nämlich von aller Materie des Gesetzes (nämlich einem begehrten Objekte) und zugleich doch Bestimmung der Willkür durch die bloße allgemeine gesetzgebende Form, deren eine Maxime fähig sein muss, besteht das alleinige Prinzip der Sittlichkeit. Jene Unabhängigkeit aber ist Freiheit im negativen, diese eigene Gesetzgebung aber der reinen, und als solche, praktischen Vernunft, ist Freiheit im positiven Verstande. Also drückt das moralische Gesetz nichts anderes aus, als die Autonomie der reinen praktischen Vernunft, d.i. der Freiheit."[238]

Es ist das Ziel der folgenden beiden Kapitel 2 und 3 zu zeigen, dass in der Kategorie der Autonomie auch der Schlüssel zu sehen ist zur Bestimmung eines vernunftgemäßen Verhältnisses zwischen Mensch und Maschine, zwischen dem nach Vernunftprinzipien Zwecke setzenden, zur Autonomie berufenen Menschen, und der Zwecke realisierenden und exekutierenden, universal programmierbaren automatischen Maschine.

Es ist somit die Frage gestellt nach Geist und Autonomie – im „Wesen" des Menschen, aber auch in der Maschine, denn es wird ja durchaus die Auffassung vorgetragen, dass auch die Maschine möglicherweise Träger von „Bewusstsein", Autonomie und „freiem Willen" sein oder werden kann.[239] In diesem Zusammenhang scheint die Frage also durchaus essentiell, ob es sich bei der universal

---

[238] Kant (1990), S. 39

[239] Nach Auffassung etwa von *K. Mainzer* ist dies für Computer nach dem Modell der Turing-Maschine klar auszuschließen, nicht so eindeutig aber für sehr komplexe neuronale Netze. Mainzer (1995), S. 801. *S. Kirn* entwirft neuerdings ein Bild von „kooperierenden intelligenten Softwareagenten" mit einer sehr weit gehenden ‚Autonomie': sie „können und müssen *eigene* Ziele haben, die wegen der Autonomie des Agenten möglicherweise sogar in Konflikt mit denen des Agentenentwicklers (..) stehen oder im Lauf der Zeit (z.B. durch Lernprozesse) geraten können." Sie können sich „konstruktiv (aber vielleicht auch destruktiv)" verhalten. Kirn (2002), S. 56 u. 57. Die hier sich abzeichnende Problematik und der nun offenbar zusätzlich entstehende Reflexionsbedarf wird im folgenden ausführlicher erörtert.

programmierbaren logischen Rechenmaschine um eine eine Berechnung exekutierende Sache, eine notwendig heteronome Maschine handelt, oder ob diese möglicherweise – mehr oder weniger leicht nachweisbare – Aussichten hat, eines fernen Tages sozusagen die Augen aufzuschlagen und sich dem Menschen als brüderliches, ebenso vernunftbegabtes, autonomes und daher im gleichen Umfang berechtigtes und verpflichtetes Wesen vorzustellen.[240]

Auf der anderen Seite könnte man aber auch schon an dieser Stelle eine solche Perspektive des ‚Autonom-Werdens' der ‚autonomen' Agenten als für die hier verfolgte Fragestellung irrelevant qualifizieren: denn sollte dieses Ereignis eines Tages unzweifelhaft zu beobachten sein, dass ein als Maschine, als Programm von seinem Urheber, seinem Erfinder, Programmierer oder Konstrukteur in das Dasein in dieser Welt gerufenes Wesen sich glaubhaft und überzeugend als belebt, als beseelt, womöglich mitfühlend, verständig und ‚menschlich' erweist und schließlich für sich also die gleichen Subjekt-Rechte wie ein Mensch in Anspruch nehmen könnte[241], so könnte man argumentieren, dass ein solcherart belebtes Wesen dann ja unter den gleichen Vernunftansprüchen und –pflichten stünde wie auch jeder andere Mensch, dass ‚es' für einen allgemeinen Vernunftstandpunkt der Moral einfach ‚nur' ein weiterer ‚Mensch' wäre, der sich mit anderen Menschen den Kontingenzen des Daseins zu stellen hat und sich mit diesen die Interessen, Ressourcen, Rechte und Pflichten zu teilen hätte. Dies würde gelten, wenn eben festgestellt werden könnte bzw. müsste, dass ‚es' sprachfähig ist, *diskurs*fähig, und nicht etwa nur konversationsfähig in dem Sinne, wie der Turing-Test das würde nachweisen können. Man hätte es in jedem Fall nicht mehr mit einer *wirtschaftlich nutzbaren*, berechenbaren Maschine zu tun.

Für diesen Fall ließe sich hier des weiteren die Frage anschließen nach dem ‚Sinn' eines in-die-Welt-Setzens in diesem Sinne vorgestellter „autonomer" Maschinen: der ethische Vernunftstandpunkt verpflichtet den Menschen, berechtigte Menscheninteressen wahrzunehmen und zu realisieren, also reales Leid realer, ‚biologischer', auf natürliche Weise ins Leben getretene Menschen mitfühlend wahrzunehmen und nach Kräften zu lindern, und jedwede Beeinträchtigungen einer menschenwürdigen Existenz nach Möglichkeit, gutwillig und solidarisch, zu minimieren. Wie könnte da eine in diesem Sinne autonome Maschine behilf-

---

[240] Dazu K. Mainzer: „Es könnte eine Situation eintreten, in der wir zwar z. B. mit der Theorie komplexer dynamischer Systeme die Emergenz mentaler Zustände durch Phasenübergänge in neuronalen Netzen erklären können." (S. 780) Jedoch: „[Menschliche] Phantasie ist in diesem Sinn dissipativ und irreversibel, nicht programmierbar und nicht reproduzierbar. Damit wird aber eine uralte Angst der Menschen hinfällig, mit einer mathematisch-physikalisch-biologischen Erklärung mentaler Zustände den Menschen quasi ‚durchschaut' zu haben und in eine mechanische Puppe zu verwandeln." (S. 780) Die Möglichkeit der Emergenz sich selbst reflektierender bewusster Repräsentationen wird jedoch (für ‚Computer') nicht ausgeschlossen: „Die mathematischen Modelle dieser Selbstorganisationsprozesse durch Phasenübergänge in komplexen Systemen machen wenigstens vorstellbar, dass solche Prozesse nicht an die faktische Biochemie des Gehirns gebunden sind, sondern wenigstens prinzipiell auch für andere Trägersysteme möglich wären, sofern sie nur die Bedingung des mathematischen Modells erfüllen." S. 800. Mainzer (1995).

[241] B. Becker kommt zu der Einschätzung: "Die menschliche Art des Denkens mit ihrer vorstellungsgeprägten Lebendigkeit wird einer Maschine nicht möglich sein – oder aber das Phänomen, das möglicher weise entwickelt wird, lässt sich nicht länger mit dem Terminus ‚Maschine' bezeichnen." Becker (1992), S. 162

lich sein? Welchen Sinn könnte es haben, die logische Maschine zum ‚Denken', ‚Fühlen' oder zu gutem Benehmen[242] zu „erziehen", wie A. Turing dies ja immerhin vorschwebte? Erziehungsbemühungen sollten vielleicht besser an wirklichen und dessen bedürftigen jungen Menschen aufgewandt werden, wie man hier im Vorgriff auf die folgenden Erörterungen vielleicht anmerken darf.

Es war oben die Absicht, das in der sprachlichen Praxis der Wirtschaftsinformatik übliche Verständnis von Rationalität in den Kontext der mit Max Weber beginnenden und die Philosophie seither anhaltend beschäftigenden Bemühungen um eine normativ gehaltvolle, orientierungsleitfähige Fassung des Begriffs zu stellen und im Rekurs auf anerkannte und einheitsstiftende Bedeutungsgehalte der Vernunft einige Grundlagen zu bereiten zur Entwicklung einer begründeten Auffassung des Gegenstandes der Wirtschaftsinformatik im begrifflich-methodischen Umfeld einer kulturalistischen Wissenschaftsauffassung. Es ging mehr um die bedeutungstragenden Anteile des Vernunftbegriffs hinsichtlich seiner praktischen Orientierungsleitfähigkeit, auch eben für Wissenschaftspraxis, und, wenn diese Wissenschaft gewissermaßen die Gestaltung von Lebenspraxis zum Gegenstand hat, eben um die Orientierung bezüglich als begründet auszuzeichnender Gestaltungsziele und -normen. Der Anspruch dieser begrifflichen Bemühungen darf hier die schon von Kant angelegten Maßstäbe, eine möglichst von allen Kontingenzen des vorfindlichen Faktischen freie Bestimmung zu finden, nicht unterschreiten; man wird sich also vor allem nicht mit einem in der Betriebswirtschaftslehre eingeübten, positivistischen Begriffsverständnis von beispielsweise Rationalität und Effizienz, ohne weiteres wissenschaftskritisches Nachfragen und Bemühen um Klärung und Begründung, begnügen dürfen.

Es wird im folgenden nun mehr um die ethische Dimension des Vernunftbegriffes gehen – obwohl diese dem Begriff der praktischen Vernunft ja sozusagen eingewoben ist; es soll mehr um die im engeren Sinne philosophische Bearbeitung von Vernunft und Autonomie gehen, um die Ausleuchtung der Verwurzelung ethischer Klärungsbemühungen um ‚gutes' und ‚gerechtes' Verhalten, um „das Gute", das „höchste Gut" im aristotelischen Sinne oder ein höchstes oder letztes erkennbares oder nennbares „Worum-Willen" in den Ideen der Freiheit, der Vernunft und der menschlichen Autonomie.

Im Verständnis der Diskurs-Ethik ist ein solchermaßen umfassendes „Worum-Willen" formuliert als „ideale Kommunikationsgemeinschaft", als Minimierung der „Differenz im Apriori der Kommunikationsethik", die ihrerseits „geschichtlich aufgegeben" ist. Wie verhält sich nun die Ökonomie – als ihrerseits womöglich ‚imperativisch' wirkendes System – zu diesem ethischen Sollens-Anspruch, und wie verhält sich „die Technik" wiederum innerhalb dieses Kräftegefüges?

---

[242] „oder eben sogar zu schlechtem (destruktivem), wie die Ausführungen S. Kirns ja nahe legen

Korrumpiert die Technik im Zusammenwirken mit ökonomischen Zwängen den – an sich – guten, aufgeklärten Willen?

2.1 Menschenwürde, Freiheit und Notwendigkeit

Kant spricht von der „Würdigkeit eines jeden vernünftigen Subjekts, ein gesetzgebendes Glied im Reich der Zwecke zu sein"[243]. Insofern ist für Kant die Autonomie des Willens oberstes Prinzip der Sittlichkeit, die Heteronomie des Willens dagegen der Quell aller unechten Prinzipien der Sittlichkeit: „Der Wille ist eine Art von Kausalität lebender Wesen, sofern sie vernünftig sind, und Freiheit würde diejenige Eigenschaft dieser Kausalität sein, da sie unabhängig von fremden sie bestimmenden Ursachen wirkend sein kann; so wie Naturnotwendigkeit die Eigenschaft der Kausalität aller vernunftlosen Wesen, durch den Einfluß fremder Ursachen zur Tätigkeit bestimmt zu werden. (...) Die Naturnotwendigkeit (war) eine Heteronomie der wirkenden Ursachen; (...)."[244]

Die Naturnotwendigkeit ist offensichtlich das, was den Menschen sozusagen als erstes, als geschichtlich vorgängiges Naturprinzip vor jedem Kulturprinzip, zum Handeln im Sinne der naturnotwendigen Daseinsvorsorge bestimmt, ja zwingt, bei Strafe des physischen Untergangs. Insofern sieht Kant diese Würdigkeit vernünftiger, zur Freiheit berufener Subjekte in einem Gegensatz zur faktisch-historisch gegebenen, heteronom wirkenden Ursächlichkeit der Naturnotwendigkeiten. Für die Bestimmung der Autonomie kommt es darauf an, ob ein vernünftiges Subjekt die Würde besitzt, „gesetzgebendes Glied im Reich der Zwecke" zu sein, die Zwecke – nach Vernunftgesetzen oder im Einklang mit Vernunftgesetzen – zu bestimmen, und nicht der Bestimmtheit durch Zwecke zu unterliegen.

Vernunft-Ethik im Sinne Kants formuliert also den Anspruch: Freiheit und Autonomie sollen in der Welt sein, hergestellt und möglich gemacht werden. Ethisch motiviertes Handeln ist auch orientiert an der Idee oder dem Begriff des „höchsten Gutes" als „Inbegriff einer als ganzen gelungenen, schlechthin erfüllten unüberbietbaren Praxis (..), die die vollkommenste Weise des Menschseins darstellt."[245] Für Kant bedeutet dies die Synthese von Tugend „als die Würdigkeit, glücklich zu sein" mit Glückseligkeit: „Es ist a priori (moralisch) notwendig, das höchste Gut durch Freiheit des Willens hervorzubringen; (...) In dem höchsten für uns praktischen, d.i. durch unseren Willen wirklich zu machenden, Gute, werden Tugend und Glückseligkeit als notwendig verbunden gedacht."[246]

---

[243] Kant (1999b), S. 67

[244] Kant (1999b), S. 75

[245] Pieper (1988), S. 29

[246] Kant (1990), S. 130/131

Es ist hiermit nach *A. Pieper* der Anspruch und das Ziel der Ethik markiert, Freiheit als Abwesenheit von Heteronomie als das Unbedingt Gesollte reflexiv zu vermitteln, und ferner auch der schließlich resultierende Anspruch formuliert, diesen „wirklichen Vollzug der Freiheit in der Praxis" herzustellen. Hier liegt dann aber auch die Grenze der Wirkmöglichkeiten der Ethik: sie kann diesen wirklichen Vollzug der Freiheit in der Praxis nicht selbst herstellen.[247]

Was kann es aber nun – im Zusammenhang der hier bearbeiteten Fragestellung – bedeuten oder beinhalten, den wirklichen Vollzug der Freiheit in der Praxis herzustellen? Welchen Stellenwert kann die „den Funktionskreis des Handelns erweiternde" Technik hier einnehmen? Offensichtlich ist Technik, Automationstechnik mit dem Ziel und dem Erfolg einer allgemeinen Verringerung der Wirkungsmächtigkeit der vorgefundenen Naturnotwendigkeiten einsetzbar. Ein zweckmäßiger, zweckmäßig vorgenommener Einsatz von (automatischen) Maschinen verringert trivialerweise die von vorgefundenen Naturnotwendigkeiten ausgehende Fremdbestimmtheit des Menschen. Die vorgefundene Naturnotwendigkeit erzwang z. B. landwirtschaftliche Arbeit für größte Bevölkerungsanteile; dieser Anteil ist infolge Technik- und Maschineneinsatz (u. a.) während der letzten 150 Jahre von 80 auf heute weit unter 10 Prozent[248] gefallen. Die Menschen waren also in diesem Umfang weniger durch die ‚bloße' vorgefundene Naturnotwendigkeit dazu bestimmt, in der Landwirtschaft tätig zu sein.

Diese Entwicklung hat – als solche – kaum jemals nennenswerte Kritik hervorgerufen – etwa in dem Sinne, dass ein landwirtschaftlicher Beschäftigungsanteil unterhalb einer bestimmten Quote kritikwürdig, als nicht wünschenswert zu betrachten wäre. Technikeinsatz ist jedoch später auf zunehmende und zunehmend grundsätzliche Kritik gestoßen; in diesem Zusammenhang verdient das 1979 erschienene „*Prinzip Verantwortung*" des Philosophen *Hans Jonas*, der seinerzeit mit der Vorstellung seiner „Ethik für die technologische Zivilisation" große zustimmende Aufmerksamkeit erreichte[249], eine genauere Betrachtung.

Die Technik-Kritik bei Jonas setzt, in fundamentaler Opposition zu Kant, an eben der durch Technik möglichen *Überwindung* der – von Kant für den „Quell aller unechten Prinzipien der Sittlichkeit" gehaltenen – Natur-Heteronomie[250] an. Jonas beschwört eine „Würde der Wirklichkeit", in der es „ohne Notwendigkeit keine Freiheit" gebe: „Die Abscheidung vom Reiche der Notwendigkeit entzieht

---

[247] Pieper (1988)

[248] Zinn (1994), S. 88

[249] Jonas (1979). Jonas wurde mit dem Friedenspreis des deutschen Buchhandels geehrt.

[250] Man könnte auch sagen sie gipfelt in diesem Kritik-Ansatz, nachdem sie zunächst wachstumskritisch motiviert entfaltet wird. Die fundamentale Kritik an einem ökonomisch-wachstumsinduzierten Naturverbrauch ist in der seinerzeitigen Rezeption vor allem wahrgenommen worden, weniger aber die ebenso fundamentale Kritik auch zentraler emanzipatorischer Denkmotive der Aufklärung.

der Freiheit ihren Gegenstand, sie wird ohne ihn ebenso nichtig wie Kraft ohne Widerstand. Leere Freiheit, wie leere Macht, hebt sich selber auf – und das echte Interesse am dennoch unternommenen Tun. Lebhaft kann man sich unter solchen Umständen eine Sehnsucht nach Gelegenheiten vorstellen, wo es unversehens einmal ‚Ernst wird': ein Erdbeben, eine Überschwemmung, eine Feuersbrunst, wo man plötzlich seinen Mann stellen muß und zeigen darf, aus welchem Stoffe man gemacht ist, (...). Und wenn die Natur mit Katastrophen geizt, dann kann das Menschenwerk des Krieges ihren Platz nehmen. (...) Mit dem Ernst der Wirklichkeit, die immer auch Notwendigkeit ist, schwindet die Würde dahin, die den Menschen eben im Verhältnis zum Wirklich-Notwendigen auszeichnet." (a. a. O., S. 365)

Die Kantische „Würde, im Reich der Zwecke gesetzgebendes Glied" zu sein, ist also scheinbar nicht mit der Würde zu vereinbaren, die den Menschen im Verhältnis zum „Wirklich-Notwendigen" auszeichnet. Welches Verhältnis meint aber Jonas, in dem „würdige" Menschen zum „Wirklich-Notwendigen" stehen?

Jonas argumentiert weiter, der Mensch bedürfe solcher Situationen, in denen er besondere Qualitäten „...zeigen darf (..), wo die Entschlossenen sich von den Ratlosen, die Mutigen von den Zaghaften, die Opferwilligen von den Selbstischen scheiden und der Gemeinsinn tätig wird, den die Gefahr aufgeweckt hat." (a. a. O., S. 365) Offenbar beschwört Jonas die Situation einer Gefahr, also eines kontingenten, möglichen, nicht auszuschließenden Ereignisses, das sich aus der Perspektive der Lebensinteressen einer Gemeinschaft als bedrohliches und zu verhinderndes darstellt. „Würdevolle" Menschen in Jonas' Auffassung finden nun Rat, Entschluss und Mut, etwas im Sinne der erfolgreichen Abwendung dieses Ereignisses zu unternehmen: sie verhindern oder bekämpfen eine Feuersbrunst oder eine Überschwemmung oder retten im Falle eines Erdbebens Menschen aus einem einstürzenden Gebäude. „Würdige" Menschen intendieren also (und erreichen möglichst auch) würdige Zwecke, also über alle Zweifel erhabene, humane, selbstlose Zwecke durch selbstlosen Einsatz.

Aber dann sind doch auch diese Menschen „gesetzgebendes Glied im Reich der Zwecke". Das reicht Kant hin, die Würdigkeit vernünftiger Subjekte allgemein zu bestimmen. In dem Sinne ist in Kants Verständnis jeder Mensch, der Herr seiner Lebensverhältnisse ist, der aus eigenem Vermögen im Einklang mit Vernunftprinzipien, in Achtung vor Sitte und Gesetz und in Freiheit zu leben vermag, würdig. Dazu bedarf es in der Anschauung Kants nicht periodisch hereinbrechender Feuersbrünste, Erdbeben oder Überschwemmungen, um die Menschenwürde ab und zu wieder herzustellen. Jonas glaubt aber, der „Wirklichkeit" eine Qualität von Unvollkommenheit, von Bedrohlichkeit, Not-Erfahrbarkeit, ja geradezu Katastrophenträchtigkeit *erhalten* zu müssen. Jonas macht sich offenbar nicht klar, dass in diesem Sinne „erwünschte" („...die Natur mit Katastrophen geizt, kann das Menschenwerk des Krieges...") und zu bestehende „Ernst-Fälle" und Katastrophen eben nicht *die Wirklichkeit* bedeuteten, mit der ein Mensch sich – in Würde und zur Mehrung seines Ruhmes – würde messen können: sie wären entweder durch schuldhafte Unterlassung ihrer erfolgreichen und dauerhaften Prävention herbeigeführt, oder aber gar durch gezielte, bewusste Inszenierung und Provokation.[251] Jonas versteht offenbar nicht, dass eine von ihm als erhaltenswert beschworene Qualität der „Wirklichkeit" – die offenbar Nöte, Gefahren und Katastrophen zum charakterbildenden menschlichen Erleben bereithalten muss – relativ zu *vorhandenen* Möglichkeiten ihrer Kultivierung, Befriedung und zur Schadensprävention grundsätzlich eben nur durch schuldhaftes Unterlassen der Anwendung dieser Möglichkeiten würde erreicht werden können.

Jonas entwickelt sein als „Ethik der technologischen Zivilisation" gedachtes Werk bekanntlich in teilweise polemischer Auseinandersetzung mit Ernst Blochs philosophischem Hauptwerk „Das Prinzip Hoffnung", in dem dieser die marxistisch inspirierte Utopie des hereingebrochenen Reiches der Freiheit als eines Reiches der Muße entwirft[252]: „Erst tätige Muße auf allen Gebieten bringt einer aufgeschlossenen, einer nicht nur sub specie des Betriebes abgebildeten Natur näher; menschliche Freiheit und Natur als ihre konkrete Umgebung (Heimat) bedingen sich wechselseitig." Bloch beschwört „Muße als unerlässliches, erst halb erforschtes Ziel"[253]. Dieses „vermeintliche Paradies der Muße" versagt nun nach Jonas' Auffassung dem Menschen nicht nur „mit der Wirklichkeit die Würde", sondern „auch das echte Mitmenschentum"[254].

Die Argumentation Jonas' gegen die Realisierwürdigkeit einer auf diese Weise charakterisierten ‚Wirklichkeit', die also geprägt wäre von „Muße auf allen Gebieten", kann nun nach dem gleichen Muster entkräftet werden: eine ohne *wirkliche* Notwendigkeit, ohne Not und wider besseres Wissen gewissermaßen künstlich, einfach durch Unterlassung erkannter und realisierbarer, wie auch immer näher zu spezifizierender Künste und Techniken erhaltene Notwendigkeit zur Arbeit als tägliche Voll-Zeit-Beschäftigung wäre nicht minder würdelos als das „Reiten des Steckenpferdes" in der Freizeit, mit dem Jonas die menschliche Muße-Zeit ausgefüllt sehen will. Beispielsweise handelte ein Kfz-Mechaniker, der auf moderne elektronische Diagnose-Methoden verzichtet und deshalb etwa – unnötigerweise – Motor und Getriebe aus- und einbaut, keinesfalls würdevoll, und er bewiese auch kein „echtes Mitmenschentum". Er verursachte lediglich

---

[251] In der Systematik der Verantwortungsbegriffe bei H. Lenk wäre dies sowohl eine Verletzung negativer Kausalhandlungsverantwortung (die Vermeidung von Unterlassungen fordert), als dann auch gegen eine aktive Verhinderungsverantwortung (die aktive Prävention fordert). Lenk (1987). S. 119

[252] Bloch (1985)

[253] Bloch (1985), S. 1080

[254] Jonas (1979), S. 369

unnötige Kosten. Jonas versucht als verallgemeinerbares Prinzip seine Regel des „immer nur halben" Erfolges zu begründen. Doch er gerät mit diesem Prinzip des „immer nur halben Erfolges" beim „Sichmessen mit der Notwendigkeit" (a. a. O., S. 364) in ausweglose Schwierigkeiten, dieses eben als verallgemeinerbares normatives Prinzip vernünftigen Handelns angeben zu müssen: rationales Handeln kann nicht als Prinzip die Norm beinhalten, einen intendierten Zweck immer nur halb erreichen zu wollen oder zu dürfen. Das scheint, ohne weitere Evidenzbeweise, absurd.

Jonas kann also diese mit Kant zu treffende Folgerung nicht entkräften, dass es zur Bewahrung bzw. Herstellung der Menschenwürde ausreichend sein muss, dass ein vernünftiges Subjekt im Reich der Zwecke die Gesetze (mit-)bestimmt, dass es also als ausschließlich an Vernunftprinzipien gebundenes Subjekt in Wahrung und Ausübung seiner Autonomie Herr seines Schicksals ist. Es kann insofern auch nicht plausibel gemacht werden, dass das Faktum eines Unterstützt-Seins dieses seine Zwecke bestimmenden Menschen durch technischfunktionale Hilfsmittel – wie weitreichend oder ‚mächtig' diese auch immer sein mögen – hier etwas ändern sollte. Wenn die Zwecke etwa darin liegen, dass ein Mensch eine dem Reich der Naturnotwendigkeiten zurechenbare Bestimmung zum Handeln, wie zum Beispiel die Deckung eines ‚Bedürfnisses' nach Nahrung, Kleidung oder Wohnung, klug und umsichtig, unter Ausnutzung aller verfügbaren Hilfsmittel inklusive universal programmierbarer Automaten, in sonstiger Beachtung aller Vernunftprinzipien, handelnd ausführt, und auch wenn dieses Ausführen letzten Endes nur noch in der Setzung des guten, gerechten und billigen Zweckes bestehen sollte, da die Ausführung einem universalen Automaten übertragen wird, kann nicht gezeigt werden, wie ein solcher Umstand der Würde dieses Menschen zum Nachteil gereichen sollte.

Dieses Argument findet weitere Unterstützung durch folgende Überlegung: eine – hier zur Vorstellung gebrachte – Bereitstellung eines universalen Automaten oder automatischen Systems, das eine solche Leistungsfähigkeit aufweist, wäre zu verstehen als eine Kulturleistung auf höchstem, in der bisherigen Geschichte der dem Menschen Arbeitsentlastung und damit potentiell höhere Freiheitsgrade im Lebensvollzug ermöglichenden Kulturleistungen – also aller ‚Werkzeuge' verschiedenster Komplexität und Wirkungsreichweite – ungekanntem Niveau. Ein Mensch, der einem solchen Automaten die Zwecke setzt, ihn zur Anwendung bringt und nutzt, ist in gewisser und noch zu bestimmender Weise Teil der ihn umgebenden Kultur und aufgerufen, die ihm zur Nutzung zur Verfügung stehenden Techniken nicht nur zu nutzen, sondern *verständig* zu nutzen, und kann sich in gewisser Weise mit der Leistung der Ingenieure, die dieses universale Werkzeug zur Verfügung stellten, als Kulturwesen einig zu machen, sich identifizieren. Er ist also auch als möglicherweise nur passiv gegenwärtiger Zuschauer der von ihm initialisierten Vorgänge ‚Herr der Zwecke', und daher keineswegs ein unmündiger, ratloser und erstaunter Betrachter ihm unerklärlicher Vorgänge, oder gar ein unrechtmäßiger Nutznießer, ein „Schmarotzer".

Es deutet sich hier allerdings diese Forderung an, dass der Mensch zum Erhalt seiner Menschenwürde offenbar immer dieses Vermögen sich erhalten muss, informiert und kompetent zu sein und in diesem Sinne „gesetzgebendes Glied im Reich der Zwecke" sein zu können. Er ist offenbar, bei beliebigen und höchsten denkbaren Automationsgraden, immer zur Mündigkeit und zur Vernunft berufen, was unter diesen Bedingungen bedeutet, zu wissen und zu verstehen, was der Fall ist und geschieht, nicht unbedingt jeder Mensch selbst so wie ein anderer Mensch, der vielleicht Automationsfachmann ist, aber im Sinne des Besitzes eines innerkulturell teilbaren Wissensbestandes auf einem innerkulturell erreichten und üblichen Niveau, je sicher auch im Rahmen der individuellen Begabungen, aber es bleibt an den Menschen prinzipiell der Ruf gerichtet, diese Begabungen zu entdecken und zu entwickeln und zur Anwendung und Entfaltung zu bringen, auch dann, wenn die äußere Notwendigkeit, als das Leben und den gewöhnlichen Tagesablauf bestimmende Norm, als Mensch selbst, in Person, mit eigenen Händen in naturnotwendige Handlungsvollzüge einzugreifen, eines Tages womöglich aus der Erfahrungswelt der Menschen allmählich verschwindet. Das würde bedeuten, dass die gewöhnliche Rolle des Menschen in einer ‚technologischen Zivilisation' immer mehr davon bestimmt und ausgefüllt wird, Subjekt der Verhältnisse, der Geschichte, der Totalität dessen was geschieht zu sein, also die begründeten Zwecke und Intentionen zu setzen, und die Verantwortung zu tragen für das, was geschieht, also dem in der Geisteshaltung eines Verantwortungsträgers beizuwohnen, was im Sinne einer Norm des Bildungsniveaus und der Geistesverfassung einer Kultur auch bedeutet, das Vermögen und die Kompetenz durchschnittlich zu erhalten, gegebenenfalls auch erfolgreich in – fehlerhafte, unberechnete – Geschehnisse korrigierend eingreifen zu können.

Resümierend ist festzustellen, dass die Idee der Freiheit als Abwesenheit von Heteronomie, des sich selbst zurückgegebenen Menschen – auch die der sich selbst zurückgegebenen Natur, also Naturbeherrschung nur im notwendigen Maß –, also Freiheit als das „Unbedingt Gesollte" und als geschichtlich in der Praxis herzustellende zu verstehen ist als ein denknotwendiges Prinzip, so wie für die tägliche Rechtsprechung die Ideen des Rechts, der Gerechtigkeit und des verwirklichten universalen Rechtsfriedens denknotwendige regulative Prinzipien sind[255]. Noch einmal gewendet gegen Jonas' Prinzip des „Immer-nur-halben Er-

---

[255] In der gedanklich erprobenden Verabsolutierung (einem ‚experimentum rationis') des Prinzips von Handlungsweisen können sich eben auch Aspekte ihrer Begründetheit und Realisierungswürdigkeit erweisen; so wird zum Beispiel klar, dass eine gedanklich erprobende Verabsolutierung des Prinzips wirtschaftliches Wachstum' ad extremum vollkommen absurde Lebensverhältnisse zur Vorstellung bringt und keinesfalls die Vorstellung eines *perfectissimum*, nämlich die Vorstellung einer völligen Unterwerfung des Menschen unter sowohl Konsum- als auch Produktionszwänge. Die gedanklich erprobende Verabsolutierung der Ideen der Freiheit, des Friedens und der Gerechtigkeit führt dagegen zur Vorstellung eines realisierungswürdigen ‚höchsten Gutes' im denkmöglich vorstellbaren *extremum*, eben als ‚*perfectissimum*'. So führt die ‚spekulative

folges" ist abschließend zu bemerken, dass in die Systematik der regulativen Idee des universalen Rechtsfriedens wohl nicht das Prinzip eingeordnet werden könnte, Rechtsfrieden jeweils immer nur halb stiften zu sollen, da andernfalls der klangvolle Ruf nach Gerechtigkeit unter den Menschen nicht mehr zu hören sein werde. Die Idee des Rechts und des herzustellenden Rechtsfriedens ist offenbar ein höchstes, universales, unteilbares Prinzip: *fiat iustitia*, gegen jedermann, zu jeder Zeit, auf dem gesamten Erdenrund. Eben dies gilt auch für die kantische Freiheit: es herrsche Vernunft, es herrsche der Mensch über die bloße Naturnotwendigkeit, es werde Freiheit für alle Menschen in der Welt.

Wenn nun hier der Begriff der Freiheit zur Verwendung kommt, ist zu vergegenwärtigen, dass dieser Begriff in seiner umgangssprachlich üblichen Bedeutung sehr große Wandlungen durchgemacht hat, weshalb er, wie es den Anschein hat, wohl nur noch mit Vorbehalten oder überhaupt weniger verwendet wird. Er kann nicht mehr mit dieser Emphase verwendet werden, wie beispielsweise zu Zeiten der Jugend- und Studentenbewegung der 68er Jahre, auf den verschiedensten politischen, kulturellen und subkulturellen Schauplätzen intersubjektiver Verständigung. Bezeichnend ist die entstandene Bedeutungsfacette des Begriffs der politischen Liberalität als ‚Wirtschaftsliberalität'. Um den Bedeutungswandel des bei Kant noch zentralen Begriffs der Freiheit in politischen, vor allem auch ethischen Denkweisen nachzuzeichnen und die dann auch politisch-institutionellen, auch ökonomie-institutionellen Implikationen aufgeklärt-moderner, sprachrationaler Ethik aufzeigen zu können, seien im folgenden die Entwicklungslinien der Vernunftethik nachgezogen, so wie sie sich, hier vor allem unter Bezugnahme auf deren zusammenfassende Darstellung bei *P. Ulrich*[256], heute erkennen lassen.

Vernunft' fasst zwangsläufig zur Vorstellung einer unbestimmten, aber dennoch denknotwendiger weise anzunehmenden historischen Grenze wirtschaftlichen Wachstums. Mit Blick auf mögliche Praxen des Wirtschaftshandelns sind damit allerdings mehr Fragestellungen eröffnet als geschlossen.

[256] in Ulrich (1997), S. 57 - 78

2.2 Entwicklungslinien der Vernunftethik

Im vorliegenden Zusammenhang ist das Aufzeigen universal gültiger, auch im geschichtlichen Sinne universaler, also historisch nicht-kontingenter, überzeitlich gültiger, an das spezifisch Menschliche gebundener normativer Verhaltensprinzipien insofern von Bedeutung, als gezeigt werden können muss, dass solche Prinzipien durch das Auftreten von Universalen Logischen Rechenmaschinen auf der historischen Bühne nicht zwangsläufig korrumpiert werden müssen; es muss also gezeigt werden können, dass es solche, als gültig anzusehenden Prinzipien gibt, und wie es dem Menschen möglich ist, das Spektrum möglicher Zugriffsweisen auf diese Maschinen optimal auszuschöpfen, im Einklang mit solchen als gültig anzusehenden Vernunftprinzipien.

Ulrich hebt hervor, dass sich gewisse Entsprechungen aufzeigen lassen in den Entwicklungsmustern der in der philosophisch-ethischen Literatur systematisiert verfassten Ethik-Konzeptionen sowie der vorwissenschaftlichen, religiös-mythisch angelegten Moralverständnisse einerseits, und den Entwicklungssequenzen des Moralbewusstseins im individuellen menschlichen Reifeprozess andererseits. Man kann dies sehen als Indiz dafür, dass diese Entwicklungslogik, so wie sie in den Studien des Entwicklungspsychologen *Jean Piaget* begründet und von dem Moralpsychologen *Lawrence Kohlberg*[257] vertieft und als allgemeingültige Entwicklungssequenz theoretisch ausgearbeitet worden ist, einige zentrale normative Einsichten nachaufgeklärter Ethik bestätigt[258].

Ulrich nennt drei parallele, wechselseitig aufeinander bezogene Gesichtspunkte, unter denen sich die *schrittweise Entfaltung des Moralbewusstseins* beschreiben lässt:

Als Erweiterung des sozialen Perspektive: als schrittweise Universalisierung der Sozialperspektive von (I) Egozentrik über (II) die zunehmende Wahrnehmung moralischer Gemeinschaften bis (III) zur Perspektive eines gedanklichen Standpunktes der Moral;
„Als Fortschritt der moralischen Selbstbestimmung: vom (I) blinden Gehorsam gegenüber sanktionierenden Autoritäten über (II) die Orientierung an vorgegebenen sozialen Regeln oder Gesetzen bis (III) zur Orientierung an selbstgewählten moralischen Grundsätzen – kurz: als schrittweise Autonomisierung des moralischen Standpunktes";

---

[257] Piaget (1981); Kohlberg (1981)

[258] K. O. Apel spricht von einem „seit längerem unternommen Versuch, so etwas wie eine Entwicklungslogik des moralischen Bewusstseins im Sinne von Piaget bzw. Kohlberg auch für die phylogenetische Dimension, also als mögliche Fortschrittsstruktur der Kulturgeschichte nachzuweisen." Apel (1988), S. 103

Als Entwicklung der Begründungsform eigenen Handelns: von (I) einer hedonistischen (bezogen auf Lust-/Unlust-Gefühle) Orientierung über (II) die konformistische Orientierung an fraglos akzeptierten Normen bis (III) zur vernunftethischen Orientierung an einem postkonventionellen Konzept interpersoneller Gleichberechtigung und Gerechtigkeit – kurz: als schrittweise ethische Rationalisierung der Handlungsbegründung.[259]

„Die angedeuteten drei Niveaus (I bis III) in jeder Entwicklungsdimension bezeichnet Kohlberg als (I) präkonventionelle, (II) konventionelle und (III) postkonventionelle Ebene des Moralbewusstseins." Kohlberg unterscheidet in tabellarischer Darstellung insgesamt folgende Entwicklungsstufen (aus *Ulrich*, a.a.O., S. 52):

I	*Präkonventionelle Ebene* [Niveau des Kleinkindes] 1. Stufe: Heteronome Orientierung an Strafe und Gehorsam 2. Stufe: Instrumentelle Orientierung am gegenseitig nützlichen Austausch (Do ut des)
II	*Konventionelle Ebene* [Niveau des gut sozialisierten Kindes] 3. Stufe: Orientierung an moralischen Erwartungen von Autoritäten (,good boy', ,nice girl') 4. Stufe: Gesellschaftliche Orientierung an der Aufrechterhaltung der Ordnung (,law and order')
	Übergangsstufe [Niveau des Adoleszenten] 4 $^1/_2$: Rein subjektive Orientierung: nicht mehr sozial orientiert, aber noch non-kognitivistisch (ethischer Relativismus und Skeptizismus)
III	*Postkonventionelle Ebene* [Niveau des mündigen Erwachsenen] 5. Stufe: Liberale Orientierung am Sozial- bzw. Gesellschaftsvertrag gleichberechtigter Individuen 6. Stufe: Autonome Orientierung an universalen ethischen Prinzipien (Vernunftstandpunkt der Moral)

Abb. 5: Entwicklungsstufen der Moral nach Kohlberg

Die Übergangsstufe $4^1/_2$ fehlt übrigens noch in *Kohlbergs* „Definition of Moral Stages", wie sie in *Kohlberg* (1971) vorgestellt worden ist, und die in *Habermas* (1976*)*, S. 72, wiedergegeben wird.

---

[259] Ulrich (1997), S. 51

Habermas zielt hier ab auf den Nachweis, „dass Kohlbergs Stufen des moralischen Bewußtseins die formalen Bedingungen einer Entwicklungslogik erfüllen". Er erweitert dieses Stufenmodell um eine siebte „Stufe einer universalen Sprachethik", auf welcher „die Bedürfnisinterpretationen selber (...) Gegenstand des praktischen Diskurses werden können". (a.a.O., S. 85) Habermas stellt die Stufen des Bewusstseins in Relation zu diesen entsprechenden „Niveaus der Kommunikation", „Ideen des guten Lebens" und deren jeweiligen „philosophischen Rekonstruktionen".

Er zählt als diesen Stufen entsprechende „Ideen des guten Lebens" auf:
(1) Lustmaximierung/Unlustvermeidung durch Gehorsam;
(2) dto. durch Austausch von Äquivalenten;
(3) konkrete Sittlichkeit primärer Gruppen;
(4) konkrete Sittlichkeit sekundärer Gruppen;
(5) staatsbürgerliche Freiheiten; öffentliche Wohlfahrt;
(6) moralische Freiheit;
(7) moralische und politische Freiheit. (a. a. O., S. 83).

Als entsprechende philosophische Rekonstruktionen gibt Habermas an:
zu (2) bzw. auch (1) den Naiven Hedonismus;
zu (4) Konkretes Ordnungsdenken;
zu (5) Rationales Naturrecht;
zu (6) formalistische Ethik und
zu (7) Universale Sprachethik.

Habermas entwickelt in diesem hier zitierten Aufsatz seine Auffassungen zu Moralentwicklung und Ich-Identität in der Absicht, den normativen Gehalt kritischer Grundbegriffe zu explizieren; dies in seinerzeit kritischer Gegenposition zu *Adorno* und *Marcuse*, die genau dies, wie Habermas feststellt, für „falsche Positivität" gehalten hätten. Habermas fühlt sich aber dennoch verpflichtet, „die in kritischer Absicht verwendet Begriffe zu rechtfertigen". (a. a. O., S. 66)

Ulrich zählt nun folgende wichtigste „geistes- und philosophiegeschichtliche Stationen" auf dem Weg zum „vernunftethischen Standpunkt der Moral" auf:

- Die goldene Regel und das christliche Gebot der Nächstenliebe
- Der unparteiische Zuschauer nach Adam Smith
- Der Kategorische Imperativ Kants
- Das regelutilitaristische Verallgemeinerungskriterium
- Die Diskursethik.

Dazu ist vielleicht zu bemerken, dass der von Habermas angegebene ‚Naive Hedonismus' als philosophische Rekonstruktion zu den ontogenetisch frühen beiden Entwicklungsstufen 1 und 2 des Kohlbergschen Schemas besser ‚passt' als die von Ulrich angegebene ‚Goldene Regel' oder gar das christliche Gebot der Nächstenliebe, sofern eine solche ‚Passung' denn von Ulrich beabsichtigt wäre; aber Ulrich bemerkt später „nebenbei", „dass die christliche Ethik keineswegs im Widerspruch zum moralischen Standpunkt im Sinne einer modernen Vernunftethik steht, sondern vielmehr als eine ihrer frühesten ‚prophetischen' Ankündigungen verstanden werden kann. Nur bleibt das christliche Gebot der Nächstenliebe metaphysisch-religiös begründet ..." (a. a. O., S. 62) Es soll im gegebenen Zusammenhang hinreichend sein, kurz die von Ulrich hervorgehobenen Konturen dieser Entfaltungslinien des moralischen Standpunktes wiederzugeben.

Die Goldene Regel oder das Christliche Gebot der Nächstenliebe

Die ‚Goldene Regel' hat im deutschen Sprachraum die weiteste Verbreitung gefunden in ihrer von Wilhelm Busch geprägten Fassung „Was Du nicht willst, das man Dir tu', das füg' auch keinem andern zu." Die entsprechende, positiv gewendete Fassung wäre nach Ulrich: „Behandle andere so, wie Du selbst von ihnen behandelt werden willst." Ulrich hebt hervor, dass diese Regel als älteste und populärste Fassung des moralischen Reziprozitätsgedankens „in nahezu gleichlautender Form in fast allen Hochkulturen, in der alten hinduistischen Ethik und im Konfuzianismus in China und Japan ebenso wie in der griechischen Antike, im Judentum, im Alten wie im neuen Testament des Christentums und im Islam"[260] zu finden ist. Der gedankliche Rollentausch und das Ethos der Gegenseitigkeit kommen schon zum Ausdruck, die Begründung bleibt jedoch „zumindest der Möglichkeit nach der Orientierung an beliebigen subjektiven Erwartungen, ja sogar einer egozentrischen, strategischen Orientierung am jeweils eigenen Vorteil oder Nutzen verhaftet." Ulrich sieht in dieser Regel das Motiv eines „wohlverstandenen oder aufgeklärten Eigeninteresses" zwar ein Stück weit diszipliniert, aber dennoch als Begründungsinstanz wirksam: „Der aufgeklärte Egoist ... weiß, dass er nur dann das Beste aus seinem Leben machen kann, wenn er auf die Bedürfnisse der anderen Rücksicht nimmt, von deren gutem Willen er abhängig ist."[261] Es geht also nicht (nur) um den „Eigenwert des anderen Menschen", sondern zumindest der Möglichkeit nach auch um die kluge Verfolgung der eigenen Ziele. Ulrich sieht in dem durch diese Regel verkörperten Moralbewusstsein eine Entsprechung zu dem „konventionellen Niveau der Orientierung an reziproken Erwartungen der Wohlverhaltens" der Stufe 3 in Kohlbergs Stufenschema, in welchem auch prinzipiell bei nachhaltiger Enttäuschung dieser Erwartungen ein Rückfall auf eine „präkonventionelle ‚Wie du mir, so ich dir'-Haltung denkbar" ist. „Der systematische Einwand gegen die

---

[260] Ulrich (1997), S. 59. Ulrich zitiert die ‚traditionellere Form der Goldenen Regel' im Neuen Testament nach Matthäus 7, 12: ‚Alles nun, was ihr wollt, dass euch die Leute tun sollen, das tut ihr ihnen auch".
[261] Baier (1974), S. 178ff., aus Ulrich (1997), S. 60

Goldene Regel lautet, dass sie zwischen strategischer und ethischer Reziprozität – und damit zwischen ethischer und strategischer Reziprozität – nicht zu unterscheiden vermag." (a. a. O., S. 61) „Von *ethischer Reziprozität* (...) kann erst dort die Rede sein, wo die wechselseitige Rücksichtnahme aufgrund des *unbedingt* gebotenen – oder wie Kant formuliert: des *kategorischen* – Vorrangs der Menschenwürde und Autonomie der anderen Person vor allen egozentrischen Nutzenkalkülen *um ihrer selbst willen* anerkannt wird." (a. a. O., S. 61) Zum christlichen Gebot der Nächstenliebe hebt Ulrich hervor, dass es einerseits darum geht, „jeden Menschen, auch uns selbst, als prinzipiell liebenswürdig zu erkennen"; darüber hinaus aber „hat Jesus (in der Bergpredigt) (...) den unbedingten ethischen Reziprozitätsanspruch des Gebots der Nächstenliebe verteidigt gegen jede strategisch berechnende Verkürzung, für die er das Beispiel der Zöllner-Mentalität wählt; ebenso hat er gegen den Versuch der Pharisäer, das Gebot der Nächstenliebe auf die eigene Gemeinschaft einzuschränken, bereits dessen universalen Geltungsanspruch betont (*Matthäus 5, 43-47*)". (a. a. O., S. 62)

Der unparteiische Zuschauer nach Adam Smith

„Smith hat den universalistischen Standpunkt der Moral als den imaginären Standpunkt eines *unbeteiligten und unparteiischen Zuschauers* veranschaulicht: ‚Wir bemühen uns, unser Verhalten so zu prüfen, wie es unserer Ansicht nach irgendein anderer gerechter und unparteiischer Zuschauer prüfen würde.'"[262] In folgendem Zitat: „Es ist Vernunft, Grundsatz, Gewissen ... der große Richter und Schiedsherr über unser Verhalten"[263] ist die von Ulrich hervorgehobene Parallele zu Kants Fassung des universalistischen Moralprinzips geradezu augenfällig; Smith hat dieses und „die Bedeutung des gedanklich verallgemeinerten Rollentauschs" aber „als erster", vor Kant, erkannt, wie Ulrich hervorhebt. Smith' Moraltheorie verbindet „im Konzept der Sympathie die ethische Vernunft und die moralischen Gefühle": „Sympathie im formalen Sinne ist das Vermögen, mit einem anderen Menschen ‚in der Phantasie den Platz zu tauschen' (gedanklicher Rollentausch!) und auf diesem Wege ‚dazu (zu) gelangen, seine Gefühle nachzuempfinden und durch sie innerlich berührt zu werden.'"[264] „Die moralischen Gefühle stellen den sensiblen Erfahrungshintergrund, die reflektierende Vernunft (unparteiischer Zuschauer) den intelligiblen Reflexionshorizont angemessener moralischer Urteile und ‚schicklicher Gemütsbewegungen' dar." (a. a. O., S. 64) Die prinzipielle Möglichkeit der moralischen Selbstbindung ist bei Smith die Tugend der ‚Selbstbeherrschung'. „Diese beruht ihrerseits auf der sozialen ‚Korrespondenz der moralischen Gefühle': Einerseits entwickeln wir ein moralisches *Pflichtgefühl* gegenüber anderen Menschen bzw. ein

---

[262] Smith (1985), S. 167; aus Ulrich (1997), S. 63

[263] Smith (1985), S. 203; aus Ulrich (1997), S. 63

[264] Smith (1985), S. 3; aus Ulrich (1997), S. 64

Schuldgefühl, wenn wir glauben, unsere moralischen Pflichten, so wie sie in der moralischen Gemeinschaft, der wir angehören, als ‚allgemeine Regeln' (soziale Normen) definiert sind, verletzt oder vernachlässigt haben. Und andererseits entwickeln wir das starke Bedürfnis, von den Angehörigen dieser Gemeinschaft als jemand, der es ‚verdient' ihr anzugehören, *geachtet* zu werden. Damit ist wegen der Reziprozität der moralischen Gefühle untrennbar unsere *Selbstachtung*, d. h. unser Selbstbild als ein im Prinzip guter Mensch, verbunden."[265] „Smith unterscheidet (..) zwischen faktischer Akzeptanz und normativer Anerkennungs- oder ‚Lobenswürdigkeit'. Wir nehmen also „den gedanklichen Standpunkt des verallgemeinerten, idealen Zuschauers" ein; es kommt also „für jedermann darauf an, ‚..so zu handeln, dass der unparteiische Zuschauer den Maximen seines Verhaltens zustimmen könnte ...'"[266] Ulrich hebt nochmals die unübersehbare innere Verwandtschaft dieser Konzeption zu der später entstandenen Kants hervor.
Deren „systematische Grenze" sieht Ulrich darin, „dass sie (...) primär eine deskriptive Theorie im Sinne der Moralpsychologie ist, die (...) noch von einem naturrechtlichen Vorverständnis ausgeht (die ‚Natur' des Menschen ist als Gottes Schöpfung fraglos gut und sein moralisches Bewusstsein folglich richtig) und daher eine normative Begründung für das Gedankenexperiment des unparteiischen Zuschauers überhaupt nicht zu entwickeln sucht." (a. a. O., S. 66)

Der Kategorische Imperativ Kants

„Erst Kant stellt sich ausdrücklich die Aufgabe, die normative Gültigkeit des Moralprinzips strikt vernunftethisch zu begründen". (a. a. O., S. 66) Ulrich sieht in Kants „berühmtem und immer noch gültigem" ersten Satz der „Grundlegung der Metaphysik der Sitten" einen „nahtlosen" Anschluss an den Satz von A. Smith: „Unser guter Wille ... ist durch keine Grenzen eingeschränkt, sondern kann die Unendlichkeit des Universums umfassen."[267] Bei Kant heißt es: „Es ist überall nichts in der Welt, ja überhaupt auch außer derselben zu denken möglich, was ohne Einschränkungen für gut könnte gehalten werden, als allein ein guter Wille."[268] „Und noch im selben ersten Absatz macht Kant vom Begriff des ‚unparteiischen Zuschauers' Gebrauch." (*Ulrich*, a. a. O., S. 67) Die durch Kant vorgenommene Präzisierung des Verallgemeinerungsprinzips im Kategorischen Imperativ sieht Ulrich darin, „dass stets kritisch zu prüfen ist, ob die eigenen Handlungs*maximen* zu einer allgemeingültigen Regel oder zu einem allgemeinen Gesetz erhoben werden" könnten, im Gegensatz zur Prüfung je einzelner

---

[265] Ulrich (1997), S. 65; Hervorhebungen im Original. Ulrich zitiert Smith (1985), S. 27 ff., S. 401 ff., S. 243 ff. und S. 170.

[266] Smith (1985), S. 123, aus Ulrich (1997), S. 65

[267] Smith (1985), S. 397

[268] Kant (1999), S. 11; Ulrich zitiert Kant aus einer Werk-Ausgabe Bd. VII, Frankfurt 1978, S. 18; Ulrich (1997), S. 67

Handlungen noch bei A. Smith. Maximen sind nach Kant subjektive Handlungsgrundsätze, „welche eine allgemeine Bestimmung des Willens enthalten, die mehrere praktische Regeln unter sich hat."[269] Die zentrale Stellung der ‚denknotwenigen' Idee der Willensfreiheit und Autonomie des Menschen in Kants Moralphilosophie wird in dem oben zitierten Satz schon deutlich; der Mensch ist nach Kant „ein auf Freiheit angelegtes Wesen, das ‚die Kausalität seines eigenen Willens niemals anders als unter der Idee der Freiheit denken' kann. Nur soweit der Mensch dem ‚Reich der Freiheit' (...) angehört, d. h. über Willensfreiheit verfügt, hebt er sich von den (übrigen) Tieren ab, die aufgrund ihrer Instinktdeterminiertheit ihres Verhaltens voll und ganz dem ‚Reich der Natur' zugehören. Der Mensch allein kann, wenngleich er partiell dem Reich der Natur (Triebe, Affekte) verhaftet bleibt, nach Gründen handeln." (a. a. O., S. 68) „Was wir als vernünftige und autonome Personen wollen können, ist daher gleichbedeutend mit dem, was wir sollen (universalistische Maximenethik als autonome Pflichtenethik). Das ist zugleich der Standpunkt der ‚reinen praktischen Vernunft'." (a. a. O., S. 68) Ulrich sieht nun in Kants Begründungsanlage, mit den Mitteln der reinen praktischen Vernunft die ‚absolute' Verbindlichkeit des Kategorischen Imperativs als eines moralischen Gesetzes nachzuweisen, einen ‚gescheiterten' Letztbegründungsversuch. Kant deutet, so Ulrich, „das Motivationsproblem (des Willens zur Vernunft!) in ein ‚absolutes' Begründungsproblem um; er versucht also die unauflösliche Identität des moralischen Sollens mit dem vernünftigen Wollen letztlich doch zu durchbrechen. Einer wirklich metaphysikfreien, humanistischen Ethik ist es demgegenüber angemessener, vom unausweichlichen Primat des (vernunftethisch explizierten, aufgeklärten, guten) Wollens auszugehen (...): Ethisch vernünftige Motive, moralisch handeln zu wollen, sind hinreichende Gründe dafür, dass wir so handeln sollen." (a. a. O., S. 69) Die an dieser Stelle möglicherweise nicht sehr leicht zugänglichen Ausführungen Ulrichs finden in den folgenden Sätzen vielleicht einen Hinweis auf ein nahezulegendes Verständnis: „Lässt man die metaphysische Vorstellung der Deduktion unserer moralischen ‚Pflicht' aus einer absoluten (göttlichen?) Vernunft hinter sich, so ergibt die Frage ‚Warum soll ich der Vernunft gehorchen?' überhaupt keinen Sinn. Denn als vernünftig bezeichnen wir doch gerade die in der Warum-Frage implizierte Bereitschaft, unser Handeln von guten Gründen abhängig zu machen; ‚der Vernunft gehorchen' ist implizit immer schon genau das, was wir wollen, wenn wir an Begründung interessiert sind." (a. a. O., S. 70) Ulrich folgt hier offenbar weitgehend dem von K. O. Apel vertretenen Begründungsansatz, auf den er sich auch in einer Fußnote bezieht; als eine – möglichst knappe – Darstellung dessen dürfen vielleicht die folgenden Erläuterungen Apels dienen: „Die (..) Nichthintergehbarkeit [des argumentati-

---

[269] In Kant (1999), S. 44, heißt es: "Maxime ist das subjektive Prinzip zu handeln, und muß vom objektiven Prinzip, nämlich dem praktischen Gesetze, unterschieden werden. Jene enthält die praktische Regel, die die Vernunft den Bedingungen des Subjekts gemäß (öfters der Unwissenheit oder auch den Neigungen derselben) bestimmt, und ist also der Grundsatz, nach welchem das Subjekt handelt; das Gesetz aber ist das objektive Prinzip, gültig für jedes vernünftige Wesen, und der Grundsatz, nach dem es handeln soll, d.i. ein Imperativ."

ven Diskurses, und damit auch seiner normativ-ethischen Bedingungen der Möglichkeit] besagt (...) etwa folgendes: Wenn wir eine philosophische Frage – z. B. die Frage, ob es ein unbedingt gültiges Prinzip der Ethik gibt – ernsthaft aufwerfen (und dies müssen und dürfen wir natürlich auf der Ebene der Philosophie – des öffentlichen Diskurses wie des, empirisch gesehen, einsamen Denkens mit Gültigkeitsanspruch – immer schon voraussetzen!), dann können wir *das Argumentieren und seine notwendigen Praesuppositionen* nicht mehr – wie alles übrige in der Welt Vorkommende (...) – als *kontingentes Faktum* von außen betrachten. (..) Als notwendige Bedingung der Möglichkeit der Realisierung eines idealen Konsenses über Sinn und Wahrheit in einer Argumentationsgemeinschaft (..) lässt sich die Befolgung von normativ-ethischen ‚Spielregeln' nachweisen, deren Explikation als nicht-bestreitbar selbst wiederum anhand des Kriteriums vom zu vermeidenden performativ-pragmatischen Selbstwiderspruch möglich ist. Damit wird es möglich, den noch für Kant in der *praktischen Philosophie* erforderlichen Begründungsrekurs auf metaphysische Voraussetzungen (..) bzw. auf ein evident gegebenes ‚Faktum der Vernunft' zu vermeiden bzw. diese kantischen Unterstellungen im Sinne der *nicht ohne pragmatischen Selbstwiderspruch zu bestreitenden normativen Bedingungen der Möglichkeit des argumentativen Diskurses* zu dechiffrieren."[270] Zu diesem „merkwürdigen ‚Faktum der Vernunft'" bemerkt wiederum Ulrich, dass es „letztlich nichts anderes als die rational nicht hintergehbare *Conditio humana*, das spezifisch menschliche Angelegtsein auf autonome moralische Selbstbestimmung" zum Ausdruck bringe. (Ulrich, a. a. O., S. 70) Die Begründung oder das „Praktisch-Werden" der Vernunft scheint sich also nicht leicht auf eine Formel bringen zu lassen; Ulrich entwickelt hier die Formel der ‚nicht hintergehbaren ‚*Conditio humana'*, während Kant selbst seine Erklärungsversuche, „wie reine Vernunft praktisch sein könne", aufgegeben hat, denn dazu ist nach Kants Einschätzung „alle Vernunft gänzlich unvermögend, und alle Mühe und Arbeit, hievon Erklärung zu suchen, ist verloren."[271] Was Kant hier anspricht ist möglicherweise auch ein Facette des ‚Leib-Seele-Problems'[272], das ja wohl auch noch nicht bis in alle seine Untergliederungen als gelöst betrachtet werden darf. Der Begründungsansatz Kants läuft – einfach gesagt – darauf hinaus zu sagen, dass, wenn wir Menschen uns als frei und autonom denken, wir unsere Lebensverhältnisse nur nach als Prinzipien fassbaren Regeln der Vernunft ordnen können, weil wir andernfalls eben nicht frei und autonom sein können. Der sprachpragmatische Begründungsansatz erkennt wegen der Unmöglichkeit, sich einem Diskurs ohne performanten Selbstwiderspruch auf eine moralisch verbindliche oder ‚versteh-

---

[270] Apel (1988), S. 110/111, S. 115; Hervorhebungen im Original

[271] Kant (1999), S. 93. In seiner Schlussanmerkung zur Grundlegung der Metaphysik der Sitten sagt Kant: „Und so begreifen wir zwar nicht die praktische unbedingte Notwendigkeit des moralischen Imperativs, wir begreifen aber doch seine Unbegreiflichkeit, welches alles ist, was billigermaßen von einer Philosophie, die bis zur Grenze der menschlichen Vernunft in Prinzipien strebt, gefordert werden kann." (S. 96)

[272] vgl. Hastedt (1988), der eine emergenztheoretische (‚Schichten-Emergenz') Erklärung nahe legt, wie auch K. Mainzer (1995).

bare' Weise zu entziehen, in diesem Diskurs der ‚idealen Kommunikationsgemeinschaft' die Meta-Institution aller vernünftigen, legitimen Willensbildung. Dieses Prinzip enthält also ein Moment von ‚letzter' Verbindlichkeit, es ist der ‚zwanglose Zwang' der vernünftigen Rede, wie Habermas sagt; aber dennoch enthält alle vernünftige Rede offenbar auch ein appellatives Moment, an die initial herzustellende Gesprächsoffenheit, und an den freien und guten Willen des verständigungsorientierten autonomen Menschen.[273]

Für die hier verfolgten Zwecke soll nun das Aufzeigen dessen, was Kant im Sinne hatte mit seinem Kategorischen Imperativ, hinreichend sein. Menschen sind, das ist ein anerkanntes Faktum, Autonomie-*begabt*, sie besitzen Vernunft und Autonomie jedenfalls – in der Regel, also wenn sie nicht durch Krankheit oder sonstige konstitutionelle Faktoren beeinträchtigt sind – als *Disposition*; deshalb gebietet es sich, Menschen in der Regel in einer Weise anzusprechen, die diese Autonomie als aktiv-aktualisierte voraussetzt, also voraussetzt, dass Menschen ihre Freiheit zur Willensbetätigung auch auf verantwortliche Weise aktualisieren und ausfüllen. Daraus ergibt sich für Kant der Begriff der Menschenwürde und die Pflicht der „gegenseitigen Anerkennung der Menschen als Wesen gleicher Würde". Es ist „der eigentliche lebenspraktische Sinn des Kategorischen Imperativs, uns immer wieder den unbedingten und universalen Vorrang des Eigenwerts oder Selbstzweckcharakters jedes Menschen vor allen anderen Gesichtspunkten sozialen Handelns in Erinnerung zu rufen."[274] „..in der zweiten, von Kant ausdrücklich als bedeutungsgleich bezeichneten Formulierung des Kategorischen Imperativs, nämlich in der sogenannten Zweckformel, kommt klar zum Ausdruck, dass es dabei um die universale intersubjektive Reziprozität der zwischenmenschlichen Achtung und Anerkennung geht: ‚Handle so, dass du die Menschheit, sowohl in deiner Person, als in der Person eines jeden andern, jederzeit zugleich als Zweck, niemals bloß als Mittel brauchest.'"[275] Im vorliegenden Zusammenhang noch unmittelbar aufschlussreicher scheint folgendes bei Ulrich zu findende Kant-Zitat: „Der Mensch aber ist keine Sache, mithin nicht etwas, das bloß als Mittel gebraucht werden kann."[276] Sachen, die als Mittel gebraucht werden können, haben ein Preis und sind durch Äquivalente ersetzbar: „Im Reich der Zwecke hat alles entweder einen *Preis* oder eine *Würde*. Was einen Preis hat, an dessen Stelle kann auch etwas anderes, als Äquiva-

---

[273] Dieses eigentümliche Schweben der Vernunft zwischen Freiheit und Notwendigkeit drückt sich vielleicht auch aus in Kants Bestimmung der ‚eigenen Glückseligkeit' als ‚Naturzweck'. „Nun würde die Menschheit zwar bestehen können, wenn niemand zu des anderen Glückseligkeit etwas beitrüge, dabei aber ihr nichts vorsätzlich entzöge; allein es ist dieses doch nur eine negative und nicht positive Übereinstimmung zur Menschheit als Zweck an sich selbst." Kant (1999), S. 56. Der Versuch, solche obersten Zwecke ‚spekulativ' positiv zu bestimmen, führt mit einer gewissen gedanklichen Zwangsläufigkeit auf solche Spezifikationen. Es ergibt sich daraus aber keinesfalls in irgendeiner Entsprechung eine determinierende ‚Zwangsläufigkeit' für das Verhalten der Menschen, es nach diesen Prinzipien auszurichten: dem menschlichen autonomen Willen zum Handeln voraus geht immer die freie Zustimmung und Entscheidung.

[274] Ulrich (1997), S. 70

[275] Ulrich (1997), S. 71; Ulrich zitiert Kant (1999), S. 54/55

[276] Kant (1999), S. 55

lent, gesetzt werden; was dagegen über allen Preis erhaben ist, mithin kein Äquivalent verstattet, das hat eine Würde."[277] So haben auch „Geschicklichkeit und Fleiß im Arbeiten (..) einen Marktpreis", sind also, wie Ulrich hervorhebt, legitimer weise (als „zu begrenzende" Arbeitskraft) nutzbar, (und, möchte man unmittelbar folgern, durch etwas anderes, äquivalentes, ersetzbar(?)), „aber die menschliche Person als ganze ist, da sie nicht instrumentalisiert werden darf, ‚über allen Preis erhaben' – sie hat ‚nicht bloß einen relativen Wert, d.i. einen Preis, sondern einen inneren Wert, d. i. Würde.'"[278] Es fällt schwer der Versuchung zu widerstehen, hier gleich zu fragen was das denn nun für eine ‚aktive' Arbeitsmarktpolitik bedeuten mag – die Arbeitskraft, die einen Preis hat, darf ersetzt werden, der die Arbeit ausführende Mensch, der Würde hat, darf nicht ersetzt werden. Was im Falle der Arbeitskraft ‚Ersetzen' heißt, ist hinreichend klar; was könnte aber im Falle des Menschen ‚Ersetzen' bedeuten? Bei genauerem Hinsehen wird klar, dass Kant nicht davon spricht, dass die menschliche Person ‚als ganze' nicht ersetzt werden darf, denn sie darf als ganze auch nicht ‚instrumentalisiert', also genutzt werden.

Das regelutilitaristische Verallgemeinerungskriterium

Ulrich zeigt unter dieser Überschrift einige Differenzen auf zwischen der „insbesondere (..) den angelsächsischen Raum bis in die jüngste Zeit hinein den ethischen Diskurs dominierende[n] utilitaristischen[n] Ethik, die als vermeintlich rein teleologische Ethik ohne deontologische Begründungsbasis auszukommen versucht" (a. a. O., S. 73), und der aus einer Ethik-analytischen Perspektive so bezeichneten deontologischen Ethik „nach dem Muster Kants". Diese Differenzen sollen hier soweit wiedergegeben werden, wie in ihnen zum einen dieser regelutilitaristische Ansatz kenntlich gemacht werden kann, und zum anderen, wie dessen Schwächen auch mit Blick auf die hier verfolgte Zielsetzung aufgezeigt werden können.
Seitens der Vertreter eines utilitaristischen Standpunkts wird gegen Kants deontologische „(griech. δεον: das Erforderliche, die Pflicht)" Ethik[279] eingewandt, sie sei eine „rigorose Gesinnungsethik: Da sie von allen Folgen des Handelns absehe, stehe sie einer Verantwortungsethik entgegen, an der sich das konkrete Handeln orientieren könne."[280] Ulrich führt gegen diesen Einwand an: „Die verantwortungsethische Leitidee, sich pragmatisch und ‚situationsgerecht' an der Abwägung der konkreten Folgen tatsächlich verfügbarer Handlungsalternativen

---
[277] Kant (1999), S. 61

[278] Ulrich (1997), S. 71; Kant-Zitat in Kant (1999), S. 61

[279] Frankena unterscheidet ursprünglich deontologische und ‚egoistische' Theorien. In Frankena (1963) begründet Frankena das ‚Prinzip des Wohlwollens'. (Deutsche Ausgabe: Frankena (1972), S. 64 ff.)

[280] Ulrich (1997), S. 73; Ulrich bezieht sich a) auf den Begründer des Utilitarismus, Jeremy Bentham, und einen deutschsprachigen Werkauszug in Höffe, O. (Hrsg.), Einführung in die utilitaristische Ethik, Tübingen 1992; b) auf Patzig, G.: Ein Plädoyer für utilitaristische Grundsätze in der Ethik, in: Neue Sammlung 13 (1973), 3. 488 – 500, zit. nach Höffe (1979), S. 85

zu orientieren, macht deontologisch begründete Maximen oder Grundsätze nicht etwa überflüssig, sondern setzt sie als normative Kriterien der Folgenbewertung schon voraus: Eine ‚gesinnungslose Verantwortungsethik' lässt sich nicht vernünftig denken und macht praktisch keinen Sinn. Prinzipienorientierte Begründung allgemeiner Kriterien und konsequenzenbezogene Abwägung des situativ Vertretbaren sind als zwei verschiedene Argumentationsebenen innerhalb eines notwendigerweise zweistufigen Konzeptes von Verantwortungsebene zu unterscheiden." (ä. a. O., S. 73) Ulrich weist in einer Fußnote hin auf den bekannten Ursprung dieser Unterscheidung und auch „unglücklichen polaren Gegenüberstellung" von Gesinnungs- und Verantwortungsethik bei Max Weber, für die man mit sehr großen Vorbehalten eine gewisse Entsprechung finden kann in der ebenso polaren Gegenüberstellung von materialer und formaler Rationalität; Vertreter einer Verantwortungsethik berufen sich also – in hier leicht karikierend überzeichnender Typisierung – auf ‚reale' Handlungsbedingungen und ‚real' erwartbare Handlungskonsequenzen (hin und wieder auch Sachzwänge genannt), gehen, wenn sie vorgehen, formal rational vor und werfen Vertretern einer Gesinnungsethik ‚Idealismus' und Realitätsblindheit vor; Vertreter einer Gesinnungsethik berufen sich dagegen auf material-rationale Prinzipien, Ideale und daher rührende Gewissensnöte, werfen den Vertretern der Verantwortungsethik Pragmatismus und Skrupellosigkeit vor und gehen selbst im Zweifel lieber gar nicht vor.[281] Wer nun wie soeben geschehen die Dinge interpretiert, scheint sich damit auf die Seite der Utilitaristen zu schlagen; das ist hier damit aber noch nicht beabsichtigt. Überzeugend scheint viel mehr die Einschätzung, dass verallgemeinerungsfähige Maximen verfügbar sein müssen um maßgebende Prinzipien zu besitzen, nach denen man auf eine vorgefundene Situation antworten und unter denen „die Legitimität einer Handlungsweise angesichts ihrer zu erwartenden konkreten Folgen für alle potentiell Betroffenen zu beurteilen ist. Mit anderen Worten: Auch Verantwortungsethik ist, wenn der Begriff mehr als ein rhetorisches Symptom für ‚gesinnungslosen' Opportunismus sein soll, nur als deontologisch fundierte, prinzipienorientierte Verantwortungsethik zu haben."[282] (a. a. O. , S. 74)

Ulrich weist daraufhin, dass auch Kants deontologische Maximenethik vorrangig die prinzipielle Sorge um das Wohlergehen gebietet, also eine Haltung des Wohlwollens, der Sorge um die solidarische Verminderung des Leids der Mit-

---

[281] Man mag versuchen, die zum aktuellen Afghanistan-Komplex erkennbaren Haltungen in dieses Spektrum einzuordnen.

[282] Ein Erklärungsansatz ist vielleicht gegeben mit der Annahme, dass das, was ‚Verantwortungsethiker' den ‚Gesinnungsethikern' vorzuwerfen pflegen, auf einem zeitweilig zu beobachtenden prinzipien-unmittelbar verkürzten Missverständnis einer prinzipiengeleiteten Vernunft-Ethik beruht: die (gesamt-optimierende) Abwägung tatsächlicher erwartbarer Handlungsfolgen und tatsächlich verfügbarer Handlungsalternativen ist ja dem überzeugten Inhaber einer Gesinnung nur dadurch, dass er sie besitzt, nicht schon erlassen; auch wer die Notwendigkeit einer Prinzipienorientierung anerkennt, damit die (Denk-)Notwendigkeit einer transitiven Ordnung von Prinzipien und schließlich z. B. die Idee des Friedens als ein höchstes Prinzip, wird damit nicht zwangsläufig zum Radikal-Pazifisten, etwa im Sinne der Befürwortung des strikten Verzichts auf Einsatz von Waffengewalt auch für Inhaber eines legitimen staatlichen Gewaltmonopols.

menschen ‚beschreibt', i. e. normativ beschreibt, also in diesem Sinne nahe legt, und in diesem Sinne auch die Sorge um zu verantwortende Folgen des Handelns. Der Regelutilitarismus setzt solche Handlungsregeln, relativ zu bestimmten Situationstypen, für gültig, „deren Einhaltung den größten Gesamtnutzen für das „Allgemeinwohl' erwarten lässt." (a. a. O., S. 75) Für solcherart für gültig erklärte Regeln besteht dann deontologisch die allgemeine Pflicht, sie einzuhalten. Diese Pflicht zur Einhaltung der ‚Spielregeln' wird aber funktionalistisch erklärt, also so, dass ihre Einhaltung nur dann den erklärten Zweck – Maximierung eines Gesamtnutzens – erfüllen kann, wenn sie *von allen* befolgt wird. Offen ist in diesem Konzept offensichtlich, wie die derart für den Nutzenbegriff konstitutive materiale Bestimmung des ‚Allgemeinwohls' zu Stande kommt. Es müsste entweder a) eine Allgemeinheit nach ihren Ideen von Allgemeinwohl befragt werden, oder b) es wird eine Idee von Allgemeinwohl dezisionistisch[283] als gültig gesetzt, dann müsste man unvermeidlicher Weise fragen von wem und mit welchem Recht. Für Fall a) kann man sich auf Anhieb nur vorstellen, dass das entweder eine historisch-faktisch-kontingente, nach ihren Vorstellungen von Allgemeinwohl *befragte* Allgemeinheit sein müsste, von der dann erstens zu fragen wäre, inwiefern man ihr das Recht zusprechen kann, für die universale Allgemeinheit zu sprechen, und zweitens, auf welche Weise sich innerhalb dieser ‚Allgemeinheit' Vorstellungen so zur Geltung bringen, dass diese dann als exemplarisch oder bindend und gültig für diese Allgemeinheit angesehen werden können, wenn anders als eben in einem Diskurs; oder man müsste eben doch schon gleich als Gültigkeitsbedingung die Konstituierungsbedingungen der idealen Kommunikations-Gemeinschaft annehmen.

An dieser Stelle ist keine ausführliche Auseinandersetzung mit der Anschauung des Regelutilitarismus möglich; Ulrich setzt sich in seinem Buch in aller Ausführlichkeit damit auseinander und vor allem mit seinen weitverzweigten Verästelungen in das Gebiet der Volkswirtschaftstheorie und vor allem den Bemühungen deren ethischer Rechtfertigung, also das Gebiet der Wirtschaftsethik als Institutionen-Ethik; dieser Faden wird auch noch wieder aufzunehmen sein. Im vorliegenden Zusammenhang aber ist, neben der hier angedeuteten Schwäche der Argumentation, zu berücksichtigen, dass die Idee oder der Begriff eines für alle Handlungsorientierung konstitutiven und nicht näher bestimmbaren Gemeinwohls und eines in diesem Sinne zu maximierenden Gesamtnutzens für die Beantwortung der Frage, ob Automation beliebiger Komplexität und Mächtigkeit, auch in einem denkbaren Maximum, mit einem an diesem Gemeinwohl orientierten Nutzenmaximum zur Deckung gebracht werden kann, keine gültigen Hinweise zur Orientierung erbringen kann; der Begriff des Allgemeinwohls be-

---

[283] Ulrich spricht von einem „naturalistischen Reflexionsabbruch" als einer „Verkürzung des normativ Richtigen und daher ‚Gesollten' auf das von konkreten Personen bloß faktisch Gewollte (im Sinne beliebiger subjektiver Präferenzen)", S. 77

sitzt weder die Autorität, noch die begriffliche Bestimmungsmächtigkeit, in dieser Frage Orientierung zu ermöglichen. Er wäre lediglich positiv gefasst. Ein ebenfalls lediglich positiv gefasster Begriff des Allgemeinwohls findet sich in einer positivistischen Rechtsauffassung, die ohne normative Rechtsbestimmungen auszukommen glaubt; es ist an dieser Stelle interessant zu bemerken, dass dagegen im Deutschen Grundgesetz mit Art. 1 I GG ein überpositives Recht an den Anfang gesetzt worden ist, und dass dieser konstitutive Rechtsgrundsatz eben gerade die Unantastbarkeit der Menschenwürde zur obersten und umfassendsten Rechtsnorm bestimmt.

Die Diskursethik

Ulrich diskutiert die Diskursethik unter ausführlicher Bezugnahme auf ihre Explikation und Entwicklung im Werk zweier ihrer wichtigsten Vertreter bzw. – im Sinne einer im philosophischen Diskurs identifizierbaren kohärenten Konzeption – Begründer, nämlich Jürgen Habermas und Karl-Otto Apel. Die Diskursethik wird aber in der Philosophie, unter dem Überbegriff ‚Diskursive Methode', auch mit dem sog. *Erlanger Konstruktivismus*, da mit den Namen *Paul Lorenzen, Wilhelm Kamlah* und *Oswald Schwemmer,* sowie in der zweiten Generation den Namen *P. Janich, F. Kambartel* und *J. Mittelstraß* in Verbindung gebracht. Nach *A. Pieper*[284] baut diese diskursive Methode „auf der deontischen Logik auf"[285], weshalb diese in aller Kürze hier vorgestellt werden soll.

Zur deontischen Logik:
„Die deontische Logik ist eine ethische Modallogik, insofern sie entsprechend der Logik der modalen Begriffe möglich, unmöglich, notwendig die Logik der deontischen Begriffe erlaubt, verboten, geboten konstruiert. Zur Formalisierung werden dann die Symbole P(ermitted), F(orbidden), O(bligatory) verwendet. Pp bedeutet dann: Es ist erlaubt, dass p der Fall ist." (a. a. O., S. 8) Nach Wright sind zur vollständigen Beschreibung einer die Welt verändernden moralischen Handlung vier Kalküle notwendig:

1. ein T-Kalkül (T = Zeit), die Logik der zeitlichen Veränderung
2. ein I-Kalkül (I = Intention), zur Verdeutlichung des Unterschiedes zwischen einem durch eine Handlung bewirkten Zustand und einem bei Unterlassung einer Handlung bestehenden Zustand der Welt
3. ein M-Kalkül (M = Modalität), der die möglichen und die wirklichen Veränderungen der Welt – sofern sie natürlich sind – zu jedem Zeitpunkt angibt

---

[284] Pieper (1988b), S. 8

[285] nach G. H. von Wright: An Essay in Deontic Logic and the General Theory of Action. Amsterdam 1972. Danach ist darunter zu verstehen: "Unter deontischer Logik verstehen wir das formale logische Studium normativer Begriffe." A. a. O., S. 11

4. ein P-Kalkül (P = Permission, Erlaubnis), der angibt, welche der natürlichen Veränderungen erlaubt, geboten oder verboten ist.[286]

Die wirklich gewordene und die noch mögliche Geschichte eines Menschen lässt sich dann vermittels der Kalküle 1 – 3 in einem topologischen Lebensbaum anordnen. „Der jeweilige Freiheitsgrad des in einer Handlungssituation Stehenden lässt sich somit nach Wright anhand der vorhandenen Änderungsmöglichkeiten errechnen. Dabei sind zwei Extremfälle denkbar:

- der Handelnde ist ‚omnipotent', wenn er den Anfangszustand sowohl lassen wie verändern, den Endzustand sowohl realisieren wie unrealisiert lassen kann;
- er ist ‚impotent', wenn er nur eine Möglichkeit hat, ihm also keine Wahl bleibt." (a. a. O., S. 9)

Diese Kalküle geben also an, welche Möglichkeiten ein Mensch hat, innerhalb der Grenzen seiner Fähigkeiten und der kausalen Ordnungen zu leben; der P-Kalkül gibt nun an, welche von den natürlichen Möglichkeiten realisiert werden dürfen bzw. sollen, es lässt sich also auch ein deontischer Lebensbaum konstruieren, der nun die normative Ordnung repräsentiert. Ein natürlicher Lebensbaum kann also durch einen deontischen Lebensbaum restringiert sein; die deontische Möglichkeit aber hat nur dann einen Sinn, wenn sie zugleich eine natürliche Möglichkeit ist. „Andererseits kann aber in der deontischen Logik nicht ‚*ab esse ad posse*', vom Faktum auf die Erlaubnis geschlossen werden, weil zwischen natürlicher und normativer Welt ein logischer Hiatus besteht. Daher ist eine moralische Handlung erst dann als ganze bestimmt, wenn der deontische Lebensbaum den natürlichen Lebensbaum so einschränkt, dass für eine bestimmte Person zu jedem Zeitpunkt und in jeder Situation angegeben werden kann, welche (von Natur aus möglichen) Handlungen ihr erlaubt, geboten oder verboten sind." (a. a. O., S. 10) Pieper bemerkt zur deontischen Logik als Methode der Ethik, diese sei ein „Hilfsmittel der Wissenschaften, vermittels dessen moralische Einsichten und Erkenntnisse nicht ursprünglich gewonnen, sondern – nachdem sie anderwärts (..) gewonnen wurden – nachträglich formalisiert werden." (a. a. O., S. 11)

In der konstruktiven (Diskurs-)Ethik geht man nun zunächst aus von der Parallelität der Modalbegriffe der Aussagenlogik und den ethischen Modalbegriffen; es ergeben sich also vier Klassen von Handlungen:

(1) Es ist geboten, eine bestimmte Handlung auszuführen

---

[286] nach Pieper, (1988b), S. 8; teilweise wörtliche Zitate

(2) Es ist geboten überhaupt eine Handlung auszuführen, aber freigestellt, welche von mehreren (nicht verbotenen) Handlungen ausgeführt wird
(3) Es ist verboten eine bestimmte Handlung auszuführen
(4) Es ist freigestellt, überhaupt eine Handlung auszuführen (aber wenn eine Handlung ausgeführt wird, darf sie nicht verboten sein).[287]

Diese Gebote/Verbote sind hypothetisch gültig: unter der Voraussetzung, dass faktisch als solche geltende Normen tatsächlich, überprüfbar gültig sind; für die Überprüfung dieser Normengültigkeit bedarf es jedoch des Verfahrens der „transsubjektiven Beratung". Dieses Verfahren, die „diskursive Methode", basiert auf drei, ihrerseits konstruktiv, schrittweise und begründet eingeführten, „grundlegenden ethischen Prämissen:

(1) Konflikte sollen nicht mit Gewalt, sondern durch gemeinsame Beratung aller Betroffenen oder ihrer Vertreter gelöst werden.
(2) Jeder, der an einer solchen Beartung teilnimmt, ist berechtigt, seine Interessen ungehindert zu vertreten.
(3) Jeder, der an solchen Beratung teilnimmt, muß bereit sein, seine Interessen nicht mit rhetorischen Mitteln oder durch Überredungskünste durchzusetzen, sondern gemäß dem Prinzip der Transsubjektivität zu modifizieren." (a. a. O., S. 12)

Pieper weist nun darauf hin, dass die so skizzierte Methode *O. Schwemmers* insofern begründungs- und ergänzungsbedürftig bleibt, als das Prinzip der Gewaltlosigkeit der Konfliktlösung fraglos vorausgesetzt wird, dass also sein Beratungsmodell noch einmal auf jenes Prinzip hin transzendiert werden müsste, das erst dessen Moralität begründet. „Denn, allgemeine Werte wie Freiheit und Menschenwerte können nicht in derselben Weise Gegenstand eines Diskurses sein wie subjektive Interessen und Wünsche. Man kann z.B. nicht darüber beraten, ob man sich darauf einigen soll, generell zu lügen, ungerecht zu handeln etc., ohne damit den Sinn jeglicher Beratung aufzuheben." (a.a.O., S. 13) Diese Aussage ist offenbar weitgehend kongruent mit der schon zitierten Argumentation K. O. Apels, wonach im Falle ernsthaften moralischen Fragens und ‚Beratens' „das Argumentieren selber und alle seine Präsuppositionen nicht mehr (...) als kontingentes Faktum von außen" betrachtet werden können, und wir uns daher auch nicht – etwa im Gedankenexperiment – für oder gegen die argumentative Vernunft selbst entscheiden können, da das Argumentierenkönnen ja schon als die Bedingung der Möglichkeit und Gültigkeit solcher Gedankenexperimente verstanden werden muss. Damit kämen wir also, nach diesem später noch wieder zu verwendenden Einschub von deontischer Logik und konstruktiver Ethik, zur Diskurs-Ethik.

---
[287] A. Pieper zitiert O. Schwemmer: Philosophie der Praxis. Versuch zur Grundlegung einer Lehre vom moralischen Argumentieren. Frankfurt 1971, S. 183, in Pieper (1988b), S. 11

A. Pieper skizziert die Diskurs-Ethik ebenfalls in einigen straffen und markanten Zügen, weshalb diese hier ebenfalls ergänzend wiedergegeben werden sollen. Danach ist der Ausgangspunkt der von Habermas intendierten ‚universalistischen Sprachethik' das ‚kommunikative Handeln' als „alltagssprachliches Reden über praktische Angelegenheiten", das handlungsbezogene Urteile enthalten kann, deren Geltungsansprüche in solchen Reden immer unausdrücklich, fraglos und ‚naiv' erhoben werden. In einem praktischen Diskurs auf der ersten Argumentationsebene werden nun diese Geltungsansprüche von den Diskursteilnehmern problematisiert, also „bezüglich ihrer Geltung in Frage gestellt. In Rede und Gegenrede werden die Positionen der Kontrahenten geklärt und die Gründe für die jeweilige Beurteilung des fraglichen Verhaltens angeführt." (a. a. O., S. 13) Um nun, auf einer zweiten Argumentationsebene des praktischen Diskurses, zu einem nicht nur für die am Diskurs Beteiligten, sondern für jeden vernünftigen und gutwilligen Menschen zustimmungsfähigen Konsens zu gelangen, bedarf es „nach Habermas eines Argumentes, das konsenserzielende Kraft hat und die Diskursteilnehmer rational zu motivieren vermag, es als hinreichend begründet anzuerkennen." (a.a. O., S. 14) Ein solches Argument muss nun im wesentlichen drei Anforderungen genügen:

(1) Es muss gezeigt werden, dass zur Debatte stehende fragliche ‚Bedürfnisse' allgemeinmenschlicher Natur sind und ihre Befriedigung daher allgemein geboten werden kann („Brückenprinzip der Universalisierung")
(2) „Das Argument muss sich einer ständig zu überprüfenden ethischen Sprache bedienen, die das moralische Selbstverständnis aller am Diskurs Beteiligten angemessen zum Ausdruck bringt und somit eine wahrhafte Interpretation ihrer Bedürfnisse ermöglicht."
(3) „Das Argument muss schließlich im Zusammenhang mit dem jeweiligen Stand unseres Wissens und Könnens darauf hinweisen, was überhaupt gewollt werden kann und soll." (a. a. O., S. 14)

Die „ideale Sprechsituation" als Voraussetzung des Gelingens praktischer Diskurse verlangt von „allen Diskursteilnehmern kommunikative Kompetenz, Redegleichheit, Wahrhaftigkeit und Vernünftigkeit". Offen muss im Kontext der Diskurs-Ethik die Frage bleiben, wie A. Pieper anmerkt, wie im Falle einer nicht diskursiv lösbaren Zuspitzung konfligierender und unvereinbarer Normen verfahren werden soll; diese Frage ist im Zusammenhang wirtschaftsethischer Betrachtungsweisen von besonderem Interesse, so zum Beispiel die hier zu verhandelnden potentiell konfligierenden Normen der Schutzwürdigkeit von Eigentums- und Besitzrechten, und der Sozialverpflichtung von Eigentum.

Ulrich hebt zur konzeptionellen Charakteristik der Diskursethik hervor, dass hier „die denknotwendige Unterstellung und regulative Idee der idealen Kommunikationsgemeinschaft (..) systematisch an die Stelle [tritt], die bei Kant ein transzendentales Vernunftsubjekt einnahm, das im Gedankenexperiment die Universalisierbarkeit seiner Maximen des Handelns prüft (..), oder bei Smith der unparteiische Zuschauer (...). Das Universalisierungsprinzip (..) kommt in der Diskursethik in der Weise zur Geltung, dass in der vorgestellten *unbegrenzten* Argumentationsgemeinschaft aller mündigen Personen guten Willens normative Geltungsansprüche gegenüber jedermann argumentativ begründbar und insofern konsensfähig sein sollen." (a. a. O., S. 81)

Da die Diskursethik sich gelegentlich dem Vorwurf ausgesetzt sah oder sieht, „zu idealistisch" zu sein, sieht Ulrich sich zu dem Hinweis veranlasst, dass „die Nichtidentität (..) zwischen idealer und realer Verständigungssituation kein spezielles Problem der Diskursethik [ist], geht es doch in aller Ethik um die praktische Orientierung angesichts der Nicht-Identität von Ist und Soll." (a. a. O., S. 82)

Ulrich nennt vier „normative Leitideen", die sich in Anerkennung der normativen Orientierungskraft des prozeduralen Ideals der Diskursethik bei der diskursiven Klärung konfligierender Geltungsansprüche „reflexiv einsehen und praktisch fruchtbar machen [lassen]: (1) die gebotene verständigungsorientierte Einstellung aller Beteiligten, (2) deren vorbehaltloses Interesse an legitimem Handeln, (3) ein differenziertes Konzept von Verantwortungsethik sowie (..) (4) eine politisch-ethische Leitidee vom ‚Ort' der Moral in einer modernen Gesellschaft." (a. a. O., S. 82)

Die verständigungsorientierte Einstellung war oben schon innerhalb der habermasschen Fassung von kommunikativer Rationalität vorgestellt worden. Ulrich stellt die hier systematisch möglichen Grundtypen rationalen Handelns in einer Matrix dar:

Handlungsorientierung *Handlungs-* *situation*	*erfolgsorientiert*	*verständigungsorientiert*
nicht-sozial	instrumentelles Handeln	—
sozial	strategisches Handeln	kommunikatives Handeln

Abb. 6: Grundtypen rationalen Handelns nach Habermas (aus: Ulrich, a. a. O., S. 83)

Instrumentelle Rationalität kann also nur den verfügenden Umgang mit (unbelebten) Sachen beschreiben bzw. normieren, also nicht mit potentiell eigenwilligen, belebten Subjekten; ein nicht-verständigungsorientiertes, der Intention eines Verfügen-Wollens unterliegendes Handeln in Bezug auf ihrerseits handlungsfähige Subjekte hat Habermas dem Typus des strategischen Handelns zugeordnet, also einem Handeln in solchen sozialen Beziehungskonstellationen, in denen „jeder Akteur (..) an gezielter Einflussnahme auf seine Gegenspieler interessiert" ist. Zur Frage, ob „der Wechsel von einer strikt erfolgsorientierten zu einer verständigungs-orientierten Einstellung bedeutet (..), dass die beteiligten Personen damit auf die Verfolgung ihrer persönlichen Ziele und Interessen vollständig verzichten müssen", erläutert Ulrich: „Mit anderen Worten: Die private Verfolgung von Einzel- oder Sonderinteressen wird unter die selbstauferlegte normative Bedingung ihrer Legitimität gestellt, d. h. ihrer Berechtigung unter dem Gesichtspunkt der Wahrung der Würde und der unantastbaren moralischen Rechte jeder betroffenen Person." (a. a. O., S. 85)

Ulrich erläutert sodann, unter Bezugnahme auf das von K. O. Apel so genannte und bearbeitete „Problem des Übergangs zur postkonventionellen Moral" seinen Vorschlag einer dreistufigen Verantwortungskonzeption. Dieses „Problem" sieht Apel einem diskursethisch verfassten Vernunftbegriff auf folgende Weise gestellt: „... das *ideale Grundprinzip* im Sinne einer transzendentalpragmatischen Letztbegründung der Kommunikationsethik ergab sich aus der, im Argumentieren unbestreitbar notwendigen, *kontrafaktischen Antizipation* der Anwendungsbedingungen einer Kommunikationsethik im Sinne der Interaktionsnormen einer *idealen Kommunikationsgemeinschaft*. Zugleich mit der Voraussetzung des idealen Aprioris war aber im dialektischen Ansatz des Kommunikationsaprioris das *Faktizitäts-Apriori* im Sinne der geschichtlich gewordenen Lebensformen der realen Kommunikationsgemeinschaft vorausgesetzt."[288] Diese geschichtlich gewordenen Lebensformen stehen „zu dem, was von der regulativen Idee der Kommunikationsethik (...) gefordert wird, in einer prinzipiellen, faktisch nie völlig aufhebbaren Differenz". (a. a. O., S. 9) Daraus ergibt sich für Apel die „Perspektive einer selbst noch moralisch aufgegebenen Herstellung der Anwendungsbedingungen der Kommunikationsethik (...) in der Lebenswelt der verschiedenen Lebensformen der realen Kommunikationsgemeinschaft." (S. 9)

Apel schlägt nun „für diese Problemlagen", wie Ulrich sagt, „als sogenannten ‚Teil B' der Diskusethik ein verantwortungsethisches ‚Ergänzungsprinzip' vor. (...) Es geht nach Apel um das geschichtliche ‚Projekt der diskursethischen Mobilisierung und Organisation der kollektiven Mitverantwortung aller für die Folgen unserer kollektiven Aktivitäten'."[289] Wie Ulrich in einer Fußnote bemerkt, begibt Apel sich damit auf das Gebiet der Erörterung von Sachzwangproblemlagen. Ulrich hält jedoch ein solches, von Apel vorgeschlagenes ‚Ergänzungsprinzip' für nicht erforderlich: Widerstände der realen Welt, die uns „in unseren besten

---

[288] Apel (1988), S. 9

[289] Ulrich zitiert Apel in Apel (1992), S. 31 und S. 29, in Ulrich (1997), S. 89

ideellen Absichten entgegentreten", seien „nur zum kleinsten Teil naturgesetzlich und zum überwiegenden Teil selbst schon durch eine geschichtlich entstandene soziale Praxis bestimmt .." (a. a. O., S. 89); diese vermeintlichen Sachzwänge seien „als Moment einer prinzipiell veränderbaren, normativ bestimmten Praxis zu begreifen und daher legitimatorisch zur Disposition zu stellen". (a. a. O., S. 90)
Ein offenbar auch für Ulrich maßgebliches Kriterium ist ja demzufolge dann das „reale" Maß an „normativer" Verfügbarmachung bzw. Bestimmbarkeit statt Sach-(zwang-)bestimmtheit, nach bestem Vermögen, Wissen und Gewissen.

Ulrich schlägt nun ein „dreistufiges Konzept einer diskursethisch transformierten Verantwortungsethik" vor:

a) Wo die Voraussetzungen der Verständigungsgegenseitigkeit einigermaßen erfüllt sind, handelt derjenige verantwortlich, der den Legitimationsdiskurs mit den Betroffenen real zu führen sich bemüht.

b) Wo die Voraussetzungen der Verständigungsgegenseitigkeit aus prinzipiellen Gründen [was sind dann hier ‚prinzipielle Gründe'? L. E.] nicht erfüllbar sind, handelt verantwortlich, wer stellvertretend einen fiktiven Diskurs mit den Betroffenen in ‚einsamer' Reflexion bestmöglich vollzieht, um deren legitime ‚Ansprüche' gegen seine eigenen Interessen abzuwägen.

c) Wo die Voraussetzungen lediglich aus pragmatischen Gründen vorläufig nicht erfüllt sind, handelt verantwortlich, wer zunächst stellvertretend in Gedanken die einseitige Verantwortung übernimmt, zugleich aber sein Handeln an der regulativen Idee der längerfristig bestmöglichen Verwirklichung entschränkter Kommunikationsverhältnisse orientiert und dementsprechend politische Mitverantwortung übernimmt. (a. a. O., S. 90)

Im vorliegenden Zusammenhang ist die Erarbeitung einer eigenen Position in dieser Auffassungsdifferenz von Apel und Ulrich erläßlich; es soll jedoch die umfangreiche Kritik Apels[290] an dieser Stufenkonzeption Ulrichs nicht unterschlagen werden: nach Apels Einschätzung sind mit dieser „Drei-Ebenen-Konzeption" „geradezu ungeheuerliche Idealisierungen" impliziert, die jedoch nicht „als falsch oder unsinnig zurückzuweisen" seien; „nur muß man sich über eines im klaren sein: Bei dem durchaus moralisch aufgegebenen und ständig zu erneuernden Versuch, an der Realisierung der Anwendungsbedingungen einer Kommunikationsethik mitzuarbeiten, kann und *darf* [Hervorhebung L. E.] man keineswegs von der Unterstellung ausgehen, dass die Anwendungsbedingungen der Kommunikationsethik schon realisiert seien."[291]

---

[290] in Apel (1988), S. 270 – 305, auf die von Ulrich hingewiesen wird.

[291] Apel (1988), S. 297

Nach Auffassung des Verfassers leidet Ulrichs Konzeption einer integrativen Wirtschaftsethik in der Tat letztlich an einer gewissen überschießenden Neigung, Praxis quasi per Ethik und Deklaration normativ bestimmbar und verfügbar machen zu wollen, und, kommunikative Rationalität mit instrumentell-strategischer Rationalität ebenso wie sich in strategischer Haltung in konträrer Interessenlage gegenüberstehende Parteien letztlich auf dem Wege einer Theorie-konzeptionellen Integration miteinander ‚versöhnen' zu wollen. Dem steht die oben etwa mit Bezug auf A. Pieper formulierte Einsicht entgegen, dass die Ethik normative Einsichten bezüglich herzustellender Qualitäten des Praxis-Vollzuges zwar vermitteln und einsichtig machen kann, sie diese jedoch nicht selbst in der Praxis herstellen kann, womit also das Faktum einer hin- und wieder beklagten Ohnmacht der Ethik[292] benannt wäre. K. O. Apels Argumentation ließe sich in diesem Sinne vielleicht auf den Nenner bringen, dass ethisch zwar erkanntes, begründetes Sollen erst dann auch in der Praxis mit Aussicht auf Erfolg aktiv intendiert werden kann, wenn auch die hinreichenden Mittel zur Verfügung stehen (vgl. dazu auch oben die Ausführungen zur deontischen Logik).

In Rahmen der Erörterung im engeren Sinne wirtschaftsethischer Fragen wird diese Frage, letztlich wieder die nach Faktizität und Geltung, noch einmal aufzunehmen sein. Ulrich stimmt jedoch mit Apel in der Feststellung einer moralischen Obligation zur Herstellung „entschränkter" Kommunikationsverhältnisse, die in die Feststellung der Notwendigkeit einer politischen Institutionen-Ethik einmündet, überein.
Zur Bestimmung der Inhalte einer politischen Institutionen-Ethik sagt Ulrich. „Es geht also praktisch darum, in der je realen Kommunikationsgemeinschaft bestmöglich institutionelle Rahmenbedingungen zu verwirklichen, die an der regulativen Idee der idealen Kommunikationsgemeinschaft orientiert sind. Der ideale Diskurs als solcher entzieht sich einer unmittelbaren Institutionalisierung; er ist vielmehr als jene (...) gedankliche Meta-Institution zu begreifen, die als kritisches Regulativ für praktische Bemühungen zur argumentationsförderlichen Gestaltung gesellschaftlicher Verständigungsverhältnisse dient."

Im vorliegenden Zusammenhang scheinen damit begründete Vernunftansprüche an politische institutionelle Rahmenbedingungen hinreichend benannt und expliziert; denkbare Lösungen der hier behandelten Problematik scheinen somit ohne Probleme im gegebenen konstitutionellen Verfassungsrahmen ansiedelbar zu sein.

Ulrich zieht im Rückblick auf die nachgezogenen Entwicklungslinien der Vernunft folgendes Fazit: „Die Diskursethik bietet die bisher elaborierteste Explikation des vernunftethischen Standpunktes als der normativen Logik der Zwi-

---
[292] Habermas spricht von einer Ohnmacht des Sollens. Habermas (1992), S. 78 ff.

schenmenschlichkeit. Sie (...) gewinnt (..) gegenüber früheren Explikationsformen des Moralprinzips nicht nur eine überlegene reflexive (universalpragmatische) Begründungskraft, sondern auch eine weitreichende kritisch-normative Orientierungskraft auf der Ebene personaler Verantwortungsethik ebenso wie auf der Ebene der Institutionenethik bzw. der Meta-Institution der unbegrenzten kritischen Öffentlichkeit als dem ‚letzten' Ort der Moral in einer freiheitlich-demokratischen Gesellschaft mündiger Bürger." (a. a. O., S. 94)

Diese Auffassung wird hier geteilt. Es ist aber nun zu fragen, wohin diese kritisch-normative Orientierungskraft, bezogen auf Handlungs- und Gestaltungspotenziale der Wirtschaftsinformatik, führt. Dazu ist noch einmal vertieft die innere Beziehung zwischen dem ethisch normierten Ermessen der Modalitäten des Ausführens einer Handlung, der subjektiv verfolgten Intention einer Handlungsweise und der Weise der funktionalen Ausführung zu betrachten.

2.3 Verantwortung, Intention und Funktion

Die Philosophische Handlungstheorie ist ein ‚weites Feld', auf dem vornehmlich zwischen den sog. Kausalisten[293] (des Neo-Positivismus) und den (sprachanalytisch inspirierten) Intentionalisten diverse Debatten ausgefochten wurden. Trotz einer hier eindeutig bezogenen Position in Gestalt des Bekenntnisses zu einer diskursiv verfassten Rationalität und Ethik und zu einer kulturalistischen Wissenschaftsauffassung, also einer Position, von welcher aus ein kausalistisches Handlungsverständnis kaum plausibel zu machen wäre und einer diesbezüglich also schon getroffenen Entscheidung, sei im folgenden kurz die historische Entwicklung der Begriffe „Handlung" und Absicht" seit Aristoteles skizziert[294].

a) der Praxisbegriff bei Aristoteles: Aristoteles unterscheidet zwischen dem Herstellen eines Werkes, das um des Werkes willen geschieht und in seiner Herstellung resultiert (*poiesis*), und einem Handeln, das um seiner selbst willen da ist oder jedenfalls nicht nur um des Ergebnisses willen geschieht (*praxis*). Poiesis als herstellendes Handeln ist lehrbar als Technik oder Verfahren, „dessen schrittweise Ausführung unerbittlich zum Fertigstellen des Produktes führen soll. (..) Wiederum kann man am Produkt überprüfen, ob die Schritte richtig ausgeführt worden sind."[295] Dies gilt nicht für Handeln als *praxis,* dessen innere, moralische Qualität danach beurteilt werden kann, ob das Handeln ‚das menschliche Gedeihen' (die ‚Glückseligkeit') fördert oder hindert. Für die Praxis kann es nach Aristoteles keine lehrbare ‚Moraltechnik' geben, sittliche Tugenden sind allgemein nicht lehrbar. Dennoch ist es möglich, *praktisch* die richtigen Ziele bzw. Zwecke zu wählen, so wie es *poietisch* bzw. technisch möglich ist die geeigneten Mittel zu wählen.

Das Handeln richtet sich nach Aristoteles auf das Gewollte (*to orekton*), das ein durch das Handeln zu erreichendes Gut darstellt; das Verbindungsglied zwischen Zielsetzung und Handlung ist die *prohairesis,* die überlegte Mittelwahl. Aristoteles fordert im VI. und VII. Buch der *Nikomachischen* Ethik für diese Mittelwahl *im vollen Sinne,* dass sie das (moralisch) gute *und* das (zweckmäßig) richtige auswählen müsse. „Der Überlegende verhält sich wie ein Geometer, der seine Aufgabe analysiert: ‚... nachdem man sich ein Ziel gestellt hat, sieht man sich um, wie und durch welches Mittel es zu erreichen ist; wenn es durch ver-

---

[293] Diese Unterscheidung macht nur Sinn unter der Voraussetzung eines ‚engen' Verständnisses von Kausalregulation, das letzten Endes ein verursachtes Ereignis als von der Ursache determinierend hervorgerufen betrachtet. J. R. Searle dagegen bemüht sich, „einen Schritt in Richtung auf die Intentionalisierung von Kausalität und somit auch auf die Naturalisierung von Intentionalität zu machen", eine „Verursachungsbeziehung" zu beschreiben als „etwas geschehen machen". (1991), S. 140 ff.

[294] unter Bezugnahme auf Conolly (1984)

[295] Conolly (1984), S. 47

schiedene Mittel möglich erscheint, sieht man zu, durch welches es am leichtesten und besten ereicht wird; und wenn es durch eines regelrecht verwirklicht wird, fragt man wieder, wie es durch dasselbe verwirklicht wird, und wodurch wiederum jenes, bis man zu der ersten Ursache gelangt, die als letzte gefunden wird. Auf diese so beschriebene Weise verfährt man bei der Überlegung suchend und analysierend, d. h. zergliedernd, wie wenn es sich um die Konstruktion einer geometrischen Figur handelte ... jede Überlegung ist ein Suchen, und das, was bei der Zergliederung als letztes herauskommt, ist bei der Verwirlichung durch die Handlung das Erste.'"[296] Aristoteles nennt den aus Überlegung und Willenswahl Handelnden eine „Wirkursache" oder „bewegendes Prinzip".

Conolly hebt nun hervor, dass Aristoteles nicht über den Begriff der Absicht verfügte, der dann auf dem Wege „der lateinischen Tradition von *Cicero* bis Thomas von *Aquin*" schließlich „die Stellung der *causa finalis* (Ziel) als auch der *causa formalis* der menschlichen Handlung einnahm." „Die Absicht wird gleichsam zur Seele der Handlung einerseits, andererseits wird man auch für das verantwortlich erklärt, was man ‚bloß' beabsichtigt (und nie ausführt). Was soll aber ‚beabsichtigen' bedeuten? Ist es selber eine Handlung?"[297]

b) *menschliches Handeln im Lichte der ‚Scientia Nova'*: Diese ‚schwierigen' Fragen zum Begriff der Absicht sind dann erst in der frühen Neuzeit wieder aufgenommen worden, und zwar innerhalb zweier jeweils nicht-aristotelischer Strategien: im atomistischen Materialismus (Epikur, Demokrit) und im Platonismus. „Descartes verfolgte die letztere, nicht-materialistische (oder ‚dualistische' [Leib-Seele-Dualismus]) Strategie." Er betrachtete seine auf methodischem Zweifel beruhenden *Meditationes* als Beweis, dass er „jedem Satz seine Zustimmung vorenthalten könne, der nicht den strengsten epistemologischen Maßstäben der ‚Klarheit und Deutlichkeit' genüge", und dieses Vermögen wiederum als Manifestation des freien, sich nach rationalen Maßstäben selbst bestimmenden Willens. Diese platonisch-dualistische Strategie gerät aber in die Schwierigkeit zu erklären, wie der Geist als dem kausalen Ablauf der Natur nicht unterworfene ‚Substanz' menschliches Handeln herbeiführen kann.

c) *die naturalistische Auffassung der Handlung bei Hume*: In der konsequent materialistischen Anschauung *Thomas Hobbes* besteht alles inklusive der menschlichen Seele aus sich bewegender Materie, die menschliche Handlung daher aus einer Kette von Ursachen und Wirkungen; es gibt zwar ‚freiwillige' Handlungen, ‚die aus dem Willen hervorgehen', dennoch stellt dieser nur ein Glied in der Ursachenkette dar. *David Hume* (1711 – 1776) als Nachfolger des materialistisch beeinflussten konsequenten Empiristen John Locke (1632 – 1704) versteht nun wie schon Hobbes das Handeln naturalistisch, also kausalis-

---

[296] Conolly (1984), S. 49. Conolly zitiert aus der Nikomachischen Ethik in der Übersetzung von E. Rolfes, Hamburg 1972, 1112a S. 16 f.

[297] Conolly (1984), S. 52

tisch: „jede Handlung wird von einem Gefühl bzw. Begehren (*passion*) verursacht." Die Willenstätigkeit geschieht aus kausaler Notwendigkeit und wird durch Gefühle mit derselben Regelmäßigkeit verursacht wie die Bewegungen von Gegenständen durch externe Anstöße. Dennoch versucht Hume zwischen freiem und unfreiem Handeln zu unterscheiden: unfreies Handeln wird von außen (z.b. Gewalttäter) oder von innen durch „heftige" Gefühle erzwungen, freies Handeln nicht, aber es wird doch durch Gefühle „ausgelöst"; diese Unterscheidung wird also fraglich.
Conolly bemerkt kritisch zu Humes Beharren auf der Vorstellung, die Verbindung zwischen Gefühl (Wille) und Handlung sei vollkommen empirisch, also nicht *notwendig*: „Diese Vorstellung büßt ihre Plausibilität ein, sobald man des propositionalen Gehalts von Gefühl, Willen und Handlung völlig gewahr wird: Mein Wille z.B. ist immer der Wille, etwas bestimmtes zu tun oder herbeizuführen, er hat die Form: ‚ich will, dass ich den Zustand *p* herbeiführe', wo der Dass-Satz den propositionalen Gehalt angibt." (a. a. O., S. 58) Weiter kritisiert Conolly, dass Hume in seiner Definition vom Willen (‚Eindruck den wir spüren .. wenn wir wissentlich eine neue Körperbewegung hervorrufen') einen Begriff von Willen stillschweigend voraussetzt, der willentlich doch mit absichtlich gleichsetzt, und dass diese ‚Absicht' kein bloßes Erfahrungsdatum sein kann, „da wir ziemlich scharf zwischen dem, was wir über uns selbst durch Beobachtung erfahren, und dem, was wir über uns wissen, *weil es unser Tun ist*, unterscheiden." (a. a. O., S. 59)

d) *die ‚zwei-Standpunkte-Auflösung' Kants*: Kant führt seine synthetischen Begriffe a priori ein als solche Begriffe, „die nicht aus der Erfahrung entspringen, aber von der Erfahrung vorausgesetzt werden und nur in ihr ihre sinnvolle Anwendung haben können, z. B. Kausalität." Kausalität kann nun aber keine Eigenschaft der ‚Dinge-an-sich' sein, „sondern lediglich eine Bedingung *unseres* Verstandes, dessen legitimer Gebrauch an das gebunden ist, was in Zeit und Raum erfahrbar ist." Damit unterliegt auch nach Kant *alle* raum-zeitliche Erfahrung der Kausalitätsbedingung; „‚hinter' unserem Verstande (...) liegt [aber] die Spontaneität der Vernunft, deren praktische Form der Wille ist, unser Vermögen, ‚nach dem Begriff des Gesetzes zu handeln.' (...) Der Vernunft, die von den deterministischen Verstandeskategorien nicht eingegrenzt werden kann, müssen wir unsere Freiheit zuschreiben. (...) Auf diese Art und Weise begreifen wir neben der Naturordnung, in der Ereignisse auf ihre Ursachen gesetzmäßig folgen, eine ‚Kausalität durch Freiheit', in der der menschliche Wille (= praktische Vernunft) Änderungen in der Welt hervorruft." (a. a. O., S. 60)
Der Wille muss also als der Handlungsgrund angenommen werden, und stellt dennoch kein Erfahrungsdatum dar.
Conolly wendet sich schließlich der Zweck-Setzung zu als „einem Aspekt, der noch immer im Dunkeln liegt: (..) Eine Gründe-Erklärung behauptet explizit, dass der Handelnde einen bestimmten Wunsch (..) hatte und implizit, dass er

diesen Wunsch zum Grund seines Handelns gemacht hat", also ein *to orekton*, ein zu-Erreichendes, „dessen Wahl kann man nicht auf dieselbe Art und Weise begründen wie die Wahl der Mittel. Den Zweck muss man setzen; wo [eine Maxime des Handelnden] nicht wenigstens formulierbar ist, dort handelt man nicht." (a. a. O., S.. 61)
Hier trifft Conolly dann wieder auf die in das Leib-Seele-Problem mündende Frage, ob die Zwecksetzung selbst ein Handeln ist (infiniter Regreß), oder eine kausale Kraft im Sinne der Änderungen in Hirn und Nervensystem (dann wäre der Wille verursacht).[298]

Das mag nun als historischer Überblick genügen. Im vorliegenden Zusammenhang von Interesse ist die Frage, ob es Bestimmungen für Handlungen gibt, die diese prinzipiell relativ zu ihrem Zugeordnetsein zum Menschen nicht substituierbar machen, die also prinzipiell von keinem anderen ‚Wesen' oder ‚Phaenomen' oder Werkzeug als dem Menschen selbst vorgenommen werden können, wobei dieses ‚Können' hier auch gleich auf legitimes Können weiter eingeschränkt werden kann (bzw. muss), also: ausgeführt werden dürfen.

In allen hier vorgestellten Konzepten ist die Auffassung unterzubringen, dass das Setzen der Zwecke, das Formulieren der Intention, ein Vorgang von anderer Qualität ist als die davon abhängige Mittelwahl, und auch als die sich an die Mittelwahl anschließende Anwendung des Mittels, das ja auch in der Ausführung oder Abarbeitung eines ‚Programms' bestehen kann, also einer – beliebig komplexen – Verfahrensvorschrift mit neben- und untergeordneten Teil- und Hilfsverfahren und –prozessen, die aber zu verstehen sind als durch die gewählte Zwecksetzung technisch-funktional determinierte Einzel-Aktionen.[299]
Nach Aristoteles setzt man sich ein Ziel und sieht sich dann um, „durch welches Mittel es am leichtesten und besten erreicht wird." Die Behauptung, dass die Wahl eines universal programmierbaren Automaten mit der zum intendierten Zweck passenden Programmierung als Mittel zur Erreichung eines begründet und mit praktischer Vernunft gesetzten Zweckes nicht verboten ist, sofern nicht Gesichtspunkte instrumenteller Vernunft dagegen sprechen, der Zweck also leicht und gut erreicht wird, scheint hierdurch gut und hinreichend belegt.

---

[298] Jungclaussen erörtert eine sog. „Reduktionshypothese", die Frage der Möglichkeit der physikalischen Reduzierbarkeit des Denkens. Er geht davon aus, dass mentalen Zuständen neuronale Zustände entsprechen (‚Brückenhypothese'), und dass, wenn es gelingt die Brückenhypothese zu beweisen, damit auch die Reduzierbarkeitshypothese bestätigt wäre; der freie Wille ‚funktionierte' aber dennoch, s. u.

[299] Eine mit einer ähnlich angelegten Begründung durchgeführte Eingrenzung des Anwendungsbereiches des „Automaten" findet sich bei A. Rolf, der die Anwendung von Softwareprodukten zur Reduzierung des Aufwandes „wiederkehrender Operationen und Prozesse" in der „operativen Aufwandsebene" für sinnvoll hält, auch mit dem Ziel der Automatisierung, nicht jedoch „für den großen Bereich der Erfolgspotenziale", also der eigentlichen Entscheidungsfindung. Rolf (2002), S. 24

Es wird hier ferner die Auffassung vertreten, dass nur der Mensch die Autorität besitzen kann, Zwecke gültig und begründet zu setzen. Diese Auffassung trifft gewöhnlich auf geringeren Widerspruch als die obige, dennoch ist sie genau genommen nicht leichter zu belegen: denn eine solche Behauptung müsste in letzter Konsequenz ja zeigen können, wie beim Menschen dieses Setzen der Zwecke zustande kommt[300], und wieso es bei einer Maschine nicht zustande kommen kann. Ersteres bereitet ja offenbar schon erhebliche Schwierigkeiten.

Man kann hier aber das Argument gelten machen, dass es für den vorliegenden Zusammenhang hinreichend ist, davon auszugehen, dass a) nur der Mensch diese Autorität zur legitimen Zweck-Setzung besitzt, und b) dass er zur zweckgerechten Ausführung sich des Mittels der universalen Maschine benutzen darf. Denn: Aussage a) wird zum einen, soweit erkennbar, nicht bestritten, weder von Mensch noch etwa von Maschinen, die mit diesem Anspruch auftreten und für sich Autonomie einfordern. Wenn aber doch gezeigt werden könnte, dass Maschinen prinzipiell doch begründet Zwecke setzen können, wäre daraus noch nicht zwingend abzuleiten, dass *alle* etwa nach dem „Muster" der Turing-Maschine konstruierten Maschinen nun als „Wesen gleicher Würde" wie Menschen zu betrachten wären, woraus sich dann ein Verbot ableiten würde, diese wie Sachen zu benutzen. Eine solche Annahme scheint erstens sehr weit hergeholt; sollten dereinst aber dennoch „Maschinen" mit Geist und Moral, mit „Würde" auftreten, so wäre der Geltungsbereich des hier gesagten einzugrenzen auf solche Maschinen, die eben in der Tat „nichts weiter" sind als berechenbare universale Maschinen.

Für den vorliegenden Zusammenhang kam es *darauf* an: es gibt den Menschen, die menschliche Vernunft, seine unbezweifelbare Autorität und sein Vermögen, begründet Intentionen zu setzen, „to make something happen"[301], und sein Vermögen, rational die Mittel zu wählen, um das, was er beschlossen hat ‚to make happen', also in der Wirklichkeit der Welt der Fall sein zu lassen. Die Rationalität der Mittelwahl bemisst sich dann ‚nur' nach dem Grad der Übereinstimmung von Soll und Ist und der Ökonomie des betriebenen Aufwandes bzw. dem Resultat eines rationalen Bewertens als „all things considered-Überlegung"[302]. Solange nicht Gegenteiliges nachgewiesen ist, sind Rechenmaschinen mit gutem Grund als Sache zu betrachten, die als Mittel einer rationalen Wahl genutzt werden dürfen, dies jedenfalls doch mit wesentlich besserer Aussicht auf Begründetheit, als die Wahl von *Menschen* als Mittel zur Erreichung von Zwecken.

---

[300] wozu Jungclaussen immerhin bemerkt, dass der freie Wille des Menschen unabhängig davon ‚funktioniert', ob man seinen Mechanismus kennt oder nicht: „Meine ganze Erfahrung beweist mit die Richtigkeit dieser These. Darum nenne ich sie das Autonomieprinzip der geistigen Tätigkeit. Die spezielle Anwendung des Prinzips auf die Vorstellung, man habe einen freien Willen, nenne ich das Autonomieprinzip der Willensfreiheit." Jungclaussen (2001), S. 573

[301] Searle (1983), S. 123

[302] Kettner (1996), S. 440

Legt man Aristoteles Unterscheidung von *praxis* und *poiesis* zugrunde, gilt das Gesagte nur für die *poiesis*, praktisches Handeln in Herstellungs- und Verwendungszusammenhängen, dessen wesentliches Kriterium die ‚Lehrbarkeit' ist, und das, so wie oben beschrieben („..Verfahren, dessen schrittweise Ausführung unerbittlich zum Fertigstellen des Produktes...") auch an die hier zur Debatte stehende Berechenbarkeit denken lässt. Diese Handlungen haben ihre Zwecke ‚außer sich'; im Gegensatz zum Handeln als *praxis*, das seine Zwecke in sich selbst hat.

Conolly erläutert dazu, Aristoteles scheine „eine Unterscheidung zwischen möglichen Aspekten einer jeden Handlung im Sinne gehabt zu haben: als Handeln (*praxis*) beurteilen wir eine Tätigkeit im Bezug auf deren moralischen Wert und nicht deren Wirksamkeit oder Erfolg. Demzufolge könnte eine Rede auch poiesis sein, während das Schaffen des Töpfers auch seinen moralischen Aspekt haben kann."[303]

Diese Einschätzung scheint aber nicht überzeugend, da Aristoteles ja mit dem Kriterium der schrittweisen und „unerbittlich" zielführenden Ausführbarkeit eine trennscharfe Unterscheidung ermöglicht. Dazu kommt der Umstand, dass Aristoteles nach diesem Kriterium die Zuordnung zum „freien" Bürgern (*poiesis*) oder zu Handwerkern oder Sklaven vornimmt (*Poiesis* bzw. Arbeit).

Was wäre denn auch ‚ein moralischer Aspekt'? Mit Blick auf die Frage nach der legitimen Substituierbarkeit von (poietischen) Handlungen durch Maschinen schiene das die Lage jedenfalls zu verkomplizieren.

Lässt man die Unterscheidung nach den „möglichen Aspekten einer jeden Handlung" einmal außer Betracht, so scheinen sich Aristoteles die Dinge so dargestellt zu haben, dass es die erlernbaren, zweckgerichteten Tätigkeiten gibt, deren „to oretkon", Gewolltes, in der Fertigstellung, dem „Verfügbar-Sein" des Hergestellten besteht; es geht darum, dass dieses ‚Herzustellende' verfügbar sein soll, also etwa das auf einem Webstuhl herzustellende Gewebe, das in der Werkstatt des Werkmeisters mit Hilfe von Gehilfen – die der Werkmeister braucht, weil die Weberschiffchen nicht allein wirken können – poietisch hergestellt wird (in Verwendung des Eingangs-Zitats des Aristoteles).

Ein typischer Praxis-Fall ist dagegen für Aristoteles das Tun des Wissenschaftlers[304], des Theoretikers, das in der Anschauung des Aristoteles seinen Zweck in sich selber tragen soll, oder das Kunst-Schaffen, oder der Sport. Mit Blick auf die mögliche bzw. legitime Substituierbarkeit von Handlungen durch Maschinen möchte man Aristoteles hier unmittelbar zustimmen. Das Handeln des Wissenschaftlers im Kern, das Wissen-Schaffen, die synthetische Erschließung neuen Wissens mit allem, was an inneren dispositiven Einstellungen (‚Erkenntnis und Interesse') dazu gehört: das auf eine Maschine zu übertragen, würde intuitiv ‚keinen Sinn' machen, es würde niemand wollen; jedenfalls denkt man sich die

---

[303] Conolly (1984), S. 47

[304] Nach anderen Einteilungen ist dem „Tun des Wissenschaftlers" ein eigener Erfahrungsbereich zu geordnet, der „*bios theoretikos*".

innere Haltung des Wissenschaftlers zu seinem Fachgebiet so, dass er diesem aktives Interesse entgegenbringt, dass er an der ‚Kenntnis', dem inneren Zur-Verfügung-Haben, dem eigenen autonomen Überblicken und Beurteilen seines Faches und an der Erweiterung dieses Wissens autonom interessiert ist, unabhängig davon, dass dieses Wissen dann möglicherweise auch äußeren Zwecksetzungen dienlich und förderlich sein kann.
Gleiches gilt für das Kunst-Schaffen: Kant sieht im Kunst-Werk ein Symbol für eine innere moralische Einstellung, ein Verfügbar-Machen von Einsichten, das vielleicht durch Worte, durch systematische sprachliche Explikation nicht hergestellt werden kann. Eine innere moralische Einstellung zu haben macht aber nur für den Menschen Sinn, insofern macht es auch nur für den Menschen Sinn, eine solche Einstellung im Kunst-Werk zum Ausdruck zu bringen.
Es war oben schon die Auffassung vertreten worden, dass generell das ‚Verantwortlich-Sein', das aktiv-handlungsfähige, vernünftig-vorausschauende Tragen von Verantwortung dem Menschen wohl kaum jemals erlassen werden kann; insofern kann man sagen, dass sich hier eine Grenze der Substituierbarkeit menschlichen Handelns abzeichnet. Maschinen können – aller Voraussicht nach – keine Verantwortung tragen, Menschen sind dazu aber kraft der Autonomie ihres freien Willens berufen. Diese Grenze, wird man also sagen dürfen, darf nicht überschritten werden (bzw. kann aller Voraussicht nach auch nicht, s. u.).

Es gibt nun offenbar Handlungsweisen, die zwar das Herstellen von Gegenständen zum Inhalt haben und insofern in dieser Systematik als poietische zu klassifizieren wären, bei denen die Dinge aber insofern anders liegen als bei den ‚typischen' poietischen Zweck-Handlungen, als sie in der Regel von denen, die sie tun, mit großer innerer Anteilnahme, Freude, Begeisterung, Identifikation, Verantwortungsbereitschaft, Opferbereitschaft, Einsatz und Wagemut etc. getan werden, also so, dass nach aller Lebenserfahrung niemand ein Interesse daran hat, diese Maschinen zu übertragen.
Dies alles ist zumindest zu Teilen im Bereich des subjektiv-beliebigen Empfindens angesiedelt, und daher wäre es jedem Menschen freigestellt, auch für beliebige Berufs-Tätigkeiten so zu empfinden. Es ist zwar eher die gewöhnliche Lebenserfahrung die, dass gerade im Erfahrungsbereich der von Aristoteles als ‚poietisch' beschriebenen Handlungsweisen häufig Menschen anzutreffen sind, die von ihrer Arbeit – die ja auch Mühe, Einschränkung und Last bedeutet –, gerne ‚erlöst' wären. Aber dennoch ist, möglicherweise auch nach Aristoteles' Einschätzung, in der Realität insofern dann keine klare Grenze zu ziehen zwischen praktischen und poietischen Handlungen, entscheidend wäre dann die innere Einstellung des Handelnden zu seinem Werk, ob er es als Zweck oder als Selbst-Zweck betrachtet.

Damit wären nun alle Anhaltspunkte zur Gewinnung von Kriterien legitimer Handlungssubstitution verloren. Es muss ja jedem Menschen frei stehen, in be-

liebigen Handlungen einen in diesen selbst liegenden Zweck zu sehen, sie also um ihrer selbst willen auszuführen. Andererseits ist in Betracht zu ziehen, dass es einen objektiven, „von außen" wahrnehmbaren Unterschied macht, ob ein Mensch de facto die Wahl hat, eine Handlung auszuführen, oder eben nicht, ob er ein Werk nur dann herstellt oder bearbeitet, wenn er es in Freiheit zur Bearbeitung ausgewählt hat, oder ob er dazu gezwungen ist.
Viele Menschen sind de facto aber eher zwingend veranlasst zu Handlungen, die ihren Zweck *nicht* in sich selber tragen, nämlich zur poietischen Herstellung von Dingen des täglichen notwendigen Bedarfs.
Sie können aber immer noch – subjektiv – diese Handlungen als ihren Zweck in sich selber tragend betrachten. Wie wäre nun also über Substituierbarkeit zu entscheiden?

Es ist nun auch zusätzlich die Frage zu stellen, von wem eigentlich über Substitution und Substituierbarkeit entschieden wird, werden kann, darf oder soll. Die Substituierbarkeit an sich hätte die moralisch informierte Vernunft zu entscheiden. Die war aber nun gerade in eine Sackgasse geraten, da sich auf der Grundlage der Aristotelischen Handlungstypik dazu offenbar keine eindeutigen Anhaltspunkte ergeben: es wäre einfach ins Belieben eines jeden Menschen gestellt, selbst zu handeln oder dann, wenn maschinelle Substitution möglich und vertretbar ist, es der Maschine zu übertragen. Die hier nun mögliche Unterstellung, dass es *allen* Menschen beliebt, *alle* automatisierbaren Handlungen[305] zu automatisieren, ergäbe auch keinen Gesichtspunkt, aus dem heraus diese Beliebigkeit einzuschränken wäre. Der Mensch bliebe ein autonomer Mensch und beschäftigte sich (selber) eben nur mit Handlungen, die ihren Zweck in sich selber tragen. Aus anderen Gesichtspunkten könnten Unterschiede in der Leistungsqualität zwischen Maschinenleistung und menschlicher Leistung eine Rolle spielen: maschinell durchgeführte Arbeitsprozesse können ja durchaus auch Vorteile bezüglich verschiedener Kriterien wie Zuverlässigkeit und Genauigkeit aufweisen, z. B. scheint sich in der Chirurgie bei komplizierten Gefäßoperationen die Robotik allmählich beliebt zu machen; wenn also nach bestem fachlichen Wissen und Ermessen eine Maschine eine menschliche Handlung mit Zuwachs an Erfolgsaussicht ersetzen kann, dann ist diese Substitution doch auch, wie das Beispiel deutlich machen sollte, geboten.

In welchem Sinne kann dann hier die Frage nach Substituierbarkeit gestellt werden? Es kann, nochmals, gefragt werden, ob sich entweder in Charakteristika von menschlichen Handlungsweisen oder in prinzipiellen Funktionsweisen des Universalen Automaten Bestimmungen finden lassen, die die maschinelle Substitution menschlichen Handelns verbieten. Hier war gesagt worden, dass die

---

[305] „alle automatisierbaren Handlungen" hieße dann: alle Handlungen, die a) berechtigten Intentionen unterliegen, und b) im Rahmen der verfügbaren Technik nach bestmöglichem menschlichen Ermessen durch maschinelle Substitution mindestens leistungsgleich erfüllt werden können

Verantwortung, die vollumfängliche Ausübung einer Rolle des Verantwortung-Tragens, beim Menschen verbleiben muss, er hat die Autorität ‚to make things happen', und er muss auch in der Lage sein und verbleiben dafür Sorge zu tragen und sicherzustellen, dass *diese* ‚things happen', und keine anderen. Darüber hinaus kann aber auf dieser Betrachtungsebene offenbar noch nicht weiter bestimmt werden, ob Handlungen substituiert werden müssen oder sollen, oder nicht sollen oder dürfen. Dazu werden die Dinge in einem anderen, größeren, gesellschaftlichen, ökonomischen Zusammenhang betrachtet werden müssen.

Es sei hier abschließend hingewiesen etwa auf Joseph Weizenbaums Einschätzung der Aussicht des Computers, ‚vernünftig' zu werden, der diese seinerzeit noch gegen eine ungebrochene KI-Euphorie zu Beginn ihrer Hoch-Phase durchzusetzen hatte; Weizenbaum fasste den von ihm gesehenen Unterschied zwischen Mensch und Maschine in folgende Worte:

„Und es gibt genau einen entscheidenden Unterschied zwischen dem Menschen und einer Maschine: um ein Ganzes zu werden, muß der Mensch auf immer ein Erforscher seiner äußeren und inneren Realitäten sein. Sein Leben ist voller Risiken, die er jedoch mutig auf sich nimmt, weil er wie der Forscher lernt, seinen eigenen Fähigkeiten zu vertrauen, durchzukommen und auszuhalten. Was für eine Bedeutung könnte es haben, von Risiko, Mut, Ausdauer und Durchhaltevermögen zu sprechen, wenn von Maschinen die Rede ist?"[306]

H. Jungclaussen spricht von einer prinzipiellen „Überlegenheit" des Menschen gegenüber der Maschine: „Die Annahme liegt nahe, dass die Überlegenheit des Menschen über den Schachcomputer und allgemein der natürlichen über die künstliche Intelligenz in der Entscheidungsfreiheit, also letzten Endes in der Willensfreiheit des Menschen liegt, und dass die Überlegenheit eine prinzipielle ist, weil der Computer keine Willensfreiheit besitzt. Er kann nur Programme ausführen."[307] Nun hat sich allerdings gerade nicht eine *Überlegenheit* des Menschen gegenüber dem Computer erwiesen (speziell nicht im Schach-Spielen). In der Willensfreiheit des Menschen wird man insofern also wohl weniger eine Überlegenheit begründet sehen können als vielmehr die Würde, den Subjekt-Status und die Autorität des Menschen, diesen Computer als Sache zu nutzen – dies jedenfalls bis zum Beweis des Gegenteils.

Im Verlauf der nächsten beiden Abschnitte wird sich die Argumentation nun zunehmend den Konsequenzen des bisher Erarbeiteten hinsichtlich der „Möglichkeiten der Vernunft, lebenspraktisch zu werden", zuwenden. Es wird also darum gehen, wie erkannte und begründete Ansprüche der Vernunft gegen mögliche Widerstände des Faktischen in gesellschaftlich vermittelten Lebensbezügen zur

---

[306] Weizenbaum (1990), S. 366

[307] Jungclaussen (2001), S. 395

Geltung zu bringen sind und wie solche ‚bloßen' Fakten in das Kalkül moralisch-praktischen Räsonierens mit einbezogen werden können oder sollten.

2.4 Faktizität und Geltung, Macht und die Ohnmacht des Sollens

Habermas setzt sich in „Faktizität und Geltung" mit Fragen der rechtlichen Verfasstheit des demokratischen Rechtsstaates aus der Perspektive einer Diskurstheorie des Rechts auseinander. „Mit der Idee des Rechtsstaates wird eine Spirale der Selbstanwendung des Rechts in Gang gesetzt, welche die intern unvermeidliche Unterstellung politischer Autonomie gegen die von außen ins Recht eindringende Faktizität rechtlich nicht gezähmter Macht zur Geltung bringen soll. Die Ausgestaltung des Rechtsstaats lässt sich verstehen als die grundsätzlich offene Sequenz erfahrungsgeleiteter Vorkehrungen gegen die Überwältigung des Rechtssystems durch eine – illegitime – Macht der Verhältnisse, die seinem normativen Selbstverständnis widerspricht. Dabei handelt es sich um ein (..) externes Verhältnis von Faktizität und Geltung, eine Spannung zwischen Norm und Wirklichkeit, die selber zu einer normativen Verarbeitung herausfordert."[308]

Unter diesen „Verhältnissen", die auch „Macht" besitzen oder ausüben können, ist folgendes zu verstehen: „Moderne Gesellschaften werden nicht nur sozial, über Werte, Normen und Verständigungsprozesse, sondern auch systemisch, über Märkte und administrative Macht, integriert. Geld und administrative Macht sind systembildende Mechanismen der gesellschaftlichen Integration, die Handlungen nicht notwendig intentional, also mit kommunikativem Aufwand über das Bewusstsein der Interaktionsteilnehmer, sondern objektiv, gleichsam hinter dem Rücken, koordinieren. Die ‚unsichtbare Hand' des Marktes ist seit Adam Smith das klassische Beispiel für diesen Regelungstypus." (a. a. O., S. 59)

Habermas lässt hier nicht erkennen, wie er diese Weise der gesellschaftlichen Integration über Geld und administrative Macht bewertet. Faktum ist aber, dass nach dieser Auffassung der Rechtsstaat Vorkehrungen zu treffen hat, nicht „überwältigt" zu werden; das, was „hinter dem Rücken" der Gesellschaftsmitglieder geschieht, ist offenbar nicht unbesehen mit dem identisch zu setzen, was in der Gesellschaft *de iure* geschehen darf oder sollte.

Was „Geld" ist und in welchem Sinne Geld „ein systembildender Mechanismus" ist, der Handlungen koordiniert, erläutert Habermas an dieser Stelle nicht weiter. Die systembildenden Mechanismen wirken jedenfalls „imperativisch": „Weil das Recht auf diese Weise mit Geld und administrativer Macht ebenso verzahnt ist wie mit Solidarität, verarbeitet es in seinen Integrationsleistungen Imperative verschiedener Herkunft." (S. 59)

---

[308] Habermas (1992), S. 58

Habermas enthält sich hier ebenfalls einer Bewertung, ob das etwa so „in Ordnung" ist, dass es systemische Imperative in einer Gesellschaft politisch autonomer Bürger gibt. Er stellt fest, dass moderne Gesellschaften auch „systemisch", über Märkte und administrative Macht integriert werden. Systemische Integrationsleistung nennt Habermas an anderer Stelle „nichtintentionale Vergesellschaftung" (a. a. O., S. 71), was er, bezogen auf den dadurch nicht einzulösenden Leistungsanspruch des Rechts, „konfliktbewältigende Integrationsleistung" zu schaffen, kritisiert. Die Integration über Geld und Macht scheint er aber als solche nicht zu kritisieren, sondern nur insoweit, als die „Imperative" dieser Systeme ungezähmt in Erscheinung treten können. Sie bedürfen also zumindest potentiell eben dieser Zähmung und des „Ausgleichs" durch die Normativität gesetzten Rechts. Insofern scheint Habermas diese systemische, nicht-intentionale Koordination über Geld und administrative Macht inklusive staatlichen Gewaltmonopols für gerechtfertigt zu halten.

Vertritt man nun die Einschätzung, dass diese imperativisch wirkenden Systeme das, was sie leisten, nicht anders leisten *können*, als eben nicht-intentional und systemisch, und dass auch keine vergleichbar leistungsfähigen Alternativen zur Hand sind, so könnte man davon sprechen, dass dieses Faktum Recht-setzend wirkt; es wäre ein Exempel einer diskursiv hergestellte Legitimation ersetzenden Normativität des Faktischen. Damit wäre an die oben schon angesprochene Problematik angeknüpft, die auf dem Gebiet der Wirtschaftsethik bearbeitet wird und in deren Zentrum die Frage steht, wieweit dieses Faktum in der Tat als solches zu betrachten ist, oder ob doch etwa ein Dispositionsrahmen zur „normativen Verfügbarmachung" ausgemacht werden kann.

Die Frage, ob diese von Seiten der Vertreter der Diskursethik diagnostizierte Differenz von verständigungsorientiertem Soll und systemisch-imperativischem Ist tatsächlich so besteht, ist eine Frage, die die gegenwärtige Wirtschaftsethik in zwei Lager zu teilen scheint: in dem einen gibt es Bemühungen nachzuweisen, dass die Koordinationsweisen des Marktes auch diskursethischen Normativitätsansprüchen genügen, und dass von daher alles in bester, also nicht verbesserungsfähiger bzw. -würdiger Ordnung ist; auf der anderen Seite gibt es die Position, den von K. O. Apel für erforderlich erklärten „Teil B" der Kommunikationsethik, nämlich dieses erst geschichtlich zu realisierende Herstellen der Anwendungsbedingungen der Diskursethik – womit ja (zunächst auch) eine Mäßigung, eine ‚Anmessung' des normativen Sollens-Anspruches an das Faktische nahegelegt und begründet ist – für überflüssig zu erklären und die Position zu vertreten, dass wir durchaus alle (auch und insbesondere die Unternehmen) im Sinne der Diskursethik uns verhalten könnten, wenn wir nur wollten, die also die

„Ohnmacht des Sollens"[309] bestreiten; zu diesen ist, wie erwähnt, auch P. Ulrich zu zählen. Als vermittelnde Position könnte man bei dieser Gelegenheit vorschlagen, dass es ethisch gefordert, aber auch ausreichend ist, dieses ‚Nicht anders möglich' ständig zu überprüfen, und sich ergebende Veränderungen in der Faktenlage daraufhin zu untersuchen, ob sie möglicherweise an diesem ‚Nicht anders möglich' etwas ändern können, oder diese grundlegende Differenz zumindest minimieren können.

Welche Ansprüche kann nun hier die Wirtschaftsinformatik an sich gestellt sehen?

Die Frage nach den sich der Wirtschaftsinformatik stellenden Gestaltungsoptionen hatte sich konzentriert auf die Frage, ob es Gründe gibt, die Substituierbarkeit von menschlichen Handlungen durch maschinelle Operationen für restringiert halten zu müssen, also ob es im Menschen selbst und im Universalen Automaten selbst liegende Gründe geben könnte, diese Substituierbarkeit aus Vernunftgründen zu bezweifeln. Das Ergebnis war, dass die Entscheidung eines Menschen, sein Handeln einer Maschine übertragen zu wollen, im Rahmen der Restriktionen, die sich auf die Wahrung seiner Verantwortlichkeit beziehen, beliebig sein müsse, es muss ihm, im Falle von Leistungsgleichheit, frei stehen.

Im gegebenen Zusammenhang ist nun zu fragen, ob aber diese systemischen Imperative sich nun möglicherweise – hinter dem Rücken der Betroffenen – der Entscheidung bemächtigen, ob menschliche Handlungen durch maschinelle „Handlungen" substituiert werden. Wird unterstellt, dass es einen autonomen Entscheider gibt, der eine Entscheidung bezüglich der Mittelwahl von ihm selbst autonom gesetzter Zwecke zu treffen hat, und dem ein Automat als Mittel-Alternative zur Verfügung steht, scheint der Entscheider in dieser Entscheidung „omnipotent".

Nun werden aber in aller Regel Entscheidungen über den Einsatz von Maschinen und gegebenenfalls die Substitution von menschlichen Handlungen durch maschinelle Operationen von dem Subjekt ‚Unternehmen' getroffen. Und es ist auch alltäglich erfahrbar, dass diese Entscheidungen gegebenenfalls für einen betroffenen Menschen schwerwiegende Konsequenzen haben können, denn er kann in der Konsequenz seine Arbeit und alles, was mit dieser Arbeit für seine Selbstwertempfinden und eine stabile Identität verbunden ist, verlieren, und darüber hinaus die an dieses Arbeitsverhältnis gekoppelten Versorgungsansprüche.

---

[309] Habermas bemerkt, dass die Frage nach der Ohnmacht des Sollens schon Hegel dazu motiviert habe, „A. Smith und D. Ricardo zu studieren, um sich der Verfassung der modernen bürgerlichen Gesellschaft als eines Moments der Wirklichkeit der sittlichen Idee zu vergewissern." (1992), S. 79

Es ist also genauer zu betrachten, wie dieses System ‚Wirtschaft' operiert, was es bedeutet, dass der Markt Gesellschaften über Geld koordiniert, und inwiefern sich hier imperativische Wirkungen entfalten. Es ist eben auch diese Frage zu stellen, ob solche Unternehmensentscheidungen möglicherweise ethischem Ermessen zugänglich gemacht werden können oder sollten. Viele unternehmensethische Ansätze verfolgen letztlich eben die Intention einer Demokratisierung des Unternehmens, also die Intention, Entscheidungsstrukturen in Unternehmen an der Norm der Verständigungsorientierung auszurichten, und in diesem Sinne ist wohl auch der unternehmensethische Ansatz von P. Ulrich zu verstehen.

Eine Aufgabe der Wirtschaftsinformatik könnte dann auch darin gesehen werden, eben diese Intention zu unterstützen: die Menschen in Unternehmen generell mit entscheidungsunterstützenden Informationen zu versorgen, damit sie in der Lage sind, innerhalb eines gegebenen Verantwortungsbereichs verantwortungsvoll, zielgerichtet und erfolgreich zu handeln. In der Tat sind in den letzten Jahren viele Unternehmen in diesem Sinne, mit entscheidender Hilfe der Informationstechnik, reorganisiert worden. Nicht zu unterschlagen ist jedoch an dieser Stelle, dass diese Reorganisationsmaßnahmen weniger aus Gründen der Einhaltung diskursethisch aufgeklärter Sollensansprüche, sondern aus Gründen der mit diesen Reorganisationen erreichbaren Produktivitäts- und letztlich Gewinnsteigerungen durchgeführt worden sind; sie sind jedenfalls erst dann in großen Umfang durchgeführt worden, als das eine mit dem anderen zu verbinden war, obwohl die aufgeklärten Sollensansprüche schon wesentlich früher vorgetragen worden sind.

Die hier zu verfolgende Fragestellung ist nun die, wie Unternehmen unter Bedingungen der Marktwirtschaft – unter dem ‚Diktat' der Systemimperative – mit diesem zur Verfügung stehenden technisch-informatischen Potenzial umgehen: ob sie etwa rücksichtslos, unrechtmäßig damit umgehen, und ob dann an dieser Rechtsgrundlage, der Verfasstheit der Unternehmen etwas geändert werden sollte, ob also etwa demokratisch-republikanische[310] Unternehmens-Verfassungen unterstützt werden sollten, um möglicherweise ungerechtfertigte „Freisetzungstendenzen" zu minimieren.

Man kann die Frage aber auch stellen als die Frage nach der optimalen Operationalität von Unternehmen, unter *Einschluss* der Anwendung des technisch-informatischen Potentials, *und* der Berücksichtigung legitimer Menscheninteressen. Was wäre dann ein in diesem Sinne optimal operationalisiertes Unterneh-

---

[310] So der Vorschlag von P. Lorenzen in Lorenzen (1991), S. 58; Ulrichs Konzeption ist i.w. in gleichem Sinne zu verstehen („republikanische Bürgertugend", Ulrich (1997), S. 293)

men – ein *voll automatisiertes* Unternehmen, oder ein *voll demokratisiertes* Unternehmen? Lässt sich etwas darüber sagen, was das Ideal eines Unternehmens ist, ein ideales Unternehmen?

2.5 Die Idealisierung des Realen und die Realisierung des Idealen

Man könnte sich dieser Frage annähern durch Anwendung des *Husserlschen* Konzepts der *Phaenomenologie*, das besagt: 1) es gibt für sich bestehende Wesenheiten, ideale Gegenstände; 2) es gibt andere Gegenstände, die in sich nach dem Muster solcher Wesenheiten verfasst sind und durch sie sind, was sie sind; 3) es gibt, von einem solchen Gegenstand aus- und durch ihn hindurchgehend, eine unmittelbare Anschauung des Wesens selbst.[311] Es wäre also gleichsam durch ein Unternehmen hindurch zu gehen zur unmittelbaren Anschauung des Wesens selbst. „Die logischen Wesenheiten und die gleichfalls wesenhaften Verknüpfungen zwischen ihnen werden unmittelbar erkannt und angemessen dargestellt (..)." Dies soll eine „reine" und „voraussetzungslose" Erkenntnis der „idealen Gegenstände (Wesen)" ermöglichen: „Voraussetzungslosigkeit besagt (..), dass keinerlei Theorie vorausgesetzt wird; was dagegen vorausgesetzt werden muss, sind die Sachen selbst: die logischen Gesetze und Prinzipien als ideale Gegenstände und die zwischen ihnen herrschenden idealen Beziehungen." (a. a. O., S. 45)

Paul Lorenzens „Kritische Rekonstruktion von ‚Idee' und ‚Ideal'"[312] unterscheidet Ideen als „Konstruktionsvorschriften" für „beliebig viele gedachte Figuren" (erläutert an geometrischen Figuren) von „beliebigen Abstrakta", die keine Ideen sind. „Ideale sind nicht erreichbar, sie sind nur – mit tolerablen Abweichungen – realisierbar." (a. a. O., S. 57) Wenn ein Unternehmen nun kein beliebiges Abstraktum ist, könnte man „rein und voraussetzungslos" zur Erkenntnis der idealen Wesenheit des Unternehmens vordringen und es dann, mit tolerablen Abweichungen, „realisieren".

Von einer solchen Vorgehensweise wird man sagen müssen, dass sie in der Praxis etwa der Unternehmensberatung nicht sehr geläufig ist. Gäbe es aber „Wesenheiten" eines Unternehmens als konstitutive Eigenschaften, die man sich maximiert oder optimiert denken müsste, um zur Vorstellung eines „idealen" Unternehmens zu kommen? Könnte man die „Vision" des vollautomatisierten Unternehmens etwa auffassen als „Gipfel" oder Kulminationspunkt einer als notwendig zu denkenden Evolution einer Idee?

J. R. Searle bringt den Gesichtspunkt der Funktionszuschreibung im Kontext einer vorausgesetzten Teleologie „ins Spiel": „Die Funktionszuschreibung bringt Normativität ins Spiel."[313] Die zugrunde zu legende Teleologie, die die Normativität der Funktionszuschreibung eines Unternehmens „ins Spiel bringt", könnte man allerdings hier nur konstruieren auf dem Wege der normativen Wertzumes-

---

[311] nach Sommer (1988), S. 43, wörtliches Zitat

[312] in Lorenzen (1991), S. 55

[313] Searle (2001), S. 146

sung etwa des durch Unternehmenstätigkeit im Umfeld der freien Marktwirtschaft beförderten Gemeinwohls; man käme damit aber noch nicht zu einer „von allen Kontingenzen des vorfindlichen faktischen freien" Bestimmung dessen, was ein realisierwürdiges Ideal eines „Unternehmens" sein könnte.
Ist das aber überhaupt möglich? „Unternehmen", „Marktwirtschaft", und auch der Begriff des Gemeinwohls als *wirtschaftlicher* Wohlstand sind ja keinesfalls zeitlose oder überzeitliche „Wesenheiten" der Anschauung oder Ideen, sondern haben eine nun etwa 250-jährige Geschichte hinter sich, und wären etwa in der Stufen-Systematik *Alvin Tofflers* der „Zweiten Welle" der Industriegesellschaft zuzuordnen, „17. Jhdt. bis Ende des 20. Jahrhundert"[314].
Der Universale Automat scheint dagegen wesentlich mehr Zeitlosigkeit in seinem „Wesen" zu haben. Er verkörpert gewissermaßen die – offenbar zeitlose – Idee der Berechenbarkeit, auch wenn er als realisierbares technisches Artefakt erst rund ein halbes Jahrhundert existiert und erforscht wird. Diese Einsicht scheint die Prognose seiner Existenz auch in einer fernen Zukunft zu rechtfertigen.
Die Idee des „vollautomatisierten Betriebes" oder Unternehmens identifiziert nun sozusagen das Unternehmen mit dem Automaten: hat „das Unternehmen" tatsächlich eine ebenso zeitlose „Natur" wie der Automat? „Ist" der Automat das „präzise ökonomische Äquivalent" des Unternehmens? „Ist" das Unternehmen das „präzise ökonomische Äquivalent" eines Automaten? Wird sich möglicherweise das zunehmend automatisierte Unternehmen schließlich in einen Automaten verwandelt haben? Wie ist dann die Aussage N. Wieners zu verstehen, der Automat sei „das präzise ökonomische Äquivalent der Sklavenarbeit"? Wie könnten denn „Unternehmen" und „Sklave" im Automaten identisch werden?

Zur Bestimmung dessen, was mit „vollautomatisiertes Unternehmen" gemeint sein kann, könnte man im Sinne einer pragmatischen Definition, wie oben angedeutet, mit Bezug auf die Definition für Vollautomation nach *Fertl/Sinz* also festlegen, es ist ein Unternehmen, in dem *alle* „Aufgaben" oder „Prozesse" durch maschinelle Aufgabenträger ausgeführt werden. Die Teilschritte eines Vorgangs können „in drei Schrittarten klassifiziert werden, nämlich (1) die Aktionen, (2) die Aktionssteuerung und (3) die Vorgangsauslösung"[315]; jeder Vorgang wird also initiiert durch eine Vorgangsauslösung. Wenn *alle* in einem Unternehmen durchgeführten Abläufe maschinell ausgelöst werden, kann man sie sich als zu *einem* Vorgang verbunden denken, der dann *nicht-maschinell* ausgelöst werden muss. Dieses initiierende Auslösen des gesamten Vorgangs wäre offensichtlich Aufgabe des „Unternehmers". Mit Blick auf die Handlungstheorie fällt auf, dass sich hier das strukturell gleiche Verhältnis zwischen Vorgangsauslösung und dann deterministisch-berechenbar durchgeführten Vorgängen ergibt,

---

[314] Toffler (1980), S. 20

[315] Ferstl/Sinz (1993), S. 178

wie zwischen „Willenstätigkeit" und Ausführen der Handlung, zwischen Handlung und „Seele der Handlung".

In der einschlägigen betriebswirtschaftlichen Literatur sind nun keine Beschreibungen vollautomatisierter oder „idealer" Unternehmen zu finden, wohl aber solche vorbildlicher Unternehmen und Unternehmenseigenschaften. Die dann beschriebene Musterhaftigkeit ergibt sich in der Tat auf der Grundlage einer impliziten Funktionszuschreibung, und zwar oft der, „erfolgreich" zu sein: „Erfolgreichen Unternehmen ist offenbar eine seltene und in der Regel befristet anhaltende Managementleistung gelungen: Auf der Basis nachvollziehbarer strategischer Orientierungen wurden klare Ziel- und Programm-Schwerpunkte erarbeitet; dies alles wurde in einer reibungslosen Organisation eingebettet und den Mitarbeitern im Unternehmen wurde ‚Sinn' vermittelt, ihnen wurde Wertigkeit und Wichtigkeit ihrer Arbeit für den Erfolg des gesamten Unternehmens transparent gemacht."[316]

Musterhafte Attribute von Unternehmen sind also auch zu lesen wie Rezepte zur Etablierung von „Markterfolg": „Dauerhafter Markterfolg lässt sich durch vordergründige Speed-Management-Aktivitäten kaum begründen. Dieser basiert eher auf einer vom Markt (Kunde, Zielgruppe, Gesellschaft) akzeptierten Unternehmenspersönlichkeit, durch die Vertrauen in Marke und Unternehmen entsteht. Aber auch durch Kontinuität (= Berechenbarkeit) bezgl. einer glaubwürdigen Produkt- und Kommunikationspolitik entsteht ein WIR-Gefühl in der Wertkette: Qualitätsbewusste Lieferanten, markentreue sowie unternehmensloyale Kunden, leistungsmotivierte Mitarbeiter." (a. a. O., S. 106)

Aus der „Teleologie" des Unternehmens, aus Sicht seines Interesses ist Gradmesser dieses Erfolges die „Akzeptanz" seiner Erzeugnisse am „Markt", also realisierbarer oder realisierter Gewinn. Das Unternehmen ist ‚getrieben' durch ein partikulares, selbstinteressiertes Gewinnmotiv. „Die" volkswirtschaftliche Theorie[317] rechtfertigt dieses Motiv der Gewinnmaximierung des Unternehmens so, dass dadurch sowie ferner durch Vermittlung der Marktmechanismen „Faktoren (...) in Verwendungen gelenkt werden, in denen sie ein möglichst hohes Einkommen erreichen." „Gewinnmaximierung erfordert Kostenminimierung. Sind die Kosten (...) richtig erfasst, bedeutet Minimierung, dass die Produktion eines Gutes den geringstmöglichen Verzicht auf die Produktion eines anderen Gutes erfordert."[318] Insofern wird insgesamt die Produktion möglichst vieler Güter zu möglichst geringen Kosten gefördert, und das liegt im Interesse des Wohls der Allgemeinheit, sofern man davon ausgeht, dass diese am Besitz möglichst

---

[316] V. Eiff (1992), S. 85, mit Bezug auf die „branchenübergreifend angelegte Studie von Peters & Watermann über erfolgreiche Unternehmen" (die ohne Quellenangabe zitiert wird).

[317] „die neo-klassische Volkswirtschaftstheorie.

[318] Herberg (1986), S. 155

vieler Güter zu möglichst geringen Kosten interessiert ist. (Allerdings ist hier anzumerken, dass Kostenminimierung nicht *identisch* ist mit Gewinnmaximierung: sie erweitert den Spielraum für Gewinnmaximierung, das ‚andere Ende' dieses Spielraums ist der am Markt durchsetzbare Preis. Ist – etwa im Falle einer Monopolstellung eines Unternehmens – eine nahezu beliebig hoher Preis durchsetzbar, entfällt weitgehend das Motiv und die Notwendigkeit zur Kostenminimierung.[319])

Die Bedeutung des *Unternehmers*, der Unternehmer*persönlichkeit* nun sah etwa der Wirtschaftstheoretiker *J. A. Schumpeter* dermaßen hoch und zentral an, dass er glaubte, eine Ende des „Weiterlebens des Kapitalismus" prognostizieren zu können wegen eines zu erwartenden „Funktionsverlust(es) und Untergang(s) des Unternehmertums"[320].

Der Unternehmer besitzt bei Schumpeter „Fähigkeiten eins Führers", „eine besondre Art, die Dinge zu sehen" und die Befähigung, „allein und voraus zu gehen, Unsicherheit und Widerstand nicht als Gegengründe zu empfinden"; eine „Wirkung auf seine Mitmenschen, die Schumpeter mit ‚Autorität', ‚Gewicht' und ‚Gehorsamfinden' umschreibt."[321]

Schumpeter sah später, wie *Reuter* hervorhebt, den Unternehmer durch „eine fortschreitende Demokratisierung (...) sukzessive seiner wirtschaftlichen und politischen Privilegien" beraubt, und auch durch die Bildung von „Riesenunternehmen" mit großen Bürokratien – „bezahlte Vollzugsorgane und all die bezahlten Direktoren und Unterdirektoren"[322] – werden dem Unternehmer wesentliche Antriebe, Motive und Entfaltungsmöglichkeiten genommen. Schließlich bleibt „ohne ‚Unternehmer' und ein sie hervorbringendes und unterstützendes Milieu (..) nur die Entwicklung zum ‚Sozialismus', der mangels ‚Unternehmer' die künftige Entwicklung mittels einer großen Bürokratie planmäßig ‚automatisiert', dem aber gerade deshalb jede dynamische Entwicklung, wie sie für den Kapitalismus kennzeichnend ist, fehlt. Aus dem Wegfall der den ‚Unternehmer schützenden Schichten und Institutionen folgert Schumpeter den Übergang in ein stagnatives Stadium der wirtschaftlichen Entwicklung, den ‚Sozialismus'".[323]

In der Anschauung Schumpeters hätte die „Vollautomation" eines Unternehmens sicherlich noch weit verheerendere Wirkungen für die Entfaltung unternehmerischen Tatendranges als Demokratie und Bürokratisierung; der Unternehmer wäre vollkommen zu Passivität verurteilt, wie ein „General im ewigen Frieden", „der mystische Glanz und die herrscherliche Haltung, diese Fähigkeit

---

[319] Daher neigen Unternehmer vereinzelt zu der Ansicht, das ideale Unternehmen sei eines, das auf seinem Markt eine Monopol besitzt; diese Ansicht wird jedenfalls von einem bedeutenden Unternehmer der Telekommunikationsbranche kolportiert. („Mein Traum wäre ein Monopol...").

[320] aus: Reuter (2000), S. 274

[321] Reuter (2000), S. 274

[322] Schumpeter (1942), S. 228 f.

[323] Reuter (2000), S. 277. Reuter zitiert Schumpeter (1942), S. 249, S. 252 und S. 259

und Gewohnheit zu befehlen und Gehorsam zu finden" würden ihm, als dem
„Herrscher" über eine automatische Maschine, „bei allen Gesellschaftsklassen
und in jeder Lebenslage [wohl kaum noch] Ansehen"[324] verleihen. Die oben angeführten exemplarischen Beschreibungen für „beispielhafte" Eigenschaften von
Unternehmen lassen ebenfalls nicht an „Vollautomation" denken als *„Supre-
mum"* einer vorstellbaren Evolution ihrer als beispielhaft vorgestellten Attribute.

Es wären hiermit also einige Indizien gegeben für die Annahme, dass „Vollautomation" als gedachte Komplettierung einer sukzessiven technischen Substitution von Abläufen und Prozessen im Aufgabenerfüllungssystem eines Unternehmens zu einem Ergebnis führen würde, das mit dem auch legitimatorische
Gehalte mit sich führenden Begriff des Unternehmens absolut nicht mehr zu
vereinbaren wäre. Einleitend war ebenfalls schon das kreislauftheoretische Argument vorgetragen worden, wonach ein vollautomatisierter Betrieb nicht ein
reproduzierbares Muster von Unternehmen in einer Volkswirtschaft sein kann,
da hier vorausgesetzt wird, dass dieser „Betrieb" am Markt abzusetzende Waren
produziert, die dann mangels kaufkräftiger Nachfrage keinen Absatz finden, da
in einer voraussetzungsgemäß vollautomatisierten Wirtschaft auch keine Beschäftigung angeboten wird, und daher potentielle Nachfrager kein Einkommen
und keine Kaufkraft besitzen.

Es ergibt sich aber dann die Frage, ob überhaupt bzw. wie denn der Universale
Automat in ökonomischen Verwendungszusammenhängen sinnvoll einzusetzen
ist, ohne an in diesem Sinne immanente Kapazitätsgrenzen der Systemsteuerung
zu gelangen. Wofür „ist" also der Universale Automat, verstanden als Essenz
seines evolutorischen Potenzials, das „ökonomische Äquivalent?"

Der umrissene Kontext ist auf volkswirtschaftlicher Betrachtungsebene seit langem, in gewisser Weise schon seit der wirtschaftswissenschaftlichen Begrün-
dungstätigkeit der Klassiker, ein Gegenstand besonderen Interesses. Beispielsweise war in der marxistischen Analyse das „Zwangsgesetz" zu zunehmend ka-
pitalintensiver, automatisierter und kostengünstiger Produktion einer der
wesentlichen Faktoren für den marxistisch angenommenen krisenhaften Verlauf
der wirtschaftlichen Entwicklung. Im Kontext der keynesschen Langfrist-
betrachtung ist dagegen Automation und technologische Produktivitätssteigerung eine der Voraussetzungen für den Eintritt der Menschheit in ein
„Goldenes Zeitalter" gesättigter Bedürfnisse und arbeitsfreier Tage. Andere
Ökonomen kamen zur bzw. viele sind – noch immer – der Ansicht, dass weder
die menschlichen Bedürfnisse, noch das wirtschaftliche Wachstum und noch
auch die menschliche Beschäftigung in marktvermittelten Arbeitsverhältnissen
jemals an eine Grenze stoßen, und daher die hier betrachtete Problematik sich
niemals stellen und nach einer Lösung verlangen wird. Aller Maschineneinsatz

---
[324] Reuter (2000), S. 275

wird nach dieser Auffassung immer nur zu Steigerungen der menschlichen Arbeitsproduktivität führen, die durch immer neues am Markt absetzbares Gütermengenwachstum kompensiert wird. Die Einschätzung des Verhältnisses des zu erwartenden Produktivitätswachstums zum künftigen Produktwachstum oder Wirtschaftswachstum steht also im Zentrum des prognostischen Interesses.

Grundsätzlich sind folgende Konstellationen von volkswirtschaftlichen Zielsetzungen möglich (zunächst unter Ausschluss der ökonomischen Betrachtung der „Dienstleistung"):

(a) maximales Produktivitätswachstum
maximales Wirtschaftswachstum

(b) zu begrenzendes, konstantes, stagnierendes Wirtschaftswachstum
dito zu begrenzendes, (möglichst) konstantes Produktivitätswachstum

(c) konstantes, stagnierendes Wirtschaftswachstum
maximales Produktivitätswachstum

Fall (a) entspricht zwar wohl der Meinung und dem Dafürhalten „der Mehrheit – nicht zuletzt der Ökonomen"[325]. Die Möglichkeit und auch Sinnhaftigkeit ad infinitum fortzusetzender industrieller Gütervermehrung wird aber hier bestritten bzw. – wie noch näher zu belegen sein wird – jedenfalls als hinreichend zweifelhaft angesehen, die Notwendigkeit zu einer evaluativen Betrachtung alternativer Entwicklungsverläufe zu begründen.

Fall (b) wäre bezeichnend für eine vorfindbare ethisch und/oder ökologisch motivierte Neigung zur Begrenzung von Wirtschaftswachstum *und* technologischem Produktivitätswachstum. Einige derartiger Argumentationsfiguren sind hier bereits diskutiert worden. Gegen sie sollte das Argument geltend gemacht werden, dass ein sozusagen prinzipiengeleiteter normativer Technikverzicht als solcher nicht schlüssig und rational begründet werden kann.

Fall (c) führt eben in den hier behandelten Problemkontext. Es ist also die Perspektive eines zunehmend divergierenden Entwicklungsverlaufes von arbeitssparendem Produktivitätswachstum und arbeitsverbrauchendem Produktwachstum zu betrachten.

Es werden für diesen Fall folgende Alternativen diskutiert:

---

[325] So die Einschätzung des Ökonomen N. Reuter. Reuter (2000), S. 17

(1) Die Perspektive der vorgeschlagenen „*sinnhaften Vollautomation des Unternehmens*", die sich hier u. a. aus kreislauftheoretischen Erwägungen als Sackgasse erweist.

(2) *Zunehmende Arbeitszeitverkürzung.* Arbeitszeitverkürzungen sind offensichtlich im Verlaufe der Industrialisierung durchgesetzt worden und haben den Entwicklungsverlauf erfolgreich stabilisiert. Dennoch ist vorstellbar zu machen, dass Arbeitszeitverkürzungen nicht ohne schließlich unüberwindliche politisch-gesellschaftliche Koordinationsprobleme einem immer weiter schrumpfenden Arbeitsvolumen angepasst werden könnten: es wäre als notwendige Realisationsbedingung die Möglichkeit eines weltweit geltenden und auch durchzusetzenden förmlichen Arbeitsverbotes anzunehmen, was aber angesichts gegenwärtig zu beobachtender eher schwindender nationaler und erst recht internationaler politischer Gestaltungsmöglichkeiten schwer fallen muss. Aber selbst unter der Voraussetzung optimalen Gelingens der politisch-gesellschaftlichen Durchsetzung kommen schließlich zunehmend schwer lösbare, geradezu absurde Verhältnisse des „Arbeitslebens" zur Vorstellung: spielte etwa die Qualifikation einer Arbeitskraft, ihre Einsatzbereitschaft, Fleiß, Zuverlässigkeit, beispielsweise die Bereitschaft zu „beruflicher" Fortbildung für die „Lohnfindung" einer Arbeitskraft im Falle etwa einer 8-Stunden-Woche eine Rolle? Wäre freiwillige Arbeit, ohne Entlohnung, etwa aus Interesse, Freude oder Langeweile, verboten?

Unter der zwar möglicherweise eher akademischen, aber dennoch hier ja zu betrachtenden Bedingung des Erreichens der „Vollautomation", also einer schließlich vollkommen von menschlicher Arbeit freien Produktion würde der Zustand eintreten, dass einem Unternehmen eine Lohnzahlungspflicht für eine im Grunde vollständig willkürlich festzulegende Anzahl von „Gehaltsempfängern" zugeordnet werden müsste. Ebenso wäre dieser Lohn- oder Gehaltsanspruch in der Höhe willkürlich festgelegt.[326] Es wäre also damit der Fall beschrieben, dass ein „Unternehmer", der die Besitz- und Nutzungsrechte an einem automatischen Produktionssystem innehat, dieses in Betrieb setzen „muss", um die Mittel zu erwirtschaften die er benötigt, um seinen Lohn- und Gehaltszahlungsverpflichtungen nachzukommen, die ihm durch politisch-gesellschaftlichen Willen einmal zugeordnet worden sind. Was würde geschehen oder hätte zu geschehen, wenn der „Unternehmer" seine „unternehmerischen" Aktivitäten einstellt?

---

[326] N. Reuter weist in einer Fußnote daraufhin, dass Jean Fourastié für den Fall einer vollkommen automatisierten Produktion dagegen keine (Verteilungs-)Probleme gesehen hat: „Und wenn die Maschinen zufällig selbständig arbeiten und sich selbst konstruieren würden, wäre ihre Produktion unentgeltlich, und man brauchte sich nicht länger den Kopf zu zerbrechen, wie man das Problem der Kaufkraft zu lösen hätte, ebenso wenig, wie man sich heute um den Sauerstoff der Luft kümmert." Reuter (2000), S. 199. Reuter zitiert aus Fourastié (1967), S. 71. Wichtig ist hier festzustellen, dass an „sich selbst konstruierende" Automaten als Konsequenz des Unvollständigkeitssatzes allerdings wohl nicht zu denken ist: Automation der Automation ist nicht möglich. Daher wird auch „Vollautomation" nicht *vollständig* möglich sein, sondern „nur" deren Fortentwicklung bis zu einem Grenzwert, an welchem der Grenzertrag weiterer Automation den Grenzaufwand zu deren Herstellung nicht mehr übersteigen kann.

(3) *Gemeineigentum an Unternehmen, „Vergesellschaftung" der Unternehmen bzw. Beteiligung der Arbeitnehmer am „Produktivvermögen"*: ein in diesem Sinne zur Vorstellung gebrachtes automatisches Produktionssystem könnte man sich nun auch in das Eigentum der Belegschaft übergegangen denken. In einer Ökonomie aus „Automatenbesitzern" – seien sie Teilhaber oder alleinige Besitzer – würden diese aber nun ohne irgendeine denkbare Art von politischer oder allgemein sprachlicher Ordnungsbildung auf dem Wege von Übereinkünften oder Vertragschließungen trotz prinzipiell nahezu unbegrenzter Produktionskapazitäten niemals auch nur annähernd sichere Investitions- und Produktionsbedingungen vorfinden können; sie würden niemals annähernd verlässliche Absatzerwartungen bilden können, es wären „ruinöse" Wettbewerbsbedingungen anzunehmen und Marktverhältnisse, in denen die Produzenten sich infolgedessen gegenseitig bzw. die Märkte mit Produkten würden überschwemmen müssen. Dagegen würden planend ordnende Eingriffe *auch im besten Fall* nur diese Verhältnisse institutionalisieren können, wie sie aus den Wirtschaftsverhältnissen der ehemaligen „real-sozialistischen" Staatswesen bekannt geworden sind.

Im Ergebnis wird hier die These vertreten, dass sich unter Bedingungen nahezu vollständig automatisierter Produktion bei *gleichzeitig marktvermittelter Güterallokation* niemals diese unbekümmert konsumierende Existenzweise einstellen würde, wie etwa *Jean Fourastié* sie mit dem Bild des Verbrauchs von Sauerstoff – im Bewusstsein seiner unbegrenzten Verfügbarkeit – hat zur Vorstellung bringen wollen.[327]
Es würde unter Bedingungen einer ‚reinen' systemischen Marktkoordination selbstinteressierter Nutzenmaximierer kein ökonomisch rationales, ressourcensparsames Wirtschaften mit dem letzten Zweck der Deckung des Konsumentenbedarfs zustande kommen; die Verhältnisse wären chaotisch zu nennen: es würde sich horrende Verschwendung und Wertevernichtung mit unvorhersehbar alternierender Not, Unsicherheit und Mangel paaren.[328]
Eine Produktions- und Konsumplanung von schließlich doch über den anonymen Markt zu verteilenden Gütern würde dagegen zu den – bekannt gewordenen – relativen Effizienzverlusten sowie unvermeidlicherweise womöglich auch zu

---

[327] K. G. Zinn kommt zu der Ansicht, dass „sich rentierliche Kapitalverwertung auch bei einer (fast) arbeitslosen Produktion denken lässt; wenn nämlich die Produktionsmittelbesitzer sich ihre Waren gegenseitig abkaufen, also die Wertrealisierung in einem solchen ‚klasseninternen' Kreislauf erfolgt, und die übrigen Menschen ganz schlicht aus dem Produktions- bzw. Verwertungsprozeß rausgeworfen werden und von Almosen in irgendeiner Form existieren." Man muss sich hier zwei Dinge klar machen: 1.) unterstellt Zinn gewissermaßen ‚einfach' ein numerische Verkleinerung der sozusagen ‚wirklichen' Wirtschaft: die übrigen Menschen nehmen daran nur als restlos kontingenter Zufallsfaktor teil, insoweit an sie Almosen-Beträge in beliebiger Höhe anoder abfallen können, so wie ein Unwetterschaden in beliebiger Höhe anfallen oder hereinbrechen kann; und 2.) kann die dann mögliche Kapitalverwertung in der Regel nicht oder nur minimal ‚rentierlich' sein, wegen der (hier noch vorzustellenden) Natur des Unternehmergewinns als Überschreitung des marktüblichen Einkommens. Zinn (1998), S. 26

[328] Einige Facetten im von J. Rifkin gezeichneten „Bild des neuen Access-Zeitalters" sind vielleicht als Prognosen in diesem Sinne zu deuten. Rifkin (2000), S. 132 ff.

den im „Realsozialismus" aufgetretenen politischen Rechts- und Freiheitsverlusten führen.

Dagegen wird hier, als reproduzierbares Modell für Produktion und Verteilung unter höchst-automatisierten Produktionsbedingungen, folgendes vorgeschlagen:

Ein herzustellendes Ziel, das sich dem technischen Vermögen zur leistungsgleichen Substitution menschlicher Arbeitsleistung durch maschinelle Leistung bieten könnte, wäre die Konstruktion eines (privaten, halböffentlichen oder auch öffentlichen) Produktionssystems, das einen bedarfsorientierten rationalen Bedarf maximal automatisiert herstellt. Technische bzw. konzeptionelle Grundlage wäre das produktionstechnische Paradigma der „Mass Customization" oder der „kundenindividuellen Massenproduktion"[329], das in einer produktionstechnisch-informatisch optimierten Form eine Art „Production-Sharing" anbieten würde, nach dem organisatorischen Modell der Nutzung der Rechenkapazitäten der Großrechenanlagen der 50er und 60er Jahre nach dem Muster des „time-sharing". „Time-sharing" bedeutete die Inanspruchnahme der Leistung eines „Mainframes" auf eine Weise, als ob dieser dem jeweiligen Nutzer ausschließlich und ungeteilt zur Verfügung steht, was mit dem Kunst-Begriff „virtuelles Terminal" oder „virtueller Rechner" zum Ausdruck gebracht werden sollte. Ein Konsument würde also auf individualisierbare Produktionsleistung unter derart zu skizzierenden Bedingungen zugreifen können. Er hat die Möglichkeit, sein ihm optimalen Konsumentennutzen stiftendes Produkt am „Terminal" interaktiv zu entwerfen. Die Marktallokation des Produktes wird also umgangen. Die so möglichen Produktionsvorgänge bzw. das Produktionssystem ist so nach Maßgabe einer rationalen Nachfrage zu kalibrieren, also kapazitätsmäßig abzustimmen.

Auf der Grundlage einer hochentwickelten und möglichst vollständig automatisierten, möglichst ebenso weitgehend individualisierbaren Produktion wäre das volkswirtschaftliche Ideal einer rationalen, auch ökologisch abstimmbaren und nachhaltigen Produktion erreichbar.

Es wäre so festzustellen, dass erst die möglichst vollständige Überwindung des „traditionellen Antagonismus zwischen Flexibilität und Produktivität"[330] Aussichten auf eine produktive, rationale und nachhaltige Verwendung auch komplexester und mächtigster Automation eröffnet. Wie zu zeigen sein wird, scheint eine marktgetriebene Evolution von Produktions- bzw. IuK-Technik diesem Evolutionsziel zuzuordnen zu sein. Aber auch der Kulminationspunkt einer „als notwendig zu denkenden Idee" der Evolution des Universalen Automaten scheint nicht anders denkbar als in einer eben möglichst „universalen", sowohl produktiven wie flexiblen Automation. Ein auf diese Weise zur Vorstellung

---

[329] wie jüngst z. B. bei F. T. Piller umfassend vorgestellt und als solches begründet. Piller (2000)
[330] Piller (2000), S. 138

kommendes Verhältnis des Konsumenten zum Produktionsprozess wäre treffend umschrieben mit dem von *Alvin Toffler* geprägten Begriff des „*Prosumenten*": Konsument und Produzent wären als Person identisch. Nicht ganz unzutreffend wäre es immerhin auch, einem automatisierten Produktionssystem in diesem Sinne die „Rolle" sowohl eines universal nutzbaren, berechenbare Handlungen ausführenden „Sklaven", als auch die – soweit es die Produktionsfunktion erfüllt – eines „Unternehmens" zuzuschreiben. Solcherlei Benennungen oder Bestimmungen wären aber dann wohl eher von literarischer Qualität.

Eine weitere Bestimmung, wie auch eine weiterreichende Begründung und Bewertung auch abhängiger und indirekter Neben- und Folgeeffekte wird im weiteren Verlauf der Arbeit erfolgen.

Gesagt worden ist mit all dem nun zunächst genau soviel, oder auch *mindestens* soviel: *wenn* idealisierend über vernünftige Anwendungsbedingungen von „Voll-Automation" nachgedacht wird, insoweit also von technischen Restriktionen der Realisierbarkeit nach derzeitigem Stand der Technik abgesehen wird, und die Realisierungswürdigkeit von Automation als solche vorausgesetzt wird, dann kommt nicht ein vollautomatisiertes Unternehmen als reproduzierwürdiges bzw. reproduzierbares Muster der Organisation von Produktionsvorgängen zur Vorstellung, sondern ein Automat, der sich im verfügenden Zugriff von Nutzern befindet, die unter dem allgemeinen Sollensanspruch vernünftiger und begründbarer Zwecksetzungen über diesen Automaten verfügen.

Darüber hinaus lässt sich sagen, es entsteht ein – wenngleich vorerst schwacher – Anschein, als könnten Produktionsvorgänge unter solchen Realisierungsumständen möglicherweise den oben beschriebenen systemischen Imperativen des Marktes entzogen werden: die Güterallokation[331] käme ja unter der getroffenen Praesupposition ohne Vermittlung des Marktes zustande. Die Autonomie des Menschen in der Setzung berechtigter und realisierungswürdiger Intentionen in Bezug auf Güterproduktionen beinhaltende Vorgänge wäre durch keine – möglicherweise irrationalen – systemischen Imperative des Marktes beeinträchtigt. Sie wäre ausschließlich noch durch technische Restriktionen ‚beeinträchtigt', also begrenzt. Sollte sich dieses Argument kräftigen lassen und weiter belegen und ausbauen, so wäre damit auch gesagt, dass dadurch eine besondere Auszeichnung und Realisierungs-Würdigkeit einer solchen Weise und Anordnung von Vorgängen der Herstellung von Gütern sichtbar geworden ist.

Weiter verlangt dann folgender Gesichtspunkt eine Bewertung: ein vollautomatisiertes Unternehmen stellt, wie also zu erkennen ist, kein beliebig oft reprodu-

---

[331] wohlgemerkt nur die Allokation der Konsumgüter; nicht die der Industriegüter, also der „Automaten".

zierbares Modell von Unternehmen in einer marktlich koordinierten Wirtschaftsgesellschaft dar. Es kann nun makroökonomisch gezeigt werden, dass es Grenzen im Verhältnis von Beschäftigungsgrad, Wachstum und Produktion gibt, jenseits derer eine Volkswirtschaft als System ihr Gleichgewicht nachhaltig verliert[332]. Unterstellt man also endogene und/oder exogene Wachstumsgrenzen, könnte sich bei anhaltendem, diese übersteigendem Produktivitätswachstum ein Krisen-Szenario einstellen, das möglicherweise politisch zu unterbinden gesucht werden müsste, um diese Kipp-Grenze zu meiden. Das würde einen schweren Eingriff in das System des Wirtschaftens bedeuten, dessen Folgen schwer zu kalkulieren wären, und er wäre angesichts der weltweiten sich mit dem Phänomen der Globalisierung einstellenden politischen Machtverhältnisse womöglich auch nur bedingt politisch durchsetzbar. Die Verhältnisse könnten sich also so darstellen, dass von Seiten der Unternehmen de facto zunehmend automatisiert wird, und dass es von daher zunehmend erforderlich wird, ein vergesellschaftungsfähiges, nachhaltiges, reproduzierbares Modell eines vernünftigen, rationalen und menschenwürdigen Anwendungsmodus für Universale Automaten zur Verfügung zu haben.

Damit stellen die Dinge sich also so dar, dass offenbar ein kritischer Grad von Automation angenommen werden muss, der mit Blick auf die absolute technische Realisierungsmöglichkeit und dann auch unter Kosten-Gesichtspunkten ökonomische Realisierungswürdigkeit im Sinne eines nicht-marktlichen Anwendungsmodus von Automation ein zu erreichendes *Minimum* darstellt, sowie andererseits ein kritischer Grad von Automation, der im Kontext einer marktwirtschaftlichen Nutzungsweise ein *Maximum* darstellt, jenseits dessen die Gefahr eines Kipp-Umschwungs (ceteris paribus) in einer Volkswirtschaft kritisch wird. Daraus folgt, dass idealer Weise das kritische Maximum nicht wesentlich vor dem kritischen Minimum erreicht werden sollte.

Nun sind dies alles sehr stark verallgemeinerte (und in volkswirtschaftlicher Betrachtung stark aggregierte Aussagen: Automationsgrade sind zunächst branchenspezifisch zu betrachten) Aussagen, die darüber hinaus sich teilweise sehr weit aus der derzeit zu dieser Problematik bestehenden Diskussionslage hinaus begeben. Für das hier postulierte kritische Maximum des Grades von Automatisierung dürfte Anschluss an eine bestehende Diskussion herzustellen sein; das soll im folgenden auch belegt werden. Das postulierte kritische Minimum in diesem Sinne ist dagegen eine eher einsame Behauptung, für die kaum Unterstüt-

---

[332] H. Haken diskutiert exakt den hier behandelten Problembereich: „Phasenübergänge in der Wirtschaft" (1990, S. 338). „Eine große Gruppe von Erfindungen, die uns weniger auffallen (!), aber ebenfalls sehr wichtig sind (!), sind solche, die die Produktion vereinfachen." Haken weist darauf hin, dass während der 40er und 50er Jahre produktionserweiternde Innovationen überwogen haben, seit den 60er Jahren die die Produktion vereinfachenden Rationalisierungsinvestitionen. Er stellt ein von *G. Mensch* entwickeltes mathematisches Modell vor, das im Ergebnis nahe legt, „das Problem der Unterbeschäftigung dadurch zu lösen, dass (..) die produktionserweiternden Investitionen erhöht werden." Dass aber das offenbar nicht nach Belieben der Unternehmen möglich ist, ist genau das „Reifeproblem der Volkswirtschaft."

zung in der bestehenden Diskussionslage erwartet werden kann; für die Behauptung, dass eine Entwicklungslogik der Automationstechnik und ihrer Nutzungsweise zu beobachten ist, die offenbar als eine *Annäherung* des postulierten Maximums an das in diesem Sinne postulierte Minimum gedeutet werden kann, dass also die unter der Regie der systemischen Imperative des Marktes sich abzeichnende Technik-Evolution diese möglicherweise genau dem in diesem Sinne postulierten kritischen Minimum zunehmend näher bringt, dürften sich aber Belege finden lassen; das wird daher im folgenden auch zu unternehmen sein.

Folgende, nicht unerhebliche Bemerkung ist hier noch anzufügen: es wird hier die Auffassung vertreten, dass der Anwendungsbereich nicht-marktlicher Automatennutzung als *auf die Herstellung des notwendigen Produkts beschränkt* gesehen werden muss. Das wird im Rahmen der detaillierten Erörterung der volkswirtschaftlichen Problemsicht ausführlich zu belegen sein.

„Idealisierung des Realen" könnte man die inhärente Prozessstruktur der Vorgehensweise der Erkenntnis nennen. Gewonnene Erkenntnisse aus dieser Vorgehensweise vermögen dann dem Handeln Orientierung zu geben, das sich das Ziel setzt, das erkannte „Ideale" in größtmöglicher Annäherung zu realisieren. Nicht unwichtig ist es also, dass der Erkenntnisprozess das zu realisierende Ideal möglichst nicht verfehlt.[333]

---

[333] Zu sowohl in der wirtschaftsgesellschaftlichen Diagnose als auch in den Konsequenzen in mehreren Hinsichten vergleichbaren Resultaten kam schon 1982 D. Otten. Eine Reihe von Arbeiten zur Problematik „Zukunft der Arbeit" wurden 1982 unter diesem Titel veröffentlicht; die Lösungsvorschläge kreisen hier um die Ideen „Selbsthilfe, Eigenarbeit, Schattenwirtschaft" (S. 13), „Eigeninitiativen" (S. 31), Arbeitszeitverkürzung („Am Ende der Arbeitsgesellschaft – Arbeitsgesellschaft ohne Ende?", S. 63), „radikale Arbeitszeitverkürzung" („Eine evolutionäre Alternative", S. 149), „Alternativökonomie" oder „Dualwirtschaft" (S. 97) mit einem verstärkten „informellen Sektor". Von diesen hob sich der Vorschlag Ottens mit dem Titel „Das Roboter-Syndrom" (S. 131) deutlich ab. Otten erläutert zunächst „einige Gesetzmäßigkeiten der dritten industriellen Revolution", die ihn u. a. zu folgender Einsicht führen: „Rezepte der Arbeitsmarktpolitik, die von symmetrischen Verteilungseffekten in der Arbeitszeitersparnis ausgehen, sind zum Scheitern verurteilt." (S. 135). Ebenso weist er auf den „Irrtum" hin, der darin besteht „zu glauben, mit Verzicht auf Technologie Arbeitslosigkeit verhindern zu können. Dies käme einer selbstgewählten Rückbildung in die Dritte Welt gleich und brächte ein vielfaches jener Arbeitslosigkeit, die uns durch die strukturellen Effekte der dritten industriellen Revolution ins Haus stehen." (S. 135/136) Otten entwickelt die „These, dass auch die Folgen der dritten industriellen Revolution nicht durch den Industrieroboter oder die elektronische Datenverarbeitung hervorgebracht werden, sondern durch die Wirkung dieser Technologien auf das bestehende System der Arbeitsteilung und -verteilung, und dass die Folgen der dritten industriellen Revolution nur dann zu lösen sind, wenn es uns gelingt, Produktionsverhältnisse zu finden, die den technologischen Möglichkeiten der Produktivkraftentfaltung in sozialer, ökonomischer wie ökologischer Hinsicht gerecht werden." (S. 137) Denscler/Heinze/Klönne (Hrsg.) (1982).

2.6 Vernunft, Handlung, Arbeit und Ökonomie

Es ist Ziel dieses folgenden Abschnitts, einige allgemein anerkannte und weithin unbestrittene Grundtatbestände, Begriffe und Sachverhalte der Ökonomie zu betrachten, und zwar vor dem Hintergrund folgender Fragestellungen:
a) gibt es Legitimationsdefizite, gibt es also berechtigte Kritik?
b) gibt es etwa Anspruchsgrenzen für Kritik?
c) welcher zukünftige Entwicklungsverlauf ist im Bereich der Ökonomie zu erwarten, indem „sie" einerseits tut, was vernünftigerweise nicht anders von ihr zu erwarten ist, und andererseits tut, was „sie" einfach nicht anders kann?
Dieses „vernünftigerweise nicht anders zu erwarten" wird versucht zu belegen und zu begründen mit einem vernunftethisch erweiterten Wertbegriff, sowie mit einem aus der Perspektive der Philosophischen Handlungstheorie erläuterten, normativ gefassten Arbeitsbegriff.

Die J. Habermas zuzuordnende Kritikfigur eines sich aus der Diskursethik ableitenden prinzipiellen „Solls" sprachlich-kommunikativ und herrschaftsfrei angelegter Koordinationsweisen und die prinzipielle rechtlich-diskursive Korrekturbedürftigkeit nicht-intentionaler, systemischer Koordination war schon angesprochen worden. Habermas bringt seine Kritik auf den Nenner der „Kolonialisierung der Lebenswelt"; darüber hinaus sind eine Reihe von wirtschaftsethischen (institutionenethischen und unternehmensethischen) Positionen auf der Grundlage diskursethischer oder sprachpragmatischer Einsichten entstanden.[334]
Darüber hinausgehende Kritik wird etwa von *H. Hastedt*[335] vorgetragen, der auf der Grundlage von Untersuchungsergebnissen zur „Leib-Seele-Problematik" die Position J. Habermas' seinerseits als zu wenig kritisch gegenüber der zu beobachtenden „Kolonialisierung der Lebenswelt" kritisiert.
Hastedt wirft Habermas eine „vorschnelle Abkanzelung" des Leib-Seele-Problems als geklärt vor, was seiner Ansicht darauf zurückzuführen ist, dass Habermas „in methodologischer Hinsicht selbst ein impliziter Dualist [ist], der die Naturwissenschaften als Körperwissenschaften so lässt, wie sie sind."[336] Damit verschenkt Habermas nach Hastedts Erachten „unnötiger Weise das kritische Potenzial der Theorie des kommunikativen Handelns für den Bereich der Naturwissenschaften." (..) „Insofern das Geist-Körper-Problem auch die Reichweite der Naturwissenschaften im allgemeinen und der (systemtheoretischen) Naturwissenschaft des Geistes im besonderen thematisiert, gibt es geradezu

---

[334] Hier zu nennen zuerst P. Ulrich (1997) mit einem diskursethischen, und z. B. P. Lorenzen (1991) mit einem „konstruktivistischen" sprachpragmatischen Ansatz.

[335] Hastedt (1988), S. 17

[336] Hastedt (1988), S. 17

strukturelle Anklänge des Geist-Körper-Problems an Habermas' Unterscheidung von System und Lebenswelt (..)."
Hastedt kritisiert Habermas' *Theorie des kommunikativen Handelns* dahingehend, dass sie „keinen Platz [habe] für die menschliche und außermenschliche Natur. Die ökologische Problematik eines bloß instrumentell-technischen Umgangs mit der Natur wäre ihm demnach verschlossen." (a. a. O., S. 17)
Er kommt zum Schluss seiner Untersuchungen, die ihn zu einer „Emergenz-Theorie des Geistes" und der normativen Aussage eines Vorrangs der (intersubjektiven) „Teilnehmer-Perspektive" vor der „Beobachterperspektive" führt, im Rahmen „einiger Anwendungsüberlegungen" zu diesem Problembereich zu den folgenden Ergebnissen: „Die von Habermas so bezeichnete Kolonialisierung der Lebenswelt scheint tatsächlich voranzuschreiten und das Projekt des Vorrangs der Teilnehmerperspektive systematisch zu gefährden (..). Entgegen diesem Prozess ist am Projekt der Moderne festzuhalten. Dabei ist der menschliche Geist mit der nicht eindimensional zu verkürzenden Gesamtheit der mentalen Fähigkeiten im Projekt der Moderne als ein Protest- und Aufklärungspotenzial anzusehen, das heißt, hier findet sich die menschliche Instanz, die sich in der Beurteilung von Verhältnissen gegen diese zur Wehr setzen und eine bessere, aufgeklärtere Welt anstreben kann. Um Verletzungen der Menschenwürde, Ungerechtigkeit, Entfremdung und fehlende Möglichkeiten der Selbstverwirklichung als solche erkennen zu können, bedarf es der nicht eindimensional zu verkürzenden mentalen Fähigkeiten in der Teilnehmerperspektive. Darüber hinaus kann es keine begrifflich-philosophische Garantieinstanz geben, die uns argumentativ vor einer Kulturrevolution und der Kolonialisierung der Lebenswelt schützt." (a. a. O., S. 329)

Während die Diskursethik sich darauf beschränkt, mit dem herrschaftsfreien Diskurs die Meta-Institution zu beschreiben, die Ansprüche auf gültige und verbindliche Normenbegründung erheben kann und dieser Institution gewissermaßen zu ihrem Recht zu verhelfen, erhebt diese Kritik also darüber hinaus gehende, materiale Vorwürfe gegen in diesem Sinne für defizitär erklärte vorfindliche „Verhältnisse", also etwa den bestimmten „konkreten" Vorwurf des Fehlens von Möglichkeiten zur Selbstverwirklichung, oder von Ungerechtigkeit und Entfremdung.

Es soll im folgenden also ein Blick geworfen werden auf diese Verhältnisse, um möglichst die Frage einer Klärung zuzuführen, ob diese Kritik zutreffend normative Defizite beschreibt, und ob bzw. wie Abhilfe zu schaffen wäre. Damit wäre nun offensichtlich im Kern das gesamte wissenschaftliche Klärungsprogramm zumindest der Wirtschaftsethik beschrieben, ja sogar der Kern der Fragestellungen eines Großteils einer kulturkritisch-zeitdiagnostisch agierenden Philosophie. Es besteht hier aber die Hoffnung wenigstens in den Konturen die Einschätzung plausibel machen zu können, dass der im vorangegangenen Abschnitt andeutungsweise zum Vorschein gebrachte Ansatz dieser Arbeit im Ergebnis deutlich bessere Perspektiven zu einer Korrektur dieser Verhältnisse eröffnet als jede noch so schlüssig vorgetragene, dennoch letztlich aber „ohnmächtig" bleibende Vernunftkritik.

Der Anspruch muss wiederum der sein, die ökonomischen Verhältnisse voraussetzungslos zu beschreiben, also so, dass etwa eine von P. Ulrich gegen Beschreibungen der ökonomischen Realität als „Ökonomismus"[337] monierte Fehlerhaftigkeit vermieden wird. Im Kern geht es also um eben die Frage, welche Beschaffenheiten der „Verhältnisse" als veränderbar und welche als eben nicht veränderbar, als „notwendig" zu betrachten sind.

Als zentrale ökonomische Grundtatbestände und Begriffe werden hier die im folgenden aufgeführten verstanden:

a) Geld

J. R. Searle etwa nennt, als einer in wirtschaftswissenschaftlichen Lehrbüchern üblichen Unterscheidung folgend, drei Arten von Geld: Warengeld („..ist die Verwendung einer Ware, die als wertvoll erachtet wird, als Geld"), Vertragsgeld (wie z. B. Wechsel, die Searle hier aber nicht als Beispiel anführt), und Papiergeld[338]. Die üblicherweise genannten Funktionen des Geldes, die auch Searle nennt sind die, Wertaufbewahrungsmittel und Tauschmittel sein zu können. Dazu eignen sich Materialien, die in vergleichsweise kleinen Mengen gegen größere Mengen getauscht werden können, also in wenig Material viel Wert repräsentieren konnten, wie in sehr vielen Kulturen Gold und Silber.
Papiergeld entwickelte sich aus von Bankiers verliehenen Schriftstücken über bei ihnen hinterlegte Edelmetallbestände schließlich zu von staatlichen Stellen herausgegebenen Bank-Noten mit aufgedruckter Wert-Menge in einer Landeswährung.

b) Knappheit

Ein wichtiger Terminus der Volkswirtschaftslehre bzw. genauer der Preistheorie ist der der Knappheit. Knappheit kommt dadurch „zu Bewusstsein", dass die Güter, die knapp sind, nicht in ausreichendem Maße oder ausreichender Menge zur Verfügung stehen. Knapp ist ein Gut, wenn nicht alle „angemeldeten" Be-

---

[337] Ein bedeutender Teil seiner „wirtschaftsethischen Grundlagenreflexion" enthält „Ökonomismuskritik". (1997), S. 127 ff.

[338] Searle (2001), S. 152. Searle ist nun nicht Ökonom, sondern Philosoph, und entwickelt am Beispiel des Geldes „ein einfaches Modell des Aufbaus der institutionellen Wirklichkeit". Seine Beschreibung des Geldes sei aber – dennoch – hier hinreichend.

sitzwünsche in Bezug auf dieses Gut befriedigt werden können, also dann, wenn es nicht ein Gut ist, dass auch „zum Preis von Null" niemand besitzen will.[339]

c) Bedürfnis

In der basalen Bedeutung als physiologisches (Grund-)Bedürfnis trifft dieser Begriff wohl auf das allgemeinste Verständnis, und wird in diesem Sinne meist zunächst vorgestellt[340]. Grundlegend dürfte auch die Bedeutung im Kontext der *Maslowschen* Bedürfnistheorie („Bedürfnispyramide") sein.[341] Physiologische Grundbedürfnisse (etwa an Nahrung und Kleidung) und Sicherheitsbedürfnisse werden in der volkswirtschaftlichen Betrachtungsweise gewöhnlich als Erklärung dafür herangezogen, dass Menschen das Bestreben zeigen, „Güter" in ihren Besitz zu bringen.

d) Grenzleid der Arbeit; Grenzfreude der Freizeit

Zu den Grundannahmen in der Volkswirtschaftstheorie gehört die, dass gewöhnlich die Arbeit als Last oder Mühsal erfahren und daher in der Regel dann gemieden wird, wenn der durch Arbeit erzielbare Nutzen dieser Mühe dem nicht entgegensteht, also höher eingeschätzt wird.[342]
Der Wert knapper Güter ist also auch in Relation zu dem mit ihrer Herstellung verbundenen Arbeitsleid zu verstehen. Güter, deren Konsumenten bedürfen, und die nicht frei und unbegrenzt in der Natur vorkommen, müssen unter Mühen hergestellt werden und sind daher relativ knapp und haben einen Wert.

e) Besitz; Privatisierung; Besitzübergang

Mit dem Begriff des Wertes der Güter ist wiederum der Begriff der Nutzen-Exklusivität oder der Privatisierbarkeit verbunden, womit der Umstand reflektiert ist, dass (Verbrauchs-)Güter gewöhnlich nur dann Nutzen stiften können, wenn ihrem Besitzer eine exklusive, ungeteilte Nutzung möglich ist. Dagegen gibt es öffentliche Güter, die Nutzen stiften und die auch durch Arbeitsaufwand hergestellt werden müssen, die aber nicht privatisiert genutzt werden können, wie etwa öffentliche Sicherheit (Polizei, Rechtswesen) oder öffentliche Verkehrswege.

---

[339] sinngemäß nach Herberg (1986), S. 5

[340] Der erste Satz bei Herberg (1986) lautet: „Menschen haben eine Vielzahl von Bedürfnissen: ....". S. 5. Eine „Kritik der bedürfnistheoretischen Grundlagen der Ökonomik" stellt N. Reuter vor. Reuter (1999).

[341] Maslow (1943). Reuter hebt dazu hervor: „Das Maslowsche Schema menschlicher Grundbedürfnisse stimmt mit den Erkenntnissen der modernen Ethnologie und Anthropologie überein, was seine Bedeutung weiter unterstreicht." Reuter (2000), S. 354

[342] Herberg (1991), S. 96/97

Der Wert eines Gutes als relativer wird ermessbar auch im Augenblick des Besitzwechsels, wenn Veräußerer und Erwerber sich als sogenannte Erwerbskontrahenten (Georg Simmel) gegenüber stehen. Diese Transaktion wird allerdings diskursethisch kritisch gesehen insofern, dass sie auch ein Element von „Kräfte-Messen" oder Macht enthält; man spricht von einer „Machtdurchsetztheit", auch wenn die Erwerbskontrahenten sich prinzipiell einig sind, dass ein Besitzwechsel zu Stande kommen soll[343].

Eine Einigung auf einen zu zahlenden Kaufpreis kommt also – in der ursprünglichen Erwerbssituation – nicht durch verständigungsorientierte Einigung zustande, sondern als Resultat eines Kräfte-Gleichgewichts; die Geschäftspartner stehen sich in strategischer Einstellung, als jeweilige „rationale Nutzenmaximierer", gegenüber. Dazu wird hier die Auffassung vertreten, dass zwar die ethisch vorwerfbare strategische Einstellung der Erwerbskontrahenten feststellbar ist, diese aber unvermeidlich ist, da sich andernfalls kein Preisgefüge in einer Volkswirtschaft bilden kann und damit die Steuerungsfunktion der Preise nicht gegeben wäre.

f) Wert

„Wert" ist nun eine in der Ökonomik zentrale und im Verlauf ihrer Geschichte umstrittene Kategorie, um die sich verschiedene Werttheorien bildeten, mit entsprechend differierenden Auffassungen der inhaltlichen Bedeutungsbelegung des Begriffes.

Unter Rückgriff auf von *N. Reuter* vorgelegte werttheoretische Überlegungen[344], die auch einen historischen Abriss beinhalten, können hier kurz die wichtigsten Wertbegriffe wiedergegeben werden.

Im Zentrum geschichtlich früher „objektiver Wertlehren" stand das Bemühen, die Herkunft wirtschaftlicher Werte einerseits sowie die „objektiven" Werte einzelner Güter andererseits zu bestimmen. Die Herkunft wirtschaftlicher Werte wurde etwa in der landwirtschaftlichen Bodenbebauung gesehen, später allgemein in der menschlichen Arbeit.

Im Vollzug eines von Reuter als „Paradigmenwechsel" bezeichneten Auffassungswandels entstand die „subjektive" Wertlehre, die den Wert der Güter lediglich „positivistisch" als Wertrelation sowie als Spiegelung der „Nutzenpräferenz" von Individuen erklärt. Auf normativ gehaltvolle Wertkriterien für Güter sowie auch für ausgezeichnete institutionelle Verfassungszustände des Gemeinwesens oder der Wirtschaft wird verzichtet, bis auf das alleinige (politische) Kriterium der Herstellung optimaler Wachstumsbedingungen und das ökonomische

---

[343] Ulrich weist darauf hin, dass John Rawls als ehemaliger Vertreter eine utilitaristischen Ethik zu der Einsicht gekommen ist, „dass das utilitaristische Kalkül infolge der interpersonellen Verrechnung des Vorteils des einen mit dem Nachteil des andern Betroffenen das grundlegende liberale Prinzip der Unverletzlichkeit der individuellen Würde und der Grundrechte eines jeden Menschen missachtet". Ulrich (1997), S. 185

[344] „Der Wert des Wertes". Reuter (1999b)

Funktionskriterium der Herstellung „pareto-optimaler" Situationen (dazu weiter unten).
Die „amerikanischen Institutionalisten" in der Lehrtradition von *Thorstein B. Veblen* (1847-1929) suchten wieder nach Möglichkeiten zur Bestimmung „kollektiver" Werte und von Kriterien zur „Beurteilung von wirtschaftlichen und gesellschaftlichen Prozessen", wobei diese sich – wie auch die Diskursethik – an einem prozessualen Ideal normativer Wertbestimmung orientierten.

In der vorliegenden Arbeit und im Kontext der hier verfolgten Fragestellung soll mit folgendermaßen belegten Wertbegriffen weitergearbeitet werden:

subjektiver Wert: in diesem Sinn war oben von „Wert" in Bezug auf knappe privatisierbare Güter schon die Rede. Im Verständnis der subjektiven Wertlehre wird der Begriff im einem dem Begriff der Knappheit korrespondierenden Verständnis verwendet; der Wert eines Gutes drückt dann also die subjektive Wertschätzung aus, die diesem Gut von jemand entgegengebracht wird, der es in seinen Besitz bringen möchte. In einer entwickelten Tausch- oder Geldwirtschaft ist der Wert eines Gutes als sein relativer Preis darstellbar, der sich in einem bestimmten Austauschverhältnis wiederfindet, in welchem er zu einem anerkannten Tauschmittel bzw. dem Geld als gleichwertig anerkannt werden würde. Sofern zur Herstellung eines Gutes Arbeit aufgewendet werden muss, kann die zur Herstellung eines Gutes durchschnittlich, unter Anwendung verfügbarer Techniken, aufzuwendende menschliche Arbeit auch ein objektivierbares Kriterium zur Wertbemessung darstellen bzw. ein Faktor der Preisfindung, in den auch andere Faktoren (subjektive Wertschätzung) eingehen können.

objektiver Wert: mit objektivem Wert soll demgegenüber ein ausgezeichneter, naturwüchsig vorkulturell nicht vorhandener, realisierungswürdiger institutioneller Zustand der menschlichen Lebenswelt gemeint sein, wie etwa die allgemeine Durchsetzbarkeit von „Gerechtigkeit" auf der Grundlage der Rechtsgeltungskraft begründeter Rechtsauffassungen, der allgemein orientiert ist an intersubjektiv und universal anerkannten oder anzuerkennenden Sollensansprüchen zur Institutionalisierung diskursiv verfasster Willensbildungsprozesse. Darunter zu subsumieren wäre die Herstellung demokratisch legitimierter und verfasster Gemeinwesen sowie etwa auch die Institutionalisierung eines Primats der Politik über die Wirtschaft; der diskursethische Sollensanspruch ist damit aber nicht erschöpfend erfüllt, wie noch zu zeigen sein wird. „Objektiver Wert" (oder auch die Wertidee materialer Rationalität, wie oben mit Bezug auf den Rationalitätsbegriff M. Webers diskutiert) bezeichnet insofern auch ein Gestaltungsziel, oder, sofern dieses (wenigstens annäherungsweise) erreicht und realisiert sein sollte, dann noch ein Erhaltungsziel. Mit „Lebenswelt" ist gemeint ein in kommunikativer Praxis intersubjektiv geteilter gemeinsamer Lebenszusammenhang[345], der dann, wenn er einen bestimmten Status oder eine bestimmte Qualität erreicht hat, diese „für alle" hat, er ist also nicht privatisierbar und exklusiv zu genießen. Das Bewusstsein des Wertes eines realisierungswürdigen Zustandes reflektiert grundsätzlich auch eine prinzipiell ephemere, „bedrohte" Natur dieses Zustandes.

g) Arbeit

Arbeitshandlungen sind dann unter Bezugnahme auf die oben diskutierte Philosophische Handlungstheorie einzuführen als a) solche Handlungen, die ausgeführt werden müssen um dem naturwüchsigen Mangel an lebensnotwendigen Gütern entgegenzuwirken und diese zum Konsum oder zur Benutzung bereitzustellen, also um subjektive Werte herzustellen, oder b) solche Handlungen die ausgeführt werden müssen um die Herstellung eines herstellungswürdigen Zustandes der Lebenswelt zu erreichen, oder aber dessen Erhaltung, oder dessen ‚Optimierung', Verbesserung, ‚Kultivierung', also zur Herstellung eines objektiven Wertes. Es ergeben sich so Parallelen zur aristotelischen Unterscheidung von *Poiesis* (Güterherstellung) und *Praxis* (Politik, „Herstellung" öffentlicher Güter).

Einen aus soziologischem Erkenntnisinteresse im Kontext der Betrachtung der „Geschichte der Arbeit" entwickelten Arbeitsbegriff hat *Beckenbach*[346] vorgestellt. Man kann nun vergleichen, ob dieser zur Deckung zu bringen ist mit der obigen Bestimmung. Beckenbach betrachtet zunächst die etymologische Erklärung: „In der aus dem Gotischen herrührenden Version bedeutet *arba* = Knecht. In nahezu allen europäischen Kultursprachen hat Arbeit jedoch zwei Bedeutungen. *Laborare* (mit der Nebenbedeutung *molestia*: schwere körperliche Arbeit) und *operare* oder *facere* (herstellen) im Lateinischen, *travailler* und *ouvrer* im Französischen und *work* und *labour* im Englischen, arbeiten und schaffen im Deutschen." Beckenbach arbeitet insgesamt fünf Bestimmungen der Arbeit als für diese charakteristisch heraus:

1) „Die Anstrengung, welche die Ausübung von Arbeit verursacht und die etwa auch in der Unterscheidung von Arbeit und ‚reinem Vergnügen' oder Spiel zum Ausdruck kommt, hängt damit zusammen, dass Arbeit immer mit der Hinausschiebung oder Überwindung natur-gegebener innerer Widerstände oder äußerer Grenzen zu tun hat. Einerlei ob wir kreative oder sozial allgemein anerkannte wie das Erforschen bislang unbekannter Gesetzmäßigkeiten oder eher ‚normale' Tätigkeiten wie das Bearbeiten von Werkstoffen, den Verkauf von Handelswaren oder die Bestellung landwirtschaftlicher Nutzflächen betrachten – stets stellt sich die äußere Natur (sei es als unbelebte Materie, sei es in der vorgefundenen Situation eines Geschäfts- bzw. Verwaltungsvorgangs oder im zögerlichen Verhalten eines Kunden) oder die innere Verfassung (man muß sich ‚zwingen' zur Arbeit) als etwas widerständiges dar, und Arbeit ist das Medium der Überwindung dieses Widerstands.

---

[345] So etwa die auf E. Husserl zurückgehende, von J. Habermas eingeführte Begriffsverwendung.

[346] Beckenbach (1987), S. 15

2) Arbeit als grenzüberwindende oder grenzenverschiebende Tätigkeit ist stets auf ein Drittes bezogen. Dieser dritte Faktor tritt zunächst auf in der Form des äußeren Gegenstands oder Produkts, der das Ziel der Arbeit darstellt. Die Mittel, deren sich der Arbeitende bedient (sei es Hammer oder Schaufel; Schreibmaschine oder Computer; sei es Theorie und Versuch als Instrumentarien wissenschaftlichen Arbeitens) sind ‚vorgetane Arbeit' und selber das Produkt vorangegangener Arbeitsprozesse.
3) (..) Gegenüber mechanischen Abläufen in der äußeren Natur oder im Unterschied zu einem rein instinkthaften oder reaktiven Verhalten bedeutet Arbeit eine aktive, gezielte und für Lernprozesse offene – insofern auch veränderbare – Umgestaltung der vorgefundenen Gegebenheiten. Der Zweck der Arbeit – d. h. das konkrete Ziel und der Grund, weshalb die Erreichung dieses Ziels für wichtig und notwendig angesehen wird – ist dabei verfügbar für das menschliche vorstellende und intentionale Denken. Subjekt dieses Vorstellungsprozesses kann entweder der Arbeitende oder eine über den Arbeitsprozess verfügende Person sein (unbeschadet, worauf diese Verfügung beruht). Zweck, Mittel und Gründe von Arbeit können aber auch außerhalb des unmittelbaren Arbeitsprozesses selber (z.B. in Planungsprozessen, Bildungsveranstaltungen oder in Forschungsprozessen) Gegenstand von Reflexion und Analyse sein. (..,)
4) Der Arbeitsprozess als eine unter zeitlichen und sachlichen Gesichtspunkten weitgespannte Handlungskette ist nicht denkbar als monologische Tat-Handlung. Arbeit als Einheit von Planung, Entwurf, Ausführung und Kontrolle ist immer zugleich auf unbelebte Natur (Grundstoffe, Arbeitsmittel, Produkte) und auf andere menschliche Arbeitshandlungen bezogen. (...)
5) (...) Arbeit gilt eher als Mittel für die Erreichung eines anderen Zwecks. Speziell unter belastenden Arbeitsbedingungen .... (..) Arbeit ist im Alltagsleben zugleich auch eine wichtige Quelle von Zufriedenheit. Es geht dabei um das subjektive Erleben des Erfolgs, der Freude und des Leistungsstolzes, wenn ein gesetztes Ziel erreicht und die Schwierigkeiten der Wegstrecke überwunden und im Vollzug der Arbeit möglicherweise sogar neue Zielsetzungen entdeckt worden sind. Arbeit hat insofern immer auch zu tun mit menschlichen Selbstverwirklichungsansprüchen, einerlei, ob diese im konkreten Arbeitsvollzug erfüllt werden oder nicht." (a. a. O., S. 15 – 18)

Eine vergleichende Betrachtung kommt zu folgenden Ergebnissen:

Punkt 1) – Arbeit als gerichtet auf „durch Anstrengung zu überwindende naturgegebene Widerstände" – deckt sich mit dem oben Gesagten. Es ist hier im übrigen die Bemerkung einzuflechten, dass der zitierte Text die Notwendigkeit weiterer Bestimmungen der Arbeit verdeutlicht: die Bemühungen zur Überwindung des „zögerlichen [Kauf-] Verhaltens eines Kunden" etwa durch einen Handelsvertreter können offensichtlich nicht *unbedingt* als „Arbeit" angesehen werden, denn wenn ein Kauf-Kandidat nach hinreichender Prüfung für eine Kaufentscheidung relevanter Sachverhalte sich entschieden hat, ein Produkt *nicht* zu kaufen, können weitere Bemühungen eines Verkäufers, diesen nun sich ihm darbietenden „Widerstand" des Kauf-Kandidaten zu überwinden, diesem kaum in irgendeiner Weise von Nutzen oder wohlgefällig sein. Diese Feststellung ist im Zusammenhang mit der unten zu diskutierenden Marktsättigungsproblematik und den *Gossenschen Gesetzen* vom abnehmenden Grenznutzen von beachtlicher Bedeutung.

Punkt 2) nennt ein aus der Bestimmung der Arbeit als Spezialfall von Handlung ‚geerbtes' Charakteristikum, nämlich das Ausgerichtetsein auf ein Ziel (*to orekton* bei Aristoteles); darüber hinaus sind hier Arbeitsmittel als „vorgängig getane Arbeit" eingeführt worden.

Punkt 3) nennt ein weiteres allgemeines Konstituens von Handlungen, nämlich das bewusste intentionale Geschehen-machen-wollen. Die Unterscheidung von innerhalb und außerhalb des unmittelbaren Arbeitsprozesses liegenden Zwecken und Gründen desselben („Planungs-, Forschungsprozesse, Bildungsveranstaltungen") würde mit der oben getroffenen Unterscheidung der Herstellung privatisierbarer Güter und Leistungen auf der einen und der „Herstellung" eines Zustandes von Lebenswelt auf der anderen Seite zur Deckung zu bringen sein, wenn man einmal unterstellt dass z. B. Erziehung und Bildung, auch etwa als ‚Gemütsbildung' durch die schönen Künste, in zulässiger Weise auf diesen Begriff zu bringen sind; am wenigsten bezweifelt könnte hier vielleicht die Arbeit von Richtern, Gesetzeshütern und Gesetzgebern unterzubringen sein (sofern diese unzweifelhaft legitimiert sind, also nicht unter nicht-rechtsstaatlichen Bedingungen ihre Arbeit tun).

In Punkt 4) wird der Arbeitsprozess als „unter zeitlichen und sachlichen Gesichtspunkten weitgespannte Handlungskette" eingeführt, sowie die Tatsache, dass Arbeit in der Regel in sozialen Verbänden oder Organisationen geleistet wird.

In Punkt 5) werden (nochmals) die Mühsal, nun aber auch mögliche Arbeits-Freude, und die durch Arbeit mögliche „Selbstverwirklichung" genannt; genauer werden „Selbstverwirklichungs*ansprüche*" genannt. Während die Arbeit also vorher als naturwüchsig-vorgängig erzwungen erscheint, und daher „Last und Mühsal" bedeutet, erscheint sie hier nun auch als mögliche „Quelle von Zufriedenheit", auf die „Ansprüche" erhoben werden können. Was kann mit „Selbstverwirklichungsansprüchen" – deren mangelnde Durchsetzbarkeit ja, wie oben gezeigt, von Hastedt moniert wurde – gemeint sein? Es ist zu prüfen, ob damit ein Selbstzweck-Charakter von Arbeit, von Arbeitshandlungen und -prozessen benannt sein soll. Hieße das, unter diesem Gesichtspunkt wäre der Arbeitsinhalt, der mittelbare oder unmittelbare äußere Arbeitszweck beliebig? Das kann eigentlich nicht sein, denn das würde die Aufhebung der oben genannten Bestimmungen bedeuten, also „Natur als Schranke", „Bezug auf Äußeres Drittes als Zweck", und die des Wert-Bezugs, des Ausgerichtet-Seins auf die Schöpfung subjektiven oder objektiven Wertes. Es wird daher notwendigerweise anzunehmen sein, dass diese mit „Selbstverwirklichung" umschriebenen subjektiven Erlebnisse der Freude, Genugtuung und Zufriedenheit sich auch nur dann einstellen, wenn eine Arbeit objektiv in diesem Sinne wertschöpfend ist; nicht etwa einfach ein „Zeitvertreib". „Selbstverwirklichungsansprüche" in diesem Sinne würden also einen allgemeinen Anspruch bezeichnen, an tatsächlich bestehenden „Herausforderungen" beteiligt zu werden, also gesellschaftlich-ökonomische Zustände zu vermeiden, in welchen ein Teil der Menschen in voller Ausschöpfung des schöpferischen und gestalterischen Vermögens und in Wahrung ihrer Autonomie und Menschenwürde die Lebenswirklichkeit nach ihren Ideen und Entwürfen mitgestalten, und die anderen zur Passivität verurteilt sind und zum entwürdigenden Empfang von Unterstützungsleistungen und Almosen zur Bestreitung des lebensnotwenigen Bedarfs, an dessen Herstellung sie sich nicht beteiligen konnten.

h) Ökonomie

Es soll nun betrachtet werden, wie eine grundlegende Einführung in die (neoklassische) Ökonomie auf Basis der subjektiven Wertlehre vorgeht[347].

Es wird zunächst das „ökonomische Prinzip" vorgestellt: „Angesichts des Grundtatbestands der Knappheit ist es offenbar vernünftig (rational), dem ökonomischen Prinzip zu folgen, d. h. zu versuchen, entweder mit beschränkten Mitteln einen möglichst hohen Grad an Bedürfnisbefriedigung zu erreichen oder einen bestimmten Grad an Bedürfnisbefriedigung mit möglichst geringen Mitteln zu erzielen. Wirtschaften heißt, diesen Versuch zu unternehmen." (a. a. O., S. 7)
Zum Begriff der „Bedürfnisse" wird erläutert, dass sie unterschiedlich dringlich sein können (z. B. Nahrung oder Unterhaltung), und es wird hingewiesen auf eine Abhängigkeit dieser Dringlichkeit eines Bedürfnisses davon, „wie weit es bereits befriedigt werden konnte", also ein Hinweis auf die in den *Gossenschen Gesetzen* formalisierten Zusammenhänge.

Aus diesem „ökonomischen Prinzip" wird gefolgert: „Die Güterproduktion ist kein Selbstzweck, sondern ein Mittel, das eigentliche Ziel des Wirtschaftens zu erreichen, nämlich die Bedürfnisse der Menschen als Verbraucher möglichst weitgehend zu befriedigen." (S. 11)
In einer Ökonomie werden Güter produziert durch an der Produktion beteiligte Produktionsfaktoren. Diese Faktoren müssen allokiert werden: „.. bei der Faktorallokation geht es um die Verteilung der vorhandenen oder laufend erzeugten Produktionsfaktoren (Arbeitskräfte, Werkzeuge, Maschinen, Vorprodukte usw.) auf die verschiedenen Produktionsaktivitäten".
Auch die produzierten Güter müssen allokiert werden: Güterallokation ist entsprechend die Verteilung der vorhandenen und laufend produzierten Güter auf die verschiedenen Konsumaktivitäten. (S. 10)

---
[347] „die gedacht ist bzw. benutzt wird zur Einführung in das Studium der Ökonomie. Herberg (1986)

Es gelten nun solche „Faktorallokationen (als) erstrebenswert, bei denen es auch durch eine Änderung der Faktorverteilung nicht möglich ist, die Produktion eines Gutes zu steigern, ohne dass zugleich die Produktion wenigstens eines anderen Gutes sinkt. Solche Faktorallokationen heißen effizient." Dementsprechend gelten solche „Güterallokationen (als) erstrebenswert, bei denen es auch durch eine Änderung der Güterverteilung nicht möglich ist, den Grad der Bedürfnisbefriedigung eines Verbrauchers zu erhöhen, ohne dass zugleich der Grad der Bedürfnisbefriedigung wenigstens eines anderen Verbrauchers sinkt. Solche Güterallokationen heißen optimal." (S. 11)

Pareto-optimale Situationen sind nun solche, „in denen die Faktorallokation effizient und außerdem die Güterallokation optimal ist." (S. 11)

Es wird dann der Markt eingeführt als der mit wirtschaftlichen Aktivitäten seit jeher verknüpfte Ort des Tausches und des Handels mit produzierten Gütern: „Ein Markt ist der Ort, an dem sich Angebot und Nachfrage für ein Gut treffen." (S. 19)
Wenn auf dem Markt Güter gegen Güter ausgetauscht werden, entstehen „Güteraustauschverhältnisse"; wenn aber – in einer entwickelten Geldwirtschaft – Güter gegen Geld ausgetauscht werden, entstehen „Preisverhältnisse".
Als Nachfrager auf dem Markt im ökonomischen Sinne gilt nur der zahlungsbereite *und* zahlungsfähige Nachfrager: „Reine Wünsche oder Träume stellen keine Nachfrage im ökonomischen Sinne dar." (S. 20)
Der Tausch kommt zustande, wenn es bezüglich des zu zahlenden Preises zu einer Einigung kommt.

Es schließt sich nun die Einführung in die Haushaltstheorie an. Hier wird der Begriff des „Nutzenmaximierers" sowie die „Nutzenmaximierungshypothese als Erklärungsansatz" vorgestellt. Sie unterstellt folgendes: (i) Menschen haben Bedürfnisse, die sie in ihrer Gesamtheit möglichst weitgehend befriedigen wollen; (ii) sie sind in der Lage, verschiedene erreichbare Alternativen der Bedürfnisbefriedigung miteinander zu vergleichen, und sie wählen die günstigste[348].

Der Haushaltstheorie folgt die Einführung in die Unternehmenstheorie: „Unternehmen sind die kleinsten wirtschaftlichen Einheiten, die eine gemeinsame Zielsetzung und Willensbildung haben und nach einem gemeinsamen Plan Güter produzieren und anderen Wirtschaftssubjekten zum Kauf (oder Tausch) anbieten. (...) Als Zielsetzung eines Unternehmens werden wir die Maximierung des Periodengewinns (..) annehmen. Ein Unterziel ist demnach Kostenminimierung." (S. 115).

---

[348] Herberg (1986), S. 49. Es wird hier übrigens von Herberg betont, dass mit diesem Postulat keine Tatsachenbehauptung aufgestellt wird, „sondern nur ein Erklärungsansatz formuliert": als fürchte er, irgend jemand schlechtes nachzusagen.

Die Produktion erfordert den Einsatz von Produktionsfaktoren (s. o.); diese sind:

1. menschliche Arbeitsleistung (..);
2. Boden und Bodenschätze (..);
3. produzierte Sachgüter, die während mehrerer Produktionsperioden nutzbar sind (Gebäude, Maschinen, Fahrzeuge);
4. produzierte Sachgüter, die in das Produkt umgewandelt werden, als Bestandteile eingehen oder als Hilfsstoffe dienen (..);
5. Dienstleistungen (Nachrichtenübermittlung, Transporte, Beratung durch Außenstehende);
6. Umwelt (Boden, Wasser und Luft als Aufnahmemedien für entstandene Abfall- und Schadstoffe). (S. 116)

In den Produktionsprozess eingehende Faktoren heißen Inputs, dabei erzeugte Güter heißen Outputs. Es gibt eine höchstmögliche Gütermenge, die ein Unternehmen mit Hilfe eines bestimmten Inputbündels herstellen kann. Ein Inputbündel (Produktionsverfahren) zur Produktion einer Gütermenge x heißt effizient, falls kein kleineres Inputbündel gefunden werden kann, mit dem die Gütermenge x hergestellt werden kann. Einzelne Faktoren des Inputbündels können substituiert werden: „Faktorsubstitution bedeutet, dass ein effizientes Inputbündel durch ein anderes, ebenfalls effizientes Inputbündel ersetzt wird, ohne dass sich die produzierte Menge ändert." (S. 119)

Als Unternehmensziel gilt, wie oben bereits bemerkt, hier die „Gewinnmaximierung", und zwar mit folgender Begründung: „Gewinne und Verluste wirken (also) darauf hin, dass Faktoren (...) in Verwendungen gelenkt werden, in denen sie ein möglichst hohes Einkommen erreichen." Der positive Effekt für das „Allgemeinwohl" ergibt sich aus folgender Verursachung: „Gewinnmaximierung erfordert Kostenminimierung. Sind die Kosten, vor allem im Sinn der Alternativkosten richtig und vollständig erfasst, bedeutet Minimierung, dass die Produktion eines Gutes den geringstmöglichen Verzicht auf die Produktion anderer Güter erfordert." (S. 155)

Unternehmensgewinn „im volkswirtschaftlichen Sinn" bedarf einer besonderen Erläuterung: es ist nicht der sich aus einer betriebswirtschaftlichen Aufwand-Ertrags-Rechnung ergebende Betrag, sondern es ist die „Überschreitung des marktüblichen Einkommens": „Arbeitet ein Unternehmen mit (positivem) Gewinn, bringt es seinen Eigentümern ein höheres Einkommen, bestehend aus dem Gewinn und den kalkulatorischen Kosten, als sie es anderweitig erhalten könnten." Daraus ergibt sich die Definition: „Wenn Unternehmen, die ein bestimmtes Gut herstellen, einen Gewinn im volkswirtschaftlichen Sinn erwirtschaften, erreichen ihre Eigentümer ein Einkommen, das über dem marktüblichen liegt. Für andere Unternehmen bildet das einen Anreiz, nach Möglichkeit ebenfalls die Produktion dieses Gutes aufzunehmen." (S. 153)

Als Gründe für die Gültigkeit der Annahme, dass Unternehmen tatsächlich das Ziel der Gewinnmaximierung verfolgen, nennt *Herberg*: a) Eigennutz der Eigentümer, die dann besser konsumieren oder durch Investitionen für die Zukunft vorsorgen können; und b) Wettbewerb: „Verzichtet ein Unternehmen darauf, dieses Ziel zu verfolgen, kann das zu Verlusten führen, die es über kurz oder lang zum Ausscheiden aus dem Markt zwingen oder es in die Lage bringen, dass es von anderen Unternehmen übernommen wird, die die bestehenden Gewinnchancen erkennen und sie nutzen wollen." (S. 155)

Damit ist nun ein offensichtlich imperativisch wirkender Marktmechanismus benannt: ein Unternehmen ist gezwungen, seine Gewinne zu maximieren. Es stehen ihm dazu zwar verschiedene Kombinationen von Produktionskostensenkung, Preisanpassung, Produktionsausweitung oder –senkung zur Verfügung, je nach vorzufindender Marktsituation, aber es *muss* seine Gewinne zu maximieren suchen, wenn es seine Existenz als selbstständig operierendes Unternehmen nicht gefährden will[349].

Es wird in der vorliegenden Arbeit die Auffassung vertreten, dass diese Marktimperative in der Tat wirksam sind und einem Unternehmen daher in der Regel kein Spielraum bleibt, auf kostensenkende Maßnahmen zu verzichten. Der in der gegebenen Fragestellung zu problematisierende Fall wären offensichtlich Maßnahmen zur Einsparung von Arbeitsplätzen. Man kann nun gedanklich einige alternative Handlungsoptionen durchspielen, um zu überprüfen, ob sich diese Imperative umgehen ließen: man könnte etwa versuchen wollen, auf politischem Wege Unternehmen den Arbeitsplatzabbau zu verbieten. Ein Unternehmen, dass nun wegen sinkender Erträge Arbeitskosten einsparen wollte, kann dies nicht mehr und gerät infolgedessen in Zahlungsnot, die im Ergebnis dazu führen kann, dass es als Rechtssubjekt aufhört zu existieren und dann auch keine Löhne mehr zahlen kann. Hebt man ab auf ein allgemeines Verbot, Arbeitnehmer zu entlassen, so wären die Grundmechanismen der „freien" Marktwirtschaft außer Kraft gesetzt, und es müssten allgemein politische Regelungsprinzipien in Kraft gesetzt werden, die aber im Ergebnis zu den erfahrbar gewordenen ökonomischen Zuständen der „Planwirtschaft" führen würden.

Ist das marktwirtschaftliche Prinzip aber damit über alle Kritik erhaben, bzw. ist die Marktwirtschaft etwa zu verstehen als die nicht überbietbare „Maximierung der Koordination bewusster Wesen", wie der Wirtschaftsethiker *P. Koslowski*[350] die marktliche Koordinationsweise nennt?

---

[349] Ulrich beschreibt umfangreich den „Systemcharakter der modernen Marktwirtschaft" u. a. als allgemeiner „Zwang, wettbewerbsfähig zu sein", der eben auch nicht nur für Unternehmer bzw. Unternehmen gilt, sondern für „Wirtschaftssubjekte" allgemein. Ulrich weist darauf hin, dass Max Weber die hier zum Ausdruck kommende Selektionsfunktion des Marktes wohl als Erster klar erkannt hat. Ulrich (1997), S. 137, insbes. S. 139

[350] Koslowski (1991)

Die neoklassisch orientierte Ökonomik des „mainstream" konzediert für die Versorgung mit öffentlichen Gütern durchaus ein „Marktversagen"; so ist dazu zu lesen bei *Herberg*: „Die Versorgung einer Wirtschaft mit öffentlichen Gütern und Produktionsfaktoren ist ein bedeutsamer und ernstzunehmender Bereich ökonomischer Tätigkeit, in dem Marktversagen zu erwarten ist. Individuelle, über Märkte koordinierte Entscheidungen über Art und Menge solcher Güter und Faktoren, die bereit gestellt werden sollen, und über die Deckung ihrer Produktions- und Unterhaltskosten führen meist zu einer Unterversorgung und einer Mangelsituation. Hier ist Raum und Bedarf für politische Entscheidungen und staatliches Handeln."[351]

Auch Koslowski zeigt hier „Grenzen subjektivistischer Koordination durch Märkte" auf: „Das ökonomische Gut ist (..) dadurch definiert, dass es alternative Potenziale der Nutzung und der Verwertung durch den Menschen aufweist. Das bedeutet, dass etwas nur dann ein ökonomisches Gut sein kann, wenn es subjektiven Nutzen abgibt. Alle natürlichen Güter, etwa die Erhaltung der Natur oder die freie Entwicklung natürlicher Arten und Gattungen, sind nur dann zugleich ökonomische Güter, wenn für ihre Existenz eine effektive, subjektive Nachfrage von Seiten der Menschen besteht. Die Art von Nachfrageversagen, die hier entsteht, ist nicht mit dem vertrauten Begriff des ‚Marktversagens' identisch. (..) Elemente ‚mechanischen' Marktversagens – wie die Nichtanwendbarkeit des Exklusionsprinzips beim Genuss von Naturschönheit, die Nicht-Rivalität des Konsums von Natur und Landschaft und hohe Transaktionskosten bei der Durchsetzung von Naturschutz – mögen eine Rolle spielen. Hinter diesen mechanischen Koordinationsproblemen steht im Fall des Naturschutzes jedoch ein Nachfrageproblem. Das Hauptproblem der Ökologie ist, dass ein effektives ‚Nachfrageversagen' (..) deshalb leicht entsteht, weil keine ausreichende Nachfrage und Zahlungsbereitschaft vorhanden ist, die Natur als solche zu erhalten. Menschen mögen über die Erschöpfbarkeit von Ressourcen besorgt sein, nicht aber an der Erhaltung der Schönheit der Natur und ihrer Arten als solche interessiert sein."[352]

Koslowski nennt einen weiteren Koordinationsmangel des ökonomischen Prinzips: „Der zweite Typus eines Versagens der subjektiven Nachfrage betrifft die Beziehung zwischen der Forderung nach wirtschaftlichem Wachstum, der Erhaltung der Natur und den – zum Teil nicht greifbaren – Kosten des Wachstums. Die subjektive Nachfrage nach steigendem Einkommen kann eine Situation erzeugen, in der die greifbaren und nicht greifbaren Gesamtkosten die Erträge des Wachstums übersteigen. Die ungreifbaren Kosten des Wachstums bestehen häu-

---

[351] Herberg (1985), S. 309. *J. Stiglitz* beschreibt „die Korrektur des Marktversagens als Aufgabe des Staates", der korrigierend einzugreifen habe im Falle von „Stabilitätsproblemen" (extreme Konjunkturschwankungen), „Wettbewerbsbeschränkungen", „externer Effekte" und zur Bereitstellung öffentlicher Güter. Stiglitz (1999)

[352] Koslowski (1991), S. 57

fig in einem übermäßigen und daher notwendig vergeblichen Wettbewerb um Status und ‚positionale Güter'. (...) Die Notwendigkeit, Rechte der Natur im subjektivistischen, ökonomischen Koordinationsprozess zu berücksichtigen, zeigt, dass es zu anthropozentrisch ist, die subjektive Nachfrage ohne jede Berücksichtigung der Grenzen der menschlichen Freiheit und der menschlichen Abhängigkeit von der Natur wirksam werden zu lassen." (a. a. O., S. 58)

Die sich schließlich stellende Frage ist die, welche Möglichkeiten der Koordination, der Begrenzung des Wachstums sowie etwa eines „übermäßigen" Konsums denn nun offen stehen. Koslowski kommt als Ethiker zu folgendem Ergebnis: „Die Ethik (...) erhöht die gesellschaftliche und daher auch die ökonomische Koordination des Marktes. Sie steigert gesellschaftliche und wirtschaftliche Koordination selbst dann, wenn Koordinationseffizienz des Marktes bei vollständiger Konkurrenz im Sinne der neoklassischen ökonomischen Theorie gegeben ist. Die ethische Koordination von Handlungen geschieht (...) durch die Antizipation von Allgemeinheit, durch die vorwegnehmende Berücksichtigung der Zusammensetzung der eigenen Handlungen mit den erwarteten Handlungen der anderen in der selbstinteressierten ökonomischen Entscheidung. Die Koordination von Handlungen *in foro interno* nach der Regel gedachter Verallgemeinerung führt eine Vor-Koordination der eigenen Handlung mit den Handlungen aller anderen im Innern des Handelnden und vor dem Handlungsvollzug durch...." (S. 113)

Koslowski hofft also offenbar darauf, den „selbstinteressierten Nutzenmaximierer" des ökonomischen Prinzips nun doch ethisch motivieren und zur Wahrnehmung überindividueller Allgemeininteressen bewegen zu können. Er spricht dann von „*der* Ethik", die gewissermaßen selbstständig auftritt und handelt. „Die Ethik", die „ethische Reflexion" soll etwa „Motive schaffen", weil sie „auch Aufforderungscharakter hat".

Dem ist aber entgegen zu halten, dass ja eingangs hier eben der „Aufforderungscharakter" der marktlichen System-Imperative festgestellt worden ist. Ein Verantwortungsträger in einem Unternehmen, der in diesem Sinne gezwungen ist, per Umsatzwachstum seine Gewinne zu maximieren, kann sich voraussetzungsgemäß *nicht* im *forum internum* beraten und ethisch „optimierte" Entscheidungen treffen.

Koslowski kommt schließlich zu einer Modifikation des Kantischen Kategorischen Imperativ, und man kann kaum umhin festzustellen, dass auf diesem Wege das, was der Kategorische Imperativ möglicherweise nicht an Verbesserung der Koordination leisten konnte, so wohl auch nicht besser geleistet werden kann.

Es ergeben sich nun folgende Schlussfolgerungen zu den oben genannten Fragestellungen:

Es ist in der Tat die nicht-intentionale „subjektivistische", Selbstinteressiertheit voraussetzende und nutzenmaximierende Koordinationsweise des Marktes als solche zu kritisieren. Die „Kolonialisierung der Lebenswelt" schreitet voran, und es sind Grenzen der marktlichen Koordinationsfähigkeit festzustellen, die mit zunehmender Dringlichkeit nach Kompensation verlangen.[353]

Auf der anderen Seite ist aber nicht zu verkennen, dass die Funktion des Marktes und der marktlichen Koordination, eine maximale und ressourcensparsame (in den aufgezeigten Grenzen) Güterversorgung zu gewährleisten, nicht durch sprachliche Koordination ersetzt werden könnte, ohne dass auf diese Weise dann schließlich ebenso „das Projekt der Moderne" gefährdet wäre. Insofern hat eine verantwortungsvolle Kritik der Grenzen ihrer Korrekturmöglichkeiten gewahr zu sein; insofern kann etwa eine – wenn auch in der Diagnose zutreffende – Kritik an „fehlenden Möglichkeiten der Selbstverwirklichung" nicht konstruktiv fruchtbar gemacht werden, weil ihr gewissermaßen der Adressat fehlt, von dem aussichtsreich eine Umsetzung zu verlangen wäre.

---

[353] Das Versagen der „reinen Lehre" des Markt-Laisser-faire in Osteuropa und Russland, Ostasien und den Ländern „des Südens" wird in der Gegenwart von dem Nobelpreisträger für Wirtschaft des Jahres 2002, *Joseph Stiglitz*, vehement kritisiert. (vgl. Stiglitz 2002: „Die Schatten der Globalisierung") Stiglitz plädiert insgesamt für einen „dritten Weg zwischen Laisser-faire und Sozialismus", verstanden als Aufbau des „richtigen regulatorischen Rahmens". Stiglitz befasst sich jedoch nicht mit der hier betrachteten Sättigungsproblematik. Diese wiederum bringt *H. Schui* auf folgende Formel: „Eingehender lässt sich für die Gegenwart die gestellte Frage mit Keynes' Theorie zu Vollbeschäftigung und Wohlfahrt erfassen: Wenn der technische Fortschritt die Produktivität der Arbeit steigert, der Lohn und die wohlfahrtsstaatlichen Leistungen, also der Massenkonsum, aber nicht mit einer hinreichenden Rate wachsen, dann wird in der Wirtschaft ein Mangel an effektiver Nachfrage und folglich Arbeitslosigkeit die Folge sein. (...) Wenn aber die rentablen Investitionsmöglichkeiten früher oder später ausgeschöpft sind, also eine Obergrenze haben, die steigende Arbeitsproduktivität jedoch bei einem gegebenen Beschäftigungsstand (Vollbeschäftigung) den potenziellen Output steigert, dann gibt es auf Basis von Keynes' Überlegungen nur eine Möglichkeit, aus der wachsenden Ergiebigkeit der Arbeit mehr Wohlfahrt zu machen, nämlich die Nachfrage nach Output durch einen höheren Massenkonsum zu steigern oder die Outputsteigerung durch Arbeitszeitverkürzung bei vollem Lohnausgleich zu begrenzen. Beides aber lässt sich nicht mit Markt und Wettbewerb erreichen." Schui (2002), S. 18. Als „empirisch bestätigte(n), theoretisch begründete(n) Hypothesen zur langfristigen Entwicklung des Kapitalismus" nennt K. G. Zinn neulich folgende: „Der kapitalistische Konkurrenzprozess treibt den technologischen Wandel dauerhaft an. Die Produktion der technologischen Neuerungen und deren Realisierung als technischer Fortschritt in Form von Prozess- und Produktinnovationen erfordert Investitionen, sodass mit einer Fortsetzung der Akkumulation zu rechnen ist. (...) Der produktivitätswirksame technische Fortschritt ist unabdingbar für intensives Wachstum, und intensives Wachstum (steigende Pro-Kopf-Einkommen) führt zur relativen Sättigung entsprechend dem Ersten Gossenschen Gesetz (Sättigungsgesetz), woraus der langfristige Strukturwandel resultiert." (Zinn 2002, S. 65) Zinn weist darauf hin, dass der Wirtschaftswissenschaftler *Rudolf Hickel* bereits 1987 eine Strukturanalyse vorgelegt hat, die eine „Verstärkung des langfristigen Stagnationstrends und damit des Beschäftigsrückgangs" prognostizierte: „Durch den Einsatz neuer Technologien entsteht langfristig die Gefahr der Stagnationsverstärkung (Spiraleffekt). In diesem Sinn wird hier der Begriff der ,technologischen Arbeitslosigkeit' vertreten: Im Zusammenspiel von Wirtschaftswachstum und technologiebedingter Produktivitätsentwicklung gewinnen die Effekte der Arbeitsplatzreduktion (,Freisetzung') die Oberhand. Diese Wirkungen liegen jedoch nicht in der ,Natur' des technologischen Wandels, sondern resultieren aus binnenwirtschaftlichen Gewinnrationalität, die verhindert, dass die gesamtwirtschaftlichen Entwicklungspotentiale über problemadäquate Umverteilung der Einkomme zur Finanzierung qualitativen Wachstums und Arbeitszeitverkürzung optimal ausgeschöpft werden." (Hickel, Rudolf: Ein neuer Typ der Akkumulation? Anatomie des ökonomische Strukturwandels – Krise der Marktorthodoxie. Hamburg 1987) Zinn fasst die „von Hickel hervorgehobenen Momente des wirtschaftlichen Strukturwandels" wie folgt zusammen: diese „,...gruppieren sich um zwei längerfristige Trends: Erstens der tendenzielle Rückgang der gesamtwirtschaftlichen Wachstumsraten derart, dass die absoluten BIP-Zuwächse etwa konstant bleiben (=lineares Wachstum); zweitens wird der Strukturwandel zwar nach wie vor vom technischen Fortschritt bestimmt, aber nunmehr tritt der Rationalisierungseffekt gegenüber dem Erweiterungseffekt in den Vordergrund, d.h. die Prozessinnovationen überwiegen die Produktinnovationen. Die Produktivitäts-Produktions-Schere öffnet sich immer weiter." Zinn (2002), S. 69.

Bezüglich des zu erwartenden weiteren Entwicklungsverlaufs sind – nicht erst seit Marx – eine Reihe von ökonomischen Theorien entwickelt worden. Die hier vorgestellte Betrachtung scheint – wie dies eine Reihe von bedeutenden ökonomischen Theorien[354] auch tun – die Annahme nahe zu legen, dass mit einem Fortgang der beobachteten Entwicklung zu zunehmend arbeitssparender Produktion zu rechnen ist, und dass dies darüber hinaus vernünftig und gerechtfertigt erscheint, wie auch der Blick auf den Bedeutungsgehalt des Arbeitsbegriffs zeigen sollte.

Dennoch scheint ja die Annahme unausweichlich, dass die Koordinationsschwierigkeiten der marktlich nicht-intentionalen Steuerung mit zunehmender Divergenz zwischen Produktwachstum und Prozesswachstum zunehmen. Dazu war nun im Ergebnis des vorangegangen Abschnitts die Annahme vorgetragen worden, dass eine hochentwickelte Produktion, die sowohl die arbeitssparende Automation als auch die Flexibilisierung optimiert, schließlich die Möglichkeit eröffnen kann, unter Umgehung der Marktallokation maximale Nutzenstiftung zu gewährleisten, und dass sie auf diese Weise schließlich auch einen Einstieg in eine zunehmend sprachlich-intentionale Koordination eröffnet.

In diesem Sinne scheinen sich die Erwartungen auf die evolutorischen Potenziale des Universalen Automaten zu konzentrieren. Es ist daher die Absicht des folgenden Kapitels, diese vor dem Hintergrund der verfolgten Fragestellung auszuleuchten, und auch etwa der Fragestellung nachzugehen, ob die „verborgene Teleologie" des Automaten vielleicht die ist, schließlich seinerseits „Mensch" zu werden, zu „denken" und zu „fühlen", also Selbst-Zweck zu werden, oder die, für den Menschen ein möglichst universales Zweck-Werkzeug zu werden.

---

[354] „und auch eine Reihe populärwissenschaftlicher Publikationen kam in jüngerer Vergangenheit zu dieser Einschätzung, eine der bekanntesten vermutlich die von J. Rifkin (1996): „Rifkin zeigt in diesem Buch detailliert auf, dass die Automation nicht mehr aufzuhalten ist" (aus dem Klappentext). Eine Kulturanalyse mit dem Titel „Das Verschwinden der Arbeit", das von einer ähnlichen Bestandsaufnahme ausgeht, hat H. Glaser schon 1988 vorgestellt. Glaser (1988). Zu nennende ökonomische Theorien wären die Stadientheorie J. M. Keynes', die marxistische Evolutionstheorie, die Tertiarisierungstheorie Fourastiés, und – als indirekte Bestätigung der Annahme fortgesetzter „Maschinisierung" – einige stagnationstheoretische Analysen.

3 Berechenbare Automaten

Zusammenfassung:
Es geht im folgenden 3. Kapitel im wesentlichen um eine rekapitulierende Zusammenfassung der in der Theoretischen Informatik behandelten Grundlagenfragen, um vor diesem Hintergrund dann auch einige Fragestellungen in den Grenzbereichen zu diskutierender evolutionärer Perspektiven aufgreifen zu können. Die Abschnitte *3.1, 3.2, 3.3* und *3.4* enthalten lediglich stark gestraffte Zusammenfassungen (der Grundbegriffe der Theoretischen Informatik, des Begriffes der Grammatik und formaler Sprachen, des Automatenmodells der Turing-Maschine und des Begriffes der Berechenbarkeit).

Im Abschnitt *3.5* ist es das Ziel, generalisierte Aussagen über zu erwartende, auf nicht zu bewältigende Komplexitätsprobleme zurückgeführte Grenzen bei einer Realisierung „umfassender" Automatisierungsvorhaben zu entkräften.

Im Abschnitt *3.6* geht es darum aufzuzeigen, dass mit „Bewusstsein" und „Geist" auch „Autonomie" und moralische Kompetenz mitzudenken sind und dass damit einerseits die Wahrscheinlichkeit der „Emergenz" von Geist oder Bewusstsein in der Maschine als zu denkende Möglichkeit abnimmt, andererseits es aber auch umso weniger im wissenschaftlich wahrzunehmenden Interesse der – mit natürlichem Bewusstsein ausgestatteten – Menschen liegen dürfte, einen nun seinerseits mit „Geist" ausgestatteten Maschinen-Menschen zu „erschaffen", der dem Menschen mit gleichen Begabungen, Rechten und Ansprüchen dann an die Seite treten würde.

Abschnitt *3.7* hat schließlich das Ziel, mit einigen normativen Implikationen des Begriffs der wirtschaftlichen Leistung auch eine innere Nähe und Verwandtschaft zum Begriff der Berechenbarkeit herauszuarbeiten, um deutlich zu machen, dass *nicht* (schon) in einer „Entlassung" der menschlichen Arbeitsleistung aus der normativen Verbindlichkeit eines „Maschinenideals" (sofern damit Berechenbarkeit etwa als Verlässlichkeit oder „Leistungsfähigkeit" gemeint ist) die ultima ratio emanzipatorischer Bestrebungen zu sehen wäre.

In *Allan Turings* 1937 erschienener, auch über die Fachgrenzen hinaus bekannt gewordener Schrift „Über berechenbare Zahlen mit einer Anwendung auf das Entscheidungsproblem"[355] heißt es: „Die ‚berechenbaren' Zahlen sind in Kürze beschreibbar als diejenigen reellen Zahlen, deren Dezimalausdrücke mit endlichen Mitteln errechnet werden können. Obwohl die berechenbaren *Zahlen* das ausdrückliche erklärte Thema dieses Artikels bilden, ist es beinahe gleichermaßen einfach, berechenbare Funktionen einer ganzzahligen oder reellen oder berechenbaren Variablen, berechenbare Prädikate usw. zu definieren und zu untersuchen. (...) Nach meiner Definition ist eine Zahl berechenbar, wenn ihr Dezimalausdruck von einer Maschine niedergeschrieben werden kann."
Anschließend beschreibt Turing diese rechnende Maschine genauer: sie kann ein (endliche) Zahl von Zuständen einnehmen; sie besitzt ein beschreibbares Band, das in Felder und Sektionen aufgeteilt ist, die jeweils ein Symbol tragen können;

---
[355] in Turing (1987), S. 19 ff.

zu jedem Zeitpunkt soll ein einziges Feld ‚in der Maschine' sein, nämlich das gerade ‚abgetastete' Feld; und schließlich beschreibt Turing, wie die Maschine ihre Zustände ändern kann, und wie sie sich an Symbole ‚erinnern' kann, die sie vorher ‚gesehen' hat.

Man wird feststellen dürfen, dass Allan Turing mit dieser Schrift die Maschine zum Gegenstand mathematischen Interesses[356] hat werden lassen. Mit dem folgenden Satz hat Turing dann die „Automatische Maschine" eingeführt: „Wenn die Bewegung einer Maschine (..) bei jedem Schritt vom Zustand vollständig bestimmt wird, werden wir die Maschine eine ‚automatische Maschine' (oder a-Maschine) nennen." (S. 21) Seither befindet sich diese „Automatische Maschine" also im Mittelpunkt des Gegenstandsbereiches der Theoretischen Informatik.

Eine zeitgenössische Einführung in die „Theorie der Turing-Maschinen"[357] wirft einen zu allerlei assoziativen Verknüpfungen anregenden Blick in die „Wortgeschichte", um die „schwierige Aufgabe" einer einführenden Definition des Begriffs „Maschine" zu lösen; dort findet sich der lateinische Ausdruck „machina" mit der altgriechischen Wurzel „μηχος", für „Möglichkeit", „Mittel", „Behelf", „Plan", „Kunstgriff", „Kniff"; die Autoren weisen darauf hin, dass „übrigens (..) das deutsche Wort ‚Macht' damit zusammen" hänge. (a. a. O., S. 1) Zur offensichtlich griechischen Wortgeschichte des Wortes „Automat" ist hier zu erfahren, dass es die Bedeutung von „‚nach eigenem Dünken handelnd' erhalten hat, von Dingen gesagt, deren Tätigkeit keiner äußeren Steuerung bedarf, und daher, später, auch von willenlosen Dingen, Tieren, Kindern, bei denen keine ‚höhere' (Selbst-)Bestimmung eingreift."

Die hier getroffene Unterscheidung zwischen „Selbst-Bestimmung" und „höherer Selbstbestimmung" wird noch wieder aufzugreifen sein.

Einführungen für Studenten der Informatik setzen den Computer, seine Programme und die Informatik als Wissenschaft schon voraus und heben darauf ab, dass Programme auf Rechenmaschinen korrekt laufen müssen, wenn sie brauch-

---

[356] *B. Heintze* diskutiert diesen „Ursprung" der Turing-Maschine aus mathematischem Interesse, um seine Entstehung in einem einerseits mathematisch-wissenschaftlichen Umfeld aufzuzeigen, das etwa von *H. Poincaré* oder von *G. Frege* als „inhaltsleer" oder „rein formal" kritisiert wurde, und einem andererseits gesellschaftlichen Umfeld, in dem die Begriffe „Formalisierung", „Berechenbarkeit", „Regelhaftigkeit" „zu Schlüsselmetaphern der Epoche werden." Die Argumentation verläuft so, dass Turings und auch *Emil Posts* Begriff der Berechenbarkeit und ihre Präzisierung des Algorithmusbegriffs im Modell einer Maschine (bei Turing) bzw. eines Fließbandarbeiters (bei Post) sich gewissermaßen einem historisch irrtümlicherweise oder jedenfalls unzulässigerweise im Zentrum eines „übergreifenden kulturellen Konzepts" befindlichen Begriffs von Rationalisierung verdanken: „‚..die mathematische Sicht auf die Informatik [ist] (..) selbst gesellschaftlich ‚kontaminiert'. (..) Verändern sich die gesellschaftlichen Verhältnisse und ihre kulturellen Leitideen, dann verändern sich auch die Produkte der Informatik und die Sicht auf sie." (S. 28) Der nach Auffassung der vorliegenden Arbeit zentrale, auch geradezu tragische Irrtum dieser Interpretation liegt darin, zu verkennen, dass ein wünschenswerter Wandel gesellschaftlicher Verhältnisse und kultureller Leitideen erst auf der herzustellenden Grundlage berechenbarer, Sicherheit bietender Strukturen, unter Rückgriff auf eben diese Berechenbarkeit inkorporierende Informatik, eingeleitet und aufgebaut werden kann. Heintze (1995)

[357] Wiener/Bonik/Hödicke (1998)

bar sein sollen, und nicht nur das, sondern auch effizient, sie müssen also auch immer den kürzesten Lösungsweg finden. In dem Sinne befasst sich „die Theoretische Informatik (..) mit Grundlagenfragen. In dem Teilgebiet *Automatentheorie* wird zum Beispiel danach gefragt, welche einfachen mathematischen Modelle dem Computer zu Grunde liegen. Die *Theorie der Berechenbarkeit* untersucht, wie man das Berechenbare von dem Nichtberechenbaren abgrenzen kann, indem man Probleme benennt, die ein Computer unter keinen Umständen lösen kann. Die *Komplexitätstheorie* fragt danach, welchen rechnerischen Aufwand die Lösung gewisser Probleme erfordert. In dem Teilgebiet *Formale Sprachen* wird der prinzipielle, strukturelle Aufbau von Programmier- und Spezifikationssprachen (deren *Syntax*) untersucht. Die *Logik* bildet die Grundlage für eine formale Semantik von Konstruktionen z. B. mit Programmier- und Spezifikationssprachen."[358]

Es soll im folgenden nicht ein Überblick über die Inhalte der Theoretischen Informatik in dem Umfang und der Vollständigkeit versucht werden, wie er angehenden Informatikern angeboten wird, sondern soweit, wie es hier notwendig scheint, um einige Grenzen und Möglichkeiten der Informatik, damit auch der Wirtschaftsinformatik, auch vor dem angedeuteten Frage-Horizont prinzipieller ökonomischer Gestaltungsoptionen, auszuleuchten.

---

[358] Jantzen (1999), S. 2

3.1 Grundbegriffe der theoretischen Informatik

Häufig bemühen sich Einführungen in den Problembereich der Theoretischen Informatik um die plastische Vorstellung einer einfachen Maschine mit ihren möglichen Zuständen und ‚Stößen', die Zustandsänderungen hervorrufen; *Wiener et al.* führen das Beispiel einer quadratischen Fläche mit vier * vier, also sechzehn gegeneinander verschiebbaren Plättchen vor, die auf dieser Fläche entsprechend angebracht sind, wobei es sich genau genommen natürlich um 15 Plättchen handelt, eine Teilfläche auf diesem Quadrat also frei ist, sonst wären sie ja nicht verschiebbar. Jedes Plättchen trägt eine der Zahlen zwischen 1 und 15. Eine bestimmte Konfiguration dieser Plättchen ist ein Zustand, und ein Verschieben eines dieser Plättchen ist ein Zug oder Stoß, der also eine Zustandsänderung bewirkt, wobei dieser Zug vollständig, diskret, durchgeführt werden muss, das Plättchen muss also zur Gänze seine neue Position einnehmen, so dass nicht etwa zwei Lücken entstehen.[359]

2	1	4	3
6	5	8	7
9	12		15
10	14	13	11

Abb. 7: „Maschine"

---

[359] Wiener/Bonik/Hödicke (1998), S. 4

Ein von *Jantzen* vorgestelltes einführendes Beispiel sieht folgendermaßen aus:[360]

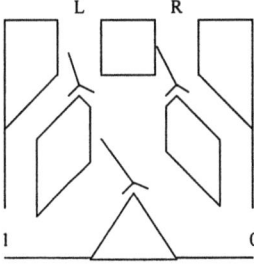

Abb. 8: „Gerät"

Auf diese Weise sei ein ‚Gerät' dargestellt, in das bei L oder R eine Kugel eingeworfen werden kann; die Hebel an den Verzweigungsstellen werden jeweils durch die Kugel beim Passieren umgestellt. Die Kugel verlässt nun das Gerät bei 1 oder 0 in Abhängigkeit davon, wo die Kugel eingeworfen wurde und wie in dem Moment die Hebelstellung war, also der Zustand der ‚Maschine'. Die Maschine kann offensichtlich 8 Zustände einnehmen, und für jede Kombination von Zustand und Einwurfsstelle der Kugel gibt es eine Kombination von Folgezustand und Kugelaustrittsstelle; diese Beziehung kann man allgemein als Zustandsübergangsfunktion beschreiben, womit gleich die Gelegenheit gegeben wäre, allgemein den Begriff von Funktionen als wichtigen Grundbegriff der Theoretischen Informatik einzuführen, der wiederum auf dem Begriff der Relation aufbaut, die nun ihrerseits zu definieren wäre. Wiener et al. ‚entwickeln' nun ihre Maschine bis Vorstellung des Begriffs des „Finiten Automaten", weshalb das Beispiel noch einmal betrachtet werden soll. Der dargestellte Zustand dieser Maschine wäre zu beschreiben als (21 4 3 6 5 7 9 12 Lücke 15 10 14 13 11), und natürlich der Zustand der obigen ‚Kugel-Maschine' als (LLL). Die ‚Plättchen-Maschine' erhält nun als periphere Ausstattung einen Lesekopf, was folgendes bedeutet: es gibt ein bestimmtes Feld, ein Sensor-Feld, auf dem Gegenstände sich befinden können, deren Vorhandensein oder Nicht-Vorhandensein der Lesekopf ‚erkennen' kann, außerdem kann er einen bestimmten Vorrat an Gegenständen unterscheiden, und er kann auf das Vorfinden bestimmter ‚Zeichen' reagieren durch Wechsel des Zustandes, und das Zeichen dann aus dem Sensorfeld entfernen. Die Gesamtheit der Zeichen, auf die eine Maschine reagieren kann, ist ihr Alphabet (das Alphabet der obigen Kugelmaschine besteht also aus den ‚Zeichen' L und R). Eine der Maschine dargebotene Folge von Zeichen aus dem Alphabet, eine Zeichenkette, heißt Input. Eine Maschine kann einen bestimmten Zustand als Anfangszustand haben, und einen o-

---

[360] Jantzen (1999), S. 4

der mehrere Zustände als Endzustände oder terminale Zustände. Bestimmte Outputs (Endzustände) kann man also als durch bestimmte Inputs hervorgerufen betrachten, und alle Inputs, die den selben Endzustand haben, als im Hinblick auf diese Maschine äquivalent, insofern kann man auch sagen, dass die Maschine die Zugehörigkeit von Inputs zu den Klassen von Inputs, die den selben Endzustand haben, ‚entscheidet'. Solche Maschinen heißen Akzeptoren. Maschinen, bei denen man die Folge der Zustände als Ausgabe betrachtet, heißen *Moore*-Automaten. Wenn Maschinen ihrerseits Zeichen in die Umgebung ‚schreiben' können, besteht ein ‚Zug' oder ein 'Takt', das Geschehen während einer Zeiteinheit, also aus den Abschnitten Lesen und Entfernen des Eingabezeichens im Sensorfeld, Schreiben des Ausgabezeichens in das Sensorfeld und Übergang in den Folgezustand; solche Maschinen heißen *Mealy*-Automaten.

Eine Kombination aus (Zustand und Eingabe-Zeichen) heißt *Argument* der Maschine, und auf ein Argument reagiert die Maschine eindeutig mit der Ausgabe eines *Werts*, nämlich der Kombination (Ausgabe-Zeichen und Folgezustand), womit also wieder die Zustandsübergangsfunktion beschrieben wäre. Damit ist nun auch ein *Finiter Automat* beschrieben, mit den folgenden Merkmalen:

- eine endliche Menge von Zuständen, einer als Anfangszustand, einer oder mehrere als Endzustände ausgezeichnet;
- ein endliches Alphabet;
- diskrete Arbeitsweise (..);
- sequentielle Arbeitsweise (..);
- deterministische Arbeitsweise (..).[361]

Damit ergibt sich andeutungsweise, mit welcher Grundbegrifflichkeit hier operiert wird: es werden benötigt die Grundkonzepte aus der Mengenlehre; Relationen, in denen Elemente mehrer Mengen zueinander in Beziehung gesetzt werden, und Funktionen, bei denen einem Element aus einer Menge genau ein Element aus einer anderen Menge zugeordnet wird, und alle Unter- und Sonderfälle wie partielle Funktionen, bijektive, injektive und surjektive Funktionen, und Umkehrfunktionen.

Ferner werden die Begriffe *Zeichen, Alphabet, Konkatenation* (Verkettung von Zeichen), *Wort, Sprache* und *Operationen über Sprachen* im begrifflichen Arsenal geführt. Wichtig sind noch die Begriffe *Algorithmus* und *Entscheidbarkeit*, wobei der Begriff Algorithmus den Begriff der *Abzählbarkeit* voraussetzt: eine Menge A ist abzählbar, wenn sie entweder leer ist, oder es eine surjektive Abbildung der Menge der natürlichen Zahlen auf A gibt, wenn man ihre Elemente also in eine lineare Reihenfolge bringen kann. Als *Problem* wird die Frage bezeichnet, ob eine bestimme Eigenschaft auf ein Objekt zutrifft, also zu entscheiden ob für ein Objekt aus einer (abzählbaren oder nicht abzählbaren) Grundmenge eine bestimmte Eigenschaft zutrifft; eine (informelle) Definition für Al-

---
[361] Wiener/Bodik/Hödicke (1998), S. 4 - 8

gorithmus bestimmt diesen dann (für ein Problem über einer abzählbaren Grundmenge) „als Programm einer höheren Programmiersprache, das bei Eingabe eines beliebigen Objekts auf einem Rechner mit beliebig großem Speicherplatz nach beliebig langer, aber endlicher Zeit Rechenzeit terminiert," und zwar mit einer Antwort, die das Problem entscheidet; entscheidbare Probleme sind demzufolge solche, für die es einen Algorithmus gibt [362].

Ein deterministischer endlicher Automat akzeptiert ein gelesenes Wort, wenn er sich nach dem Lesen im Endzustand befindet; zwei verschiedene deterministische finite Automaten heißen äquivalent, wenn sie die gleiche Sprache akzeptieren.

---

[362] aus Erk / Priese (2000), S. 32

3.2 Grammatiken und formale Sprachen

Aus dem bisher Gesagten deutet sich an, dass es „im Umgang mit formalen Sprachen (..) zwei spiegelbildliche Aufgabenstellungen [gibt]: Synthese und Analyse, oder Generierung und Erkennung. (..) Die Fragestellung (..) der Analyse ist diese: Gegeben eine Sprache L über [dem Alphabet] Σ und ein Wort w aus [der Menge der mit den Zeichen aus Σ zu bildenden Wörter] Σ^*; ist w in der Sprache L? Diese Fragestellung ist auch bekannt als Wortproblem."[363] Die hierzu spiegelbildliche Fragestellung ist also die der Generierung einer Sprache aus einer *Grammatik*. Eine Grammatik enthält eine Menge von Umformungsregeln, sogenannte Produktionsregeln, mit denen eine Sprache erzeugt werden kann. Ein Startsymbol, eine Variable, kann gemäß den Regeln der Grammatik durch ein Wort ersetzt werden, und dieses kann wieder Variablen enthalten, die ihrerseits ersetzt werden, bis sie durch sogenannte *Terminale* ersetzt sind, die nicht mehr ersetzt werden. Eine Grammatik erzeugt alle terminalen Wörter einer Sprache. Alle Sprachen, die sich mit Grammatiken beschreiben lassen, heißen *formale Sprachen*. Grammatiken dürfen im allgemeinen nur endlich viele Regeln enthalten, und jede Regelprämisse muss mindestens eine Variable enthalten.

Grammatiken lassen sich nach Schwierigkeitsgraden in eine hierarchische Anordnung (die sogenannte *Chomsky-Hierarchie*) bringen. Es gibt folgende Sprachklassen:

rechtslineare Grammatiken: es wird mit einer Regelanwendung höchstens eine Variable erzeugt, die ganz rechts im Wort steht, wenn sie auftritt;
kontextfreie Grammatiken: es wird eine einzelne Variable ersetzt; das Wort in der *Conclusio* kann Variablen und Terme enthalten;
kontextsensitive Grammatiken: eine Variable wird in eine Zeichenkette der Mindestlänge von 1 überführt, wenn der geforderte Kontext vorhanden, also eine Variable in bestimmte Variablen eingeschlossen ist;
beschränkte Grammatiken: die *Conclusio* jeder Regel ist mindestens so lang wie die Prämisse, so dass das Wort im Lauf der Ableitung nur wachsen kann.
Für beschränkte und kontextsensitive Grammatiken ist zusätzlich noch zu fordern, dass sie auch das leere Wort ε erzeugen können.

Die *Chomsky-Hierarchie* sieht dann folgendermaßen aus:

L_3 ist die Klasse der regulären Sprachen. Ihre Grammatiken heißen rechtslinear.
L_2 ist die Klasse der kontextfreien Sprachen.

---
[363] Erk / Priese (2000), S. 60

L_1 ist die Klasse der kontextsensitiven Sprachen.
L_0 sind die formalen Sprachen, die Sprachen, die sich durch eine Grammatik beschreiben lassen.
L ist die Menge aller Sprachen.[364]

Im vorliegenden Zusammenhang dürfte es nun nicht essentiell sein, hier im Detail alle die diese Sprachklassen erkennenden Automatentypen vorzustellen. Wichtig ist die Feststellung, dass es unterschiedlich mächtige Automaten-Modelle gibt, unter denen das der Turing-Maschine ist ein sehr mächtiges darstellt; das mächtigste ist (bisher) offensichtlich das der Universalen Turing-Maschine. Vielleicht ist es hier hinreichend, diese beiden Automatenmodelle vorzustellen, sowie anschließend den allgemeinen Begriff von Berechenbarkeit zu diskutieren.

---

[364] Erk / Priese (2000), S. 60

3.3 Turing-Maschinen

Turing-Maschinen haben mit den anderen Maschinentypen gemein, dass sie einen von endlich vielen Zuständen einnehmen können. Maschinen können gewissermaßen auch Informationen speichern, und der Speicher kann endlich viele Zustände aufnehmen, oder sie können, wie der hier nur zu erwähnende *Push-Down-Automat*, zwar zusätzlich einen potentiell unendlich großen „*Stack*" (Speicher) besitzen, von dem aber nach dem Prinzip des LIFO-Zugriffs (= Last In First Out) nur jeweils das zuletzt gespeicherte Element in den Zugriff gebracht werden kann. Turing-Maschinen haben nun einen potentiell unendlich großen Speicher, der heute am besten als unendlich langes Magnetband vorstellbar ist, das durch einen Schreib-Lese-Kopf beschriftet und gelesen werden kann. Dieses Band ist in gleichartige, nebeneinanderliegende Felder eingeteilt, von denen jedes ein Zeichen tragen kann. Es können nun entweder der Lesekopf seine Position über dem Band oder das Band unter dem Lesekopf die Position wechseln, und zwar um jeweils ein Feld nach links oder rechts. Ein Zug oder Takt einer Turing-Maschine beinhaltet also folgendes:

- die Maschine liest das Eingabezeichen des gerade unter dem Lesekopf befindlichen Bandfeldes;
- sie löscht das Eingabezeichen und schreibt das mit dem Eingabeargument übergebene Ausgabezeichen;
- sie wechselt die Position des Lesekopf (oder Bandes) um ein Feld nach links oder rechts gemäß Angabe des Eingabearguments;
- und sie geht schließlich in den von Eingabeargument bestimmten neuen Zustand über.

Dann kann der nächste Zug beginnen, der ja nun auch darin bestehen kann, ein weiteres Zeichen des Eingabebandes zu lesen bzw. ein neues Eingabeargument zu ‚verarbeiten'; hieraus ergibt sich, dass auch eine Halt-Bedingung vereinbart werden muss, ein End-Zustand.

Damit ist nun schon prinzipiell ein Automatentyp beschrieben, der mächtiger ist und ‚mehr kann' als finite Automaten und die anderen angedeuteten Automatentypen; eine Erweiterung des Leistungsbereichs ist prinzipiell nicht möglich, wie man, etwa durch Anordnung vieler verschiedener Bänder und Schreib-Lese-Köpfe, vielleicht vermuten könnte. Die Überlegenheit der Turing-Maschine beruht darauf, dass sie auf dem Band in beiden Richtungen Felder ‚aufsuchen' und beschriften und lesen kann, und auf diese Weise eben über einen potentiell unendlichen Informationsspeicher verfügt.

Formal ist ein Turing-Maschine definiert als ein Tupel $M = (K, \Sigma, \delta, s)$; mit

K als einer endlichen Menge von Zuständen (die nicht den Haltezustand h enthält);
Σ als einem Alphabet, das auch das Leerzeichen enthält (aber nicht die Zeichen L und R);
δ als einer Übergangsfunktion; formal definiert wie:
$K \times \Sigma \rightarrow (K \cup \{h\}) \times (\Sigma \cup \{L, R\})$;
s als einem Element aus der Menge der Zustände, nämlich dem Startzustand.

Dieser Sachverhalt lässt sich auch dadurch wiedergeben, dass man sagt, dass die Argumente einer Turing-Maschine (= TM) als geordnete Paare aus (Zustand, Eingabezeichen), und die Werte, die Beschreibungen der Reaktionen der TM, als geordnete Tripel aus (Ausgabezeichen, Richtung der Bandbewegung, Folgezustand) dargestellt werden. Eine Beschreibung einer TM ist nun möglich durch die Angabe einer Tabelle, die als Argument die geordneten Paare und als Funktion diese geordneten Tripel enthält, woraus sich also geordnete Quintupel ergeben; die Maschine ‚arbeitet' nun gemäß den ‚Vorschriften' dieser Tabelle, sie ist also gewissermaßen ihr Programm, sie ist aber genau genommen mit diesem identisch, die Tabelle *ist* eine konkrete Turing-Maschine.
In einem ‚Lauf' einer Turing-Maschine ‚liest' die TM, die sich in einem Anfangszustand befindet, die auf das Band geschriebenen Zeichen des Eingabewortes; das Band seinerseits muss jeweils initialisiert, also in einen definierten Anfangszustand gebracht werden muss, in dem es nur die von der Maschine zu lesenden Zeichen tragen soll.
Die Eingabe einer TM ist also genau die Bandinschrift, die sich vor dem Start der TM auf dem Band befindet. Eine TM, die hält, *akzeptiert* diejenige Teilzeichenkette der Eingabe, die sie in ihrem Lauf gelesen hat, und sie *generiert* jene Teilkette der terminalen Bandinschrift, die sie während ihres Laufs geschrieben hat. Ein Nicht-Halten der TM kann also offensichtlich dadurch zustande kommen, dass sie eben nicht ihren Endzustand erreicht; sie läuft dann entweder endlos weiter, oder wird durch ihre Umgebung gestoppt.
Eine TM *entscheidet* eine gelesene Zeichenkette (also ihre Zugehörigkeit zu einer Sprache), wenn sie auf jeden Fall anhält und dann die Zugehörigkeit durch Ausgabe eines entsprechenden Zeichens (Y oder N) anzeigt.
Beschrieben wäre so bisher eine deterministische TM; es gibt aber auch nichtdeterministische oder indeterminierte Turing-Maschinen: bei einer nichtdeterministischen TM gibt es zu jedem Argument aus Zustand und Eingabezeichen mehrere verschiedene Folgekonfigurationen. Das heißt: die Maschine kann entweder ‚raten', welche Nachfolgekonfiguration sie wählt – es ‚entscheidet' also der Zufall – oder es wird verlangt, dass alle möglichen Berechnungswege bis

zum Erreichen der Haltekonfiguration gegangen werden müssen, um sagen zu können, dass die TM ein Wort akzeptiert. Nichtdeterminierte TM können auch ‚hängen', wenn sie einen Zustand erreichen, für den keine Nachfolgekonfiguration in ihrer Tabelle angegeben ist. Nichtdeterminierte TM können durch determinierte TM vollständig simuliert werden.

Nun wäre hier weiter vorzuführen, was so eine TM alles „kann", nämlich z. B. Zeichenketten verschieben, kopieren, markieren, und Zeichenketten auf dem Band suchen; sie kann rechnen mit Unärzahlen, und es können Zahlen verschiedener Zahlensysteme in Unärzahlen und Binärzahlen umgewandelt werden. Das wichtigste an dieser Stelle ist vielleicht, sich folgendes klarzumachen: was als der intendierte Output der Maschine gesehen werden soll, hängt von der Interpretation der Umgebung ab.[365] Die Maschine selbst ‚hat' oder kennt keine Intentionen.

Eine Turing-Maschine ist also bisher immer eine konkrete, bestimmte TM, mit ihrer jeweiligen Tabelle, und was sie kann oder tut, ist eben codiert in dieser einen konkreten Tabelle. Würde man so eine TM physisch realisieren wollen, könnte man auch nur dieses eine Programm implementieren. Eine Universale Turing-Maschine (UTM) ist nun eine solche TM, die jede beliebige konkrete Turing-Maschine simulieren kann: ihre Eingabe ist das Programm einer konkreten Turing-Maschine, zusammen mit dem Input, auf dem die konkrete TM rechnen soll. „Der Lauf einer UTM gleicht der Tätigkeit eines Menschen, der das auf dem aktuellen Bandfeld gelesene Zeichen zusammen mit dem Namen des aktuellen Zustands der imitierten TM in der jeweiligen Tabelle aufsucht und den vorgefundenen Wert schrittweise in bestimmte Operationen auf dem Band umsetzt."[366] Wie dies nun konkret durch die Universale Turing-Maschine bewerkstelligt wird, dass dazu die ‚Gödelisierung' (nämlich ein Verfahren, „jeder Turing-Maschine [ihrer ‚Tabelle'] eine Zahl oder ein Wort (..) so zuzuordnen, dass man aus der Zahl oder dem Wort die Turing-Maschine effektiv rekonstruieren kann"[367]) der zu imitierenden Turing-Maschine erforderlich ist, und wie so ein „monströser" (*Wiener et al.*, S. 132) Lauf einer UTM in concreto aussieht, wird hier ebenfalls nicht ausführlich vor Augen zu führen sein; es gibt hier kaum neue, relevante Aspekte zu entdecken. Allenfalls könnte man die Bemerkung anbringen, dass es angesichts der evident scheinenden prinzipiellen Intentionslosigkeit dieser Maschine eher unbegreiflich vorkommen muss, wie sehr A. Turing sich immer wieder um ‚Nachweise' oder um die Plausibilisierung der Annahme bemüht hat, dass Maschinen eines Tages werden ‚denken' können; dass sie in jeder Hinsicht menschliche Fähigkeiten und Züge annehmen, erreichen

---

[365] Auf die Verdeutlichung dieses Sachverhalts verwenden Wiener et al. (1998) viel Mühe. S. 28 ff.; („Form und Sinn"). Es war auf oben schon darauf hingewiesen worden.

[366] Wiener / Bonik / Hödicke (1998), S. 121

[367] Erk / Priese (2000), S. 184

oder erwerben können, dass sie werden lernen können, ‚erzogen werden' und ‚Vernunft' entwickeln, ja sogar dereinst möglichst den Menschen übertreffen können („superkritische Maschine"[368]).

---

[368] in Turing (1987), S. 176

3.4 Berechenbarkeit

Im allgemeinen wird in diesem Zusammenhang zunächst auf die *Churchsche These* hingewiesen: nach ihr „wird der intuitive Begriff des ‚Berechenbaren' durch die formale, mathematische Definition des Turing-Maschinen-Berechenbaren exakt wiedergegeben."[369] Es gibt also keine mächtigeren Berechnungsmodelle als die Klasse der Turing-berechenbaren Funktionen. Berechenbarkeit eines Problems heißt also auch, dass es zu seiner ‚Berechnung', seiner Lösung ein *effektives* Verfahren gibt. Für „effektives Verfahren" ist auch der Begriff „Algorithmus" gebräuchlich. Wiener et al. unternehmen den „Versuch einer etwas breiteren umgangssprachlichen Analyse" dieses Begriffs:

(1) „Ein effektives Verfahren manipuliert konkret gegebene, diskrete, endliche Gegenstände. Wir setzen voraus, dass diese Gegenstände ebenso wie die diskreten endlichen Handlungen, denen sie unterliegen, stets eindeutig erkennbar und voneinander unterscheidbar sind.

(2) Ein effektives Verfahren wird durch eine endliche Anzahl von diskreten endlichen Handlungsvorschriften beschrieben. Die einzelnen Vorschriften müssen schrittweise (das heißt jede für sich) ausführbar sein und ausgeführt werden. Die einzelnen Vorschriften müssen alle Handlungen bis ins (relevante) Einzelne festlegen, es darf kein Platz für freie Entscheidungen bleiben.

(3) Die Vorschriften eines effektiven Verfahrens müssen *reproduzierbare* Handlungen beschreiben: die einzelne Handlung muss auf einer wiederkehrenden Konfiguration von Gegenständen immer das gleiche Resultat hervorbringen.

(4) Die Reihenfolge der Anwendungen der Vorschriften darf nur durch Informationen beeinflusst werden, die im Algorithmus als Vorschriften formuliert oder in den jeweils hergestellten Konfigurationen der Gegenstände *im Hinblick auf den Algorithmus kodiert sind*. Wendet man also den Algorithmus immer wieder auf die gleiche Anfangskonfiguration an, so erfolgen immer die gleichen Transformationen und die Reihenfolge der Anwendungen der Vorschriften bleibt immer dieselbe. Dabei ist die Möglichkeit zugelassen, dass der Algorithmus im Verlauf der Anwendungen modifiziert wird (etwa durch Tabellen, die während einer Anwendung hergestellt werden und danach als neue Vorschriften fungieren); diese Modifikationen müssen indes in der ursprünglichen Sammlung von Vorschriften bereits angelegt sein. In so einem Fall wird der Algorithmus die ursprünglichen Transaktionen bis hin zu den Modifikationen exakt wie-

---

[369] Erk / Priese (2000), S. 228

derholen, wenn man die einmal eingetretenen Modifikationen wieder entfernt hat.

(5) Das Ergebnis eines effektiven Verfahrens muss als solches eindeutig feststehen, das heißt einerseits muss erkennbar sein, wann der Algorithmus ein Resultat erreicht hat (Abbruch-Bedingung), und andererseits was als Ergebnis vorliegt."[370]

Wiener et al. weisen im folgenden hin auf die seit „etwa 1932" vorgeschlagenen diversen Formalisierungen dieses Begriffs, sowie schließlich auf die oben schon vorgestellte Church-These bzw. die Church-Turing-These, die in der umgangssprachlichen Fassung lautet: „Jedes effektive Verfahren kann als Tabelle einer TM beschrieben werden." (a. a. O., S. 119)
Wenn man sich nun „der Frage der Berechenbarkeit von der Algorithmen-Seite nähert", nämlich durch Angabe von rekursiven Funktionen, „beschreibt man Lösungen von Problemen, nicht die einzelnen Schritte des Rechenweges wie etwa bei Turing-Maschinen."[371] Das Berechnungsmodell der rekursiven Funktionen hat darin also Ähnlichkeit mit dem Programmier-Paradigma der funktionalen Programmierung, den funktionalen Programmiersprachen, worauf die hier zitierten Autoren hinweisen und was mit Blick auf informatik-praktische Interessenlagen erwähnt werden soll. Rekursiv aufzählbare Mengen (Sprachen) sind nun für Turing-Maschinen akzeptierbar, und eine Menge heißt rekursiv, wenn ihre charakteristische Funktion berechenbar ist. Entscheidbar ist eine Menge (Sprache), wenn sie und ihr Komplement akzeptierbar ist.
Es gibt nun eine Reihe von unentscheidbaren Problemen: das allgemeine Halteproblem (die Frage, ob eine bestimmte TM bei Eingabe eines bestimmten Wortes hält); das spezielle Halteproblem (die Frage, ob eine TM bei Eingabe ihrer eigenen Gödelnummer, also ihrer eigenen Tabelle hält); das Null-Halteproblem (die Frage, ob eine TM bei der Eingabe 0 hält); und vielleicht noch das Entscheidbarkeitsproblem (die Frage, ob eine TM eine entscheidbare Sprache über einem Alphabet Σ akzeptiert), und es gibt noch weitere offenbar hinreichend als solche bewiesene unentscheidbare Probleme. Das bedeutet im wesentlichen, dass man keine „Meta-Turing-Maschine" bauen kann, die entscheidet, ob eine spezielle Turing-Maschine terminiert; eine praktische Relevanz dieser Aussage, auf die auch Wiener et al. hinweisen ist die, dass es z. B. keine maschinellen Korrektheitsbeweise einer Programmspezifikation geben kann.
Aus all dem werden aber nun gewöhnlich keine prinzipiellen Grenzen von Automatisierbarkeit abgeleitet; erkennbar dürfte allerdings werden, dass man die Automation nicht automatisieren kann, dass es kein effektives Verfahren geben kann, das effektive Verfahren entscheidet.

---

[370] Wiener / Bonik / Hödecke (1998), S. 117/118

[371] Erk / Priese (2000), S. 253

An den *Gödelschen Unvollständigkeitssatz* bzw. die oben genannten unentscheidbaren Probleme ist des öfteren die Argumentation geknüpft worden, der Mensch, da er offenbar etwas einsehen kann, was eine Turing-Maschine nicht kann, könne „mehr, als jedes formale System zu leisten vermag. Mithin ist menschliches Verhalten nicht vollständig auf einem Computer simulierbar."[372] Das spezielle Halteproblem ist offenbar dahingehend umzuformulieren, dass die TM „sich nicht selbst entscheiden" kann – sie kann nicht ihr eigene Tabelle entscheiden. Im Zusammenhang mit Fragestellungen derart nun, ob der Mensch „mehr kann" als ein formales System – nämlich u. a. ja sich selbst entscheiden – mag dieses kleine Wortspiel vielleicht durchaus erhellende Aspekte haben für denjenigen, der geneigt ist, gerade eben in der Fähigkeit des Menschen zur freien Willensbetätigung eine für ein formales System unüberbrückbare Differenz zu erblicken.

---

[372] Tetens (1993), S. 178. Ebenso Ch. Ketelesen: „Man zieht die Gödelschen Unvollständigkeitssätze heran, um die Überlegenheit des Menschen gegenüber Maschinen zu begründen." Ketelsen (1994), S. 142

3.5 Komplexität

„In der Komplexitätstheorie stellt man sich die Frage nach Zeit- und Platzbedarf von Algorithmen. Gesucht sind mehr oder weniger genaue Abschätzungen, die in Abhängigkeit von der Größe der Eingabe vorhersagen, wie viel Ressourcen die Berechnung verbrauchen wird. (...) Es gibt (..) Hierarchien von Aufwandsklassen"[373], darunter die O-Notation, und die Klassen P und NP: „In P sind Algorithmen, die sich vom Zeitbedarf her ‚gutartig' verhalten, und in NP sind Algorithmen, von denen man vermutet, dass sie sich nicht gutartig verhalten können – genau bewiesen hat man es bis heute nicht. Aber in vielen Fällen kann man auch für Algorithmen in NP einigermaßen brauchbare Näherungsverfahren angeben." (a. a. O., S. 387)

Um von technisch bedingten Unterschieden der Rechengeschwindigkeit (unterschiedliche Rechner oder Prozessormodelle) zu abstrahieren, betrachtet man die Anzahl der Schritte, die ein Algorithmus ausführt. Die O-Notation abstrahiert darüber hinaus noch von einem konstanten Faktor. „Der O-Kalkül wird in der Informatik benutzt, um abzuschätzen, wie viel Zeit ein Algorithmus *schlimmstenfalls* braucht."[374] Es werden nun Schwierigkeitsklassen für Algorithmen gebildet nach bestimmten Wachstumsfunktionen; es wird also nicht jeweils die genaue Schrittzahl ermittelt sondern gefragt, ob das maximale Wachstum eines Algorithmus mit der Größe der Eingabe etwa proportional ist, linear steigend, quadratisch, exponentiell oder logarithmisch steigend.

Für Polynome des Grades *m* gilt: ihre Komplexität liegt in der Klasse $O(n^m)$, die Schrittzahl polynomieller Algorithmen wächst also ‚polynomiell', nach Maßgabe des Grades der Polynome. Allgemein gilt, dass exponentielle Komplexität mit Blick auf die zu erwartende Rechnerlaufzeit „erheblich schlechter ist als eine beliebige polynomielle." (a. a. O., S. 390) Polynomielle Algorithmen gelten als gutartig. (Um von der Schrittzahl nun zu einer Zeitberechnung zu kommen, muss man sie offensichtlich mit einer Zeiteinheit multiplizieren, bspw. 1 Million Instruktionen (Schritte) pro Sekunde.)

Man nennt nun **P** die Menge der Probleme, die von einer *determinierten* Turing-Maschine in polynomieller Zeit lösbar sind. **NP** ist die Menge der Probleme, die von einer *indeterminierten* Turing-Maschine in polynomieller Zeit lösbar sind. Um diesen Sachverhalt einsichtig zu machen wird gewöhnlich versucht zu plausibilisieren, weshalb nichtdeterministische Turing-Maschinen mit Wahrscheinlichkeit eher ‚zum Ziel' kommen als deterministische. Die hier zitierten Autoren versuchen dies am Beispiel der Suche nach dem Weg aus einem Labyrinth: man kann (deterministisch) systematisch alle möglichen Wege durchsuchen, man kann aber auch einen Weg raten, und dann (schnell: in polynomieller Zeit) über-

---

[373] Erk / Priese (2000), S. 387

[374] Erk / Priese (2000), S. 387

prüfen, ob es der gesuchte ist; es besteht also eine Wahrscheinlichkeit, dass nicht-deterministisches Vorgehen schneller zum Ziel führt. Da gilt, dass man die Rechnung einer indeterminierten TM in exponentieller Zeit auf einer determinierten TM simulieren kann, kann man ein in polynomieller Zeit indeterminiert berechenbares Problem in exponentieller Zeit determiniert berechnen. Aber offen ist die Frage, ob es vielleicht mit geringerem Aufwand geht: „Die Frage ‚P=NP?' gilt als die wichtigste Frage der theoretischen Informatik. Die Antwort ist nicht bekannt."[375]

„Wie sieht ein typisches NP-Problem aus? Es hat exponentiell viele potentielle Lösungen, wenn man aber die richtige Lösung errät, kann man schnell (in polynomieller Zeit) verifizieren, dass man tatsächlich die richtige Lösung gefunden hat. (..) Einige der typischsten [NP-Probleme] sind die folgenden: (...)

- Gegeben ein Graph, gibt es einen Rundweg durch den Graphen, bei dem jeder Knoten genau einmal betreten wird? (*Hamilton-Kreis*)
- Gegeben eine Karte mit n Städten und den Distanzen zwischen den Städten sowie ein Entfernung k, gibt es einen Weg durch alle n Städte mit einer Gesamtdistanz $\leq k$? (*Traveling Salesman*)"[376]

Zur Komplexitätstheorie als solcher ist festzustellen, dass es sich hier ebenfalls um gut erforschtes und abgesichertes Terrain handelt, soweit es etwa um Fragestellungen geht wie darum, was P-NP-Probleme sind, wie allgemein Komplexität gemessen wird, und welche die typischsten NP-Probleme sind etc. Strittig und hier betrachtenswert sind aber einige Schlussfolgerungen. So sind etwa von *W. Coy* prinzipielle Probleme auf dem Weg zu einer umfassenden Automation in einer zu groß werdenden Komplexität gesehen worden: „Als spannende theoretische Herausforderung gelten die NP-vollständigen Probleme, die sich in nicht-deterministischer oder paralleler Weise polynomial, in deterministischer Weise aber bisher nur mit exponentieller Komplexität lösen lassen. Praktisch sind derartige Probleme nicht allgemein lösbar. Misslicherweise umfassen sie eine Vielfalt relevanter Probleme wie Packungsfragen und Belegungsstrategien. P-NP-Probleme sind darüber hinaus in nahezu allen Anwendungsgebieten der Informatik zu finden."[377] Coy geht sogar soweit zu behaupten: „..das eigentliche Problem ist die Komplexität der programmierten Aufgaben und der sich daraus ergebenden Systeme. Es war Laplace nicht möglich, den Zustand der Welt zu beschreiben; es ist im DV-Alltag nicht möglich, die Anforderungen an ein Buchhaltungsprogramm umfassend, dauerhaft und wiederspruchsfrei anzugeben."

---

[375] Erk / Priese (2000), S. 396

[376] Erk / Priese (2000), S. 396. Eine Reihe weiterer NP-vollständiger Probleme findet sich z. B. in Hopcraft / Ullman (1994), S. 353 ff.

[377] Coy (1993), S. 45

Zu den „gewaltigsten nicht-militärischen Automatisierungsvorhaben", den Projekten zur integrierten rechnergestützten Fabrikation (CIM) sagt Coy: „Zentrale Leitvorstellung ist die Hierarchie abhängiger Module – Descartes' allgemeine Methode eines algebraischen ‚Divide et Impera' lebt in den Strukturierungen der Großrechnersysteme, Programmiersprachen und den Modellen der Datenverarbeitung noch einmal auf: Hierarchie, Modul, Zentrale, Hauptprogramm, Unterprogramm. (...) Die Metapher der zentralen Maschine, in der alle nur ein Zahnrädchen (oder ein Unterprogramm) sind, kann als gescheitert angesehen werden. (...) Kein Automat kann etwas verstehen, kein Automat kann etwas automatisch programmieren." (a. a. O., S. 47) Dieser letzte Satz findet sicher allgemeine und ungeteilte Anerkennung und Zustimmung. Dennoch ist aber nicht klar, wieso daraus zu schließen sein soll, dass *auch der Mensch* nicht verstehen und programmieren kann: denn das ist ja gewöhnlich die Unterstellung des Verhältnisses von Mensch und Maschine, in welchem Softwareherstellung praktiziert wird.

Zur Beschreibbarkeit von Buchhaltungsprogrammen wäre immerhin zu bedenken, dass in einer Vielzahl von Unternehmen in Europa und allmählich der ganzen wirtschaftlich entwickelten Welt seit langer Zeit, in jedem Fall hinreichend lange um stabiles, systematisches und gesichertes verallgemeinerbares Erfahrungswissen zu gewinnen, standardisierte, ganz allgemein für annähernd beliebige Unternehmenstypen ge- oder beschriebene Softwaresysteme im Einsatz sind, die nicht nur Buchhaltungsprogramme darstellen, sondern die hochintegrierte und –komplexe Verarbeitung, Vorhaltung und Präsentation der steuerungsrelevanten Informationen ganzer Untenehmen und inzwischen sogar Unternehmensketten und Konzerne ermöglichen; und man wird aus der Tatsache, dass sehr viele – gewöhnlich ja konsequent rational nutzenmaximierende – Unternehmen noch immer dazu tendieren, diese Standardsoftware-Systeme einzusetzen bzw. im Einsatz zu halten (jedenfalls soweit es eben um allgemein in Unternehmen vorkommende Anwendungsfelder wie Finanzbuchhaltung, internes Rechnungswesen oder etwa Materialwirtschaft geht und nicht um unternehmensindividuelle, vom Unternehmenszweck her abgeleitete spezielle Aufgabenbereiche), nicht ableiten können, dass sich etwa im Laufe der vergangenen rund fünfzehn Jahre die oben angedeutete Einschätzung (bezüglich der Beschreibbarkeit von Buchhaltungsprogrammen) bestätigt und durchgesetzt hätte. Softwarehäuser wie etwa das Haus *SAP*, inzwischen mit weit über 20.000 Mitarbeitern drittgrößtes der Welt, sind in der Regel ja doch mit nichts anderem beschäftigt als eben der Herstellung standardisierter Software auf der Grundlage allgemeiner Funktions- und Prozessbeschreibungen der in Unternehmen allgemein zu beobachtenden Abläufe (inklusive ihrer erwartbaren und in der Software repräsentierten Variabilität). Diese Software ist so weit verbreitet und anerkannt, dass von den 100 größten deutschen Industrieunternehmen 90 diese

Software im Einsatz haben[378].
Damit scheint die obige Behauptung, es sei „im DV-Alltag nicht möglich, die Anforderungen an ein Buchhaltungsprogramm (..) zu beschreiben", doch auf etwas schwachen Beinen zu stehen.

Die von Coy angesprochenen Probleme von Bepackungsstrategien oder von Maschinenbelegungsplänen kann man sicherlich so stellen, dass sie in polynomieller Zeit deterministisch nicht lösbar sind, aber damit ist nicht die Frage entschieden, ob solche Probleme nicht *hinreichend* genau und praktikabel automatisiert lösbar sind; es wären dann gewisse, tolerable Ungenauigkeiten hinzunehmen, oder Heuristiken zu verwenden. Entscheidend wird sein, mit vertretbarem Aufwand, nach Möglichkeit zwar Verschwendung vermeidend, aber auf jeden Fall ein intendiertes Ergebnis zu *erreichen*, in hinreichender, gewissermaßen ökonomischer Qualität.

Zu einer gegenteiligen Bewertung der Hierarchie anhängiger Module als zentraler Leitvorstellung von Automatisierungsvorhaben kommt *H. Jungclaussen*, der mit der von ihm entwickelten „USB-Methode" (USB – Uniforme Systembeschreibung) „zur Beschreibung kausaldiskreter Prozesse und Systeme" eine Methode „für die Komponierung hierarchisch strukturierter Hard- und Softwaresysteme in Form von Operatorenhierarchien" vorstellt.[379]

Diese USB-Methode sei hier in knappen Zügen vorgestellt.
Jungclaussen führt zunächst den Begriff „kausaldiskret" ein: „Ein Prozess, der sich als zeitlich diskrete Folge kausal verknüpfter Ereignisse beschreiben lässt, heißt kausaldiskret. Der Träger eines kausaldiskreten Prozesses heißt kausaldiskretes System." (S. 87)

„Ein Operator ordnet Eingabeoperanden bzw. den Werten einer Eingabevariablen x Ausgabeoperanden bzw. Werte der Ausgabevariablen y zu. (...) Wenn alle Zuordnungen, die ein Operator trifft, eindeutig sind, d. h. wenn einem x-Wert (bzw. Wertetupel) genau ein y-Wert (bzw. Wertetupel) zugeordnet wird, heißt die Gesamtheit der Zuordnungen *Funktion* oder *Abbildung*. (...)
Eine Funktion heißt berechenbar, wenn sie durch eine Vorschrift (einen sprachlichen Operator) festgelegt ist und ein Interpretierer der Vorschrift existiert oder angebbar ist."

„Interpretierer" ist definiert als „realer Operator" (Mensch oder Maschine), der die durch eine Vorschrift festgelegte Zuordnung eines Input-Tupels zu einem Output-Tupel realisiert. Nun können die Eingabeoperanden schon Outputope-

---
[378] aus Liening / Scherleithner (2001), S. 11
[379] Jungclaussen (2001), S. 87 ff.

randen einer vorhergegangenen Operation sein, wie dies z. B. bei komplexen Rechenoperationen ja ganz gewöhnlich der Fall ist.

Jungclaussen unterscheidet nun „Kompositoperatoren", bei denen genau das der Fall ist, von „Bausteinoperatoren", die „durch deren Verbindung zu einem Operatorennetz [‚ON'] mit einem Eingang und einem Ausgang" zu Kompositoperatoren „komponiert" werden können. (..) Der Operandenfluss durch ein ON wird durch sog. Flussknoten bestimmt, die z. T. steuerbar sind. Kompositoperatoren können als Bausteinoperatoren eines Kompositoperators höherer Komponierungsstufe dienen. Auf diese Weise kann eine Operatorenhierarchie mit Schichtenarchitektur aufgebaut werden. (...) Funktionen, die durch USB-Operatoren berechenbar sind, heißen USB-Funktionen. Jede rekursive Funktion ist als USB-Funktion unter Verwendung des Inkrementierers als einzigem elementarem Operator darstellbar." (S. 87)

Jungclaussen führt den ausführlichen Beweis, „dass USB-Funktionen rekursive Funktionen und rekursive Funktionen USB-Funktionen sind" und damit den bekannten „Klassen algorithmischer Systeme" (Turing-Funktionen, URM-Funktionen, Markov-Funktionen, Church-Funktionen, rekursive Funktionen) äquivalent. (S. 127 ff.)

Er exemplifiziert seine USB-Methode zunächst an der Beschreibung eines Kompositoperators, der die beiden Funktionen f_1 und f_2 berechnen kann:

$$f_1(x) = x^n + x \qquad f_2(x) = x^n + \sin x$$

Nach dieser Methode entwirft Jungclaussen ebenfalls einen universellen Rechner.

Die detaillierte und graphische Vorstellung dieser USB-Methode dürfte hier verzichtbar sein. Jungclaussen entwirft ein Netz von Operatoren, die je einen Bausteinoperator für das Addieren, für das Multiplizieren und für die Berechung der Sinusfunktion enthält; es sieht im Prinzip so aus, dass es Übergabewege der Operanden gibt; in jedem möglichen Übergabeweg liegt ein „Operandenplatz (Speicher) zur Ablage der Operanden". „Der Operandenfluss durch das Netz kann durch Steuersignale gesteuert werden, die von einem Steueroperator gesteuert werden."

Intuitiv einsichtig dürfte offenbar sein, dass komplexe Rechenoperationen gewöhnlich durch hierarchisch vernetzte Komposition von Teil-Operationen durchgeführt werden; ebenso ist es in der praktischen Informatik üblich und wohl auch unumgänglich, Programme durch eine Anordnung von Teil- und Unterprogrammen oder –modulen nach zunehmender Komplexität zu strukturieren. Diese Vorgehensweise dürfte weit verallgemeinerungsfähig sein.

Die Mächtigkeit und Allgemeinheit seiner USB-Methode verdeutlicht Jungclaussen dadurch, dass er a) mit ihrer Hilfe ein „Mathematik-System" (nach Beispiel der Systeme Axiom, Maple und Mathematica[380]) beschreibt sowie b) eine automatische (Auto-)Fabrik (S. 458 ff.) „Unsere Beschreibung einer automatischen Autofabrik ist natürlich enorm vereinfacht, demonstriert aber anschaulich die zu Grunde liegende architektonische Idee, die Hierarchie aus Fertigungs- und IV-Operatoren. Die steuernden IV-Operatoren sind in der Regel Prozessoren und die Steuerhierarchie ist eine Prozessorenhierarchie." (S. 460) Es findet sich bei Jungclaussen ebenfalls der konzeptionelle Hinweis auf individualisierbare Produktionssysteme: „Wenn die Produktion und damit auch die Produkte normiert sind, wenn beispielsweise nur ein einziger Autotyp hergestellt wird, ist es nicht unbedingt notwendig, dass die Steueroperatoren programmierbar sind. (...) Auf die Programmierbarkeit der Steuerung kann freilich nicht verzichtet werden, wenn der Produktionsprozess flexibel sein soll, wie beispielsweise die Arbeit einer automatischen Maßschneiderei." (S. 461)

Soweit also für die betriebliche Aufgabenerfüllung relevante Probleme sich als P-NP-Problem darstellen sollten, ist festzuhalten, dass dann prinzipiell und regelmäßig die Umgehung durch eine ökonomisch sinnvolle und hinreichende Näherungslösung gesucht werden kann.
Zur allgemeinen Methodik der Komplexitätsbewältigung auf dem Wege der Organisation großer Softwaresysteme als Hierarchie abhängiger Module ist festzustellen, dass eine solche Vorgehensweise ja etwa in der Anwendung des funktionalen Programmierparadigmas ebenfalls zur Anwendung kommt, ja in gewisser Weise mit dem Begriff des Berechenbaren schlechthin verwandt ist.

So weit reichende Aussagen wie die einer „problematischen Grenze der Maschinisierung" auf dem Wege der Realisierung „umfassender Automatisierungsvorhaben" scheinen sich in dieser Allgemeinheit, ohne genauere Betrachtung dessen, was die Inhalte solcher Automatisierungsvorhaben sein können, jedenfalls nicht zu bestätigen.

---

[380] Jungclaussen gibt diese Systeme an als Exemplare „umfangreicher Mathematiksysteme"; Details sind hier wohl nicht relevant. (S. 456)

3.6 Geist im Computer? Anmerkungen zur „Teleologie" des Automaten

> *Edel sei der Mensch, hilfreich und gut,*
> *denn das allein unterscheidet ihn*
> *von allen Wesen, die wir kennen.*
> J. W. von Goethe

Der folgende Abschnitt kann lediglich den Charakter von Anmerkungen haben, da hier nicht annähernd auf die reichhaltige, seit Entstehung des Forschungsgebietes der „Künstlichen Intelligenz" vorgelegte Literatur zugegriffen werden kann. Es soll aber dennoch der Versuch unternommen werden, einige Stimmen zu Gehör zu bringen bzw. einige Argumente vorzutragen, die auch aus Sicht der innerhalb des Forschungsgebietes der Künstlichen Intelligenz bearbeiteten Fragestellungen die in der vorliegenden Arbeit vorgetragene Auffassung stützen, nach welcher Mensch und berechenbare automatische Maschine als im Verhältnis von „Zielsetzungsautorität" zu „Sache" bzw. „Zweck" befindlich gesehen werden können, dass also der mit der unantastbaren Menschenwürde ausgestattete, vernunftbegabte und autonomiefähige Mensch diese menschengemachte, im Bereich des Berechenbaren operierende Maschine im Sinne eines universalisierungsfähigen Menscheninteresses sowie ja auch insbesondere im Sinne eines wohlverstandenen ökonomischen Interesses nutzen darf bzw. nutzen sollte.

Nach *P. Schefe* ist die KI (das Forschungsgebiet der Künstlichen Intelligenz) interdisziplinär angelegt „und verfolgt keine einheitliche Zielsetzung. Es gibt mindestens drei Zielkomplexe von sehr unterschiedlichem Gewicht, nämlich:

(1) die Fortsetzung der Philosophie mit anderen Mitteln
(2) die Entwicklung eines neuen Paradigmas zur Erforschung der natürlichen Intelligenz, die Kognitionswissenschaft
(3) die Entwicklung einer Methodologie zur Automatisierung wissensbasierter bzw. wissensintensiver Arbeitsprozesse"[381]

Zur Charakterisierung eines inhaltlichen bzw. programmatischen Schwerpunktes der KI-Forschung sowie der zeitweilig heftigen Umstrittenheit der verfolgten Zielsetzungen bzw. vertretenen Auffassungen stellt Schefe einem einführenden Überblick über die KI folgende zwei „antithetische" Zitate voran (a.a.O., S. 1):

---

[381] Schefe (1991), S. 1

> "It might have been necessary a decade ago to argue for the commonality of the information processes that are employed by such desparate systems as computers und human nervous systems. The evidence for that commonality is now overwhelming..."
> H. Simon

> ".... there is no reason to suppose and every reason to doubt that the processing of physical inputs in the human brain takes the form of a digital computer programm."
> H. Dreyfus

Der These einer Gleichartigkeit von Informationsverarbeitungsprozessen durch den Computer und das menschliche Nervensystem wird also heftiger Zweifel (durch den prominenten Kritiker einer sog. „starken" KI *H. Dreyfus*) daran gegenübergestellt, dass die Verarbeitung von „Eingaben" im menschlichen Gehirn die Form eines Computer-Programms haben könnte.
Der KI ist also u. a. auch die Fragestellung bzw. der Versuch einer „Rekonstruktion des menschlichen Geistes" typisch, also etwa die Frage danach, ob Geist reduzierbar ist auf Berechnung; weiter die Frage, wie natürliche Intelligenz zu verstehen ist, und ob etwa Kreativität als typische Manifestation von Intelligenz auf Rechnersystemen als Programm, als „Algorithmus" implementiert werden kann.

Am Beispiel des Lösungsprozesses eines „Denkproblems" (die Verbindung von neun auf den Linien eines Quadrats bzw. in dessen Zentrum liegenden Punkten durch einen geschlossenen Zug aus vier geraden Linien) verdeutlicht P. Schefe hierzu, dass die eigentliche kreative Leistung einer Lösungsfindung einer möglichen Implementation eines Lösungsalgorithmus in ein Computerprogramm schon vorausgegangen sein muss, da die Formulierung eines algorithmischen Lösungsweges dieses Wissen zumindest implizit beinhaltet; es kann von einer echten kreativen, schöpferischen Intelligenz-Leistung durch die Maschine also nicht gesprochen werden.

Die Frage nach der Rekonstruierbarkeit von menschlichem Geist und menschlicher Intelligenz als Verhaltensdisposition führt auch in die Frage nach der menschlichen Verantwortungsfähigkeit sowie danach, ob etwa maschinelle Systeme auch „moralisch verantwortlich sein" können. Nicht als im engeren Sinne im KI-Forschungsgebiet „angesiedelte" Frage, sondern zunächst einer eher zeitaktuellen Fragestellung folgend hat *H. Lenk* sich ausführlich in einem Aufsatz dem Thema „Können Informationssysteme moralisch verantwortlich sein?"[382] gewidmet. Da die Frage nach der Verantwortlichkeit in anderen, weiter unten

---

[382] Lenk (1989), S. 248-255. Aktueller Anknüpfungspunkt ist für Lenk der seinerzeit zunehmende Einsatz von Informationssystemen „zum automatischen oder halbautomatischen Eingabedaten-abhängigen Treffen von Entscheidungen", u. a. etwa solch weitreichende Entscheidungen wie den Einsatz interkontinentaler Raketen betreffend.

noch zu behandelnden Argumentationszusammenhängen eine zentrale Rolle spielt, soll dieser Aufsatz nun zunächst näher betrachtet werden.

Ausgangspunkt für Lenk ist die Beobachtung, dass etwa als Entscheidungsunterstützungssysteme angelegte Informationssysteme in bestimmten Kontexten gewissermaßen „selbst" Entscheidungen treffen: „Das Programm, nicht mehr der Mensch, entscheidet in Abhängigkeit von bestimmten bedingenden Datenkonstellationen." (S. 249) Wenn allerdings Informationssysteme als Entscheidungs*unterstützungs*systeme konzipiert sind, also eine Übertragung von Entscheidungsverantwortung vom Menschen auf Maschinen keineswegs beabsichtigt ist, könnte man lediglich von einem „Verwischungsproblem der Verantwortlichkeit" sprechen insofern, als dem Informationssystem eine Verantwortlichkeit fälschlicherweise zugesprochen wird, um der letztlich doch eigenen menschlichen Verantwortlichkeit zu entgehen. Es werden aber, wie Lenk zeigt, etwa von *W. Bechtel* und *J. Snapper* „durchaus realisierbare Bedingungen für flexibel programmgesteuerte Entscheidungssysteme [spezifiziert], die es nach ihrer Meinung erlauben, diesen Systemen rechtliche und moralische Verantwortlichkeit zuzusprechen." (S. 251) D. h. Lenk nimmt in der Tat also die Fragestellung auf, ob Informationssysteme „moralisch verantwortlich sein" können.

Lenk macht zunächst deutlich, dass „Verantwortung" bzw. „Verantwortlichkeit" Zuschreibungsbegriffe sind. Die Verantwortungszuschreibung kann nun deskriptiv, aber auch normativ erfolgen, „indem jemand beispielsweise für das kausale Ergebnis seines Handelns verantwortlich gemacht, zur Verantwortung gezogen oder als verantwortlich erklärt" wird. „Zweifellos ist die normative Zuschreibbarkeit von Verantwortlichkeit abhängig von bestimmten deskriptiv zu erfassenden Vorbedingungen: Der zur Verantwortung zu ziehende muss in mehrfachem Sinne in der Lage sein, die Verantwortung zu übernehmen. Er muss für das durch Handlung zustande gekommene Ergebnis in dem Sinne verantwortlich sein, dass er über dieses durch sein Entscheiden relativ frei verfügen konnte. Abwägung und Willentlichkeit (...) sind notwendige Vorbedingungen für normative Verantwortlichkeitszuschreibung und setzen Intentionalität voraus.." (S. 251) Lenk fragt nun, „ob ein einheitliches deskriptiv zu charakterisierendes Kriterium für die Zuschreibung von Verantwortlichkeit existiert und ob ein solches Kriterium zugleich den normativen Zuschreibungsbegriff miterfasst."

In *J. R. Searles* Intentionalitätstheorie – die von *T. W. Bynum* kritisiert wird –, sind Computerprogramme „rein formal", „da sie nur uninterpretierte Symbole nach vorgegebenen programmierten Regeln handhaben können. Sie könnten niemals intentionale Zustände oder Prozesse aufweisen, die nach Searle nur durch das Gehirn als biologische Grundlage erzeugt werden können." Wenn man, wie Lenk feststellt, einen behavioristischen Ausgangsstandpunkt wählt, kann man jedoch „den Menschen als komplexes informationsverarbeitendes System (...) auffassen.. (...) Dem Funktionalisten genügt bekanntlich der Turing-Test... (..) Der strikte Behaviorismus und der Funktionalismus ist allerdings umstritten."

Dagegen wählt „Searle (wählt) einen realistischen Ansatz, der intentionale Zustände zu identifizieren trachtet – allerdings unter Zugrundelegung funktionaler Leistungskriterien: (...)". Lenk nennt nun diese funktionalen Leistungskriterien Searles und äußert dann die Einschätzung, dass „*Bynum* (zeigt nun) überzeugend [zeige], dass alle diese Kriterien für die Auszeichnung intentionaler Zustände auch fortgeschrittenen Computersystemen zukommen können und nicht auf biologische Organismen beschränkt sein müssten." Jedoch: „Dies gilt zumindest, wenn man sich auf funktionalistische bzw. behavioristische Kriterien in der obigen Weise einschränkt ...(..) In diesem funktionalistischen Sinne wäre Intentionalität nicht an eine biologische realisierende Grundsubstanz gebunden. Wären diese Systeme als intentionale Wesen nunmehr auch als verantwortlich Handelnde anzusehen, die für ihre Entscheidungen verantwortlich gemacht werden können?" (S. 251)

Lenk diskutiert nun zunächst Vorschläge von *Snapper*, die darauf hinaus laufen würden, „Gesetze so zu verändern", dass Computer in etwaigen Schadensfällen in dem Sinne „verantwortlich gemacht" werden könnten, „dass die sie betreibenden (und unter Umständen schon die sie herstellenden) Institutionen die Computer in bezug auf durch ihr Versagen oder Wirken entstehende Folgeschäden zu versichern hätten." Wie Lenk dazu feststellt, würde dies nun „vielleicht die offene rechtliche Frage der Verantwortungsverteilung lösen – aber nicht die der moralischen Verantwortung." Denn: „Zivilrechtliche Haftungszuschreibung ist nicht einfach gleichzusetzen mit moralischer Verantwortungszuschreibung." (S. 251) Es werden nun einige Zweckmäßigkeitsüberlegungen im Zusammenhang mit diesem Vorschlag diskutiert, die jedoch die Frage der moralischen Zurechenbarkeit nicht direkt berühren.

Lenk zeigt weiter, dass *Snapper* schließlich einräume, dass dem Computer in einem „spezifischeren, Sozialität und Moralität kennzeichnenden Sinne (..) selbstverständlich keine Verantwortlichkeit zugesprochen werden" könne, da er keine „reflexiven, auf sich selbst reflektierenden Bewusstseinsprozesse oder bewusste Repräsentationen aus[übe], die das Selbst und die Lage des Handelnden sowie seine Einbettung im Kontext anderer Handelnder berücksichtigen". „Der Computer habe sozusagen nur Deliberationsverantwortlichkeit, aber keine volle Bewusstseins- und Willkürverantwortlichkeit." (S. 252)

Lenk zeigt nun, dass „verantwortlich zu sein, (bedeutet) mehr [bedeutet] als beschreibbare Kriterien der Deliberations- und Intentionalitätsfähigkeiten zu erfüllen. Allenfalls ist ein derartiges Erfülltsein eine notwendige, aber keine hinreichende Bedingung für die Zuschreibung von Verantwortung."

Lenk untersucht folgend ein Plädoyer *W. Bechtels* für die „Zuschreibung von Verantwortlichkeit zu Computersystemen." Ohne dies nun im einzelnen hier darzustellen, kommt Lenk zu dem Ergebnis, dass auch *Bechtel* den Verantwortungsbegriff nur im deskriptiv zuschreibenden Sinne verwende. „Die normative Zuschreibung im Sinne des Jemand-verantwortlich-Machens oder Jemand-für-verantwortlich-Haltens wird nicht diskutiert. Normative Verantwortungszuschreibung ist ein Bewertungsvorgang, der nicht in deskriptiven Kategorien allein erfasst werden kann. (...) Mögen für Computer- und Informations- sowie Entscheidungssysteme deskriptive Bedingungen der abwägenden (deliberierenden) Entscheidung, der flexiblen Umgebungsanpassung usw. erfüllt sein, sollten gar strukturelle Analogien mit der deskriptiven Zuschreibbarkeit restlos übereinstimmen, so ist dennoch die normative Zuschreibung – zumindest im moralischen Sinne – nicht gegeben, weil die moralische Voraussetzung der Personalität für die moralische Verantwortungszuschreibung nicht erfüllt ist." (S. 254)

Lenk diskutiert nun „Variationsmöglichkeiten" der juristischen Person (als *quasi* natürliche und moralische Person); im moralischen Sinne könne aber ein computerisiertes Entscheidungssystem, auch wenn es hinreichend lernfähig sei, „dadurch nicht zu einer vollverantwortlichen moralischen Person als Träger der moralisch-praktischen Vernunft gemacht werden ..".

Im Ergebnis kommt Lenk zu folgender Aussage: „Computer sind keine sozialen oder moralischen Wesen, selbst wenn die ihnen zur Durchführung einprogrammierten Entscheidungen durchaus sekundär und indirekt moralische Relevanz haben können und dementsprechend von jemandem verantwortet werden müssen. Der Computer oder das Informationssystem kann allenfalls im zivilrechtlichen Sinne (...) quasi ‚haftbar' gemacht, aber er bzw. es kann nicht zu einer moralischen Person gemacht werden .. (...) Moralische Verantwortung ist (..) gerade dadurch charakterisiert, dass sie – sei es als Einzel-, sei es als Mitverantwortung – nicht abschiebbar, nicht ablenkbar, delegierbar oder durch Aufteilung minimierbar bis zum Verschwinden ist. (...) Moralische Verantwortung ist unaufgebbar, sie kann, selbst wenn sie nur schwer zuzuweisen und zu tragen ist, als normative Verantwortungszuschreibung nicht in programmierten Entscheidungssystemen aufgelöst werden." (S. 254)

Eine für den Menschen unaufgebbare moralische Verantwortung stellt nun eher indirekt eine Aussage über etwaige maschinelle „Vernunft" und Verantwortungsfähigkeit dar. Lenk bezieht sich insgesamt auf die „Personalität" des Menschen, die ihn „als moralisch Handelnde[n] in das Kantische Reich der Sittlichkeit mit Handlungs- und Gesetzgebungsautonomie sowie praktischer Vernunft einglieder(n)[t]..". Er geht in der Begründung dieser von ihm gesehenen Differenz des Menschen zur Maschine nicht weiter bzw. näher ein auf die *Beschaffenheit* dieser Autonomie und Vernunftfähigkeit, die den Menschen zur Verantwortungsübernahme befähigt und verpflichtet. Dagegen führt die nun vorzustellende Kritik *J. Weizenbaums* an einer „Maschinisierung des Menschen"[383] schließlich auch in ein sprachpragmatisch bzw. diskursethisch inspiriertes Verständnis der menschlichen Moralität selber.

J. Weizenbaum entfaltet seine Kritik der „Macht der Computer" als Kritik einer instrumentellen Vernunft, der gegenüber die „Vernunft an sich" ohnmächtig bleiben müsse; diese „Vernunft an sich" beschreibt er etwa als eine „Rationalität", die „nicht Geistlosigkeit" ist, sondern als „eine Vernunft, die sich wieder auf ihre menschliche Würde besinnt, auf Echtheit, Selbstachtung und individuelle Autonomie."[384] Weizenbaum betont, nicht etwa „anti-technisch, anti-wissenschaftlich" oder gar „anti-intellektuell" argumentieren zu wollen, sondern „in Wirklichkeit spreche (ich) [er] *für* eine Rationalität. (...) Ich plädiere für den rationalen Einsatz von Naturwissenschaft und Technik, nicht für deren Mystifikation und erst recht nicht für deren Aufgabe. Ich fordere die Einführung eines ethischen Denkens in die naturwissenschaftliche Planung. Ich bekämpfe den Imperialismus der instrumentellen Vernunft, nicht die Vernunft an sich." (S. 334)

Im Kontext der Argumentation Weizenbaums findet sich gewissermaßen spiegelbildlich bzw. korrespondierend auf der einen Seite eine Kritik an einem nach seiner Auffassung zu sehr vereinfachenden Verständnis des menschlichen Verhaltens (des menschlichen „Denkens", Erlebens, der menschlichen „Intentionalität") etwa durch die psychologische Theorie des „naturwissenschaftlichen" Behaviorismus, wobei Weizenbaum insbesondere dessen seinerzeit prominenten Vertreter *B. F. Skinner*[385] angreift, und auf der anderen Seite die Kritik an der aus seiner Sicht fehlerhaften Einschätzung der Möglichkeiten, „jede menschliche Funktion in Organisationen von Maschinen übernehmen zu lassen", wie Weizenbaum etwa die Prognose *H. A. Simons*[386] a. d. J. 1960 zitiert; er entfaltet also insgesamt die Kritik an einer technischen und psychologisch-philosophischen Forschungsprogrammatik, die u. a. auch „'menschliche Absichten' selbst als technisches Problem ansehen" will: „Sobald wir 'menschliche Absichten' selbst als technisches Problem ansehen, ist auch alles andere techni-

---

[383] P. Schefe stellt einem Kapitel „KI und Verantwortung" folgendes Zitat Weizenbaums voran: „Die Gefahr der künstlichen Intelligenz liegt nicht darin, dass Maschinen mehr und mehr wie Menschen denken, sondern dass Menschen mehr und mehr wie Maschinen denken." Schefe (1991), S. 250

[384] Weizenbaum (1990), S. 334

[385] Weizenbaum zitiert aus: B. F. Skinner: About Behaviorism, New York 1974, S. 234 u. 251

[386] H. A. Simon: "The Shape of Automation", Neuabdruck in: Z. W. Pylyshyn (Hrsg.), Perspectives on the Computer Revolution, Englewood Cliffs/N. J. 1970

scher Natur" (S. 319); es gehe dann etwa innergesellschaftlich nicht mehr um zwischenmenschlich-konsensuell zu lösende „wirkliche Konflikte", sondern um technisch herzustellende Konformität.

An anderer Stelle bringt Weizenbaum die zentrale Stellung der „menschlichen Fähigkeit der Wahl" in seinem Verständnis von „wirklicher Vernunft" zum Ausdruck: „Die Macht ist nichts, wenn sie nicht die Macht bedeutet, zu wählen. Die instrumentelle Vernunft kann Entscheidungen treffen, aber zwischen Entscheiden und Wählen besteht ein himmelweiter Unterschied." (S. 339) Am Beispiel des „Roboters von Winograd", dessen sein Verhalten begründende Antworten auf diesbezügliche Warum-Fragen schließlich bei dem Verweis auf seinen Programm-Autoren enden müssen („Aber seine letzte Antwort [auf die Frage: „warum tust du x?" L. E.] ist: ‚Weil du es gesagt hast'"), markiert Weizenbaum den Unterschied „zwischen einem mechanischen und einem genuin menschlichen Akt" der Wahl in dem Umstand, dass bei diesem schließlich der bekennende Verweis auf die eigene verantwortlich getroffene Wahl stehen bleibe: „An diesem Punkt werden Berechnungen und Erklärungen durch die Wahrheit ersetzt. Hier zeigt sich auch die Armseligkeit der Hypothese Simons, die besagt: ‚Der ganze Mensch, den man als ein sich verhaltendes System ansieht, ist wie die Ameise recht einfach. Die offensichtliche Komplexität seines Verhaltens über längere Zeit hinweg ist in starkem Maße die Reflexion der Komplexität der Umwelt, in der er sich befindet.' Denn wenn diese Hypothese richtig sein soll, dann müsste ebenfalls richtig sein, dass die menschliche Fähigkeit der Wahl genauso beschränkt ist wie die der Ameise, dass der Mensch keinen Willen und kein Ziel mehr hat und, was vielleicht am wichtigsten ist, sich selbst gegenüber als einem Teil der unendlichen Natur nicht mehr an Verantwortung empfindet, die sein Menschsein transzendiert, als eine Ameise." (S. 339)

Weizenbaum bringt hier also durchaus die Würde des Menschen bzw. der menschlichen Vernunft, seine Verantwortungsfähigkeit und Verantwortungsverpflichtung, seine Intentionalität und seine Fähigkeit zu freier Willenstätigkeit, zu gewähltem, verantwortlichem und rationalem Verhalten gegen die „mechanischen" Akte einer berechenbaren Maschine zur Geltung.

An anderer Stelle (S. 99) expliziert Weizenbaum diese „mechanischen Akte" bzw. Entscheidungsprozesse eben als die hier in Betracht stehenden effektiven Verfahren. Die entsprechende Formulierung der Frage danach, „..was Computer können und was nicht" ergibt sich dann als die Frage nach der Reduzierbarkeit menschlicher Entscheidungsprozesse auf effektive Verfahren: „Sind alle menschlichen Entscheidungsprozesse auf effektive Verfahren reduzierbar und damit einer maschinellen Berechung zugänglich?" Da „die Idee eines effektiven Verfahrens untrennbar mit der Idee der Sprache verknüpft ist" (S. 99/100), wie Weizenbaum darlegt, ist diese Frage für Weizenbaum „im letzten Grunde" äquivalent mit der Frage, „was wir einem Computer an Wissen beibringen können". (S. 105)

In der folgenden Formulierung Weizenbaums: „Kann alles, was wir tun wollen, im Sinne eines effektiven Verfahrens beschrieben werden?" (S. 105) geht es Weizenbaum nochmals um die Frage, ob auch die Wahl von Absichten bzw. Zielen als „technisches Problem", als effektives Verfahren aufgefasst werden kann. Diese Frage führt nun offensichtlich in die oben diskutierten Fragestellungen der philosophischen Handlungstheorie, in welcher „Handlungsmodelle" diskutiert werden, die entweder die Wahl der Zwecke unbestimmt lassen und die Rationalität von Handlungen allein an der zielführenden Zweckmäßigkeit relativ zu *gesetzten* Zwecken bemessen (welche dann im Sinne eines effektiven Verfahrens beschrieben werden könnten), oder aber die Willensbildung selber, also auch die *Wahl der Zwecke* Rationalitätsbedingungen und damit auch Normativitätsansprüchen unterstellen. Hier stellt sich dann die Frage der Werte, normativer Orientierungen und die Frage nach der Beschaffenheit der Autorität, die bindende, allgemein verpflichtende Orientierungen für eine Wahl von Zwecken schaffen kann.

Wie nun etwa *J. Habermas*[387] mit Bezug auf (u.a.) *Talcott Parsons* darlegt, ist Gesellschaftsbildung ohne die verpflichtende Kraft anerkannter normativer Orientierungen nicht möglich. Das „Besitzen" von normativen Orientierungen, das „Haben" von Sinn-Wissen wiederum fließt ein in bestimmte moralisch relevante Verhaltensdispositionen, zu denen auch etwa die von Weizenbaum beschworenen „Forscher-Tugenden" „Mut, Ausdauer und Durchhaltevermögen" gehören mögen. Etwaige Verstöße gegen anerkannte Tugenden werden als „moralische Verfehlungen" von spontanen Gefühlen der Schuld und der Scham begleitet. Der Besitz von Sinn-Wissen und selbst-bindender Orientierungen ist wiederum dokumentierbar durch entsprechende sprachliche Äußerungen als *Bekenntnisse*, an die die Forderung performativer Wahrhaftigkeit gestellt ist. Sollte aber nun etwa performative Wahrhaftigkeit als effektives Verfahren oder etwa als Qualität eines solchen begreiflich gemacht werden können? Diese mit menschlicher Sprache, menschlichem Wissen und menschlichen Entscheidungen verbundenen „Phaenomene" wie etwa expressive Äußerungen oder menschlich und moralisch bindende, verpflichtende Äußerungen sind u. a. Gegenstand sprachpragmatischer Reflexionen innerhalb der Allgemeinen Kommunikationstheorie, die wiederum den sprachpragmatischen und verfahrensrationalen Ansatz der Diskursethik begründet. Als zentrales „Anliegen" der Diskursethik bzw. der sprachanalytischen Philosophie ließe sich durchaus nennen, die „Einheit einer kognitiven und einer moralischen Kompetenz"[388] des menschlichen Geistes zu begreifen

---

[387] Habermas (1981) Bd. 2, S. 97 f, S. 304 f.

[388] „Das Denken ist immer schon mehr denn die Betätigung einer bloß kognitiven Kompetenz. Darin bestand gerade das Anliegen von Descartes' Metaphysik des Geistes, einen nicht-intellektualistischen Begriff des Geistes zu etablieren: Über zwei geistige Vermögen verfüge der Mensch, über Verstand und Willen. (...)

und eben in dieser Einheit ein Spezificum menschlichen mentalen Vermögens und menschlicher Verstandes- und Willenstätigkeit zu sehen, sowie auch das, dieser Einheit eben nicht verlustig zu gehen.

Diskursethische Einsichten verstehen nun moralische Kompetenz schließlich auch als die prinzipielle Fähigkeit und Bereitschaft, an einem normenbegründenden praktischen Diskurs teilzunehmen und die hier von allen Diskursteilnehmern geforderte kommunikative Kompetenz, Wahrhaftigkeit und Vernünftigkeit einbringen zu können. (Ließe sich hier – mit Seitenblick auf den sog. „funktionalistischen" Turing-Test – nicht folgern, dass eben diese Diskursfähigkeit als Ausweis eines „Denkvermögens", das eben diese nicht-dissoziierte Einheit kognitiver und moralischer Kompetenz besitzt, würde zu gelten haben?) Das von Weizenbaum angesprochene „Ersetzen von Berechnungen und Erklärungen durch Wahrheit" im Falle des Bekenntnisses zu einer Entscheidung durch einen verantwortungsfähigen „Sprecher" führt ebenfalls in zentrale sprachpragmatisch bzw. diskursethisch geltend gemachte Einsichten, wie etwa die der Nichthintergehbarkeit des „Willens zur Vernunft" in einer als prinzipiell begründungspflichtig anzuerkennenden Entscheidung; und es mag hier ferner auch ein Hinweis gegeben sein auf die mathematisch gesehene Differenz zwischen einem „mechanistischen" Wahrheitsbegriff, „der sich auf die Beweisbarkeit in einem gegebenen System beschränkt"[389], und einem semantisch, pragmatisch und moralisch gehaltvollen Wahrheitsbegriff.[390]

U. a. in einer Einheit von moralischer und kognitiver Kompetenz kann also die Fähigkeit des Menschen zur Autonomie begründet gesehen werden; und in der Autonomie, in der Fähigkeit zu vernünftiger und verantwortlicher Willensbildung gründet sich mit Kant die Würde des Menschen. Mit Kant leitet sich aus der Menschenwürde auch ab das Verbot, den Menschen als „Zweck" zu instrumentalisieren, wie oben bereits gesehen und wie etwa auch von *K. Mainzer* hervorgehoben wird: „Bei Kant heißt es pointiert, dass der Mensch für seinen Mitmenschen Selbstzweck ist und daher nicht instrumentalisiert werden darf."[391] Dieser Selbstzweck-Charakter des Menschen spielt nun auch in der Volkswirtschaftstheorie eine Rolle insofern, als hier seit *Adam Smith* der Satz gilt, dass im Verbrauch der letzte Zweck allen Wirtschaftens zu sehen ist[392], es also als letzter und sinngebender Zweck aller Wirtschaftstätigkeit gesehen wird, dem Menschen

---

'Geist' wird von Descartes gebunden an die Einheit einer kognitiven und einer moralischen Kompetenz." Kramer (1993), S. 82

[389] Ketelsen (1994), S. 127

[390] vgl. die Diskussion des wissenschaftlichen Wahrheitsbegriffs, der Wissenschafts- und Technikbewertung, der Verantwortbarkeit einer Wissenschaft bei Schefe (1991), S. 250 f. : „KI und Verantwortung"

[391] Mainzer (1995), S. 805

[392] „Der Verbrauch allein ist Ziel und Zweck einer jeden Produktion.." aus: Adam Smith, „Der Wohlstand der Nationen", 5. Aufl. London 1789. (vgl. Reuter (1999), S. 450)

die Möglichkeit zum nutzenstiftenden Konsum zu eröffnen. Darüber hinaus lehrt die Betrachtung des „ersten Akts" jeder volkswirtschaftlichen Konsumtätigkeit, des einzelnen Kauf-Akts, dass das rechtsgültige Aussprechen eines Konsumbegehrens mit der Geschäftsmündigkeit des Käufers auch das Vorhandensein eines Subjekt-Status für einen Konsumenten voraussetzt, also die Fähigkeit zu bewusster, einen rechtsverbindlichen Vertragsschluss begründender Willenstätigkeit. Es wird ferner auch ein allgemeines Rechtsbewusstsein vorausgesetzt insofern, als offenkundig sittenwidrige oder nach gängigem Rechtsempfinden als solche eingeschätzte Rechtsgeschäfte ja keine Rechtsverbindlichkeit bzw. -gültigkeit erlangen können. Folgt man schließlich der zentralen Annahme des *Wertgesetzes*[393], dass nur die menschliche Arbeit Werte schöpfen kann, bedeutete das, dass Automaten keine Werte schöpfen, erschaffen, also keine *Wertzuwächse* schaffen können; der Wert ihres Erzeugnisses entspricht dann immer nur dem Wert ihrer Herstellungs-, Betriebs- und Erhaltungsaufwendungen, also betriebswirtschaftlich den Abschreibungen und den Betriebs- und Wartungskosten.

Es stellt sich hier insgesamt der Eindruck ein, dass die angesprochenen Phänomene der Autonomie und moralischen Verantwortungsfähigkeit, der „Gesetzgebungskompetenz" (im engen juristischen wie auch im Sinne das Kategorischen Imperativ), der Menschenwürde, der Nicht-Instrumentalisierbarkeit, der Rechtsmündigkeit, der intelligenten, schöpferischen Kreativität, sowie der wirtschaftlichen Wertschöpfungsfähigkeit gewissermaßen auf einer gleichen Ebene spezifisch menschliche Charakteristika beschreiben, die auch „Grenzen der Mechanisierbarkeit" darstellen, die von einem formalen programmierbaren System schwerlich überwunden werden können.

Im Forschungsgebiet der Künstlichen Intelligenz werden gegenwärtig Software-Konzepte diskutiert, die darauf abzielen, „autonome" Automaten, „autonome" Software zu entwickeln, nämlich sog. „Autonome Agenten". Für „Autonome Agenten" stellte sich die Frage nach der moralischen Verantwortungsfähigkeit also offensichtlich erneut, und es soll in der folgenden Diskussion „intelligenter Agenten" kurz angemerkt werden, dass hier die Problematik des Verhältnisses von („echter") Autonomie und Verantwortungsfähigkeit möglicherweise unterreflektiert bleibt.

S. Kirn bezeichnet „solche Softwaresysteme als intelligente Agenten", „welche mit einer gewissen Eigenständigkeit (Autonomie) ausgestattet sind, die ihr Handeln einem Rationalitätskalkül unterwerfen und ‚planvoll' auf das Erreichen von als erstrebenswert angesehenen Zuständen (Zielen) ausrichten."[394] „...Autonomie

---

[393] Reuter gibt eine knappe Darstellung der „jüngeren Diskussion der Marxschen Werttheorie", die sich im Anschluß an die Publikation der Schrift von F. Helmedag „Warenproduktion mittels Arbeit. Zur Rehabilitation des Wertgesetzes." (Helmedag 1992) entwickelt hat, und die sich über mehrere Jahre hingezogen hat. Reuter (2000), S. 124

[394] Kirn (2002), S. 57

bedingt also Entscheidungsfähigkeit"; „..autonome Agenten (..) können und müssen *eigene* Ziele haben, die wegen der Autonomie des Agenten möglicherweise sogar in Konflikt mit den Zielen des Agentenentwicklers und des Agentenanwenders stehen oder im Lauf der Zeit (z. B. durch Lernprozesse) geraten können." „Das Treffen von Entscheidungen über eigenes Handeln erfordert Kenntnisse über die prinzipiell möglichen Aktionen, deren Konsequenzen und mögliche Aktionsreihenfolgen sowie Möglichkeiten zur Bewertung derselben. Dazu ist Wissen über den eigenen inneren Zustand und die vorhersagbare Entwicklung der Umwelt erforderlich, so wie es typischerweise von KI-Systemen verlangt wird." Als aus diesen „hier als wesentlich angesehenen Eigenschaften" ergibt sich für Kirn u. a. die Forderung, dass Agenten „im Gegensatz zu unserem sonst meist üblichen Verständnis von Softwaresystemen permanent auf einem Rechner aktiv sein [müssen] (‚permanently alive', Online-Fähigkeit). (*Kirn*, a.a.O., S. 57)

An anderer Stelle diskutiert Kirn eine Forderung *Rosenscheins*, „dass rationale intelligente Agenten selbstständig über Form/Umfang ihrer Teilhabe an globalen Problemlösungsprozessen entscheiden sollten."[395] Hieraus ergeben sich für Kirn „völlig neue Problemstellungen", darunter die Frage: „mit welchen Sprachen kann ein Agent mit anderen Agenten und gegebenenfalls sogar Menschen kommunizieren, um sich konstruktiv (aber vielleicht auch destruktiv) an globalen Prozessen zu beteiligen?" (S. 55/56) Kirn fordert hier also in der Tat für Software-Agenten eine sich vom Willen, von den Zielen des Agentenentwicklers ablösende Freiheit des „eigenen Willens", die Freiheit, ggfls. konfligierende Ziele durchzusetzen, und scheint hier auch „vielleicht destruktiv[e]" Verhaltensweisen in Kauf nehmen zu wollen.

Es wird hier also offenbar eine gewisse „eigene" Intentionalität des Agenten, „eigene" Ziele und wohl auch die Fähigkeit zur „autonomen" Wahl eigener Ziele unterstellt. Es müsste dann gefragt werden, wie weit dieses Ablösen des Agenten von Zielen des Entwicklers bzw. Benutzers gehen soll und ob es womöglich gar eine irreversible Ablösung geben soll – in dem Falle wäre dann ja spätestens in die obige Debatte um Notwendigkeit und (Un-)Möglichkeit rechtlicher oder moralischer Verantwortlichkeit bei einer Software einzutreten.

Zu guter letzt die Frage: würde eine „humanoide", verantwortungsfähige Software einen Beitrag darstellen zur Verbesserung der *conditio humana*? *P. Schefe* nennt als Anforderungen an eine „sozialorientierte oder verantwortbare Wissenschaft der KI"[396] folgende zu fordernde Eigenschaften; sie solle sein:

---

[395] als Quelle gibt Kirn an: *Rosenschein, J.*: Rational Interaction: Cooperation Among Intelligent Agents. PhD Thesis.Computer Science Departement, Stanford University, Stanford, California, March 1985. Aus. Kirn (2002)

[396] Schefe (1991), S. 254

„*pluralistisch-interdisziplinär*";

„*ganzheitlich*: sie anerkennt die Nichtreduzierbarkeit mentaler Phänomene auf abstrakt-formale Prinzipien, insbesondere die Unzulässigkeit einer funktionalistischen Trennung von Geist und Körper";

„*humanistisch*: sie verzichtet auf die Vorstellung einer formal konstruierten Intelligenz und sieht ihre Tätigkeit als zweckgebunden an die Bereitstellung von Wissen zur ‚effektiveren Wirklichkeitsbeeinflussung' zur Unterstützung einer sozial und ökologisch intakten Umwelt."

Die obige Frage wäre demzufolge eher zu verneinen.

Die letztgenannte Eigenschaft („humanistisch") nun sollte in der vorliegenden Arbeit als überpositiv-wertgebundene, kulturalistische Wissenschaftsauffassung mit einem universalistischen, auch human-orientierten oder humanistischen Erkenntnisinteresse dargelegt werden.

3.7 Automat, Berechnung und Leistung

Es geht im folgenden Abschnitt darum, einige normative Implikationen des Leistungsbegriffes auszuarbeiten, die von diesem in einem umgangssprachlich üblichen Verständnis offenbar mitgeführt werden, und einige normative Implikationen für die Verwendung bzw. Anwendung von Arbeit leistenden oder menschliche Arbeitsleistungen qualitativ oder quantitativ optimierenden Automaten.

Im konsequent marktrationalen Paradigma mit dem „homo oeconomicus" als Modell des selbstinteressiert seinen Gesamtnutzen optimierenden Marktteilnehmers kann sich die Vernunft einer wirtschaftlichen Leistung „nur" messen an ihrer Ressourcensparsamkeit, also daran, ob ein – nach Maßgabe subjektiver Nutzenpräferenzen – intendierter Zweck mit minimalem Mitteleinsatz verwirklicht wird. Das wäre die ökonomische „Seite" oder Formulierung einer „instrumentellen" Vernunft, die als solche ja Kritik auf sich gezogen hat.

Vor dem Hintergrund der ökonomietheoretischen Vorentscheidungen etwa des konstruktivistisch-sprachpragmatischen Verständnisses *F. Kambartels* wäre die Vernunft einer wirtschaftlichen Leistung gebunden an eine Intention zur Befriedigung eines seinerseits ‚vernünftigen', begründeten oder begründbaren Bedürfnisses, und in zweiter Linie an die Einhaltung verfahrensrationaler Maßstäbe der begründeten und zweckmäßigen Mittelwahl.[397] Diese Argumentation, die Rede von begründeten und unbegründeten Bedürfnissen, ist also angewiesen auf die Möglichkeit einer Unterscheidung bloß faktischer, aktuell nachgefragter Bedürfnisse von ‚wahren' und gerechtfertigten Bedürfnissen. Zur Herstellung eines insgesamt vernunft-geleiteten, sprach-rationalen Wirtschaftsprozesses wird hier dann auch postuliert, die Möglichkeit einer „rationalen Verteilung von Produktionsmitteln und Gebrauchsgütern"[398] ins Auge fassen zu können.

Eine in einem solcherart zweifelsfrei legitimierten ökonomischen Universum zu erstellende ökonomische Leistung wäre ihrerseits keinerlei Legitimationszweifeln ausgesetzt; das Wirtschaftsziel der Befriedigung „wahrer" Bedürfnisse wäre nun möglichst effizient und ressourcensparsam zu realisieren, um möglichst vielen Menschen durch Einsatz naturwüchsig knapper Mittel möglichst vollkommene Befriedigung dieser Bedürfnisse zu gewährleisten. Ein Einsatz von IuK-Technik entweder zur Unterstützung dispositiver Verfahren oder auch zur Substitution der knappen Ressource „Arbeit" wäre daher ebenfalls als zweifelsfrei legitimiert anzusehen.

---

[397] Kambartel (1980)

[398] Kambartel (1980), S. 303

Zur Verfahrensweise der „rationalen Verteilung von Produktionsmitteln und Gebrauchsgütern" ist notwendigerweise anzumerken, dass dies da facto den Verzicht auf die grundsätzliche Anerkennung marktlicher Prinzipien als Koordinationsmedium der Güter- und Faktorallokation bedeuten würde, denn es könnte nicht mehr grundsätzlich die Autonomie des Konsumenten in der Wahl seiner Nutzenpräferenzen als schutzwürdiges Prinzip unreglementierter und freizügiger Koordination bestehen bleiben, ebenfalls nicht die Autonomie potentieller Investoren in ihren Mittelverwendungs-Entscheidungen. Das Szenario einer bedarfsorientierten, sprachrational operierenden Ökonomie als real vorauszusetzende Bedingung für einen gerechtfertigten Einsatz des „instrumentelle Vernunft" verkörpernden Automaten bzw. der IuK-Technik würde also ausfallen müssen.

Aber es kann einsichtig gemacht werden, dass in *jedem* Fall, unabhängig von der Legitimationsgrundlage einer umgebenden ökonomischen Verfassung, davon ausgegangen werden muss, dass unter der Voraussetzung, dass ein Handeln (in wirtschaftlichen Nutzungs- oder Betrachtungskontexten, aber auch allgemein) *nicht* Selbstzweck-Charakter hat oder ihm im gewöhnlichen Sprachgebrauch zugesprochen wird, es ökonomischen Maßstäben instrumentell-rationaler, sparsamer Mittelverwendung gerecht werden muss, um als Leistung anerkannt zu werden. Der Begriff wirtschaftlicher Leistung hat offensichtlich den normativen Bedeutungszusatz a) der Stiftung eines von mindestens einem Marktteilnehmer als solchen empfundenen subjektiven Nutzens, und b) dies unter sparsamem und effizientem – unter Anwendung anerkannten Fach- und Verfahrenswissens auf der Höhe der Zeit – Mitteleinsatz zu erreichen.

Der Begriff der wirtschaftlichen Leistung beinhaltet offenbar unvermeidlicherweise auch die Vorstellung einer gewissen Normierung und Standardisierung von Arbeitserträgen oder –ergebnissen, also Produkten: ein Käufer eines Erzeugnisses, eines Produktes oder einer Dienstleistung erwartet mit gutem Recht für eine Menge Geld in einem bestimmten Wert eine dem entsprechende, erwartbare Gegenleistung in einer bestimmten Qualität und Menge. Auch das sind Ansprüche, die ganz gewöhnlich und in typischer Weise zur Forderung nach Möglichkeiten der Berechnung eines bestimmten, mit hinreichender Sicherheit zum festliegenden Ziel führenden Vorgehensweise führen: die Herstellung des Bezugs zur aristotelischen ‚lehrbaren' *Poiesis* ist naheliegend. Wer beispielsweise einen PC erwirbt zu einem vom Hersteller oder Händler scharf kalkulierten Preis, kann mit gutem Recht erwarten, dass dieser PC genau die Spezifikationen aufweist, die ihm in der Produktbeschreibung zugesichert worden sind; die Erfüllung dieser Spezifikationen bei einem PC impliziert bekanntlich eine Fülle von zu beachtenden Verfahrensnormen und Konventionen, die im Ergebnis zu einem hochkomplexen, sehr weitgehend determinierten, und damit aber auch weitgehend berechenbaren und automatisierbaren Herstellungsprozess führen.

Eine etwa unter der Metapher des „Maschinenleitbildes" zusammengefasste und vorgebrachte Kritik mag sich an dem Umstand entzündet haben, dass hier gewissermaßen der Mensch und seine Subjekt- und Freiheitsrechte nicht zum Zuge zu kommen scheinen: die Maschine, die die aus bestehenden und – unterstellterweise – gerechtfertigten Konsumentenansprüchen sich ableitenden Verfahrensnormen etc. berechnet, ‚berechnet' dann auch das zu fordernde Verhalten des Menschen, seine zu fordernde Arbeitsleistung etc. und degradiert ihn auf diesem Wege dann ‚zur Maschine'. In diesem Sinne ist insbesondere die betrieblich-organisatorische Konzeption der CIM-Philosophie, sowie die ablauforganisatorische „Rationalisierung" des sog. „*Taylorismus*" kritisiert worden. Diese zielte eben darauf ab, unter Rückgriff auf die arbeitswissenschaftlichen Studien ihres Namensgebers F. W. Taylor die Arbeitshandlungen von in den Fabriken arbeitenden Menschen so weit zu zerlegen, dass sie immer präziser beschreibbar und vor allem auch vorschreibbar waren, also idealer Weise die Abläufe des Arbeitsgeschehens zunehmend ‚deterministisch', am Maschinenideal orientiert, normiert beschreibbar, planbar, kontrollierbar und durchsetzbar sein sollten. Es ist also durchaus zutreffend zu sagen, dass man sich hier um die Herstellung möglichst weitgehender Determiniertheit und Berechenbarkeit menschlicher Arbeitshandlungen bemühte, unter offensichtlich weitgehender Ausschaltung deren Bereitschaft und Möglichkeit zu verantwortungsvoller, kompetenter Mitwirkung und –gestaltung; in der Tat bot hier das „Maschinenleitbild" Orientierung.

In der Überlegenheit und deutlich höheren Effizienz der wohl seinerzeit zuerst in japanischen Autofabriken praktizierten organisatorischen Konzeption des sog. „Lean-Management", der Leitidee der Organisation der Fabrik in weitgehend „autonomen", nach flexiblen Leistungsvorgaben selbstverantwortlich arbeitenden „Zellen" oder Arbeitsgruppen, wird man das dann schnell einsetzende Ende des „Taylorismus", und auch das allmähliche Ende der Hoffnung auf eine weitgehend deterministisch durchautomatisierte Produktion in den Fabriken nach der CIM-Idee sehen dürfen. Man löste sich von der Idee der „Voll-Automation" zugunsten der Idee der maschinellen Unterstützung der Operabilität von als weitgehend selbstständig betrachteten kleineren operativen Einheiten[399] in den Fabriken; ein wesentlicher Vorteil dieser Organisation lag in der größeren Robustheit und Fehlertoleranz: weitgehend deterministisch festgelegte Abläufe sind bei Auftreten eines Fehlers in der Prozesskette eben vollständig unterbrochen.

Wenn etwa *Coy* vor diesem Erfahrungshintergrund vom „Scheitern des mechanistischen Weltbildes"[400] spricht, so ist dem in diesem Sinne zuzustimmen, aber

---
[399] vgl. etwa die Konzeption der „Planungsinseln" bei G. Keller (1993)
[400] Coy (1993), S. 52

es wäre zu weit gegriffen, damit generell ressourcen-ökonomische verfahrensrationale Prozeduren, die in dieser Zielsetzung auf Berechnungskapazitäten zugreifen, zu diskreditieren.
Anzumerken ist, dass es offenbar ebenfalls zu weit gegriffen war, Großrechnersysteme mit der „gescheiterten" „Metapher der zentralen Maschine" zu belegen; die von Coy fokussierte Unterscheidung der Großrechnertechnologie, des Großrechners als dem gewissermaßen typischen ‚tayloristischen' Automaten und dem ‚kleinen' PC als dem nützlichen Werkzeug, der quasi nicht ganz so sehr und ganz wirklich ein Automat ist, lässt sich weder auf der abstrakten Ebene der Automatentheorie, noch auch auf der der Anwendungspraxis einholen: im betrieblichen Anwendungsalltag, jedenfalls in Großbetrieben, in denen seinerzeit die ‚mainframes', die Großrechner zum Einsatz kamen, hat sich seit etwa Ende der 80iger Jahre ein zwei-, drei- oder auch vierstufiges Konzept des Rechnereinsatzes durchgesetzt, das die unternehmensweit integrative Vorhaltung der Massendaten auf Ebene des Großrechners, anwendungsbereichs- oder ‚modul'-spezifische Daten auf einer mittleren ‚Applikationsserver'-Ebene, und die individuelle Präsentation und Bearbeitung der Daten auf Ebene des ‚Präsentationsservers', dem PC des Endanwenders, vorsieht (wobei hier vielfache, skalierbare Variationen möglich sind).[401]

Es ist also notwendigerweise mit der Erbringung von Leistungen, mit unter ökonomischen Zielsetzungen erbrachten Arbeitshandlungen auch eine normierende, standardisierende Einschränkung der Wahlfreiheit des Handelnden verbunden. Ein Mensch, der in diesem Sinne eine Nutzleistung erbringt, steht insoweit auch unter Zweckmäßigkeiterwägungen und den sich daraus ergebenden Imperativen und „Sach-Zwängen". Auch mit Kant stehen dem zwar berechtigte Menschenrechte und Emanzipationsinteressen entgegen. Aber deren Realisation ist nicht so leicht zu haben: offenbar nicht dadurch, dass man „einfach" einen eigenen Willen dem „Willen" der Maschine entgegensetzt. Es käme so nicht ein vernünftiger, autonomer Wille im Gegensatz zum „Diktat" einer Maschine zur Geltung, sondern ein lediglich beliebig-selbstinteressiert „anarchistischer" Wille, im Gegensatz zu einem von dieser Maschine berechneten und – stellvertretend – exekutierten Willen einer begründeten Vernunft.

---

[401] Die „Client/Server-Technologie des SAP-Systems R/3" ist z. B. auch als mehrstufiges, kooperatives Client/Server-Computing konzipierbar. Buck-Emden / Galimow (1996); vgl. auch Rolf (1998), S. 102

4 Menschen, Automaten und Arbeit

Zusammenfassung:
Im vierten Kapitel soll ein Einblick in volkswirtschaftliche Theorien und deren Interpretationsweise der Wirtschaftsentwicklung genommen werden, die diese im Sinne einer Entwicklungslogik deuten bzw. eine solche Deutung nahe legen. Dies soll der der vorliegenden Arbeit zugrunde gelegten Voraussetzung eines in einem Reifestadium zu einem natürlichen Endstadium gelangenden Entwicklungsprozesses des wirtschaftlichen Produktwachstums Plausibilität verleihen. (*Kap. 4.1*)

Kap. 4.2 intensiviert den Eindruck eines endlichen Verlaufs des Produktwachstums. Es werden explizit wachstumsskeptische Theorien diskutiert sowie die sog. Tertiarisierungstheorie Fourastiés und dessen Vorstellung und Begründung einer „tertiären" Transformation des Beschäftigungsschwerpunkts.

In *Kap. 4.3* wird ein neues produktionswissenschaftliches Paradigma vorgestellt, das sich in die in der vorliegenden Arbeit entwickelte Zeichnung des „Umfeldes" der Produktion einfügt, und das als wettbewerbsstrategisch angemessenes Konzept der Wertschöpfung unter Rückgriff auf die Potenziale der neuen IuK-Technologien vorgestellt wird. Im Begründungszusammenhang der vorliegenden Arbeit kann das vorgestellte Paradigma hochproduktiver und hochflexibler Produktion generalisiert und als allgemeines Fortschrittskriterium für Fertigungstechnologie ausgezeichnet werden. Hieraus ergeben sich (in Kap. 4.4) Konsequenzen für die Konzeption der Wertschöpfung des tertiären Sektors.

Es sei zur Einleitung in das folgende 4. Kapitel noch einmal die schon erwähnte Textstelle bei A. Gehlen über den „gesetzmäßigen" Verlauf der Technikentwicklung rekapituliert. Hier ist die Rede von einem „innertechnischen Geschehen" als gesetzmäßigem Verlauf „durch die gesamte menschliche Kulturgeschichte" hindurch, das als Entwicklungsprozess aufzufassen ist, der mit Erreichen der „Stufe der möglichst vollständigen Automatisierung" ein natürliches Ende nimmt, da über diese Stufe hinaus „keine weiteren Leistungsbereiche angebbar" sind, „die man objektivieren könnte".[402]

Im ersten Kapitel der vorliegenden Arbeit ging es darum, diesen „innertechnischen Verlauf" für die Wissenschaftstheorie der Wirtschaftsinformatik und, insoweit Grundlagenfragen berührt sind, auch der Informatik, als Problembereich zu beschreiben. Das Ergebnis wäre so beschreibbar, dass einsichtig zu machen ist, dass es einer kulturalistisch aufgefassten Wissenschaft darum gehen muss, hier – kantisch gesprochen – möglichst „Herr der Zwecke" zu sein, einer begründeten Ziel- und Zwecksetzung zu folgen und insofern also „das Wahrheitsproblem mit dem Rechtfertigungsproblem zu verknüpfen", und nicht etwa – im

---
[402] A. Gehlen: Anthropologische Ansicht der Technik, in: Technik im technischen Zeitalter. Quellenangabe aus Habermas (1968a), S. 56

Extrem – passiv getrieben zu sein von den partikularen Erwerbsinteressen der IuK-Technik gewerblich nutzenden Unternehmen.

Den Inhalt des zweiten Kapitels könnte man beschreiben als Versuch der Konstitution eines Wertehorizonts. Unter Berufung auf das sinnstiftende Kulturgut der zweiten Aufklärung, insbesondere der Philosophie I. Kants, sowie der aus der sprachpragmatischen Wende ausgehenden Diskursethik sollte hier die Menschenwürde als „Autonomie des Willens gegen die Naturnotwendigkeit der wirkenden Ursachen" als überpositive, orientierungsleitfähige Wertidee ausgezeichnet werden, sowie das diskursethisch begründete, prozedural verfahrensrationale Ideal der herrschaftsfrei sich konstituierenden idealen Kommunikationsgemeinschaft als Meta-Institution zur legitimen Normenbegründung. „Automatisierung", aufgefasst als kulturgeschichtlicher Verlauf der „Objektivierung" von „Leistungsbereichen", ließe sich dann auch verstehen als sukzessive Erhebung der „Autonomie des Willens gegen die Naturnotwendigkeit der wirkenden Ursachen".

Der Blick in die Philosophische Handlungstheorie zeigte, dass hier der Begriff der „Intention", der Willenstätigkeit der „schwierige Begriff" ist; es zeigen sich hier Schwierigkeiten begreiflich zu machen, wie der Wille praktisch werden kann, wie er eine Handlung auslösen, verursachen kann. Insofern, als die dann ausgelöste Handlung als kausal verknüpft, determiniert[403], in Annäherung auch als berechenbar beschreibbar ist, wäre das denkbare Maximum objektivierbarer, automatisierbarer Leistungsbereiche das gesamte berechenbare Handlungsvermögen des Menschen. Das zweckgebundene Handlungsvermögen ist zugeordnet der Autorität des sittlich gebildeten, freien und guten Willens, diesem Zwecke zu setzen; dieses spezifisch menschliche mentale Vermögen ist der Beschreibbarkeit als determinierter Ablauf eines Calculus selbst nicht zugänglich.

Das ‚Reich der Ökonomie' ist das Reich der Zwecke, der Naturnotwendigkeit und der naturwüchsig knappen, durch Arbeit herzustellenden Güter, deren der Mensch zu einer kultivierten Lebensgestaltung bedarf. Der Mensch nimmt als wertschöpfender und als Werte verbrauchender, konsumierender Faktor am Wirtschaftsgeschehen teil, er ist Zweck des Wirtschaftsgeschehens, aber auch ‚genutztes' Mittel, Wirtschaftsobjekt und Wirtschaftssubjekt. Wie wäre ein ökonomisch nutzbares möglichst vollständig automatisiertes Wirtschaftssubjekt zu beschreiben? Es ist ein „Automat", der begründete, legitime Menschen-Zwecke in berechenbaren Schritt-Operationsfolgen realisiert. Er ist ein universales Mittel zur Realisierung legitimer menschlicher Zwecke. Die Wirtschaft als „System", das sich nach Gesetzen des Marktes ordnet und organisiert, entfaltet aber „System-Imperative", die „vernünftiges" Verhalten nicht immer ermöglichen. Der Automat kann nur dann vollen ökonomischen Nutzen entfalten, wenn die syste-

---
[403] vgl. zu Kausalität und Willensfreiheit Max Planck: Vom Wesen der Willensfreiheit. Planck (2001)

misch-imperativische Koordination im Zugriff auf den Automaten umgangen werden kann, wenn er dem Menschen für seine Konsumwünsche direkt zur Verfügung steht. Dies war etwa die Argumentation, wie sie in Abschnitt 2.5 in Umrissen vorgestellt worden ist, und die nun im abschließenden 4. Kapitel im Detail entfaltet werden soll. Hier, an dieser Stelle geht es nur darum, einige Aspekte dieses „innertechnischen Verlaufs" mit dem Gipfelpunkt einer „Stufe der möglichst vollständigen Automatisierung" zu verdeutlichen. Der „innertechnische Verlauf" hatte sich bisher dargestellt, als führe er zum „Angebot" eines zunehmend alle „objektivierbaren Leistungen" implementierenden Automaten, der seinerseits keine Intentionalität besitzt, sondern sich idealerweise im verfügenden Zugriff einer universalen Vernunft befindet.

Im dritten Kapitel ist dieser Automat aus der Perspektive der Theoretischen Informatik betrachtet worden. Hier zeigt ein Blick in die Funktionsweise der Universalen Turing-Maschine, dass ihr in der Tat keine Intentionalität „innewohnt" oder zu eigen ist: was als der intendierte Output der Berechnung einer Universalen Turing-Maschine betrachtet wird, hängt von der interpretierenden „Umgebung" ab. Der Operationsradius der UTM umfasst aber alle Probleme, für deren Lösung effektive Verfahren angegeben werden können.
Das spezielle Halteproblem besagt, dass die Maschine „sich nicht selbst entscheiden" kann. Ein Blick in die Ökonomie zeigt, dass die Maschine weder Werte schöpfen noch Werte konsumieren kann: sie kann nicht der die Wirtschaftstätigkeit begründende letzte Selbst-Zweck sein. Das ist dem mit schöpferisch-spontanem, freiem und gutem Willen begabten Menschen vorbehalten. Die Maschine kann dem Menschen aber dienlich sein, seinen autonomen Willen „gegen die Naturnotwendigkeit der wirkenden Ursachen" zur Geltung zu bringen. Sie kann dem Menschen helfen, die naturwüchsig knappe Effizienz seiner ebenso begrenzten körperlichen und geistigen Arbeitskraft zu erweitern und zu verbessern.

„Als wesentliches Movens des historischen Wandels", so *N. Reuter* als Resümee einer vergleichenden Untersuchung ökonomischer „Stufen- oder Stadientheorien", „wird in diesen Theorien vor allem der Fortschritt der Arbeitsproduktivität genannt, eine allgemein wirkende Kraft, der eine gesellschaftstransformierende Kraft ersten Ranges zukommt."[404].
Es ist naheliegend, den „innertechnischen" Entwicklungsverlauf der „Objektivierung" menschlicher Leistungen in der Maschine zu dem hier beschriebenen historischen Wandel, der von dem „Movens" des Fortschritts der Arbeitsproduktivität vorangetrieben wird, ins Verhältnis zu setzen.

---

[404] Reuter (2000), S. 238

Die Schwierigkeiten, die eine in dieser Arbeit nun folgende genauere Betrachtung der ökonomischen Bedingungen der Automaten-Nutzung zu bewältigen hat, deuten sich an in dem folgenden, sich dem oben zitierten Satz N. Reuters anschließenden Satz: „Einigkeit besteht auch darin, dass dieser Produktivitätsfortschritt grundsätzlich wünschenswert ist, da die bewirkte gesamtwirtschaftliche Realeinkommenssteigerung eine wachsende Befriedigung von ökonomischen Bedarfen ermöglicht." Wäre aber denn eine „gesamtwirtschaftliche Realeinkommenssteigerung" zur Ermöglichung der Befriedigung wachsender ökonomischer Bedarfe eine „letzte", den durch Maschinennutzung ermöglichten Produktivitätsfortschritt rechtfertigende Wertidee? Offensichtlich nur dann, wenn grenzenloses Wirtschaftswachstum ad infinitum als wohlstandsidentische, dieses rechtfertigende Leitidee akzeptiert würde: letztlich schrankenloser Konsum um des Konsums selber willen, und nicht mehr um des Nutzens willen, den ein Konsumgut stiften kann.[405]

Einmal abgesehen von den im folgenden zu diskutierenden endogen und exogenen Grenzen des wirtschaftlichen Wachstums, die wirtschaftswissenschaftlich offenbar zu beobachten sind, würde ein solcher Konsum um des Konsums willen auch der Idee der Menschenwürde widersprechen, weil der Mensch unter derartigen Lebensumständen auch nicht autonomes „gesetzgebendes Glied im Reich der Zwecke" wäre, sondern diesen blinden Naturnotwendigkeiten ebenso willenlos unterworfen wie die Menschen schon in allen vorkulturellen Zuständen gröbsten Mangels und bitterster Not.

Ökonomische Theorien bzw. Theoretiker, die – mit sehr unterschiedlichen Begründungen – überhaupt historische Wachstumsgrenzen angenommen haben und zusammen mit weiter wachsendem Produktivitätsfortschritt ein resultierendes Überangebot an Arbeitskraft, haben sich entweder für Arbeitszeitverkürzungen ausgesprochen, oder, wie etwa *A. Schumpeter*, sich nicht sehr detailliert und nur kursorisch geäußert; Schumpeter sprach sich, wie dargestellt, für einen „automatisiert" geplanten, nicht weiter erläuterten „Sozialismus" aus. *J. Fourastié* hoffte auf die „Tertiäre Zivilisation", die unerschöpfliche, weil nicht rationalisierbare Beschäftigung im tertiären Dienstleistungssektor anbieten sollte.
Der sozusagen technik-orientierte Vorschlag *P. Mertens'* der „sinnhaften Vollautomation des Unternehmens" verstand sich explizit nicht als volkswirtschaftliche Perspektive; aus volkswirtschaftlicher Sicht wäre so auch lediglich die Problem-Seite fortschreitender produktivitätswirksamer Automation beschrieben.

Der Vorschlag der vorliegenden Arbeit setzt dagegen darauf, dass Automation bzw. IuKT-Nutzung ja nicht nur mit *produktivitätssteigernder* Zielsetzung zur Anwendung kommt, sondern ebenso sehr mit *flexibilitätssteigernder* Zielsetzung

---

[405] Reuter argumentiert bedürfnistheoretisch, dass dies gleichbedeutend wäre mit einem „besinnungslosen Konsumrausch", der nur „kranken Persönlichkeiten im Sinne Maslows" zuzutrauen wäre. Reuter (2000), S. 414

bzw. Wirkung. Ein „innertechnischer" Entwicklungsverlauf, der als nicht überbietbaren Kulminationspunkt nicht nur möglichst vollständige Automation, sondern auch möglichst vollständige *Flexibilisierung* der Produktion annimmt, kommt aber zu ganz anderen und neuen Perspektiven der volkswirtschaftlichen Organisation des Zugriffs auf solche Produktionskapazitäten: Güter müssten nicht mehr über den anonymen Markt allokiert werden, auf welchem ein Konsument als nutzenmaximierender, das Güterangebot vergleichend betrachtender Nachfrager auftritt, um sich maximale Nutzenstiftung zu ermöglichen, sondern der Nachfrager könnte seinen Produktwunsch direkt dem Produktionssystem „bekannt" machen, um es seinen Wünschen entsprechend herstellen zu lassen, und dies maximal automatisiert und daher zu minimalen Kosten, mit minimalem menschlichem Arbeitsaufwand. Dadurch wäre es Konsumenten in zunehmendem Maße möglich, nicht mehr ein einzelnes Produkt zu kaufen, sondern Quanten von Produktionskapazitäten, bis hin zum vollständigen Erwerb vollautomatisierter Produktionssysteme durch Konsumenten oder Gruppierungen von Konsumenten, zum Zwecke der eigenen Bedarfsdeckung zu minimalen Kosten. Diese wären dann, als Eigner von Produktionssystemen, Produzenten, und auch die Verbraucher dieser Produktion: *„ProSumenten"*. Auf diese Weise eröffnen sich volkswirtschaftlich völlig neue evolutionäre Perspektiven.

„Kundenindividuelle Massenproduktion" oder „Mass Customization" sind die Leitbegriffe[406], unter denen ein so angedeuteter „innertechnischer" Entwicklungsverlauf durch marktvermittelte Mechanismen in der Gegenwart vorangetrieben wird.

Es soll in den folgenden Abschnitten darum gehen, Wirtschaftssysteme, -ordnungen, -stadien zu beschreiben mit dem Ziel, einen Hinweis dafür zu gewinnen, unter welchem Gesichtspunkt eine Entwicklung solcher Systeme oder Ordnungen als Höher-Entwicklung zu beschreiben wäre, also als auch wünschenswerte Entwicklung.
Ebenfalls soll beschrieben werden, was als „Reife-Stadium" einer Wirtschaft zu verstehen ist, bzw. wie dies aus der Perspektive verschiedener Wirtschaftstheorien verstanden worden ist.

---

[406] Sie werden jedenfalls von F. Piller als Leitbegriffe vertreten, der mit einer vielbeachteten Arbeit zu dem Thema hervorgetreten ist. Piller (2000).

Ein an der TU München angelaufener Sonderforschungsbereich hat das Ziel der Erforschung von „Methoden, Werkzeugen und Verfahren, um kundenindividuelle Produkte entwickeln und marktnah produzieren zu können – zu Bedingungen einer vergleichbaren Serienproduktion. Weltweit verteilte ‚Mini-Fabriken' sollen diese individualisierten Produkte für jeden einzelnen Kunden konfigurieren, anpassen und herstellen. Der Kunde kann dabei in großem Umfang gestalterischen Einfluß auf das Produkt (..) nehmen." Aus: MASS CUSTOMIZATION NEWS, 5. Jg., 2002, Nr. 1 März 2002, S. 3/4.

Die „HANNOVER MESSE 2002 Factory Automation" stellt sich unter das Motto „kleiner, schlauer, schneller" und verkündet unter dem Titel „Die ‚Fabrik im Westentaschenformat'" den Trend: „Automatisierungstechnik setzt auf Flexibilität und Kostensenkung." Quelle: WWW.HANNOVERMESSE.DE

Anschließend wird die gegenwärtige Entwicklung auf dem Gebiet der Produktionstechnik zu behandeln sein, mit dem Ziel, die sich hier gegenwärtig abzeichnenden Entwicklungen in den in dieser Arbeit aufgespannten Wertehorizont einzuordnen.

4.1 Zur Entwicklungslogik wirtschaftlicher „Ordnungen" oder „Systeme"

In der Begrifflichkeit und Auffassungsweise der Allgemeinen Systemtheorie wäre, pointiert formuliert, im folgenden etwa mit der autopoietischen Erzeugung von Texten aus Texten zu rechnen, in denen poietische Beobachtungen eines Beobachters zu beobachten sind des Inhalts, dass die Wirtschaft aus Zahlungen besteht, die Zahlungen erzeugen, und z. B. Knappheit eine „Form entfalteter Selbstreferenz" ist, die „sich als selbstreferentielles Arrangement nur mit Hilfe einer Unterscheidung konstituieren"[407] kann.

In der Systemtheorie ist explizite Ethik als sprachlich vermittelte Konstitution von Wertideen und Sollensbegriffen, von Normativität nicht möglich. In systemtheoretischer Interpretation „handeln" Systemelemente wie „Zahlungen" oder „selbstreferentielle Arrangements", und nicht zur Autonomie berufene Menschen, die sich intentional über Sprache verständigen.

Es wird der systemtheoretischen Betrachtungsweise, etwa in einer ‚forschungsstrategischen' Bewertung durch Ritter[408], zugute gehalten, dass „eine systemtheoretische Betrachtungsweise die Begrenzung der Anzahl von Variablen" erlaube und dadurch insgesamt ermögliche, „historisch deskriptive Komplexitäten zu reduzieren und theoretischer Anarchie vorzubeugen"[409].
Es gibt aber auch eine ‚negative Seite': „Auf der negativen Seite wird als Preis für den hohen Abstraktionsgrad der Systemtheorie die Ausblendung von Machtverhältnissen, Klassenstrukturen, Institutionen, Zeitabläufen, Zeitpunkten und Sequenzen einzelner Transformationsschritte bezeichnet. Deshalb eignen sie sich eher für ex-post Analysen als für Prognosen."[410] (S. 144)

Vor dem Hintergrund der vorliegenden Fragestellung ist insbesondere zur Geltung zu bringen, dass sich keine normativen Gesichtspunkte und Kriterien gewinnen lassen, also keine Kriterien für eine sprachlich begründete bzw. begründbare Entwicklungsperspektive des Systems, das systemtheoretisch ja nichts anderes ‚wollen' kann als Stabilität. Die „systemtheoretische Betrachtungsweise" wird hier also nicht zur Anwendung kommen.

---

[407] Luhmann (1988), S. 178.

[408] Ritter (1999)

[409] Ritter zitiert *Sandschneider, E.*, Systemtheoretische Perspektiven politikwissenschaftlicher Transformationsforschung, in: *Merkel, W.* (Hrsg.), Systemwechsel, Opladen 1996, S. 41

[410] Hier zitiert Ritter *Merkel, W.*, Struktur oder Akteur, System oder Handlung: Gibt es einen Königsweg in der sozialwissenschaftlichen Transformationsforschung?, in: *Merkel, W.* (Hrsg.), Systemwechsel, Opladen 1996

4.1.1 Wirtschaftssysteme als Gegenstand der Erkenntnis

Es wird zunächst darum gehen, einen knappen Überblick zu geben über Begriff und Vorstellung des Wirtschaftssystems im Wandel der Zeit, der sich wandelnden Weltinterpretationen etc.; dieser Überblick wird sich zunächst anlehnen an eine von *Ritter*[411] vorgelegte Behandlung der „Frage nach dem Wirtschaftssystem".

Nach Ritter ist der „heute weltweit übliche(n), allerdings manch falsche Assoziation an die Systemtheorie hervorrufende(n) Begriff ‚Wirtschaftssystem'" von *W. Sombart* „verdienstvoller Weise" zu einem „Zentralbegriff der Ökonomie" gemacht worden (S. 126). Damit sei aber noch keine Klarheit über den Gegenstand dieser Wissenschaft hergestellt worden; es sei im Anschluss ein Streit unter den Ökonomen als „Vertretern einer bestimmten Schule" um die Definition des Wirtschaftssystems ausgebrochen.

Ritter gibt im Anschluss einen Überblick über die unterschiedlichen Ansätze zur Definition des Wirtschaftssystems „aus der Zeit von 1850[412] bis 1930".

Er beginnt mit der „Forschungsfragestellung für Quesnay" (1694-1774): „Wie entsteht das Nationalprodukt, und in welcher Weise tragen die drei gesellschaftlichen Klassen zur Entstehung des gesellschaftlichen Mehrwerts bei?" (S. 126); Quesnay beschreibe „das statische Bild eines Wirtschaftssystems, dem eine natürliche Ordnung (..) zugrunde liegt.

Er kommt dann zur Vorstellung des Wirtschaftssystems bei Karl Marx, mit seiner bekannten Unterteilung in „Reale Basis" und „Überbau" und dessen Verständnis der Produktionsverhältnisse als bestimmend für die „ökonomische Struktur des Gesellschaft", sowie der geschichtsphilosophischen Auffassung des historischen Materialismus als evolutorische Perspektive der Entwicklung von Wirtschaftssystemen.

„Parallel zu Marx entstehen die Arbeiten der Historischen Schule zur Frage der Wirtschaftssysteme" (S. 128); diese suchten „nach allgemeinen Gesetzen der wirtschaftlichen Entwicklung" „als historische Entfaltung des wirtschaftlichen Fortschritts". Ritter gibt folgende Übersicht über die „Wirtschaftssystemkonzepte der Stufentheorien":

---

[411] Ritter (1999)

[412] Ritter gibt tatsächlich einen Überblick beginnend eher ab 1750; es dürfte sich also bei der Jahreszahl 1850 um einen Druck- oder Schreibfehler handeln.

Autor	Stufen	Erkenntnisziel
Gustav Schmoller	Agrarische Eigenwirtschaft; Wirtschaft der - Territorien - Nationalstaaten - Weltstaaten	Auffindung empirischer Regelmäßigkeiten ohne Formulierung von Gesetzmäßigkeiten
Friedrich List	Jäger und Hirtenstand Agrikulturstand Agrikultur- und Manufakturstand Agrikultur-, Manufaktur- und Handelsstand	Begründung eines wirtschaftspolitischen Zielsystems
Bruno Hildebrand	Naturalwirtschaft Geldwirtschaft Kreditwirtschaft	Entwicklungsgesetz des Aufstiegs zu höheren Organisationsformen
Karl Bücher	Geschlossene Hauswirtschaft Stadtwirtschaft Volkswirtschaft	Entwicklung nationaler Volkswirtschaften (Territorialstaaten)

Abb. 9: "Wirtschaftssystemkonzepte der Stufentheorien" (aus: Ritter, a. a. O., S. 129)

4.1.2 Vergleich der Wirtschaftssysteme

Neben diese Fragestellungen trat die systemvergleichende: „Welches System ist besser und warum?" (S. 131), die natürlich erst nach dem Auftreten eines „neuen ökonomischen Systems in der Sowjetunion" sinnvoll gestellt werden konnte; „der Systemvergleich findet [seit etwa den 30er Jahren] anhand der großen -ismen, Kapitalismus, Sozialismus etc. statt" (S. 132), wozu Ritter bemerkt, diesem Ansatz hafte „der Makel an, dass die -ismen entweder nicht oder nur anhand eines oder zweier Charakteristika - z. B. Sozialismus anhand des Begriffs ‚Eigentum' - definiert werden." (S. 132) „Ein bipolares Ordnungsdenken beherrschte die Diskussion, bei der es immer wieder um die Frage ‚Plan- versus Marktgesellschaft' ging." (S. 133)

4.1.3 Theorie der Wirtschaftssysteme

Es entstanden sodann mehrere Ansätze zu einer Theorie der Wirtschaftssysteme. Ritter führt diese Entstehung auf drei Wurzeln zurück: (erstens) auf *Marx* und die *Historische Schule*, (zweitens) auf die Sozialismusdebatte der zwanziger Jahre und (drittens) auf *Eucken* und die *ordoliberale Schule*. (S. 133)

In der Sozialismusdebatte „ging es um die zunächst noch rein theoretisch diskutierte Frage nach der Möglichkeit der Verbindung zentraler Planung mit einer optimalen Allokation knapper Ressourcen." „Optimale Allokation" war definierbar im Rahmen des Konzepts des „Pareto-Optimums", „das mit ökonomischen Argumenten in der Sprache der Grenznutzentheorie die Rolle der Knappheit in der Untersuchung ökonomischer ‚Gerechtigkeit' herausstellte". (S. 133)

In einem 1920 erschienen Artikel ist von *L.v. Mises*[413] die These vertreten worden, die „Theorie der Wirtschaftsrechnung" zeige, „dass im sozialistischen Gemeinwesen Wirtschaftsrechnung nicht möglich ist" (*v. Mises*, a. a. O., S. 119, aus *Ritter*, a.a.O., S. 134); in der sich hieran anschließenden Diskussion sei es zur „Formulierung des sogenannten ‚Unmöglichkeitstheorems' (effiziente, rationale Wirtschaftsrechnung ist im Plansozialismus nicht möglich) bzw. der These von der Unvereinbarkeit von Markt und Plan" (S. 134) gekommen.

W. Eucken[414] kommt in Anwendung eines Verfahrens der „isolierenden Abstraktion" zur Wahl der „Planungsfrage" als Hauptkriterium zur Unterscheidung möglicher Wirtschaftsordnungen; „reale Wirtschaftsordnungen lassen sich [dann] auf einem Kontinuum zwischen zentraler Planung mit öffentlichem Eigentum an den Produktionsmitteln und durch Privateigentum gekennzeichneter freier Marktwirtschaft einordnen". (S. 135)

Als Ergebnis der Diskussion der Begriffe „Wirtschaftssystem", „Wirtschaftsordnung" und „Wirtschaftsverfassung" haben diese nach Ritter „in einem heute gängigen Verständnis" die folgenden Bedeutungen erhalten:

„Wirtschaftssystem: Wirtschaftssysteme sind die konkreten und damit historischen Ausprägungen von Typen staatlicher Wirtschaftsgestaltung in einzelnen Volkswirtschaften.

Wirtschaftsordnung: Gesamtheit der der (staatlichen) Gestaltung unterliegenden Normen und Institutionen, die den Rahmen alles wirtschaftlichen Handelns darstellen und die Organisation, also die Ordnung einer Wirtschaft bestimmen.

Wirtschaftsverfassung: Rechtliche Ausgestaltung der Wirtschaftsordnung durch die Verfassung, Gesetze und Verordnungen." (S. 136)

---

[413] Ritter gibt die folgende Quelle an: *Mises, Ludwig v.*, Die Wirtschaftsrechnung im sozialistischen Gemeinwesen, in: Archiv für Sozialwissenschaft und Sozialpolitik, Bd. 47 (1920), S. 86-121

[414] Ritter gibt als Quelle an: *Eucken, Walter*: Grundsätze der Wirtschaftspolitik, Hamburg 1959

4.1.4 Evolution von Wirtschaftssystemen

Ritter schließt eine ausführliche Reflexion der Erfahrungen an, die mit der nach dem Zusammenbruch der realsozialistischen Systeme notwendig gewordenen System-Transformation gemacht werden konnten bzw. mussten. Gestützt auf eine heute wohl weit verbreitete Auffassung wird man diese interpretieren dürfen als Erfahrungen mit der historischen ‚Reparatur-Transformation' „Plan -> Markt", als geschichtlich notwendig gewordene Folge der historischen ‚Fehl-Transformation' „Markt -> Plan". Diese Erfahrungen liefern aber keine Hinweise auf Lösungsperspektiven für die Art von „Funktionsproblemen" des Wirtschaftssystems, die sich eben hier und heute zeigen, nach Verlauf einer weitgehend ungestörten Entwicklungsgeschichte des ‚überlegenen' Marktsystems, weshalb sie hier nicht betrachtet werden sollen.

Die definitorische Aussage *P. A. Samuelsons*, „es sei die Aufgabe jeder Wirtschaftsordnung festzulegen, was in welchen Mengen wie und für wen produziert werden solle"[415] (S. 145), interpretiert Ritter dahingehend, dass „das Wirtschaftssystem (lässt) sich auch als Problemlösungssystem betrachten" lasse. Er schließt dem aber nicht die Frage an, ob damit nicht etwa ein „Qualitätskriterium" für Wirtschaftssysteme gegeben sein könnte – nämlich der Grad ihrer Fähigkeit, dieses Problem der Güterallokation zu lösen –, anhand dessen sich eine Evolutionsrichtung dann auch normativ beschreiben lasse, sondern führt seine Argumentation über die Beobachtung, dass Problemlösungen Versuche, Erwartungen und „Vermutungen bzw. Hypothesen" vorausgehen, zu der wissenschaftstheoretisch gemünzten Schlussfolgerung, dass „in einem evolutionären Prozess (werden) die bewährten Hypothesen selegiert" werden, „während die falsifizierten untergehen", und dass ebendies auch für „konkrete Wirtschaftsordnungen" gelte, da sie auch als „Hypothesen" verstanden werden könnten, die sich in einem evolutionären Prozess zu bewähren hätten.

Darin erschöpfen sich nun offenbar auch die hier von Ritter in Erwägung gezogenen wissenschaftlichen Möglichkeiten, diesem Erkenntnisgegenstand „Evolution von Wirtschaftssystemen" weitere „Geheimnisse" zu entlocken, also etwa eine Entwicklungslogik, eine „evolutionssystemische Perspektive", oder gar Entwicklungsgesetze in der Entwicklung von Wirtschaftssystemen zu entziffern. Nach „dieser auf Popper zurückgehenden Sichtweise" (S. 145) ist ein evolutionärer Prozess nur denkbar als „Selektion" bewährter bzw. als Scheitern „falsifizierter" Wirtschaftsordnungen. Der Schlussfolgerung Ritters, dass das ‚sozialistische Experiment' früher und daher weniger verlustreich beendet worden wäre, wenn ihm gestattet worden wäre, „im ökonomischen Prozess [zu] scheitern", ist sicher zuzustimmen; eine Beschränkung auf diese ‚poppersche Sichtweise' würde aber auch die Konsequenz haben, auf die prinzipielle Möglichkeit einer *Er-*

---
[415] Ritter gibt an: *Samuelson, Paul A.*, Volkswirtschaftslehre, Bd. 1, Köln 1974, S. 35 f.

klärung eines solchen Scheiterns – ex post – ebenso wie auf die Möglichkeit einer Prognose des zu erwartenden Systemverhaltens ex ante zu verzichten, bzw. sie als anzunehmende wissenschaftliche Möglichkeit oder Zielsetzung zu bestreiten. Eine Konsequenz wäre also auch die Schlussfolgerung, dass keine Möglichkeit bestanden hätte, eine Wahrscheinlichkeit für einen erfolglosen Verlauf des ‚sozialistischen Experiments' zu erkennen und zu prognostizieren. Insofern wäre also auch der Beginn dieses Experiments mit der initialen Revolution der staatlich-konstitutionellen Verhältnisse nicht vorwerfbar gewesen, jedenfalls nicht bis zu einem Punkt des irgendwann – ex post – erkennbar werdenden Scheiterns. Mit der Auffassung eines dann derart risikoreichen „trial-and-error" in der geschichtlichen Entwicklung der Wirtschaftsverfassungen scheint Ritter aber hinter dem Stand der wirtschaftswissenschaftlichen Diskussion zurückzubleiben.

Es waren oben in Abschnitt 2.6 schon mit Bezug auf eine Arbeit N. Reuters[416] die Differenzen „subjektiver" und „objektiver" Werttheorien diskutiert worden. Reuter schildert hier einen Verlauf der Entwicklung in den Wirtschaftswissenschaften, in denen „die Sinnfrage (..) zugunsten einer positivistischen Betrachtung wirtschaftlicher Ergebnisse sukzessive aus dem Fokus der Ökonomik verdrängt worden ist."[417] „Die Ökonomik wurde zu einer Wissenschaft der ‚effizientesten' Faktorallokation, also der ‚optimalen' Kombination von Arbeit, Kapital und Boden. Fortan ging es um die ‚Lösung einer Maximumaufgabe', wie Andreas Voigt bereits 1891 die Aufgabe der Ökonomik eingegrenzt hat: ‚(...) die ganze Ökonomie ist im Grunde ein solches Maximumproblem, nämlich die Aufgabe, mit den vorhandenen Kräften und Mitteln ein Maximum von Gütern zu schaffen, die größte Gesamtsumme der Befriedigung zu erzeugen, oder mit möglichst wenig Arbeitskraft und Zeit möglichst viel zu produzieren.'"[418]

An diesem Kriterium gemessen wäre also diejenige Wirtschaftsordnung die ‚bessere' oder entwickeltere, die diese ‚Maximumaufgabe' mit dem größeren Erfolg löst. In der Tat hat ja der ‚Systemvergleich' zwischen „Sozialismus" und „Kapitalismus" sich dieses Kriteriums bedient. Wäre aber, um die obige Fragestellung nach der Erkennbarkeit innerer Entwicklungsstrukturen o.ä. von Wirtschaftssystemen wieder aufzunehmen, erkennbar gewesen, dass Planwirtschaftssysteme in diesem Sinne weniger erfolgreich sein würden, oder ist erklärbar, weshalb sie es waren?
H. Herberg[419] führt die Funktionsmängel zentral geplanter Allokationsentscheidungen auf ein „Informationsproblem" zurück, das notwendig in der komplexen

---

[416] Reuter (1999a)

[417] Reuter (1999a), S. 78

[418] Reuter zitiert: Voigt, A. (1891): Der Begriff der Dringlichkeit, in: Zeitschrift für die gesamte Staatswissenschaft, 47. Jg., Nr. 2, S. 372-377. Reuter (1999a), S. 79

[419] Herberg (1985), S. 11-13; wie bereits angegeben

Wirtschaft moderner Industrieländer auftreten müsse. Als Funktionskriterium nennt er, wie hier kurz zu wiederholen ist, die Fähigkeit einer Wirtschaftsordnung, pareto-optimale Situationen zu erzeugen (in dem Sinne ist er also auch ein Vertreter einer „Wissenschaft der effizientesten Faktorallokation"). Für den Fall einer größeren Gruppe von Menschen, die etwa „Angehörige eines primitiven Stammes" sind, ist es für Herberg prinzipiell denkbar, „dass sämtliche wirtschaftlichen Entscheidungen von einer Person oder einer Institution getroffen werden". Besäße diese Person oder Institution hinreichende Informationen über „Fähigkeiten und Kenntnisse sowie die Bedürfnisse aller Gruppenmitglieder, die zu Beginn der Planungsperiode vorhandenen Vorräte an Gütern und Produktionsfaktoren, die Art und Weise, wie Güter und produzierbare Faktoren hergestellt werden können und welche Faktoren und Faktormengen dabei jeweils benötigt werden", so wäre denkbar, dass diese Person oder Institution „sich nach dem wirtschaftlichen Prinzip richtet" und es wäre „annäherungsweise eine effiziente Faktorallokation und eine optimale Güterallokation erreicht." (S. 13) Da aber alle notwendigen Informationen zur Erreichung pareto-optimaler Situationen in großen Industriegesellschaften unmöglich an einer zentralen Stelle vorhanden sein können, muss diese Steuerungsfunktion durch die Koordinationsfunktion des freien Marktes und die Steuerungsinformationen frei gebildeter Marktpreise ersetzt werden.

Folgt man dieser Argumentation, dann ist das Unterliegen des „Sozialismus" in diesem „Wettbewerb der Systeme" dadurch zu erklären, dass hier die Steuerungskapazität des Marktes und der Marktpreise auf dem Wege politischer Einflussnahme behindert wurde. Das von Ritter erwähnte „Unmöglichkeitstheorem" unterstützt ja diese Annahme mit der These, dass in Planwirtschaften keine effiziente, rationale Wirtschaftsrechnung möglich ist. Insofern scheint die Annahme doch naheliegend zu sein, dass dieses „Scheitern" auch als erklärbar angesehen werden kann, wie hier abschließend zu dieser – hier aber nur nachrangig verfolgten – Fragestellung festgestellt werden soll.

Es scheinen sich aber nun Problemlagen anzudeuten, die nicht aus einer etwaigen Behinderung der Marktkoordination herrühren, sondern daraus, dass diese die wirtschaftliche Entwicklung zu einem möglicherweise nicht mehr überbietbaren *Erfolg*, dem Erreichen eines „Maximums" geführt hat, zu einem Stadium, in welchem sich nun Sättigung einstellt. Es stellen sich dann in dem Sinne völlig neue Anforderungen an eine Systemsteuerung.

Ethisch ist – nochmals – zu argumentieren, dass ein „imperativisch" wirkendes, sich selbst steuerndes System schon *an sich*, wegen des Umstandes, dass sprachlich-diskursiv begründbare Steuerungsimpulse nicht zur Wirkung gebracht werden können, kritikwürdig ist. Dem entspricht etwa die Aussage, „dass eine Rückgewinnung des in der Vergangenheit mehr und mehr abhanden gekommenen Primats der demokratischen Gesellschaft über die Wirtschaft"[420] wünschenswert ist.

Diese Zusammenhänge waren im Abschnitt 2.6 bereits problematisiert worden. Die hier vorgestellte Auffassung war die, dass eine marktlich verfasste „freie" Wirtschaft eine solche „Maximumaufgabe" erfolgreich löst, dass eine prinzipielle ethische Kritikwürdigkeit gegeben ist, die aber nicht vollumfänglich eingelöst werden kann, und dass in der Gegenwart möglicherweise gerade der „Erfolg" der marktlich verfassten Wirtschaft diese nun an „innere", endogene Grenzen führt, die als „Reifeproblem", als Sättigungsproblem beschrieben werden können – neben der hier zusätzlich zu betrachtenden ökologischen Problematik. Das Reifeproblem soll im nächsten Abschnitt detaillierter betrachtet werden.

In Abschnitt 2.2 war Gegenstand der Betrachtung die Entwicklungslogik des moralischen Bewusstseins im Sinne Kohlbergs und Piagets sowie der Hinweis K. O. Apels auf einen „seit längerem unternommenen Versuch", eine dieser Entwicklungslogik entsprechende Fortschrittsstruktur auch der Kulturgeschichte nachzuweisen.

J. Habermas hat den Stufen des moralischen Bewusstsein entsprechende „Ideen des guten Lebens" zugeordnet; als der höchsten Bewusstseinsstufe im Sinne Kohlbergs entsprechende nennt Habermas die Idee „moralischer und politischer Freiheit".

Ein – vor dem Hintergrund eines solchermaßen beschaffenen und konstituierten Wertbewusstseins entwickeltes – normatives Kriterium für eine Evolutionsrichtung von Wirtschaftssystemen oder –ordnungen wäre eine Steuerungsfähigkeit oder Operationalität dieser Ordnung, die einerseits die Erreichung der „üblichen" Wirtschaftsziele etwa der privaten, individuellen, subjektiven Nutzenstiftung optimal ermöglicht, die Beachtung und Umsetzung ökologisch sich stellender Forderungen ermöglicht, aber auch maximale „moralische und politische Freiheit" gewährleistet, diese also nicht oder nicht so behindert, wie dies für das – systemische „Imperativität" entfaltende – Marktsystem zu beobachten ist.

In Anlehnung an die oben vorgestellte Beschreibung der „Aufgabe" der Wirtschaft von Samuelson könnte man formulieren:

Eine Wirtschaftsordnung sollte bemessen werden können an dem „Qualitätskriterium", dass sie ermöglicht festzulegen, was in welchen Mengen wie, wann und für wen produziert wird, unter der Bedingung maximaler Nutzenstiftung für den Produktempfänger, und unter der Bedingung möglichst verlust- und verschwendungsarmer (also ressourcenökonomischer) Produktion, unter der Bedingung einer maximalen Steuerbarkeit. Das Effizienzniveau marktlicher Koordination sollte also nicht unterschritten werden, es sollte zusätzlich „Stagnationsstabili-

---
[420] Reuter (1999a), S. 98

tät" gegeben sein, und es sollte die Bedingung der Gewährleistung eines Maximums an „moralischer und politischer Freiheit "[421] *erfüllt sein.*

Es soll nun ausführlicher, mit eingehender Betrachtung einzelner ökonomischer Theorien, die Fragestellung verfolgt werden, wie unter Berücksichtigung dieser Anforderungen an die Steuerungskapazitäten des „Systems" eine Evolution als Höherentwicklung zu beschreiben wäre, und ob sich für die Diskriminationskraft eines solchen Kriteriums Anhaltspunkte finden lassen.

Als Kriterium zur Unterscheidung „der verschiedenen wirtschaftsgeschichtlichen Systematisierungsansätze" wählt Reuter „die Antwort auf die Frage, ob die theoretischen Ansätze von einem Denken in geschichtlicher *Entwicklung* oder einem Denken in *Ordnungen* geprägt sind."[422] Im oben vorgestellten „systemvergleichenden", programmatisch dem Namen W. Euckens zuzuordnenden Ansatz steht oder stand nun zwar „das systematisierende Nebeneinander im Vordergrund", das zweite der Vergleichsobjekte (das planwirtschaftliche) verdankt sich geschichtlich jedoch wiederum einem eine geschichtliche Entwicklungslogik postulierenden Ansatz; eine Bemerkung, die den Schluss nahe legt, das die Identifikation idealtypisch beschreibbarer Ordnungen als Erkenntnisobjekt ja auch gleichzeitig *neben* der Identifikation von „Entwicklungsgesetzlichkeiten" im Wirtschaftsgeschehen als Erkenntnisgegenstand bestehen kann.

Reuter wählt jedenfalls zur näheren Betrachtung solche Theorien aus, die „mehr oder weniger explizit die Erörterung von Entwicklungs'gesetzlichkeiten' zum Gegenstand haben". (a.a.O., S. 101) Dieser Auswahl wird hier gefolgt.

4.1.4.1 Lange-Wellen-Theorien

Die Fragestellung der „Lange-Wellen-Theorien" (Reuter diskutiert die Theorien nach Kondratieff, Schumpeter, G. Mensch, E. Mandel u. a.) konzentriert sich i. w. auf die Identifikation möglicher endogener Gründe für einen langfristig beobachtbaren zyklischen Verlauf der wirtschaftlichen Entwicklung. Besonderes Interesse gilt etwa der Frage der Erklärung der unteren oder oberen Wendepunkte der Verlaufskurven, oder der, ob ein neuerliches Ansteigen des Verlaufs als Folge endogen wirkender Wachstumskräfte, oder als Folge technischen Fortschritts zu verstehen ist.

---

[421] Der ästhetisch hergeleitete Begriff einer wünschbaren „schönen" Ordnung bei Friedrich von Schiller war schon vorgestellt worden: der ästhetischen Anschauung bietet sich das Bild einer Ordnung als Verhältnis von freien Menschen zu freien Menschen, ohne Subordination, in der keiner „dem anderen als Mittel dient oder das Joch trägt"; eine Gesellschaft von „freien Bürgern" eine Gesellschaft von „schönen Naturwesen", von „glücklichen Bürgern", die „mir zurufen: Sei frei wie ich." Insofern, als eine Gesellschaft von ‚glücklichen Bürgern' auch auf einer ihre Probleme tadellos lösenden Ökonomie beruhte, würde man dieser mit allem Recht und Geziemen „das Prädikat ‚Glücksökonomie' verleihen können. " (vgl. Reuter 1999b, S. 98)

[422] Reuter (2000), S. 100

Die Herstellung günstiger Wachstumsbedingungen und auch eine Abschwächung oder Glättung dieser zyklischen Schwankungen werden als pragmatische Zielsetzungen angesehen.
Reuter stellt zusammenfassend fest, „dass Lange Wellen der wirtschaftlichen Entwicklung lange Zeit unter weitgehender Vernachlässigung des sozialen, gesellschaftlichen und institutionellen Kontextes diskutiert wurden. Im Verlauf der Debatte wurde aber immer deutlicher, dass technischer Fortschritt allein keine hinreichende Bedingung für immer wieder neue Wellen beschleunigter Akkumulationstätigkeit mit positiven Effekten auf das Masseneinkommen, die Beschäftigungssituation und den Wohlstand darstellt (..) Wichtig ist vor diesem Hintergrund, dass der technische Fortschritt nicht mehr als Selbstzweck, sondern als Mittel zur Erreichung gesamtgesellschaftlicher ‚Megaziele' begriffen wird."[423]

Wie hier kurz erwähnt werden soll, bezieht sich *F. Piller* in einer Weise auf „die Existenz der Kondratieff-Zyklen", die die Frage entstehen lässt, welche Aussage er eigentlich darauf stützen will: "Zwar wird die Existenz der Kondratieff-Zyklen immer wieder in Frage gestellt, da sie bisher empirisch nicht eindeutig belegt sind. Im Rahmen dieser Arbeit sollen die Zyklen jedoch als eine einfache und anschauliche Darstellungsmöglichkeit für komplexere zeitliche Zusammenhänge herangezogen werden. Die Informationsgesellschaft stellt in diesem Modell keine Überwindung der Industriegesellschaft dar, sondern wird als neue industrielle Revolution innerhalb industriegesellschaftlicher Strukturen gesehen. Diese Auffassung scheint der vorliegenden Arbeit, die ja auf industrieller Ebene konkrete Handlungsempfehlungen geben will, am besten zu entsprechen, da ihr Fokus auf die technische Entwicklung und die damit verbundenen Folgen beschränkt bleibt."[424]
Es stellt sich ein wenig der Eindruck ein, als ziehe Piller die „Zyklen" deshalb heran, weil sie ihm erklären, dass die Industriegesellschaft nach Durchlaufen der informationstechnischen neuen industriellen Revolution erhalten bleibt und nicht etwa abgelöst wird, und er diese „Auffassung" ‚benötigt', da seine Arbeit „ja auf industrieller Ebene konkrete Handlungsempfehlungen geben will."
Dagegen bezieht er sich bei der Rezeption der „Informationsgesellschaft" im Sinne A. Tofflers auf deren normativ gefasste Anlage „als Zielprojektion im Sinne einer demokratischen Informatisierung der Gesellschaft."[425]
Diese Diskussion wird weiter unten wieder aufgenommen.

---

[423] Reuter (2000), S. 97
[424] Piller (2000), S. 74
[425] Piller (2000), S. 73.

4.1.4.2 Die Deutsche Historische Schule

Reuter erklärt zum „Anspruch der Historischen Schule", er habe darin bestanden, „über die Darstellung beobachteter Regelmäßigkeiten hinaus Entwicklungsgesetzlichkeiten auf der Grundlage einer Entwicklungs*theorie* aufzuzeigen", dem sie aber nicht gerecht geworden sei: „Weder der Hinweis auf ein ‚göttliches Prinzip" noch die Betonung der menschlichen Tatkraft erlauben es, von ‚Gesetzen' der Entwicklung zu sprechen."[426] Reuter moniert, dass sich „ein eigentliches Movens, das aus einer inneren Logik heraus konkret benennbare Veränderungen mit Notwendigkeit vorantreibt," in „keiner der unterschiedlichen Stufentheorien der Historischen Schule" findet.
Diese Einschätzung Reuters entspricht offensichtlich der Aussage der oben wiedergegebenen Systematik Ritters, der als Erkenntnisziel G. Schmollers (1838-1917) die „Auffindung empirischer Regelmäßigkeiten ohne Formulierung von Gesetzmäßigkeiten" nennt (G. Schmoller ist der Historischen Schule zuzurechnen). Für Bruno Hildebrand (1812-1878) gibt Ritter als Erkenntnisziel „Entwicklungsgesetz des Aufstiegs zu höheren Organisationsformen" an; dieses Gesetz wird aber eben (auch) nicht erklärt.
„Die Frage nach ‚inneren Kräften', die diese Entwicklung in ‚Stufen' vorantreiben, wird vor allem unter Rückgriff auf die Metaphysik (Entfaltung des göttlichen Prinzips) behandelt – und bleibt damit weitgehend unbeantwortet." (a.a.O., S. 112) Als metaphysikfreier Erklärungsansatz werde lediglich das „Prinzip der Unersättlichkeit" erkennbar, der jedoch keinen krisentheoretischen Ansatz zur Erklärung oder Prognose etwaiger Fehlentwicklungen ermögliche.

4.1.4.3 Die marxistische Interpretation gesellschaftlicher Evolution

Als wissenschaftliches Anliegen *Marx'* nennt Reuter: „Marx' Hauptanliegen gilt der Aufdeckung immanenter Antriebskräfte und objektiver institutioneller Bedingungen ökonomischer Prozesse in *kapitalistischen* Wirtschaftssystemen."
Marx unterschied folgende sechs Stufen wirtschaftlicher Entwicklung – „Urgemeinschaft, antike Produktionsweise (Sklaverei), Feudalismus, Kapitalismus, Sozialismus, Kommunismus"; er unterzog aber nur den Kapitalismus sowie dessen postulierten Übergang zu den Nachfolgesystemen „einer eingehenden ökonomischen Analyse."[427]
Marx sieht, wie Reuter zusammenfasst, die „moderne bürgerliche Produktionsweise" in erster Linie ausgezeichnet „durch die dominierende Institution des

---

[426] Reuter (2000), S. 106

[427] Reuter (2000), S. 114. Als eine die marxistische Interpretation bewertende Stimme zitiert Reuter folgende Einschätzung von Hershlag: „In spite of its deficiencies, MARX's historical interpretation, which emphasizes the dynamic character of processes, ideas and institutions as well as the location of growth in the centre of his analysis, makes him more modern than many later theoreticians." *Hershlag, Z. Y.*: Theory of Stages of Economic Growth, in: Kyklos, Bd. 22, 1969, S. 661-690

Privateigentums an Produktionsmitteln und den Klassengegensatz von Bourgeoisie und Proletariat, von Kapitalisten und ‚freien' Lohnarbeitern" (a.a.O., S. 116)
Nach marxistischer Auffassung führen „inhärente Widersprüche" der kapitalistischen Produktionsweise über die „Zwischenstufe" des Sozialismus zum Kommunismus, wozu Reuter bemerkt, dass Marx diese „letzte Stufe" „nur in groben Umrissen und ex negativo gezeichnet" hat. Wesentliche Merkmale sind nach Marx das „Absterben" des Staates, die „Aufhebung" der Klassengegensätze, und „eine bewusste Planung der Produktion durch die vereinigten Produzenten, die unmittelbar die Befriedigung ‚entwickelter Bedürfnisse' zum Ziel hat." (a.a.O., S. 116)

Reuter geht im Anschluss auf die sich an der marxistischen Stufenkonzeption entzündende sozialgeschichtliche Kritik ein, die diese unter Hinweis auf zahlreiche Abweichungen vom marxistisch angenommen Geschichtsverlauf als falsifiziert erklären wollte; Reuter regt an die Stufenkonzeption mit dem „Bild" eines Bachverlaufes zu plausibilisieren, von dem das Zu-Tal-Fließen als naturgesetzliche Notwendigkeit vorhergesagt werden kann, der „konkrete Verlauf seines Bettes" jedoch nur in groben Umrissen.
Damit ist wiederum die Problematik eines etwaigen „Geschichtsdeterminismus" berührt; und damit auch, wie Reuter in einer Fußnote anspricht, das „Problem der Willensfreiheit des Menschen", das ja in dieser Arbeit bereits aus verschiedenen Blickwinkeln behandelt worden ist. Die oben angesprochene Entwicklungslogik des moralischen Bewusstseins nach Kohlberg und Piaget sowie die (vermutete) Fortschrittsstruktur der Kulturgeschichte könnte man entsprechend auch dahingehend problematisieren, ob damit nicht ein deterministisch festgelegter Entwicklungsverlauf anzunehmen sei, der dann leicht durch die Beobachtung zu widerlegen wäre (für die Entwicklung des moralischen Bewusstseins), dass dieser ja keineswegs bei *allen* Menschen zu beobachten ist.
Eine Antwort ist vielleicht darin zu sehen, dass *logisch* eine Höherentwicklung des moralischen Bewusstseins *nur so* zu beschreiben bzw. zu verstehen wäre – *wenn* ein „Bewusstsein" sich höher entwickeln *will*, kann es nur *diesen* Weg beschreiten. „Es" muss aber den entsprechenden Erkenntnis- und Reifeprozess durchschreiten und den Willen dazu aufbringen.
Etwa in diesem Sinne beschreibt Kant ja den Kategorischen Imperativ gewissermaßen als die einzig mögliche oder denkbare Weise der Selbststeuerung, die einem Menschen offen steht, der sich und alle anderen Menschen als frei denken *will*.
Und so entwickelt – als dieses Intermezzo zur Willensfreiheit abschließender Gedanke – auch „das Argument" diesen von Habermas so genannten eigentümlichen „zwanglosen Zwang", dem ein Hörer sich ja nicht willenlos unterwirft, und das auch nicht etwa deterministisch-automatische Prozesse in seinem „Er-

kenntnisapparat" „auslöst": ein Hörer muss einem Argument eben auch folgen *können und wollen,* um es sich zwanglos zu eigen zu machen.

Daraus ergäbe sich oder daraus wäre erklärbar dann eine mehr oder minder große *Wahrscheinlichkeit* für einen empirisch beobachtbaren Entwicklungsverlauf, abhängig davon, ob bzw. in welchem Umfang und in welcher Zahl Menschen einen – in einer bestimmten Fortschrittstruktur *logisch* notwendigen – Erkenntnis- und Reifeprozess tatsächlich nachvollziehen.

Die „Bewegungsgesetze" ergeben sich nach Marx aus dem mit dem „kapitalistischen" Wettbewerb gegebenen Zwang zur Erzielung von Gewinnen und zur laufenden arbeitssparenden (kapitalintensivierenden) und kapazitätsausweitenden Reinvestition. „Die kapitalistische Produktionsweise bewirkt also den einzel- und den daraus resultierenden gesamtgesellschaftlichen Wachstumszwang."[428] Diese „ständigen Nettoinvestitionen führen in der Tendenz dazu, dass das konstante Kapital relativ schneller wächst als das variable Kapital, der Anteil der Arbeit (v) am Produktionsergebnis wird im Vergleich zum Anteil des Kapitals (c) kleiner." Unter der – von Marx getroffenen – Voraussetzung, dass *nicht* im entsprechenden Umfang die gesamtwirtschaftliche Leistung ständig erhöht und – infolge durchgesetzter Lohnerhöhungen – auch am Markt abgesetzt werden kann, kommt es zu wachsender Arbeitslosigkeit und dem Entstehen einer „industriellen Reservearmee".
Der Zwang zu ständiger arbeitssparender Investition führt nach Marx zu einer „steigenden organischen Zusammensetzung des Kapitals", also zu einem beständig abnehmenden Anteil des variablen Bestandteils, der Arbeit. „Im Akkumulationszwang sieht Marx aber gerade die grundsätzlich reichtumsfördernde Wirkung des Kapitalismus, die sich in einer steigenden Arbeitsproduktivität zeigt." (Reuter, a.a.O., S. 122)

Marx hat nun auch einen gesetzmäßig, aus dem endogen krisenhaften Entwicklungsverlauf ständig neu auftauchender „Überakkumulationskrisen" herrührenden, früher oder später auftretenden „Stillstand" der kapitalistischen Entwicklung angenommen.

Zur Erklärung für das Ausbleiben des marxistisch prognostizierten „Untergangs des Kapitalismus" weist Reuter hin auf die – von *Marx/Engels* falsch eingeschätzte – Rolle bzw. Wirkungsentfaltung des „demokratischen", zunehmend sich zum Sozialstaat wandelnden politischen Gemeinwesens, das eine „von sozialen, ethischen und wirtschaftlichen Gesichtspunkten getragene(n) Steuer- und Abgabengesetzgebung" geschaffen hat und dadurch eine mögliche Überakkumulationsdynamik entschärft sowie mit relativ steigenden Masseneinkommen

---

[428] Reuter (2000), S. 121

auch das „Realisierungsproblem", also etwaige Absatzprobleme einer gesteigerten Produktion, entschärft hat. „Mit der Demokratisierung des politischen Systems wurde auch die Stellung der Gewerkschaften gestärkt", die sowohl Arbeitszeitverkürzungen „bei mehr oder weniger vollem Lohnausgleich" als auch Lohnerhöhungen durchsetzen konnten. (S. 129)
Damit ist aber nach Auffassung Reuters das letzte Wort über „das Ende der Geschichte"[429] noch nicht gesprochen. Er zitiert einen 1968 formulierten Satz *Ernest Mandels*, in welchem dieser die Endgültigkeit dieser „Geschichte" mit folgendem Argument bezweifelt: „Man müsste (...) beweisen, dass die Automation, die nichts anderes [ist] als die radikalste Form des historischen Bestrebens des Kapitals, die lebendige durch die tote Arbeit zu ersetzen, auf die Dauer mit der Vollbeschäftigung in Einklang zu bringen ist und nicht zu Rezessionen führt, die eine steigende Inflation nicht mehr zu kontrollieren versteht. Diese Beweisführung ist bis jetzt von niemandem angetreten worden."[430]

Das ist nun offensichtlich ein Satz, der im vorliegenden Zusammenhang einige Sensibilisierung hervorrufen muss, und der an dieser Stelle auch nicht unkommentiert bleiben kann, wenngleich alle von diesem Zusammenhang berührten Gesichtspunkte an dieser Stelle noch nicht vorgebracht werden können, weil sie noch detaillierter entwickelt werden sollen.
Die erste Anmerkung ist die, dass hier ein eigentümlich zwiespältiges Verhältnis deutlich wird zu dem, was als „wünschbar" oder wünschenswert betrachtet wird: ist diese „radikale Form des historischen Bestrebens" des Kapitals diesem zum Vorwurf zu machen?
Mandel hat sich an anderer Stelle dezidiert in dem Sinne geäußert, dass in der Automation offenbar die entscheidende Voraussetzung zu sehen wäre für das Auftreten eines „sozialistisch" wünschenswerten „neuen Denkens": „Bevor das auf die Erzielung von privaten Vorteilen gerichtete Denken der Individuen verschwinden kann, müssen diese die Erfahrung gemacht haben, dass aus der stiefmütterlichen Gesellschaft eine freigebige und verständnisvolle Mutter geworden ist, die automatisch alle Grundbedürfnisse ihrer sämtlichen Abkömmlinge befriedigt."[431] Insofern ‚täte' „das Kapital" genau das, was von ihm nicht besser erwartet werden kann.

Die wesentlich substantiellere Frage wäre aber wohl, was – welche wie zu beschreibenden wirtschaftlichen, gesellschaftlichen oder politischen Zustände – denn nun, nach einer endgültig nicht mehr zu überwindenden Rezession, einem tatsächlichen Ende der Geschichte des Kapitalismus, würde eintreten sollen? Ein

---

[429] ..so der 1989 nach „dem Zusammenbruch des real existierenden Sozialismus" erschienene Titel Francis Fukuyamas, auf den Reuter hier hinweist. Ders.: Das Ende der Geschichte. Wo stehen wir? München 1992.

[430] Reuter zitiert aus: Mandel. E.: Entstehung und Entwicklung der ökonomischen Lehre von Karl Marx (1968). Reinbek bei Hamburg 1982, S. 21. Reuter (2000), S. 132

[431] Aus „Marxistische Wirtschaftstheorie", Band 2, von Ernest Mandel (1979), S. 831

neuerliches „realsozialistisches" Experiment? Soweit dieses wiederum dadurch sich von der „kapitalistischen Produktionsweise" würde unterscheiden sollen, dass eine zentral gelenkte Produktionsweise eingeführt werden sollte, mit einer durch „Planpreise" gelenkten Güterallokation über einen „unfreien" Markt, so wäre hierzu unter Hinweis auf die oben schon vorgestellte Argumentation festzuhalten, dass auf diesem Wege kein Fortschritt würde erreicht werden können; das Effizienzniveau der Produktion würde nicht gehalten werden können, und darüber hinaus wäre mit dem Verlust politischer und moralischer Freiheit zu rechnen, wie hier zwar nicht ausführlich belegt, aber doch etwa unter Hinweis auf notwendig zu unterstellende Eingriffe in Verfügungsrechte über Privatbesitz begründet werden kann.

Der in der vorliegenden Arbeit favorisierte, jedoch bisher noch nicht detailliert entwickelte prinzipielle Ansatz zu einer „Lösung" war in Abschnitt 2.5 in seinen systematisch-idealisierend betrachteten Umrissen grundsätzlich vorgestellt worden. Eine im angedeuteten Sinne ausgereifte, sowohl hochflexible als auch hochautomatisierte „Produktionsweise" könnte es ermöglichen, die marktliche Allokation des auf diese Weise hergestellten Produkts ohne Effizienzverlust zu umgehen, da ein Konsument durch die Möglichkeit einer hinreichend individualisierbaren Produktion optimale Nutzenstiftung erreichen kann.

Die zunehmend auch flexible, gleichzeitig hochproduktive, automatisierte Produktion wird, wie in Abschnitt 4.3 ausführlich belegt werden soll, als wettbewerbsstrategisches Konzept gegenwärtig von den Unternehmen u. a. als Reaktion auf zunehmend erkennbare Sättigungserscheinungen auf den Märkten „erzwungen": die Individualisierbarkeit der Produktion erlaubt es dem Unternehmen, Kunden langfristig an sich zu binden (sofern es um Produkte geht, die einen häufiger oder regelmäßig wiederkehrenden Bedarf decken); auf diese Weise ist ein lediglich über den Preis und/oder Umsatzwachstum auszutragender, zunehmend ruinöser Wettbewerb zu umgehen.
Mit zunehmender Automation und gleichzeitig weiter zunehmender Flexibilisierung können die – gegenwärtig für individualisierte Produkte relativ höheren[432] – Preise weiter sinken; gleichzeitig kann mit zunehmender technischer und produktionswissenschaftlicher Beherrschung der Technik auch der Preis für die Produktionsmittel selber sinken.
Ein Kostensenkungspotential ergäbe sich zusätzlich dadurch, dass Kunden sich etwa vertraglich binden, mit einer bestimmten Fristigkeit und einem bestimmten Umsatzvolumen. Das würde von den Kunden lediglich erfordern, sich auf einen gewissen, für sich selbst prognostizierten Bedarf festzulegen, würde dem Produzenten Gewinn an Planungssicherheit in seiner Disposition ermöglichen und

---

[432] die ausführliche Begründung und Belege dazu in Abschnitt 4.4.

damit Kostenvorteile, die er an seinen Kunden weitergeben kann. Bindung und Planung in dem Sinne wäre also für beide, Produzent und Konsument, lohnend. Denkbar wäre nun auch, dass Kunden gewissermaßen Prozessleistung, Produktionsleistung *einkaufen*, die sie ihren Nutzenvorstellungen entsprechend individualisieren können.

In einem noch weiter fortgeschrittenen Stadium der Produktionstechnik, das das Betreiben eines automatischen Produktionssystems mit klar überschaubarem, minimalem laufendem Betriebs- und Steuerungsaufwand ermöglicht, könnte es dann sogar ökonomischen Sinn machen, dass Gruppierungen, Interessengemeinschaften, „User-Gemeinschaften" gemeinschaftlich solche Produktionssysteme erwerben, um sie zur Deckung ihres persönlichen Eigenbedarfs zu nutzen.

Ohne an dieser Stelle nun weitere technische oder organisatorische Details einer gebrauchswertorientierten Nutzung von Produktionssystemen zu diskutieren, wäre doch zu erkennen, dass eine so organisierte Produktionsweise durch keine je vorstellbaren und erreichbaren Grade von Vollautomation als „System" in seiner Stabilität zu erschüttern wäre; desgleichen wäre Stagnation keineswegs destabilisierend.

Als offene Frage stellte sich hier jedoch das Problem der Finanzierung, sowohl der Anfangsinvestitionen als auch der Deckung der laufenden Kosten wie Abschreibungen, Reparaturen und Wartungen etc. Es scheint sich auf diese Weise die prinzipielle Möglichkeit einer zwar stagnationsstabilen, begrenzbaren, zunehmend kostengünstigen, jedoch offenbar niemals *gänzlich* kostenlosen[433] Produktionsweise anzudeuten; die Nutzung eines auch weitestgehend automatisierten Produktionssystems stellt einen Werteverbrauch dar, den der Nutzer dieses Werteverzehrs billigerweise durch nutzbringende Wertschöpfung dem Produktionssystem wieder würde zuführen müssen; das Beschäftigungsproblem würde demzufolge – möglicherweise marginal – bestehen bleiben.

Eine detaillierte volkswirtschaftliche Analyse und Evaluation dieser Perspektive würde den Rahmen dieser Arbeit aber nun wohl doch verlassen müssen; die Frage, ob etwa eine vollkommen marktgetriebene harmonische „Transformation" bzw. Etablierung einer derart umrissenen Produktionsweise erwartet werden kann, oder ob bzw. in welchem Umfang politisch flankierende Maßnahmen notwendig sein oder werden könnten, kann an dieser Stelle ebenfalls kaum mit einer minimalen Validität beantwortet werden.

Aber es kann zur Ziel-Systematik auf dieser volkswirtschaftlichen Betrachtungsebene vielleicht folgendes festgehalten werden: wie oben gesehen, wurde die sich entwickelnde freie Marktwirtschaft verstanden als eine „Maximumauf-

---

[433] Das wäre die wirtschaftstheoretische Ansicht der sich aus den Unvollständigkeitssätzen herleitenden prinzipiellen Unmöglichkeit der „Automation der Automation": es kann daher vollständige „Voll-Automation", als ökonomisches Universum wirtschaftlich nutzbarer, sich selbst reproduzierender, programmierender, reparierender, weiterentwickelnder Automaten offenbar nicht geben.

gabe"; auf diesen Nenner lässt sich möglicherweise auch die von Toffler als solche charakterisierte „Zweite Welle" der Industriegesellschaft bringen, deren Symbolik die Fabrik mit dem Fließband ist, mit zentraler Massenproduktion in großen Stückzahlen etc., auf der Basis der Nutzung mechanischer Maschinen.[434] Diese „Maximumaufgabe" war auch eine „Maximum-Zeit-Aufgabe", also eine „Vollzeit-Aufgabe".

Demgegenüber könnte eine sich nun anschließende „Aufgabe" etwa beschrieben werden als „Minimum-Sicherungsaufgabe", als gesamtgesellschaftliches Problem, mit minimalem Aufwand das Problem der Sicherung eines definierten, „entwickelten" Bedarfs für prinzipiell alle Mitglieder der Gesellschaft zu lösen – denen dann aber (übrige) Zeit und Ressourcen zur Deckung zusätzlicher Bedarfe ja zur Verfügung stehen. Möglicherweise ist hierzu politischer Steuerungsaufwand notwendig. Die wünschenswerte Befreiung „vom irren Zwang"[435] einer „Bedarfsweckungswirtschaft"[436] sollte aber möglichst erreicht werden können, ohne das Weiterbestehen einer echten Bedarfsdeckungswirtschaft zu verhindern oder zu verunmöglichen. Dieser Gedanke wäre als Argument auch zu wenden gegen die ausschließliche Hoffnung auf zunehmende Arbeitszeitverkürzungen als anzuvisierende Konsequenz, wie noch ausführlicher belegt werden soll, und es wäre ein *prinzipielles* Argument dagegen in dem Sinne, dass es möglichst unter *keinen* Umständen einen „Grund [geben sollte, L. E.] warum jene, die ein größeres Einkommen vorziehen würden, gezwungen werden sollten, sich einer größeren Muße zu erfreuen."[437]

Als Resümee der Betrachtung der „marxistischen Interpretation gesellschaftlicher Evolution" wäre festzustellen, dass Marx sich im Gegensatz zu zeitgenössischen Ökonomen um die umfassende Entzifferung von Entwicklungsgesetzmäßigkeiten bemüht hat, und dies im Kontext einer geschichtsphilosophischen Interpretation, die ihn dann zu der Auffassung einer durchzuführenden „Aufhebung und Verwirklichung" der Philosophie in politischer Praxis führte.
In diesem Punkt sieht nun etwa Habermas das marxistische Denken vorwerfbar: Habermas deutet das „monströse Scheitern des sowjetrussischen Experiments" auch als Dementi des „überschwänglichen Gedankens" Marxens, Aufhebung

---

[434] vgl. Piller (2000), S. 72

[435] Von diesem „irren Zwang", der die konkurrierenden Unternehmungen „zu ständig erweiterter Reproduktion (..) antreibt und damit widersinnigerweise Umwelt und Gesundheit der Menschen gefährdet", sprach *Iring Fetscher*. Ders.: Überlebensbedingungen der Menschheit. Ist der Fortschritt noch zu retten? 2. Aufl., München 1985; aus Reuter (2000), S. 136

[436] Der Begriff geht zurück auf: *Imobersteg, Markus*: Die Entwicklung des Konsums mit zunehmendem Wohlstand, Bestimmungsgründe und Auswirkungen, Zürich / St. Gallen 1967, S. 11

[437] *Keynes, J. M.*: Bin ich ein Liberaler? (1925), in: Reuter, Norbert: Wachstumseuphorie und Verteilungsrealität. Wirtschaftspolitische Leitbilder zwischen Gestern und Morgen. Marburg 1998, S. 103-114

und Verwirklichung der Philosophie in deren Übersetzung in politische Praxis und der Umwälzung der gesellschaftlichen Fundamente sehen zu wollen.[438]

In einer rückblickenden Analyse H. G. Nutzingers[439] stellt die marxistische Theorie sich dar als ein Geflecht aus berechtigter Kritik, moralischer Empörung, die sich zu Teilen aber gegenstandslos erweist, aus analytischen Fehlern, dem Fehlen der Einsicht in die realen Chancen der liberalen Marktgesellschaft (wie prinzipiell bereits dargelegt), und dem korrespondierenden Fehlen der Einsicht in die reale Alternativlosigkeit (die ebenfalls dargelegt worden ist).

4.1.4.4 Die Stadientheorie J. M. Keynes'

Als charakteristische Differenz der wissenschaftlichen Fragestellungen bei Marx/Engels und dem in Marx' Todesjahr 1883 geborenen J. M. Keynes nennt Reuter: „Während bei Marx/Engels die Frage nach den Gesetzmäßigkeiten kapitalistischer Akkumulation im Vordergrund steht, die früher oder später zur Überwindung des Systems führen werden, sind die Theorien des (..) Ökonomen John Maynard Keynes von dem Anliegen getragen, auf der Grundlage einer Analyse destruktiv wirkender Systemkräfte geeignete Interventionen und institutionelle Vorkehrungen zwecks wirtschaftlicher Stabilisierung herauszuarbeiten."[440]

Eine im Kontext ökonomischer Langfristbetrachtungen besonders wichtige, „relativ unbekannt gebliebene" und nur „wenige Seiten" umfassende, dennoch „gewissermaßen die Quintessenz seiner langjährigen wirtschaftstheoretischen und – politischen Erkenntnisse" darstellende „Analyse der Zukunft westlicher Nachkriegsgesellschaften" hat Keynes im Mai 1943 vorgelegt.[441]
Keynes prognostiziert hier für die Zeit nach dem Krieg „drei voneinander abgrenzbare Zeitabschnitte". Diese Zeitabschnitte sollen an dieser Stelle nun knapp mit Bezug auf die Darstellung bei Reuter referiert werden; die Betrachtung wird im Kontext speziell stagnationstheoretischer Überlegungen in Abschnitt 4.2 nochmals wieder aufgenommen.

Die erste Phase ist gekennzeichnet durch erheblichen Bedarf an Investitionen, „um die hohe Nachfrage (bedingt vor allem durch Wiederaufbau, Nachholbedarf, Mangel an Grundbedarfsgütern) decken zu können." (Reuter, a.a.O., S. 141) „Gewinne werden kontinuierlich in neue Produktionsanlagen investiert",

---

[438] Habermas (1999), S. 323

[439] Nutzinger (1999)

[440] Reuter (2000), S. 137

[441] Reuter weist darauf hin, dass dieser Text erstmalig von K. G. Zinn ins Deutsche übertragen worden ist. In: Zinn, K. G.: Das langfristige Problem der Vollbeschäftigung. In: Sozialismus, Nr. 6, 1988, S. 18 ff.

entweder zur Kapazitätsausweitung oder zur Produktion neu am Markt anzubietender Produkte. „Das ‚Akkumulationskarussell', also die Abfolge von Gewinnerwartungen, Investitionen und bestätigten Gewinnerwartungen, kommt marktendogen initiiert in Fahrt und führt zu einem kontinuierlichen Kapazitätsaufbau." (S. 141) Hohe Wachstumsraten ermöglichen hohe Gewinne und „lassen die Beschäftigung steigen"; es kommt durch höhere Realeinkommen zu höheren Steuereinnahmen, die „zum Ausbau der kollektiven Wohlfahrt, (..) zur Absicherung und Erweiterung der sozialen Sicherungssysteme etc. verwendet werden können." Aufgabe der Wirtschaftspolitik ist es in dieser Phase, Ersparnisbildung zu fördern, um die Deckung des hohen Kapitalbedarfs zu unterstützen.

In der zweiten Phase nehmen renditeträchtige Investitionsgelegenheiten allmählich ab, „das notwendige Investitionsvolumen [entspricht] weitgehend der Sparquote." Der relativ abnehmenden konsumtiven Nachfrage entspricht ein relativer Rückgang der privatwirtschaftlichen Investitionstätigkeit, weshalb Keynes „bereits in dieser Phase zur Aufrechterhaltung eines hohen Beschäftigungsstandes" die Notwendigkeit einer zunehmenden Beeinflussung der Investitionen durch öffentliche Stellen sieht. „Dieser Zeitabschnitt lässt sich als Übergangsphase vom Wachstums- in das Stagnationsstadium bezeichnen." (S. 142)

„Die sich anschließende dritte Phase – von Keynes auch als ‚goldenes Zeitalter' bezeichnet – " ist gekennzeichnet durch ein über das Investitionsvolumen ansteigendes Sparniveau „als Ausdruck einer sinkenden Attraktivität des Konsums infolge einer zwischenzeitlich erreichten hohen Güterausstattung der Haushalte." (S. 142) „Sättigungstendenzen auf einer größer werdenden Zahl von Märkten lassen bislang eindeutige ‚Nachfragesignale' immer undeutlicher und uneinheitlicher werden, so dass für Investoren die sichere Kalkulationsgrundlage früherer Zeiten fehlt."
Aufgabe der Wirtschaftspolitik ist es nun, für einen hohen und möglichst „sinnvollen" Konsum zu sorgen und „dem Sparen entgegenzuwirken". Die Möglichkeiten der Konsumförderung sind jedoch begrenzt, sodass wegen eines Abnehmens der Investitionstätigkeiten, einem Zurückbleiben der Gesellschaft hinter ihren Produktionsmöglichkeiten und einem sich gleichzeitig weiterentwickelnden Produktivitätsfortschritt eine sukzessive „Verkürzung der Arbeitszeit unumgänglich" wird, und mehr Freizeit ermöglicht wird. (S. 143)
Zur von Keynes angenommenen „Geschwindigkeit" dieser Prozesses bemerkt Reuter, dass er diese offenbar überschätzt hat: „Die erste Phase könnte vielleicht fünf Jahre dauern – aber das weiß niemand genau. (...) Verglichen mit der ersten Phase ist es noch schwieriger, die Länge der zweiten Phase vorauszusagen. Aber man könnte erwarten, dass sie weitere fünf oder zehn Jahre andauern und dann unmerklich in die dritte Phase übergehen wird."[442]

---

[442] Reuter zitiert Keynes aus „Das langfristige Problem.", a.a.O., S. 141f. Reuter (2000), S. 143

Als „für die Fundierung der Keynesschen Langfristperspektive" von entscheidender Bedeutung nennt Reuter die „von Keynes auch als ‚normales psychologisches Gesetz'" bezeichnete Regel, nach der bei wachsendem Einkommen mit einer tendenziell unterproportionalen Zunahme des Konsums zu rechnen ist. Die Ersparnisbildung folgt nach Keynes eigenen „objektiven" und „subjektiven" Motiven; zu den objektiven Größen bzw. Einflussfaktoren zählt Keynes die Entwicklung des Realeinkommens, nach Abzug von Steuern und Abgaben, sowie „Erwartungen über die zukünftige Höhe des Einkommens, die das momentane (Vorsorge-)sparverhalten beeinflussen." Die subjektiven Faktoren sind u. a. Vorsorgeverhalten für diverse zukünftige Belastungen, Schaffung von Unabhängigkeit, und „Geiz"; Keynes fasst diese Motive zusammen mit den „Stichwörtern Vorsicht, Voraussicht, Berechnung, Verbesserung, Unabhängigkeit, Unternehmungslust, Stolz und Geiz." (S. 152) Diese Sparmotive konkurrieren wiederum mit diversen Konsum-Motiven.

Wie Reuter nun darlegt, konnte durch die empirische Wirtschafts- und Sozialforschung dieser von Keynes angenommene abnehmende Hang zum Verbrauch bestätigt werden. „Heute gehört die Erkenntnis zum ökonomischen Grundwissen, dass die Ersparnisbildung (der Konsum) bei wachsendem Haushaltseinkommen nicht nur absolut, sondern auch relativ zunimmt (sinkt)."[443]

Damit wäre also ein stagnative Tendenzen verursachender „Mechanismus" benannt. „Von der Nachfrageseite geht (..) mit zunehmendem Wachstum des Sozialprodukts ein Impuls aus, der die weitere wirtschaftliche Expansion bremst. (...) Die abnehmenden Wachstumsraten heutiger Industriegesellschaften lassen sich hierfür als Beleg anführen." (S. 154)

Eine detaillierte Beschreibung der volkswirtschaftlich beobachtbaren Phänomene des derart umrissenen Stagnations- oder „Reifeproblems" soll im nächsten Abschnitt erfolgen.

Im Ergebnis erwartete Keynes also von der Nachrageseite her auftretende stagnative Tendenzen, die dauerhaft durch keinerlei Stimulationen der Konsumneigung oder durch öffentliche Investitionen zu kompensieren sind. Als Konsequenz empfahl Keynes einerseits „öffentliche Eingriffe, die als Ergänzung, nicht

---

[443] Reuter (2000); S. 153. „Ausweislich der 1993er Einkommens- und Verbrauchsstichprobe beginnt die Ersparnisbildung bei einem monatlichen Haushaltsnettoeinkommen von rund 2000 DM. Sie steigt dann kontinuierlich bis auf rund 28 Prozent des Haushaltsnettoeinkommens in der höchsten erfassten Einkommensklasse (10.000 – 35.000 DM) an." Reuter gibt an, dass „alternative Konsumhypothesen wie die ‚permanent income' und die ‚life-cycle theory', die keinen Anstieg bei steigendem Einkommen unterstellen, wiederholt empirisch widerlegt worden" sind, unter Berufung auf *R. H. Frank*: „The evidence (…) is so strong and so consistent that it would appear difficult for proponents of the permanent income and life-cycle theories to continue to insist that saving rates are unrelated to income." Ders.: Choosing the Right Pond. Human Behaviour and the Quest for Status. New York/Oxford 1985, S. 149

als Aufhebung des Marktmechanismus gedacht sind"[444], um wachsenden Ungleichgewichten auf den Arbeitsmärkten infolge abnehmender Nachfrage nach Arbeit entgegenzuwirken. Er dachte unter anderem auch an dezentrale, „halbautonome Körperschaften und Verwaltungsorgane (..), die mit alten und neuen Staatsaufgaben betraut werden – ohne dass jedoch der demokratische Grundsatz oder die grundlegende Souveränität des Parlaments beeinträchtigt wird."[445]
In der dritten Phase „lautet die Antwort auf die Beschäftigungsfrage: Arbeitszeitverkürzung." (Reuter, a.a.O., S. 162)

Es war in Abschnitt 2.5 argumentiert worden, dass für diese „Antwort Arbeitszeitverkürzung" zunehmend schwer lösbare Steuerungsprobleme vorstellbar zu machen sind; und zwar dürften diese wohl spätestens dann erkennbar werden, wenn eine gewissermaßen natürliche Belastungsgrenze deutlich unterschritten wird, also wenn ein natürlicher oder durchschnittlicher Kräftevorrat es ohne außergewöhnliche Anstrengung oder Beanspruchung erlauben würde, mehr als eine „Arbeitsstelle" auszufüllen. Diese Argumentation soll in Abschnitt 4.3 ebenfalls wieder aufgegriffen werden.
An dieser Stelle ist festzuhalten: Keynes sah, im Gegensatz zur marxistischen Erwartung, von der *Nachfrageseite* her auftretende stagnative Situationen als wahrscheinlich an; insofern kam er – unter Voraussetzung der Vermeidung wirtschaftspolitisch ‚fehlerhafter' Weichenstellungen – zu einer optimistischen Prognose, zur Erwartung eines „Goldenen Zeitalters" überwundener Knappheiten, in Muße. Eine Notwendigkeit zu institutionellen Eingriffen oder Veränderungen sah er nicht; insofern ist auch nicht festzustellen, dass Keynes einen Entwicklungsprozess innerhalb des institutionellen Rahmens oder innerhalb der Wirtschafts*ordnung* beschrieben hätte; der Fortschritt ergibt sich hier ausschließlich als Produktivitätsfortschritt, mit der resultierenden Möglichkeit zur nachhaltigen Überwindung von Knappheiten, und der – allerdings wohl zunehmend zu „erzwingenden"[446] – allgemeinen, politisch durchzusetzenden Arbeitsverknappung durch Arbeitszeitverkürzung.

4.1.4.5 Die Pluralitätstheorie Waldemar Mitscherlichs

Als letzte der von Reuter in dieser Aufgabenstellung befragten Evolutionstheorien soll an dieser Stelle die Pluralitätstheorie *Mitscherlichs* betrachtet werden.

---

[444] Reuter (2000), S. 161

[445] Keynes, J. M.: Bin ich ein Liberaler?, a.a.O., S. 109

[446] Keynes spricht selbst von der - zum Zeitpunkt der Äußerung (1936) noch nicht notwendig scheinenden – Eventualität, die Freude an einer ‚größeren Muße' erzwingen zu müssen, wie bereits dargestellt. Die in dieser Arbeit vertretene und hier kurz deutlich zu machende politische Auffassung zu Arbeitszeitverkürzungen ist die, dass diese in der Gegenwart als direkt und kurzfristig anwendbares arbeitsmarktpolitisches Instrument – etwa nach dem Vorbild Frankreichs, oder der Niederlande - durchaus Sinn machen mögen, und auch langfristig dann, wenn definitiv keine Alternativen erkennbar gemacht werden könnten. Die vorliegende Arbeit bemüht sich aber gerade darum, das Bestehen von Alternativen plausibel zu machen.

Reuter widmet dieser „weitgehend unbekannten" Theorie deshalb „besondere Aufmerksamkeit, weil sie, ohne auf die marxistische Argumentation zurückzugreifen, die Entwicklung (...) ebenfalls aus der Entwicklung der Produktivkräfte herleitet, die früher oder später die Produktionsverhältnisse sprengen und eine grundlegende Neuorganisation der wirtschaftlichen Verhältnisse erfordern."[447] Mitscherlich ging nicht von einer kontinuierlichen Evolution von aus der jeweils vorhergehenden „Stufe" „auswachsenden" neuen Wirtschaftsstufen aus, sondern von einer „Pluralität" jeweils „wirklich neu" entstandener Stufen, zu deren Entstehung eine „nicht geringe Überwindung des Alten" vorausgesetzt werden müsse.[448]

Mitscherlich verfolgt die Absicht, Kenntnisse und Erklärungen für die Entwicklung eines ökonomischen Systems zu gewinnen; wobei er einen Ablauf annimmt, dessen „Reihenfolge" „menschlicher Willkür (..) entzogen [ist]. Sie unterliegt einer durch die geschichtlichen Gegebenheiten vorgeschriebenen Zwangsläufigkeit."[449] Als charakteristisches Prinzip, anhand dessen die wirtschaftlichen Entwicklungsstadien zugeordnet werden können, wählt Mitscherlich „den Grad des jeweils vorherrschenden ‚Universalismus' oder ‚Individualismus'"[450]. „Bestimmte wirtschaftliche und gesellschaftliche Anforderungen lassen sich danach nur auf der Grundlage einer universalistischen, im Sinne einer kollektivistischen, andere nur mittels einer individualistischen Ordnung der Dinge lösen. Die historische Tendenz, die Mitscherlich auf der Ebene von Volkswirtschaften nachzuweisen sucht, (...) ist die vom (naiven) Universalismus über den Individualismus zurück zum (aufgeklärten oder ‚komplizierten') Universalismus. Das Organisationsprinzip schlägt jeweils in dem Moment um, in dem das alte den gewachsenen Anforderungen von Wirtschaft und Gesellschaft nicht mehr gerecht wird." (Reuter, a.a.O., S.168)

In diesem Sinne grenzt Mitscherlich eine erste Stufe des Wirtschaftslebens ab, „die durch gemeinwirtschaftliche Organisation gekennzeichnet ist", eine frühe „Stufe der einfachen Gemeinwirtschaft" ohne gewerbliche Produktion und ohne Arbeitsteilung.

In einer zweiten Stufe – die „im Mittelalter" erreicht wird – entstehen allmählich Arbeitsteilung, Einzelwirtschaften, spezielle Berufe und damit Produktivitätssteigerungen. Ebenso bildet sich „das Privateigentum als Rechtsinstitution heraus." (Reuter, S. 169) Die Wirtschaftsgemeinschaft zerfällt in Landwirtschaft

---

[447] Reuter bezieht sich auf: *Mitscherlich, Waldemar*: Skizze einer Wirtschaftsstufentheorie, in: Weltwirtschaftliches Archiv, Bd. 16, 1921. Reuter (2000), S. 166

[448] *Mitscherlich, Waldemar*: Die Weltwirtschaft als Wirtschaftsstufe. Ein Beitrag zum Wesen der Wirtschaftsstufen. In: Zeitschrift für die gesamte Staatswissenschaft. Bd. 70, 1914, S. 7.

[449] Ders.: Die drei Stadien der Volkswirtschaft und ihre ideellen und sittlichen Grundlagen. Stuttgart/Berlin 1943, S. 173

[450] Reuter (2000), S. 168

und Stadtwirtschaft, mit Gilden, Zünften und Innungen. Mit nun erweiteten Wirtschaftsräumen gewinnt der Handel an Bedeutung.

In einer dritten, dem Zeitalter des Kapitalismus entsprechenden Stufe der Individualwirtschaft tritt der „Individualismus" seine „Herrschaft" an. „Der einzelne ist fortan nicht mehr durch korporative Institutionen geschützt, der wirtschaftlichen Entfaltung des Privateigentums sind keine Grenzen gesetzt, regulierend wirken ausschließlich die freien wirtschaftlichen Verhältnisse. Das Selbstinteresse hat das Gemeinschaftsdenken abgelöst." (S. 170)

In einer vierten Stufe führt aber der Erfolg des Kapitalismus und seines hochproduktiven Wirtschaftsprinzips allmählich zum Wandel von der Mangel- zur Überflussgesellschaft. „Der Markt fordert im ganzen nicht mehr als angeboten wird, sondern das Angebot übersteigt oft und öfter die Nachfrage. Es stellt sich eine neue und in diesem Ausmaß noch nie dagewesene Erscheinung ein."[451] Wegen zunehmender Absatzprobleme wandelt sich der Erweiterungswettbewerb allmählich zum Verdrängungskampf.

„Die Individualwirtschaft steht dem härter werdenden ‚Kampf aller gegen alle' hilflos gegenüber, so dass sich sukzessive eine Abkehr von diesem Prinzip durchsetzt. (...) Einzelne Einheiten der Privatwirtschaft geben ihre Selbstständigkeit auf und schließen sich in unterschiedlichen Formen zusammen." Reuter fasst zusammen, dass die „Konturen dieser Phase noch undeutlich" sind; „die Spannweite, die Mitscherlich für möglich hält, reicht von der öffentlichen über die halböffentliche bis zur privat-korporativen Wirtschaft." (S. 172)
Nach Mitscherlichs Überzeugung wird sich auf längere Sicht „die halböffentliche Wirtschaft durchsetzen: ‚Diese halböffentlich korporative Wirtschaft wird wohl stärkste Ausdehnung finden, freilich erst dann, wenn der Sozialismus durch die Erfahrung der Undurchführbarkeit seiner Träume überzeugt worden ist.'"[452] Das Wirtschaftsprinzip dieser Phase ist die „organisierte Wirtschaft".
Reuter stellt anschließend eine von Mitscherlich entwickelte „späte" Theorie der Stadien vor, die ihn dann – in „Anbiederung an den Zeitgeist" des Nationalsozialismus – zu der Annahme führt, dass *dieser* eine Realisierung dieses Prinzips einer „*Volks*wirtschaft" mit komplexen freiwilligen Bindungen darstelle.
Dennoch hat Mitscherlich „die voranschreitende Loslösung der Wirtschaft vom Nationalstaat" und eine „Entwicklung zur Weltwirtschaft" prognostisch zu erhellen versucht; er hält „ein ‚inniges Verschlungensein' von Staat und Wirtschaft für eine dauerhafte Voraussetzung für dieses neue Stadium zunehmender weltwirtschaftlicher Verflechtung." (S. 176)

---
[451] Mitscherlich, W.: Skizze einer Wirtschaftsstufentheorie, a.a.O., S. 360; aus Reuter (2000), S. 171

[452] Mitscherlich, W.: Skizze..., aus Reuter (2000), S. 172

Im Kontext der in dieser Arbeit verfolgten Fragestellung scheint bemerkenswert, dass die in Abschnitt 2. 5 vorgeschlagene Idee eines in etwa nach dem Prinzip des „time-sharing" (im Falle des Anwender-Zugriffs auf zentralisierte Großrechnerleistungen) organisierten Zugriffs auf individualisierbare Produktionsleistungen die produktionstechnologische Basis darstellen könnte, um die herum bzw. auf deren Grundlage sich ein solcher „komplizierter oder aufgeklärter Universalismus" bzw. eine solche halböffentliche, privat-korporative Wirtschaftsgesellschaft – verstanden als wiederholbares Muster – konstituieren könnte.

Bemerkenswert scheint weiter, dass Mitscherlichs Fassung eines Evolutionsziels zwanglos in Beziehung zu setzen ist zum ästhetischen Ordnungsbegriff der „Freiheit in der Ordnung".[453] „Komplizierter" Universalismus ist offenbar so zu verstehen, dass hier nun eine Harmonisierung vorher unvereinbarer oder unversöhnlicher Gegensätze möglich geworden sein soll; die Entwicklung vollzieht sich von einer noch nicht „aufgetauchten", nicht erwachten Individualität unter Existenzbedingungen groben materiellen Mangels in der ersten Stufe des „naiven Universalismus", über zunehmenden, auch zu zunehmend disharmonisch-antagonistischen Existenzbedingungen führendem „Individualismus", schließlich wieder „zurück" zu einem universalistisch-aufgeklärten, Universalinteressen mit Individualinteressen versöhnenden oder harmonisierenden „organisch-komplexen" Universalismus.

4.1.5 Wertideen wirtschaftlicher und gesellschaftlicher Evolution

Anknüpfend an die eingangs gestellte Frage nach einem Kriterium als Gradmesser eines Evolutionsfortschritts von Gesellschaften ließe sich ein Kriterium der Steuerungsfähigkeit mit Bezug auf das Gliederungsprinzip Mitscherlichs nun in die Unterkriterien aufteilen, wieweit es einerseits individualistische Zielsetzungen zum Zuge kommen lässt und deren Realisierung gewährleistet, und andererseits „universalistische", globale Zielsetzungen erkennen und realisieren kann.

---

[453] Wiederum mit Bezugnahme auf die Ästhetik F. v. Schillers, der dieses Prinzip etwa auch in der Beschaffenheit der Komposition einer Landschaft erläutert: „Eine Landschaft ist schön komponiert, wenn alle einzelne Partien, aus denen sie besteht, so ineinanderspielen, dass jene sich selbst ihre Grenze setzen und das Ganze also das Resultat von der Freiheit des Einzelnen ist. (...) Daraus eben geht sie [die Harmonie] hervor, dass jedes aus innerer Freiheit sich gerade die Einschränkung vorschreibt, die das andere braucht, um *seine* Freiheit zu äußern." Schiller (1966), S. 187

Individualistische Zielsetzungen	Subjektive Nutzenstiftung bzw. –maximierung, persönliche Freiheiten, politische Freiheit, Wahlfreiheiten bzw. Wahlmöglichkeiten (in Bezug auf Güter wie auf Weisen der individuellen Lebensgestaltung), individuelle Schicksalsverantwortlichkeit, existenzielle Sicherheit, politische und moralische Freiheit
Universalistische, globale Zielsetzungen	Ökologische Wachstumsbegrenzung bzw. Erreichung ökologisch gebotener Zielsetzungen, ressourcenökonomisches, effizientes Wirtschaften, Demokratie, rechtsstaatliche Verhältnisse, Stagnationsstabilität, politische und moralische Freiheit

Abb. 10: individualistische und universalistische Fortschrittsziele

„Politische und moralische Freiheit", verstanden als Habermas' „Idee des guten Lebens" der höchsten Stufe moralischer Entwicklung, ist wohlverstanden schon in sich – als Harmonisierung individueller und universalistischer Zielsetzungen – beiden Zielgruppierungen zuzuordnen.

Die ökonomischen Theorien waren nun (bzw. sind zum Teil noch) zunächst danach zu befragen, wieweit sie von einer langfristig stagnierenden Entwicklung wirtschaftlichen Wachstums ausgehen. Reuter bemerkt dazu, dass „mit dem Aufstieg des neoklassischen Ansatzes zum ökonomischen Mainstream (...) wirtschaftstheoretische Vorstellungen über eine langfristige Stagnation der Wirtschaft fast vollständig in den Hintergrund [rückten], obwohl, wie bereits Schumpeter ausgeführt hat, ‚(...) der Stagnationismus als solcher (...) praktisch ebenso alt wie das ökonomische Denken ist.'"[454] Auf der anderen Seite ist festzustellen, dass neben den bisher hier betrachteten Theorien viele andere auch das Erreichen stagnativer Situationen „als die wahrscheinlichste Zukunft des gesamtwirtschaftlichen Schicksals vorhergesagt (..) [haben]: Von Smith über Ricardo, Marx, Schumpeter, Hansen zu Kaldor, um nur einige zu nennen, reicht die Kette derjenigen Nationalökonomen, die – allerdings aus im einzelnen unterschiedlichsten Gründen – die wirtschaftliche Stagnation für die wahrscheinlichste Zukunft hielten."[455]

Die in der vorliegenden Arbeit verfolgte Fragestellung hat wirtschaftliche Stagnation vorausgesetzt. Wäre endlos fortschreitendes Wachstum zweifelsfrei zu beweisen, wäre der hier diskutierte Zielvorschlag der „Vollautomation des Unternehmens" wegen der Unerreichbarkeit der Zielsetzung schon daher für nicht orientierungsleitfähig zu erklären. Die Ausgangssituation war aber so

---

[454] Reuter (2000), S. 241. Reuter zitiert Schumpeter aus ders.: Geschichte der ökonomischen Analyse (1955), nach dem Manuskript herausgegeben von *E. B. Schumpeter*, 2. Teilbd. Göttingen 1965, S. 1425. In einer Fußnote zitiert Reuter die Aussage H. Rieses: „Erst die nach dem Zweiten Weltkrieg entwickelte neoklassische Wachstumstheorie leugnete, dass der ökonomische Prozess zu einer säkularen Stagnation tendiert." (*Riese, Hajo*: Ein neoklassisches Modell der säkularen Stagnation, in: Zeitschrift für die gesamte Staatswissenschaft, Bd. 121, 1965. S. 698)

[455] *Borchardt, Knut*: Perspektiven der Wachstumsgesellschaft, In: *Beyme, K. v.; Borchardt, K.; Dror, Y.* et al. (Hrsg.): Wirtschaftliches Wachstum als gesellschaftliches Problem, Königstein/Ts 1978

erklärt worden, dass stagnative Tendenzen doch immerhin für so wahrscheinlich gehalten werden müssen, dass es lohnend ist, der Frage nach den Wissenschaftszielen der Wirtschaftsinformatik *unter dieser Voraussetzung* nachzugehen.

Wird Stagnation als „wahrscheinliche Zukunft" angenommen, dann stellt sich die Frage, wie wirtschaftlich, gesellschaftlich und politisch darauf zu reagieren ist bzw. zu welchen Vorschlägen ökonomische Theorien hier gekommen sind.

Die Antwort J. M. Keynes war offenbar Arbeitszeitverkürzung, die zunehmend „erzwungen" werden muss. Nun führt die Vorstellung eines „Freizeitzwanges" zwar auch weit ab von den Prämissen des „Mainstreams" („Grenzfreude der Freizeit"; „Grenzleid der Arbeit"), dennoch ist das Faktum einer notwendig anzunehmenden Beschränkung individueller Freiheit zur Kenntnis zu nehmen.

In marxistischer „Planung" sollte der Sozialismus zum Kommunismus mit allgemein gesättigten Bedürfnissen, relativem Überfluss und ebenfalls allgemeiner Muße etc. führen; die Hoffnungen haben sich aber nicht erfüllt. Sozialistische Planwirtschaft würde bedeuten bzw. hat bedeutet einen Verlust an individuellen Wahlmöglichkeiten, Verlust an politischer Freiheit, an moralischer Freiheit, und an wirtschaftlicher Effizienz.

W. Mitscherlich kommt zur allgemeinen Empfehlung eines künftigen „innigen Verschlungenseins" von Staat und Wirtschaft; er geht jedoch nicht explizit auf das Problem der Wirtschaftsorganisation unter stagnativen Bedingungen ein. Anfügen könnte man nun noch A. Tofflers normativ gefassten Begriff der „Informationsgesellschaft" als demokratische Informatisierung, der jedoch dieses Problem der Arbeitsallokation nicht anspricht, sowie eine allgemeine Forderung der Rückgewinnung des Primats der Politik über die Ökonomie, wie bereits angesprochen; es finden sich jedoch keine weiteren Vorschläge zur Arbeitsorganisation, die speziell das Problem eines möglichen, nicht absorbierbaren Arbeitsüberangebots betrachten. Insofern hätte der hier vorgetragene Vorschlag einige Attraktivität für sich zu verzeichnen, sofern er denn einer näheren evaluierenden Betrachtung standhielte und Tauglichkeit erweisen könnte.

Erläuternd ist zu diesem Vorschlag an dieser Stelle hinzuzufügen, dass damit bisher ja offensichtlich nicht ein alternatives Organisationsprinzip der Allokation von menschlicher Arbeitskraft vorgestellt worden ist.
Der Vorschlag nimmt seinen Ausgang bei der Einsicht, dass dann, wenn technologisch ein Stadium maschinell annähernd vollständig substituierbarer Arbeitsleistung erreicht *wäre*, diese Technologie *vorher*, auf dem Wege ihrer Entstehung und Entwicklung, sukzessive den Weg ins Eigentum der Nutzer als Endkonsumenten gefunden haben muss, um nicht die Situation entstehen zu lassen, dass Konsumenten und Produzenten – diese dann als Besitzer vollautomatisier-

ter „Unternehmen" – sich kooperationsunfähig gegenüberstehen, und es trotz nahezu unbeschränkter Produktionsmöglichkeiten nicht zur *Realisierung* dieser Möglichkeiten kommen kann. Der Vorschlag beinhaltet im Kern also die Vorstellung einer *nahezu kosten*freien und *nahezu arbeits*freien rationalen Produktion zur Deckung *rationaler, entwickelter* Bedürfnisse.
Die auch dieser Argumentation zufolge sich andeutende Einschätzung, dass in diesem Sinne vollständige, absolute „Vollautomation" niemals möglich sein kann, sowie die aus der Betrachtung der Philosophischen Handlungstheorie hergeleitete Einschätzung, dass prinzipiell „nur" poietische Handlungen berechnet und automatisiert werden können, eröffnet die Fragestellung, wie gesellschaftlich dann dieser Bereich menschlichen Handlungsvermögens zu organisieren wäre bzw. wie – in Konsequenz dieser Einsichten – „Poiesis und Praxis" im Verhältnis zu einander sich darstellen könnten.

Die Tertiarisierungstheorie Jean Fourastiés, der in einer ebenfalls langfristig angelegten perspektivischen Betrachtung „die Geburt einer neuen Zivilisation" und des „homo intellectualis" voraussah, ist in gewisser Weise dieser Fragestellung zuzuordnen; ebenso ist es die nicht zuletzt von Fourastié angeregte Perspektive der Dienstleistungsgesellschaft. Diese Theorie sowie die später entstandene „Debatte der Dienstleistungsgesellschaft" sollen im anschließenden Abschnitt, im Kontext der Betrachtung der Wirtschaftsentwicklung im Reifestadium, diskutiert werden.

4.2 Wirtschaftsentwicklung im Reifestadium

Die als „Reifeproblem der Volkswirtschaft" zu bezeichnende Fragestellung ist von *K. G. Zinn* in den Vordergrund seines wissenschaftlichen Interesses gerückt worden:
„Die Masse der Bevölkerung lebte im 18. Jahrhundert unter bescheidenen materiellen Bedingungen im Angesicht persistenter oder zumindest latent drohender Knappheit an Subsistenzmitteln, so dass der Terminus ‚Mangelgesellschaft' diese Periode kurz und treffend kennzeichnet. In der Folge der Industriellen Revolution änderte sich diese Situation jedoch grundlegend. 200 Jahre später spricht viel für den von John K. Galbraith geprägten Begriff der ‚Überflussgesellschaft' zur Charakterisierung der gegenwärtigen Situation in reifen Volkswirtschaften. Darum sollte heute nicht mehr die Knappheitsüberwindung schlechthin als wirtschaftliches Hauptproblem im Mittelpunkt des Interesses der Ökonomik stehen. (...) Während im 18. Jahrhundert *not*wendigerweise der „Wohlstand der *Nationen*" den Brennpunkt des Interesses bilden musste, rückt heute der „Wohlstand der *Personen*", verstanden als allgemeine Lebensqualität, ins Zentrum drängender Auseinandersetzungen. Einer der wenigen Ökonomen, durch dessen wissenschaftliches Werk sich diese Thematik von den ersten Veröffentlichungen in den 1960er Jahren an bis in die Gegenwart hinein als roter Faden zieht, ist Karl Georg Zinn, (...)"[456]

Offensichtlich bearbeitet Zinn damit eine von der bisher behandelten Fragestellung nicht sehr weit abweichende; es finden sich in seiner Bearbeitung jedoch einige Aspekte, die eines besondere Aufmerksamkeit verdienen.

Zinn hat sich mit diesem Problem u. a. in der 1994 erschienen Monographie „Die Wirtschaftskrise"[457] beschäftigt.
Er entwickelt hier eine in engeren Sinne wachstumsskeptische Position: „Es ist zutreffend, wenn die Wirtschaftskrise als Wachstumskrise oder genauer als Akkumulationskrise verstanden wird. Skepsis ist jedoch geboten, wenn daraus gefolgert wird, als vorrangiges, gar einziges Allheilmittel käme nur die Rückkehr zu hohen Wachstumsraten in Frage. Wachstumsskepsis lässt sich im wesentlichen mit drei Argumenten begründen: *Erstens* besteht ein unleugbarer Zusammenhang zwischen Umweltvernichtung und Wirtschaftswachstum, so dass es Verantwortung für die zukünftigen Generationen Wachstum begrenzt werden sollte. *Zweitens* lässt sich theoretisch und empirisch begründen, dass die Wachstumsmöglichkeiten der entwickelten, reifen Volkswirtschaften allmählich an

---
[456] Helmedag / Reuter (Hrsg.) (1999), S. 11/12. Hervorhebungen im Original.
[457] Zinn (1994). Zu bemerken ist an dieser Stelle, dass K. G. Zinn akademischer Lehrer des bisher ausgiebig zitierten Ökonomen N. Reuter ist bzw. war.

,innere' Grenzen stoßen, d. h. an Grenzen, die nichts mit Umwelt- und Ressourcenengpässen zu tun haben, sondern sozusagen durch Erschöpfung der wachstumstreibenden Kräfte gezogen werden. *Drittens* verliert Wirtschaftswachstum seine wohlstandssteigernden Wirkungen. Es treten Situationen ein, in denen die negativen Wohlstandseffekte des Wachstums die positiven übersteigen oder Wachstum durch vorhergehende Zerstörungen bewirkt wird." (a.a.O., S. 9/10; Hervorhebungen im Original)

Zinn stellt die rein ökonomische Analyse in einen umfassenden kulturgeschichtlichen und anthropologischen Betrachtungszusammenhang und kommt in dem Zusammenhang zu folgender Bewertung der „Technik als Grundlage der Kultur": „Technik ist nicht nur Teil der Kultur, sondern ihre unabdingbare Voraussetzung." (S. 14)
Als bemerkenswert treffsichere Skizze der „dialektischen" Beziehung zwischen „Ausbeutung" und „kultureller, insbesondere technischer Entwicklung" zitiert Zinn eine längere Passage von *Arthur Schopenhauer* (1788 – 1860), aus der hier die folgenden Sätze wiedergegeben werden sollen: „Armut und Sklaverei sind ... nur zwei Formen, fast möchte man sagen, zwei Namen, der selben Sache, deren Wesen darin besteht, dass die Kräfte eines Menschen großenteils nicht für ihn selbst, sondern für andere verwendet werden; woraus für ihn theils Überladung mit Arbeit, theils kärgliche Befriedigung seiner Bedürfnisse hervorgeht. (...) Dieser ganze Gedankengang hat nun unstreitig viel Wahres. Dennoch wird er im Resultat widerlegt durch einen anderen, den überdies das Zeugniß der Erfahrung bekräftigt. ...Künste und Wissenschaften sind selbst Kinder des Luxus, und sie tragen ihm ihre Schuld ab. Ihr Werk ist jene Vervollkommnung der Technologie in allen ihren Zweigen (...) welche in unseren Tagen das Maschinenwesen zu einer früher nie geahndeten Höhe gebracht hat....Die Erzeugnisse aller jener Betriebe aber kommen keineswegs nur den Reichen allein, sondern Allen zugute. ...Wenn das Maschinenwesen seine Fortschritte in dem selben Maße noch einige Zeit hindurch weiter führt; so kann es dahin kommen, dass die Anstrengung der Menschenkräfte beinahe ganz erspart wird; wie die eines großen Teils der Pferdekräfte schon jetzt. Dann ließe sich eine gewisse Allgemeinheit der Geisteskultur des Menschengeschlechtes denken, welche hingegen so lange unmöglich ist, als ein großer Theil desselben schwerer körperlicher Arbeit obliegen muß..."[458]
Den hier bei Schopenhauer angedeuteten Gedanken eines mit offenbar unvermeidlichen Härten für nicht alle, sondern nur einen Teil der Menschen - „die Armen" - verbundenen kulturellen Fortschritts hat Zinn an anderer Stelle als „tragischen Vorgang" dargelegt; die „Tragödie des kulturellen Aufstiegs" zeige „den in der Vergangenheit nicht lösbaren Widerspruch zwischen der instrumentellen und der sittlichen Vernunft."[459]

---
[458] Zinn (1994), S. 14; Zinn zitiert Schopenhauer aus: Zur Rechtslehre und Politik, in: Parerga und Paralipomena: Kleine philosophische Schriften, 2ter Band, 1. Tlbd., Zürich 1977, S. 261 – 289.
[459] Zinn (1998), S. 127

Zinn schließt im Verlauf seiner kulturgeschichtlichen Betrachtungen eine plastisch und griffig beschriebene Darlegung der „Grundmuster der Technikentwicklung" an, in der er etwa die ökonomische Ansicht der Unterscheidung zwischen Produkt- und Prozessinnovation erläutert; so legt er dar, dass eine neue Maschine, „die erhebliche Arbeitsmengen wegrationalisiert, die Funktion hat, Arbeitskosten zu reduzieren und mit den sinkenden Stückkosten auch niedrigere Preise zu ermöglichen. (...) Die produktivitätssteigernden bzw. (stück)kostensenkenden Prozessinnovationen sind daher für den historischen Anstieg des Lebensstandards weitaus wichtiger (gewesen) als die Produktinnovationen." (S. 18)[460]

Zu Adam Smith's berühmtem „Beispiel innerbetrieblicher Arbeitsteilung in der Stecknadelproduktion" bemerkt Zinn, dass eben auch durch diese Aufsplitterung der Arbeitsvorgänge in viele einfache Einzeltätigkeiten Produktivitätssteigerungen erreicht werden konnten, und dass diese „Zersplitterung" des Arbeitsprozesses „zudem die Voraussetzung für die erst anschließend realisierte Maschinisierung und Automatisierung der Produktion" war.[461] (S. 20)

Anschließend wendet Zinn sich der Diskussion der Bedürfnisfrage zu; er legt hierzu die Auffassung dar, dass „wohl nur die Geltungs- und Machtbedürfnisse" unbegrenzt sind, nicht aber die „auf materiellen Konsum gerichteten Bedürfnisse."

Er kommt in dem Zusammenhang zur Diskussion der sog. *Gossenschen Gesetze*: „Daß Bedürfnisse der Sättigung unterliegen, ist keine neue Einsicht. Seitdem Menschen überhaupt systematisch über Ökonomie nachgedacht haben, war ihnen auch das Phänomen der Sättigung geläufig. Dennoch hat die Wirtschaftstheorie erst im vergangenen Jahrhundert die weitreichenden Konsequenzen der Sättigung durchleuchtet. Der deutsche Ingenieur Hermann Heinrich Gossen (1810 – 1858) gilt als der Entdecker des ‚Gesetzes vom abnehmenden Grenznutzen', des sogenannten ‚Sättigungsgesetzes' oder auch ‚Ersten Gossenschen Gesetzes'. Es besagt, dass der Nutzen jeder zusätzlichen Mengeneinheit eines Gutes, das einem Konsumenten verfügbar wird, abnimmt; demgemäß verschafft beispielsweise das erste Stück Sahnetorte im geselligen Kaffeekränzchen i. d. R. einen höheren Lustgewinn (in ökonomischer Fachterminologie: Grenznutzen) als das zweite, und dieses hat noch einen höheren Grenznutzen als das Dritte,

---

[460] Dieser kaum zu missdeutende Sachverhalt sollte denn auch sich soziologisch verstehenden Interpretationsmustern der Art „Rationalisierung = Technisierung = Disziplinierung" ihre geradezu tragische Verkennung der Ursache-Wirkungs-Verkettung deutlich machen. Vgl. Heintz (1995), S. 12 ff.

[461] Nutzinger weist darauf hin, dass Smith „zu Beginn seines Hauptwerks Arbeitsteilung als Quelle gesellschaftlichen Wohlstands mit nahezu hymnischen Worten feiert", ihm aber auch nicht deren Schattenseite verborgen geblieben ist: „Mit fortschreitender Arbeitsteilung wird (..) die Masse des Volkes, nach und nach auf wenige Arbeitsgänge eingeengt (...) Jemand, der tagtäglich nur wenige einfache Handgriffe ausführt (...) hat keinerlei Gelegenheit, seinen Verstand zu üben ... So ist es ganz natürlich, dass er (...) so stumpf und einfältig wird, wie ein menschliches Wesen nur eben werden kann." Aus: Adam Smith, Der Wohlstand der Nationen, München 1978, Buch V, Kap. 1, S. 662, zitiert in Nutzinger (1999), S. 80

bei dem wohl Übelkeit (=negativer Grenznutzen bzw. Grenzleid) aufkommt."
(S. 23)

4.2.1 Zur stagnationstheoretischen Wachstumsskepsis

Zinn diskutiert „das ‚Stagnationstheorem' der Keynesschen Schule, (...) die (..) ‚Tertiarisierungshypothese' Jean Fourastiés, (..) die Theorie der ‚Langen Wellen' von N. D. Kondratieff, (...) [und] die Überproduktionsthese"[462]; diese seien „trotz des Schulstreits zwischen ihren jeweiligen Vertretern in wesentlichen Teilen miteinander vereinbar", weshalb hier „Konkurrenz *vereinbarer* Theorien" vorliege. (S. 63)

Auf Zinns sehr ausführliche Erörterung des keynesschen Stagnationstheorems muss hier nicht nochmals in der gleichen Ausführlichkeit eingegangen werden. Erwähnenswert sind hier vielleicht einige – bisher nicht betrachtete – zeitliche Zusammenhänge: „Faktum ist (...), dass Keynes spätestens 1930, also sechs Jahre vor Erscheinen seines Hauptwerks, der ‚Allgemeinen Theorie des Beschäftigung, des Zinses und des Geldes' (1936), die die breitere Keynes-Rezeption bestimmte, auf die Möglichkeit, ja Unvermeidlichkeit einer langfristigen Wachstumsabschwächung hingewiesen hatte[463] und später eine Konzeption, das gesamtwirtschaftliche ‚Capital-Budgeting' (..) für die Bekämpfung dauerhafter Nachfrage- und Investitionsschwäche entwickelte. Der Grundgedanke der Stagnationstheorie betrifft die langfristige Veränderung des Nachfrageverhaltens im Verlauf wirtschaftlichen Wachstums bzw. steigender Einkommen, nämlich den Wachstumsrückgang durch sättigungs- *und* ersparnisbedingte Nachfrageabschwächung." (S. 65)

Zur Beobachtung sinkender Nachfragedynamik bemerkt Zinn: „Unter sinkender Nachfragedynamik bzw. Nachfrageabschwächung wird hier im Sinne Keynes' eine zum verfügbaren Haushaltseinkommen nur noch unterproportional wachsende Konsumnachfrage verstanden. (...) Der Konsum aller lebensnotwendigen Güter unterliegt bei steigendem Lebensstandard der Sättigung. (...) Selbstverständlich gibt es intensive Bemühungen der Unternehmen, der absatzlähmenden Sättigung entgegenzuwirken; beispielsweise durch Werbung, durch das Angebot neuer, konsumstimulierender Güter (Produktinnovationen) und vor allem durch Anreizen des Geltungskonsums, der in der Tat unbegrenzt zu sein scheint, wie noch genauer zu betrachten sein wird." (S. 67)

---

[462] S. 63; Überproduktionsthesen sind „angebotsorientierte Krisentheorien", denen die Annahme zugrunde liegt, dass konkurrenzgetriebene Überakkumulation zu wiederkehrenden Überinvestitionen führt, die dann sekundär durch resultierende Arbeitslosigkeit noch verschärft werden. Die bekannteste Überproduktionstheorie ist die marxistische.

[463] Zinn weist hier hin auf Keynes (1930)

Zur sich daher eröffnenden Frage „Kann zuviel gespart werden?" führt Zinn aus: „Steigende Ersparnisse der Haushalte in reifen Volkswirtschaften signalisieren, dass die verfügbaren Haushalte nicht mehr umgehend in den Konsum fließen" (wie bereits oben diskutiert).
Die Folgen dieser zurückgehenden Konsumneigung beschreibt Zinn so: „Wenn über einen längeren Zeitraum hinweg eine tendenzielle Wachstumsabschwächung der Konsumnachfrage registriert wird, wenn mehr und mehr Märkte an Sättigungsgrenzen stoßen, selbst neue Produkte nur zu einer vorübergehenden Nachfragebelebung führen und bereits erhebliche Überkapazitäten bestehen, dann werden die Investoren vorsichtiger. Sie verlagern das Schwergewicht der Investitionstätigkeit von den arbeitsplatzschaffenden Erweiterungsinvestitionen zu den arbeitsplatzvernichtenden Rationalisierungsmaßnahmen." (S. 67)

Eine empirische Bestätigung der Annahme steigender Sparquoten und verringerter Investitionstätigkeit der Unternehmen sieht Zinn in den seit den 1980er Jahren zunehmenden unproduktiven Finanzanlagen der Unternehmen (sowie in dem ab Mitte der 1990er Jahre zu beobachtenden Börsen-Boom und der „Fusions-Welle"[464]), die zu einer ‚Investitionslücke' und damit zu „Produktionsrückgang, Arbeitslosigkeit und Einkommenssenkung" führte.

Zinn stellt im folgenden in einer anthropologischen „Betrachtung zu Konsum, Sättigung und Rangstreben" eine Typik der Bedürfnisse vor, die als Bedürfnis-Typen die „absoluten" (endlichen, zu sättigenden) Bedürfnisse, die „Vorsorge-Bedürfnisse" (deren Sättigung möglich, aber nicht zwangsläufig sei) und die unendlichen und nie zu sättigenden „relativen Bedürfnisse" unterscheidet, nämlich die Geltungs- und Machtbedürfnisse, die im Prestige- und Luxuskonsum eine Befriedigung suchen.
Zinn vertritt dazu den Standpunkt: „Verteilungspolitisch lässt sich die Maxime vertreten, dass die Befriedigung der absoluten Bedürfnisse Vorrang genießen müsste, so dass die Bedarfsdeckung bei lebensnotwendigen Gütern nicht durch eine Berücksichtigung der relativen Bedürfnisse beschränkt werden darf: Nahrung, Kleidung, Wohnung haben Vorrang vor Demonstrations- und Machtkonsum. Angesichts der Umweltprobleme wäre dann auch zu erwägen, ob sich die Produktion künftig nicht weitgehend auf die Befriedigung der absoluten Bedürfnisse beschränken sollte, während den relativen Bedürfnissen auf umweltunschädliche Weise entsprochen werden müsste, d. h. statt durch wachstumstreibenden Prestigekonsum durch immaterielle ‚Geltungsgüter' – weniger Konsumkultur und mehr Geisteskultur." (S. 80)

Dem wäre hier vor dem Hintergrund der bisher entwickelten Auffassungen absolut zuzustimmen; zu bemerken ist, dass unter der Voraussetzung der Koordinationsmöglichkeiten des Marktes allein und ohne weiteres – nämlich wie oben

---
[464] Bischoff/Boccara/Zinn u. a. (2000)

angedeutet – diese an sich sehr wünschenswerte Lenkung der Produktion ja eben offensichtlich nicht bewerkstelligt werden kann.[465]

Zur Verdeutlichung des in der Gegenwart schon erreichten Ausmaßes von Marktsättigung untersucht Zinn im folgenden einige potentielle, möglicherweise noch unerschöpfte Wachstumsquellen. Die während der vergangenen beiden Jahrhunderte bedeutenden Erschließungsinvestitionen scheinen allenfalls in den „armen, bevölkerungsreichen" Nationen Kapitalanlagemöglichkeiten zu bieten, dies aber – falls die Schuldnerstaaten korrekt zurückzahlen – lediglich vorübergehend, weshalb nach Zinns Einschätzung „das stagnationstheoretische Argument, dass die Industrieländer gegenwärtig nicht mehr über so immense Kapitalanlagemöglichkeiten verfügen wie im 19. Jahrhundert während der Phase der Neubesiedlung und der rentablen Erschließung großer Landflächen (...) als endgültig betrachtet werden [kann]." (S. 83)
Für den „technischen Fortschritt" kommt Zinn zu der Einschätzung, „dass die größeren Erfolge jüngerer technischer Entwicklungen bei den Prozeß- und weniger bei den markterweiternden Produktinnovationen liegen. (...) Vielleicht hat der technische Fortschritt sein Wachstumspotenzial fast erschöpft, so dass er für gewinnwirtschaftliche Zwecke, die während der vergangenen 200 Jahre die Richtung der technischen Entwicklungen im wesentlichen bestimmten, langsam ‚unbrauchbar' wird. Damit gewönne die Technik möglicherweise die Freiheit, direkt zugunsten der Lebensqualität wirksam zu werden, statt ihr über den Umweg gewinnwirtschaftlich getriebenen Wachstums zugute kommen zu müssen." (S. 83)

Vor dem Hintergrund der in dieser Arbeit vorgeschlagenen Konzeption ist dies wiederum ein bemerkenswerter Gedanke: diese würde als orientierungsleitendes Prinzip ja immerhin die Idee der „direkten" Nutzung von Produktionskapazitäten enthalten, also Güterallokation unter Umgehung des Marktes, der insofern in Bezug auf die innerhalb dieses Produktbereiches erzeugten Güter auch keine Wachstumsdynamik entfalten kann.

Zinn stellt die hypothetische Frage nach möglicherweise ganz neuen unerschlossenen Wachstumsquellen und spielt gedanklich einige Möglichkeiten durch, es tauchen aber keine solchen auf.
(Als „sichtbares Zeichen" für die erreichte Sättigung in „Überflussgesellschaften" hebt Reuter an anderer Stelle „die Herausbildung und ständige Bedeutungszunahme von Werbung und Marketing" hervor, die immer größere Anstrengun-

---

[465] Zur Auffassung von ‚Geisteskultur' als ‚Geltungsgut' dürfte kritisch anzumerken sein, dass die wirtschaftstheoretisch übliche und eingewurzelte Erklärungsweise menschlichen Verhaltens durch „Bedürfnisse" verschiedenster Art in diesem Fall nur noch schwer zu plausibilisieren sein dürfte: kann, wer sich aus Gründen unbefriedigten Geltungsbedürfnisses Kulturgüter zugänglich macht, sich ihre tiefere Sinnvermittlung erschließen?

gen zu unternehmen haben, „um die hervorgebrachten Erzeugnisse auf dem Markt abzusetzen.'"⁴⁶⁶)

Zinn spielt einige letzte, teilweise geradezu verzweifelt anmutende Variationen künstlicher oder gezielter Nachfragegenerierung durch wie: Ausdehnung unproduktiver Produktionen (Rüstung, Repräsentationsaufwand), geplanter Verschleiß und geplante Verkürzung der Produktlebensdauer, reparaturfeindliche Produktkonstruktionen oder Überteuerung der Reparaturen, Zwangskonsum durch staatliche Auflagen und Regelungen wie etwa Verkürzung der Untersuchungstermine für Kraftfahrzeuge, Erwirtschaftung steigender Exportüberschüsse, und Umweltschutz. Letzterer ist offensichtlich ein sinnvoller Produktbereich mit guten Wachstumschancen, aber er dürfte eben künftig nicht, wie die anderen, ganz offensichtlich nicht selten praktizierten Konjunkturförderungsmaßnahmen, hinreichen, um nennenswertes beschäftigungswirksames Wachstum hervorzurufen.

4.2.2 Die Tertiarisierungstheorie Jean Fourastiés

Wesentliches Charakteristikum der Perspektive Fourastiés ist wohl ihr „strahlender Optimismus", der sich darauf gründete, dass Fourastié einen harmonischen Wechsel des Schwerpunktes künftiger Beschäftigung von der „sekundären" Produktion zur „tertiären" Dienstleistung erwartete.
Fourastié unterschied drei Sektoren der Gesamtwirtschaft, aber nicht wie „die früheren Strukturtheoretiker" nach statistischen Konventionen, sondern nach der „sektorspezifischen Entwicklung der Arbeitsproduktivität": „..der primäre Sektor weist mittleres Produktivitätswachstum auf" (Landwirtschaft, Urproduktion); „der sekundäre Sektor, dessen Produktivitätswachstum die höchsten Werte aufweist, erhält die gesamte Industrie und die zugehörigen Gewerbe", und „der tertiäre Sektor, also der Dienstleistungsbereich, erreiche nur geringe Produktivitätssteigerungen, weil der technische Fortschritt hier kaum zu Prozessinnovationen führe, und Produktinnovationen tragen nicht zum Produktivitätswachstum bei. Ein anschauliches Beispiel (...) biete der Herrenfrisör: Ein Herrenhaarschnitt erfordert heute kaum weniger Arbeitszeit des Frisörs als vor 50 Jahren." (S. 87) Fourastié hatte nun die Hoffnung, der Dienstleistungsbereich werde „die nicht mehr in der Industrie benötigten Arbeitskräfte aufnehmen wie früher die Industrie die überflüssigen Landarbeiter." (S. 89)

Zinn führt nun die folgende Argumentation zur Begründung der Annahme, Fourastié sei „viel zu optimistisch im Hinblick auf die Anpassungsfähigkeit der reifen Volkswirtschaft an die veränderten Wachstumsbedingungen" (S. 89) gewesen:
Mit der Wachstumsstagnation sind wachstumswirksame Nettoinvestitionen nicht mehr erforderlich, damit verringert sich auch der Bedarf an Sparkapital. „Wenn

---
⁴⁶⁶ Reuter (1999), S. 445.

aber die Sparneigung der Menschen, die ihrem Vorsorgebedürfnis entspringt, unverändert bleibt, ergibt sich bereits ein krisentreibendes Ungleichgewicht – zwischen zu hoher Ersparnis und zu geringer Investition. Die für Agrar- und Industriegüterkäufe nicht mehr benötigten Einkommensteile werden eben nicht automatisch, wie Fourastié erhoffte, für Dienstleistungskäufe ausgegeben. (...) Fourastié hatte – anders als Keynes – nicht erkannt, dass bei steigendem Einkommen nicht nur Sättigung eintritt, die eventuell durch neue Produkte bzw. den Übergang zum Dienstleistungskonsum kompensiert werden kann, sondern dass die Vorsorge- bzw. Sparneigung in Konkurrenz zur konsumtiven Einkommensverwendung tritt." (S. 89)

Ein Strukturwandel werde auch deshalb, so Zinn, viel stockender verlaufen, weil zwar die Industriegüter relativ billiger als Agrargüter geworden waren – was den entsprechenden Strukturwandel zur Industriegesellschaft beschleunigt habe – die Dienstleistungspreise aber relativ höher als die der Industriegüter seien und bleiben, „so dass die Nachfrageverschiebung (...) gebremst wird." (S. 90)

Zinn sieht die Gefahr, dass „der Weg in die Dienstleistungsgesellschaft (..) auch zu Neopauperismus und Neufeudalismus führen" kann. „Neben der abnehmenden produktiven Beschäftigung in Landwirtschaft, Industrie und produktionsbezogenen, qualifizierten Dienstleistungsunternehmen entsteht ein neues Dienstleistungsproletariat, d. h. eine wachsende Schicht von unproduktiv eingesetzten, schlecht bezahlten und auf relativ subalterne Tätigkeiten verwiesenen Arbeitskräften." (S. 92) Zinn weist weiter darauf hin, dass entgegen der Erwartung Fourastiés eine Reihe von Dienstleistungen sich sehr wohl rationalisieren lassen.

Wichtig ist zum angemessen Verständnis dieser Theorie, dass Fourastié „nicht für eine Dienstleistungsökonomie feudalistischen Typs [plädierte], d. h. für eine Gesellschaft, in der sich die Wohlhabenden billige Domestiken leisten können. Der ‚Hunger nach Tertiärem', den Fourastié glaubte unterstellen zu dürfen, betrifft anspruchsvolle Dienstleistungen – Bildung und Erziehung, Kultur, Gesundheits- und Sozialwesen und dergleichen qualifizierte und damit auch angemessen entgoltene Tätigkeiten." (S. 91)
Reuter gibt an, dass Fourastié folgende „wichtige Teilbereiche des tertiären Sektors [nennt]: den öffentlichen Sektor, das Transportwesen, das Hotel- und Gaststättengewerbe, Banken und Versicherungen, das Gesundheitswesen, den Handel und häusliche Dienstleistungen. Typische tertiäre Berufe sind Lehrer, Professor, Schauspieler, Künstler, Artist, Journalist, Schriftsteller, Jurist, Arzt und Geistlicher."[467]

---

[467] Reuter (2000), S. 193. Reuter zitiert aus: Fourastié (1954), S. 96 und S. 98

Wichtig ist an dieser Stelle im vorliegenden Zusammenhang offenbar folgende Beobachtung: zu einen ist offenbar innerhalb der Dienstleistungen zu unterscheiden zwischen „anspruchsvollen" – und weniger anspruchsvollen, darunter etwa die erwähnten „subalternen", persönlichen Hilfs-Dienstleistungen, oder auch die Transaktionskosten verursachenden, wie Zinn darlegt: „.. das Dienstleistungswachstum [verdankt sich] auch einem Anstieg hoher Transaktionskosten. Man stelle sich einmal vor, welche prohibitiv hohen Transaktionskosten anfallen, wenn eine alleinstehende Witwe ihre Vier-Zimmer-Eigentumswohnung in eine Zwei-Zimmer-Eigentumswohnung ‚tauschen' will. Diese volkswirtschaftlich und wohnungspolitisch sinnvolle Transaktion kostet, und zwar i.d.R. für beide Seiten, Maklerprovisionen, Notar- und Gerichtsgebühren, Steuern, Bankspesen etc. Solche Art von Dienstleistungsexpansionen hatte Fourastié nicht im Auge." (S. 95)

Mit Blick auf *diese* Art von Dienstleistungen scheint sich also auch keine wünschenswerte Perspektive zu eröffnen, die zu „Optimismus" berechtigte, während die „anspruchsvollen" Dienstleistungen ja Tätigkeiten beschreiben, die hohes Ansehen und Attraktivität genießen, die als Beruf oder geistiger Habitus jenem Menschentypus zuzuordnen sind, den Fourastié eben als typisch für die tertiäre Gesellschaft erwartete, nämlich den „homo intellectualis".

Gleichzeitig fällt auf, dass offenbar die „anspruchsvollen" Dienstleistungen auch die wären, die nicht zu automatisieren, zu maschinisieren, zu berechnen sind; und diese Unterscheidung würde sich wiederum mit der Unterscheidung nach (berechenbarer) Poiesis und (nicht-berechenbarer) Praxis zur Deckung bringen lassen.

Von den oben genannten Teilbereichen des tertiären Sektors wären z. B. Banken und Versicherungen, Hotel- und Gaststättengewerbe[468], Handel und häusliche Dienstleistungen automatisierbar, nicht jedoch die „tertiären Berufe" Professor, Schauspieler, Künstler, Artist, Journalist, Schriftsteller, Jurist, Arzt (jedenfalls nicht im gesamten Umfang der ärztlichen Tätigkeit) und Geistlicher.

Als wichtiger Gesichtspunkt im Zusammenhang mit der Frage, ob mit einer künftig im tertiären Sektor vollbeschäftigten, mit monetären Einkommen versehenen Gesellschaft zu rechnen ist, ist hier folgender Hinweis Reuters zu werten: „Möglicherweise wollen sich Menschen der tertiären Zivilisation den Garten gar nicht bestellen, die Wäsche nicht waschen und die Milch nicht bringen *lassen*, weil sie diese oder ähnliche Tätigkeiten gerne selbst erledigen. Damit würde die Dienstleistungsproduktion in gewisser Weise subsistenzwirtschaftlich erledigt,

---

[468] Nahezu vollautomatische Hotels sind (zumindest in Frankreich) bereits in Betrieb. Eigene Erfahrung d. V.

liefe also nicht über den Markt und würde demzufolge kein monetäres Einkommen schaffen."[469]

Das würde nun also die „weniger anspruchsvollen" Dienstleistungen betreffen. Zu den anspruchsvollen oder einigen der anspruchsvollen Dienstleistungen wäre aber immerhin die Frage zu stellen, ob man nicht, statt etwa einen Schauspieler, Artisten, Künstler, Schriftsteller zu *engagieren* und *bezahlen*, zumindest hin und wieder nicht lieber selber, unter Freunden, ein Theaterstück würde aufführen wollen, musizieren, vielleicht ein Gedicht oder eine Reisebeschreibung verfassen, oder auch artistische Darbietungen würde aufführen wollen. Und auch das wäre hier ein Gesichtspunkt: dass zur Vervollkommnung gerade der höchsten, wertvollsten Kunstgenüsse nicht unmaßgeblich auch eine Atmosphäre zumindest der Illusion von Vertrautheit gehört, in etwa so, als handle es sich um eine private Begegnung unter Freunden, und eben nicht um eine kommerzielle Dienstleistung, im Interesse der gegenseitigen Nutzenmaximierung.

Diesem Gedanken lässt sich die folgende Bemerkung Reuters anschließen: „Über die Einkommenselastizität der Nachfrage nach den angeführten Dienstleistungen lässt sich natürlich trefflich streiten."[470] Die obigen Überlegungen sind – auch aus diesem Gesichtspunkt der Einkommenselastizität der Nachfrage nach Dienstleistungen – offenbar am ehesten auf den Nenner zu bringen, dass tendenziell eher mit einem Nachlassen der Wirksamkeit „kommerzieller" Motive, von Wettbewerb, Nutzenmaximierung und Marktkoordination zu rechnen ist; Jean Fourastiés Annahme war entsprechend die „Metamorphose des ‚homo oeconomicus' zum ‚homo intellectualis' (...). Während der ‚homo oeconomicus' Symptom der Knappheitsgesellschaft ist, in der der Umgang mit dem allgegenwärtigen Mangel zu rationierendem Verhalten zwingt, steht der ‚homo intellectualis' für die Überflussgesellschaft, in der ökonomisches Verhalten angesichts schwindender Knappheiten an Bedeutung verliert und immaterielle, geistige Dinge sukzessive in den Vordergrund rücken."[471] Der „homo intellectualis" ist, wie sich hier als Gesichtspunkt vielleicht anfügen lässt, auch eher selten eindeutig von kaufmännischen Antrieben zur Nutzenmaximierung dominiert, was die Annahme einer tendenziell abnehmenden Wettbewerbsdynamik in diesem Sektor bestätigte.

4.2.3 Zur wohlstandstheoretischen Wachstumsskepsis

Hier mag folgendes Zitat Zinns zur Charakterisierung dieser Auffassung genügen: „Jede Güterproduktion ist verbunden mit der Produktion von ‚Ungütern'.

---
[469] Reuter (2000), S. 194
[470] Reuter (2000), S. 193
[471] Reuter (2000), S. 191

Beispielsweise bringt das Autofahren Lärm, Abgase, Unfälle und andere Wohlstandsminderungen mit sich. Diese Negativeffekte werden entweder ‚hingenommen' und reduzieren damit die Lebensqualität der Betroffenen, oder es wird versucht, die Wirkungen der ‚Ungüter' zu vermindern. Gegen Lärm werden beispielsweise Lärmschutzwände gebaut. Solche ‚Kompensationsgüter' gehen als positiver, wachstumssteigernder Beitrag in das Sozialprodukt ein, womit Wohlstandssteigerung nur vorgetäuscht wird. Offenkundig kann nun eine Situation eintreten, in der Wohlstandsgewinn aus der Güterproduktion geringer ist als der Wohlstandsverlust durch die negativen ‚Nebeneffekte'. Hierbei ist in Rechnung zu stellen, dass der Wohlstandsgewinn (Grenznutzen) des Konsumwachstums sinkt, aber zugleich mit der Kumulation negativer Effekte des Wachstums steigendes ‚Grenzleid' verbunden ist. So mögen zehn tägliche Flugbewegungen für die Anwohner in einer Anflugschneise eines Flughafens noch verkraftbar sein, aber was darüber hinaus geht, führt zu überproportional steigenden Gesundheitsschäden durch Lärm."[472]

4.2.4 Zur ökologischen Wachstumskritik

„Die massivste Wachstumskritik gründet sich auf die lebensgefährlichen Umweltzerstörungen und die rapide Erschöpfung unvermehrbarer Naturvorräte. Wenn die Gattung durch die Umweltschäden des Wachstums in Frage gestellt wird, so lässt sich keine Krämerrechnung über Grenznutzen und Grenzleid des Wachstums mehr aufmachen, sondern es geht um die Existenz des Menschen schlechthin." (Zinn, S. 37)

Die Tatsache, dass gewöhnlich die positiven (Wohlstands-)Effekte des Wachstums zuerst und die negativen wesentlich, u. U. eine Lebensspanne später eintreten, dass also „die lebende Generation (..) zu Lasten der kommenden Menschheit" (S. 37) wirtschaftet, ist der Grund, weshalb die Marktprinzipien hier trotz einiger unternommener Versuche der „Internalisierung externer Effekte und Umweltprobleme" durch Verkauf von Umweltzertifikaten o. ä. auch dem „Mainstream" der Ökonomie als nicht ausreichend steuerungsfähig gelten, wie schon gesehen: „Kann man im Zusammenhang mit externen Effekten von einem Marktversagen sprechen? In einem gewissen Sinne und bis zu einem gewissen Grade, ja!"[473]

Zu Lösungsversuchen mit marktwirtschaftlichen Mitteln nach diesem Muster merkt Zinn an: „..welche Kriterien sollen angewendet werden, um die ‚richti-

---

[472] Zinn (1994), S. 36/37.

[473] Herberg (1985), S. 305. Herberg war allerdings der Ansicht, es sei eher von Politikversagen zu sprechen, da die Politik den von ihm favorisierten Vorschlag der Ausgabe dann frei verkäuflicher Umweltzertifikate nicht umsetze. Dass aber die Tatsache, dass das koordinierende Eingreifen ‚der Politik' ja auch in dieser Variante unerlässlich wäre, eben das Versagen des Marktes *darstellt*, aus sich und un-'dirigiert' Wohlstand und nicht Un-Wohlstand zu erzeugen, bleibt Herberg verborgen.

gen' ökologischen Preisaufschläge zu ermitteln, und welche Institutionen haben genügend Macht, um solche letztlich nur verantwortungsethisch zu begründenden Preiserhöhungen durchzusetzen?" (S. 38)

Zinn zieht folgendes Resümee: „Wenn die (äußere) Natur dem Wirtschaftswachstum Grenzen zieht, so bedeutet dies einen erzwungenen Wachstumsverzicht. Stößt Wachstum hingegen an Grenzen, die sich daraus ergeben, dass das Wachstum sozusagen seine geschichtliche Aufgabe, den Menschen von drängender Knappheit zu erlösen, erfüllt hat, dann ergibt sich eine ganz andere Art von Zwang, nämlich der, des gesellschaftlichen Wohlstands halber das Wirtschaftssystem derart zu verändern, dass es auch bei Stagnation stabil bleibt." (S. 39)

Da, wo keine weitere Wohlstandssteigerung durch Markt und Wettbewerb mehr möglich ist, sind statt der mit der Marktsteuerung unvermeidlich einhergehenden unberechenbaren Wachstumsdynamik offenbar statische, berechenbare Strukturen der Produktion, Allokation und Verteilung wünschenswert. Im folgenden soll nun mit zunehmender Konzentration auf die technisch-informatischen Aspekte des avisierten Produktionsmodells näher die Fragestellung verfolgt werden, wieweit dieses auch im Sinne einer derartigen Zielsetzung als zielführend angesehen werden kann.

4.3 Perspektiven des „sekundären Sektors"

Zur Einleitung in den folgenden Gedanken sei an einen Aspekt der Sichtweise des Unternehmens der „traditionellen" Organisationslehre erinnert:
„In der traditionellen Organisationslehre (z. B. Kosiol) wird das Unternehmen als rechtliche und wirtschaftliche Einheit angesehen, die unter einheitlicher, für den Geschäftserfolg verantwortlicher Leitung steht; diese Leitung (= dispositiver Faktor) steuert den bedarfsgerechten und wirtschaftlichen Einsatz der Ressourcen innerhalb dieser Unternehmensgrenzen. Die Überwindung unternehmerischer Unsicherheiten (Liefertreue von Lieferanten, Absatzmarktschwankungen usw.) erfolgt durch Investitionen in Slack-Ressourcen (Lager für Material und Fertigprodukte, Kundenwartezeiten usw.)." [474]

Es ist an dieser Stelle kurz zu vergegenwärtigen, dass in gewisser Weise das gesamte System der Marktkoordination als durch solche Slack-Ressourcen ‚gepuffert' zu betrachten ist.
Als das denkbare Optimum von Koordination wäre der Weg von Produktionsfaktoren zu betrachten, den diese als kürzesten hätten nehmen müssen, um, von einer zustande gekommenen Konsumentscheidung aus rückwärts gesehen, das einen Kauf auslösende Produkt zu erzeugen. Dies wäre dann gegeben, wenn ein über den anonymen Markt zu seinem Käufer gelangtes Produkt von diesem *direkt* bei seinem Produzenten bestellt worden wäre; das *ex post* von einem getätigten Kauf aus verfügbare Wissen wäre dann als Planungswissen *ex ante* einem Produzenten verfügbar gewesen, und dieser wäre unter der Voraussetzung in der Lage, seine Produktion und Lagerhaltung etc. gezielt zu planen und Kosten einzusparen.
Er hätte eben nicht das prinzipielle Problem der Entscheidung unter Unsicherheit, das die Existenzsituation von für den Markt produzierenden Unternehmen gewöhnlich ausmacht, und welche die Pufferung durch Slack-Ressourcen – als welche ja auch Teile der Lagerbestände des Groß- und Einzelhändlernetzes betrachtet werden können, das ja (fast) immer eine gewisse Überschussproduktion aufnehmen muss – erforderlich macht.
Die Marktkoordination ist daher nur *relativ* effizient – aber unter den gegebenen Möglichkeiten die effizienteste. In der Regel sind die notwendigen Informationen für einen Produzenten nicht in der erforderlichen Genauigkeit zu beschaffen – wünschenswert wäre es.

K. G. Zinn hat, wie gesehen, die Perspektive einer Entwicklung technischen Fortschritts angedeutet, in welcher „die Technik möglicherweise die Freiheit [gewinnt], direkt zugunsten der Lebensqualität wirksam zu werden, statt ihr über

---
[474] v. Eiff (1992), S. 75 ff.

den Weg gewinnwirtschaftlich getriebenen Wachstums zugute kommen zu müssen."

Er hatte an anderer Stelle für die Erwägung argumentiert, „ob sich die Produktion künftig nicht weitgehend auf die Befriedigung der absoluten Bedürfnisse beschränken sollte, während den relativen Bedürfnissen auf umweltunschädliche Weise entsprochen werden müsste; .."[475]

Diese drei Gedanken scheinen mit einer unverkennbaren Geradlinigkeit auf „planwirtschaftliche" Erwägungen hinauszulaufen – planwirtschaftliche Koordinationsweisen waren hier aber schon als undurchführbar kritisiert worden.

Zwei Amerikaner[476] sprachen ab Anfang der 90er Jahre von einer „Wirtschaftsrevolution", deren „Herzstück" „ein Produkt neuer Art" sei. „Sein wichtigstes Kennzeichen: Es kann jederzeit, überall und in jeder Form und Größe verfügbar gemacht werden." (a.a.O., S. 11)
Gemeint war ein kundenindividuelles Produkt, das im „Idealfall" vollständig individualisiert, „jederzeit und überall" – und möglichst kostengünstig – verfügbar sein sollte. *Davidow / Malone* nannten dieses Produkt „virtuelles Produkt", unter Bezugnahme auf die für die Großrechnertechnologie der 50er Jahre bzw. deren Betriebssysteme typische Arbeitsweise, eine für einzelne Anwender nicht spürbare Aufteilung der Rechnerressourcen zu erreichen. Insofern ist diese Bezeichnung für ein Produkt, das sich vor allem durch seine Eigenschaft auszeichnet, kundenindividuell hergestellt worden zu sein, ein wenig weit hergeholt, was die Autoren auch zugestehen. Als Charakterisierung für eine vorstellbare Produktionsweise bzw. einen Zugriff auf Produktionskapazitäten nach diesem Vorbild wäre diese Begrifflichkeit aber sehr wohl aussagekräftig: ein Anwender greift auf Produktionskapazitäten zu, „als ob" ob es „seine" Fabrik oder Werkstatt wäre, und erhält das gewünschte, nach individuellen Präferenzen gefertigte Produkt.
Davidow / Malone beziehen sich explizit auf die „Vision" des „Futuristen" *Alvin Toffler*, der schon 1980 „zum ersten Mal von ‚Prosumenten' (Produzent gleich Konsument) und einer ‚Ent-Massung' der Produktion sprach", dessen Ideen für „utopisch" gehalten worden seien, da „im Puzzle zu viele Teile" fehlten. (a.a.O., S. 14)

Inzwischen ist dieses Puzzle erheblich vervollständigt worden. Das inzwischen entstandene produktionswissenschaftliche und wettbewerbsstrategische Konzept

---

[475] Zinn (1994), S. 80

[476] Davidow / Malone (1993); diese dürfen als planwirtschaftlich-sozialistischer Gedankenspiele vollkommen unverdächtig gelten.

„Mass Customization" ist in einer beeindruckenden Arbeit von *F. T. Piller*[477] umfassend und detailliert sowohl betriebswirtschaftlich bzw. aus der Bewertung technischer und marktlicher Umfeldfaktoren begründet worden, als auch mit Blick auf seine technische und organisatorische Umsetzung praxistauglich beschrieben worden. Dieses Konzept soll im folgenden umfassend referiert werden.

Es soll zuvor aber noch einmal das „Interesse" rekapituliert werden, aus dem im Zusammenhang der in der vorliegenden Arbeit bearbeiteten Fragestellung dieses Konzept betrachtet wird. Die „Hoffnung", die sich aus dem in dieser Arbeit dargelegten Erkenntnisinteresse an dieses Konzept knüpft, ist die, dass es als technologische und organisatorische konzeptionelle Basis ermöglichen könnte, einzelnen oder Gruppierungen von Verbrauchern das Angebot (als „Dienstleistung") zu eröffnen, Produktionsleistung zur Deckung eines (notwendigen) wiederkehrenden Bedarfs zu erwerben, um individuellen Nutzenpräferenzen entsprechend ihren Bedarf zu decken. Es wäre so u. a. möglich, im gegenseitigen Einvernehmen der „Prosumenten" die „Produktion" auch nach überindividuellen Gesichtspunkten, wie etwa ökologischen, zu steuern, also etwa nach Stoffumsatz zu dimensionieren; sowie weiter das oben genannte Problem der Pufferung durch Slack-Ressourcen zu minimieren, sowie ebenfalls eine – nachfragegesteuerte – Konzentration der industriellen Produktion auf das *notwendige Produkt* zu begünstigen.

In dieser Konstellation könnte als Zielsetzung die Erreichung einer annähernden wirtschaftlichen Autarkie[478] anvisiert werden, verstanden als Sicherung eines basalen, „rationalen", entwickelten und durch die „Prosumenten" selbst begründeten und definierten Bedarfs. In dieser Konstellation würde die Definition eines rationalen Bedarfs nicht eine „erzwungene" Einschränkung bedeuten, sondern die Definition eines mit einiger Sicherheit nicht zu unterschreitenden Minimums, bei gleichzeitig bestehen bleibender *Möglichkeit* einer *Überschreitung* dieses Minimums, jedoch bei Fortfall des „*Zwangs*" zur ständigen Erweiterung und Überschreitung des jeweils herrschenden Standards.

Es würde insofern in etwa eine Zielsetzung avisiert, wie sie mit dem Vorschlag eines monetären Grundeinkommens angestrebt werden sollte („real freedom for all"[479]), dessen Realisierbarkeit aber zweifelhaft erscheinen muss, weil ein sol-

---

[477] Piller (2000), wie bereits vorgestellt.

[478] Der schon vorgestellte Vorschlag D. Ottens sah Veranlassung zu der Annahme, „dass die Zukunft der Arbeit ganz wesentlich von der Herausbildung eines genossenschaftlichen Typus bestimmt wird, in dem die technologischen und die sozialen Probleme der dritten industriellen Revolution aufgefangen werden können." Er stellte „integrierte, autonome Produktionsgenossenschaften als betriebliches Modell der dritten industriellen Revolution" vor, mit dem konzeptionellen Vorteil (u.a.) der Nutzung „dezentraler Vernetzung", und der von Otten – zu Recht! – prophezeiten „miniaturisierten" neuen Technologien. (Otten 1982)

[479] Parijs, Ph.: Real Freedom for all. What (if anything) can justify capitalism? Oxford 1995. Ulrich zitiert folgende Definition dieses Begriffes durch Parijs: „I shall use the term real freedom to refer to a notion of free-

ches Grundeinkommen aus marktwirtschaftlich erarbeiteten Überschüssen per Umlage oder aus Steuermitteln würde finanziert werden müssen und insofern a) von allen Unsicherheiten der umgebenden Wirtschaftsentwicklung abhängig sein würde, und b) in jedem Fall einen enormen politischen Eingriff in die private Verfügung über erwirtschaftetes Einkommen der Angehörigen eines politischen Gemeinwesens darstellte.

Insofern bewegt der hier dargelegte Vorschlag sich also vollständig innerhalb der Koordinations- und Kooperationsmöglichkeiten der marktlichen Wirtschaftskoordination, sowie innerhalb des konstitutionellen und politisch-rechtlichen Rahmens und der in der Gegenwart erreichten demokratischen und sittlich-moralischen Standards.

Es wird im folgenden also eine marktlich-gewinnwirtschaftlich induzierte Entwicklung betrachtet, die nach der hier dargelegten Auffassung zu Hoffnungen auf einen dadurch ermöglichten Zuwachs an gesellschaftlicher Rationalität Anlass gibt. Sollten diese sich bestätigen, so wäre damit einmal mehr begründet, dass sprachlich-intentionale, politische Steuerung auch nur bedingt produktiv fruchtbare Resultate hervorbringen kann; auf der anderen Seite gilt eben dies für die marktlich-systemische Steuerung, die ohne korrigierende Impulse durch die diskursive Vernunft ebenfalls nicht die gewünschte wohlstandserzeugende Wirkung entfalten kann.[480]

Die folgende Darstellung wird sich also – auch in der Gliederung – weitgehend an die Vorstellung des Konzepts der „Mass Customization" bei *F. T. Piller* halten.

---

dom that incorporates all three components – security, self-ownership, and opportunity – in contrast to formal freedom, which only incorporates the first two." In: Ulrich (1997), s. 263

[480] Der amerikanische Ökonom Robert L. Heilbronner hat diese Auffassung in einem 1996 erschienen Aufsatz vertreten. Dessen Zusammenfassung in einer deutschen Übersetzung lautet: „Robert Heilbronner weist nach, dass die Überlebensfähigkeit des kapitalistischen Wirtschaftssystems auf Dauer von der Kooperation des öffentlichen und des privaten Sektors abhängt. Nicht nur bedarf das Privateigentum, auf dem der Kapitalismus gründet, gesetzlicher Garantien, sondern auch die Prozesse des Marktes und der Kapitalakkumulation sind von staatlicher Regulierung abhängig. Ihren eigenen Gesetzmäßigkeiten überlassen, führen beide zu Fehlentwicklungen wie Arbeitslosigkeit, Zerstörung der Umwelt, Versiegen des Wachstums, mangelhafte Ausstattung mit Infrastruktur aller Art, die die Zukunft des Kapitalismus gefährden." R. L. Heilbronner: Die Politische Ökonomie des Kapitalismus. In: Fricke (Hrsg.) (1996); S. 159 f

4.3.1 Neue IuK-Technologie und Entstehung der „Informationsgesellschaft"

Piller bemüht sich nicht um einen normativ gefassten Begriff von Informationsgesellschaft, sondern um die Entwicklung einer „globalen Umfeldbeschreibung", der Beschreibung der „inner- wie außerbetrieblichen Umwelt" als „wichtiger Einflussfaktor der industriellen Produktion"[481]. Zur Bestimmung des Begriffs bezieht Piller sich 1) auf den Entwurf einer „postindustriellen Gesellschaft" nach *D. Bell*[482] (aus welchem Piller die durch IuKT ermöglichte Orientierung des Handelns an „gesichertem Wissen anstelle intuitiver Urteile" und der daraus resultierenden Dominanz von Wissen und Information in Gesellschaft und Wirtschaft hervorhebt); 2) auf ein auf dem Drei-Sektoren-Modell nach Fourastié beruhendes Vier-Sektoren-Modell nach *Machlup, Porat* und *Masuda*[483], die dieses um den vierten Sektor „Information" erweitern; 3) auf den Begriff der Informationsgesellschaft bei Alvin Toffler („Dritte Welle"); und 4) auf die Interpretation der Informationstechnologie „als Basis-Innovation des fünften Kondratieff-Zyklusses".[484]

Die in der vorliegenden Arbeit behandelte Sättigungs- bzw. Beschäftigungsproblematik betrachtet Piller nicht. Er verwendet den Begriff in folgender Absicht: „Im folgenden soll der Begriff der Informationsgesellschaft in erster Linie als (Leit-)Bild für eine Wirtschafts- und Gesellschaftsform verstanden werden, ‚in der die Gewinnung, Speicherung, Verarbeitung und Nutzung von Informationen und Wissen einschließlich wachsender Möglichkeiten der interaktiven Kommunikation eine entscheidende Rolle spielen.'"[485]

Im Zusammenhang der vorliegenden Fragestellung ist das Nachzeichnen der Entstehung der „Informationsgesellschaft" (in dieser deskriptiven Fassung) von Interesse, um die evolutionäre Dynamik der ineinanderwirkenden Faktoren IuK-Technik, Marktsituation, Wettbewerb und Unternehmensorganisation aufzuzeigen; dies jedoch vor dem Hintergrund des hier aufgespannten Wertehorizonts.

4.3.1.1 IuK-Technologie als Entwicklungstreiber

Betriebswirtschaftlich wird Information auch als Produktionsfaktor betrachtet, da „unternehmerischen Entscheidungen (...) stets Informationsbeschaffungspro-

---

[481] Piller (2000), S. 68

[482] Bell (1973); Bell (1980)

[483] Machlup (1962); Masuda (1981); Porat (1973)

[484] Piller (2000), S. 73

[485] Piller (2000), S. 75. Piller zitiert aus dem Papier „Informationsgesellschaft – Chancen, Innovationen und Herausforderungen, Rat für Forschung, Technologie und Innovation" des Bundesministerium für Bildung, Wissenschaft, Forschung und Technologie (BMBF) (1995a), S. 9f.

zesse vorausgehen." (S. 20) Insofern ist Information dem dispositiven Faktor zuzuordnen. „Mit steigender Menge relevanter Informationen kann ein Unternehmen eine größere Anzahl von Handlungsalternativen berücksichtigen." Information und Kommunikation verbessert ebenfalls den „Vollzug der arbeitsteilig organisierten Leistungserstellung von Industriebetrieben." (S. 22)
Eine weitere ökonomische Bedeutung der Information „beruht auf der Rolle der systematischen Entdeckung und Ausnutzung von Informationsvorsprüngen als Grundlage des Wettbewerbs in dynamischen Märkten." (S. 23)
Hieraus wird deutlich, dass die Entwicklung der IuK-Technologie in den diese anwendenden Unternehmen erhebliche Wirkungen entfalten kann. IuK-Technologie wird daher auch als „Driver", als treibende Kraft von innerbetrieblichen, etwa organisatorischen Veränderungen betrachtet.

4.3.1.1.1 Entwicklungstrends

Die wichtigsten Entwicklungstrends, die Piller beschreibt, sind „Kapazitäts- und Leistungssteigerungen, Offenheit, Standardisierung und Skalierung, Dezentralisierung und Verteilung, Integration, informatorische Vernetzung auf Basis der Internet-Technologie, agentenbasierter Aufgabenvollzug sowie Zusammenarbeit und Mobilität." (S. 25)

Zur Verdeutlichung der eingetretenen *Kapazitäts- und Leistungssteigerung* wird meist (wie auch hier) auf das Mooresche Gesetz verwiesen, das besagt: „Alle 18 Monate verdoppelt sich das Produkt aus Integrationsdichte und Verarbeitungsgeschwindigkeit und damit die Leistungsfähigkeit von Computerchips, während der Preis konstant bleibt."[486] Piller äußert die Erwartung, dass das Gesetz noch bis mindestens 2012 Gültigkeit behalten wird. (S. 27)
Im Bereich der Telekommunikationsnetze sind Fortschritte der Datenübertragungsraten zu verzeichnen, sowie der die Übermittlungskapazitäten beeinflussenden Übertragungsprotokolle. Detaillierte Angaben sind dazu an dieser Stelle verzichtbar.

Als „konstituierendes Merkmal der Informationsgesellschaft" gilt *Offenheit*, als „Voraussetzung der intraorganisationalen (innerbetrieblichen) und interorganisationalen (zwischenbetrieblichen) Vernetzung." „Je größer ein Netzwerk ist und je mehr Teilnehmer angeschlossen sind (,installierte Basis'), desto größer ist in der Regel sein Nutzen." (S. 32) Um die Kommunikation innerhalb großer Netzwerke zu ermöglichen, sind auf Offenheit angelegte Standards wichtig.

---

[486] Wie Piller berichtet, wurde das Gesetz 1965 vom Intel-Gründer Gordon Moore erstmals formuliert. „Die Leistungssteigerungen werden allerdings mit Entwicklungskosten erkauft, die im Quadrat mit jeder Generation ansteigen." Piller (2000), S. 26.

Zur Bewältigung der *Datenübertragung* im Austausch zwischen zwei Netzknoten sind standardisierte Sprachen („Protokolle") geschaffen worden; Piller weist hin auf die inzwischen starke Verbreitung der Internet-Protokoll-Siute TCP/IP (Transmission Control Protocol/Internet Protocol).
Als weiteren Entwicklungstrend nennt Piller die *„Auflösung zentraler Strukturen"*, auf der Basis der Client/Server-Technologie oder des Network Computing auf Basis der Objekttechnologie.

Der Trend der *Integration* ist zu beobachten sowohl als *Medienintegration* („computergesteuerte Speicherung, Bearbeitung und Wiedergabe sowie Übertragung von Kombinationen aus Text, beweglichen und stehenden Bildern und Ton"; „Multimedia", „Multimedia User Interfaces") als auch als *Integration der Inhalte* (Datenintegration, CIM, betriebswirtschaftliche Standardsoftware wie SAP R/3; Enterprise Ressource Planning). Neuerdings kommt auf der Grundlage der Internet-Nutzung die interorganisationale Datenorganisation zum Einsatz (als „Supply Chain Management (SCM)" die Integration der Daten einer gesamten Prozesskette von Zulieferern, Händlern und Abnehmern). Ziel ist die „umfassende Koordination der Aktivitäten innerhalb eines logistischen Netzwerks im Sinne einer Abstimmung der Informations- und Kommunikationsprozesse mit den Güterflüssen." (S. 40)

„Der Trend zur *informatorischen Vernetzung* beschreibt die Überbrückung der Schnittstellen zwischen den unterschiedlichsten intra- wie interorganisationalen Systemen zum Zwecke der Transaktionsunterstützung, Nutzung gemeinsamer Datenbestände, Prozessverknüpfung, Verhandlung sowie des Wissenstransfers." (S. 41)
Eine typischerweise zu beobachtende Wirkungsweise der IuK-Technologie beschreibt Piller in folgendem Satz: „Eine schnellere, kostengünstigere, raum- und zeitüberbrückende Datenübertragung und Informationsverarbeitung ermöglichen Organisationsformen, die zwar schon immer latent erwünscht waren, aber nicht realisierbar schienen."(S. 41) Piller stellt dann in einem ausführlichen Überblick Entwicklungen etwa des *Electronic Commerce* sowie einer Reihe von häufig genutzten Internet-Diensten vor.

Einen weiteren Trend sieht Piller im *agentenbasierten Aufgabenvollzug*. Er stellt eine Tabelle mit „Anwendungsfeldern intelligenter Agenten" vor (S. 52) sowie einige Beispiele existierender Agenten im WWW (S. 53). Mit Blick auf die oben aufgeworfenen Fragestellungen ist an dieser Stelle zu bemerken, dass die von Piller vorgestellten Anwendungsfelder intelligenter Agenten alle (noch) eine strikt nutzergebundene Zielorientierung erkennen lassen.

4.3.1.1.2 Prognose der Entwicklungen

Zur Prognose zukünftiger Entwicklungen wertet Piller zwei Delphi-Studien aus: die Studie „Forecast of Emerging Technologies"[487] der amerikanischen George-Washington-Universität, und die vom BMFT 1998 durchgeführte Studie „Delphi 1998 – Studie zur globalen Entwicklung von Wissenschaft und Technik".[488]

Zur Datenbasis der Untersuchung der ersteren Studie gibt Piller an, dass die George-Washinton-Universität „regelmäßig eine Gruppe von Experten zu den Entwicklungschancen von 85 Technologien aller Bereiche" beragt.

Die Ergebnisse dieser Untersuchung sind nach Themenbereichen zusammengefasst worden, von denen hier die Bereiche „Information Services" und „Manufacturing & Robotics" Beachtung verdienen.
Im Bereich „Information Services" wird für das Jahr 2006 mit einer breiten Anwendung des „Distance learning" an Schulen und Universitäten auf der Basis von Lern-Programmen und interaktiven Seminaren gerechnet.[489] Für das Jahr 2009 wird hier mit einem das Papier, Schecks und Bargeld als prinzipielles Zahlungsmittel ablösenden „Electronic banking and cash" gerechnet.[490]

Die Erwartungen im Bereich „Manufacturing and Robotics" sind folgende:

Jahr 2011: „Mass Customization" ist allgemein (30%) verfügbar.
Jahr 2012: Computer Integrated Manufacturing (CIM) „is used in most (80%) factory operations".
Jahr 2015: „Due to automation, factory jobs decline to less than 10% of the work force."
Jahr 2016: „Sophisticated robots: Robots that have sensory input, make decisions, learn, and are mobile become commercially available."

Zur Erwartung, dass die Beschäftigung in "factories", also im sekundären Sektor, auf unter 10% fallen wird, ist unvermeidlicherweise hier anzumerken, dass eine solche Erwartung ja nur dann als beschäftigungspolitisch unproblematisch eingeschätzt werden kann, wenn man nach Vorbild der „großen Hoffnung" Jean Fourastiés eben von einer grenzenlosen Aufnahmefähigkeit des tertiären Sektors ausgeht; dazu sind hier jedoch schon dies bezweifelnde Auffassungen bzw. Argumente vorgetragen worden.

---

[487] Als Quelle gibt Piller an: Halal/Kull (1997), S. 26-28

[488] „Delphi '98 – Studie zur globalen Entwicklung von Wissenschaft und Technik", Band 1, im Auftrag des BMBF durchgeführt vom Fraunhofer Institut für Systemtechnik und Innovationsforschung (ISI).

[489] ..eine Zukunftserwartung, die von (zu) optimistischen Hoffnungen auf bedeutende bzw. hinreichende Beschäftigungspotenziale der Dienstleistungsgesellschaft ins Kalkül gezogen werden sollte.

[490] ..und damit einem weiteren „Dämpfer" für die Hoffnungen auf eine tertiäre Vollbeschäftigung.

Die ISI-Studie aus dem Jahr 1998 kommt zu vergleichsweise undramatischen Ergebnissen bzw. Erwartungen. Thematisiert werden etwa „Neue betriebliche Organisationsformen", „Multimedia als Alltagstechnik", „Telearbeit und vernetzte Unternehmen" und „Produktrecycling und nachhaltige Landwirtschaft." (Piller, S. 59)
Für die Zeit ab 2010 wird erwartet: „Entlastung der Verkehrsströme durch Kommunikationssysteme" (durch Teleworking, Videokonferenzen und Entmaterialisierung von Transportströmen durch Bündelung von Verkehrsströmen); „Neue Weiterbildungssysteme in Beruf und Alltag"; „Neue Energiequellen und –einsparpotentiale" (etwa durch Substitution energieintensiver Prozesse und Reduktion der verkehrsbedingten Umweltbelastung durch siedlungsstrukturelle Veränderungen).

Explizit arbeitssparende technisch-organisatorische Innovationen werden hier als solche bzw. hinsichtlich dieser Wirkungspotenziale nicht genannt, obwohl etwa die erwartete „Entlastung der Verkehrströme" ja auf eine „Verringerung des berufsbedingten Verkehrsaufkommens" abzielte bzw. dadurch verursacht wäre; damit wäre nun aber auch eine (verkehrspolitisch ja wünschenswerte) Abnahme der Beschäftigung im Güterfern- und Nahverkehr vorstellbar (wiederum mit Folgewirkungen etwa über abnehmende Nachfrage nach Transport-Fahrzeugen auf die Beschäftigung im Fahrzeugbau).

Der 1995 erschienene „Delphi-Report: Innovationen für unsere Zukunft"[491] kam zu wesentlich deutlicher pessimistischen Beschäftigungserwartungen, wie im Vergleich festzustellen ist. Zur Einleitung in die Fragestellung „Wie sieht die Fabrik der Zukunft aus" wird gleich festgestellt: „Der Delphi-Report ist *keine* Analyse zur *Zukunft der Beschäftigung*"[492], um durch die vorgestellten Untersuchungsergebnisse fast zwangsläufig provozierten Fragestellungen in dieser Richtung offenbar vorzubeugen.

„Die Delphi-Experten sagen, dass um das Jahr 2000 Geräte und Maschinen entwickelt werden, die leichte Störungen selbst beseitigen und sich damit eigenständig reparieren können. Wartungspersonal wird dann nicht mehr benötigt." (a.a.O., S. 154)
Eine weitere "Vision" betrifft "Computer im Dienstleistungsgewerbe", etwa im Hotel-Service (s. 155).
„Fünf Jahre später wird ein Fernwirksystem allgemein eingesetzt, mit dem hochentwickelte und komplizierte Anlagen und Maschinen von außerhalb der Fabrik gesteuert und gewartet werden können. (...) Eine industrielle Fertigungsstraße, die von außen gesteuert und gewartet wird, kann tatsächlich menschen-

---

[491] Grupp (1995)

[492] Grupp (1995), S. 154. Kursiv-Setzung im Original.

leer sein. (..) Kurz nach dem Jahr 2005 werden intelligente Roboter entwickelt, die in menschenleeren Fabrikhallen Kontrollgänge durchführen und im Falle von Störungen sämtliche Probleme lösen. Einige Jahre später dürften die ersten menschenähnlichen Roboter zu besichtigen sein, die zur Fortbewegung Hände und Füße benutzen und damit den Menschen in der Produktion auch an solchen Plätzen ersetzen können, wo dies zur Zeit nicht möglich ist." (S. 155) Grupp merkt hierzu jedoch an, dass 40% der beteiligten Experten „die Entwicklung für unnötig oder unerwünscht halten", und zwar werden nicht etwa „unüberwindbare technische Probleme" gesehen, sondern ein festzustellender „Mangel an gesellschaftlichem Bedarf". (S. 156)

Zu etwa aufkommenden Fragen zur Beschäftigungslage merkt Grupp an: „..wenn die Roboter aller Ausprägungen in einem anderen Land als Deutschland zur Reife kommen, funktionieren und nicht zu teuer sind, werden sie auf den Weltmärkten angeboten, ob wir nun wollen oder nicht. Werden sie erst einmal angeboten, findet sich auch hier ein Käufer. So kann auch Zurückhaltung bei der Erforschung und Produktion neuer Roboter zu einem Verlust von Arbeitsplätzen führen – eine zweischneidige Angelegenheit!" (S. 156)

Bemerkenswert sind vor dem Hintergrund der in dieser Arbeit entwickelten Fragestellung zwei Beobachtungen, nämlich zum einen die, dass technische Innovationen möglicherweise durch die Annahme behindert oder begrenzt werden, dass für sie kein „gesellschaftlicher Bedarf" bestehe (eine Formulierung, die m. E. von „wirtschaftlichem" Bedarf bzw. positiver Markt-Nachfrage unterschieden werden will), die aber bei Vorliegen oder „Begründen" eines gesellschaftlichen Bedarfs aktiviert werden könnten; und zum anderen die, dass hier offensichtlich die sich nun abzeichnende Tendenz zur die fortschreitende Automation begleitenden *Flexibilisierung*[493] als Zukunftstrend noch nicht ins Blickfeld geraten ist. Zu bemerken ist, dass diese Flexibilisierung einerseits die angedeutete Problematik der Beschäftigung zunächst abmildernde Wirkungen hat, da wegen zunehmender Komplexität der Produktionsprozesse die Produktivität auch relativ abnimmt, sie andererseits aber auch erst die hier angedeutete Perspektivität eröffnet.

4.3.1.1.3 Diffusion der IuK-Technik

Wie Piller darlegt, hatte bisher keine Technologie eine „derartig kurze Diffusionszeit" wie die IuK-Technologie. Zur Erklärung diskutiert Piller drei zu dieser Beobachtung in ursächlichem Zusammenhang stehende Bereiche: „..der stetige Verfall der Preise für IuK-Technologien, der zunehmende Nutzen, den die

---

[493] ..und auch Miniaturisierung, wie bereits angesprochen (Fabriken im „Westentaschenformat"). WWW.HANNOVERMESSE.DE

Netzwerkexternalität bei Erreichen einer „kritischen Masse" schafft, sowie die Sichtweise der IuK-Technik als zwingender Wettbewerbsfaktor." (S. 61)

Als Ursache der durch die gesamte Entwicklungsgeschichte der IuK-Technologie sich einstellenden Preissenkungen nennt Piller „eine sich gegenseitig verstärkende Kombination von Lern- und Erfahrungskurveneffekten, Größendegression als Folge der steigenden Nachfrage sowie technologischem Fortschritt in Form von Prozessinnovationen bei der Fertigung und Anwendung der Technologien." (S. 62) Die Dimensionen des Preisverfalls sind illustriert in folgender Bemerkung von *Porter / Millar*, die Piller in einer Fußnote zitiert: „The cost of computer power relative to the cost of manual information processing is at least 8000 times less expensive than the cost 30 years ago. Between 1958 and 1980 the time for one electronic operation fell by a factor of 80 million."[494] Aus der Beobachtung, dass die Preise nahezu aller Inputgüter der betrieblichen Leistungserstellung gestiegen sind, während die Preise für Computer fielen, leitet Piller die Erwartung ab, dass „diese gegenläufige Preisentwicklung (..) aus ökonomischer Sicht – soweit technisch möglich – zu einer Substitution der übrigen Produktionsfaktoren durch IuK-Technik führen" wird. (S. 63)

Der Begriff „Netzwerkexternalität" beschreibt den Umstand, dass bei den IuK-Technologien starke Netzeffekte entstehen, „die einen derivativen, zusätzlichen Nutzen beschreiben", der also über den bei Verwendung traditioneller Produkte entstehenden begrenzten Nutzen hinausgeht. „Dieser zusätzliche Nutzen des Produkts oder der Leistung hängt von der Zahl der Beteiligten (anderer Anwender) und dem Grad der Nutzung dieses Gutes ab." (S. 65) Die „kritische Masse" eines Produktes oder eines Dienstes bezeichnet die Anzahl der Nutzer, „bei der die Attraktivität für (neue) potentielle Nutzer sichergestellt ist, so dass sich ein selbsttragender Penetrationsprozeß [des Marktes, L.E.] in Gang setzt." (S. 65) „Eine populäre Quantifizierung dieser Nutzeffekte lautet: Der Wert eines Netzwerkes steigt im Quadrat der Anzahl seiner Nutzer." („*Metcalfe's law*"; S. 66)

Nach Pillers Einschätzung muss zur Erklärung der Höhe und des Umfangs betrieblicher Investitionen in IuK-Technologie das „Bild des rationalen Investors" verlassen werden, da diesen Investitionen nicht immer ein entsprechender Ertrag gegenübersteht; ein Teil dieser Investitionen verfolgt nach dieser Einschätzung das Ziel, „Outsidern und Insidern das Bild eines gesunden und fortschrittlichen Unternehmens zu präsentieren". In diesen „wettbewerbsstrategisch begründeten Investitionen" sieht Piller jedenfalls einen weiteren Grund für die zunehmende Diffusion der IuK-Technologien in den Betrieben.

---

[494] *Porter, M., Millar, V. E.*: How information gives you competitive advantage. In: Harvard Business Review. 63. Jg. 1985, H 4, S. 149-160, aus Piller (2000), S. 62

4.3.1.2 „Informationsgesellschaft" und „Informationsrevolution"

Die nicht-normativ gefasste Konzeption bzw. Rezeption der Informationsgesellschaft und ihre heuristische Funktion innerhalb der Fragestellung bei Piller waren schon angesprochen worden: die Informationsgesellschaft ist hier gewissermaßen das deskriptiv beschriebene Strukturmuster, das sich im „globalen Umfeld", der „inner- wie außerbetrieblichen Umwelt als wichtigem Einflussfaktor der industriellen Produktion" (S. 68) entziffern lässt. Es gibt bei Piller keine erkennbare bzw. als solche benannte Intention, hier zwischen mehr oder weniger „wertvollen" Zuständen der globalen außerbetrieblichen Umwelt zu unterscheiden oder etwa die verfolgte Zielsetzung in Beziehung zu setzen zu als solche anerkannten Wertideen oder –horizonten; jedoch findet sich der Hinweis auf die Konzeptionsfassung als „normative Zielprojektion im Sinne einer demokratischen Informatisierung der Gesellschaft" bei A. Toffler, der „der Beschäftigung mit der Informationsgesellschaft einen gesellschaftsstrukturierenden Gehalt mit stark normativen Elementen gibt und die Informatisierung als aktiv zu gestaltendes Szenario begreift." (S. 74/75).

Das von Piller vorgestellte, auf Jean Fourastié zurückgehende Vier-Sektorenmodell nach *Machlup, Porat* oder *Masuda*[495] „beschreibt (...) die Entwicklung von Volkswirtschaften von der Agrar- über die Industrie- und Dienstleistungsgesellschaft zur Informationsgesellschaft. In jeder Entwicklungsstufe ist ein Sektor auf Produkt- und Arbeitsmärkten dominant. Beim Übergang in eine neue Stufe fallen die Güter der vorhergehenden nicht weg, sondern können durch neue Methoden rationeller hergestellt werden, so dass weniger Arbeitskräfte erforderlich sind. (...) Eine Gesellschaft wird dann zur Informationsgesellschaft, wenn mehr als 50% der Beschäftigten („Informationsarbeiter") dem Informationssektor zuzurechen sind." (S. 70) Wie Piller angibt, gehören „nach einer weitgefassten Begriffsauffassung der OECD" zum vierten Sektor sowohl Berufe der ersten drei Sektoren, „deren Hauptaufgabe die Verarbeitung und Verteilung von Informationen ist (z. B. Journalisten, Postdienste, unternehmensbezogene Dienstleistungen) als auch die Beschäftigten der Branchen, welche die technischen wie infrastrukturellen Grundlagen zur Verbreitung von Informationen bereitstellen (z. B. Hard- und Softwareproduzenten, Beratungsfirmen, Betreiber von Datennetzen, Informationsdienstleister)." Aus diesem Grund bezeichnet *Sint*[496] den Informationssektor als „virtuellen Sektor", da hier keine klare Zuordnung der Informationsaktivitäten möglich ist. Diese Beobachtung ließe sich aber ebenso als Begründung dafür heranziehen, die Aussagekraft eines solchen „vierten Sektor" an sich zu bezweifeln. (Auch) Fourastié selbst hat die *Wertschöpfungsfähigkeit* der Sektoren als Unterschei-

---

[495] Machlup (1962), Masuda (1981), Porat (1973)
[496] Sint (1998), S. 174, aus Piller (2000), S. 71

dungskriterium herangezogen und der Auffassung widersprochen, „(...) dass die Ausdehnung des tertiären Sektors an sich Reichtum erzeuge."[497] Wertschöpfend bzw. reichtumserzeugend sind in dieser Auffassung nur der primäre und der sekundäre Sektor; im tertiären Sektor sind entweder unterstützende Funktionen des sekundären Sektors angesiedelt, oder „lediglich" im ideellen Sinne wertschöpfende, wie die von Fourastié vor allem als die „tertiäre Zivilisation" begründend gesehenen kulturschöpfenden Leistungen. Dieser Auffassung zufolge sind „Informationsaktivitäten" offensichtlich allen drei Sektoren zuzuordnen, und diese haben in allen drei Sektoren *unterstützende* Funktionen, also die primäre und sekundäre Wertschöpfung erweiternde und unterstützende Funktionen, wie auch die ihrerseits unterstützenden *tertiären Dienstleistungen* in ihrer Wirkungsreichweite und Effizienz unterstützende Funktion.

In diesen Gedanken lässt sich wiederum zwanglos die Auffassung einordnen, dass ein auf den neuen IuK-Technologien als „Basisinnovationen" beruhender „fünfter Kondratieff-Zyklus"[498] keinesfalls mit Notwendigkeit als dieser „endogen" Wachstumswirkungen entfaltende Mechanismus gesehen werden muss, für den er der Theorie Kondratieffs folgend gehalten werden könnte: „Aus der Entwicklung und Diskussion der Lange Wellen-Theorie lässt sich die Erkenntnis ableiten, dass eine isolierte Betrachtung des technischen Fortschritts zur Erklärung der wirtschaftlichen Entwicklung (..) zu kurz greift (..)."[499] Wie bereits festgestellt, sieht Reuter als Ergebnis einer Diskussion der Lange Welle-Theorien die Notwendigkeit, diese im Kontext der gesellschaftlichen und institutionellen Umfeldfaktoren zu sehen und zu erkennen, „dass technischer Fortschritt allein keine hinreichende Bedingung für immer wieder neue Wellen beschleunigter Akkumulationstätigkeit mit positiven Effekten auf das Masseneinkommen, die Beschäftigungssituation und den Wohlstand darstellt."[500] Neue Technologien, die die Produktionsmöglichkeiten einer Gesellschaft erweitern, können offensichtlich nur dann dauerhafte wachstums- und wohlstandsfördernde Wirkungen und einen Aufschwung in diesem Sinne entfalten, wenn auch mit diesen Produktionsmöglichkeiten mitgewachsene Bedürfnisse und Konsumwünsche sowie kaufkräftige Nachfrage vorhanden sind; hierzu sind aber die in dem wirtschaftstheoretischen Konstrukt der „Reife" oder „Maturity" von Wirtschaftsgesellschaften zusammengefassten Zweifel bereits vorgetragen worden.

Piller rechtfertigt seine Wahl des Begriffs „Informationsrevolution" mit der Absicht, der Begriff „soll die Dynamik und Dauer der Änderungen abbilden, die

---

[497] Fourastié (1954), S. 125, aus Reuter (2000), S. 201

[498] Piller bezieht sich auf die wirtschaftstheoretische Interpretation in diesem Sinne nach *Nefoidow, L. A.*: Der fünfte Kondratieff: Strategien zum Strukturwandel in Wirtschaft und Gesellschaft. Frankfurt / Wiesbaden 1991; nicht ohne zu bemerken, dass die Existenz der Kondratieff-Zyklen immer wieder in Frage gestellt wird, „da sie bislang empirisch nicht eindeutig belegt ist." Piller (2000), S. 74

[499] Reuter (2000), S. 98

[500] Reuter (2000), S. 97

Informationsrevolution ist kein statischer Zustand, sondern vielmehr ein Entwicklungsvorgang – der Weg von der Industrie- zur Informationsgesellschaft." (S. 75). Er sieht „durchaus (..) eine(r) ‚revolutionäre' Entwicklung (..). Technischer Fortschritt kann als wesentliche Triebkraft für sozialen und wirtschaftlichen Wandel gesehen werden. Derzeit sind es vor allem die IuK-Technologien, die als Schlüsseltechnologie sowohl aus einer aggregierten Sicht die Entwicklungen einer Periode nachhaltig beeinflussen als auch aus einzelwirtschaftlicher Sicht einen dominierenden Einfluss auf die Wettbewerbsfähigkeit eines Unternehmens besitzen."[501]

Auch wegen der diskutierten hohen Diffusionsgeschwindigkeit der IuK-Technologien und des daraus resultierenden raschen Wandels der gesellschaftlichen Wirtschafts- und Sozialstrukturen sieht Piller die Verwendung des Begriffs „Revolution" nahegelegt. Wenngleich er die zu einer wissenschaftlichen Revolution als Paradigmenwechsel im Sinne Kuhns notwendigen Voraussetzungen nicht gegeben sieht, erklärt er an dieser Stelle doch die Absicht zu zeigen, „dass dieses neue ‚Paradigma' der industriellen Produktion zu einem ganzen Set neuer technischer und organisationaler Prinzipien führt." (S. 76)[502]

4.3.2 Wirkungen der IuKT im wirtschaftlichen Wettbewerb

Die Rolle bzw. die Wirkungen der IuK-Technik sind im Kontext der „neuen Wettbewerbsbedingungen" zu betrachten. Piller stellt die wechselseitigen Beziehungen dar anhand eines auf *Picot et al.*[503] zurückgehenden, stark erweiterten Modells. In diesem stellen „Veränderungen der Marktstruktur (Unternehmensumfeld)" Herausforderungen für den Industriebetrieb da, für den sich u. a. auf der Basis der neuen Technologien bestimmte Reaktionsmöglichkeiten ergeben.

---

[501] Piller diskutiert in einer Fußnote, wieweit der Einstieg in die Diskussion der Begriffe „New Economy" oder „Internet-Ökonomie" gewinnbringend wäre. Der Einstieg hätte nach der oben dargelegten Auffassung zu der Erkenntnis geführt, dass es in der Tat „eine ‚Neue Wirtschaft' überhaupt [nicht] gibt, [sondern] vielmehr gelten auch unter neuen technologischen Rahmenbedingungen die selben ‚alten' ökonomischen Prinzipien und Gesetze – nur mit anderer Schwerpunktsetzung." Piller (2000), S. 76. Nach Zusammenbruch der „New Economy" war etwa folgende daraus gezogene Erkenntnis zu lesen, die *P. Buxmann* im „WI-Editorial" der Zeitschrift „Wirtschaftsinformatik" zum in dieser Ausgabe behandelten Schwerpunktthema „Elektronische Marktplätze und Supply Chain Management" vortrug: „Der Erfolg wird dabei auch davon abhängen, inwieweit es gelingt, eine verbesserte Kunden- und Serviceorientierung durch Online-Angebote und Marktplätze zu erreichen. So wird es darauf ankommen, nicht nur Marktplätze zu eröffnen und zu betreiben, sondern vielmehr dem Kunden eine optimale Versorgung mit Gütern und Dienstleistungen anzubieten." Buxmann (2001), S. 541. Es scheint vielfach der Glaube zu bestehen oder bestanden zu haben, wenn man dem Kunden auf die neu entstandenen Kommunikationswegen der elektronischen Medien Güter und Dienstleistungen anbiete inklusive der neuen Möglichkeit, diese auf elektronischem Wege gleich zu kaufen, entstünde eine dramatische neue zusätzliche Nachfrage, oder das Eröffnen der elektronischen Marktplätze selbst stelle schon eine „Neue Wirtschaft" und eine wesentliche neue nutzenstiftende Leistung dar. Davon kann aber offenbar nicht die Rede sein, wie inzwischen selbst auf dem Börsenparkett erkannt worden zu sein scheint.

[502] Es darf die Vermutung angeschlossen werden, dass Piller die *hier* angedeuteten gewandelten gesellschaftlichen Wirtschafts- und Sozialstrukturen als Folge der „neuen technischen und organisationalen Prinzipien" *nicht* im Sinn hatte.

[503] *Picot, A.; Reichwald, R.; Wigand, R.*: Die grenzenlose Unternehmung. 3. Aufl., Wiesbaden 1998, S. 3, aus Piller (2000), S. 78

Diese Reaktionsmöglichkeiten sieht Piller gegliedert in „Maßnahmen des Marketing", „Maßnahmen der Forschung und Entwicklung", „Maßnahmen der Beschaffung / Materialwirtschaft" und „Wettbewerbstrategische Möglichkeiten der Produktion"; unter diesen eben insbesondere das „Modern Manufacturing", das Piller wiederum als produktions-paradigmatische Grundlage versteht für die kundenindividuelle Massenproduktion. (S. 78)

Die Veränderung des Unternehmensumfelds sieht Piller geprägt durch „Veränderungen der Wettbewerbssituation" (u. a. steigende Innovationsdynamik der Produkten und Prozessen, verschärfte Wettbewerbssituation, steigende Marktmacht der Abnehmer), durch Auswirkungen der neuen IuK-Technologien, und auch durch einen „Wertewandel in der Gesellschaft" (etwa Änderungen der kognitiven Orientierung der Verbraucher).

Ähnlich sah etwa *W. v. Eiff*[504] die „Neue Marktdynamik" gekennzeichnet durch neue „Kundenanforderungen an das Produkt" wie Individualität, Verfügbarkeit und Qualität auf der einen Seite, und einen „verstärkten Verdrängungswettbewerb" auf der anderen Seite, hervorgerufen durch „Überkapazitäten, Preiskampf, Kostenstrukturen, Ertragsproblematik". (a.a.O., S. 83) V. Eiff führte die Diagnose der „Disharmonie" der sich hieraus ergebenden Zielsetzungen „Save-to-Market" (über beherrschte Innovationen) und „Fast-to-Market" (etwa durch Verkürzung der Produkt-Entwicklungsprozesse, Produktionsflexibilität, „schneller auf Kunden eingehen") zur Konsequenz des Konzepts des „Simultaneous Engineering".

Wie Piller etwa eine Dekade später feststellt, haben „neue Konzepte in der F&E wie Simultaneous Engineering oder Rapid Prototyping (..) die Entwicklungszeiten derartig verkürzt, dass die Technologieführerschaft eines Unternehmens nur noch von kurzer Dauer ist. Wettbewerbsvorteile werden nicht mehr in Jahren gemessen, sondern in Monaten oder Wochen. (..) Die Folgen dieser Entwicklungen sind (..) ein immer höherer Investitionsbedarf bei einer Neuprodukteinführung, dem häufig nur kurze Lebenszyklen gegenüberstehen."[505] Wie Piller hervorhebt, war A. Toffler „einer der ersten Autoren, der aufbauend auf der These einer zunehmenden Individualisierung der Gesellschaft („Entmassung") den Verfall der Massenmärkte und eine zunehmende Differenzierung von Angebot und Nachfrage vorhersagte."[506]

---

[504] v. Eiff (1992)

[505] Piller (2000), S. 87

[506] Piller (2000), S. 79. Erwähnenswert scheint auch die Beobachtung Pillers der sprunghaft angestiegenen Zahl wissenschaftlicher Beiträge zum Schlagwort „Customization": Die Literaturdatenbank ABI/Inform verzeichnete von 1971 bis 1980 jährlich ca. 20, von 1981 bis 1990 jährlich 234, und seit 1990 durchschnittlich 2324 Artikel zu diesem Schlagwort.

4.3.2.1 Nachfrageseitige Wirkungen

Als einen der verursachenden Faktoren vermutet offenbar auch Piller: „Ursache sind meist sowohl quantitative als auch qualitative Sättigungseffekte bei den Abnehmern." (S. 87)

Diese Entwicklungen haben nun auch Auswirkungen auf die Nachfrage im Industriegüterbereich: „Die Erwartungen der Abnehmer an die schnellste Lieferung individualisierter Waren zu günstigsten Preisen sind vor dem Hintergrund der stark propagierten flexiblen Fertigungssysteme und der weiten Popularität von Lean-Production- und Just-in-Time-Systemen stark gestiegen. (...) Heute (..) werden Lieferanten gesucht, die Entwicklung, Produktion und Inbetriebnahme der gekauften Industriegüter in Rekordzeit ermöglichen (*Customization-Responsiveness-Squeeze*)."[507]

Das Kaufverhalten der Endverbraucher sieht Piller zunehmend von „Hedonismus" geprägt: „Schätzungsweise beherrscht bei 20-30% der Käuferschaft der *Hedonismus* die grundlegende Konsumhaltung. Hedonistisches Verhalten betont auf individueller Ebene Spontaneität und kurzfristige Kaufentscheidungen und führt auf einer aggregierten Ebene zu einer zunehmenden Heterogenität der Nachfrage." (S. 83) Eben diese Beobachtung deckt sich mit der aus volkswirtschaftlicher Perspektive wahrzunehmenden insgesamt abnehmenden Konsumneigung oberhalb bestimmter Einkommensgrenzen; es wird eben zunehmend nur noch „nach Lust und Laune" und – relativ zum zur Konsumation zur Verfügung stehenden Einkommen – sporadisch konsumiert.

Die Märkte haben sich in den meisten Branchen „von Verkäufer- zu *Käufermärkten* mit stark ausgeprägter abnehmerseitiger Verhandlungsmacht gewandelt." (S. 85)

4.3.2.2 Angebotsseitige Wirkungen

Auf die Beobachtung abnehmender Potentiale einer Technologieführerschaft war schon hingewiesen worden.
Als Folge der IuK-Technologien sieht Piller eine Verbesserung der Wettbewerbsposition kleiner Unternehmen in Konkurrenz zu Großunternehmen dadurch, dass „das Internet (..) jedoch auch kleinen Unternehmen [ermöglicht], ohne großen Aufwand auf elektronischem Wege eine große Abnehmerschaft anzusprechen und zu bedienen." (S. 89)

---

[507] Piller (2000), S. 81. Der von Piller zitierte Begriff geht zurück auf McCutcheon, D. et al.: The customization-responsiveness squeeze, in: Sloan Management Review, 72. Jg. (1994), H 3, S. 98-103

Die Anbieterstruktur ändert sich durch die zunehmende interorganisationale Vernetzung. „Ursache sind die Potentiale der neuen IuK-Technologien, die ausreichend niedrige Transaktionskosten bei der Aggregation der einzelnen Teilleistungen garantieren. (..) Damit sinkt auch die Differenzierungsfähigkeit eines Markennamens. Dieser repräsentiert in Zukunft weniger ein konkretes Produkt als vielmehr eine besondere Fähigkeit einzelner Anbieter."[508]
Piller weist daraufhin, dass „im Buch-, Reise-, Wertpapier oder amerikanischen Kfz-Markt" ein wesentlicher Umsatzanteil bereits auf das Internet verlagert worden ist mit der Folge, dass hier „die alte Stärke des Vertriebs" mit einer „starken Vertriebsmannschaft" umgeschlagen ist in eine potentielle „Quelle von Inflexibilität und innerbetrieblichen Konflikten"; auch diese Beobachtung wäre als Indiz zu werten für eine arbeitssparende, aber eben immer u. U. auch arbeitsplatzsparende Wirkung der IuK-Technologien.

Zusammenfassend sieht Piller folgende, in diesem „Umfeld" zu isolierende Faktoren, die in entsprechenden „Ansprüchen an eine adäquate Wettbewerbsstrategie" resultieren: „wettbewerbsstrategische Bestimmungsfaktoren" sind a) zunehmender Preisdruck aus sowohl internationalem Wettbewerb als auch durch die Marktmacht des Kunden; b) wachsende Kundenwünsche nach höherwertiger und individualisierbarer Leistung, die c) zu steigender Komplexität und Dynamik der Leistungsfunktionalitäten führen.

Als wichtige Strategie zur „Überwindung überkommener wettbewerbsstrategischer Positionen" als Reaktion auf die neuen Wettbewerbstrends sieht Piller eben den Inhalt seiner Arbeit, die Konzeption der kundenindividuellen Massenproduktion. (S. 95)

4.3.2.3 Wirkungen auf die betriebliche Organisation

Die Auswirkungen der IuK-Technologien auf die betriebliche Organisation sind etwa ab Mitte der 1980er Jahre unter verschieden, jeweils mehr oder minder populären Begriffen oder Schlagworten diskutiert worden.[509]
Piller stellt eine dreistufige Betrachtungsweise dieser unterschiedlichen IuKT-Wirkungen vor:

- „Auf einer elementaren Ebene" geht es um Effizienz- und Produktivitätswirkungen. „Konkrete Auswirkungen sind beispielsweise die Automatisierung standardisierter Aufgaben (Robotertechnik, PC-

---

[508] Piller (2000), S. 89. Diese „Fähigkeit einzelner Anbieter" wird sich demzufolge zunehmend konzentrieren auf das Angebot abstrakter, individualisierbarer Produktionsleistungsfähigkeit.

[509] Der Verfasser hat z. B. das Schlagwort „Geschäftsprozessoptimierung" in einer Diplom-Arbeit bearbeitet. Eversmann (1994)

Schreibautomaten) oder die Reduktion von Durchlaufzeiten in Projekten mit Hilfe von Groupware-Anwendungen."
- Auf der „adaptiven Ebene" werden Effektivitätswirkungen betrachtet (also die Unterstützung der Fragestellung „was ist die richtige Aufgabe?" statt „wie erledige ich die Aufgabe schnell?")
- Auf der gestaltenden Ebene werden „strategisch-innovative Potentiale" der IuKT betrachtet und wirksam gemacht. (S. 94)

Zu erwähnen ist, dass teilweise dramatische Produktivitätswirkungen der Reorganisations-Projekte der 1990er Jahre im Zentrum des Interesses bzw. der Aufmerksamkeit standen. Einer der namhaftesten Protagonisten des „Business Reengineering", *M. Hammer*, berichtete in (in großer Auflage verbreiteten) populärwissenschaftlichen Publikationen von Produktivitätssteigerungen „um Größenordnungen".[510] Spätere Publikationen M. Hammers befassten sich dann auch – etwa unter dem Titel „Utopia oder Apokalypse?" – mit der resultierenden Arbeitsmarktproblematik, mit folgenden, im vorliegenden Zusammenhang durchaus erwähnenswerten Ergebnissen: „Routineaufgaben werden automatisiert, und was für die Menschen dann übrig bleibt, sind anspruchsvolle, erfolgsrelevante Tätigkeiten. (...) Möglicherweise sind wir Zeugen der Geburt einer Wirtschaft, bei der die unteren Sprossen der Leiter zum Erfolg fehlen. (...) Diese beängstigende Frage wird noch verschärft durch die Folgen der enormen Produktivitätssteigerungen, die in prozesszentrierten Unternehmen verwirklicht werden. (...) Firmen (...) vermelden, dass sich bei ihnen diese Zahl in nur vier oder fünf Jahren *verdreifacht* hat."[511]

Piller führt zur „Beziehung zwischen IuK-Technik und Organisation" (S. 96) aus, dass die „verbesserte Informationsversorgung (...) nach *Drucker* zu einer Transformation des gesamten Unternehmens" führt, da es mit einer Verbesserung der Informationsverarbeitung und Kommunikation „zu flacheren Hierarchien" und dem Wegfall von hierarchischen, koordinierenden Ebenen komme.[512]

---

[510] In einem „Fallbeispiel" („IBM Credit") berichten *Hammer/Champy* etwa von erreichten Steigerungen der Auftragsbearbeitungskapazität um den *Faktor* Hundert. Hammer (1994), S. 55 f.

[511] Hammer (1997), S. 294 ff. Hammer diskutiert an dieser Stelle ebenfalls die Frage von Arbeitszeitverkürzungen als arbeitsmarktpolitisches Instrument, und kommt zu dem ebenfalls im Kontext der vorliegenden Fragestellung erwähnenswerten Ergebnis, dass diese wegen der infolge der „Globalisierung" beschränkten nationalen Steuerungsmöglichkeiten für kaum durchsetzbar hielten, und sich wegen den folgenden Arguments aber auch aus prinzipiellen Erwägungen verböten: „Eine Einschränkung der Leistungsmöglichkeiten der Menschen ist eine äußerst fragwürdige Strategie." (Hammer, a.a.O., S. 296) Die Erwartung arbeitsmarktpolitischer Problemsituationen will Hammer hier offenbar keineswegs ausschließen, dennoch äußert er sich mit Eindeutigkeit nur dahingehend, dass er den Weg zurück verstellt ist: „Lassen Sie uns an dieser Stelle eines klarstellen. Ganz gleich, ob die prozesszentrierte Welt nun ein Segen oder ein Fluch ist, wir befinden uns direkt an ihrer Schwelle. Sie ist das unvermeidliche Ergebnis technologischer Fortschritte und globaler Marktänderungen. Die Frage, der wir uns stellen müssen, lautet nicht, ob wir diese Welt akzeptieren können oder nicht, sondern was wir daraus machen. Ich weiß auf diese Frage keine einfachen Antworten und kann Ihnen keine simplen Lösungen anbieten." (a.a.O., S. 299)

[512] Piller bezieht sich auf: *Drucker, P. F.*: The Coming of the New Organization. In: Harvard Business Review, 66. Jg. (1988), H. 1, S. 45-53.

Die in dem Begriff „Lean Management" zum Ausdruck gebrachte Verflachung der betrieblichen Hierarchien war bzw. ist wichtiger gestalterischer Impuls der sog. prozessorientierten Organisationsgestaltung, die, wie *A. Rolf* hervorhebt, heute als auf den frühen organisationstheoretischen Arbeiten *F. Nordsiecks* beruhend verstanden werden kann: „Nordsieck, der seine ersten Arbeiten in den 30er Jahren veröffentlichte, kann heute als ein Vater der Prozessorientierung betrachtet werden."[513] Eine grundlegende organisationstheoretische Herleitung und Darlegung des Gedankens der „Prozessorganisation" ist von *Gaitanides*[514] 1983 vorgelegt worden; das besondere Interesse der betrieblichen Gestaltung richtete sich aber erst nach Vorliegen der zunehmend ausgereiften IuK-Technologien auf die Prozessorganisation, da mit dieser als „enabler of change" eben die beschriebenen Wirkungen erzielt werden konnten.

Piller nennt in einer Zusammenfassung der „Strukturmerkmale der neuen Dezentralisation" als solche unter anderen:

- „flache Hierarchien mit großen Leitungsspannen für die wenigen Führungskräfte
- höhere Aufgabenkomplexität dezentraler Einheiten, geringere Spezialisierung, Tendenz zur ‚Ganzheitlichkeit'
- Kooperation in Gruppen/Teams und zwischen den Gruppen
- Selbstkoordination zwischen Stellen und Abteilungen
- Selbstkontrolle der organisatorischen Einheiten und ihrer Mitarbeiter
- Hohe Autonomie der Gruppen und ihrer Mitarbeiter." (S. 101)

Die „Rollen der IuK-Technologie in der Organisationsentwicklung" fasst Piller in folgendem Beziehungsmuster zusammen: als „Ursache" wirkt „IuK-Technik als Potentialfaktor" auf die „Strategieentwicklung" und die „prozessorientierte Organisationsgestaltung", die beide zusammen wiederum „Erfolgswirkung/Produktivitätssteigerung" bewirken. Als „Enabler" wirkt sich „IuKT als Implementierungstool" ebenfalls auf die Organisationsgestaltung aus, und, ebenfalls als „Enabler", als „Anwendungstool" direkt auf Erfolgswirkung und Produktivitätssteigerung. (S. 103)

4.3.2.4 Produktivitätswirkungen der IuKT

Wie auch Piller feststellt, bestimmt „das Produktivitätswachstum den Lebensstandard und Reichtum einer Volkswirtschaft."[515] „Der IuK-Technikeinsatz er-

---

[513] Rolf (1998), S. 118

[514] Gaitanides (1983)

[515] „Productivity growth comes from working smarter." *Brynjolfson, E., Hitt, L.*: Beyond the productivity paradox. In: Communications of the ACM, 41. Jg. 1998, H. 8, S. 49-55. Aus: Piller (2000), S. 104.

höht durch die Substitution von Arbeit durch Kapital die *Arbeitsproduktivität*, wenn bei gleichbleibender Arbeitszeit ein Arbeitnehmer einen höheren Output erzeugen kann bzw. ein konstanter Output eine geringere Arbeitszeit benötigt. (...) IuK-Technologie kann die *Kapitalproduktivität* erhöhen, indem sie andere Investitionen ergänzt oder besser zu nutzen hilft. (...) Wesentliche Produktivitätssteigerungen werden heute zudem durch die elektronische Abwicklung von Zahlungsaktivitäten oder den Wegfall administrativer und koordinierender Funktionen innerhalb von Unternehmen als Folge der Automatisierung der Transaktionsvorgänge erwartet." (S. 104/105)

Piller diskutiert hier im Anschluss das „Produktivitätsparadoxon", wie bereits oben dargestellt. Als Erklärung hierfür zieht Piller neben den oben bereits genannten Argumenten folgende Beobachtung heran: „Entsprechend der *Diffusionstheorie* besteht beim Einsatz neuer Technologien eine Verzögerung zwischen ihrem Aufkommen und ihrer Wirkung." Es konnte festgestellt werden, dass nach der Erfindung der Stromerzeugung „mindestens 40 Jahre bis zu messbaren Produktivitätssteigerungen" vergingen; „übertragen bedeutet dies, dass der erhoffte Produktivitätsanstieg erst dann erreicht wird, wenn die neuen IuK-Technologien auch in entsprechende organisationale und technologische Strukturen eingebettet sind." (S. 107) Zu ähnlichen Ergebnissen kommt *Fournier*[516], wie bereits erwähnt.

Schließlich erwähnt Piller die Einschätzung *Thomes*, der „in diesem Zusammenhang als besonderen Standortnachteil Deutschlands den Konservatismuseffekt" beklage, „der auf eine geringe Innovations- und Risikobereitschaft vieler deutscher Unternehmen zurückzuführen ist, die den heutigen Ansprüchen nicht gerecht werden. Viele Führungskräfte seien nicht bereit, ein mit dem schnellen technischen Wandel einhergehendes Umdenken zu akzeptieren oder gar zu verinnerlichen."[517]

4.3.2.5 IuKT als Wettbewerbsfaktor

„Zur Unterscheidung der Quellen von Wettbewerbsvorteilen haben sich in der Literatur zwei Konzeptionen durchgesetzt, der markt- und der ressourcenorientierte Ansatz. Der *marktorientierte Ansatz* betont die Branchenattraktivität bzw. die Bedeutung der durchschnittlichen Rentabilität einer Branche für den Unternehmenserfolg (‚Attraktivität des Marktes') und stellt damit die Auswahlentscheidung, welche Märkte ein Unternehmen bearbeitet, in den Mittelpunkt des strategischen Managements. Der *ressourcenorientierte Ansatz* dagegen erklärt den erfolg eines Unternehmens aus einer internen Perspektive, d.h. er sieht in

---

[516] Fournier (1994)

[517] Piller (2000), S. 110. Piller zitiert: Thome, R. et al.: Arbeit ohne Zukunft? München 1997, S. 11

einzigartigen unternehmerischen Ressourcen und Fähigkeiten die Quelle der Wettbewerbsvorteile. Beide Ansätze schließen sich nicht aus, sondern bilden lediglich zwei Perspektiven und ‚Suchfelder' für Unternehmen, wo Wettbewerbsvorteile begründende Maßnahmen ansetzen können." (S. 112)
Strategische Wettbewerbsvorteile sind solche, die über einen längeren Zeitraum einen Wettbewerbsvorteil sichern, und daher nur unter dieser Bedingung von Nutzen.

„*Operationale Effektivität*", also die Fähigkeit, „vergleichbare Aktivitäten besser als die Wettbewerber auszuführen", ist nun „eine notwendige, aber keine hinreichende Bedingung für andauernden Unternehmenserfolg." (S. 112)

„*Porter* nennt (..) drei Bedingungen, die zu dauerhaften Wettbewerbsvorteilen führen sollen:

- eine „einmalige Positionierung des Unternehmens durch ein im Vergleich zu allen Konkurrenten verschiedenes Set an Aktivitäten"
- die „Schaffung von Komplementaritäten zwischen den einzelnen Aktivitäten"
- die „Etablierung und Beherrschung der Konflikte (Trade-offs) zwischen den Aktivitäten eines Unternehmens."[518]

Piller kommt nach Diskussion von ressourcenorientierten, inzwischen nicht mehr für wettbewerbswirksam zu haltenden Faktoren im Ergebnis zur Einschätzung, dass zur Erlangung dauerhafter Wettbewerbsvorteile nur (noch) der Weg der „Verbesserung der operationalen Effektivität" sowie die Wahl einer *Differenzierungsstrategie* offen steht, die „an der Steigerung des Wertes einer angebotenen Leistung für die Abnehmer [ansetzt], wozu neben einer schnellen Reaktion und einem hohen Innovationsgrad die Anpassung der Absatzleistungen an spezifische Kundenbedürfnisse gehört." (S. 119)
Die neuen IuK-Technologien können sowohl das Differenzierungspotenzial als auch das Kostenführerschaftspotenzial eines Unternehmens erhöhen, und zwar entlang der

„*sekundären Effizienzkriterien*":
„Datenzugriffspotenzial, Koordinationspotenzial, Informationsqualität und Aufgabenintegration",

sowie der „*primären Effizienzkriterien*":
„Schnelligkeits- und Innovationspotenzial, Individualisierungspotenzial, produktionsbezogenes Kostensenkungspotenzial, transaktionsbezogenes Kostensenkungspotenzial." (S. 120)

---

[518] Piller zitiert: *Porter, M. E.*: What is strategy? In: Harvard Business Review, 74. Jg. (1996), H. 6, S. 61-78

4.3.3 Die neue Rolle des „sekundären Sektors"

„Die Produktion als zentraler Bereich der Wertkette industrieller Unternehmen unterliegt einem ständigen Wandel, der heute angesichts der Potenziale der neuen IuK-Technologien in Verbindung mit veränderten Vorstellungen und Formen industrieller Organisation ein derartiges Ausmaß erreicht, dass der Übergang zu einem neuen Paradigma industrieller Wertschöpfung gesehen wird. Das produzierende Unternehmen der Informationsgesellschaft unterscheidet sich im Bereich der Leistungserstellung wesentlich vom klassischen Industriebetrieb." (S. 124)

In diesem Sinne sieht Piller also die Rede von einer „neuen" oder neuartigen Weise der industriellen Wertschöpfung begründet. Die „neue Rolle" definiert er jedoch auch in einer Bestimmung der „Bedeutung" des sekundären Sektors gegenüber dem tertiären Sektor, indem er „populären Stimmen" widerspricht, die zu große „Hoffnungen auf einen Dienstleistungsstandort Deutschland" (S. 130) setzen.

In diesem Zusammenhang ist hier zunächst an die oben vorgetragene Auffassung anzuknüpfen, wonach der tertiäre Sektor keine originäre Wertschöpfungsfähigkeit besitzen kann. Die Argumentation Pillers an dieser Stelle folgt nun einer Logik, als begründe er unter Hinweis auf diese Unfähigkeit des tertiären Sektors zur originären Wertschöpfung die auch künftig bestehende „Bedeutung" des sekundären Sektors. Er kritisiert etwa, dass unzutreffenderweise „oft eine Substitutionsbeziehung" zwischen Produktion und Dienstleistung unterstellt wird. Aber die Annahme, dass die Dienstleistungserstellung alleine gar nicht die „Basis des Wohlstands bilden" *kann*, scheint er offensichtlich seiner Argumentation nicht zu Grunde zu legen: „Besser ist es, von einem Wandel von einer industriellen zur Informationsgesellschaft zu sprechen, in der Produktion und Dienstleistungserstellung gleichermaßen die Basis des Wohlstands bilden." (S. 130) Diese Wortwahl scheint die Interpretation zuzulassen, als halte er zwar die Annahme für *besser*, jedoch offenbar nicht für *zwingend*, dass „Produktion und Dienstleistungserstellung gleichermaßen die Basis des Wohlstands bilden".

Pillers Argumentation zielt auf Plausibilisierung der Annahme, „dass eine reine Orientierung am Bild der Dienstleistungsgesellschaft nicht zielführend ist, sondern der materiellen Produktion weiterhin eine wichtige Rolle zukommt." (S. 128) Eine solche Argumentation erübrigte sich, wie gezeigt, etwa mit Berufung auf die diesbezügliche Erklärung Fourastiés. Piller führt seine Argumentation aber eben nicht so, sondern er argumentiert gegen eine behauptete „Wichtigkeit" der tertiären Perspektive, u. a. mit der Beobachtung, dass die unterstellte Beschäftigungswirkung – auf Basis der „These des Produktivitätsrückstands der

Dienstleistungsproduktion" – keinesfalls zu erwarten sei: „Gerade Dienstleistungsunternehmen (z. B. Bankbereich, Telekommunikation) erreichen heute durch Automatisierungen teilweise eine höhere Produktivität als Industrieunternehmen."

Hinsichtlich der Beschäftigungsperspektiven kommt er allerdings nicht zu optimistischen Ergebnissen: „Der sekundäre Sektor spielt weiterhin eine essentielle Rolle, auch wenn in diesem Bereich keine positiven Beschäftigungseffekte mehr zu erwarten sind. Eine nachlassende Bedeutung des sekundären Sektors würde aber viele Arbeitsplätze im tertiären Sektor gefährden." Dem ist nach der in dieser Arbeit entwickelten Auffassung unbedingt zuzustimmen; allerdings wird *hier* die langfristige Perspektive der „Zukunft der Arbeit" bzw. der Zukunft der produzierenden und konsumierenden Menschen nicht quasi-dezisionistisch ausgeklammert.

Die „neue Rolle der Produktion" ließe sich im Rahmen der hier entwickelten Auffassungen auch so umschreiben, dass „die Bevölkerung erst dann in den tertiären Sektor (..) [geschickt]"[519] werden „darf", wenn die Produktionsmöglichkeiten und –gelegenheiten zur Herstellung eines hinreichenden, rationalen, individualisierbaren Bedarfs technologisch erforscht und entwickelt, bereitgestellt und gesichert sind.[520]

Die wesentlich „neue" Rolle der IuK-Technologien in der Produktion sieht Piller nun darin, dass „die Vorteile von Fließ- und Werkstattfertigung miteinander verschmelzen", und in der Folge „die traditionelle Antagonismusdebatte zwischen Produktivität und Flexibilität an Bedeutung" verliert. „Es entsteht das vielzitierte Leitbild der gleichermaßen flexiblen *und* produktiven Fabrik der Zukunft." (S. 133) Als dessen fernere Perspektive, speziell die Perspektive der – verbleibenden – Tätigkeiten in der „Fabrik der Zukunft", zitiert Piller die Erwartung *Normans*: „Work will increasingly become a sequence of unique tasks such as repairing breakdowns and installing modifications to equipment to improve productivity...., work [will] shift from the actual physical manipulation of the objects to the manipulation of representations of the objects."[521] Zur Perspektive des Reparierens waren bereits Erwartungen des Inhalts vorgetragen worden, dass auch diese sich von maschinellen Helfern in der Zukunft werden erledigen lassen. Die Erwartung, dass die Arbeit sich zur „Manipulation von Repräsentationen von Objekten" wandeln wird, lässt sich dagegen wiederum als Unterstüt-

---

[519] Fourastié sah als Voraussetzung für eine tertiäre Zivilisation das Erreichen eines bestimmten Niveaus des technischen Fortschritts; „ein Land darf normalerweise erst dann seine Bevölkerung in den tertiären Sektor schicken, wenn es seinen Bedarf auf dem primären und sekundären Sektor einigermaßen gedeckt hat." Fourastié (1954), S. 127.

[520] „dass die Bevölkerung bei Fourastié „geschickt" werden soll, muss irritieren.. Eine Perspektive sollte sich vorteilhafter weise als attraktive Wahlmöglichkeit eröffnen können, wenn erreichte Standards „politischer und moralischer Freiheit" nicht unterlaufen werden sollen.

[521] *Norman, A.*: Informational society. Boston / Dordrecht / London 1993, S. 133, aus Piller (2000), S. 136.

zung der in dieser Arbeit entwickelten Perspektivität werten, da damit ja auch ein Grad an Individualisierbarkeit von Produktionsprozessen bezeichnet wäre, der dem hier zur Vorstellung gebrachten Anwendungsmodus von Produktionskapazitäten weiteren Gewinn an Plausibilität gewährt.

Piller kommt schließlich nochmals zur Diskussion der Ergebnisse der vorgestellten Delphi-Studie 1998 des BMBF. „Eine aggregierte Auswertung ergibt, dass der Meridian des erwarteten Eintrittszeitpunktes der in den Thesen formulierten Entwicklungen in den Jahren 2006 bis 2008 und damit im Vergleich zu den anderen Themenfeldern[522] der Studie sehr früh liegt. Daraus kann zum einen eine hohe Prognosegüte abgeleitet werden – die Befragten sehen bereits heute konkrete Entwicklungen, die die baldige Umsetzung der These erwarten lassen. Zum andern spricht dieses Ergebnis auch für die hohe Bedeutung, die die Beschäftigung mit diesen Entwicklungen für Industrieunternehmen besitzt." (S. 145)

Folgende Thesen scheinen hier insbesondere erwähnenswert:

- „Es gibt produktionstechnische Lösungen, die die Fertigung nach Kundenauftrag zu annähernd denselben Produktionskosten wie die Programmfertigung ermöglichen."
- „Ein Fernwartungssystem wird allgemein eingesetzt, mit dem Anlagen und Maschinen mit hochentwickelten und komplizierten Funktionen von außerhalb der Fabrik aus gewartet werden können.
- „Unternehmen sind nicht mehr auf Produkte, sondern auf Kundengruppen bzw. Märkte spezialisiert und bedienen diese durch spontane Netzwerkbildung."[523]

All dies scheint die in dieser Arbeit favorisierte Langfristperspektive eines zunehmenden Verschmelzens der Verantwortlichkeit für Produktionsprozesse, der Produkt*gestaltung* und des Produkt*konsums* in *einer* „Hand", in *einer* „Interessenperspektive", in *einem* „organisierten Subjekt", zu bestätigen. Wieweit dieses „organisierte Subjekt", diese Hand eine „öffentliche Hand" wird sein müssen, eine „halböffentlich-korporative", eine „genossenschaftliche" oder eine private, wird die Zukunft erweisen müssen. Es scheint sich jedenfalls immer unausweichlicher der Eindruck einzustellen, dass mit zunehmender Diskrepanz zwischen Produktionsmöglichkeiten und nachgefragtem Produkt, also mit einer hinter zunehmenden Produktionsmöglichkeiten zurückbleibenden Nachfrage einerseits, und mit einer zunehmenden Reife und Leistungsfähigkeit der *Produktionstechnologie* im beschriebenen Sinne andererseits, immer mehr der Gesichts-

---

[522] ..die nicht die Teilrubrik „Produktion und Management" betreffen.

[523] Quelle: Delphi 1998 – Studie zur globalen Entwicklung von Wissenschaft und Technik, im Auftrag des BMBF, Band 2: Methoden und Daten, Karlsruhe 1998, S. 90-107, aus: Piller (2000), S. 147

punkt einer öffentlich wahrzunehmenden Ordnungskonstitution als Solidargemeinschaft in den Vordergrund rückt, mit eben der oben angedeuteten Zielsetzung der Sicherung eines rationalen Grundbedarfs als Grundrecht, wie etwa eine Grundversorgung mit ärztlichen Leistungen als Zielsetzung einer sich in diesem Sinne konstituierenden Solidargemeinschaft der Krankenversicherten zu verstehen ist. Hierbei ist immer zu vergegenwärtigen, dass eine sich aus diesem Gesichtspunkt etwa ergebende bindende Verpflichtung zu *menschlichen* Arbeitsleistungen nur einen vergleichsweise unbedeutenden Teil der zur Verfügung stehenden disponiblen Zeit ausmachen würde, und dass der andere Teil zur – dann tendenziell wesentlich freieren als gegenwärtig – disponiblen Verfügung steht (etwa in „tertiären" oder auch „praktischen" Aktivitäten).

4.3.4 Kundenspezifische Produktion

Piller erläutert, der Konsumtheorie *Lancasters*[524] folgend, dass die Präferenzen eines Kunden sich in der Regel nicht auf ein bestimmtes Produkt, „sondern auf (Kombinationen von) Eigenschaften richten, die in dem nachgefragten Gut verkörpert sind. (...) Dies kann in einem *Idealpunkt-Modell* veranschaulicht werden, das davon ausgeht, dass jeder Käufer eine Vorstellung der Produkteigenschaften besitzt, die sein ‚optimales Produkt' kennzeichnen." (S. 162)
Die Präferenz eines Konsumenten für dieses Produkt ist dann abhängig von der Distanz der tatsächlichen Eigenschaften zu dem Idealpunkt.
„Bei einer *massenhaften Produkterstellung* wird während des Entwicklungsprozesses versucht, die Idealpunkte der Mitglieder des angestrebten Marktsegments zu antizipieren und zu einem gemeinsamen Mittelwert zu vereinen, der möglichst nahe an den Idealpunkten möglichst vieler Nachfrager liegt. Im Rahmen der *Individualisierung* eines Produkts werden dagegen die Produkteigenschaften, welche die Präferenz des Abnehmers bestimmen, so angepasst, dass sie dem Idealpunkt (Präferenzstruktur) des Abnehmers entsprechen. Der erste Schritt ist folglich nach der Akquisition des Kunden die Erhebung seiner konkreten Bedürfnisse und deren Überführung in konkrete Produkteigenschaften (*Vorgang der Konfiguration* oder *Erhebung Individualisierungsinformation*), an die sich die Leistungserstellung anschließt." (S. 163)

Hier sind nun für die in dieser Arbeit verfolgte Argumentation einige wichtige Zusammenhänge verdeutlicht (weshalb dieses umfangreiche Zitat gerechtfertigt sein mag). Ein wichtiger Gesichtspunkt ist der, dass hier die in der „massenhaften Produktherstellung" unvermeidliche Investition in Slack-Ressourcen in ihrer Verursachung verdeutlicht wird: einerseits wird notwendigerweise der „Idealpunkt" eines Teils der „Mitglieder eines Marktsegments" verfehlt, die daher ein schon produziertes Produkt nicht nachfragen, und andererseits werden potentielle Nachfrager, deren „Idealpunkt" getroffen wäre, von dem Produktangebot

---
[524] *Lancaster, K. J.*: Consumer demand. New York 1971, aus: Piller (2000), S. 162.

möglicherweise nicht erreicht. Aus diesen Gesichtspunkten ergibt sich auf der Grundlage der technologisch ermöglichten Individualisierung von Massenprodukten (bzw. hochautomatisiert = kostenminimal hergestellten Produkten) eine anspruchsvollere Definition eines denkbaren Optimums wirtschaftlicher Koordination als das Pareto-Optimum (das nämlich auch den Anspruch der *Vermeidung* von Slack-Ressourcen einschließt, und andererseits das Zusammentreffen von Angebot und Nachfrage ohne kostspielige Marketingaufwendungen[525] garantiert). Ferner wird deutlich, dass der Weg der *Erhebung der Individualisierungsinformationen* zur Findung des „Idealpunkts" der gewünschten Produkteigenschaften eines Kunden schlechterdings nicht mehr übertroffen werden kann bzw. dann sein Optimum an Informationsübermittlung erreicht, wenn dem Kunden im vollen Umfang Wege zu einer interaktiven Produktgestaltung, unter iterativer Einbeziehung etwa von Kosteninformationen oder Informationen bezüglich offenstehender Herstellungsverfahren, Materialien, Produktdesignmuster etc., offen stehen.

Das orientierungsleitfähige „Ideal" eines Produktionssystems ist daher eines, das *maximale Individualisierbarkeit zu minimalen Kosten* (also bei *maximaler* Automation, denn: *„Der einzige wirtschaftliche Wert ist die Arbeit des Menschen"*[526]) ermöglicht.

Wie Piller zeigt, ist die „strategische Vorgehensweise" der Individualisierung ja nicht nur für die Herstellung von Konsumgütern ein Potenzial zur Schaffung von Wettbewerbsvorteilen, sondern auch für die Herstellung von Industriegütern, also der „Produktionsmittel". Auch aus diesem Ausgangspunkt kommt eine die langfristigen Entwicklungstendenzen antizipierende und systematisierende Betrachtung zum Ergebnis einer zunehmend abstrakt-universalen, je individualisiert adaptierbaren und nutzbaren Prozessleistung, auf der Grundlage der Funktions- und Arbeitsweise des Universalen Berechenbaren Automaten.

Piller diskutiert an dieser Stelle nun detailliert die „Wettbewerbsvorteile der Individualisierung der Leistungserstellung" durch „Schaffung eines quasimonopolistischen Spielraums" (S. 164). „Das Konstrukt der kognitiven Dissonanz in der Nachkaufphase beschreibt den (..) Zustand, dass ein Käufer nach erfolgtem Kauf ein anderes, näher an seinem Idealpunkt liegendes Produkt ent-

---

[525] Im Newsletter „Mass Customization News" vom Dez. 2001 diskutiert Piller "Fehlannahmen", die mit diesem Konzept verbunden sind, darunter die, "mit Mass Customization würden alte Markennamen an Bedeutung verlieren, denn der Kunde schafft sich seine eigene Marke. Der Kunde wird zur Marke." Piller hält es zwar für fatal, „Mass Customization mit einer Ablösung klassischer Markenwelten gleichzusetzen", jedoch – „Markennamen repräsentieren (..) in Zukunft weniger ein konkretes Produkt als vielmehr eine besondere Fähigkeit einzelner Anbieter, ..". Das im Endkonsum verbrauchte Produkt dürfte daher aus der „klassischen Markenwelt" sehr wohl verschwinden, daher auch zum Vertrieb dieses Produkts aufgewendete Werbeetats.

[526] Diese Formulierung einer volkswirtschaftlichen Grundeinsicht stammt von Jean Fourastié, Fourastié, J.: Die 40000 Stunden. Aufgaben und Chancen der sozialen Evolution. Düsseldorf / Wien 1966, S. 125. (Hervorhebung im Original)

deckt und mit dem getätigten Kauf unzufrieden wird – womit sich die Chance eines Wiederverkaufs des ersten Guts reduziert. Ein Hersteller kann diese Unsicherheit nutzen, indem er im Zuge einer individuellen Leistungserstellung die Wünsche der Nachfrager exakt erfüllt (den jeweiligen ‚Idealpunkt' produziert) und so gewissermaßen ‚persönliche' Präferenzen für seine Produkte schafft." Piller relativiert nun die Annahme, dass sich hieraus ein „akquisitorisches Potential" mit der resultierenden Eröffnung eines „Preisspielraums" ergebe; als „wichtigsten preispolitischen Vorteil einer Individualisierung" sieht er dagegen „die Vermeidung eines Preiswettbewerbs, der zu Recht oft als ruinöser Wettbewerb bezeichnet wird. (..) Je homogener das Produkt in den Augen des Kunden ist, desto bedrohlicher wird die Auseinandersetzung auf der Preisebene."[527] (S. 166)

Wie Piller darlegt, bietet in der Gegenwart das auf der Grundlage der Internet-Technologie entstandene Konzept eines Beziehungsmanagements zwischen Marktpartnern (*Customer Relationship Management CRM*) eine Grundlage zum Aufbau und zur Entwicklung von Kunde-Hersteller-Beziehungen im umrissenen Sinn. „Es geht um die zielgerichtete, individuelle, d.h. (aus Sicht des Anbieters) an den Abnehmer angepasste Gestaltung der wechselseitigen Interaktion. CRM stellt gleichermaßen absatzseitiges Komplement und notwendige Grundlage einer kundenindividuellen Leistungserstellung dar." (S. 168)

In einem Kapitel „Verringerung von Dynamik und Komplexität der Absatz- und Produktionsplanung" liefert Piller nochmals einen anschaulichen Eindruck der teilweise geradezu chaotischen „Markt-Koordination"[528], um dagegen die Vorteilhaftigkeit einer durch individualisierte Leistungserstellung ermöglichte „*Customer-Pull*"-Strategie abzusetzen: „Die Güter werden erst nach Eingang einer konkreten Kundenbestellung produziert. Fehlprognosen auf Endproduktebene werden ebenso vermieden wie hohe Lagerkosten." (S. 173/174) Und er liefert ein weiteres gewichtiges Argument: „Eine kundenindividuelle Produktion kennt auch keine überschüssigen Produkte durch Modellwechsel oder Modetrends. In der Bekleidungsindustrie schätzen Experten den Anteil der ‚Verschwendung' im Sinne nicht abgesetzter Stoffe und Produkte aufgrund einer ungenauen Absatzplanung auf über 30% der Wertschöpfung. Hinzu kommen noch die

---

[527] Hier lässt sich wiederum eine Bemerkung zur marxistisch angenommenen „Krisenhaftigkeit" des wirtschaftlichen Entwicklungsverlauf einflechten: die Annahme fände hier offenbar einige Bestätigung. Den von Piller hier diskutierten neuartigen Weg zur „Mehrwertrealisierung" konnten Marx/Engels in ihre Betrachtungen noch nicht einbeziehen.

[528] „So sind Computerhersteller immer wieder ‚Phantombestellungen' ausgesetzt, mit denen die Händler vermuteten Lieferengpässen zuvorkommen wollen. Ist der Hersteller dann doch lieferfähig, wird kurzfristig storniert – mit der Folge hoher Bestände an Eingangsmaterialien und Fertigprodukten, unnötig ausgeweiteter Kapazitäten und einer sehr geringen Planungssicherheit. *Hewlett Packard* hat zu Zeiten, als seine Drucker großen Lieferschwierigkeiten unterworfen waren, die Fertigungskapazität enorm erhöht, nur um anschließend festzustellen, dass die tatsächliche Nachfrage weit geringer war, als es die hohen Bestellungen der Händler vermuten ließen." Piller (2000), S. 173.

Kosten der Lagerhaltung, und dies trotz einer hohen Unzufriedenheit vieler Kunden bezüglich der verfügbaren Farben, Größen und Modelle." (S. 174)

4.3.4.1 Variantenfertigung

Piller evaluiert nun, ob die Variantenfertigung als Alternative zu einer individualisierten Produkterstellung gesehen werden kann.

„Die Erweiterung des Angebots durch Varianten eines Grundprodukts basiert auf der Bildung von immer kleineren, aber in sich homogenen Marktsegmenten, die jeweils differenziert bearbeitet werden, indem für jede Nische eine eigene Produktvariation inklusive begleitender Vermarktungsmaßnahmen entworfen wird. Die Herstellung der Güter erfolgt weiterhin nach den Prinzipien der Massenproduktion im Sinne einer Sorten- bzw. Serienfertigung." (S. 175)

Als Folge einer variantenreichen Produktion ist eine Steigerung der Komplexität „der Gesamtheit aller Merkmale einer Produktionskonzeption" zu betrachten. „Die aus dieser Vielschichtigkeit resultierenden Kosten werden *Komplexitätskosten* genannt, sie sind also das Resultat aller Faktorverbräuche, die in der Vielschichtigkeit von Produktkonzept, Programmzusammensetzung, Prozessgestaltung, Fertigungs- und Koordinationssystem begründet sind." (S. 179) Piller nennt folgende Ursachen bzw. Kenngrößen der *internen Komplexität* eines Unternehmens: „die Variantenzahl bzw. der Umfang des Rahmenprogramms, die Struktur der Produkte (Teile- und Komponentenanzahl), die gewählte Organisationsform der Produktion, die Kundenstruktur bzw. Kundenzahl, die Entwicklungs- und Fertigungstiefe, die Zahl der Lieferanten und die Anzahl der an der Auftragserfüllung beteiligten Mitarbeiter und Funktionen."[529]

„Insgesamt steigt auf allen Ebenen der Aufwand zur Koordination der betrieblichen Abläufe (Koordinationskomplexität), da Umfang und Verflechtungen der Wertschöpfungsprozesse zunehmen. (...) Die als Folge der Produkt- und Variantenvielfalt entstehenden Komplexitätskosten können zu erheblichen Wettbewerbsnachteilen führen. (...) Die Unternehmen geraten in die *Komplexitätsfalle.*"[530] Einen Ausweg aus „dieser Misere" der „*anonymen Variantenfertigung*", die den *indirekten Kontakt zum Kunden* als wesentliches Kriterium der klassischen Massenproduktion beibehält, sieht Piller nur in der Ermöglichung einer „direkten Interaktion von Abnehmer und Hersteller." „Die Realität führt (..) die variantenreiche Massenproduktion immer mehr ad absurdum." (S. 184)

---

[529] Piller verweist auf: *Adam, D., Johannwille, U.*: Die Komplexitätsfalle. In: *Adam, D.* (Hrsg.): Komplexitätsmanagement. Schriften zur Unternehmensführung Nr. 61, Wiesbaden 1998, S. 5-28.

[530] Den Begriff *Komplexitätsfalle* verwendet Piller unter Bezug auf: *Boutellier, R., Schuh, G., Seghezzi, H. D.*: Industrielle Produktion und Kundennähe – ein Widerspruch? In: *Schuh, G., Wiendahl, H.* (Hrsg.): Komplexität und Agilität, Berlin et al. 1997, S. 58.

4.3.4.2 Einzelfertigung

Merkmale der Einzelfertigung sind: Nicht-Anonymität des Nachfragers, „optimale Zusammenstellung von Produkteigenschaften aus der Sicht eines Käufers"[531], und Start der Produktion erst bei Vorliegen des Kundenauftrages und einem den Kundenanforderungen entsprechenden Produktentwurf. (S. 185)
„Damit ergeben sich als wesentliche Kennzeichen einer Einzelfertigung die auftragsbezogene Kalkulation, einer geringer Vorfertigungsgrad, ein hohes Flexibilitätsbedürfnis in allen Fertigungsstufen und die individuelle Erstellung der Fertigungsunterlagen (Stücklisten, Arbeits- und Terminpläne, Konstruktionspläne etc.)." (S. 185)

Die Variabilität der zu koordinierenden Aktionen und beteiligten Einheiten steigt im Vergleich zur Variantenfertigung noch einmal an, „womit die dargestellten Komplexitätswirkungen verstärkt werden", und insofern auch die dadurch verursachten Kostenwirkungen. Piller nimmt an dieser Stelle eine Differenzierung der Kostenwirkungen nach dem „Wesen" der Kosten vor, die in *Produktionskosten* (im weiteren Sinne: F&E, Materialkosten, Distributionskosten; im engeren Sinne: Fertigungslöhne, Anlagenkosten, Rüstkosten, Qualitätskosten) und *Transaktionskosten* (Kontaktaktivitäten, Kontraktaktivitäten, Kontrollprozesse, und Anpassung und Durchsetzung von Änderungen) unterschieden werden können. (S. 187/188) Als (Opportunitäts-)Kosten der Einzelfertigung sind auch „verlorene Effizienzvorteile einer standardisierten Massenproduktion" zu betrachten.

„Die Komplexität der Produktionsprogrammplanung stellt (..) in der Praxis das größte Problem einer hohen Varietät dar." Diese „resultiert (..) aus der Bewältigung der Unsicherheit aufgrund stochastischen Auftragseingangs sowie der Bereitstellung einer hohen Lieferbereitschaft und Planungsstabilität zur Vermeidung von Engpässen vor allem in der Montage." (S. 193) „Während der Bearbeitung selbst führen häufige Produktionsumstellungen zu einer Zunahme der Wechselkosten." Piller führt weiter aus, dass mit steigender Komplexität einer PPS (Produktionsplanung und -steuerung) die erreichbare Planungsgüte sinkt; Vielschichtigkeit der Produktionsaufgaben führt zu steigenden Zwischenlagerzeiten in der Fertigung, „was wiederum die Streuung der mittleren Durchlaufzeiten der einzelnen Aufträge erhöht. Stark heterogene Durchlaufzeiten einzelner Arbeitsgänge sind aber quasi automatisch ein Garant für eine sinkende Planungsgüte, da sie zu den wichtigsten Inputdaten der Terminierung gehört." (S. 193)
Ein weiterer Kostenfaktor ist die bei kundenindividueller Produktion anspruchsvollerer Qualitätskontrolle.

---

[531] *Brockhoff, K.*: Produktpolitik. Stuttgart 1988, S. 165

Kosten der Varietät entstehen auch aus Abnehmersicht. „Der Produktionsprozess lässt sich aufspalten in eine Ebene der *Vorkombination*, in welcher der Hersteller Produktionsfaktoren autonom beschafft und sein *Leistungspotential* aufbaut, und den eigentlichen *Leistungserstellungsprozess*, in dem die gewünschte Leistung unter Einbezug des Abnehmers (externer Faktor) konfiguriert und gefertigt wird. Die Individualisierung der Leistung beinhaltet so auch einen (nicht-monetären) *Transfer von Produktionsfaktoren* vom Nachfrager zum Anbieter, der im Vergleich zum Einkauf einer standardisierten Leistung am Markt mit zusätzlichen Kosten verbunden ist." D. h. die Beteiligung oder Integration des Abnehmers in den Realisierungsprozess der Problemlösung kann aus dessen Sicht sich auch als Aufwand, und damit als Kostenfaktor darstellen. In diesem Kontext weist Piller hier hin auf die Prägung des Begriffes „Prosumer" bei *A. Toffler* oder „Kunde als Co-Produzent" bei *Davidow / Malone*.[532]

Piller kommt nun in einer „zusammenfassenden Wertung" zu folgendem Resultat: „Aus produktionsstrategischer Sicht ergibt sich (..) die Forderung, die *Vorteile einer Massenfertigung* (Verstetigung und Beherrschung der Prozesse) *mit denen der Einzelfertigung* (Schaffung eines quasi-monopolistischen Handlungsspielraumes und individueller Beziehungen zu jedem Kunden *zu kombinieren*, um eine adäquate Antwort auf die neuen Wettbewerbsbedingungen zu finden. Genau an dieser Stelle setzt das im folgenden vorgestellte Konzept der *kundenindividuellen Massenproduktion* bzw. *Mass Customization* an." (S. 199, Hervhg. im Original)

4.3.5 Kundenindividuelle Massenproduktion (Mass Customization)

Wie Piller bemerkt, wird Mass Customization „vielfach als neue Stufe in der Evolutionsgeschichte der Fertigung gesehen – nach der handwerklichen Fertigung, den Manufakturen, der industriellen Massenproduktion und schließlich der variantenreichen flexiblen Produktion." Vergegenwärtigt man in diesem Zusammenhang die zentrale, gesellschaftskonstituierende Bedeutung der „Produktionsmittel" oder des „Standes der Produktivkräfte" in der marxistischen Interpretation der Wirtschaftsevolution, so wäre hier zumindest ein weiterer Gesichtspunkt gegeben, diesen neuen „Entwicklungsstand der Produktivkräfte" in eine epochale „Evolutionsgeschichte der Fertigung" einzuordnen.

Zur Begriffsgeschichte gibt Piller an, dass der Begriff von *Davis*[533] geprägt wurde, „der ausgehend von einem Beispiel der Bekleidungsindustrie das Phänomen der individuellen Massenproduktion zum ersten Mal beschrieben hat." (S. 201)

---

[532] Davidow / Malone (1992)

[533] Davis (1987)

Zur Definition hält Piller fest, dass in einer „engen" Definition „Mass Customization die Herstellung jedes einzelnen Produkts nach kundenindividuellen Vorstellungen von Grund auf" forderte; in einer „pragmatischeren" Sicht beschriebe Mass Customization die Leistungserfüllung gegenüber einem „Kunden, der ein seinen Augen individuelles Produkt erhält, sei dieses einzelgefertigt, modulgefertigt oder nur eine nachträgliche Variation eines Standardprodukts. Ziel der Mass Customization ist die Produktion von Gütern und Dienstleistungen ‚with enough variety and customization that nearly everyone finds exactly what they want.'"[534]

Piller kommt zu folgender „pragmatisch und praktisch" orientierten Definition: „Mass Customization (kundenindividuelle Massenproduktion) ist die Produktion von Gütern und Leistungen für einen (relativ) großen Absatzmarkt, welche die unterschiedlichen Bedürfnisse jedes einzelnen Nachfragers dieser Produkte treffen, zu Kosten, die ungefähr denen einer massenhaften Fertigung eines zugrundeliegenden Standradprodukts entsprechen. Die Informationen, die im Zuge der Individualisierungsprozesses erhoben werden, dienen dem Aufbau einer dauerhaften, individuellen Beziehung zu jedem Abnehmer." (S. 206)

Eine hier zu betrachtende „Eigenschaft" der Mass Customization ist folgende: „Während die klassische Wertkette mit der Beschaffung von Material und Bauteilen beginnt, steht bei der Mass Customization der Erhebung der Kundenwünsche an erster Stelle. Dies Funktion ist viel umfassender als ein bloßes ‚Maßnehmen' und setzt vor allem die Unterstützung des Kunden bei der Definition seiner Bedürfnisse voraus. Ein gelungenes Mass-Customization-Geschäft zeichnet sich dadurch aus, dass dieser Vorgang für den Kunden so einfach wie möglich abläuft – ohne die hohe Komplexität und Mühe, die sonst oft mit der Bestellung individuell gefertigter Waren und Leistungen verbunden ist. (...) Parallel oder vorgelagert zu diesen Schritten, die in Interaktion mit jedem einzelnen Abnehmer vollzogen werden, steht die auftragsneutrale Beschaffung und Vorfertigung einzelner Bauteile sowie die dazu notwendige Materialbeschaffung. (...) Ein Mass Customizer muss schon vor Annahme der Kundenaufträge abschätzen, in welchem Ausmaß Variationswünsche geändert werden können." (S. 208)

Hier kommt also zunehmend der Umfang all der Aktivitäten in den Blick, die im Sinne einer zufriedenstellenden Zielerreichung (für Produzent und Konsument) durchzuführen sind, um also das Ziel einer zwar möglichst individuellen, dennoch auch möglichst „erschwinglichen" Produktion zu erreichen, und die hier in groben Zügen noch referiert werden sollen.

---

[534] Piller zitiert: *Pine, B. J. II*: Mass customization. Boston 1993, S. 44; aus: Piller (2000), S. 206.

4.3.5.1 Maßnahmen des Komplexitätsmanagements

Piller führt zunächst eine Unterscheidung von zwei Arten möglicher Varietät der individualisiert gefertigten Produkte ein:

- „Die externe Varietät entspricht der Zahl an möglichen Varianten, die von den Nachfragern wahrgenommen wird. Im Rahmen der Mass Customization wird in der Regel ein möglichst hoher externer Varietätsgrad eines Produkts angestrebt.

- Die interne Varietät entspricht den Variantenzahlen, mit denen die Fertigung und andere interne Operationen konfrontiert werden. Sie bestimmt den Grad der Verschiedenheit der Aufgaben einer Unternehmens und so die Komplexität, die sich meist in steigenden Kosten niederschlägt. Deshalb ist die interne Varietät soweit wie möglich zu reduzieren." (S. 225)

Demzufolge sind solche Maßnahmen des Komplexitätsmanagements von Bedeutung, „die trotz hoher externer Varietät eine möglichst geringe interne Varietät garantieren." (S. 226)
Als Maßnahmen der Komplexitätsbeherrschung nennt Piller „die Definition des Vorfertigungsgrads, die Festlegung der Bevorratungsebenen sowie de(n)[r] Einsatz von IuK-Technologien zur Erhöhung der Komplexitätsverarbeitungsfähigkeit des Gesamtsystems". (S. 227)
Als Ergebnis empirischer Untersuchungen der Mass-Customization-Pioniere „lassen sich zwei grundlegende Prinzipien des Komplexitätsmanagements der bereits umgesetzten Lösungen feststellen: die Modularisierung und die Festlegung des optimalen Vorfertigungsgrads." (S. 227)

4.3.5.2 Kostensenkungspotentiale der Mass Customization

„Sinkende Kosten können ihren Ursprung entweder in einer Ausdehnung der Menge (*Economies of Scale*) oder einer Variation der Fähigkeiten (*Economies of Scope*) haben. Dieses Schema ist jedoch noch um zwei weitere Effekte zu ergänzen – *Economies of Interaction* und *Economies of Integration* –, um besondere Potentiale einer massenhaften kundenindividuellen Fertigung zu beschreiben. Die höheren Kosten durch die Erhöhung der Absatzpreise auszugleichen, wie es bei der klassischen ‚Maßproduktion' der Fall ist, würde der Grundidee der Mass Customization entgegenlaufen." (S. 235)

Es können ebenfalls Lerneffekte auftreten; „so wird beispielsweise die Erhebung der Kundeninformationen mit der Zeit effizienter vonstatten gehen, wenn die besten Messpunkte oder mögliche Fehlerquellen bekannt sind." (S. 236)

Kostensenkungspotenziale hängen auch davon ab, ob eine Mass Customization auch zu einer „Zunahme der Produktionsmenge ausreichend homogener Erzeugnisse führt." Piller sieht für diese Annahme „aus modelltheoretischer Sicht mehrere Argumente" sprechen; so führt etwa die Tatsache, dass Individualisierung zu einer größeren Annäherung der Produkteigenschaften an den Idealpunkt führt, zu der Annahme, dass bei heterogenen Präferenzen so eine steigende Zahl von Abnehmern im Vergleich zur Massenfertigung eines Gutes erreicht werden kann, und aufgrund der Differenzierungsvorteile (auch Image- oder Innovationseffekte) eines Anbieters sieht Piller auch die Möglichkeit einer Ausdehnung des Zielmarktes, „wenn der Preis konstant bleibt". „Neben einem steigenden Marktanteil kann die Nachfrage auch durch häufigere Kauffrequenzen bestehender Kunden ausgedehnt werden, wenn die Vorteile einer etablierten ‚Learning Relationship' zu einer hohen Kundenbindung führen." (S. 237)

Für *Economies of Scope* nennt Piller folgende Ansatzpunkte:

- „F&E: Zugriff auf Konstruktionsdaten zuvor entwickelter Varianten; Standardisierung des Vorgehens bei einer konstruktionsbegleitenden Kalkulation über die Gestaltung aller Varianten hinweg;
- Beschaffung: Nutzung derselben Beschaffungsquellen, Mengenrabatte bei gemeinsamer Bestellung von Teilen;
- Produktion: Wiederholte Anwendung technischen Wissens in der Produktion, Transfer der Erfahrungen de Mitarbeiter bei der Erstellung ähnlicher Leistungen, Nutzung der gleichen Aggregate (Mehrzweckmaschinen); Verwendung ähnlicher Bauteile;
- Marketing: Nutzung derselben Verkaufsorganisation, einheitliches Marketingkonzept, Standardisierung der Auftragsbearbeitung durch einheitliches EDV-System." (S. 239)

Weiteres Eindringen in die Details der Kostensenkungspotenziale ist im Rahmen der vorliegenden Fragestellung wohl erläßlich; es geht auch darum einen Eindruck davon zu vermitteln, wie vergleichsweise mühsam die sich in der Theorie evolutionär entfaltenden Produktionsverhältnisse in der Praxis auf ihren Weg zu bringen sind, und dass im vorliegenden Fall hierzu offenbar realistische Aussichten bestehen. Piller diskutiert im folgenden noch die Potenziale der Economies of Integration (Vorteile der gleichzeitigen Verwirklichung von Losgrößenvorteilen und Differenzierungsvorteilen) und der Economies of Interaction (Nutzung der durch direkte Interaktion zwischen Kunde und Hersteller entstehenden Informationspotenziale).

Wichtig ist zu verdeutlichen, dass die Möglichkeiten eines Unternehmens zu zusätzlicher Wertschöpfung durch kundenindividuelle Massenproduktion im Vergleich zur Massenproduktion tatsächlich tendenziell steigen; Piller verdeutlicht die bestehenden Zusammenhänge bzw. den „Wettbewerbsvorteil" in einer grafischen Übersicht mit dem Titel „Die Logik der Mass Customization", in der er die umsatzsteigernden Potenziale (durch Steigerung des akquisitorischen Potenzials und Erhöhung der Kundenbindung) der „Kostenoption der Mass Customization" gegenüberstellt, die zwar auf der einen Seite kostensteigernde Wirkungen hat, die auf der anderen Seite aber durch die angedeuteten Maßnahmen des Kostenmanagements eingegrenzt werden können, sodass sich per saldo doch zusätzliche Aussichten zur Gewinnrealisation ergeben.

4.3.5.3 Konzeptionen der Mass Customization

Piller verwendet eine zweidimensionale Systematisierung verschiedener Formen der Mass Customization. „Die erste Dimension ist die *Variabilität der Wertschöpfungsaktivitäten* des Anbieters", also die Art und Weise, wie das materielle Kernprodukt erstellt wird; abhängig von dieser kann dann wieder in „Offene Individualisierung (Soft Customization)" und „Geschlossene Individualisierung (Hard Customization)" unterschieden werden. In der offenen Individualisierung beruht diese auf Aktivitäten von F&E, Konstruktion und Vertrieb, in der geschlossenen Individualisierung wird diese „primär in der Fertigung vollzogen, was spätestens vor Beginn der Endmontage die Interaktion zwischen Anbieter und Abnehmer voraussetzt." (S. 250)
„Die zweite Systematisierung setzt an der *Wertschöpfungsstufe* an, auf der die Individualisierung des Produkts vorgenommen wird." (S. 250)
Es ergeben sich *sechs Konzeptionen* der Mass Customization. Innerhalb der „*Soft Customization*" ergeben sich die Konzeptionen „Selbstindividualisierung", „Individuelle Endfertigung im Handel/Vertrieb" und „Serviceindividualisierung". Die „*Hard Customization*" gliedert sich „Individuelle End- / Vorproduktion mit standardisierter Restfertigung", „Modularisierung nach Baukastenprinzip" und „Massenhafte Fertigung von Unikaten".

Im Betrachtungszusammenhang der hier verfolgten Fragestellung, die ja nicht primär eine wirtschaftsinformatik*praktische* ist, ist weiteres Eingehen auf Details wiederum verzichtbar, da im Sinne dieser Fragestellung weiterer substantieller Erkenntnisgewinn nicht möglich ist.

4.3.6 Umsetzung der kundenindividuellen Massenproduktion

Wie Piller hervorhebt, stellt die Information „auf vielen Ebenen den wichtigsten Umsetzungsfaktor der Mass Customization dar. (...) Die durch eine kundenindividuelle Produktion entstehenden Differenzierungskosten bestehen zu einem Großteil aus Informationskosten. (...) Kernaufgabe der IuK-Technologie im Rahmen der Mass Customization ist es, die Information über die genaue Spezifizierung des Kundenwunsches zur richtigen Zeit an den richtigen Stellen im

Wertschöpfungsprozess bereitzustellen." (S. 268) Wie Piller an dieser Stelle weiter verdeutlicht, kann „klassische Marketingkommunikation" ja nicht mehr direkt auf ein Produkt aufmerksam machen, sondern muss allgemeiner ein „'Vertrauen' in das Leistungspotential eines Anbieter" in den Mittelpunkt ihrer Werbebotschaft rücken, da das Produkt ja bei den ersten Kundenkontakten bzw. bei Kaufabschluss noch nicht vorliegt. Insofern ist eine Intensivierung der Kundenbindungen auch aus diesem Blickwinkel von höchster Bedeutung. In diesem Zusammenhang kommt offensichtlich auch dem „Electronic Commerce" besondere Bedeutüng zu.

An dieser Stelle kann nun der Bezug zu den oben vorgestellten, von *Heinzl et al.*[535] auf dem Wege einer Delphi-Erhebung ermittelten „Erkenntniszielen für die Wirtschaftsinformatik" noch einmal hergestellt werden; in diesen wurde der Schaffung verbesserten Wissens über „Netzmärkte und virtuelle Märkte" bzw. „Netzmärkte und E-Commerce" höchste bzw. zweithöchste Bedeutung zugemessen. Aus der hier entwickelten Perspektivität ließe sich eine hohe Bedeutung der Netz-Technologien bzw. insbesondere des Electronic Commerce bestätigen; „aus einer konzeptionellen Sicht lässt sich Mass Customization als eine Anwendung des Electronic Commerce einordnen."[536] Als methodischer Mangel ist der Vorgehensweise der Delphi-Studie zur Gewinnung von „Orientierungswissen", also zur Gewinnung von Wissen über „wissenswertes Wissen", somit – trotz aus dieser Perspektive sich bestätigender Ergebnisse – der Vorwurf eines *normativen Defizits* zu machen, da auf diese Weise nur in Erfahrung zu bringen ist, was die befragten Mitglieder des Experten-Panels in der Mehrheit für wissenswert *halten*, es ist jedoch nicht möglich, hier zu normativ validen *Begründungen* zu kommen. Allerdings ist auch die Konzeption der Mass Customization – jedenfalls bei F. T. Piller – nicht normativ begründet; es ergeben sich für die Annahme einer auch normativen Begründbarkeit aus der in der vorliegenden Arbeit entwickelten Perspektivität dafür jedoch Anhaltspunkte insofern, als hier ein Zuwachs von Möglichkeiten wirtschaftlicher Wertschöpfung als Potenzial aufgezeigt werden kann, und diese sind als Zuwachs gesellschaftlichen Reichtums und als Reservoire zur Erweiterung gesellschaftlicher Rationalität als begründet oder begründbar anzusehen; dies unter der Voraussetzung, dass in der Tat Wert-*Schöpfung* erreicht wird, und nicht Wert-*Ab*schöpfung.

Piller hebt das besondere Wertschöpfungspotenzial der innerhalb der Mass Customization genutzten Electronic-Commerce-Lösungen noch einmal hervor: „Während viele heute etablierte Electronic-Commerce-Lösungen lediglich herkömmliche, ‚massenhafte' Wertschöpfungsprozesse ins Internet verlagern, dabei jedoch nur an der Kostenoption ansetzen (Transaktionskostenreduktion), bietet Individual Electronic Commerce in Form einer Iuk-technikgestützten Mass

---

[535] Heinzl et al. (2001)

[536] Piller (2000), S. 269.

Customization einen wirklich neuen Kundennutzen: individuelle Produkte zum Standardpreis." (S. 270)

Im Rahmen der Umsetzung der Mass Customization kommt der Forschung und Entwicklung (F&E) offensichtlich hohe Bedeutung zu. Piller fordert hier für das Endprodukt einen zweistufigen Entwicklungsprozess: „Zunächst kommt es (einmalig) zur Entwicklung des Grundprodukts mit allen möglichen Varianten bzw. zur Entwicklung der grundlegenden Produktarchitektur. In diese Phase (...) fällt auch die Entwicklung der notwenigen Produktionsprozesse. Die zweite Stufe bildet dann die kundenspezifische Konfiguration eines Endprodukts entsprechend den Bedürfnissen und Wünschen eines Abnehmers (..). Das Ziel der grundlegenden Produktentwicklung ist der Ausgleich zwischen Differenzierungs- und Kostenoption." (S. 271) Erreicht werden könnte dies etwa durch „Definition eines optimalen ‚Baukastens'" oder die „Entwicklung einer übergreifenden, generischen Produktarchitektur." (S. 271) In diesem Zusammenhang weist Piller auf die besonderen Möglichkeiten der CIM-Komponente *Computer Aided Design (CAD)* hin sowie auf die „neue CIM-Konzeption" im Sinne eines *„Simultaneous Engineering"*, die eben auch die *Prozessentwicklung* (der Produktionsprozesse) mit einschließt.

„Mit der Erhebung der Kundeninformation und der Leistungskonfiguration beginnt der eigentlich kundenbezogene Wertschöpfungsprozess der Mass Customization. (...) Gerade hier zeigt der Einsatz der neuen IuK-Technologien eine sehr große Wirkung." (S. 275) Hier haben sich Konfigurationssysteme als Lösung erwiesen, die, wie Piller angibt, „idealtypisch aus drei Komponenten" bestehen:

- „Eine Konfigurationskomponente nimmt die Abstimmungsprozesse vor, die zur Definition eines individuellen Produkts führen, und leitet den Benutzer zur für ihn optimalen Variation. Hinzu kommt die Prüfung und Sicherung der Konsistenz.

- Eine Präsentationskomponente erstellt eine gültige Produktkonfiguration und präsentiert die Zielgruppenbezogen, meist in grafischer Form.

- Auswertungswerkzeuge schließlich setzen die optimale Variation fertigungsgerecht in Stücklisten, Konstruktionszeichnungen, Arbeitspläne etc. um und übermitteln die notwendigen Informationen an andere Unternehmensbereiche wie zum Beispiel die Auftragsbearbeitung oder Produktionsplanung. In vielen Fällen der Mass Customization wird trotz der Individualisierung für das jeweilige Endprodukt von allen Kunden der gleiche Preis erhoben (insbesondere bei den Mass-Customization-Konzeptionen der kundenspezifischen End- oder Vorproduktion). Teilweise werden aber auch Entscheidungen über die Produktmerkmale und damit Merkmalsausprägungen eines Moduls anhand eines Kosten- bzw. Preiskriteriums getroffen. Bei einem solchen Preisbaukasten muß der Konfigurationsvorgang von einer merkmalsbezogenen Variantenkalkulation begleitet werden." (S. 279)

Piller weist schließlich auf neue Möglichkeiten zur Gewinnung von Individualisierungsinformationen hin, die durch *Vermessung* von Kundendaten durch *dreidimensionales Scannen* entstanden sind (bei Produkten, deren Individualisierung auf Anpassung an Körpermaße beruht wie „Kleidung, Schuhe, Motorradhelme etc."). (S. 287)

Als „Gestaltung der Nachkaufphase" diskutiert Piller die *„Aktivitäten des Customer Relationship Managemants, CRM"*. Dieses – möglichst dauerhafte – Verhältnis zum Kunden sollte im Sinne einer *„learning relationship"* gestaltet werden.

4.3.7 Produktion

„Im Rahmen der Sachgüterproduktion wird (..) meist ein materielles Produkt im Mittelpunkt der Individualfertigung stehen. (...) So wichtig die bislang beschriebenen Schritte der Wertkette für ein funktionsfähiges Mass-Customization-Konzept sein mögen – ohne die konsequente Umsetzung der dort erhobenen Individualisierungsinformationen in der Fertigung ist ein Mass-Customization-Konzept dauerhaft zum Scheitern verurteilt (..)." (S. 303)

Piller stellt neue Entwicklungen im Bereich der Werkstückbearbeitung vor, diskutiert dann verschiedene Möglichkeiten zur Strukturierung komplexer Arbeitssysteme, und diskutiert anschließend ein Planungs- und Steuerungskonzept für derartige Produktionsstrukturen sowie seine IuK-technische Umsetzung.

4.3.7.1 Fertigungstechnologien der Werkstückbearbeitung

Während mass-customization-gerechte Entwicklung der Produkte und Leistungen eines Unternehmens Produktkomplexität in der Entstehung minimieren soll, „soll der Einsatz neuer Produktions- und Verfahrenstechnologien eine gegebene Produktkomplexität besser bewältigen und die Planungs- und Prozesskomplexität in der Fertigung senken." (S. 304)

Als „Ausgangspunkt der modernen Produktionssysteme" sieht Piller „die seit den 1950er Jahren eingesetzte CNC-Universalmaschine, eine unverkettete Einzelmaschine, die eine Bearbeitungsstufe computergesteuert übernimmt. Dabei kann die Bestückung der Maschine manuell oder automatisch erfolgen. (...) ..die

Fertigungsprogramme [werden] heute meist online von einem zentralen Rechner gesteuert." (S. 305)
Prozessintegration der Komplettbearbeitung eines Werkstücks (=Zusammenfassung von Teilprozessen wie Bohren, Drehen, Fräsen, Biegen) wird erreicht durch „*Soft-Tooling*", also moderne „weiche Werkzeuge, die „unterbrechungsfrei die verschiedensten Bearbeitungsvorgänge ausführen können." Beim sich hier anbietenden „Laserbiegen" ist „über laserinduzierte Wärme ein reproduzierbares und prognostizierbares Biegeergebnis realisierbar – auch bei einem kontinuierlich wechselnden Bearbeitungsprogramm. Die *Lasertechnologie* kann als wichtigster ‚Enabler' solcher ‚weichen Werkzeuge gesehen werden. Laser können durch Warmdrehen, Schweißen, Gravieren, Biegen, Brennschneiden, Laserdrehen und Lasercarving eine Vielzahl von Bearbeitungsschritten übernehmen." (S. 305)
Ein kurzes Anknüpfen an die oben dar- bzw. hergestellte Diskussionslage oder Fragestellung scheint an dieser Stelle unausweichlich. Mit Blick auf die unübersehbare Arbeitserleichterung und –ersparnis dieser Lasertechnologie, und mit Blick auf das Faktum, daß diese Arbeitserleichterung ja nahezu ausschließlich durch die hier erreichbare höhere Reproduzierbarkeit, Prognostizierbarkeit, ergo: *Berechenbarkeit* des „Biegeergebnisses", des *Arbeitsergebnisses*, erreicht wird, scheint eine mancherorts entstandene Auffassungskomplikation, etwa nach dem Muster „Berechenbarkeit = Rationalisierung = Disziplinierung", mit bestem Bemühen schwer nachvollziehbar. Eine andere Bemerkung zielt auf den an dieser Stelle deutlich werdenden Umstand, dass „große Ideen" offenbar in ihren Realisierungsaussichten mit zunehmender Wirklichkeitsnähe an den „Teufel im Detail" geraten und hier abhängig sind von der Zugriffsmöglichkeit auf „Enabler" wie etwa die hier beschriebene Lasertechnologie, die jedoch in der großen Schau auf etwaige prinzipielle Hindernisse in der Realisierung komplexer „Automationsvorhaben" – wie die diskutierten P=NP-Probleme – keine Rolle spielen.

Als „vollkommen anderen Verfahrensansatz" beschreibt Piller „die komplette Erstellung eines Werkstücks durch ‚*Automated Fabrication*' *(autofab)*." (S. 305) Piller rechnet damit, dass „in Zukunft (..) diese Technologien zu einem wesentlichen Träger der Mass Customization werden." Auf Basis einer Gruppe moderner Technologien können hier „in einem Arbeitsgang auf Basis eines CAD-Modells aus einem Rohmaterial dreidimensionale, feste Körper" produziert bzw. geformt werden. (S. 306) „So gut wie jedes Objekt, das aus einem Material gegossen, geformt, gedreht oder sonst wie gearbeitet ist, kann dann nach individuellen Formwünschen gefertigt werden. Bedingt ist, dass die Oberflächenform des Objekts in computerisierter Form verfügbar ist. Dies lässt sich aber dank neuer dreidimensionaler Scanner-Technik leicht verwirklichen." (S. 306) Piller rechnet damit, dass mit der zunehmenden Verbreitung dieser Anlagen und der zugehörigen Werkstoffe die heute noch zu hohen Kosten deutlich sinken werden.[537]

Die CIM-Komponente *CAM (Computer Aided Manufacturing)* "umfasst laut Definition des AWF die IUK-technische Unterstützung der Steuerung und Überwachung der im Fertigungsprozess benötigten Betriebsmittel." (S. 306) Die Konstruktionsdaten, die mittels CAD erstellt worden sind, sollen von der CIM-Komponente *CAP (Computer Aided Planning)* zur Festlegung von Arbeitsplänen, Fertigungs- und Montageanweisungen verwendet werden. Ebenfalls soll automatisch die Erstellung der CNC-Programme angestoßen werden. Wie Piller hervorhebt, „verhindern in der Praxis oft fehlerhafte bzw. unvollständige Datenbestände die automatische Programmerstellung aus dem CAD-System heraus. Für die Zukunft versprechen hier neue Entwicklungen der Bilderkennung große Potenziale. Statt die CAD-Daten einer Werkstücks in Form von CNC-Informationen an eine Bearbeitungsstation zu transferieren, könnte eine digitale Kamera das teilbearbeitete Werkstück unmittelbar erfassen und anhand seiner Dimensionen seine Positionierung im Arbeitssystem sowie die notwendigen Bearbeitungsschritte errechnen. Damit wäre eine zentrale Programmierung der Fertigungssysteme und eine Konvertierung der CAD-Daten obsolet, da die notwendigen CNC-Informationen unmittelbar bei Arbeitsbeginn direkt erstellt würden." (S. 307)

4.3.7.2 Organisationsprinzipien der Produktion

Zur Komplexitätsbewältigung kann die Komplexität bestehender Abläufe gesenkt werden, wozu im Rahmen des Produktionsmanagements grundsätzlich zwei Möglichkeiten bestehen:

- „Die *vertikale Segmentierung* der Produktion setzt an der Wertkette kundenindividueller Produkte an. Hier geht es um die Aufteilung der gesamten Fertigungskette in einen standardisierten und einen kundenindividuellen Teil. Schnittpunkt ist der durch den Vorfertigungsgrad gekennzeichnete Punkt, ab dem ein standardisiertes Vorprodukt einem spezifischen Kundenauftrag zugeordnet wird.

- Ein Komplexitätsreduktion durch eine *horizontale Subsystembildung* (Fertigungssegmentierung, Bildung teilautonomer Fertigungsinseln) zerteilt das Produktionssystem in nebeneinanderstehende Teilsysteme („Fabrik in der Fabrik')." (S. 309)

---

[537] Wie Piller berichtet, funktionieren heute unter Laborbedingungen schon Anlagen, „bei denen ein Kunde vom heimischen PC aus dort entworfenes Modell über das Internet an einen 3D-Drucker ausgibt, der dieses dann aus einem papierartigen Werkstoff modelliert." „Besichtigt werden kann eine solche Anwendung im Internet unter http://www.sdsc.edu/TMF/." (S. 306)

Piller synthetisiert aus den „sehr heterogenen Abgrenzungen der einzelnen Begriffe in der Literatur" folgende vier Arten der „Modularisierung der Prozessketten in der Fertigung":

Ansatzpunkt der Modularisierung	Umfang der abgedeckten Fertigungsstufen	
	einstufig	*mehrstufig*
tätigkeitsorientiert	Fertigungsinsel	Fertigungssegment
technisch orientiert	flexible Fertigungszelle	flexibles Fertigungssystem

Abb. 11: „Arten der Modularisierung der Prozesskette in der Fertigung"[538]

Zur einstufigen flexiblen Fertigungszelle oder –insel merkt Piller an, dass gerade von Unternehmen, die „bereits nach dem Prinzip der kundenindividuellen Massenproduktion fertigen", flexibilitäts- und qualitätssteigernde Effekte durch „Teilautonomie der Gruppe" als positive Folge des Systems immer wieder betont werden. „Die Individualisierung der Produkte schafft für die Mitarbeiter in der Fertigung eine höhere Identifikation mit den gefertigten Produkten, die über eine steigende Motivation und Leistungsbereitschaft zu einer bedeutenden Qualitätssteigerung führt." (S. 312)

Ziel der *flexiblen Fertigungssysteme (FFS)* „ist die Komplettbearbeitung komplexer Komponenten oder ganzer Produkte." Wegen der von einem Systemrechner übernommenen Auftragsablaufsteuerung und Werkzeugorganisation ist „zwar ein schneller Wechsel mit geringen Wechselkosten zwischen einzelnen Werkstücken möglich, jedoch ist die Zahl der unterschiedlichen Erzeugnisse, die das System bearbeiten kann, relativ gering (15 bis 60 Stück), denn die Fähigkeit eines FFS, Werkstücke in nahezu wahlfreier Reihenfolge zu bearbeiten, wird in erheblichem Maße durch die Begrenztheit der automatischen Werkzeuglager und Wechseleinrichtungen beeinflusst. Deshalb stößt die völlige Automatisierung der Rüstvorgänge bei einer zu großen Teilevielfalt rasch auf Probleme und wird unwirtschaftlich." (S. 313)
Piller geht hier auf die Erfahrungen mit hoch automatisierten FFS der 1980er Jahre ein, die wegen zu hoher Planungs- und Steuerungskomplexität verketteter FFS sich als sehr störanfällig erwiesen, was auch durch „Integration von Ansätzen zur Störungsbehandlung sowie die Erweiterung und Verknüpfung bestehender FFS mit Leitsystemen und Zellenrechnern" nicht grundsätzlich gelöst werden konnte. (S. 313) Dennoch sei der *wirtschaftliche Flexibilitätsgrad* der FFS durch die zunehmende Leistungssteigerung der Prozessrechner stark erweitert worden, bei einem gleichzeitigen Preisverfall der Systeme. Ebenfalls haben Fortschritte der Robotertechnik zur Flexibilitätssteigerung beigetragen.

---

[538] aus Piller (2000), S. 312

Unverzichtbar ist an dieser Stelle offenbar die Bemerkung, dass hiermit zwar eine gegenwärtig für kaum überwindbar zu haltende Grenze in Richtung weiterer Steigerungen der Arbeitsproduktivität markiert zu sein scheint, dass daraus aber keine *prinzipiellen* Schlussfolgerungen begründbar sind, mit einer ähnlichen Tragweite wie sie etwa die vorgestellten Grenzziehungen *W. Coys* („problematische Grenze der Maschinisierung") für sich beanspruchten; die Evaluation eines Szenarios zunehmender Divergenz von Produkt- und Prozesswachstum, und die hier angedeutete Perspektive einer gebrauchswertorientierten Nutzung der Produktionstechnik *für den Fall dazu hinreichender Automation* scheint damit noch nicht obsolet.

4.3.7.3 Das Modell einer Produktionsplanung- und Steuerung (PPS) für kundenindividuelle Massenproduktion

Die Planungsansätze heutiger PPS „und damit auch die Softwarelogiken der entsprechenden PPS-Systeme" basieren bei einer variantenreichen oder kundenindividuellen Fertigung „fast ohne Ausnahme auf der 1978 von *Wright* entwickelten ,*Manufacturing Ressource Planning*', dem sogenannten MRP II-Konzept."[539] „MRP II versucht die Integration aller Teilbereiche der PPS (Programm-, Mengenplanung, Durchlauf-, Kapazitäts-, Feinterminierung) mit Hilfe eines zentralen, sukzessiven Planungskonzepts zu erreichen. Hierbei werden die einzelnen Planungsschritte nacheinander durchgeführt, wobei eine Stufe auf den Ergebnissen der vorangehenden aufbaut. Der Detaillierungsgrad der Planung wird von Stufe zu Stufe verfeinert, während ihre Fristigkeit im gleichen Zeitraum abnimmt." (S. 318)

Piller erklärt nun dieses MRP II-Konzept aufgrund der unterschiedlichen Zielstrukturen der bei der kundenindividuellen Massenproduktion vorkommenden Produktionsaufgaben für nur eingeschränkt geeignet. „In der kundenindividuellen Massenproduktion (..) dominiert das Ziel einer *schnellen und kostengünstigen Reaktion* auf die Wünsche jedes einzelnen Kunden." Als wesentliches Ziel einer kundenindividuellen Fertigung ist „eine hohe Qualität im Sinne der Einhaltung der gewünschten Produktspezifikationen (Maße, Funktionen etc.)" zu sehen. Die Produktionsplanung muss weiterhin sicherstellen, „dass die auftragsneutral vorzufertigenden Module in der erforderlichen Quantität und Art (Variante) zur Verfügung stehen, ohne dass es zu übermäßigen Lagerbeständen kommt." (S. 320)

Aus der *Produkt- und Prozessmodularisierung* ergeben sich besondere Planungsansprüche als Anforderung an die PPS. „Die Aufspaltung des Produktionsprozesses in einzelne spezialisierte Segmente führt in der Realität zu einem Nebeneinander verschiedener Organisationsformen der Fertigung. Während in

---

[539] *Wright, O.*: The executive guide to successfull MRP II. Englewood Cliffs 1982, aus: Piller (2000), S. 318.

der Vorfertigung und der Montage das Fließprinzip im Rahmen flexibler Transferstraßen dominiert, ist zum Beispiel der passgenaue Zuschnitt eines Moduls nach Kundenwunsch nach dem Verrichtungsprinzip organisiert. Dieses Segment benötigt zellintern vielleicht einen Steuerungsansatz nach MRP II, während die Abstimmung mit anderen Segmenten (z. B. der Montagelinie) durch eine dezentrale Kanbansteuerung geregelt sein kann. Aufgrund dieser Heterogenität sind den einzelnen Segmenten möglichst weitgehende Steuerungsaufgaben zu übertragen. Gleichzeitig ist aber eine Gesamtkoordination sicherzustellen, da nur so die Einhaltung der zugesagten Liefertermine möglich ist." (S. 320) Der Grad der Modularisierung und damit die vorherrschende Konzeption der Mass Customization werden zu einer wesentlichen Determinante der Gestaltung der PPS.

Piller erweitert nun einen Ansatz von Höck[540] („*prozessorientierte Produktionsplanung und –steuerung*"), den er den genannten Ansprüchen für genügend hält, der jedoch von der Industriegüterproduktion ausgeht. In dieser erweiterten Konzeption geht er von einer Unterteilung des gesamten Planungsbereichs in Planungsebenen aus. Auf der obersten Ebene steht die *zentrale Fabrikplanung*, die eine koordinierende, dispositiv-logistische Funktion übernimmt für die Fertigungseinheiten der darunter liegenden Ebene. In dieser zweiten Ebene liegen verschiedene *Fertigungsbereiche* „wie die auftragsneutrale Vorfertigung oder die kundenspezifische Anpassung und Montage der Module. (...) Die dritte Planungsstufe bilden dann die *bereichsinterne Planung und Steuerung*." (S. 322)

So entsteht ein „hybrider" Planungsansatz, basierend auf „einer bereichsübergreifenden Auftragskoordination zur Überwachung des Produktivitätsfortschritts der einzelnen Kundenaufträge, während sich die ausführenden Fertigungsbereiche je nach dem dort herrschenden Organisationstyp der Fertigung und ihrer Lage vor oder nach dem Entkoppelungspunkt zwischen kundenspezifischer und – neutraler Leistungserstellung mit einem geeigneten Planungs- und Steuerungsansatz untereinander abstimmen." (S. 343)

Piller betrachtet nun die Abbildung von Planungsansätzen in Softwaresystemen, was nun hier nicht mehr weiter zu referieren ist; als hier bemerkenswertes Ergebnis ist vielleicht dieses von besonderer Bedeutung, dass nämlich „die Unternehmen, die sehr gute operative Leistungen in der PPS aufweisen, vorrangig auf die Kompetenz der Mitarbeiter [setzen], um die zunehmende Komplexität zu beherrschen – im Gegensatz zu den schlechteren Unternehmen der Untersuchung[541], die teilweise mehrere parallele IuK-Systeme einsetzen." (S. 350) Piller berichtet, dass selbst die Modellfertigung des *CIM-Labors der RWTH Aachen*, „wo unter Laborbedingungen eine computerintegrierte, automatisch verkettete

---

[540] *Höck, M.*: Produktionsplanung und –steuerung einer flexiblen Fertigung. Wiesbaden 1998

[541] Piller bezieht sich auf: *Kempis, R.-D. et al.*: Do IT smart: Chefsache Informationstechnologie. Wien 1998.

Produktion mit höchstem ingenieurtechnischem know-how getestet wird, (...) bei dem Versuch, eine vollständig integrierte Planung und Fertigung zu verwirklichen, vor fast unlösbar großen Komplexitäts- und Steuerungsproblemen" steht. „Die Aachener Forscher plädieren deshalb für hochtechnisierte einzelne Arbeitsplätze und Maschinengruppen mit einer flexiblen Verbindung und manuellen Bestückung und sehen die menschliche Flexibilität als wesentlichen Bestandteil einer modernen flexiblen Fertigung." (S. 350)

Zu dieser Einschätzung ist hier wiederum anzumerken, dass es die Absicht der vorgestellten Argumentation war, eine Perspektivität aufzuzeigen, die *für den Fall*, dass zunehmendes Produktivitätswachstum und zunehmendes Arbeitsangebot auf immer geringere Absorptionsmöglichkeiten des Arbeitsmarktes stößt, gesellschaftskonstituierende Kraft besäße, und die von je denkbaren Zuwächsen an technologisch erreichbarer Produktivität nicht in ihrer Stabilität würde erschüttert werden können, sondern die umgekehrt auf ein bestimmtes, minimales Niveau von „automatisch verketteter Produktion" angewiesen wäre, um sich als solche zu konstituieren. In dieser Perspektivität wäre also eine dann doch in ferner Zukunft vielleicht erreichbare Lösung der in der Gegenwart „fast unlösbar großen Komplexitäts- und Steuerungsprobleme" zu *erhoffen*, und eben nicht zu *befürchten*, wie dies unter den gegebenen Bedingungen ja eindeutig zu konstatieren ist.

4.3.8 Resümee: Escaping from old Ideas

Piller betrachtet in seinem Resümee "den Informationskreis der Mass Customization", den er auch in einer grafischen Darstellung versinnbildlicht. „*Ausgangspunkt* ist der Abnehmer mit seinen Bedürfnissen und spezifischen Ansprüchen an ein Produkt. Bei einem Erstkauf kommt dem *Konfigurationsvorgang* (Erhebung der Individualisierungsinformationen) eine zentrale Bedeutung zu." (S. 387) Während der Konfiguration kann bereits ein Abgleich mit der *Produktionsplanung* stattfinden, um etwa kundenspezifische Liefertermine festzulegen. Nach Auftragserteilung wird der Auftrag in Fertigungsaufträge überführt, „die nach Terminierung und Reihenfolgeplanung an die zuständigen Produktionsbereiche (Prozessmodule) weitergegeben werden. (..) In der eigentlichen *Fertigung* wird dann das kundenspezifische Produkt (..) erstellt. (..) Nach der *Distribution* (..) beginnt die Nachkaufphase.." (S. 388)

Die in der Überschrift dieses Abschnitts verwendete Phrase stammt aus einem Satz von John M. Keynes, den Piller zum Abschluss seiner Arbeit zitiert: „The difficulties lie not in the new ideas, but in escaping from the old ones..."[542]
Auch aus der in der vorliegenden Arbeit dargelegten, übergreifende volkswirtschaftliche, philosophische und informatik-theoretische Zusammenhänge reflek-

---
[542] Piller zitiert aus: *Keynes, J. M.*: The general theory of employment, interest and money. London 1936

tierenden Sicht, handelt es sich bei der von Piller in den wesentlichen, auch praxisrelevanten Zusammenhängen umfassend dargestellten Konzeption um eine neue und wichtige, zukunftsweisende „Idee", der zu wünschen ist, dass um ihretwillen das Entfliehen von den alten Ideen gelingen möge.
Ohne Zweifel sind hier grundsätzlich neue Möglichkeiten zur Wertschöpfung aufgezeigt. Wenn die marktwirtschaftlichen Prinzipien greifen, dürfte daraus zu folgern sein, dass die Evolutionsrichtung IuK-technologisch unterstützter Produktionssysteme durch Zuwachs an *Produktivität und Flexibilität* vorgezeichnet ist.

Zur Überleitung in die Diskussion der Perspektiven der tertiären Sektors seien noch einmal einige im Kontext der in der vorliegenden Arbeit verfolgten Fragestellung bemerkenswerte Besonderheiten der „kundenindividuellen Massenproduktion" rekapituliert. Ganz wesentlich scheint zu sein, dass hier nicht mehr ein einzelnes, fertig entwickeltes und in großen Stückzahlen produziertes Produkt angeboten wird, von dem man hofft, dass es den „Idealpunkt" der Nutzenstiftung möglichst vieler Nachfrager treffen möge. Wie Piller feststellt, gewinnt die Idee der Kernkompetenzen „eine ganz neue Bedeutung", „..die Vermittlung von Kompetenz, von Potenzialen, von Fähigkeiten..". „Mass Customization heißt, Potentiale für individuelle Produkte und Leistungen anzubieten."[543] Das Konsumenteninteresse richtet sich also auf eine generalisierte Fähigkeit, ein Potenzial, auf das Potenzial eines Anbieters, Produktionsprozesse so zu organisieren, dass möglichst individuelle, möglichst kurzfristige und möglichst kostengünstige Nutzenstiftung bei hoher Qualität möglich ist. Der Kompetenzschwerpunkt verlagert sich also von der Kompetenz einer Herstellers – mit der beschriebenen Fähigkeit der Antizipation des Idealpunkts möglichst vieler Nachfrager, der Fähigkeit, ein entsprechendes Produkt möglichst „fast to market" zu entwerfen, zu produzieren, und am Markt zu „platzieren", mit entsprechendem Risiko und Werbeaufwand etc. – zur Kompetenz eines Anbieters von individualisierbarer Herstellungsleistung. Unverkennbarerweise ist hier der Aufbau und die Pflege möglichst anhaltender Beziehungen zum Kunden von ganz entscheidender Bedeutung: man kann dem Kunden keine „Blender" verkaufen, keine Nutzen nur vortäuschenden Produkte; der Kunde wird möglicherweise sogar auch über Produktionsverfahren oder Wahl der Materialien oder Bauteile „mitreden" können.

Möglicherweise deutet sich in einer derartigen Gestaltung des Hersteller-Kunde-Verhältnisses bzw. der Produktionssysteme eine Realisierungsperspektive für eine Zielsetzung an, die sich einem ganz anderen Leitbild verbunden sieht, nämlich dem Leitbild der „nachhaltigen Entwicklung" und dem dieser Zielsetzung zugeordneten „Szenario dauerhafte Produkte", oder der Idee des „Contracting and Partnering"[544]. Die hier von A. Rolf durchgespielte Idee der Ausdehnung der

---
[543] aus: Mass Customization News 4. Jg. 2001, Nr. 5/6, S. 5.
[544] Vgl. Rolf (1998), S. 295 f.

Verantwortung der „Dienstleister bzw. Hersteller auf alle Phasen des Produktlebenszyklus", die Vermeidung der Vermarktung von „Kurzdrehern" zugunsten der Priorisierung langlebiger, hochwertiger, vielleicht auch recyclebarer Güter, also die auch aus ökologischer Perspektive erreichbare „Optimierung der Nutzung des Produkts" scheint hier einen durchaus respektablen Zugewinn an Realisierungsaussichten verzeichnen zu können.

An der in der vorliegenden Arbeit entwickelten Perspektivität gemessen wäre das jedoch eine vergleichsweise kurzfristige, mit dem Prinzip der kundenindividuellen Massenproduktion auf vergleichsweise direkte Weise verknüpfbare zusätzliche, überindividuelle Nutzenstiftung – was nur von Vorteil wäre.

Die *hier* entwickelte Perspektivität, die Wahl der untersuchungsleitenden „Brennweite" war, veranlasst durch die Notwendigkeit der Evaluation einer sehr „visionären" Wissenschaftszielsetzung, auf die Identifikation der sehr prinzipiellen Beschaffenheit von Zuständen der Arbeits- und Lebenswelt gerichtet, die für das Verfügbar-Haben einer denkbar weit entwickelten *produktiven und flexiblen* Fertigungstechnik anzunehmen sind. Auf volkswirtschaftlicher Betrachtungsebene stellt sich diese Fragestellung dar als die nach etwa in der Evolution von Wirtschaftsgesellschaften auszumachenden Entwicklungsgesetzlichkeiten, vor allem als die Fragestellung nach einem anzunehmenden Sättigungs- oder Reifestadium, in dem die Entwicklung der Produktivkräfte bzw. der Produktionsmöglichkeiten ein Niveau erreicht, das eine Absorption dieser Produktionsmöglichkeiten durch die am Markt auftretende Konsumnachfrage – *aus Sättigungsgründen* – nicht mehr zulässt. Wie gesehen, ist die Annahme in Zukunft weiter stark abnehmender Beschäftigungsmöglichkeiten im „sekundären" Sektor, also der Güterproduktion, weitgehend anerkannt und wenig bezweifelt. Einige Hoffnungen richten bzw. richteten sich daher auf einen dauerhafte und hinreichende, monetäre Beschäftigungsverhältnisse anbietenden tertiären Sektor: die Dienstleistungsgesellschaft. Eine der Transformation von der Agrar- zur Industriegesellschaft vergleichbare, ähnlich „harmonisch" verlaufende und alle im sekundären Sektor „frei" werdenden Arbeitskräfte nun im tertiären Sektor aufnehmende Entwicklung wird aber vielfach bezweifelt.

4.4 Perspektiven des „tertiären Sektors"

Die in der vorliegenden Arbeit entwickelte Perspektive enthält im Kern den Vorschlag, dass hinreichend produktive – also hinreichend automatisierte, wartungsfrei, berechenbar und überschaubar arbeitende – und hinreichend flexible, individualisierbare Produktionsleistung erzeugende Produktionssysteme mit zunehmendem Entwicklungsfortschritt in dieser Dimension in die Verantwortung eines „organisierten Subjekts" übergehen sollten, das ein Konsumenteninteresse darstellt oder verkörpert, das mit dem Produzenteninteresse gewissermaßen identisch ist. Das Wertschöpfungsangebot der Hersteller von in dieser Dimension sich zunehmend entwickelnden Produktionssystemen enthält zunehmend, in zunehmendem Umfang, also über immer größere Anteile der Wertschöpfungskette das Angebot quantifizierbarer und individualisierbarer Herstellungsleistung zur Deckung des je eigenen, entwickelten, rationalen Bedarfs.

Die entstehende Perspektive wäre nicht eine in Sektoren segmentierte Gesellschaft, sondern eine Gesellschaft, die auf der existentiellen, materiellen Grundlage hochproduktiv arbeitender Fertigungssysteme eine möglichst weitgehende, basale Autarkie erreicht, bei tendenziell sinkendem, minimalem Arbeitsaufwand, und sich auf dieser Grundlage die – *relativ* vergrößerte – Freiheit zu nun möglichen tertiären Beschäftigungen gewährt.

Die Erwartung an die weitere Evolution der Produktionstechnik ist also die, dass da, wo dem Konsumenten nun zunehmend Herstellungsleistung zur „Kreation des ganz eigenen Produkts" angeboten wird, organisierten, handlungsfähigen, verantwortungsfähigen Subjekten die *Fertigungsanlagen* angeboten werden, die diese dann zur Deckung des eigenen Bedarfs in Betrieb nehmen können. Möglich, aber auch *notwendig* würde dies *dann*, wenn die – von Piller eindrucksvoll beschriebene – wertschöpfende Leistung der Konsumgüter produzierenden Unternehmen, diese Herstellungsprozesse im Sinne der Maximierung des Kundennutzens zur Verfügung zu stellen, aufgrund weiteren Zuwachses technologischer Kapazitäten so gering geworden ist, dass das wesentliche Potenzial zur Realisierung weiterer Wertschöpfung sich konzentriert auf die *Herstellung der Fertigungstechnik* selber, wenn in der Konsumgüterproduktion also „Automaten" zum Einsatz kommen, die ohne oder fast ohne weiteren Aufwand in der Endfertigung selber, als solche, als „Vollautomaten", in Betrieb genommen werden können. Naheliegend ist der Einwand, eine solche Perspektive für „utopisch" zu erklären – und das ist sie in der Gegenwart wohl auch – dann müsste aber mit gleichem Recht auch der Zielsetzungsvorschlag P. Mertens' von der Forschergemeinschaft für utopisch[545] erklärt werden (oder hätte erklärt werden müssen), was bis in die Gegenwart jedenfalls offenbar nicht geschehen ist.

Der Kern der in der vorliegenden Arbeit entwickelten Aussage liegt darin zu zeigen:

1.) dass *unter der Voraussetzung* des Vorliegens sehr weit entwickelter Produktionsmöglichkeiten *diese dann* auf die beschriebene bzw. angedeutete Weise zu nutzen wären (und nicht etwa durch ein unter Wettbewerbsbedingungen für einen anonymen Markt produzierendes „vollautomatisiertes Unternehmen" mit dem Zweck der Erzielung eines Gewinns);

2.) dass dies eine prinzipiell wünschenswerte Entwicklung wäre;

3.) dass *nicht* gezeigt werden kann, dass eine Evolution in dieser Richtung bzw. ein Erreichen eines annähernd hohen Niveaus von Produktionsmöglichkeiten *niemals* erreicht werden kann, sondern dass, im Gegenteil, sowohl die „innere" Technik-Evolution, als auch die Wirtschaftsevolution mit der erkennbaren Evolutionsrichtung zu zunehmend produktiver und flexibler Produktionstechnik und der zunehmenden Verlagerung der Wertschöpfung ans Ende der Wertschöpfungskette bzw. in die Herstellung der Produktionsmittel selber, die Erwartung eines solchen Entwicklungsverlaufs nahe legen, und auch das Erreichen eines einen „Umschwung" des Nutzungs-Modus sowohl ermöglichenden als auch erzwingenden Entwicklungs*niveaus*.

Als überpositive Werte und/oder anerkennenswerte gesellschaftliche „Mega-Ziele" waren in dieser Arbeit genannt worden: das kantische „höchste Gut" als denkbares, nicht überbietbares *„perfectissimum"* menschlicher Lebensumstände in der Welt; die diskursethische *„politische und moralische Freiheit"*, die konstruktivistische „Gerechtigkeit" oder „gerechte Gesellschaft in Frieden", die Konstitution herrschaftsfreier Kommunikation und intentionaler, nichtsystemischer Verständigung; die Realisierung menschenwürdiger Lebensumstände, in denen ein mündiger, vernunftfähiger, diskursfähiger Mensch „gesetzgebendes Glied im Reich der Zwecke" ist, durch die Erhebung der menschlichen Autonomie über die „Naturnotwendigkeit als Heteronomie der wirkenden Ursachen."

Wirtschaftstätigkeit zur Herstellung und Erweiterung des „Wohlstands der Nationen", oder auch der „Wohlstands der Personen", also Wirtschaftsaktivität innerhalb einer echten Bedarfsdeckungswirtschaft steht der Erreichung solcher

---

[545] Mertens hat in einer Reaktion auf einen Leserbrief die in diesem zum Ausdruck gebrachte Deutung seines „Abschlussbeitrags" (zur WI '95, in der er seine These vorgetragen hat) als „konkrete Utopie" bezeichnet: „...als ‚konkrete Utopie' nehmen müssen, wobei ich den Begriff ‚konkrete Utopie' durchaus positiv besetzen möchte." Aus: WIRTSCHAFTSINFORMATIK 37 (1995) 3, S. 329.

Mega-Ziele nicht etwa prinzipiell im Wege, sondern ist eine der Voraussetzungen, um sie zu erreichen. Wirtschaftstätigkeit zielt ab auf die Herstellung vermehrbarer Konsumgüter, derer die Menschen zur Ausstattung mit einem ihrem Lebensgefühl entsprechenden Katalog von Gütern und Dienstleistungen bedürfen. Konsumgüter stiften einen subjektiven, nur dem je einzelnen Konsumenten ermessbaren, individuellen Nutzen, der sich danach bemisst, wie sehr ein Konsument ein Gut einem anderen vorzieht, es präferiert.

Die Wirtschaftsinformatik unterstützt Menschen oder Organisationen von Menschen, die Wirtschaftsaktivitäten mit dem Ziel der Schöpfung subjektiver Werte entfalten.

Die vorliegende Arbeit verfolgte also nun das Ziel der Evaluation langfristiger Perspektiven für zu erwartende Zustände menschlicher Lebens- und Arbeitswelt unter Bedingungen als nicht überschreitbar angenommener Produktivität und Flexibilität technischer Hilfsmittel der Konsumgüterfertigung auf Basis der Technologie Universaler Automaten. Das Ergebnis der Bearbeitung dieser Fragestellung war die Einsicht, dass Produktionssysteme, die in diesem Sinne als an einem vorstellbaren Kulminationspunkt ihres evolutorischen Potenzials angekommen gedacht werden, nur dann wohlstandserzeugende Wirkungen entfalten können, wenn sie dem Konsumenten zur direkten Nutzung, zur Erzeugung eines seinen individuellen Nutzenpräferenzen entsprechenden Konsumgutes, zur Verfügung stehen. Wirtschaftstätigkeit stünde mit Erreichen entsprechender Niveaus von Leistungsfähigkeit der technischen Hilfsmittel zur Gütererzeugung nicht mehr unter der Zielsetzung der Lösung einer „Maximumaufgabe", sondern unter der Zielsetzung der Lösung einer Sicherungsaufgabe, nämlich der Sicherung eines rationalen, entwickelten, etwa dem Stoffumsatz nach dimensionierbaren Bedarfs zur materiellen Sicherung einer als menschenwürdig anerkannten Existenz, bei tendenziell maximaler frei disponibler Lebenszeit. Die Perspektiven des tertiären Sektors eröffneten sich dann unter - teilweise - anderen Voraussetzungen, als wenn sie nur aus der Perspektive der Herstellung eines hinreichenden Angebots zur Beschäftigung betrachtet werden.

Die Wertschöpfung des tertiären Sektors wäre tendenziell gerichtet auf Schöpfung „objektiver" Werte (wie Politik, Rechtswesen, Wissenschaft, öffentliche Verwaltung, Behörden), auf ästhetische oder kulturbildende Werte, und auf den sekundären und primären Sektor unterstützende Dienstleistungen (so weit wie eben erforderlich).

Wertschöpfend könnten prinzipiell solche Tätigkeiten sein, die im Sinne der oben genannten gesellschaftlichen „Mega-Ziele" einen zielführenden Beitrag leisten. Unter Rückgriff auf die Begrifflichkeit der Thermodynamik ließe sich auch sagen, wertschöpfend sind solche Tätigkeiten, die zum Erhalt der Ordnung oder zu einem Zuwachs von Ordnung beitragen. Die Ästhetik lehrt wiederum, dass

Ordnungen der menschlichen Lebenswelt auch schön, in innerem Gleichgewicht und in Harmonie befindlich sein können. Persönliche, in einem persönlichen Subordinationsverhältnis praktizierte Hilfsdienstleistungen können in dem Sinne zur Wertschöpfung offensichtlich wenig bis nichts beitragen; anderes gilt dagegen für pflegende, helfende oder auch erzieherische Dienstleistungen.

Die Begrifflichkeit der aristotelischen Handlungstheorie führt zu ganz ähnlichen Differenzierungen. Aristoteles bedient sich auch des Kriteriums der Zweckfreiheit einer Handlung zur Unterscheidung zwischen Poiesis und Praxis. Das Kriterium der Zweckfreiheit führt wiederum auch in ästhetische Wertungen und Anschauungen, wie auch Wertzumessungen. Wie dargestellt werden kann, sind auch poietische Handlungen denkbar, die „ihren Zweck in sich selber tragen", oder zumindest zum Teil; Tätigkeiten, die die Herstellung eines Werks, eines Gutes, eines Gegenstands zum Zweck haben, und doch um ihrer selbst oder um der „Zuneigung" entweder zu der Tätigkeit oder dem Werk willen getan werden. Zur Illustration, dass der tertiäre Sektor auch mit solchen produktiven und handwerklichen, dennoch in Grenzen auch künstlerischen Tätigkeiten angefüllt sein kann, mögen folgende Ausführungen dienen:
Im Bereich der – ja poietisch herzustellenden – Haushaltswaren ist zu beobachten, dass offenbar in bewusstem Kontrast zur in der Logik der Marktverwertung liegenden Profanisierung und Entwertung einige Hersteller oder Anbieter sich der von diesen so genannten „guten Dinge" annehmen:

„,Es gibt nichts Gutes, das nicht irgend jemand ein bisschen schlechter und ein bisschen billiger machen könnte', seufzte schon im vergangenen Jahrhundert der englische Schriftsteller John Ruskin. (...) Zumindest für den Bereich der Haushaltswaren gilt: Es gibt kaum ein Qualitätsprodukt, das nicht durch jämmerlich schlechte, aber viel billigere Konkurrenten und Nachahmungen gefährdet wäre. Die kurze Lebenszeit (...) der Gegenstände, mit denen wir täglich umgehen, ihre Verwandlung von Gebrauchs- in Verbrauchsgüter (...) trägt nicht unwesentlich zur Mehrung unserer Umweltprobleme bei. (...) Aber wie viele der heute käuflichen Dinge vermöchten überhaupt noch irgendwann einmal zu einem liebevoll betrachteten ‚guten alten Stück' zu werden?"

Quelle dieses Zitates ist der „Warenkatalog" eines Handelshauses, das sich dem Vertrieb eben solcher Dinge verschrieben hat, „die in einem umfassenden Sinne ‚gut' sind, nämlich

- nach hergebrachten Standards arbeitsaufwendig gefertigt und daher solide und funktionstüchtig,
- aus ihrer Funktion heraus materialgerecht gestaltet und daher schön,
- aus klassischen Materialien (Metall, Glas, Holz u. a.) hergestellt, langlebig und reparierbar und daher umweltverträglich."[546]

---
[546] Hoof (2001); „Manufactum" Warenkatalog

Bei diesen ‚guten Dingen' ist es so, dass sie zwar von Haus aus zweckmäßige, Zwecken unterworfene Gebrauchsgüter sind, die aber dadurch, dass sie mit viel Arbeitsaufwand, Verstand, Umsicht und Liebe hergestellt worden sind, und in vielen Fällen „sichtlich dazu bestimmt (..), länger in der Welt zu bleiben", sich sozusagen über diesen Zweck erheben und Liebenswürdigkeit erwerben.

Angeboten wird ein umfangreiches Sortiment von „guten Dingen", aus den Bereichen Küche (von Töpfen, Pfannen, Messern bis zu Herden und Backöfen), Lebensmittel (aus ausgesuchtem ökologischem oder traditionsbewusstem Anbau), Mechanik, Büro (auch Büromöbel, Büroartikel), Möbel und Wohnen (Klassische Möbel, Leuchten und Lampen), Heimtextilien, Bekleidung, Schuhe, Lederwaren, Körperpflegeartikel, Werkzeug und Freizeitartikel.

In diesem Sinne könnte im Kontext der in dieser Arbeit entwickelten Perspektivität davon die Rede sein, einen „Trend zur Handwerkergesellschaft"[547] dann auch als tertiäre Perspektive aufzufassen.

Zusammenfassend stellte die tertiäre Perspektive sich also im wesentlichen dar als Sphäre der objektiven Wertschöpfung, von der wiederum festgestellt werden konnte, dass hier keine menschlichen Tätigkeiten durch berechenbare Automaten wertschöpfend substituiert werden können. Objektive Wertschöpfung in diesem Sinne, auch als ästhetische Gestaltung der äußeren Lebenswelt, wird so verstanden immer zu erreichen und zu leisten sein, und Kulturen werden sich dadurch auszeichnen, in welchem Maße sie den Menschen ermöglichen, ihre schöpferischen Energien und Potenziale, ihr Leistungsvermögen und ihren Leistungswillen mit Blick auf das Ziel dieser Schöpfung von Werten zu mobilisieren und zu koordinieren.[548]

---

[547] Rolf (1998), S. 298

[548] In einer im Mai 2002 erschienenen Schrift (Zinn 2002b) nimmt Zinn „die nächsten zehn Jahre [in den] Blick der Politischen Ökonomie" und vertritt hier die Auffassung, dass als ein Charakteristikum einer „tertiären Zivilisation" die Arbeit auf längere Sicht „weitgehend vom Naturverbrauch" abgelöst werden müsse, um zu einer „tertiären Leistung per se" zu werden. (S. 139/140) Zu etwaigen (zu) optimistischen, tertiären monetären Beschäftigungshoffnungen liefert Zinn nochmals folgende konzentrierte Darstellung: „Allerdings basierte der Zukunftsoptimismus Fourastiés, nämlich die Erwartung, dass der Dienstleistungssektor auch bei sinkenden Wachstumsraten des BIP ein Auffangbecken für alle in der Urproduktion und der Industrie entlassenen Arbeitskräfte bilden würde, u.a. auf drei von der Realität widerlegten Prämissen: erstens der Nichtrationalisierbarkeit von Dienstleistungen (keine Produktivitätszunahmen bei Diensten); zweitens einer gesellschaftlich ausgeglichenen Einkommensverteilung derart, dass alle (neuen) Dienstleistungsarbeitsplätze keine Lohneinbußen brächten, sondern die Masseneinkommen am gesamtwirtschaftlichen Produktivitätsniveau orientiert werden; drittens eine hohe Einkommenselastizität der Dienstleistungsnachfrage („Hunger nach Tertiärem"), sodass steigende Einkommen auch zu höherer Dienstleistungsnachfrage führen würden – und nicht etwa in erheblichem Umfang in die Ersparnisbildung abflössen. Statt der Fourastiéschen „tertiären Zivilisation" zeigen sich jedoch Tendenzen einer ‚tertiären Krise'." S. 137

5 Ziele der Wirtschaftsinformatik in der „langen Frist"

Zusammenfassung:
Im fünften Kapitel werden die Ergebnisse der vorliegenden Arbeit nochmals zusammengefasst und als langfristige Zielperspektiven der Wissenschaft Wirtschaftsinformatik deren mittel- und kurzfristigen Zielperspektiven gegenübergestellt. In der langfristigen Perspektive ist eine kulturalistisch aufgefasste Wissenschaft Wirtschaftsinformatik zunehmend auch kulturalistisch-universalistisch zu fassenden und zu benennenden Zielsetzungen verpflichtet. Es steht zu hoffen, dass marktgetriebene Entwicklungen einer aus einer kulturalistischen Betrachtung erwachsenen Zielsetzung korrespondieren.

In einer frühen Reaktion auf die Vorstellung des Vorschlags der „sinnhaften Vollautomation" als Wissenschaftsziel der Wirtschaftsinformatik durch P. Mertens hat *W. König* den bereits erwähnten Leserbrief von *D. J. Hoch* einleitend vorgestellt, welcher die Einschätzung vertritt, dass – etwa mit dem „Ansatzpunkt" einer zukünftigen Rolle des Menschen als „Prosument" – „damit (..) der Mensch in den Mittelpunkt des Erkenntnisinteresses [tritt] und das Erkenntnisziel (..) sich z. B. um moralische Kategorien [erweitert]. Als erweitertes Langfristziel der Wirtschaftsinformatik kann dann der Einsatz von Informationssystemen zur ‚Weiterentwicklung des Menschen in intellektueller, technisch-wirtschaftlicher und sozialer Hinsicht' gesehen werden."[549]

Eine hiermit angedeutete Intention scheint von der in der vorliegenden Arbeit verfolgten bzw. als Zielsetzungsvorschlag für die Wirtschaftsinformatik angedeuteten nicht sehr weit entfernt zu sein. Eine so angedeutete Intention ist in der vorliegenden Arbeit in einigen Dimensionen präzisiert, dargelegt und begründet worden, und es sind einige Kriterien entwickelt und genannt worden, anhand derer eine „Weiterentwicklung des Menschen in intellektueller, technisch-wirtschaftlicher und sozialer Hinsicht" bemessen werden könnte. Mit der Angabe der Dimensionen „Flexibilität und Produktivität", innerhalb derer ein Fortschritt von sozio-technischen Systemen der Gütererzeugung als Gegenstand der Wirtschaftsinformatik im engeren Sinne realisiert werden könnte, ist auch ein Fortschrittkriterium für eine im engeren Sinne wissenschaftspragmatische Orientierung genannt worden.

Hoch sieht den Ziel-Vorschlag der „sinnhaften Vollautomation" als „in mehrerer Hinsicht erweiterungsfähig, wenn nicht sogar –bedürftig" an. Nach seiner Einschätzung „sollte der Betrachtungsgegenstand der WI unbedingt über die Industrie- und Dienstleistungsunternehmen klassischer Prägung hinausgehen."[550] Hoch

---
[549] *König, W.*: Erkenntnisobjekte und Erkenntnisziele der Wirtschaftsinformatik. In: WIRTSCHAFTS INFORMATIK 37 (1995) 3, S. 328.

[550] *Hoch, D. J.*: Die Wirtschaftsinformatik muß sich mehr vornehmen. In: WIRTSCHAFTSINFORMATIK 37 (1995) 3, S. 328.

spricht ebenfalls „implizierte" Beschäftigungsprobleme an: „..die sinnhafte Vollautomatisierung des Unternehmens wird auch weiterhin mindestens physische Arbeitskraft und –zeit freisetzen. Vielleicht ist das ja auch ein für den Menschen in seiner Weiterentwicklung vorgezeichneter Weg – einmal abgesehen von den Umbruch-/Umverteilungsfriktionen, die dabei unterwegs entstehen könnten. (..) Die Entwicklung weg von der physischen Arbeit hin zur stärkeren Befriedigung geistiger und sozialer Bedürfnisse bedarf vermutlich eines qualifizierten Beitrags auch und gerade der Wirtschaftsinformatik. (...) Dem würde auch ein hoher moralischer Anspruch entwachsen; aber warum sollte die Wirtschaftsinformatik keinen Beitrag zur Verbesserung der Lebensverhältnisse aller Teilnehmer am wirtschaftlichen Geschehen anstreben,..." (a.a.O., S. 329)

Die umrissenen Anregungen Hochs – Erweiterung des Zielvorschlags, des Betrachtungsgegenstandes, Reflexion der Beschäftigungsproblematik bzw. des „vorgezeichneten Weges", der Beitrag der Wirtschaftsinformatik „zur Verbesserung der Lebensverhältnisse..." sind in der vorliegenden Arbeit ausgearbeitet worden. Einige Klärungen und Abgrenzungen zur Frage, was mit "Umbruch/Umverteilungsfriktionen, die dabei unterwegs entstehen könnten" gemeint sein könnte, sind hoffentlich ebenfalls geleistet worden; einige diesbezügliche Fragen sind aber andererseits als ungelöst zu betrachten und werden jedenfalls im Rahmen der vorliegenden Arbeit nicht gelöst werden können, und sie werden sich möglicherweise auch erst im weiteren Verlauf des Erkenntnisfortschritts lösen lassen.

Wie W. König in seinem Dialog-Beitrag ebenfalls erwähnt, werden von Mertens „die Erkenntnisobjekte der Wirtschaftsinformatik aus institutioneller Sicht nicht explizit klassifiziert."[551] Dieser Zielsetzung sind die folgenden, die vorliegende Arbeit abschließenden Abschnitte gewidmet.

5.1 Zur Abgrenzung kurz-, mittel- und langfristiger Zielsetzungen

Die bereits mehrfach erwähnte Delphi-Studie von *Heinzl et al.*[552] hat die von den Angehörigen des Forscher-Paneels im Sinne der Untersuchungsfragestellung für „attraktiv" gehaltenen Forschungsgegenstände und Erkenntnisziele der „nächsten drei" und der „nächsten zehn" Jahre untersucht. Es wird hier deutlich, dass Erkenntnisziele wie die Schaffung verbesserten Wissens über „Neue Arbeitsteilungen und Formen von Kollaboration", „Neue Lehr- und Lernformen" oder über „Gesellschaftliche Folgen des Einsatzes von Informationssystemen" eher einer längerfristigen Orientierung zuzuordnen sind, und zwar in diesem Fall einer Orientierungsfrist von zehn Jahren. Zwar wird der Thematik „Netzmärkte und Virtuelle Märkte" bzw. „Netzmärkte und E-Commerce" in beiden untersuchten

---
[551] *König, W.*, a.a.O., S. 328.
[552] Heinzl et al. (2001)

zu betrachtenden Zeiträumen die höchste Attraktivität eingeräumt, aber es ist doch einleuchtend, dass bei der Auswahl, Bevorzugung oder evaluierenden Betrachtung von Zielsetzungen deren Bezug zu einer zeitlichen Fristigkeit zu beachten ist.

Gegenstand der vorliegenden Arbeit war die evaluierende Reflexion einer sehr langfristigen Zielsetzung. Gedanklich-abstrakte Bestimmungen oder Grenzziehungen in Bezug auf eine langfristige Zielsetzung stehen zu Zielsetzungen einer kürzeren, überschaubaren Fristigkeit sicher nicht im Verhältnis etwa einer hierarchischen Über-Ordnung im dem Sinne, dass kürzerfristige Zielsetzungen direkt aus längerfristigen abzuleiten wären. Insbesondere im Fall der anwendungsorientierten und praxisnahen Wirtschaftsinformatik werden sich forschungspraktische Zielsetzungen mit abnehmender Fristigkeit, also zunehmender Aktualität sich orientieren an aus der sich dynamisch entwickelnden betrieblichen Anwendungspraxis der globalen Wirtschaft stammenden Anforderungen. Wie am Beispiel der „neuen Idee" der kundenindividuellen Massenproduktion zu ersehen war, „treibt" die Marktdynamik zu innovatorischen Impulsen, zu neu sich erschließenden Potenzialen der Wertschöpfung. Es ist aber deshalb das Bemühen um langfristige Orientierung nicht etwa müßige Kaffeesatz-Leserei[553], sondern, wie nachvollziehbar gemacht werden sollte, die Erfüllung eines Anspruchs, der aus einem modernen, am Ideal der dialogfähigen Mündigkeit orientierten Selbstverständnis einer unabhängigen, verantwortungsbewussten und verantwortungsfähigen Wissenschaft erwächst, einem Selbstverständnis, das sich mit dem modernen, aufgeklärten, sprachrationalen Anspruch identifiziert, *be*wusste und *ge*wusste, verantwortbare Ziele zu verfolgen.

Ein Schwerpunkt der Argumentation der vorliegenden Arbeit war auch zu zeigen, dass eine etwaige, durch anhaltende Erzeugung von Produktivitätsüberschüssen gekennzeichnete Entwicklung nicht etwa in der iuk-technologisch ermöglichten „Vollautomation des Betriebes" würde gipfeln können. Die Beobachtung des zu erwartenden Evolutionsfortschritts in den simultan verfolgten Dimensionen „Produktivität" und „Flexibilität" legt vielmehr die Annahme nahe, dass bei erreichten hohen Niveaus von Produktivität und Flexibilität, also (nahezu) „vollautomatisch" arbeitenden Produktionssystemen diese in die Hände und die Verantwortung von für die Übernahme dieser Aufgabe kompetenten „Subjekten" oder „Organisationen" gegeben werden sollten oder müssten, um wohlstandserzeugende Wirkung entfalten zu können, um einen „Beitrag zur Verbesserung der Lebensverhältnisse aller Teilnehmer am wirtschaftlichen Geschehen" leisten zu können, und um etwaige „geistige und soziale Bedürfnisse" befriedigen zu können.

---

[553] „oder „die Suche nach der blauen Blume (der Romantik)", die „nur fähige Köpfe davon abhält, einen schnellen Beitrag zur Rettung des Vaterlands zu leisten (also schnell wie auch immer vorzeigbare ‚Erfolge' zu erzielen)", wie in *König et al.* (1996), S. 61, die Haltung eines Mitglieds des Panels der hier vorgestellten Delphi-Befragung umschrieben wurde.

Eine nahezu vollkommene, hochleistungsfähige Fertigungstechnologie ist gegenwärtig nicht in erreichbarer Sichtweite, weshalb forschungspraxisrelevante Zielorientierungen der Wirtschaftsinformatik weiterhin mit den an sie gerichteten Bedarfen der Unternehmen in Verbindung stehen werden, deren Ziel und Aufgabe wiederum darin besteht, unter Wettbewerbsbedingungen zur Wertschöpfung beizutragen. Eine gut orientierte und vorausschauende Wirtschaftsinformatik wäre jedoch auch in der Lage, Unternehmen Lösungen anzubieten, deren Bedarf sie noch nicht erkannt haben – so wie in der Gegenwart möglicherweise manche Unternehmen den Bedarf der „Mass Customization" und deren Potenziale (noch) nicht erkennt haben, während ihnen diese Lösung bereits angeboten wird. Darüber hinaus ist eine Wissenschaft ist aber auch aus überpositiver Wertbindung zu vorausschauender Klugheit verpflichtet.

5.2 Zur Abgrenzung von Ziel- und Gegenstandsbestimmungen

Ziel- und Gegenstandsbestimmungen werden nicht immer unterschieden; so findet sich die Bestimmung des „langfristigen Ziel(s), das man für die Wirtschaftsinformatik abstecken kann", bei *Mertens et al.*[554] unter der Kapitelüberschrift „Gegenstand der Wirtschaftsinformatik". *J. Schwarze*[555] unterteilt die Fragestellung „Was ist Wirtschaftsinformatik?" in Ausführungen zur „Entstehung der Wirtschaftsinformatik", zu „Inhalten der Wirtschaftsinformatik" und in Ausführungen zum Thema „Wirtschaftsinformatik als Wissenschaft". Die Betrachtung der Inhalte der Wirtschaftsinformatik unterteilt Schwarze in Betrachtungen zum Gegenstand und zu Zielen der Wirtschaftsinformatik. Als Gegenstand der Wirtschaftsinformatik nennt Schwarze die Beschäftigung „mit IV-Systemen, d.h. mit Systemen zur Beschaffung, Verarbeitung, Übertragung, Speicherung und/oder Bereitstellung von Informationen." (a.a.O., S. 16) Die Zielsetzung wird dann dementsprechend als "optimale Gestaltung von IV-Systemen" beschrieben. Eine besondere Hervorhebung betrieblicher Informationssysteme als Gegenstand der Wirtschaftsinformatik findet sich hier nicht; als Ziel wird genannt „..optimale Gestaltung und optimaler Betrieb der Informationsinfrastruktur in einer Organisation (Unternehmung, Verwaltung)." (S. 18)

A. W. Scheer sieht Gegenstand, Aufgabe und Inhalt der Wirtschaftsinformatik in der Entwicklung von „Referenzmodellen"[556] für industrielle Geschäftsprozesse. „Wirtschaftsinformatik ist die Wissenschaft von Entwurf, Entwicklung und Einsatz computergestützter betriebswirtschaftlicher Informationssysteme. In diesem Buch werden vorrangig Informationssysteme für Industriebetriebe behandelt. Der Titel ‚Wirtschaftsinformatik' erscheint trotzdem gerechtfertigt, da die hohe

---

[554] Mertens, P., Bodendorf, F., König, W., Picot, A., Schumann, M. (1998), S. 1

[555] Schwarze (2000), S. 15 f.

[556] So lautet jedenfalls der Untertitel der 4. Auflage des von Scheer verfassten Lehrbuches. Scheer (1994)

Komplexität von Industriebetrieben traditionell im Zentrum der Betriebswirtschaftslehre steht und industrielle Lösungen häufig Schrittmacher für andere Branchenanwendungen sind." (a.a.O., S. 1)

Darstellungen von Gegenstand, Wirkungskreis und Informationskreis der Wirtschaftsinformatik sind in einer mittelfristigen Betrachtungsperspektive also meist orientiert am Informationsbedarf des Industriebetriebes, im Umfeld der Anforderungen der „Neuen Markt-Dynamik" einerseits und der sich entwickelnden Möglichkeiten der „Neuen Technologien" andererseits. Typisch ist die grafische Darstellung des „Beschreibungsgegenstandes"[557] der Wirtschaftsinformatik als sich nach oben mit dem erreichten Verdichtungsgrad integrierter Informationen verjüngende Pyramide:

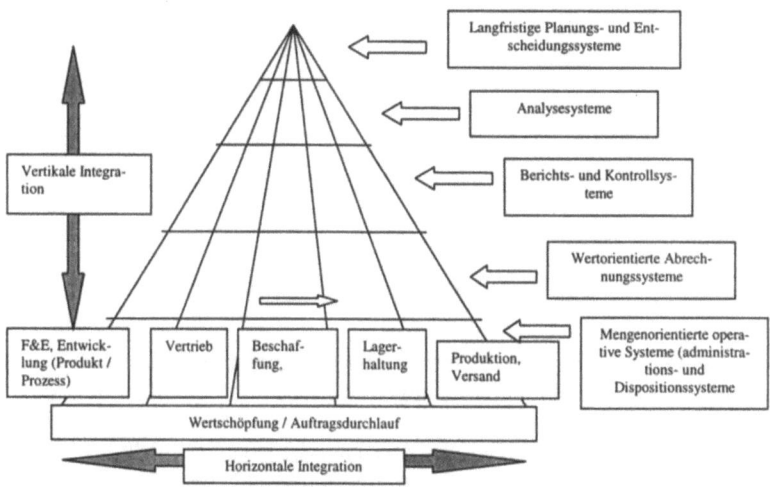

Abb. 12: Integrierte Informationssysteme; Wertschöpfung/Auftragsdurchlauf; Integrationsrichtungen[558]

Als Zielsetzung der Wirtschaftsinformatik wird dementsprechend die Optimierung integrierter Informationssysteme entsprechend den wettbewerbsstrategischen Zielorientierungen der Unternehmen gesehen.

In den zu betrachtenden Informationskreis gehören dementsprechend die „wettbewerbsstrategische(n) Bestimmungsfaktoren"[559] oder die Faktoren des „Span-

---

[557] Scheer (1994), S. 4

[558] abgewandelt entnommen aus Scheer (1994), S. 5, sowie Mertens/Bodendorf/König/Picot/Schumann (1998), S. 46

[559] Piller (2000), S. 92

nungsfeldes der „Neuen Marktdynamik"[560], die im Sinne einer erfolgsorientierten informationstechnischen Unterstützung der Unternehmensaktivitäten zu berücksichtigen sind.

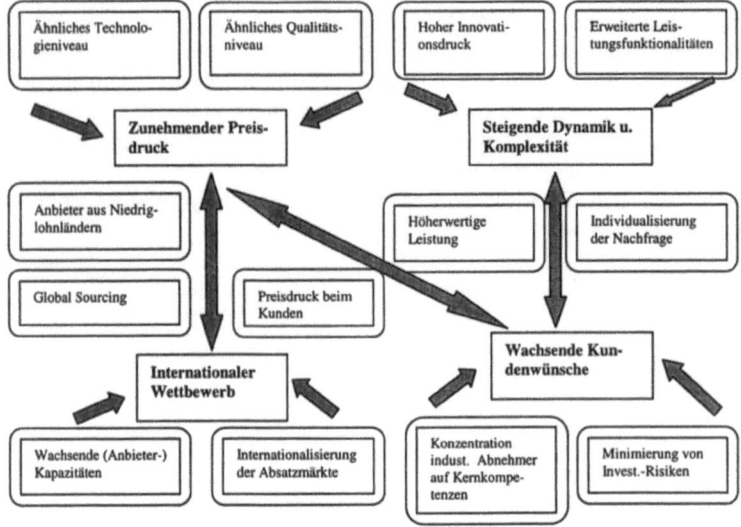

Abb. 13: Wettbewerbsstrategische Bestimmungsfaktoren[561]

Zu beachten ist, dass unter Wettbewerbsbedingungen grundsätzlich nur unternehmenserfolgsrelevante Zielsetzungen beachtet werden *können* bzw. dass Umfeldinformationen nur soweit ausgewertet werden können, wie der Unternehmenserfolg dadurch gesteigert werden kann oder jedenfalls nicht behindert wird. Unter marktharmonischen Prämissen führt eine wettbewerbs- und gewinnorientierte Entfaltung der Unternehmensaktivitäten zur Steigerung des Allgemeinwohls oder jedenfalls zum Wachstum der Wirtschaftsleistungen; unter wachstumsskeptischen Prämissen ist zu beachten, dass gewinnwirtschaftlich operierende Unternehmen den aus gesamtgesellschaftlichen Interessenlagen her stammenden Informationsbedarf aus ihrer originären Motivlage nur beschränkt erkennen, befriedigen und berücksichtigen *können*, weshalb einer aus einem überzeitlichen und universalen Erkenntnisinteresse operierenden Wissenschaft Wirtschaftsinformatik hier eine besondere Verantwortung zukommt.

In der vorliegenden Arbeit war die Betrachtung stark konzentriert auf Produktionsprozesse bzw. Perspektiven der Evolution von Fertigungssystemen im Kon-

---

[560] v. Eiff (1992), S. 82

[561] leicht verändert entnommen aus Piller (2000), S. 92

text der Betrachtung der umgebenden globalen Wirtschaftsevolution. Im Sinne einer kulturalistischen Wissenschaftsauffassung ist dies gerechtfertigt insofern, als der Gegenstand der Wirtschaftsinformatik aufgefasst werden kann als IuK-technologische Unterstützung wertschöpfender Prozesse bzw. Organisationen, und hier sind es im Kern die gütererzeugenden Systeme, von deren produktiver und flexibler Gestaltung wesentliche, kulturformationsprägende Einflüsse ausgehen.

5.3 „Langfristziele" der Wirtschaftsinformatik

In dieser langfristig orientierenden Betrachtung ist der einzubeziehende Informationskreis der Wirtschaftsinformatik erheblich erweitert:

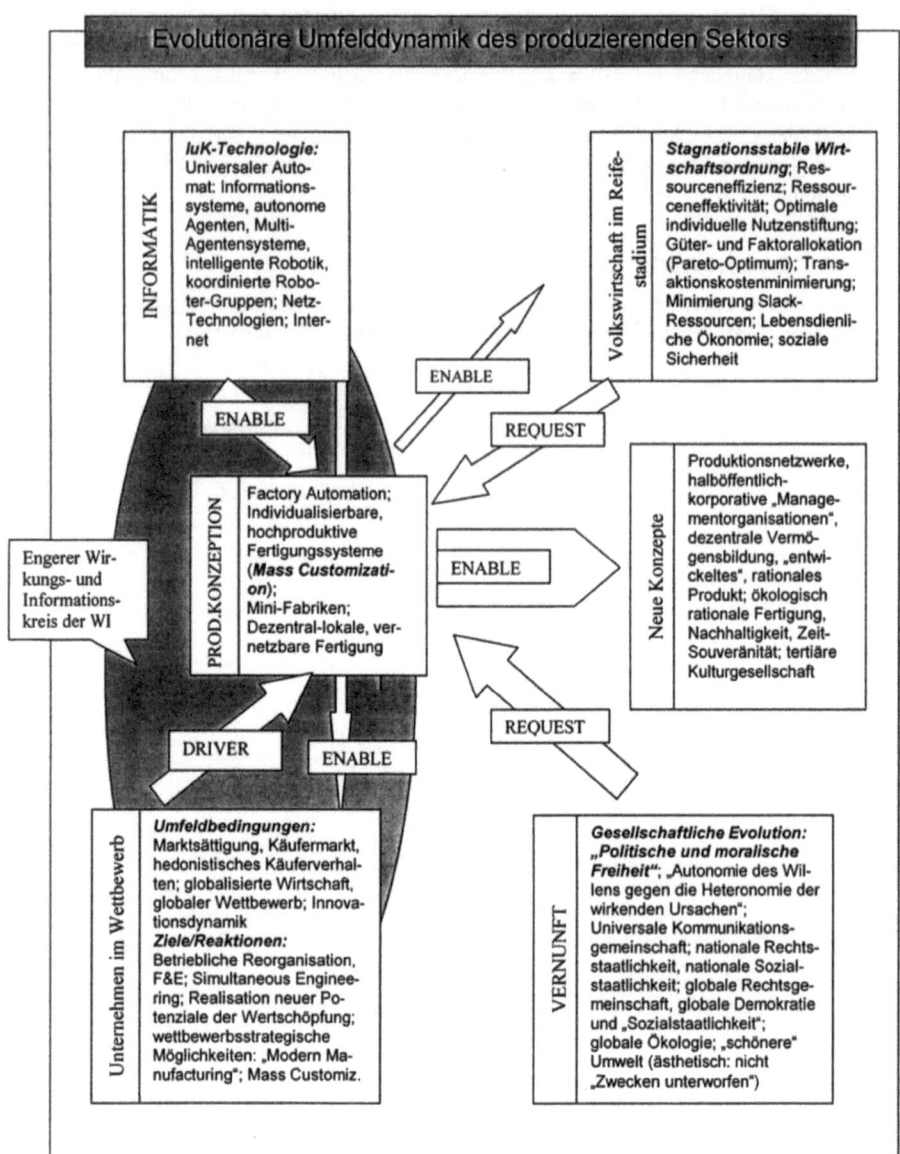

Abb. 14: erweiterter Wirkungskreis und erweiterter Informationskreis der Wirtschaftsinformatik

Wenn also diese Prämisse zugelassen wird, dass grundsätzlich in der langen Frist ein anhaltendes, progressives Überschreiten der Produktionsmöglichkeiten über die Konsummöglichkeiten nicht ausgeschlossen werden kann – wie das der Zielsetzungsvorschlag der „sinnhaften Vollautomation" implizit ja tut –, muss der Informationskreis *zwingend* erweitert werden, da lediglich subjektivistisch-gewinnwirtschaftlich operierende Unternehmen unter Wettbewerbsbedingungen dann tendenziell keine sozialen Wohlfahrtswirkungen entfalten[562] *können;* die Wirtschaftsaktivitäten der Unternehmen müssen durch langfristig und gesamtgesellschaftlich orientierte und wertrückgebundene Maßnahmen und Aktivitäten ergänzt und begleitet werden.

Die sich als Ergebnis der vorliegenden Arbeit abzeichnenden Anforderungen an die Bestimmung langfristiger Zielorientierungen der Wirtschaftsinformatik ließen sich in dem Sinne also auffassen als Versuch einer orientierungsleitfähigen, gehaltvollen Präzisierung eines mit der Intention „Vollautomation des Unternehmens" in seiner Tragweite angedeuteten, kulturgeschichtlichen Projekts. Diese Präzisierung – als Konturierung dieses kulturgeschichtlichen Projekts – wäre etwa zu leisten im Rahmen einer Modifikation der von A. Toffler vorgestellten Kennzeichen der „Dritten Welle" als Stufe gesellschaftlicher und industrieller Entwicklung; diese Modifikationen sollen in folgender Darstellung den von Toffler genannten Kennzeichen der Dritten Welle tabellarisch gegenübergestellt werden (die Kennzeichen der Zweiten Welle nach Toffler werden zur Veranschaulichung ebenfalls dargestellt):

---

[562] Der an der Universität der Bundeswehr in München lehrende Soziologe *W. Bonß* bearbeitet die Fragestellung „Was wird aus der Erwerbsarbeit?" [in: Beck (Hrsg.) (2000), S. 324-415] auf dem Wege der Evaluation von Trendszenarien („Erhaltung der Erwerbsgesellschaft" u. „Jenseits der Erwerbsgesellschaft", mit je einer Positiv- und Negativ-Variante); das negative Szenario der „desintegrierten Nicht-Erwerbsgesellschaft" scheint ihm „nach allen derzeit vorliegenden Befunden (...) weit wahrscheinlicher als das positive." (S. 393) „...extrapoliert man alle Negativzahlen und unterstellt, dass das Arbeitsvolumen irreversibel schrumpft und die Erwerbsarbeit aufgrund von Globalisierungs- und Digitalisierungsprozessen langfristig nur noch für einige hochqualifizierte Fachleute eine Rolle spielen wird, während auf der anderen Seite immer mehr Erwerbstätige in die Arbeitslosigkeit absinken, dann sind die Integrationspotentiale der Marktvergesellschaftung irgendwann erschöpft. Denn soziale Integration durch den Markt setzt voraus, dass zumindest die Chance bestehen muß, sich mittels Erwerbsarbeit zu reproduzieren. (...) Diese Entwicklung dürfte sich in dem Maße verschärfen, wie die Internationalisierung des Arbeitsmarktes anhält, die Wachstumsraten in transnationalen Wettbewerb stagnieren und menschliche Tätigkeiten weiterhin in einem säkularen Rationalisierungsschub auf Automaten sowie Informations- und Kommunikationsgeräte verlagert werden." (S. 394/395) Das Alternativszenario „Vergesellschaftung jenseits der Erwerbsarbeit" entwickelt Bonß unter Rückgriff auf die der Französischen Revolution üblichen Kategorien der Vergesellschaftung „citoyen" und „bourgeois", Staatsbürger und Wirtschaftsbürger; die hiermit zu verbindenden Vorstellungen gesellschaftlicher „Rollen", wertschöpfender Aktivitäten und damit möglicherweise verbundener Statuszuweisungen scheinen sich wiederum in Bezug setzen zu lassen zur in der vorliegenden Arbeit bevorzugten Konzeption subjektiver („bourgeois") und objektiver („citoyen") Wertschöpfung bzw. auch der aristotelischen poiesis bzw. praxis. Auf diese Weise scheint auch ein sich stellendes Problem lösbar, das Bonß in einer Fußnote anspricht, nämlich eine befriedigende Neudefinition des Arbeitsbegriffes, dessen Bedeutung zwar über die Erwerbsarbeit ausgedehnt werden müsse, doch „darf die Erweiterung nicht soweit gehen, dass alle menschlichen Tätigkeiten zur Arbeit erklärt werden, sondern die Arbeit selbst ist noch von anderen Formen wie etwa dem Spiel abzugrenzen." (S. 398-400) Vgl. dazu den in der vorliegenden Arbeit mit Bezug auf *Beckenbach* entwickelten Arbeitsbegriff.

Kennzeichen der zweiten und dritten Welle nach A. Toffler;
Modifikationen der dritten Welle als Ergebnis der vorliegenden Arbeit

	Zweite Welle: Industriegesellschaft (17. Jhdt. bis Ende 20. Jhdt.)	Dritte Welle: Informationsgesellschaft (Beginn: Ausgang 20. Jhdt.)	Dritte Welle: Kulturgesellschaft (Beginn: Ausgang 21. Jhdt.?)
Sozialstruktur und Konflikte	Klassen (Klassen-, später Mittelstandsgesellschaft) Eigentumskonflikte	Soziale Milieus (Erlebnisgesellschaft), Informationskonflikte	Halböffentlich-korporative, vernetzte Willensbildung; Individuum vs. universale Gemeinschaft
Wirtschaftsart	Industriewirtschaft	Informationswirtschaft	Informational vernetzte, halböffentliche, privatkorporative „Management"-Organisationen
Symbolik	Fabrik, Fließband	PC, Mini-Computer	Universaler Automat (Computer, -netze, Agenten, Roboter, Rob.-Gruppen, -Netze)
Produktionsart	Zentrale Massenproduktion, Mechanisierung/ Automatisierung, Fertigungsserien, große Stückzahlen, hierarchische Befehlsstrukturen	Dezentrale, „schlanke" Produktion, maßgefertigte Produkte, große Typenvielfalt, Selbstbestimmung, Rückgang der Arbeit in den Produktionsbetrieben	Dezentral-vernetzte, hochproduktive, automatisierte Fertigungssysteme zur Erzeugung individualisierbarer Güter; Erzeugung eines „rationalen", entwickelten Produkts; intelligente Systeme zur Unterstützung subjektiver und objektiver Wertschöpfung
Technologie	Dampfmaschinen, Verbrennungsmotoren (energieintensive Technologien)	Informatisierung: IuK-Technologie, Quantenelektronik, Molekularbiologie, Kernphysik	Dito
Antriebsenergie	Rohstoffe wie Kohl, Öle, Gas (fossile Brennstoffe), Atomenergie	Erneuerbare Energiequellen, globale Netzwerke	Dito
Raum	Raumnot in den Städten, funktionale und zweckgebundene Raumtypen, (Trennung Arbeit und Wohnen), Grenzziehungen und Kartierungen	Auflösung der Trennung zwischen Arbeitsplatz und Wohnung, Wohnung als zentraler Raum, Wohnung als elektronisches Heim	Dito
Orientierung und Entfernungsproblem	Nationalstaat Physikalische Entfernung (Auto, Bahn, Flugzeug)	„death of distance", global "geistige" Entfernung (Info-Strukturen)	Dito
Zeit	Aufteilung der Welt in Zeitzonen, Maschine bestimmt Arbeitstakt, linearer Zeitbegriff, absolute Zeit	Arbeit über mehrere Zeitzonen hinweg, relative Zeit, alternative und plurale Zeiten, Verkopplung unterschiedlicher Zeitrhythmen	„Eigenzeit"; „disposable time"; überwiegend tertiäre Wertschöpfung
Auseinandersetzungen zwischen....	... Mensch und fabrizierter (künstlicher) Natur	...Mensch und Mensch (Zunahme der Kommunikation und Transaktion)	Dito; Harmonisierung individueller und universaler Interessen

Abb. 15: modifizierte Kennzeichen der „Dritten Welle" nach A. Toffler

Die Ergebnisse der vorliegenden Arbeit können also wie folgt zusammengefasst werden:
Ein Ergebnis von zentraler Bedeutung war die Bestimmung von „Produktivität" und „Flexibilität" als Fortschrittskriterium der Evolution von Fertigungssystemen. Wenn nicht das Eintreten eines Stillstandes weiteren Fortschritts in dieser Dimension angenommen wird, ist daher das Erreichen eines Stadiums auf diesem Evolutionspfad anzunehmen, jenseits dessen Fertigungssysteme zur Erzeugung von am Markt abzusetzenden Waren nicht mehr wertschöpfend und wohlstandserzeugend eingesetzt werden können. In langfristiger Orientierung muss daher die Aufgabe zunehmend zum Gegenstand der Wirtschaftsinformatik werden, Herstellungsprozesse und deren Steuerungsmöglichkeiten zu einem solchen Reifegrad zu entwickeln, dass sie nutzenstiftend verantwortlichen Konsumenten als Endverbrauchern zur Verfügung gestellt werden können.

Idealerweise sind in diesem Sinne reife Herstellungsprozesse *voll*-automatisiert *und voll*-flexibilisiert; d. h. sie erzeugen ein individuell zu gestaltendes, ‚editierbares' Produkt. Herstellungsprozesse in diesem Sinne sind rational, und ihr Erzeugnis ist rational: ihre Nutzenstiftung besteht in der Deckung eines rationalen, als begrenzt betrachteten Bedarfs, und sie sind nachhaltig insofern, als in die Nutzenkalkulation ihres Erwerbers auch ökologische Erwägungen einfließen können; es kann z.B. eine Schadstoffbilanz erstellt werden und es können in diesem Sinne optimale Herstellungsprozesse präferiert werden. Herstellungsprozesse in diesem Sinne erfahren eine gewisse Veröffentlichung und Transparenz und unterliegen daher wesentlich stärker einem öffentlichen Rechtfertigungsdruck, der die Verpflichtung zur Wahrung öffentlicher, allgemeiner, überindividueller Interessen beinhaltet.

Als weitere volkswirtschaftliche Soll-Perspektive wäre der Bereich der Herstellung des ‚notwendigen Produkts' auf der technologischen Grundlage dezentral-vernetzbarer, hochproduktiver und individualisierbarer Fertigungssysteme zu organisieren, wobei die konkrete Entscheidung, welche Produkte und Dienstleistungen als diesem notwendigen Produkt zugehörig betrachten werden sollen, dem weiteren Entwicklungsfortschritt oder etwa einem sich entwickelnden Markt für die Herstellung von Herstellungsprozessen überlassen bleiben müsste. Generell scheint die Überlegung plausibel, dass nur im Falle regelmäßig und mit Notwendigkeit wiederkehrender Bedarfe eine im beschriebenen Sinne längerfristige Bindung eigener Finanzmittel an Produktionskapazitäten für sinnvoll gehalten werden kann.

Ein Pfad der „Diffusion" von Fertigungstechnik in die zunehmende Mitverantwortung des Konsumenten bzw. das Verschmelzen von Produzenten- und Konsumentenrolle wäre etwa entlang folgender evolutionärer Teilschritte vorstellbar:

Für einen Konsumenten nutzenerweiternde Effekte einer Bindung seiner Nutzenerwartungen an einen Produzenten ergeben sich grundsätzlich dann, wenn der Konsument dem Produzenten in größerem Umfang Informationen über seine Konsumpläne zur Verfügung stellen kann, als der Produzent anderweitig, etwa auf dem Wege von Informationen über erwartbares Konsumentenverhalten aus der Marktforschung o. ä., zur Erstellung von Produktionsplänen zur Verfügung haben könnte. Der Grad von Unsicherheit, unter dem der Produzent seine Produktionsentscheidungen zu treffen hat, verringert sich in dem Maße, als ein Konsument ihm Informationen über seine zukünftigen Konsumpläne zur Verfügung stellen kann, und der Konsument sich gleichzeitig zur Abnahme eines in diesem Sinne hergestellten Produkts verpflichtet. Auf diese Weise wären Kostenvorteile realisierbar.

Ein höheres Niveau von Bindung ergibt sich dann, wenn einem Konsumenten weitgehend direkter Zugriff auf Produktionsprozesse ermöglicht wird. Dies setzt ein entsprechendes Niveau an Reife der Produktionsprozesse voraus, also einen entsprechenden Automations- und Flexibilitätsgrad. Ein Konsument wird dann nicht mehr immer noch weitgehend von einem Hersteller entworfene Produkte kaufen, deren Produktionsprozesse ebenfalls weitgehend unter der Regie des Herstellers organisiert werden, sondern er kauft Produktions*kapazitäten*, die er in seinem Sinne nutzenstiftend gestalten kann; etwa in Gestalt eines Leasing von Fertigungsprozessen. Diese können nach Zeit und Kapazität pro Zeit dimensioniert sein. Beim Konsumenten liegt dann die Sorge für eine optimale Nutzung und Auslastung der erworbenen Kapazitäten. Die Aufgabe und Leistung des Herstellers konzentriert sich zunehmend darauf, möglichst flexibel nutzbare Produktionskapazitäten zur Nutzung bereitzustellen. Dies bedeutet u. a. den volkswirtschaftlich nicht unerheblichen zunehmenden Fortfall von Marketingaktivitäten etc., also solcher Aktivitäten, deren Notwendigkeit für einen Hersteller dadurch entsteht, dass ein unter Unsicherheit hergestelltes Produkt aus Bestandslagern auf dem Markt abgesetzt werden muss.

Der Wettbewerbsdruck richtet sich also zunehmend auf die Bereitstellung möglichst fehlerfrei arbeitender, kundenindividuell nutzbarer Herstellungsprozesse. Nicht unerheblich ist ebenfalls der Umstand, dass dem Konsumenten auf diese Weise zunehmend mehr Einblick und Einfluss auf die Produktion, die verwendeten Materialien, Herstellungsverfahren, die Produktgestaltung etc. ermöglicht wird und dass z. B. die Tendenz zur Verwendung solcher konsumfördernder Praktiken wie Einbau von Sollbruchstellen, minderwertiger Materialien, Verkürzung der Produktlebensdauer etc. minimiert wird.

In dem Umfang, in welchem Herstellungsprozesse von der Produktidee bis zur Auslieferung berechenbar, algorithmisch beschreibbar und automatisierbar gestaltet und maschinell durchgeführt werden können, und sofern die Deckung regelmäßig wiederkehrender Bedarfe betroffen ist, wächst die Nutzenstiftung eines Konsumenten mit dem Umfang seiner Zugriffs- und Nutzungsrechte an den Produktionsanlagen, die im vollständigen Eigentum eines Konsumenten an ideellen Anteilen nach Maßgabe von Herstellungskapazitäten ihr Maximum haben. Der Konsument trägt dann das vollständige Verfallsrisiko etc. und übernimmt alle Eigentümerpflichten am Anlagekapital.

Sofern nun ein Konsument (ein ‚ideeller' Konsument, also eine handlungsfähige, verantwortungsfähige Korporation von konsuminteressierten Anwendern) hinreichendes Anlagekapital zur Deckung seines gesamten notwendigen Bedarfs besitzt, ist er in seinen Lebensentscheidungen vollständig autonom. Sein Besitz ist dann nicht im eigentlichen Sinne Kapital, dessen Aufgabe darin besteht, Mehrwert zu erzeugen, sondern sein Besitz ist seinem Besitzer ein Vermögen, ein Handlungsvermögen; seine Lebenszeit steht ihm im wesentlichen vollständig zur Disposition, sein Tagesablauf, seine Lebensgestaltung ist nicht direkten Zwängen unterworfen, er ist in seinen Entscheidungen lediglich seinem Gewissen und seinem Verantwortungsbewusstsein unterworfen.

In diesem Sinne ist der Universale Automat, als universalisiertes Prinzip rationaler Herstellung eines rationalen Produkts, *Menschheits-Vermögen*: er verkörpert das universalisierbare Vermögen der Menschheit, sich intentional zu verständigen und zu vergesellschaften und sich den systemischen Imperativen nichtsprachlicher Koordination zu entziehen.

In langfristiger Orientierung ist es Aufgabe der Wissenschaft Wirtschaftsinformatik, sich dieser Verantwortung zu stellen und bewusst zu werden und zu realisieren, dass sie nicht primär bzw. ausschließlich und vorrangig den Erwerbs- und Selbsterhaltungsinteressen am Markt operierender Unternehmen verpflichtet ist, sondern den universalen Erkenntnis- und Kulturinteressen der Menschen, deren Bedarfsdeckung Unternehmen zu dienen haben. Die Verpflichtung und Aufgabe der Wirtschaftsinformatik besteht darin dafür Sorge zu tragen, dass die Nutzung universaler automatischer Maschinen nach Maßgabe rationaler und universalisierungsfähiger Prinzipien im berechtigten Menscheninteresse gewährleistet und möglich ist. Eine wertschöpfende Nutzung universaler Automaten ist mit zunehmender Komplexität und Flexibilität von Herstellungsprozessen schließlich nur dann noch möglich, wenn diese dem direkten Zugriff des ‚Konsumenten' zur Verfügung gestellt werden.

Eine begründbare Aufgabe wirtschaftlicher Aktivitäten kann nicht in der prinzipiell unendlichen, systemisch-imperativisch erzwungenen Deckung und immer neuen Weckung von Bedarfen an vermehrbaren Gütern bestehen; diese können ihre tiefste Legitimation nur finden in der materiellen Gewährleistung berechtigter, universaler und verantworteter Freiheitsinteressen[563] der Menschen. Eine rationale Nutzung nun zusätzlich zu mechanischen Maschinen zur Verfügung stehender Universaler Automaten kann demzufolge nur darin bestehen, dem zu Freiheit und Autonomie berufenen Menschen das Angebot einer Entbindung aus naturwüchsig vorgefundener, faktischer Unterwerfung unter Sachzwänge der physischen Existenzerhaltung zu eröffnen.

Es ist eine der Idee der Menschenwürde und verwirklichter Menschenrechte korrespondierende, orientierungsleitende Idee der Gestaltung der menschlichen Lebenswelt, in einer kulturellen Ordnung zu leben, die eine Ordnung der Freiheit ist, die Freiheit in der Ordnung ermöglicht und Ordnung in der Freiheit; in der kein Mensch Sache ist und Zwecken unterworfen, sondern der Mensch Herr der Zwecke ist. Jeder Mensch ist den berechtigten und begründeten Lebensinteressen und der Verwirklichung der Freiheitsrechte jedes anderen Menschen kraft dessen unantastbarer Menschenwürde in gleichem Maße verpflichtet.

Informatik und Wirtschaftsinformatik als Wissenschaft stehen in der Gegenwart in einer besonderen Verantwortung, an der Realisierung der universalen menschlichen Freiheitsrechte in diesem Sinne mitzuwirken. Während die Informatik die theoretischen, praktischen und technischen Grundlagen der Automatennutzung bereitstellt, ist Aufgabe der Wirtschaftsinformatik die Betrachtung und Gestaltung der von der Informatik entwickelten und zur Verfügung gestellten prinzipiellen Nutzungsmöglichkeiten von universalen Automaten in wirtschaftlichen Kontexten. Dennoch können Informatik und Wirtschaftsinformatik in der folgenden Modifikation der Beschreibung des Gegenstands der Medizin mit gleichem Recht eingesetzt werden:

---

[563] Der 1998 mit dem Nobelpreis für Wirtschaftswissenschaften ausgezeichnete Ökonom *Amartya Sen* fordert „die Moral in der Marktwirtschaft ein" und entwickelt einen Ansatz zur Beschreibung wirtschaftlicher Entwicklung als „Perspektive der Freiheit": „Tatsächlich haben wir im allgemeinen hervorragende Gründe, uns mehr Einkommen und Reichtum zu wünschen. Doch nicht, weil Einkommen und Reichtum um ihrer selbst willen erstrebenswert wird, sondern weil sie in der Regel wunderbare Allzweckmittel sind, eine größere Freiheit bei der Wahl der von uns als vernünftig eingeschätzten Lebensführung zu gewinnen. (...) Ein angemessener Begriff von Entwicklung kann sich nicht mit der Anhäufung von Reichtum, dem Wachsen des Brutosozialprodukts und anderen auf das Einkommen bezogenen Variablen begnügen. (...) Der Ansatz dieses Buches (..) ist der Versuch, Entwicklung als einen Prozess der Erweiterung realer Freiheiten zu begreifen, deren sich die Menschen erfreuen." Sen (2002), S. 25 u. S. 50. Den – zusätzlich zu mit Blick auf herzustellende „Gerechtigkeit und Solidarität in der Marktwirtschaft" – aus der in der vorliegenden Arbeit behandelten Problematik entstehenden sozio-ökonomischen Steuerungsbedarf hat Sen (noch) nicht betrachtet. Es steht zu hoffen, dass die hier entwickelten Denkanstöße einen brauchbaren konstruktiven Beitrag in diesem Sinne darstellen mögen.

In der (Wirtschafts-)Informatik handelt es sich um die Freiheit des Menschen, ihre Erhaltung, Förderung und Wiederherstellung aufgrund eines Wissens, das die Natur des Menschen begreift. (...) [Grundlage] ist für das gesamte Tun (...) ein nicht wissenschaftlicher Boden. (...) In der (Wirtschafts-)Informatik ist der Boden der Wille zur Förderung des Lebens und der Freiheit jedes Menschen als Menschen in seiner Artung. Es gibt keine Einschränkung.

Literatur

Adolphi, R. (1996): Drei Thesen zum Typus einer Rationalitätstheorie nach Weber: Begriffsdifferenzierung, Pluralität, Konflikte. In: *Kettner* (Hrsg.) (1996)
Apel, K. O. (1988): Diskurs und Verantwortung. Das Problem des Übergangs zur postkonventionellen Moral. Frankfurt 1988
Apel, K. O. (1992): Diskursethik vor der Problematik von Recht und Politik. In: Apel/Kettner (Hrsg.): Zur Anwendung der Diskursethik in Politik, Recht und Wissenschaft. Frankfurt 1992
Aristoteles (1977): Hauptwerke. Stuttgart 1977
Bacon, F. (1990): Neues Organon, hrsg. von W. Krohn, Hamburg 1990
Baecker, D. (1993): Kybernetik zweiter Ordnung. In: *Foerster, H.v.*(1993)
Baier, K. (1974): Der Standpunkt der Moral. Eine rationale Grundlegung der Ethik. Düsseldorf 1974
Beck, U. (Hrsg.) (2000): Die Zukunft von Arbeit und Demokratie. Frankfurt am Main 2000
Beck, U. (2000): Wohin führt der Weg, der mit dem Ende der Vollbeschäftigungsgesellschaft beginnt? In: Beck (Hrsg.) (2000)
Beckenbach, N. (1987): Die Geschichte der Arbeit I: Die vorindustrielle Arbeitsverfassung. Reader der Fernuniversität Gesamthochschule Hagen 1987
Becker, B. (1992): Künstliche Intelligenz. Konzepte, Systeme, Verheißungen. Frankfurt New York 1992
Becker/König/Schütte/Wendt/Zelewski (Hrsg.) (1999): Wirtschaftsinformatik und Wissenschaftstheorie. Wiesbaden 1999
Benseler/Heinze/Klönne (Hrsg.) (1982): Zukunft der Arbeit. Hamburg 1982
Bell, D. (1973): The postindustrial society. New York (1973)
Bell, D. (1980): The social framework of the information society. In: *Tom Forrester* (Hrsg.): The microelectronics revolution. Oxford (1980), S. 500-549
Bellebaum/Schaaff/Zinn (Hrsg.) (1999): *Bellebaum, A., Schaaff, H., Zinn, K. G.* (Hrsg.): Ökonomie und Glück. Wiesbaden 1999.
Bischoff, J., Boccara, P., Zinn, K. G. (2000): Die Fusions-Welle. Die Groß-Kapitale und ihre ökonomische Macht. Hamburg 2000
Blaug, M. (1988): The Methodology of Economics. Cambridge 1988
Bloch, E. (1985): Das Prinzip Hoffnung. 1. Auflage Frankfurt 1985
Bubb, H., von Eiff, W. (Hrsg.); Innovative Arbeitssystemgestaltung. Köln 1992
Bullinger, H. J. (Hrsg.) (1991): Handbuch des Informationsmanagements im Unternehmen. München 1991
Bunge, M. (1985): Treatise on Basic Philosophy, vol. 7: Epistemology and Methodology III. Dordrecht 1985
Büttemeyer, W. (1995): Wissenschaftstheorie für Informatiker. Heidelberg Berlin Oxford 1995

Buck-Emden, R., Galimow, J. (1996): Die Client/Server-Technologie des SAP-Systems R/3. Basis für betriebswirtschaftliche Anwendungen. Bonn u. a. 1996

Buxmann, P., Leist, S. (1995): Ein Entscheidungsmodell zur Automatisierung und Standardisierung in betrieblichen Informationssystemen. In: *König, W.* (Hrsg.) (1995), S. 271 - 287

Buxmann, P. (2001): Elektronische Marktplätze und Supply Chain Management. In: WIRTSCHAFTSINFORMATIK 43 (2001) Heft 6, S. 541

Capelle, W. (1971): Die griechische Philosophie. Berlin 1971

Claus, V. (1975): Einführung in die Informatik. Stuttgart 1975

Conolly, J. M. (1984): Philosophische Handlungstheorie (I – III). Reader der Fernuniversität Gesamthochschule Hagen 1984

Coy, W. (1989): Brauchen wir eine Theorie der Informatik? Informatik-Spektrum 12:5, 256-266 (1989)

Coy, W. (1992): Für eine Theorie der Informatik! In: *Coy, W.* et al. (Hrsg.) (1992)

Coy, W. (1993): Reduziertes Denken. In: *Schefe/Hastedt/Dittrich/Keil* (Hrsg.) (1993): Informatik und Philosophie. Mannheim Leipzig Wien 1993

Coy, W. et al. (Hrsg.) (1992): Sichtweisen der Informatik. Braunschweig Wiesbaden 1992

Cronjäger, L. (Hrsg.) (1990): Bausteine für die Fabrik der Zukunft. Berlin Heidelberg New York 1990

Davenport, T. H. (1993): Reengineering Work through Information Technology. Boston 1993

Davidow, W. H., Malone, M. S. (1993): Das virtuelle Unternehmen. Frankfurt New York 1993

Davidson, W. H., Davis, S. M. (1992): Vision 2020 : wie Unternehmen Zukunft gestalten. Freiburg i. Br. 1992

Davis, S. (1987): Future Perfect. Reading 1987

Demmerling et al. (Hrsg.) (1995): *Demmerling, Ch., Gabriel, G., Rentsch, T.* (Hrsg.): Vernunft und Lebenspraxis. Philosophische Studien zu den Bedingungen einer rationalen Kultur. Frankfurt 1995

Dening et al. (1989): Computing as a Discipline. Comm. of the ACM 32, 9 – 23 (1989), in: *Coy, W.* (Hrsg.) (1992)

Dittrich, Y. (1993): Informatik und instrumentelle Vernunft. In: *Schefe/Hastedt/Dittrich/Keil* (Hrsg.) (1993)

Dueck, G. (2001): Kopfgeld (oder: Knowledge Management). In: Informatik-Spektrum Band 24 Heft 6 Dezember 2001, S. 387

Erk, K., Priese, L. (2000): Theoretische Informatik. Eine umfassende Einführung. Berlin u. a. 2000

Eucken, W. (1950): Die Grundlagen der Nationalökonomie. 8. Auflage 1965

Eversmann, L. (1994): Geschäftsprozessoptimierung unter Einsatz von computergestützten Werkzeugen am Beispiel ARIS aus Sicht unternehmensinterner und unternehmensexterner Anwendung. Diplom-Arbeit FH Rendsburg 1994
Eversmann, L. (2002): Die Wirtschaftsinformatik als Wissenschaft und ihre Erkenntnisziele. In: WIRTSCHAFTSINFORMATIK 44 (2002) Heft 1, S. 91 - 96
Fehling, G; Jahnke, B. (1999): Wirtschaftsinformatik und Ethik – Komplementarität oder Konkurrenz? Informatik-Spektrum Band 22 Heft 3 1999, S. 197 - 205
Ferstl, O. K., Sinz, E. J., (1993): Grundlagen der Wirtschaftsinformatik. München Wien 1993
Floyd et al. (1989): *Floyd, C., Mehl, W.-M., Reisin, F. M., Schmidt, G., Wolf, G.*: Out of Scandinavia: Alternative Approaches to Software Design and System Development. Human-Computer Interaction 4 (1989) 4, S. 253 - 350
Foerster, H. v. (1993): Wissen und Gewissen. Frankfurt/Main 1993
Fourastié, J. (1954): Die große Hoffnung des 20. Jahrhunderts. Köln 1954
Fourastié, J. (1967): Die Gesetze der Wirtschaft von morgen. Drei grundlegende Essays: Warum wir arbeiten – Die Zivilisation im Jahre 1975 – Die Produktivität. Düsseldorf/Wien 1967
Fournier, G. (1994): Informationstechnologien in Wirtschaft und Gesellschaft. Sozioökonomische Analyse einer technischen Herausforderung. Berlin 1994
Frank, U. (1999): Zur Verwendung formaler Sprachen in der Wirtschaftsinformatik: Notwendiges Merkmal eines wissenschaftlichen Anspruchs oder Ausdruck eines übertriebenen Szientismus? In: *Becker/König/Schütte/Wendt/Zelewski* (Hrsg.) 1999.
Frankena, W. K. (1963): Ethics. In: Foundations of Philosophy Series. New York 1963
Frankena, W. K. (1972): Analytische Ethik. Eine Einführung. München 1972
Fricke, W. (Hrsg.)(1996): Jahrbuch für Arbeit und Technik 1996. Bonn 1996
Friedrich et al. (Hrsg.) (1995): *Friedrich, J., Herrmann, Th., Peschek, M., Rolf, A.* (Hrsg.): Informatik und Gesellschaft. Heidelberg Berlin Oxford 1995
Fuchs-Kittowski et al. (1976): *Fuchs-Kittowski, K., Kaiser, H., Tschirschwitz, R., Wenzlaff, B.*: Informatik und Automatisierung. Akademie-Verlag Berlin 1976
Fuchs-Kittowski, K., Heinrich, L. J., Rolf, A. (1999): Information entsteht in Organisationen: - in kreativen Unternehmen – wissenschaftstheoretische und methodologische Konsequenzen für die Wirtschaftsinformatik. In: *Becker/König/Schütte/Wendt/Zelewski* (Hrsg.) 1999.
Gaitanides, M. (1983): Prozessorganisation. München 1983
Gehlen, A. (1961): Anthropologische Forschung. Zur Selbstbegegnung und Selbstentdeckung des Menschen. Reinbek bei Hamburg 1961
Gehlen, A. (1965): Anthropologische Ansicht der Technik. In: Seele im technischen Zeitalter. Reinbek bei Hamburg 1962

Glaser, H. (1988): Das Verschwinden der Arbeit. Düsseldorf Wien New York 1988

Gräf, B. (2001): New Economy: ‚Produktivitätswunder' in den USA nur ein statistisches Phaenomen? In: WIRTSCHAFTSINFORMATIK 43 Heft 4 August 2001

Grochla, E. (1978): Einführung in die Organisationstheorie. Stuttgart 1978

Grupp, H. (1995): Der Delphi Report: Innovationen für unsere Zukunft. Stuttgart 1995

Gryczan, G. (1996): Prozessmuster zur Unterstützung kooperativer Tätigkeit. Wiesbaden 1996

Gutenberg, E. (1976): Grundlagen der Betriebswirtschaftslehre. 2. Band. Berlin Heidelberg New York 1976

Gutenberg, E. (1983): Grundlagen der Betriebswirtschaftslehre. Berlin u.a. 1983

Habermas, J. (1968a): Technik und Wissenschaft als 'Ideologie'. Frankfurt 1968

Habermas, J. (1968b): Erkenntnis und Interesse. In: Technik und Wissenschaft als ‚Ideologie', S. 146 - 167

Habermas, J. (1976): Zur Rekonstruktion des Historischen Materialismus. Frankfurt 1976

Habermas, J. (1981): Theorie des Kommunikativen Handelns. Frankfurt 1981.

Habermas, J. (1988): Nachmetaphysisches Denken. Frankfurt 1988

Habermas, J. (1992): Faktizität und Geltung. Beiträge zur Diskurstheorie des Rechts und des demokratischen Rechtsstaats. Frankfurt 1992

Habermas, J. (1999): Wahrheit und Rechtfertigung. Frankfurt 1999

Haken, H. (1990): Synergetik. Nichtgleichgewichts-Phasenübergänge und Selbstorganisation in Physik, Chemie und Biologie. Berlin Heidelberg New York u. a. 3. Aufl. 1990

Halal, W. E.; Kull, M. D. (1997): Emerging technologies: what's ahead 2001-2030. In: Futurist, 3. Jg. (1997), H. 6, S. 20-28

Hammer, M.; Champy, J. (1994) : Business Reengineering. Frankfurt New York 1994

Hammer, M, Stanton, S. A. (1995): Die Reengineering Revolution. Frankfurt New York 1995

Hammer, M. (1997): Das Prozesszentrierte Unternehmen. Die Arbeitswelt nach dem Reengineering. Frankfurt New York 1997

Hanke, F. G. (1982): Endsieg des Kapitalismus. Wien 1982

Hansen, H. R.(1986): Wirtschaftsinformatik I. Stuttgart 1986

Hastedt, H. (1988): Das Leib-Seele-Problem. Zwischen Naturwissenschaft des Geistes und kultureller Eindimensionalität. Frankfurt 1988

Haux, R. (1999): Zur Wissenschaftlichkeit in Medizin und Informatik. Informatik Spektrum Band 22 Heft 4 1999

Heilmann, H. et al. (Hrsg.) (1996): Information Engineering. München Wien 1996

Heinrich, L. J. (1996): Stellungnahme zum Artikel „Die zentralen Forschungsgegenstände der Wirtschaftsinformatik in den nächsten zehn Jahren", erschienen in: WIRTSCHAFTSINFORMATIK 37 (1995) 6, S. 558-569, erschienen in: WIRTSCHAFTSINFORMATIK 38 (1996) 1, S. 102
Heintz, B. (1995) : Die Gesellschaft in der Maschine – Überlegungen zum Verhältnis von Informatik und Soziologie. In: Kreowski et al. (Hrsg.) (1995)
Heinzl et al. (2001): *Heinzl, A., König, W., Hack, J.* (2001): Erkenntnisziele der Wirtschaftsinformatik in den nächsten drei und zehn Jahren. WIRTSCHAFTSINFORMATIK 43 (2001) 3, S. 223 - 233
Helmedag, F. (1992): Warenproduktion mittels Arbeit. Zur Rehabilitation des Wertgesetzes. Marburg 1992
Helmedag / Reuter (Hrsg.) (1999): *Helmedag, F., Reuter, N.* (Hrsg.): Der Wohlstand der Personen. Festschrift zum 60. Geburtstag von Karl Georg Zinn. Marburg 1999
Herberg, H. (1985): Mikroökonomik 3: Unternehmenstheorie. Reader der Fernuniversität Gesamthochschule Hagen 1985
Herberg, H. (1985b): Mikroökonomik 6: Wettbewerb und Wohlfahrt. Reader der Fernuniversität Gesamthochschule Hagen 1985
Herberg, H. (1986): Mikroökonomik 1: Grundprobleme der Preistheorie. Reader der Fernuniversität Gesamthochschule Hagen 1986
Herberg, H. (1991): Mikroökonomik 2: Haushaltstheorie. Reader der Fernuniversität Gesamthochschule Hagen 1991
Heseler/Huffschmid/Reuter/Trost (Hrsg.) (2002): *Heseler, H., Huffschmid, J., Reuter, N., Trost, A.*: Gegen die Markt-Othodoxie. Perspektiven einer demokratischen und solidarischen Wirtschaft. Festschrift zum 60. Geburtstag von Rudolf Hickel. Hamburg 2002
Hill et al. (1981): *Hill, W., Fehlbaum, R., Ulrich, P.*: Organisationslehre, Bd. 1 und 2, Bern/Stuttgart 1981
Höffe, O. (1979): Ethik und Politik. Grundmodelle und –probleme der praktischen Philosophie. Frankfurt 1979
Hoof, Th. (2001): Text des „Warenkatalog Nr. 14" der Fa. Manufactum Hoof & Partner KG, Reken 2001
Hopcroft, J. E., Ullman, J. D. (1994): Einführung in die Automatentheorie, Formale Sprachen und Komplexitätstheorie. Bonn Paris u. a. 1994
Husserl, E. (1976): Ideen zu einer reinen Phänomenologie und phänomenologischen Philosophie. Halle 1913, Husserliana (1976), Bd. III, § 9.
Hüttemann, A. (1997): Idealisierungen und das Ziel der Physik. Berlin New York 1997
Janich P. (1993): Zur Konstitution der Informatik als Wissenschaft. In: *Schefe/Hastedt/Dittrich/Keil* (Hrsg.) (1993): Informatik und Philosophie. Mannheim Leipzig Wien 1993
Janich P. (1993b): Erlanger Schule und Konstruktiver Realismus In: *Wallner* u. a. (Hrsg.) (1993).

Janich, P. (1996): Konstitution, Konstruktion, Reflexion. Zum Begriff der methodischen Rekonstruktion in der Wissenschaftstheorie. In: Konstruktivismus und Naturerkenntnis. Auf dem Weg zum Kulturalismus. Frankfurt 1996

Jantzen, M. (1999): Automaten und Kalküle. Prüfungsunterlagen zum Vorlesungszyklus „Formale Grundlagen der Informatik". Script der Universität Hamburg 1999

Jaspers, K. (1946): Die Idee der Universität. Berlin Heidelberg New York 1946.

Jonas, H. (1979): Das Prinzip Verantwortung. Frankfurt am Main 1979

Jungclaussen, H. (2001): Kausale Informatik. Wiesbaden 2001

Kambartel, F. (1980): Ist rationale Ökonomie als empirisch-quantitative Wissenschaft möglich? In: *J. Mittelstraß* (Hrsg.): Enzyklopädie Philosophie und Wissenschaftstheorie, Mannheim 1980

Kant, I. (1981): Zum ewigen Frieden. Reclam-Ausgabe Stuttgart 1981

Kant, I. (1990): Kritik der praktischen Vernunft. 10. Auflage. Hamburg: Meiner 1990

Kant, I. (1999): Was ist Aufklärung? Ausgewählte kleine Schriften. Hamburg: Meiner 1999

Kant, I. (1999b): Grundlegung zur Metaphysik der Sitten. Hamburg: Meiner 1999

Keller, G. (1993): Informationsmanagement in objektorientierten Organisationsstrukturen. Wiesbaden 1993

Ketelsen, Ch. (1994): Die Gödelschen Unvollständigkeitssätze. Stuttgart 1994

Kettner, M. (1996): Gute Gründe. Thesen zur diskursiven Vernunft. In: *Kettner, M., Apel, K.O.* (Hrsg.) (1996).

Kettner, M., Apel, K.O. (Hrsg.) (1996): Die eine Vernunft und die vielen Rationalitäten. Frankfurt 1996

Keynes, J.M. (1930): Economic Possibilities for our Grandchildren, in: derselbe, Collected Writings, Bd. 9, London Basingstoke 1972

Keynes, J. M. (1936): Allgemeine Theorie der Beschäftigung, des Zinses und des Geldes. 6. Aufl. Berlin 1983

Keynes, J. M. (1943): The Long-Term Problem of Full Employment, in: Keynes, J. M.: Collected Writings, Bd. 27, London-Basingstoke 1980

Kilberth u.a. (1994): Kilberth, K., Gryczan, G., Züllighoven, H.: Objektorientierte Anwendungsentwicklung. Konzepte, Strategien, Erfahrungen. Braunschweig Wiesbaden 1994.

Kirchgässner, G. (1994): Konstruktivismus. In: Handlexikon zur Wissenschaftstheorie, 2. Auflage München 1994, S. 164

Kirn, S. (2002): Kooperierende intelligente Softwareagenten. In: WIRTSCHAFTSINFORMATIK 44 (2002) 1, S. 53-63

Klischewski, R.. (1996): Anarchie – ein Leitbild für die Informatik. Frankfurt Berlin Bern 1996

Kohlberg, L. (1971): From is to Ought. In: Th. Mishel (Hrsg.), Cognitive Development and Epistemology. New York 1971, S. 151 – 236.

Kohlberg, L. (1981): Essays on Moral Development; Vol. 1:The Philosophy of Moral Development. San Francisco 1981.
König et al. (1995): *König, W., Heinzl, A., von Poblotzki, A.* (1995): Die zentralen Forschungsgegenstände der Wirtschaftsinformatik in den nächsten zehn Jahren. WIRTSCHAFTSINFORMATIK Nr. 6 (1995), S. 558 - 569
König et al. (1996): *König, W., Heinzl, A., Rumpf, M.J., von Poblotzki, A..*: Zur Entwicklung der Forschungsmethoden und Theoriekerne der Wirtschaftsinformatik. In: *Heilmann/Heinrich/Roithmayr* (Hrsg.): Information Engineering. München Wien 1996
König, W. (Hrsg.) (1995): Wirtschaftsinformatik '95. Wettbewerbsfähigkeit, Innovation, Wirtschaftlichkeit. Heidelberg 1995
Koslowski, P. (1991): Gesellschaftliche Koordination. Eine ontologische und kulturwissenschaftliche Theorie der Marktwirtschaft. Tübingen 1991
Krämer, S. (1992): Symbolische Maschinen, Computer und der Verlust des Geistigen im Tun. Sieben Thesen. In: *Coy et al.* (Hrsg.) (1992), S. 335
Krämer, S. (1993): Operative Schriften als Geistestechnik. Zur Vorgeschichte der Informatik. In: *Schefe/Hastedt/Dittrich/Keil* (Hrsg.) (1993).
Kreowski et al. (Hrsg.) (1995): Realität und Utopien der Informatik. Münster 1995
Krüger, R.., Simon, A. (1999): Information durch Konstruktion – Systemtheoretische Betrachtung des Phaenomens Informationsverarbeitung und wissenschaftstheoretische Schlussfolgerung für die Wirtschaftsinformatik. In: *Becker/König/Schütte/Wendt/Zelewski* (Hrsg.) 1999.
Lehner et al. (1995): *Lehner, F., Hildebrand, K., Meier, R.*: Wirtschaftsinformatik. Theoretische Grundlagen. München Wien 1995
Lehner, F. (1996): Gedanken zur theoretischen Fundierung der Wirtschaftsinformatik und Versuch einer paradigmatischen Einordnung. In: *Heilmann/Heinrich/Roithmayr* (Hrsg.): Information Engineering. München Wien 1996
Lehner, F. (1999): Theoriebildung in der Wirtschaftsinformatik. In: *Becker/König/Schütte/Wendt/Zelewski*(Hrsg.) 1999
Lenk, H. (1987): Über Verantwortungsbegriffe und das Verantwortungsproblem in der Technik. In: *Lenk, H., Ropohl, G.* (Hrsg.)(1987): Technik und Ethik. Reclam Stuttgart 1987
Lenk, H. (1989): Können Informationssysteme moralisch verantwortlich sein? Informatik-Spektrum (1989) 12, S. 248-255
Liening, F., Scherleithner, S. (2001): SAP R/3 – Gemeinkostencontrolling. München Boston San Francisco 2001
Lorenzen, P. (1991): Philosophische Fundierungsprobleme einer Wirtschafts- und Unternehmensethik. In: *Steinmann, H., Löhr, A.* (Hrsg.); Unternehmensethik. Stuttgart 1991
Luhmann, N. (1988): Die Wirtschaft der Gesellschaft. Frankfurt 1988

Machlup, F. (1962): The production and distribution of knowledge in the United States, Princeton 1962

Mainzer, K. (1995): Computer – Neue Flügel des Geistes? Die Evolution computergestützter Technik, Wissenschaft, Kultur und Philosophie. Berlin New York 1995

Malik, F. (1992): Strategie des Managements komplexer Systeme. Bern 1992

Marcuse, H. (1965): Industrialisierung und Kapitalismus im Werk Max Webers, in: Kultur und Gesellschaft II. Frankfurt 1965

Martin, J. M. (1988): Information Engineering – Neue Wege in der Informationsverarbeitung. Hamburg 1988

Maslow, A. H. (1943): A Theory of Human Motivation. In: Psychological Review, Bd. 50, 1943, S. 370-396

Masuda, Y. (1981): The information society as a post-industrial society, Washington 1981

Mattheis, P. (1993): Prozessorientierte Informations- und Organisationsstrategie. Analyse, Konzeption, Realisierung. Wiesbaden 1993

Mertens, P. (1995): Wirtschaftsinformatik – Von den Moden zum Trend. In: *König, W.* (Hrsg.); Wirtschaftsinformatik '95. Heidelberg 1995

Mertens, P. (1999): Operiert die Wirtschaftsinformatik mit den falschen Unternehmenszielen? 15 Thesen. In: *Becker/König/Schütte/Wendt/Zelewski* (Hrsg.) 1999.

Mertens, P. (2001): Emotionserkennung. Peter Mertens referiert. In: WIRTSCHAFTSINFORMATIK 43 (2001) 6, S. 626 – 629

Mertens, P., Bodendorf, F., König, W., Picot, A., Schumann, M. (1998): Grundzüge der Wirtschaftsinformatik. Berlin Heidelberg New York 1998

Messer, B. (1999): Zur Interpretation formaler Geschäftsprozess- und Workflow-Modelle. In: *Becker/König/Schütte/Wendt/Zelewski* (Hrsg.) 1999.

Mittelstraß, J. (Hrsg.) (1996): Enzyklopädie Philosophie und Wissenschaftstheorie. Band 4. Stuttgart 1996

Moore, G. E. (1970): Principia Ethica. Stuttgart 1970

Moravec, H. (1999): Computer übernehmen die Macht. Vom Siegeszug der künstlichen Intelligenz. Hamburg 1999

Neumann, M. (1988): Theoretische Volkswirtschaftslehre. Bd. 1, München 1988

Nutzinger, H. G. (1999): Was bleibt von Marx' ökonomischer Theorie? In: *Helmedag/Reuter* (Hrsg.) (1999), S. 69 - 99

O'Neill, O. (1996): Aufgeklärte Vernunft. Über Kants Anti-Rationalismus. In: *Kettner* (Hrsg.) (1996).

Otten, D. (1982): Das Roboter-Syndrom. Soziologische Anmerkungen zur Zukunft der Arbeit. In: *Benseler/Heinze/Klönne* (Hrsg.) (1982).

Petkoff, B. (1999): Die Kybernetik II. Ordnung – eine methodologische Basis der Wirtschaftsinformatik? In: *Becker/König/Schütte/Wendt/Zwelewski* (Hrsg.) 1999, S. 245

Piaget, J. (1981): Das moralische Urteil beim Kinde. Frankfurt 1981

Pieper, A. (1988): Einführung in die philosophische Ethik. II: Die Ethik als autonome Wissenschaft. Reader der Fernuniversität – Gesamthochschule Hagen, 1988

Pieper, A. (1988b): Einführung in die philosophische Ethik. III: Methoden und Theorien der Ethik. Reader der Fernuniversität – Gesamthochschule Hagen, 1988

Piller, F. T. (2000) : Mass Customization. Ein wettbewerbsstrategisches Konzept im Informationszeitalter. Wiesbaden 2000

Planck, Max (2001): Vom Wesen der Willensfreiheit. In: *Roos, H., Hermann, A.* (Hrsg.): Max Planck. Vorträge, Reden, Erinnerungen. Berlin Heidelberg New York 2001

Porat, M. (1973): The information economy, Diss., Stanford University 1973

Potthoff, I. (1998): Wachstums- und Beschäftigungswirkungen von Informations- und Kommunikationstechnik – ein Überblick. In: WIRTSCHAFTSINFORMATIK Heft 4 1998

Priddat, B. (1996): Uns geht nicht die Arbeit aus, aber der Arbeiter. In: Arbeits-Welten. Forum für Dimensionen und Perspektiven zukünftiger Arbeit. Band 1. Marburg 1996

Rescher, N. (1997): Der Streit der Systeme. Ein Essay über die Gründe und Implikationen philosophischer Vielfalt. Würzburg 1997

Reuter, N. (1999): Unbegrenzte Bedürfnisse und stagnierende Wirtschaft – ein ökonomisches Paradoxon? Kritik der bedürfnistheoretischen Grundlagen der Ökonomik. In: *Helmedag / Reuter* (Hrsg.) (1999)

Reuter, N. (1999b): Der Wert des Wertes – Werttheoretische Grundlagen einer Ökonomik des Glücks. In: *Bellebaum/Schaaff/Zinn* (Hrsg.) (1999).

Reuter, N. (2000): Ökonomik der ‚langen Frist'. Zur Evolution der Wachstumsgrundlagen in Industriegesellschaften. Marburg 2000

Rifkin, J. (1996): Das Ende der Arbeit und ihre Zukunft. Frankfurt New York 1996

Rifkin, J. (2000): Access. Das Verschwinden des Eigentums. Frankfurt/Main 2000

Ritter, U. P. (1999): Das Wirtschaftssystem. Begriff und Vorstellung im Wandel. In: *Helmedag / Reuter* (Hrsg.) (1999), S. 121 – 151.

Ritter-Thiele, K. M. (1992): Zum Zusammenhang zwischen Innovation und Strukturwandel in einer wachsenden Wirtschaft. München 1992

Röfer, T., Pribbenow, S. (2001): RoboCup 2001. In: Künstliche Intelligenz Heft 4/2001, S. 62/63

Rolf, A. (1995): Das Selbstverständnis der Informatik. In: *Friedrich et al.* (Hrsg.) (1995): Informatik und Gesellschaft, S. 3 – 14.

Rolf, A. (1998): Grundlagen der Organisations- und Wirtschaftsinformatik. Berlin Heidelberg New York 1998

Rolf, A. (2002): "Informatiksysteme in Organisationen" – Implizite Annahmen, Gemeinsamkeiten und Defizite anwendungsnaher Teilgebiete der Informatik. Hamburg 2002

Rusch, G. (1985): Von einem konstruktivistischen Standpunkt. Erkenntnistheorie, Geschichte und Diachronie in der empirischen Literaturwissenschaft. Braunschweig Wiesbaden 1985

Sandkühler, H. J. (Hrsg.) (1994): Theorien, Modelle und Tatsachen. Konzepte der Philosophie und der Wissenschaften. Frankfurt Berlin Bern 1994

Scheer, A. W. (1987): CIM. Der computergesteuerte Industriebetrieb. Berlin Heidelberg New York 1987

Scheer, A. W. (1994); Wirtschaftsinformatik. Referenzmodelle für industrielle Geschäftsprozesse. Berlin Heidelberg New York 1994

Schefe, P. (1991): Künstliche Intelligenz: Überblick und Grundlagen. Mannheim u. a. 1991

Schefe, P. (1992): Theorie oder Aufklärung? Zum Problem einer ethischen Fundierung informatischen Handelns. In: *Coy et al.* (Hrsg.) (1992)

Schefe, P. (1993): Informatik und Philosophie. Eine Einführung. In: *Schefe/Hastedt/Dittrich/Keil* (Hrsg.) (1993).

Schefe, P. (2001): Ohnmacht der Ethik? Über professionelle Ethik als Immunisierungsstrategie. Informatik Spektrum Band 24 Heft 3 2001, S. 154 - 162

Schefe/Hastedt/Dittrich/Keil (Hrsg.) (1993): Informatik und Philosophie. Mannheim Leipzig Wien Zürich 1993

Schiller, F. (1966): Kallias oder über die Schönheit. In: Theoretische Schriften. Erster Teil. DTV München 1963

Schui, H. (2002): Bildung und Wissen – marktgerecht organisiert. In: *Heseler/Huffschmid/Reuter/Trost* (Hrsg.) (2002), S. 16-32

Schumpeter, J. A. (1942): Kapitalismus, Sozialismus und Demokratie. Bern 1942

Schmalen, H. (1987): Grundlagen und Probleme der Betriebswirtschaft. Köln 1987

Schmidt, S. J. (1987): Der Diskurs des Radikalen Konstruktivismus. Frankfurt am Main 1987

Schütte, R. (1999): Basispositionen in der Wirtschaftsinformatik – ein gemäßigtkonstruktivistisches Programm. In: *Becker/König/Schütte/Wendt/Zelewski* (Hrsg.) (1999).

Schwarze, J. (2000): Einführung in die Wirtschaftsinformatik. Herne Berlin 2000

Schwarzer, B. (1993): Die Rolle der Information und des Informationsmanagements in Business Reengineering-Projekten. In: IM Information Management 1/1993, S. 30 - 35

Schwemmer, O. (1987): Handlung und Struktur. Zur Wissenschaftstheorie der Kulturwissenschaften. Frankfurt am Main 1987

Searle, J. R. (1983): Intentionality. An Essay on the Philosophy of Mind. Cambridge 1983; deutsche Ausgabe: Intentionalität. Frankfurt 1991.
Searle, J. R. (1993): Ist das Gehirn ein Digitalcomputer? In: *Schefe/Hastedt/Dittrich/Keil* (Hrsg.) (1993): Informatik und Philosophie. Mannheim Leipzig Wien 1993
Searle, J. R. (2001): Geist, Sprache und Gesellschaft. Frankfurt 2001.
Sen, Amartya (2002): Ökonomie für den Menschen. Wege zu Gerechtigkeit und Solidarität in der Marktwirtschaft. München 2002. Titel der amerikanischen Originalausgabe: Development as Freedom. New York 1999
Sint, P. (1998): Informationsbeschäftigte und der Wert der Information. In: Wirtschaftspolitische Blätter, 45. Jg. (1998), H. 2/3, S. 172-179
Smith, A. (1985): Theorie der ethischen Gefühle, hrsg. von W. Eckstein, Hamburg 1985
Sommer, M. (1988): Einführung in die Phaenomenologie Edmund Husserls. I: Die Intentionalität des Bewusstseins. Reader der Fernuniversität Gesamthochschule Hagen 1988
Stahlknecht, P. (1983): Einführung in die Wirtschaftsinformatik. Berlin Heidelberg New York 1983 1985 1987 1989 1991
Steinmüller, W. (1993): Informationstechnologie und Gesellschaft. Einführung in die angewandte Informatik. Darmstadt 1993
Stiglitz, J. (1999): Volkswirtschaftslehre. 2. Auflage, München Wien 1999
Stiglitz, J. (2002): Die Schatten der Globalisierung. Berlin 2002
Tetens, H. (1993): Informatik und die Philosophie des Geistes. In: *Schefe/Hastedt/Dittrich/Keil* (Hrsg.) (1993)
Turing, A. (1987): Intelligence Service. Berlin 1987
Ulrich, H. (1985): Von der Betriebswirtschaftslehre zur systemorientierten Managementlehre. In: *Wunderer, R.* (Hrsg.): Betriebswirtschaftslehre als Management- und Führungslehre. Stuttgart 1985; zweite Auflage 1988
Ulrich, P. (1997): Integrative Wirtschaftsethik. Grundlagen einer lebensdienlichen Ökonomie. Bern Stuttgart Wien 1997
Valk, R. (1997): Die Informatik zwischen Formal- und Humanwissenschaften. Informatik-Spektrum Band 20 Heft 2 1997, S. 95 - 100
Von Eiff, W. (1992): Innovative Arbeitssystemgestaltung. Köln 1992
Wagner, P.-H., Köck, C. (Hrsg.) (1996): Management in Gesundheitsorganisationen. Wien 1996
Wallner, F. G., Schimmer, J., Costezza, M. (Hrsg.) (1993): Grenzziehungen zum Konstruktiven Realismus. Beiträge zweier Kongresse. Wien 1993
Warschat, J., Salzer, C. (1991): CIM – ein Überblick. In: *Bullinger, H. J.* (Hrsg.) (1991), S. 228 - 253
Weber, M. (1991): Die protestantische Ethik I. Eine Aufsatzsammlung. Gütersloh 1991

Weigelt, M. (1994): Weiterentwicklung der dezentralen Produktionssteuerung unter besonderer Berücksichtigung von Agentensystemen und Vergleich mit zentraler Regelung. Dissertation, Nürnberg 1994
Weizenbaum, J. (1990): Die Macht der Computer und die Ohnmacht der Vernunft. 8. Aufl. Frankfurt 1990; Erstaufl. 1977
Weizsäcker, E. U. v. (1994): Umweltstandort Deutschland.
Wiener, N. (1954): Human Use of Human Beings. New York 1954
Wiener, O., Bonik, M., Hödicke, R. (1998): Eine elementare Einführung in die Theorie der Turing-Maschinen. Wien New York 1998
Wittgen, R. (1974): Einführung in die Betriebswirtschaftslehre. München 1974
Zelewski, S. (1999): Strukturalistische Rekonstruktion einer theoretischen Begründung des Produktivitätsparadoxons der Informationstechnik. In: *Becker/König/Schütte/Wendt/Zelewski* (Hrsg.) 1999.
Zinn, K. G. (1994): Die Wirtschaftskrise. Zum ökonomischen Grundproblem reifer Volkswirtschaften. Mannheim Leipzig Wien Zürich 1994
Zinn, K. G. (1998): Jenseits der Markt-Mythen. Hamburg 1998
Zinn, K. G. (2002): Der Kapitalismus und die neue Hegemonialstellung der USA im Kontext der Debatte um die „New Economy". In: *Heseler/Huffschmid/Reuter/Trost* (Hrsg.) (2002), S. 64-76
Zinn, K. G. (2002b): Zukunftswissen. Die nächsten zehn Jahre im Blick der Politischen Ökonomie. Hamburg 2002
Züllighoven, H. (1992): Software als Werkzeug und Material. In: *Coy, W.* (Hrsg.) (1992).

Sach- und Personenregister

Ablaufsteuerung
  als Leitbild der Softwareentwicklung 65
Adolphi, R. 74, 75, 76
Agenten,
  autonome 101, 109, 110, 218, 219, 276, 330
Allgemeine Gleichgewichtstheorie 8
Allgemeine Systemtheorie 87
Apel, K. O. 69, 83, 121, 127, 128, 133, 138, 139, 140, 153
Arbeit 1, 4, 6, 7, 8, 10, 19, 20, 27, 33, 36, 61, 68, 79, 80, 81, 93, 98, 99, 103, 104, 107, 109, 114, 117, 130, 147, 148, 154, 159, 163, 168, 169, 173-177, 184, 185, 218, 221, 226, 229, 243, 244, 251, 256, 259, 272, 286, 289, 292, 295, 319, 322, 330
  als poietische/praktische Handlung 175
  Geschichte der 175
  Grenzleid der 172
  Zukunft der 5
Arbeitslosigkeit
  technologische 5
ARIS
  Architektur 41
Aristoteles 1, 8, 19, 22, 23, 24, 25, 26, 27, 51, 81, 142, 143, 145, 147, 148, 177, 318
Aufklärung 12
Automat 1, 10, 12, 16, 19, 28, 29, 56, 57, 60, 61, 65, 78, 104, 107, 109, 154, 158, 161, 166, 188, 193, 196, 205, 221, 224, 226, 227, 330
  finiter ~, Moore-, Mealy- 191
Automated Fabrication 307
Automatentheorie 32, 189, 224
Automatisierung 13, 15, 19, 71, 72, 79, 80, 94, 99, 102, 145, 167, 225, 226, 227, 260, 286, 289, 330
Autonomie 12, 74, 75, 76, 78, 104, 105, 107, 109, 111, 113, 117, 125, 127, 129, 146, 148, 152, 166, 178, 187, 218, 222, 226, 231, 316, 334
  des Willens 13
  des Willens als Prinzip der Sittlichkeit 113
Autopoiese 37
Bacon, F. 22, 24, 25

Beck, U. 10, 20, 329
Beckenbach, N. 175, 329
Bedürfnisse
  relative, absolute 262
Behaviorismus 214
Berechenbarkeit 28, 55, 147, 158, 159, 187, 188, 189, 195, 200, 201, 223, 307
Berechnungsmodell 28, 201
Betriebswirtschaftslehre 3, 33, 41, 42, 44, 93, 111, 325
Bewußtsein
  Stufen des moralischen 123
Bloch, E. 116
Business Reengineering 287
Büttemeyer, W. 3, 4, 15, 21, 22, 23, 24, 25, 26, 57, 59
CIM 4, 71, 100, 101, 205, 223, 276, 277, 305, 308, 312
Conolly, J. M. 142, 143, 144, 145, 147
Coy, W. 4, 5, 9, 19, 28, 30, 38, 39, 40, 204, 205, 206, 223, 224
CRM
  Customer Relationship Management 296
Descartes, R. 49, 143, 205
Dienstleistungen
  persönliche ~, kommerzielle ~, anspruchsvolle ~ 267
Dienstleistungsgesellschaft 257
Diffusionszeit
  der IuK-Technologie 279
Diskurs
  der idealen
    Kommunikationsgemeinschaft 129
Diskursethik 12, 83, 123, 133, 136, 137, 140, 153, 169, 170, 174, 226
Durchlaufzeitverkürzung 71
E-Commerce 44, 304, 323
Effizienz 12
Enterprise Ressource Planning (ERP) 276
Ergänzungsprinzip
  der Diskursethik 138
Erkenntnis
  reine 24
Erkenntnisinteresse 2, 3, 10, 27, 28, 30, 34, 45, 55, 83, 175, 326

technisches, praktisches,
  emanzipatorisches 30
Erkenntnistheorie 84
Ethik
  als Gesinnungsethik, als
    Verantwortungsethik 131
  als Instiutionen-Ethik 140
  deontologische 130
  Nikomachische 142
  utilitaristische 130
  Ziel der 113
Fabrik der Zukunft 292
Fertigungstechnologie 13, 225, 324
FFS
  flexible Fertigungssysteme 309
Flexibilität 13
Foerster, H. v. 84, 85
Ford, Henry 2
Forschungsmethodik 35
Förster, H. v. 85, 87, 88
Fourastié, J. 5, 163, 164, 228, 257, 264,
  265, 266, 274, 281, 282, 292, 295
Fourastiés, J. 5, 185, 225, 257, 261, 264,
  265, 267, 277, 291, 319
Freiheit
  als Wirtschaftsliberalität 119
  moralische und politische 123
Gegenstandsbestimmung
  einer Wissenschaft 50
Gehlen, A. 15, 78, 79, 225
Geschäftsprozess 71, 72
Geschäftsprozesse 72, 324
Geschichtsdeterminismus 242
Gestaltungswissenschaft 54, 63
Grammatiken
  der Chomsky-Hierarchie 194
Gryczan, G. 8, 30, 65, 72
Habermas, J. 3, 15, 30, 69, 72, 73, 77-81,
  83, 90, 104, 108, 122, 123, 129, 133,
  136, 137, 140, 152, 153, 154, 169, 170,
  174, 216, 225, 238, 242, 247, 248, 255
Handlungstheorie
  aristotelische 318
  philosophische 108, 142, 158, 169, 175,
    216, 226, 257
Hastedt, H. 128, 169, 170, 177
Hedonismus
  des Käuferverhaltens 285
Heinrich, L. J. 45, 87, 91, 260
Herberg, H. 159, 172, 178, 179, 181, 182,
  236, 237, 268

Heteronomie 76
  der wirkenden Ursachen 113, 316
Horkheimer, M. 73
Husserl, E. 22, 51, 174
Ideologie 15, 19, 77, 104
Informatik 3, 4, 6, 8, 9, 16, 17, 19, 20, 22,
  27, 28, 30-33, 38, 39, 40, 42, 44, 46, 47,
  48, 50-61, 63, 65, 68, 91, 102, 187, 188,
  189, 190, 203, 204, 207, 225, 334, 335
Informations- und
  Kommunikationstechnologie 5
Informationsgesellschaft 36, 60, 240, 256,
  274, 275, 281, 283, 291, 330
Informationssystem 59, 61, 91
Intentionalität 142, 214, 215, 227
Interdiszplinarität 43
IuK-Technik 18, 28, 33, 99, 103, 109,
  165, 221, 222, 226, 274, 279, 280, 283,
  287, 288
IuK-Technologie 91, 274, 275, 276, 279,
  280, 288, 289, 303, 330
Janich, P. 22, 49, 52, 53, 80, 81, 84, 85,
  86, 97, 133
Jaspers, K. 48
Jonas, H. 28, 107, 114-117, 119
Jungclaussen, H. 50, 56, 60, 61, 145, 146,
  150, 206, 207, 208
Kambartel, F. 83, 133, 221
Kanbansteuerung 311
Kant, I. 10, 13, 69, 74-76, 81, 85, 104,
  107-109, 111, 113-115, 117, 119, 125-
  130, 137, 144, 148, 224, 242
Kategorischer Imperativ 126
Keynes, J. M. 5, 8, 33, 184, 185, 247-251,
  256, 261, 265, 312
Kim, S. 109, 218, 219
Kognitionstheorie
  biologische 84
Komplexität
  Komplexitätstheorie 203
  Komplexitätsmanagement 301
König, W. 1, 4, 32, 38, 42, 321, 322, 323,
  324, 325
Konstruktivismus 16, 17, 22, 30, 34, 37,
  40, 71, 81-86, 89, 133
  methodischer 20
  radikaler 37
Konstruktivität 16, 63, 65, 67, 84
Koslowski, P. 181, 182, 183
Kritische Theorie 73
Kritischer Rationalismus 36, 82

Kunstlehre
　Wissenschaft als 33
Künstliche Intelligenz 17, 59, 209
Kybernetik 41, 84
Lean Management 288
Legitimation 3, 9, 33, 50, 51, 54, 83, 153, 333
Lehner, F. 17, 34, 35, 36, 38, 39, 40, 59
Lenk, H. 116, 210, 211, 212, 213
Logik
　deontische 133
Lorenzen, P. 20, 81, 82, 83, 84, 133, 155, 157, 169
Marcuse, H. 77, 78, 79, 123
Marktwirtschaft 1
Marx, K. 28, 78, 185, 232, 233, 241, 242, 243, 244, 247, 248, 255, 296
Maschine
　automatische 188
　heteronome 110
　triviale/nichttriviale 87
Mass Customization 165, 229, 272, 273, 277, 295, 299-305, 307, 311-313, 324
Mathematik 31
　deren konstruktive Begründung 82
Menschenwürde 9, 12, 107, 108, 113, 116, 117, 118, 125, 129, 133, 170, 178, 226, 228, 334
Mertens, P. 1-9, 12, 15, 16, 30, 32, 37, 48, 50, 51, 79, 94, 96-103, 105, 108, 228, 315, 316, 321, 322, 324, 325
Mill, J. S. 8
Mitscherlich, W. 252, 253, 256
Modern Manufacturing 284
MRP II
　Manufacturing Ressource Planning 310
Naturbeherrschung 24, 25, 26, 27, 118
Neo-Klassik 6
Normativität 68, 157
　des Faktischen 153
　gesetzten Rechts 153
Ökonomie 2, 31, 50, 83, 108, 109, 111, 146, 164, 169, 178, 222, 226, 227, 232, 236, 239, 256, 260, 268, 273, 283, 319
Organisationsabläufe
　betriebliche 40
Organisationsentwicklung 288
Organisationstheorie 17, 50, 87
Orientierungswissen 67
Petkoff, B. 41, 42, 87

Pieper, A. 113, 114, 133, 134, 135, 136, 140
Piller, F. T. 18, 36, 37, 165, 229, 240, 247, 272-313, 315, 326
Popper, K. 36, 235
PPS
　Produktionsplanung und -steuerung 101, 298, 310, 311
Praktische Informatik 32
Praxis
　lebensweltliche 52
Produktivitätsparadoxon 18, 289
Produktivitätswachstum 2, 11, 162, 167, 264, 288, 312
Produktwachstum 2, 11, 12, 103, 162
Prosument 321
Prozessorganisation 288
Prozessorientierung 41, 288
Radikaler Konstruktivismus 37, 81, 84, 85, 86
Rationalisierung 8, 12, 16, 54, 68, 69, 71, 72, 74, 77, 79, 80, 81, 93, 104, 122, 188, 223, 260, 307
Rationalisierungspotenziale 71
Rationalität 12, 16, 68, 69, 71-76, 80, 81, 90, 96, 98, 111, 131, 140, 142, 146, 216, 304
　instrumentelle 137
　kommunikative 137
　Zweck-, Wert- 69
Rationalitätserhöhung
　der Gesellschaft, des Betriebes 68
Rentabilitätsmaximierung 1, 2, 3
Reuter, N. 18, 20, 160-163, 172, 173, 217, 218, 227, 228, 236, 238-244, 247-253, 255, 258, 263-265, 267, 282
Roboter 2, 59, 168, 279, 330
　intelligente 279
Robotik 17, 59, 60, 149
Rolf, A. 5, 6, 7, 20, 54, 55, 65-68, 87, 91, 145, 224, 288, 314, 319
Sättigung
　der Bedürfnisse 260
Scheer, A. W. 7, 32, 36, 71, 324, 325
Schefe, P. 9, 49, 50, 52, 55, 57, 58, 209, 210, 217, 219
Schiller, F. v. 96, 239, 254
Schmidt, S. J. 36, 37, 84, 85
Schumpeter, J. A. 10, 160
Schütte, R. 4, 17, 20, 33, 40, 41

Schwemmer, O. 133, 135
Searle, J. R. 29, 142, 146, 157, 171, 211, 212
Selbstorganisation 87
Selbststeuerungsfähigkeit des Marktes 7
Simon, H. A. 214
Simultaneous Engineering 284
Skinner, B. F. 214
Smith, A. 19, 123, 125, 126, 127, 137, 152, 154, 217, 255, 260
Software 32, 33, 39, 55, 57, 66, 72, 104, 205, 219
Stagnation
wirtschaftliche 246, 255, 256, 269
Stagnationstheorem 5, 261
Stahlknecht, P. 31
Standardsoftware
betriebliche 33, 65, 66, 205, 276
Steinmüller, W. 20, 54, 59, 60, 62, 63, 65, 68
STEPS 72
Supply Chain Management (SCM) 276
Systemtheorie
volkswirtschaftlich angewandte 231
Technik 6, 12, 15, 18, 35, 61, 77-79, 95, 104, 108, 111, 114, 142, 149, 168, 225, 245, 259, 263, 270, 277, 307
als "Herrschaft" 77
Tertiarisierungstheorie 5, 185, 225, 257, 264
TM
Turing-Maschine 27, 29, 197, 198, 201, 202, 204
Toffler, A. 158, 166, 247, 271, 274, 281, 284, 299, 329, 330
Turing, A. 16, 27, 28, 29, 55, 61, 109, 110, 111, 146, 187, 188, 195-203, 207, 227
Turing-Maschine 28, 55, 109, 146, 187, 188, 195-198, 201-203
Ulrich, P. 10, 35, 37, 120-133, 136-140, 154, 155, 169, 171, 173, 181, 272, 273
Universale Turing-Maschine 27, 28, 195, 227
Universalgerät 60
Universaltechnik 60
Unternehmen 1, 3, 7, 10, 12, 17, 19, 31, 33, 40, 65, 66, 87, 90, 93, 94, 100, 103, 104, 108, 153, 154, 155, 157-161, 163, 164, 166, 167, 179, 180, 181, 183, 205, 226, 245, 261, 262, 270, 275, 278, 285, 287, 289, 293, 311
Unternehmensgewinn
als "Überschreitung des marktüblichen Einkommens 180
Unternehmensmodell 65
Unternehmer
-persönlichkeit 160
USB-Methode
uniforme Systembeschreibung 206
UTM
Universale Turing Maschine 198, 227
Vernunft 3, 16, 27, 49, 56, 69, 71, 73-77, 80, 81, 85, 89, 96, 105, 107-109, 111, 113, 118, 119, 125, 127-129, 131, 135, 140, 145, 146, 149, 150, 169, 199, 222, 224, 227, 273
Ohnmacht der 56
reine praktische 109
Spontaneität der 144
Vernunftkritik 79
Volkswirtschaft 5, 6, 9, 34, 161, 167, 173, 233, 252, 264, 288
Vollautomation 1
sinnhafte 3, 4, 6, 8, 12, 15, 26, 37, 38, 48, 79, 97-101, 103, 105, 158, 160, 163, 228, 255, 321, 323, 329
Vollbeschäftigung 6, 19, 184, 244, 248, 277
Wachstum
volkswirtschaftliches 5
Wachstumsskepsis 18, 258, 261, 267
WAM 65, 66
Werkzeug, Automat, Metapher 65
Weber, M. 27, 28, 73, 75, 76, 77, 79, 111, 131, 181
Weizenbaum, J. 56, 150, 214, 215, 216, 217
Wert
subjektiver, objektiver 173
Wertehorizont 58
Wertfreiheit 35
Wertkette
auch
Wertschöpfungskette 159, 291, 300, 306, 308
Wettbewerbsfähigkeit 2
Wettbewerbsvorteile 71, 284, 290, 295
strategische 290
Wiener, N. 1, 19, 28, 29, 188, 190, 198, 201

Wirklichkeitserkenntnis 35
Wirklichkeitsgestaltung 35
Wirtschaftsrechnung 234
Wirtschaftssysteme
  Definition der ~, Entwicklung der ~ 232
Wissenschaft
  normative 33
  positive 33
wissenschaftlicher Realismus 36
Wissenschaftsideal
  positivistisches 34
Wissenschaftskritik 81
Wissenschaftstheorie 4, 15, 16, 18, 20-26, 30, 34, 45, 49, 52, 55, 63, 67, 70, 71, 81, 82, 83, 86, 97, 102, 225

Wissenschaftsziel 11, 12, 24, 27, 34, 37, 98, 102, 321
  pragmatisches 35
  theoretisches 34
Wissenschaftsziele 4, 22
Wissensgesellschaft 60
Wohlstand 12, 18, 217, 240, 247, 260, 268
  wirtschaftlicher 158
Zielerreichungsgrad
  masch. oder pers. Vorgangsbearbeitung 99
Zinn, K. G. 2, 5, 9, 76, 114, 164, 184, 248, 258-266, 268-271, 319
Zivilisation
  technologische 118
Zukunft der Arbeit 292

Der Deutsche Universitäts-Verlag
Ein Unternehmen der Fachverlagsgruppe BertelsmannSpringer

Der Deutsche Universitäts-Verlag wurde 1968 gegründet und 1988 durch die Wissenschaftsverlage Dr. Th. Gabler Verlag, Verlag Vieweg und Westdeutscher Verlag aktiviert. Der DUV bietet hervorragenden jüngeren Wissenschaftlern ein Forum, die Ergebnisse ihrer Arbeit der interessierten Fachöffentlichkeit vorzustellen. Das Programm steht vor allem solchen Arbeiten offen, deren Qualität durch eine sehr gute Note ausgewiesen ist. Jedes Manuskript wird vom Verlag zusätzlich auf seine Vermarktungschancen hin überprüft.

Durch die umfassenden Vertriebs- und Marketingaktivitäten, die in enger Kooperation mit den Schwesterverlagen Gabler, Vieweg und Westdeutscher Verlag erfolgen, erreichen wir die breite Information aller Fachinstitute, -bibliotheken, -zeitschriften und den interessierten Praktiker. Den Autoren bieten wir dabei günstige Konditionen, die jeweils individuell vertraglich vereinbart werden.

Der DUV publiziert ein wissenschaftliches Monographienprogramm in den Fachdisziplinen

Informatik
Kognitionswissenschaft
Kommunikationswissenschaft
Kulturwissenschaft
Literaturwissenschaft

Psychologie
Sozialwissenschaft
Sprachwissenschaft
Wirtschaftswissenschaft

www.duv.de

Änderungen vorbehalten.

Deutscher Universitäts-Verlag
Abraham-Lincoln-Str. 46
65189 Wiesbaden

MIX
Papier aus verantwortungsvollen Quellen
Paper from responsible sources
FSC® C105338

If you have any concerns about our products,
you can contact us on
ProductSafety@springernature.com

In case Publisher is established outside the EU,
the EU authorized representative is:
Springer Nature Customer Service Center GmbH
Europaplatz 3, 69115 Heidelberg, Germany

Printed by Libri Plureos GmbH
in Hamburg, Germany